JN411749

불교성전

불교성전편찬회

불 교 성 전

머 리 말

이천여 년 전에 결집(結集)된 불타(佛陀)의 설법을 오늘 우리 언어권(言語圈)에 재생시키는 일은 시대적인 요청이기에 앞서 이 나라 불교도(佛教徒)의 역사적인 사명이다. 가치의식이 뒤바뀌고 인간의 언어가 한낱 소음으로 타락해버린 현실이기 때문에 더욱 그렇다. 불타가 신앙이나 예배의 대상이 아니라 길을 가리키는 길잡이였음을 상기할 때, 그분의 목소리는 뿌리를 내리지 못하고 끝없이 방황하는 현대의 정신적인 유랑민들에게 영혼의 모음(母音)이 될 것이다.

불타의 설법정신은 인간의 자각에 있었다. 그러므로 들어서 이해할 수 없는 설법은 무의미하다. 어떻게 하면 보다 쉽고 바르게 지혜와 자비의 뜻을 전달할 것인가. 이것은 곧 불타의 설법정신에 직결된다. 그 많은 대장경 안에서 샅샅이 가려내어 한정된 지면에 옮기는 작업은, 실로 산을 헐어 금을 캐기보다 어려운 일이었다. 그리고 불교용어에 익숙지 않은 일반 독자에게 저항없이 읽혀야 한다는 것이 이 성전(聖典)을 만든 우리들의 염원이다. 그래서 다음과 같은 입장에서 이 성전을 편찬했다. 첫째, 종래의 현학적이고 사변적인 교리의 나열에서 탈피, 읽어서 생활에 지혜와 교훈이 될 수 있는 설법을 중심으로 엮었다. 불타의 육성(肉聲)에 가까운 초기 경전과 율장(律藏), 그리고 대승보살 정신을 구현한 대승경전 가운데서 광범위하게 가려 뽑았다. 둘째, 올바르고 전체적인 불교를 이해시키고자 어떤 종파에 치우치거나 구애됨이 없이 통불교적인 입장을 지켰다. 셋째, 불교의 기본정신인 지계(持戒)·선정(禪定)·지혜(智慧)를 날로 하고, 수행의 단계인 믿음과 이해와 행동과 깨달음, 즉 신(信)·해(解)·행(行)·증(證)을 씨로 엮으면서 불(佛)·법(法)·승(僧) 삼보를 세웠다.

이 불교성전은 대장경이란 울창한 숲에서 따놓은 몇 개의 잎사귀에 지나지 않는다. 그러나 소담스런 나무 잎은 두루 모은 셈이다. 따라서 일반인에게는 다양하면서도 통일성 있는 불교입문서가 될 것이고, 불교인들에게는 신앙과 수행의 길잡이가 되어줄 것이다.

우리는 이 작업으로써 결코 만족하지 않는다. 사람이 한 일이라 뜻 아닌 잘못도 없지 않을 것이다. 앞으로 더욱 온전한 성전이 나와야 할 것이고, 그러기 위해서는 이런 성전이 하나의 디딤돌이 될 줄 믿는다. 이 성전을 읽는 사람들이 자신의 존재의미를 새롭게 자각하고 살아가는 데에 힘을 얻는다면, 이 인연으로 언젠가 해탈의 길에서 환하게 꽃을 피우게 될 것이다.

1972년 가을

불교성전 편찬회

불교성전　　차례

차　　례

머리말 ………………………………………………… 1

제 1 편　부처님의 생애………………………… 9

제 1 장　출가 이전 ……………………〔佛傳〕…… 11
제 2 장　성도하기까지…………………〔佛傳〕…… 33
제 3 장　교화에서 열반까지 …………〔佛傳〕…… 51

제 2 편　초기경전 …………………………… 87

제 1 장　지혜와 자비의 말씀 ①… 〔長阿含〕…… 89
제 2 장　지혜와 자비의 말씀 ②… 〔長阿含〕……121
제 3 장　지혜와 자비의 말씀 ③… 〔雜阿含・增一阿含〕 ……………………………………154
제 4 장　성인의 길 ……………………〔經集〕……175
제 5 장　진리의 여울 ………………〔法句經〕……204
제 6 장　전생에 쌓은 수행…………〔本生經〕……216
제 7 장　어리석음의 비유 …………〔百喩經〕……238
제 8 장　효행…………〔六方禮經・玉耶女經〕……255
제 9 장　티끌을 벗어난 대장부〔四十二章經〕……265
제 10 장　최후의 교훈 ………………〔遺教經〕……277
제 11 장　동서(東西)의 대화〔밀린다 王問經〕……288

제 3 편 대승경전 ……………………………………321
제 1 장 피안에 이르는 길 ……………〔金剛經·大品般若經〕……………………………………323
제 2 장 유마힐의 설법 ……………〔維摩經〕……345
제 3 장 보살의 덕 …………………〔寶積經〕……371
제 4 장 승만부인의 서원 …………〔勝鬘經〕……385
제 5 장 극락세계 ………〔無量壽經·觀無量壽經·阿彌陀經〕……………………………………392
제 6 장 지식과 지혜 …………………〔楞經〕……408
제 7 장 마음과 생각 ……………〔首楞嚴經〕……422
제 8 장 원만한 깨달음 ……………〔圓覺經〕……444
제 9 장 영원한 생명 ………………〔法華經〕……457
제 10 장 열반의 기쁨 ………………〔涅槃經〕……484
제 11 장 보살의 길 …………………〔華嚴經〕……516

제 4 편 교단의 규범 …………………………563
제 1 장 계율이 마련된 연유………〔四分律〕……565
제 2 장 네 가지 근본 계율 ……〔首楞嚴經〕……572
제 3 장 오계(五戒)와 십계(十戒)…………………………………………〔優婆塞五戒相經〕……579
제 4 장 보살계……………………〔梵網經〕……587
제 5 장 화합의 법문 ………………〔四分律〕……604

제 5 편 조사어록 ……………………………611
제 1 장 마음 닦는 법………………〔修心訣〕……613

제 2장 마음을 살피는 일…………〔觀心論〕……627
제 3장 본원 청정심 ……〔傳心法要·示衆〕……642
제 4장 참선에 대한 경책 ………〔示衆·禪警語·法語〕……649
제 5장 육조의 법문 ……………〔六祖壇經〕……663
제 6장 상단법어(上壇法語)……〔眞覺語錄〕……679
제 7장 선가의 거울 ……………〔禪家龜鑑〕……696
제 8장 출가 사문에게 보내는 글………〔自警文·發心修行章〕……711

□ 부록

내용색인 ……………………………………729
출전색인 ……………………………………745
범한대조 ……………………………………750

범 례

1. 발췌 번역한 경전은 반드시 그 경 이름을 발췌문이 끝나는 곳에 밝혔다.
2. 고유명사의 표기는 범어(梵語)나 팔리어〔巴利語〕의 원음을 따르고, 그중 재래음에 가까운 쪽을 택했다. 책 끝에 범한(梵漢) 대조표를 마련했다.
3. 용어는 될 수 있는 대로 쉬운 말로 풀었고, 굳어진 말은 그대로 쓰되 간단한 주석을 장(章) 별로 처리했다.
4. 부처님의 인간성을 살리기 위해 대화의 상대에 따라 존대말을 썼다.
5. 이 성전은 내용을 손쉽게 찾아볼 수 있도록 책 끝에 색인을 달았다.

제 Ⅰ 편 부처님의 생애

제1장 출가이전

1. 탄생

석가모니 부처님께서 이 세상에 계셨던 기간은 팔십 년에 불과하지만 그가 끼친 영향은 세월이 지날수록 빛을 더하고 있다. 그는 불교라는 한 종교의 창시자이기에 앞서 인간의 무한한 가능성을 몸소 체험하고 그 자각(自覺)을 선언한 최초의 인간이다. 생명과 존재의 실상을 깨닫고 지혜와 자비의 길을 열어 보인 구도자였다. 그는 신비의 장막에 가린 신이 아니고 인류의 역사 안에 살았던 인간이었다. 그가 일찍이 이 지상에 우리와 같은 인간으로 살았다는 사실은 우리들 모든 인간의 보람이 아닐 수 없다.

히말라야 남쪽 기슭에 사캬족이 살고 있었다. 그들은 지금의 네팔 타라이 지방에 카필라라는 조그마한 왕국을 이루고 있었는데, 카필라는 쌀을 주식으로 하는 농업국이었다. 슛도다나왕〔淨飯王〕은 어진 정치를 베풀어 백성들이 태평한 세월을 즐길 수 있었지만, 이웃에 코살라와 같은 큰 나라가 있어 침해를 받지 않을까 두려웠고, 왕권을 이을 왕자가 없는 것이 걱정이었다. 그런데 어느 날 마야 왕비는 기이한 꿈을 꾸었다.

여섯 개의 이를 가진 눈이 부시도록 흰 코끼리가 왕비의 오른쪽 옆구리로 들어오는 꿈이었다. 이때부터 왕비에게는 태기가 있었다. 그 태몽은 아들을 낳게 될 꿈이라 하여 사람들은 훌륭한 왕자가 태어날 것을 기대하였다. 산달이 가까워지자 마야 왕비는 그 나라의 풍습에 따라 해산을 하기 위해 친정인 콜리성으로 길을 떠났다. 늦은 봄 화창한 날씨였다.

왕비 일행은 카필라와 콜리의 경계에 이르렀다. 저 멀리 히말라야의 봉우리들이 흰 눈을 이고 우뚝우뚝 장엄하게 솟아 있는 모습이 보였고, 가까이에는 평화로운 룸비니 동산이 있었다. 동산에는 이름 모를 꽃들이 다투어 피었고, 뭇새들은 왕비 일행을 축복하는 듯 지저귀며 날았다. 룸비니 동산의 아름다움에 도취된 일행은 그 곳에서 잠시 쉬어 가기로 했다. 마침 가까운 곳에 무우수(無憂樹) 꽃이 활짝 피어 아름다운 향기를 뿜고 있었다. 왕비는 아름다운 꽃가지를 만지려고 오른손을 뻗쳤다. 그 순간 갑자기 산기를 느꼈다. 일행은 곧 나무 아래에 휘장을 쳐 산실을 마련했다. 이때 태어난 왕자가 뒷날 임금의 자리를 버리고 출가수행하여 부처가 된 후 무수한 중생을 교화한 석가모니 부처님이시다. 지금으로부터 이천오백여 년 전의 일이다.

'모든 일이 다 이루어지라'는 뜻에서 왕자의 이름을 〈싯다르타〉라고 지었다. 그러나 이때 뜻하지 않은 불행이 닥쳐 왔다. 왕자를 낳은 지 이레만에 마야 왕비는 건강이 나빠 이 세상을 떠나고 만 것이다. 한 사람의 위대한 성자를 낳은 어머니는 그 성자의 삶과 자신의 목숨을 맞바꾼 셈이다. 세상에 태어난 지 이레밖에 안 된 어린 싯다르타 앞에 생과 사에 대한 문제가 주어진 것이다. 태자의 양육은 왕비의 동생인 마하파자파티가 맡게 되었다. 이모가 태자의 새어머니로 들어온 것이다. 이것은 그때 카필라의 풍습이었다.

왕은 이름난 점성가를 불러 태자의 장래를 알아보고 싶었다. 태자의 얼굴을 보고 난 사람마다 놀라면서 이렇게 말했다.

"태자는 뛰어난 위인의 상을 갖추고 있습니다. 왕위에 오르면 무력을 쓰지 않고 온 세상을 다스리는 전륜성왕(轉輪聖王)이 될 것이고, 출가하여 수행하면 반드시 부처님이 되어 모든 중생을 구제해 줄 것입니다."

이 말을 들은 왕과 신하들은 한결같이 기뻐했다. 어느 날 아시타라는 선인(仙人)이 카필라성으로 찾아왔다. 그는 히말라야 깊숙한 곳에서 세상과 인연을 끊고 수도에만 전념하고 있었는데, 천신들이 '부처님이 세상에 출현했다.'고 말하는 소리를 들었다. 카필라의 왕궁에 태자가 태어난 것을 천안(天眼)으로 알게 된 선인은 태자의 얼굴을 보려고 왕궁을 찾아온 것이다. 덕망이 높은 아시타 선인이 찾아온 것을 기뻐한 왕은 곧 태자를 보도록 허락했다.

백 살도 훨씬 넘어 백발이 성성한 선인은 태자를 팔에 안고 그 얼굴을 이모저모로 유심히 들여다보았다.

곁에 있던 사람들은 숨을 죽이고 그 모양을 지켜보았다. 한참 동안 말없이 태자의 얼굴만을 들여다보던 아시타 선인이 갑자기 눈물을 흘렸다. 왕을 비롯하여 그 자리에 있던 사람들은 불길한 예감이 들었다. 왕은 참다 못해 선인에게 물었다.

"태자를 본 사람마다 크게 기뻐하며 야단인데, 선인은 왜 말 한마디 없이 울기만 하시오? 어디 그 까닭을 속시원히 말해 보시오."

그제서야 선인은 입을 열었다.

"대왕님, 염려하실 일은 아닙니다. 제가 슬퍼하는 것은 여생이 얼마 남지 않아 부처님의 출현을 못 보게 된 것이 한스러워 그럽니다. 태자는 장차 모든 중생을 구제할 부처님이 되실 분입니다. 부처님이 이 세상에 출현한다는 것은 참으로 귀하고 드문 일입니다. 그러나 저는 너무도 늙었습니다. 태자가 도를 이루어 부처님이 되실 그때까지 살지 못할 것을 생각하니 슬퍼서 눈물이 저절로 나온 것입니다."

그런 뒤에 데리고 온 어린 제자에게 당부했다.

"네가 커서 부처님이 출현하셨다는 소문을 듣거든 지체 말고 찾아가 그분의 제자가 되어라."

싯다르타 태자가 전륜성왕보다 훨씬 뛰어난 상을 가졌다는 아시타 선인의 말을 듣고 왕과 신하들은 모두 기뻐했다. 그러나 왕위를 이어받아 나라를 다스리지 않고 출가하여 부처님이 되리라는 말에는 어쩐지 섭섭한 생각이 들었다. 그리고 이웃나라인 코살라의 침략을 늘 두려워하던 나머지 카필라에 사는 사캬족들은 이상적인 전륜성왕이 출현하여 코살라뿐 아니라 온 세상을 평화롭게 다스려 줄 것을 고대했었다. 그러나 이런 때 태어난 왕자가 나라를 다스릴 인물이 아니고, 출가하여 종교적인 성자가 되리라는 예언이었다.

『佛傳』

2. 명상에 잠긴 싯다르타

어머니를 일찍 여읜 태자는 모든 사람들에게서 깊은 사랑을 받았다. 이모인 마하파자파티도 태자를 지극히 사랑하고 잘 보살펴 주었다. 마하파자파티는 그 뒤 왕자와 공주를 낳았지만 싯다르타에 대한 사랑은 조금도 변함이 없었다.

태자는 지나치게 총명하였고 무슨 일에고 열심이었다. 하나를 들으면 열을 알았다. 그에게는 보통 사람으로는 미칠 수 없는 어떤 비범한 힘이 있는 것 같았다. 그러나 왕은 이따금 태자의 얼굴에서 쓸쓸하고 그늘진 표정을 보았고 그때마다 가슴이 아팠다. 이 세상을 떠나간 어머니를 그리워해서인가 하고 생각할 때마다 태자가 더욱 애처롭게 여겨졌다.

태자가 열두 살 되던 해 봄, 숫도다나왕은 많은 신하를 거느리고 들에 나가 〈농민의 날〉 행사를 참관하게 되었다. 농업국인 카필라에서는 왕이 그 해 봄에 첫삽을 흙에 꽂음으로써 밭갈이가 시작되는 것이다.

어린 태자 싯다르타도 그 행사를 보기 위해 부왕을 따라 농부들이 사는 마을에까지 내려갔었다. 왕궁 밖에 나가 구경해 보는 전원 풍경은 그지없이 신선하고 아름다웠다. 그러나 농부들이 땀을 흘리며 일하는 것을 보자 그들의 처지가 자기와는 다르다는 것을 생각했다. 뜨거운 햇볕 아래서 고된 일을 하고 있는 농부들을 본 싯다르타의 어린 마음이 어두워졌다.

이렇게 조용히 지켜보고 있으려니까 쟁기 끝에 파헤쳐진 흙 속에서 벌레가 꿈틀거리고 있었다. 바로 이때 난데없이 새 한 마리가 날아들더니 그 벌레를 쪼아 물고 공중으로 날아갔다. 이 같은 광경을 보게 된 어린 싯다르타는 마음에 심한 충격을 받았다. 그는 그 곳에 더 머물러 있을 수가 없었다. 방금 눈앞에서 일어난 일을 생각하면서 일행을 떠나 숲으로 발길을 옮겼다. 숲속 깊숙이 들어가 큰 나무 아래 앉았다. 어린 태자의 가슴에는 형언할 수 없는 여러 갈래의 문제가 한꺼번에 뒤얽혔다.

태자의 눈에는 아직도 또렷하게 어른거리고 있었다. 먹고 살기 위해 뙤약볕 아래서 땀을 흘리며 일하던 농부들, 흙 속에서 나와 꿈틀거리던 벌레, 그 벌레를 물고 사라진 날짐승……, 이런 일들이 하나같이 어린 태자의 마음을 어둡게 했다. '어째서 살아 있는 것들은 서로 먹고 먹히며 괴로운 삶을 이어가야만 할까? 무슨 이유로 그렇게 살아가야 하는 것일까?' 그의 눈에는 모든 것이 괴로움으로 비쳤다. 산다는 것 자체가 어쩐지 괴로움만 같았다. 무슨 일에고 한번 의문을 품기 시작하면 끝까지 파고드는 것이 소년 싯다르타의 성미였다. 그는 깊은 생각에 잠긴 채 다른 일은 모두 잊어버렸다.

행사가 끝나 왕을 모시고 궁중으로 돌아가려던 신하들은 그제서야 어린 태자의 모습이 보이지 않는 것을 알고 깜짝 놀랐다. 태자를 잃어버린 왕과 신하들은 어찌할 바를 몰랐다. 사방으로 흩어져 여기저기 찾아 헤매던 끝에 큰 나무 아래 앉아 깊은 명상에 잠겨 있는 태자를 보았다. 그런데 그 모습이 너무 거룩하고 평화스러워 왕은 반가운 중에도 차마 불러 일으킬 수가 없었다. 왕은 조심스레 아들 곁으로 다가가서 말했다.

"싯다르타, 이제 해도 저물었으니 그만 일어나 궁으로 돌아가자."

태자는 그때서야 비로소 왕의 얼굴을 쳐다보고 나무 아래서 일어섰다. 그러나 그의 모습은 그저 담담해 보일 뿐이었다. 이 일을 겪고 난 부왕의 마음은 무겁고 답답했다. 모든 일을 잊어버리고 명상에 잠긴 아들의 모습에서 문득 성자의 상을 보는 것 같았기 때문이다. 한편으로는 대견스럽게도 생각됐지만 태자와 자기와는 먼 거리를 두고 떨어져 있는 것만 같아 안타까웠다.

왕은 그 동안 까맣게 잊었던 아시타 선인의 예언을 다시 생각하지 않을 수 없었다. 그리고 어린 동안에 어떻게든지 싯다르타의 마음을 돌이켜야겠다고 결심했다. 그렇지 않으면 태자는 영영 자기 곁을 떠나가 버릴 것만 같았다.

옛날부터 인도의 수행자들은 흰눈을 머리에 이고 하늘 높이 솟아 있는 히말라야를 멀리 바라보면서 명상에 잠기기를 즐겨 했다. 그들은 찌는 듯한 더위를 피해 우거진 숲속과 나무 그늘 아래서 깊은 명상에 잠기거나 혹은 제자들과 대화를 나누었다. 인도 사람들은 이와 같은 숲속의 수행자와 사상가를 진심으로 존경하고 숭배했다. 아내와 아이들을 위해 생계를 꾸려 나가다가도 틈만 있으면 숲속을 찾아가 성자들의 말씀을 들었다. 그러다가 아들이 나이가 차서 집안 일을 돌보게 되면 그들은 가정을 떠나 숲으로 들어가 버린다. 그들은 여생을 숲속의 수행자나 성자들과 함께 보내는 것이 뜻있고 슬기로운 생활이라고 여겼다. 인도의 종교와 사상은 이처럼 히말라야가 바라보이는 대자연 속에서 이루어진 것이다. 『佛傳』

3. 네 개의 문

싯다르타는 숲속에서 명상에 잠겼다가 돌아온 뒤부터 남의 눈에 뜨이지 않는 곳에서 홀로 깊은 생각에 잠기는 일이 잦았다. 싯다르타가 깊은 생각에 잠기는 일이 자주 일어날수록 숫도다나왕의 마음은 점점 어두워졌다.

왕은 그를 즐겁게 하여 홀로 사색에 빠지는 일이 없도록 항상 마음을 썼다. 대신의 자녀들 중 같은 또래를 곁에 머물게 하여 그를 즐겁게 해 주려고 애썼다. 그러나 그러면 그럴수록 싯다르타는 홀로 있고 싶어 했다.

오랫동안 궁전 속에만 있던 싯다르타는 어느 날 문득 궁전 밖에 나가 바람이나 쏘였으면 하고 생각했다. 그 뜻을 부왕에게 말씀드리자 왕은 기꺼이 허락해 주었다. 왕은 곧 화려한 수레를 마련하게 하는 한편 신하들에게 분부하여 태자가 이르는 곳마다 값진 향을 뿌리고 아름다운 꽃으로 장식하여 태자의 마음을 기쁘게 해주도록 일렀다.

싯다르타를 태운 수레가 동쪽 성문을 막 벗어났을 때였다. 머리는 마른 풀처럼 빛이 바래고 몸은 그가 짚은 지팡이처럼 바짝 마른 노인이 숨을 헐떡거리면서 저쪽에서 오고 있었다. 화려한 궁중에서만 자란 태자는 일찍이 그와 같이 참혹한 노인을 본 적이 없었다. 그는 시종에게 물었다.

"왜 저 사람은 저토록 비참한 모양을 하고 있느냐?"

시종은 대답했다.

"사람이 늙으면 저렇게 됩니다. 점점 나이 먹으면 기운이 빠지고 숨이 차 헐떡거리게 되고, 눈이 어두워져 앞을 잘 못보게 되며, 이가 빠져 굳은 것은 먹을 수도 없습니다. 그래서 저렇게 초라하게 되고 맙니다."

이 말을 들은 태자의 마음에는 어두운 그늘이 스며

들었다. '사람이 늙으면 누구나 저렇게 된다?' 싯다르타는 침통하게 혼자말을 했다. '그렇다면 나도 결국은 저와 같은 늙은이가 되겠구나!'

시종은 자신도 모르게 태자의 말을 받았다.

"그렇습니다. 이 세상에 태어난 사람이면 태자이건 시종이건 신분의 높고 낮음을 가릴 것 없이 누구나 저런 노인의 모양을 면할 수 없습니다."

시종의 말을 듣고 난 태자는 한동안 멍하니 먼 하늘을 바라보다가 힘없는 소리로,

"수레를 왕궁으로 돌려라!"

하고 일렀다. 모처럼의 소풍길에서 되돌아선 태자의 마음에는 또 한 겹의 어둠이 덮이게 된 것이다. 싯다르타의 번민하는 모습을 본 부왕은 아시타 선인의 예언대로 싯다르타가 혹시 출가를 하게 되지나 않을까 하고 걱정을 했다. 그리하여 태자의 생활이 전보다 한층 더 호화롭고 기쁨에 차도록 마음을 썼다.

그 뒤 어느 날 태자는 또 답답한 궁중을 벗어나 자연을 즐기려고 했다. 왕은 신하들에게 명령을 내려, 이번에는 길가에 궂은 것은 하나도 눈에 띄지 않도록 단단히 당부를 해 놓았다. 수레는 남쪽 성문 밖으로 나갔다. 얼마쯤 가다 보니 길가에 누더기를 뒤집어 쓴 채 쓰러져 신음하는 사람이 있었다. 얼굴은 파리하고 팔다리는 뼈만 앙상했다. 싯다르타는 수레를 멈추게 하고 시종에게 물었다.

"저 이는 웬 사람인가?"

시종은 지난번 일도 있고 해서 꺼림칙한 생각이 들었지만 솔직하게 대답하지 않을 수가 없었다.

"저 사람은 지금 병에 걸려 앓고 있습니다. 이 육신을 가진 사람은 한평생을 사는 동안 전혀 앓지 않고 지낼 수는 없습니다. 앓는다는 것은 몹시 괴로운 일입니다. 저 사람은 지금 아픔을 못 이겨 신음하고 있는 중입니다."

태자는 그 자리에서 깊은 생각에 잠겼다. '사람은 왜 병에 걸려 고통을 받아야만 할까? 늙음의 고통이나 질병의 고통은 왜 생기는 것일까? 그러한 고통에서 벗어나는 길은 없을까?' 그날도 태자는 도중에서 돌아오고 말았다. 날씨는 맑게 개어 화창했지만 태자의 눈에는 모든 것이 병들어 빛이 바래 보였다.

또 어느 날 싯다르타는 서쪽 성문을 벗어나 들로 나갔다. 수레를 끌고 달리는 말처럼 오늘만은 어쩐지 그의 마음도 가벼웠다. 태자의 수레가 들길을 지나 인적이 드문 고요한 숲에 이르렀다. 바로 그때, 죽은 시체를 앞세우고 슬피 울며 지나가는 행렬과 마주치게 되었다. 깜짝 놀란 싯다르타는 시종에게 물었다.

"저건 무엇이냐?"

시체인 줄 뻔히 알고 있는 시종은 태자의 반응이 두려워 입을 열지 못했다. 태자는 성급하게 다시 물었다.

"도대체 무엇이기에 대답을 주저하느냐?"

시종은 하는 수 없이 말문을 열었다.

"죽은 사람이올시다. 죽음이란 생명이 끊어지고 영혼이 육체에서 떠나가는 것입니다. 죽음은 영원한 이별을 가져다 주는 가장 슬픈 일입니다."

싯다르타는 자기 자신의 죽음을 본 것처럼 가슴이 내려앉았다. 지금 자기는 살고 있는 것이 아니라 순간순간 죽음의 길을 걷고 있다는 사실을 비로소 깨달은 것이다. 해가 기운 뒤에야 수레가 돌아오는 걸 보고 부왕은 흐뭇하게 생각했다. 그러나 수레가 가까이 다다랐을 때 싯다르타의 얼굴은 비참하게 그늘져 있었다. 이날부터 그는 혼자 있는 시간이 더욱 잦게 되었다.

며칠 뒤 싯다르타는 북쪽문을 거쳐 밖으로 나갔다. 북쪽 성문을 나서자 우람한 수목들이 숲을 이루고 있었다. 숲속으로 난 오솔길로 텁수룩한 머리에 다 해진 누더기를 걸친 사람이 걸어오고 있었다. 옷은 비록 남루하지만 걸음걸이는 의젓했고 얼굴에는 거룩한 기품이 감돌며 눈매가 빛났다. 수레 가까이 온 그 사람은 태자를 쳐다보았다. 그런데 그 모습이 너무도 의젓했으므로 태자는 자신도 모르게 수레에서 내려 그에게 머리를 숙였다.

"당신은 어떤 분이십니까?"

그 사람은 낭랑한 음성으로 대답했다.

"나는 출가 사문(出家沙門)이오."

출가 사문이란 세상의 모든 일을 버리고 집을 나와 도를 닦는 수행자를 말한다.

싯다르타는 다시 물었다.

"출가한 사문에게는 무슨 이익이 있습니까?"

"나는 일찍이 세상에서 늙음과 질병과 죽음의 고통을 자신과 이웃을 통해 맛보았소. 그리고 모든 것이 덧없다는 것을 알았소. 그래서 부모와 형제를 이별하고 집을 떠나, 고요한 곳에서 이 고통으로부터 벗어나기 위해 수도를 했소. 내가 가는 길은 세속에 물들지 않는 평안의 길이오. 나는 이제 그 길에 이르러 영원한 평안을 얻었소."

이 말을 남기고 사문은 태자의 곁을 떠나 휘적휘적 가버렸다. 사문의 말을 듣고 난 싯다르타의 가슴에는 시원한 강물이 흐르는 듯했다. 그의 눈에는 감격의 눈물이 맺혔다. 사문의 뒷모습을 바라보는 태자의 마음에 무엇인가 굳은 결심이 생겼다. 『佛傳』

4. 학문에 대한 회의

숫도다나왕은 태자를 위해서라면 무슨 일이든 가리지를 않았다. 태자에게는 어떤 괴로움이나 불편도 주지 않으려고 했다. 부처님은 뒷날 태자 시절을 회상하면서 이렇게 말씀하신 적이 있다.

'나는 이루 말할 수 없이 호사스런 나날을 보냈었다. 아버지의 왕궁에는 커다란 연못이 있었는데 거기에는 여러 가지 빛깔의 연꽃이 피어 있었다. 그런 것들은 모두가 나를 즐겁게 하기 위해 마련된 것이었다.

나는 카시 지방에서 나는 향밖에는 쓰지 않았다. 내가 입던 옷감도 역시 카시에서 생산되는 것이었다. 내가 밖으로 나갈 때는 언제나 양산을 들어 주는 시종이 따랐다. 게다가 나는 겨울과 여름과 장마철에 따라 그때그때 편리하도록 꾸며진 궁전을 세 채나 가지고 있었다. 나는 아름다운 여자들에게 둘러싸여 장마철에도 지루하지 않게 보낼 수 있었다.'

태자 시절이 얼마나 호사스러웠던가를 넉넉히 짐작할 만하다. 그러나 한번 깊이 품은 인생에 대한 회의는 그런 호사와 즐거움으로도 어떻게 메꾸어질 수 없었다. 쾌락이 지나간 다음에 스며드는 허전함을 맛볼 때마다 태자의 회의는 더욱 깊어갈 뿐이었다.

출가한 사문(沙門)을 만난 뒤부터 태자는 더욱 혼자 있기를 좋아하는 것 같았다. 왕은 태자의 관심을 다른 데로 쏠리게 하기 위해 이제부터는 태자에게 심오한 학문을 가르치기로 했다. 숫도다나왕은 나라에서 가장 학식이 뛰어난 비슈바미트라라는 학자를 모셔다 태자의 스승으로 삼았다. 태자에게 글을 가르치던 첫날, 그 스승은 태자의 총명을 보고 놀랐다. 그는 지금까지 많은 왕자들을 가르쳐 보았지만 싯다르타처럼 뛰어난 천재는 일찍이 보지 못했기 때문이다. 태자는 인도의 가장 오래된 고전인 베다 성전을 줄줄 욀 만큼 기억력도 비상했다. 스승 비슈바미트라가 알고 있는 깊은 학문도 오래지 않아 거의 다 배우게 됐다.

싯다르타의 학문은 나날이 깊어갔다. 숫도다나왕은

스승을 불러 나라의 임금으로서 필요한 제왕(帝王)의 길도 가르쳐 줄 것을 부탁했다. 그리고 얼마 후에는 크샨티데바라는 군사학의 대가를 불러 무예와 병법도 가르쳤다.

태자는 다른 학문에 못지 않게 무예와 병법에도 뛰어난 소질을 갖추고 있었다. 그에게는 처음 배우는 지식이라 모두가 신기하기만 했다. 그러므로 새것을 알고 싶어하는 소년다운 호기심으로 더욱 열심히 공부했다. 스승으로부터 이런 소식을 전해 들은 왕은 몹시 기뻐했다.

이 세상에서 견줄 데 없이 총명한 태자가 다른 길을 걸으려는 생각을 버리고, 자기의 뒤를 이어 카필라를 잘 다스려 주기만 한다면 더 이상 바랄 것이 없었다. 그러나 부왕의 안심은 오래 가지 못했다. 글을 배워 지식이 넓어져 감에 따라 태자는 회의가 없어지기는커녕 더욱 깊어져 가는 것이었다. 깊은 학문을 쌓은 태자는 학문이란 한날 지식을 넓혀줄 뿐 인생의 근본적인 문제에 대해서는 무력하다는 것을 알게 되었다. 사람은 어째서 늙고, 병들어 죽어가는가? 무엇 때문에 태어나는 것일까? 이런 인생의 근원적인 문제에 대해서는 어떤 책에서도 어떠한 학문에서도 해답을 주지 못했다.

태자는 이와 같은 인생의 문제에 대해 입을 다물고 있는 학문을 끝까지 좋아할 수가 없었다. 어디엔가 자신의 의문을 풀어 줄 수 있는 길이 있을 것만 같이 생각되었다. 이제 싯다르타는 스승으로부터 더 이상 배울 만한 새로운 학문이 없음을 알았다. 스승도 역시 그 이상 가르쳐 줄 것이 없다고 떠나가 버렸다. 결국 태자는 또다시 명상에 잠기게 되었다. 다시 불안해진 숫도다나왕은 어떻게 하면 태자의 마음을 궁중에 붙잡아 둘 수 있을까 하고 여러 가지로 궁리한 끝에 한 가지 좋은 생각을 떠올렸다. 그것은 아름다운 아가씨와 결혼을 시키는 일이다. 아름다운 여성이 태자의 아내가 되어 곁에 있으면 명상에 잠길 겨를도 출가하여 사문이 되려는 생각도 없어지고 말 것이라고 믿었다.

『佛傳』

5. 결혼

싯다르타가 열아홉 살이 되자 부왕은 서둘러 태자비를 물색하기로 했다. 태자는 결혼이 마음에 내키지 않았지만 부왕의 간곡한 권유를 뿌리칠 수 없었다. 한편 부왕을 기쁘게 해드리고 싶은 마음도 없지 않아 부왕의 뜻에 따르기로 했다. 가문 좋고 아름답고 슬기로운 규수를 물색한 끝에 같은 사캬족 대신의 딸 야쇼다라를 태자비로 정했지만, 싯다르타에게는 결혼이라는 것이 전혀 남의 일 같아서 좀처럼 실감이 들지 않았다.

태자는 결혼한 다음에도 여전히 사색에 잠기거나 침울한 생각에 빠질 때가 있었다. 그때마다 슬기로운 야쇼다라는 보다 상냥하게 태자의 마음을 위로하는 데 정성을 다했다.

그러나 행복해야만 할 싯다르타는 날이 갈수록 무엇엔가 마음을 잃은 듯 침울한 표정을 지을 때가 잦았다. 수많은 궁녀들이 그의 둘레에 몰려들어 춤과 노래로 위로하려 했지만 그의 마음속 깊이 자리잡은 생각만은 아무도 어쩔 수가 없었다. 싯다르타 역시 쾌락의 재미를 모르는 바 아니지만 쾌락 뒤의 공허를 더욱 잘 알고 있었다.

인간이 영원히 살 수 있고 모든 사람이 한결같이 행복하다면, 그도 역시 마음놓고 쾌락을 즐길 수 있었을 것이다. 그러나 태자는 이 세상에 태어나면서부터 인생의 덧없음을 몸소 겪었던 것이다. 어머니의 죽음, 그것은 어린 시절부터 싯다르타의 눈을 인생의 근원적인 문제로 돌리게 했다. 인간은 누구나 죽는다. 살아있다고 하지만 언제 죽을지 아무도 모른다. 죽으면 우리는 어떻게 되는 것일까. 젊고 아름다운 사람을 볼 때마다 싯다르타의 눈에는 그가 늙었을 때의 추해진 모습이 문득 떠오르는 것이다. 그는 스스로 그런 생각을 잠재우려 했지만 그렇게 되지 않았다. 그는 혼자서 인생의 근원적인 병을 앓고 있었다. 아내인 야쇼다라도 어쩔 도리가 없었다.

그가 뒷날 부처님이 되었을 때 제자들에게 이런 말을 한 적이 있다.

'어리석은 사람들은 자신의 병을 피할 수 없다는 것을 모르고 있다. 그래서 앓는 사람을 보면 누구나 싫어서 피해 버린다. 그러나 나는 지금 앓고 있지는 않지만 언젠가는 반드시 앓게 되리라는 것을 알고 있기 때문에 병든 사람을 싫어하지 않는다. 또 어리석은 사람들은 누구든지 자신이 늙어가고 있음을 모르고 있다. 그러므로 늙은 사람을 보면 싫어한다. 그러나 나는 내가 늙어가고 있다는 사실을 알고 있기 때문에 노인을 싫어하지 않는다.'

싯다르타는 그때 젊음 속에서도 늙은 자신의 모습을 보았고 병들어 앓다가 죽어가는 모습도 보았다. 괴로움을 짊어지고 시시각각 죽음을 향해 걸어가고 있는 자신의 모습을 깊은 사색 속에서 역력히 보았던 것이다.

태자의 기억 속에는 또다시 전에 성문 밖에서 만났던 사문의 모습이 떠올랐다. 문득 그 사문을 다시 만나보고 싶은 충동을 느꼈다. 이 무렵 싯다르타는 야쇼다라가 곁에 있는 것도 잊어버리고 자주 명상에 잠겼었다. 결혼 생활도 태자의 마음을 붙잡을 수는 없었다.

싯다르타의 나이 스물아홉이 되었다. 야쇼다라와 결혼한 지도 벌써 십 년이 지났다. 어느 날 그는 문득 이런 생각을 했다. '결혼 때문에 출가가 십 년이나 늦어졌구나. 이러다가는 몇 해가 더 늦어질런지 알 수 없다. 나는 지금 자꾸 늙으며 죽음으로 점점 가까이 가고 있는데…….' 싯다르타의 마음은 갑자기 초조해지기 시작했다. 이대로 살다 죽는다면 아무런 보람도 없으리라는 데에 생각이 미치자 그의 앞에는 하나의 길이 훤히 열렸다. 그 순간 싯다르타는 혼자서 외쳤다. '그렇다! 나도 출가 사문의 길을 찾아 나서자.' 마침내 싯다르타의 마음에 출가할 결심이 서게 되었다. 이제는 어느 누가 말린다 해도 자기는 출가의 길을 택할 수밖에 없다고 굳게 결심했다. 이렇게 마음을 정하고 나니 지금까지 괴로웠던 번민이 스르르 풀리는 듯했다.

이미 출가를 결심한 싯다르타는 이제 남은 것은 시기뿐이라고 생각했다. 그러나 한편 자기가 떠나버린 뒤의 일들을 생각하니 한가닥 불안이 잇따랐다. '부왕의 실망이 얼마나 클 것인가. 다행히 이모인 마하파자파티에게서 태어난 동생이 있으니 왕위를 계승하는 문제는 걱정이 없다. 그러나 내가 출가해 버린 걸 아신 부왕은 얼마나 애통해 할 것인가. 그리고 아내 야쇼다라는 또 얼마나 슬퍼할 것인가.'

이런 생각 때문에 싯다르타는 잠을 이룰 수 없었다. 후일 부처님은 이때의 심정을 다음과 같이 말씀하셨다.

'나는 아직 젊은 청년으로서 머리는 검고 청춘의 즐거움으로 가득 차 있었다. 내 앞에는 영화로운 임금의 자리가 기다리고 있었다. 그러나 나는 영원한 진리를 찾아 부모와 아내가 눈물로써 만류하는 것을 뿌리치고 인생의 봄을 등졌던 것이다. 나는 왕궁을 빠져나와 머리를 깎고 가사를 입은 후 출가 사문의 길을 떠났었

다.'

그때 싯다르타의 심경을 짐작케 하는 말이다.

한편 숫도다나왕은 아시타 선인의 예언이 다만 예언으로 끝나 주기를 바랐다. 자기의 왕위를 이어 받아 훌륭한 임금이 되어 주기만을 간절히 원했던 것이다. 태자의 이름을, 모든 소원을 이루게 하는 사람이라는 뜻에서 싯다르타라고 지은 것도 그러한 왕의 소원이 이루어지기를 진심으로 바랐기 때문이다. 이제 모든 것을 버리고 출가할 것을 결심한 태자는 어느 날 아무런 예고도 없이 부왕 앞에 나타났다.

"저는 아무래도 사문의 길을 가야겠습니다. 저에게 출가를 허락해 주십시오."

이 말을 듣는 순간 왕은 눈앞이 캄캄했다. 그러나 마지막으로 다시 한번 아들의 뜻을 돌려보려고 했다.

"사랑하는 태자야, 무슨 소원이든지 다 들어줄 터이니 제발 출가할 뜻만은 버려다오."

"그러시다면 저에게 한 가지 소원이 있습니다."

"오, 그 소원이란 대체 무엇이냐?"

"이 소원만 이루어 주신다면 저는 출가의 뜻을 버리겠습니다."

숫도다나왕의 얼굴에는 밝은 빛이 감돌았다.

"어서 그 소원을 말해 보아라."

왕의 표정과는 달리 싯다르타의 얼굴은 돌처럼 굳어 있었다. 나직하면서도 힘있는 말이 그의 입에서 나왔다.

"제 소원은 죽음을 뛰어넘는 일입니다. 늙고 죽어가는 고통에서 벗어날 수 있는 방법을 가르쳐 주신다면 저는 이 자리에서 출가의 뜻을 버리겠습니다."

이 말에 왕은 어처구니가 없었다. 그러나 너무도 진지하고 슬픈 태자의 표정을 보자 화를 낼 수도 없었다. 모든 소원을 다 들어 주겠다던 왕도 그러한 태자의 소원만은 어쩔 도리가 없었다. 국왕인 자신도 늙음과 죽음 앞에서만은 너무도 무력하다는 것을 새삼스레 느끼게 된 것이다.

마음의 준비도 굳게 되었고 왕에게도 출가의 결심을 알린 뒤라 싯다르타는 이제 왕궁을 떠날 기회만을 찾고 있었다. 태자는 아내 야쇼다라와 이모인 마하파자파티에게는 출가의 결심을 말하지 않기로 했다. 미리 알려 줌으로써 연약한 여인들의 가슴에 상처를 주고 싶지 않았기 때문이다.

마침 이 무렵 궁전 안에 기쁜 소식이 전해졌다. 야쇼다라가 아들을 낳은 것이다. 숫도다나왕은 너무 기뻐 어쩔 줄 몰랐다. 곧 분부를 내려 큰 잔치를 베풀고 왕손의 탄생을 축하하도록 했다. 그런데 정작 이 경사를 기뻐해야 할 싯다르타는 이날따라 그 자취가 보이지 않았다. 해가 지고 어둠이 내릴 무렵에야 그는 궁전으로 돌아왔다. 그날도 숲속에 들어가 온종일 혼자 명상에 잠기다 돌아오는 길이었다. 궁전 앞에 이르러 사람들이 웅성거리며 즐거워하는 광경을 보자 비로소 궁중에 경사가 일어난 줄을 알았다. 자기에게 아들이 생겼다는 소식을 들은 싯다르타는 '오, 라홀라!' 하고 탄식했다. 라훌라는 장애(障碍)라는 뜻이다. 자기의 갈 길을 막는 존재라는 말이다. 그를 얽어 맬 인정이 또 하나 태어났기 때문이다.

싯다르타는 얼마나 괴로웠기에 자기 아들의 탄생을 보고 라훌라라고 했을까. 이때 태자가 탄식한 말은 그대로 어린아이의 이름이 되고 말았다. 아들이 태어났다는 소식을 듣고 라훌라라고 탄식을 했지만 한편 이제야말로 기회가 왔다고 결심했다. 왜냐하면 그때 인도의 풍습으로는 대를 이을 후계자가 있어야 출가가 떳떳하게 여겨졌기 때문이다. 『佛傳』

제 2 장 성도하기까지

1. 출가

마침내 어느 날 밤, 싯다르타는 왕궁을 떠나기로 결심했다. 마지막 밤이나마 모든 사람들의 마음을 기쁘게 해주고 싶었다. 야쇼다라와 함께 궁녀들의 노래와 춤을 즐거운 듯 구경했다. 그리고 밤이 깊었을 때 싯다르타는 평화스럽게 잠든 아내 야쇼다라와 어린 아기를 번갈아보았다. 이 세상에서는 보기 드문 평화가 어머니와 아기의 잠든 얼굴에 깃들어 있었다. 싯다르타는 속으로 그들에게 용서를 빌었다.

모든 사람들이 깊이 잠든 한밤중에 그는 자리에서 일어났다. 지난밤에 그토록 법석이던 궁중이 이제는 무덤처럼 적막했다. 드넓은 대청마루에서는 지난밤 노래하고 춤추던 궁녀들이 여기저기 쓰러져 자고 있었다. 어떤 궁녀는 이를 갈면서 자는가 하면 입을 벌린 채 침을 흘리는 여자도 있었다. 그리고 또 어떤 궁녀는 이불을 걷어차 버리고 추한 모양으로 자고 있었다. 피로에 지쳐 곯아떨어진 궁녀들의 몰골은 아름답게 치장하고 있을 때와는 너무도 달랐다. 이 광경을 본 싯다르타는 그들이 가엾었다. 또한 인간의 꾸밈없는 모습을 거기서 본 듯했다.

밖으로 나와 시종이 살고 있는 집 앞으로 다가갔다. 낮은 목소리로 시종 찬다카를 깨워 말을 끌고 나오도록 했다. 싯다르타는 말에 올랐다. 그가 말을 타고 궁중을 빠져나가는 것을 찬다카 이외에는 아무도 모르고 있었다. 찬다카는 무언가 마음에 집히는 일이 있었지만 태자의 그 엄숙하고도 비장한 표정을 보고서 감히 입을 열 수가 없었다. 성문을 나올 때 태자는 속으로 맹세를 했다. '내가 생사의 문제를 해결하기 전에는 다시 이 문으로 들어오지 않으리라.' 싯다르타는 오랜 세월을 두고 갈망하던 출가의 길을 마침내 이렇게 해서 떠나게 되었다. 태자의 행차치고는 너무도 외로운 길이었다. 원래 출가 사문의 길은 혼자서 가는 고독한 길이다.

싯다르타는 성을 벗어나자 길을 재촉했다. 말발굽 소리만이 밤하늘에 울려 퍼졌다. 이따금 숲에서 밤새들의 울음소리가 들려올 뿐 태자와 찬다카는 한 마디 말도 없었다. 아누피야 고을을 흐르는 아노마강을 건너자 먼동이 트기 시작했다. 새벽의 맑은 강바람이 상쾌하게 불어왔다.

싯다르타는 말에서 내렸다. 시종의 손을 잡으면서 부드럽게 말했다.

"찬다카, 수고했네."

이 길이 태자의 출가임을 알아차린 찬다카는 흐느껴 울었다. 싯다르타는 강물에 얼굴을 씻고 허리에서 칼을 뽑아 치렁치렁한 머리칼을 손수 잘랐다. 찬다카는 눈물을 흘리며 그 모양을 말없이 지켜볼 수밖에 없었다. 싯다르타는 몸에 지녔던 패물을 모두 떼어 찬다카에게 내주며 말했다.

"이 목걸이를 부왕께 전하여라. 그리고 싯다르타는 죽은 것으로 생각하시라고 말씀드려라. 내 뜻이 이루어지기 전에는 죽는 한이 있더라도 돌아가지 않을 것이다. 나는 왕위 같은 세속의 욕망은 털끝만큼도 없다. 다만 생로병사의 괴로움에서 벗어나기 위해 이 길을 걷는다고 말씀드려라."

그리고 다른 패물을 주면서 이런 부탁도 했다.

"이것은 이모님과 야쇼다라에게 전하여라. 내가 출가 사문이 된 것은 세속을 떠나기 위해서가 아니라 지혜와 자비의 길을 찾기 위해서라고 말해다오."

그때 마침 사냥꾼이 그들 곁을 지나갔다. 태자는 그 사냥군을 불렀다. 그리고 자기가 입고 온 호화스러운 태자의 옷을 벗어서 사냥꾼에게 주고 사냥꾼의 해진 옷을 얻어입었다. 머리를 깎고 다 해진 옷을 걸친 싯다르타의 모습은 누가 보아도 카필라의 태자로는 보지 않게 되었다. 그의 모습은 도를 구하는 사문으로밖에 볼 수 없었다.

"찬다카여, 그럼 우리는 여기서 헤어지기로 하자. 만나면 헤어지는 게 이 세상 인연이 아니냐. 그럼 잘 가거라."

찬다카는 그 자리에 주저앉아 통곡을 했다. 싯다르

타는 마지막으로 타고 온 백마를 쓰다듬어 주었다.

"그 동안 너는 나를 위해 수고가 많았다. 너도 잘 가거라."

백마도 이별을 서운해 하는 듯 눈물을 흘렸다.

「佛傳」

2. 구도의 길

구도(求道)의 길을 찾아 왕궁을 뛰쳐나온 싯다르타는 우선 가까운 숲으로 들어갔다. 그는 어떤 나무 아래 단정히 앉아 정신을 한곳에 집중하기 시작했다. 싯다르타는 죽어도 물러서지 않겠다는 굳은 결심으로 최초의 싸움에 임했다. 머리 위로 태양이 높이 솟아올랐다. 싯다르타는 심한 갈증과 허기를 느꼈지만 움직이지 않았다. 이름 모를 새들이 지저귀고 이따금 사나운 짐승들의 포효가 멀리서 혹은 가까이서 들려 왔다. 그러나 뜻을 굳게 세운 싯다르타는 조금도 흔들림이 없었다. 해가 기울고 어둔 밤이 되어도 그 곳을 떠나려 하지 않았다. 오로지 정신을 한곳에 집중시키려고 애썼다. 그러나 지나간 온갖 기억들이 되살아나 그의 머리속을 어지럽게 했다.

밤이 깊어갈수록 숲은 무거운 정적으로 가라앉았다. 그는 마음을 더욱 굳게 가다듬었다. 이렇게 하여 첫밤을 지새고 나자 싯다르타는 처음으로 자기 뜻대로 수행이 되는 듯한 생각이 들었다. 그러나 번거로운 기억들은 쉽게 지워지지 않았다. 다음날도 그 다음날도 같은 상태가 계속되었다. 허기가 져서 참을 수 없게 되면 가까이서 흐르는 개울물을 마실 뿐 아무것도 먹지 않았다. 그렇게 하면서 싯다르타는 이 우주의 진리를 깨닫지 않으면 안 된다고 더욱 굳게 결심을 다졌다.

어떤 날 밤에는 비가 내렸고 비가 개고 나서는 쌀쌀한 바람이 숲을 몰아쳤다. 비에 흠뻑 젖은 싯다르타는 이가 딱딱 부딪치도록 추위에 떨었다. 더구나 속이 비어 추위를 이겨내기가 어려웠다. 순간 왕궁의 따뜻한 방안 생각이 났다. 싯다르타는 부질없는 생각을 떨쳐버렸다. 그리고 어떠한 유혹에도 뜻을 굽히지 않았다. 이런 상태로 꼬박 한 주일을 같은 자리에 앉아 있었다. 그러나 깨달음을 얻지는 못했다. 깨달음이 그리 쉽게 얻어지는 것이 아니라는 것을 비로소 알게 되었다.

혼자서 진리를 구하는 것보다 수행의 힘이 뛰어난 사람들에게 가르침을 받아야겠다는 생각이 들었다. 그리고 너무 조급하게 굴어서는 안 되겠다고 생각했다. 마음의 여유를 가지고 차근차근 닦아 나가는 것이 현명한 방법이라는 것을 알게 되었다. 이대로 같은 자리에만 앉아 있는 것이 아무런 소득도 없다고 생각한 싯다르타는 여드레만에 그 자리를 떨치고 일어났다. 그리고 숲에서 가까운 마을로 밥을 빌러 내려갔다. 싯다르타는 이제 완전한 수행승이 되어버린 것이다. 해진 옷을 걸치고 얼굴은 여위어 걸음걸이도 휘청거렸다.

그러나 그 눈은 빛나고 얼굴에는 맑고 깊은 의지의 빛이 배어 있었다. 몸은 비록 참기 어려운 고통을 겪고 있었지만 마음은 차분히 가라앉아 새로운 희망을 지닐 수 있었다. 그는 괴로움을 하나하나 참고 견디는 일에 인내의 의미를 깨닫게 된 것이다. 의지가 약한 사람이었다면 그는 벌써 쓰러졌을 것이다. 그러나 목숨을 걸고 도(道)를 찾는 싯다르타에게 그만한 고통은 장애가 될 수 없었다.

싯다르타는 가까이 있는 수행승한테서 박가바라는 선인(仙人)의 이야기를 듣고 그가 고행하고 있다는 숲을 찾아갔다. 그 숲은 마을에서 멀리 떨어져 사람들의 발걸음이 미치지 않는 한적한 곳이었다. 고요 속에 청정한 기운이 감도는 숲은 두려운 생각마저 들게 했다. 싯다르타는 처음으로 자신의 스승이 될 만한 사람을 찾아가는 길이었다. 그러나 박가바 선인의 제자들을 보고 선뜻 느낀 것은 실망이었다. 그들은 남이 흉내낼 수 없는 어려운 고행을 하고 있었다. 어떤 사람은 가시로 몸을 찔러 피가 흐르고, 흐른 피가 검붉게 굳어 있는데도 참고 누워 있었다. 몸무게에 눌리면 눌릴수록 더욱 가시는 살 속으로 파고들었다. 또 어떤 고행자는 더러운 쓰레기더미 속에 누워 있었다. 더럽고 냄새나는 것에 무관심한 듯했다. 혹은 타오르는 불꽃에 몸을 벌겋게 달구고 있는 사람도 보였다. 그리고 한쪽 발로 딛고 서 있는 사람, 물속에 들어가 숨을 죽이고 있는 사람도 있었다. 그들 가운데는 발가벗고 종일 물구나무를 서는 고행자도 있었다. 하루에 한 끼만 먹는 이도 있었고, 이틀에 한 끼, 사흘에 한 끼밖에 먹지 않는 사람도 있었다.

수행승은 혹독한 고행을 하는 사람일수록 사람들에게 존경을 받고 있었다. 그들은 고행을 참아내는 일로써 수행을 삼고 있는 듯했다. 그 참을성에는 감동하지 않을 수 없었지만 그와 같은 고행 자체에 이해가 가지 않았다. 그 고행자들의 얼굴은 하나같이 어두운 그늘이 덮여 어쩐지 처참하고 불결하게만 생각되었다.

싯다르타는 박가바에게 물었다.

"무엇 때문에 이 같은 고행을 합니까?"

선인은 이런 고행이 당연하다는 얼굴로 말했다.

"천상에 태어나기 위해서요."

이 말을 듣고 싯다르타는 웃을 뻔했다. 너무도 어처구니없는 말이었기 때문이었다. 모처럼 찾아간 스승이었으므로 여기에서 받은 실망은 클 수밖에 없었다.

'즐거움을 얻기 위해 괴로움을 참는다고? 설사 천상에 태어난다 할지라도 천상의 즐거움이 다하면 다시 인간 세계에서 고통을 겪어야 하지 않는가. 게다가 천상에 태어난다는 것을 무엇으로 보장할 수 있단 말인가.'

이렇게 생각한 싯다르타는 그들의 고행이 더욱 어리석은 짓으로 보였다. 싯다르타가 묵묵히 생각에 잠겨 있는 것을 본 박가바 선인은 다시 입을 열었다.

"처음 고행은 참으로 괴롭고 어렵지만 차차 수행을

쌓으면 보기보다는 참아내기가 어렵지 않게 되오."

선인은 싯다르타가 잠자코 있는 것이 심한 고행에 놀라 의기가 죽은 것으로 생각했던 모양이다. 싯다르타는 조용히 말했다.

"견딜 수 없는 고행에 대해서는 존경심이 갑니다. 그러나 그것을 어떤 보상을 바라고 한다면 괴로움은 영원히 떠나지 않을 것입니다. 영원히 되풀이될 고와 낙을 어떻게 하겠습니까?"

선인은 무어라 대답할 말이 없었다. 하룻밤을 그 곳에서 머문 다음 싯다르타는 다시 길을 떠났다. 박가바의 제자들로부터 남쪽으로 가면 아라라 칼라마라는 훌륭한 선인이 있다는 말을 들었다. 그를 찾아가기로 했다. 싯다르타는 이곳에 온 것이 전혀 무익하지만은 않았다. 인간이 그러한 고행까지도 이겨낼 수 있다는 것은 분명히 새로운 발견이었다. 그러나 그 구하는 바가 너무도 어처구니없는 것이었다. 아라라 칼라마의 덕망은 싯다르타도 전부터 듣고 있었다. 그가 있는 곳까지는 길이 멀었다. 몇 개의 강을 건너고 산을 넘어야 했다. 도중에 강가강을 건너 라자가하〔王舍城〕에 들르게 되었다. 라자가하는 마가다나라의 수도로 인구도 많고 집들이 카필라보다도 훨씬 호화로왔다. 마가다는 빔비사라왕이 다스리고 있는 나라였다. 『佛傳』

3. 스승을 찾아서

싯다르타는 라자가하에서 걸식을 하고 있었다. 사람들은 그 빼어난 모습과 기품 있는 행동을 보고 그가 카필라 왕국의 태자임을 첫눈에 알아보았다. 삽시간에 소문이 퍼졌다. 그러나 그는 그런 것을 알 리 없이 판다바산 동쪽에 사문들이 모이는 곳을 찾아가 자리를 잡고 앉아 명상에 잠겨 있었다. 이 소문을 들은 빔비사라왕은 기쁜 마음으로 즉시 카필라의 태자를 만나기 위해 몇 사람의 신하를 거느리고 싯다르타를 찾아갔다. 싯다르타는 자기를 찾아온 분이 이 나라의 왕인 줄을 알았다. 일어나 왕을 정중히 맞이했다. 왕도 싯다르타를 보고 수행자에 대한 예로써 인사를 했다.

"태자가 출가하였다는 소문을 듣고 놀랐소. 태자의 부왕께서는 얼마나 가슴 아파하시겠소. 태자처럼 젊고 기품 있는 사람이 사문이 되어 고생한다는 것은 참으로 아까운 일이오. 나와 함께 우리 나라에서 사는 것이 어떻겠소? 마음에 드는 땅을 드리고 편히 살 수 있도록 해드리겠소."

그러나 싯다르타는 정중하게 사양했다.

"친절하신 말씀은 고맙습니다. 그러나 저는 이미 세상의 모든 욕망을 버리고 출가한 몸입니다."

"그렇다면 무슨 목적이 있어 출가를 하셨소."

"늙고 병들고 죽는 괴로움에서 벗어나 내 자신과 이

웃을 구제하기 위해서입니다.”

“그것을 이룰 수가 있겠소?”

싯다르타는 조용히 대답했다.

“되고 안 되고는 해보지 않고는 모릅니다. 저는 그것을 알기까지 죽어도 물러서지 않을 각오입니다.”

이러한 싯다르타의 높은 뜻과 굳은 결심을 보고 빔비사라왕은 크게 감동했다.

“태자의 굳은 결심이 반드시 이루어지기를 빌겠소. 만약 그러한 도를 얻으면 나에게도 그 법을 가르쳐 주기 바라오.”

왕은 마음속으로 태자를 존경하지 않을 수 없었다. 믿음직한 젊은이라고 생각했다. 저런 인물이 왕이 되어 나라를 다스린다면 태평한 세월을 누릴 것이라고 믿었다. 이와 같이 싯다르타를 만나는 사람이면 누구나 그 인품과 정신력에 감동받지 않을 수 없었다.

싯다르타는 라자가하를 떠나 아라라 칼라마가 있는 곳에 이르렀다. 아라라는 나이가 많았으나 아직도 건장했다. 그는 싯다르타를 기꺼이 맞이했다. 늙은 선인은 차근차근 이야기를 들려 주었다. 싯다르타는 이 백발의 선인에게서도 역시 아쉬움 같은 것을 느꼈지만 그래도 얻을 것이 많다는 것을 알고 기뻐했다. 오랜만에 스승을 만난 것 같아 흐뭇했다. 그는 그 곳에 머무르며 스승의 가르침에 따라 수행하기로 했다. 그것은 마음의 작용이 정지된 무념 무상(無念無想)의 상태에 이르는 수행이었다. 그는 밤잠을 안 자고 열심히 수행을 계속했다. 그때 아라라 스승에게는 수백 명의 제자가 있었다. 그러나 싯다르타는 다른 제자들이 도저히 따를 수 없는 정열과 용맹심을 가지고 수도에 열중했다. 마침내 싯다르타는 스승이 가르쳐 준 경지에 이르고야 말았다. 스승은 깜짝 놀랐다.

"자네 같은 천재를 만나 기쁠 따름이네. 자네는 이미 내가 얻은 경지에 도달하였네. 이제는 나와 함께 우리 교단을 이끌어 나가세."

그러나 싯다르타는 그것으로 만족할 수 없었다. 보다 높은 경지가 있을 것이라고 확신했다. 그는 무념무상의 상태가 그 위에 없는 열반의 경지가 아님을 알았던 것이다. 그는 스승과 하직하고 보다 높은 수행을 위해 다시 길을 떠났다.

어느 날, 싯다르타는 자기를 찾아온 사람들을 만났다. 그들은 카필라에서 부왕이 보낸 사신들로서 태자가 떠나온 뒤 카필라가 온통 슬픔에 잠겼다는 이야기를 전했다. 그중에서도 부왕과 야쇼다라의 비탄은 차마 곁에서 볼 수 없다는 것이었다. 그러면서 싯다르타에게 왕궁으로 돌아갈 것을 애원했다. 그러나 그는 여전히 그 뜻을 굽히지 않았다.

"어떤 일이 있더라도 돌아갈 수는 없다. 내 본래의 뜻이 이루어지기 전에는 죽어도 돌아가지 않을 것이다. 인간은 이별과 죽음을 피할 수 없는 것, 생사를 두려워하고 있는 한 사람들은 불행에서 벗어날 수 없다. 나의 이 수행은 내 자신만이 아니라 부왕과 이모와 아내와 그 밖의 모든 사람들을 구하려고 하는 뜻에서 시작된 것이다. 그러나 나의 수행은 아직 멀었다. 나의 수행을 방해하지 말고 어서 돌아들 가거라."

사신들은 태자의 이같은 굳은 의지 앞에 더 할 말이 없어 어쩔 수 없이 돌아가게 되었다.

그 뒤 싯다르타는 웃다카 라마풋타라는 스승을 찾아가 그에게서 가르침을 받았다. 웃다카는 칠백 명의 제자들을 거느리고 사유(思惟)를 초월하고 순수한 사상만 남는 비상비비상처(非想非非想處)의 경지에 이르는 길을 가르치고 있었다. 싯다르타는 얼마 안되어 또 웃다카 스승의 경지에 이르게 되었다. 웃다카는 젊은 수도승 싯다르타를 두려워하면서 그 이상의 높은 경지는 없다고 했다.

그러나 싯다르타는 자기가 출가한 궁극의 목적이 여기에 있지 않음을 잘 알고 있었다. 그리하여 더 이상 그 곳에 머물지 않고 다시 길을 떠났다. 세상에서라면 불완전한 스승도 용납될 수 있지만 진리의 세계에 있어서는 용납될 수가 없다. 그래서 그는 보다 완전한 스승을 찾아 여기저기 헤매지 않을 수 없었다. 그러나 그것은 싯다르타의 지나친 욕심이었다. 이 세상에서 완전 무결한 스승이란 있을 수 없다는 것을 그는 뒤늦게야 알게 되었다. 어디를 찾아가 보아도 그럴 만한 스승은 없었다. 그도 그럴 것이, 그 무렵 인도에서 가장 으뜸가는 수행자로 아라라와 웃다카 두 선인을 제외하고는 아무도 없었기 때문이다. 싯다르타는 외로움을 느끼기 시작했다. 그것은 더 이상 의지하고 배울 스승이 없다는 허전함이었다.

그는 문득 생각했다. '어디를 찾아가 보아도 내가 의지해 배울 스승은 없다. 이제는 내 자신이 스승이 될 수밖에 없구나. 그렇다, 나 혼자 힘으로 깨달아야만 한다.' 싯다르타는 지금까지 밖으로만 스승을 찾아 헤매던 일이 오히려 어리석게 생각되었다. 가장 가까운 데 스승을 두고 먼 곳에서만 찾아 헤맨 것이다. 이제는 내 자신밖에 의지할 데가 없다고 생각을 돌이키자 자기 자신의 존재 의미가 새로워졌다.

싯다르타는 우선 머물러 도 닦을 곳을 찾아야 했다. 마가다나라의 가야라는 곳에서 멀지 않은 우루벨라 마을의 숲이 마음에 들었다. 아름다운 숲이 우거진 이 동산 기슭에는 네란자라강〔尼連禪河〕이 잔잔히 흐르고 있었다. 싯다르타는 이곳을 수도장으로 정했다.

『佛傳』

4. 성도

이때 웃다카 교단에서 수도하던 다섯 사문들이 싯다르타의 뒤를 따라오고 있었다. '우리는 오랫동안 수행했지만 스승의 경지에 이르지 못했다. 그러나 이 젊은 사문이 짧은 기간에 스승과 같은 경지에 이르렀다. 그러고도 만족하지 않고 보다 높은 경지를 향해 수행하려고 하지 않는가. 이분은 결코 범상한 인물이 아니다. 반드시 최고 경지에 도달할 분이다.' 이렇게 판단한 그들은 서로 의논한 다음 웃다카의 교단에서 나와 싯다르타의 뒤를 따라온 것이다.

싯다르타는 이런 결심을 했다. '사문들 가운데는 마음과 몸은 쾌락에 맡겨 버리고 탐욕과 집착에 얽힌 채 겉으로만 고행하는 사람들이 있다. 이런 사람들은 마치 젖은 나무에 불을 붙이려는 어리석은 사람과 같다. 몸과 마음이 탐욕과 집착을 떠나 고요히 자리잡고 있어야 그 고행을 통해 최고 경지에 이를 수 있으리라.' 이와 같이 고행에 대한 근본적인 태도를 굳게 결정한 뒤, 싯다르타는 참담한 고행(苦行)을 다시 시작했다. 아무도 이 젊은 수행자의 고행을 따를 수는 없었다. 싯다르타는 그 당시 인도의 고행자(苦行者)들이 수행하던 가운데서도 가장 어려운 고행만을 골라 수행했다. 먹고 자는 것도 잊어버릴 정도였다. 몇 톨의 낟알과 한 모금의 물로 하루를 보내는 때도 있었다. 그의 눈은 해골처럼 움푹 들어가고 뺨은 가죽만 남았다. 몸은 뼈만 남은 앙상한 몰골로 변해갔다. 죽지 않고 살아있다는 것이 이상하게 느껴질 정도였다. 그러나 싯다르타는 아직도 완전히 번뇌를 끊지 못했으며 삶과 죽음을 뛰어넘지도 못했다. 그는 여러 가지 무리한 고행을 계속했다. 곁에서 수행하던 다섯 사문들은 너무도 혹독한 싯다르타의 고행을 보고 그저 경탄의 소리를 되풀이할 뿐이었다.

이렇게 뼈를 깎는 고행이 어느 정도 수행에 보탬을

주기는 했지만, 그가 근본적으로 바라는 깨달음에는 아직도 이르지 못했다. 번뇌의 불꽃은 꺼지지 않았고 생사의 매듭도 풀리지 않았다.

싯다르타는 언젠가 남들이 하는 고행을 보고 비웃던 생각이 떠올랐다. 그러나 지금 자기가 닦고 있는 고행은 죽은 후에 하늘에 태어나기 위해서가 아니었다. 오로지 육신의 번뇌와 망상과 욕망을 없애버림으로써 영원한 평화의 경지인 열반을 얻고자 함이었다. 그래서 모든 사람들에게 자기가 얻은 평화를 주기 위해서인 것이다. 깨닫지 못할 바에야 차라리 죽는 편이 낫다고 그는 거듭 결심을 다졌다. 그는 이따금 모든 고뇌와 집착에서 벗어나 해탈의 삼매경에 들어간 것 같은 생각이 들 때도 있었다. 그러나 삼매는 곧 흩어지고 현실의 고뇌가 파고들었다.

고행을 시작한 지도 다섯 해가 지나갔다. 아무도 감히 흉내낼 수 없는 지독한 고행을 계속해 보았지만 자기가 바라던 최고의 경지에는 이르지 못했다. 어느 날 싯다르타는 그가 지금까지 해 온 고행에 대해 문득 회의가 생겼다. 육체를 괴롭히는 일은 오히려 육체에 집착하고 있는 것이라는 생각이 들었다. 육체를 괴롭히기보다는 차라리 그것을 맑게 가짐으로써 마음의 고요도 가져올 수 있지 않을까 하는 생각이었다. 그 동안 싯다르타는 수행의 방법에만 얽매인 나머지 점점 형식에 빠져 마음을 고요하고 깨끗하게 가지는 일에는 소홀했던 것이다.

그는 고행을 중지하고 단식도 그만두기로 했다. 그리고 지나치게 지쳐버린 육체를 회복하기 위해서 네란자라강으로 내려가 맑은 물에 몸을 씻었다. 그때 마침 강가에서 우유를 짜고 있던 소녀에게서 한 그릇의 우유를 얻어 마셨다. 그 소녀의 이름은 수자타라고 했다. 우유의 맛은 비길 데 없이 감미로웠다. 그것을 마시고 나니 그의 몸에서는 새 기운이 솟아났다. 이 광경을 멀리서 지켜보고 있던 다섯 명의 수행자들은 크게 실망하고 말았다. '그토록 고행을 쌓고도 최고의 경지에 이르지 못한 사람이 어찌 세상 사람이 주는 음식을 받아 먹으면서 그것을 깨달을 수 있겠는가.' 그들은 고행을 그만둔 싯다르타가 타락했다고 하여 그의 곁을 떠나 바라나시의 교외에 있는 녹야원(鹿野苑)으로 가버렸다.

싯다르타는 홀로 숲속에 들어가 커다란 보리수 아래 단정히 앉았다. 맑게 갠 날씨였다. 앞에는 네란자라강이 잔잔히 흐르고 있었다. 싯다르타의 마음은 날 듯이 홀가분했다. 모든 것이 맑고 아름답게 보이기만 했다. 싯다르타는 오랜만에 마음의 환희를 느꼈다. 그는 다시 비장한 맹세를 했다. '이 자리에서 육신이 다 죽어 없어져도 좋다. 우주와 생명의 실상(實相)을 깨닫기 전에는 이 자리를 떠나지 않으리라.'

싯다르타는 평온하고 가벼운 마음으로 다시 깊은 명상에 잠겼다. 이렇게 해서 이레째 되는 날이었다. 둘레는 신비로운 고요에 싸이고 샛별이 하나 둘 돋기 시작했다. 명상에 잠긴 싯다르타의 마음이 문득 형언할 수 없는 기쁨으로 넘치기 시작했다. 이제는 두려워할 아무것도 없었다. 모든 이치가 그 앞에 밝게 드러났다. 태어나고 죽는 일까지도 환히 깨닫게 되었다. 온갖 집착과 고뇌가 자취도 없이 풀려 버렸다. 우주가 곧 내 자신이고 내 스스로가 우주임을 알게 된 것이다.

이때 싯다르타는 환희에 넘쳐 함성이라도 올리고 싶었다. 그의 얼굴에는 일찍이 볼 수 없었던 평화와 자신이 넘치는 밝은 빛이 깃들었다. 그때 네란자라강 저 너머로 먼동이 트기 시작했다. 마침내 싯다르타는 깨달음을 얻게 된 것이다. 그토록 어려운 수도의 길이 끝난 것이다. 드디어 싯다르타는 자신이 '부처'가 되었다고 확고한 신념을 가질 수 있었다. 스물아홉에 태자의 몸으로 카필라의 왕궁을 버리고 출가한 젊은 수도자는 목숨을 걸고 찾아 헤매던 끝에 더 이상 도달할 수 없는 최고의 진리를 깨달은 것이다. 즉 '깨달은 사람'이 된 것이다.

그때 싯다르타의 나이 서른다섯 살이었다. 이제는 그에게서 인간적인 갈등과 번뇌는 깨끗이 사라져버렸다. 이 세상에서 일찍이 그 누구도 경험할 수 없었던 으뜸가는 열반의 경지를 스스로 깨달아 얻은 것이다. 이렇게 해서 인류의 스승 부처님이 나타나신 것이다.

진리를 깨달아 부처님이 된 싯다르타의 마음속에는 새로운 생각이 솟아 오르고 있었다. 그가 처음 출가하여 수행한 동기는 우선 자기 자신의 구제에 있었다. 생로병사라는 인간 고뇌의 실상을 보고 그것을 해결하고자 사랑하는 처자와 왕자의 지위도 내던지고 뛰쳐나왔던 것이다. 이제 보리수 아래서 최상의 깨달음을 얻게 되자 자기 자신의 문제는 해결된 것이다. 그 이상 아무것도 구할 필요가 없었다. 그러나 여기에 새로운 문제가 제기된 것이다. 자기가 깨달은 진리를 세상 사람들에게 널리 전해 해탈의 기쁨을 함께 나누는 일이었다. 많은 사람들이 겪고 있는 고통이 곧 자기자신의 것처럼 느껴졌다. 이것은 우주의 진리를 밑바닥까지 들여다본 부처님의 자비였다. 그는 이제부터 중생들을 구제하는 길에 나서기로 새로운 뜻을 세웠다.

『佛傳』

제 3 장 교화에서 열반까지

1. 최초의 설법

부처님께서는 맨 먼저 누구에게 설법할 것인가를 생각했다. 아라라와 웃다카가 떠올랐으나 그들은 아깝게도 모두 얼마 전에 세상을 떠나고 말았다. 그 다음으로 떠오른 사람이 네란자라 강가에서 함께 수행하던 다섯 사문들이었다.

부처님은 그들이 고행하고 있을 녹야원(鹿野苑)으로 발길을 옮겼다. 녹야원이 있는 바라나시까지는 여러 날이 걸리는 먼 길이었다. 부처님이 혼자서 그 길을 걸어가시는 도중에 다른 교단에 속해 있는 수행자를 만나게 되었다. 그 수행자는 부처님의 얼굴을 유심히 쳐다보면서 말했다.

"당신의 얼굴은 잔잔한 호수와 같이 맑습니다. 당신의 스승은 누구이며 어떤 가르침을 받고 있습니까?"

"나는 모든 것을 이겨냈고 이 세상의 진리를 다 알게 되었고, 나는 스스로 깨달았으므로 내 스승은 없소. 또 나와 견줄 사람은 아무도 없소."

하고 자신있게 대답하였다. 녹야원으로 가는 도중 부처님은 하루 한 끼씩 얻어 먹으면서 쇠약해진 몸을 다스렸다.

부처님이 녹야원에 이르렀을 때 다섯 사문들은 전과 다름 없이 고행을 계속하고 있었다. 간혹 싯다르타의 이야기가 나오면 다들 그의 타락을 비난했다. 그들 가운데 하나가 가까이 걸어오고 있는 부처님을 알아보았다.

"저기 고타마가 오는군."

고타마는 싯다르타의 성이다.

"그럴 리가 있나."

다른 사람이 말했다.

"아니, 틀림없는 고타마야."

"왜 찾아왔을까?"

"자신의 타락을 후회한 모양이지? 고행을 하다가 도중에 그만 둔 사람이니까."

"우리는 고타마가 가까이 오더라도 모른 척하세."

"그래, 타락한 사문에게 우리가 먼저 머리를 숙일 건 없지."

부처님은 천천히 그들이 앉아 있는 곳까지 가셨다. 부처님의 거룩한 모습이 그들 앞에 나타나자 그들은 이상한 힘에 끌려 자신들도 모르게 그만 자리에서 일어나고 말았다. 그리고는 공손히 머리를 숙여 인사를 드렸다. 부처님은 그들을 보고 조용히 말씀하였다.

"그대들은 내가 와도 일어서서 맞지 않기로 약속까지 했으면서 왜 일어나 인사를 하는가?"

다섯 사람들은 서로 마주보며 놀랐다. 부처님은 그

들의 마음을 이미 환히 알고 계셨던 것이다. 그들은 서둘러 부처님이 앉으실 자리를 마련했다.

"고타마여, 멀리서 오시느라고 고단하시겠습니다."

부처님은 엄숙하게 말씀하였다.

"이제부터는 내 성을 고타마라고 부르지 마라. 나를 여래(如來)라고 불러라. 나는 이제 여래가 되었다."

여래란 진리의 세계에 도달한 사람이란 뜻도 되고, 진리의 세계에서 설법하러 온 사람이란 뜻도 된다. 부처님은 다섯 사문들을 향해 최초의 설법을 하셨다.

"수행의 길을 걷고 있는 사문들이여, 이 세상에는 두 가지 극단으로 치우치는 길이 있다. 사문은 그 어느 쪽에도 치우치지 말아야 한다. 두 가지 치우친 길이란, 하나는 육체의 요구대로 자신을 내맡겨 버리는 쾌락의 길이고, 또 하나는 육체를 너무 지나치게 학대하는 고행의 길이다. 사문은 이 두 가지 극단을 버리고 중도(中道)를 배워야 한다. 여래는 바로 이 중도의 이치를 깨달았다. 여래는 그 길을 깨달음으로써 열반에 도달한 것이다."

이 설법은 부처님 자신의 절실한 체험에서 우러난 말씀이었다. 그 자신도 출가하기 전까지는 카필라의 왕궁에서 지나치게 쾌락을 누렸었다. 그리고 왕궁을 버리고 출가한 뒤에는 극심한 고행으로 육체를 학대했던 것이다. 그러나 두 가지가 다 잘못된 길이라는 것을 스스로 깨달은 것이다. 육체의 쾌락을 따르는 길과 육체를 괴롭히는 고행의 길을 넘어선 곳에서 가장 올바른 길을 찾아낸 것이다. 부처님은 다시 말씀을 이으셨다.

"사문들이여, 그렇다면 중도란 무엇인가. 그것은 여덟 가지로 되어 있다. 바른 견해, 바른 생각, 바른 말, 바른 행위, 바른 작업, 바른 노력, 바른 기억, 바른 명상이다."

팔정도(八正道)를 말씀하신 것이다. 부드럽고 차근차근 말씀하시는 부처님의 설법을 듣고 있던 다섯 사문들은 이내 그 길의 이치를 깨닫게 되었다. 그들은 기뻐하면서 부처님께 진심으로 감사의 예배를 드렸다. 그들은 최초의 제자가 되었다. 부처님이 설법하고 계실 때 숲에서 살던 사슴들이 떼지어 나와 부처님의 말씀을 한곁에서 조용히 듣고 있었다.

부처님은 다섯 제자를 거느리고 녹야원에서 한동안 머무르셨다. 어느 날 새벽 부처님은 강물에 얼굴을 씻고, 강변을 조용히 거닐고 계셨다. 그때, 저쪽 강기슭에서 이러저리 뛰어다니는 한 젊은이가 보였다. 그는 미친 사람처럼 마구 고함을 치며 뛰어다녔다.

"아, 괴롭다. 괴로워!"

그 소리는 가슴을 쥐어짜는 듯했다. 부처님은 말없이 강 건너에 있는 그 젊은이를 바라보고 계셨다. 이윽고 젊은이는 어떤 힘에 이끌리듯 강을 건너 부처님 곁으로 왔다. 그는 부처님 앞에 무릎을 꿇고 앉더니,

"이 괴로움에서 저를 구해 주십시오."

하고 하소연을 했다.

"여기에는 괴로운 것이 아무것도 없소. 대체 무엇이 그렇게도 괴롭소?"

이 젊은이는 바라나시에 살고 있는 큰 부자의 외아들 야사였다. 야사는 왕에 못지않게 호화로운 생활을 하고 있었다. 전날 밤 야사의 집에서는 큰 잔치가 베풀어졌다. 흥겨운 잔치가 끝나고 사람들이 깊은 잠에 빠졌을 때 야사는 잠에서 깨어났다가, 그토록 아름답던 시녀들이 제멋대로 흐트러져 추한 모습으로 자고 있는 것을 보고서 야사는 집을 뛰쳐나와 괴롭다고 외치면서 거리를 헤맨 것이다.

그러나 부처님을 만나 이야기하는 동안 미칠 것 같은 그의 마음은 점차 안정이 되었고 지나치게 자기 자신에게 집착한 것이 다시없이 어리석은 일임을 알았다. 부처님은 야사에게 인생의 괴로움을 이야기하고 그 괴로움에서 벗어나는 길을 가르쳐 주셨던 것이다. 야사는 그 길로 머리를 깎고 출가(出家)하여 부처님을 따르는 제자가 되었다. 그 뒤 아들의 소식을 전해 듣고 부처님을 찾아온 야사의 아버지는 부처님의 설법을 듣자 곧 신도가 되었다. 그가 부처님께 귀의한 최초의 신도였다. 야사와 같은 상류 가정의 아들이 출가하여 부처님의 제자가 되었다는 소문은 삽시간에 바라나시에 퍼졌다. 더구나 야사처럼 재주 있고 학식이 있는 유망한 청년이 출가하여 부처님 아래에서 비구(比丘)가 되었다는 사건은 바라나시의 젊은 청년들에게 커다란 충격을 주었다. 그 뒤 부처님을 찾아온 야사의 친구들이 뒤를 이어 출가하여 부처님의 제자가 되었다.

「佛傳」

2. 교화 활동

보리수 아래서 지혜의 눈을 뜬 부처님은 하루도 쉬지 않고 여기저기 다니면서 지혜롭게 사는 길을 말씀하셨다. 부처님이 설법하실 때마다 부처님을 따라 출가하는 사람의 수는 점점 늘어갔다. 그리고 출가할 수 없는 처지에 놓인 사람들은 부처님을 믿는 신도가 되었다. 부처님의 설법을 듣고 깨달은 다음 아라한(阿羅漢)의 지위에 오른 제자가 오십여 명이 되었을 때 부처님은 그들을 한자리에 모아 놓고 이와 같이 말씀하셨다.

"여러 수행자들, 나는 인간을 얽어매는 모든 것에서 벗어나 완전히 자유롭게 되었다. 그대들도 인간의 속박에서 자유롭게 되었다. 이제 중생을 제도하기 위해 나아가라. 그러나 같은 길을 두 사람이 함께 가지는 말아라. 한결같이 훌륭한 법문을 중생들에게 들려 주고 언제나 깨끗한 수행자의 생활을 하여라. 이 세상에는 때가 덜 묻은 사람도 많으니 그들이 훌륭한 법문을 듣게 되면 곧 깨달아 아라한의 지위에 오를 것이다."

이와 같이 하여 부처님의 가르침을 이 세상에 널리 펴 중생을 괴로움으로부터 구제하는 교화 활동이 시작되었다. 제자들을 떠나보내기 전에 부처님은 다음과 같이 덧붙여 말씀하였다.

"수행자들이여, 출가한 사람으로서 법을 펼 때 남에게 존경받겠다는 생각을 해서는 안된다. 남을 도울 줄 모르고 법에 의하여 먹고 살려 하는 자는 법을 먹는 아귀와 같은 자다. 또 너희가 전하는 법을 듣고 사람들은 기뻐할 것이다. 그럴 때 너희들은 교만해지기 쉽다. 사람들이 법을 듣고 기뻐하는 것을 보고 자기의 공덕처럼 생각하면 그는 벌써 법을 먹고 사는 아귀가 되어버린 것이다. 그러므로 법을 갉아먹고 사는 아귀가 되지 않도록 항상 겸손해야 한다."

부처님 자신은 바라나시를 떠나 마가다로 향했다. 길을 가던 도중, 길가에서 깊이 들어간 숲속의 한 나무 아래서 잠시 좌선을 하고 계셨다. 이때 한떼의 젊은이들이 숲속 여기저기에서 무엇인가를 찾아다니고 있었다. 나무 아래 조용히 앉아 있는 부처님을 보고 그들이 물었다.

"한 여자가 도망가는 것을 보지 못했습니까?"

사연인즉, 그들은 이 근처에 사는 지체 있는 집안의 자제들인데, 삼십 명이 저마다 자기 아내를 데리고 숲에 놀이를 왔었다. 그 가운데 한 사람의 독신자만은 기생을 데리고 왔었는데, 다들 노는 데만 정신이 팔려 있는 동안 기생은 여러 사람의 옷과 값진 물건을 가지고 달아나버렸다. 그래서 그 여인을 찾고 있는 중이라고 했다.

이와 같은 사정을 듣고 부처님은 그들에게 말씀하셨

다.

"젊은이들이여, 달아난 여인을 찾는 것과 자기 자신을 찾는 것 중에 어느 것이 더 중요한가?"

놀이에만 팔려 자기 자신을 잊어버리고 여인을 찾아 헤매던 그들은 부처님의 말씀을 듣고 제 정신으로 돌아왔다.

"자기 자신을 찾는 일이 더 중요합니다."

"그럼, 다들 거기 앉거라. 내가 이제 그대들을 위해 자기 자신을 찾는 법을 가르쳐 주겠다."

그들의 마음은 아직 세상에 물들지 않았으므로 이치에 맞는 부처님의 말씀을 듣고 곧 이해하였다. 삼십 명의 청년은 설법을 들은 뒤 그 자리에서 출가하였다.

부처님은 스스로 '길을 가리키는 사람'이라고 말씀하셨다. 만나는 사람마다 괴로움에서 벗어나 지혜롭고 평화롭게 사는 길을 가르쳐 주셨기 때문이다. 자기 자신은 결코 신앙의 대상이나 예배의 대상이 아니라고 힘주어 말씀하였다. 부처님의 설법은 언제나 듣는 사람의 수준에 따라 달랐다. 의사가 환자의 병을 알고 나서 그 증세에 따라 알맞게 치료해주듯이, 찾아와 묻는 사람들의 형편을 보고 그에게 맞는 여러 가지 방법으로 설법하셨다.

부처님이 사밧티〔舍衛城〕의 기원정사(祇園精舍)에 계실 때였다. 삼대 독자를 잃어버린 한 과부는 비탄에 빠져 먹지도 자지도 않고 울기만 했다. 어느 날 부처님을 찾아와 자신의 슬픔을 하소연하였다.

"부처님, 저는 유복자를 잃고 살아갈 용기마저 잃었습니다. 저에게 이 슬픔에서 벗어날 길을 가르쳐 주십시오."

가만히 듣고 계시던 부처님은 이렇게 말씀하셨다.

"가엾은 아주머니, 내게 한 가지 방법이 있소. 지금 곧 가서 사람이 죽은 일이 없는 집을 일곱 군데 찾아내어 쌀 한 움큼씩만 얻어 오시오. 그러면 내가 그 슬픔에서 벗어나는 길을 가르쳐 주겠소."

과부는 바삐 마을로 쌀을 얻으러 나갔다. 며칠이 지난 뒤 그 과부는 한 움큼의 쌀도 얻지 못한 채 맥이 빠져 부처님께로 돌아왔다.

부처님은 물으셨다.

"사람이 죽지 않은 집이 있었습니까?"

그제야 과부는 부처님이 하신 말씀의 깊은 뜻을 스스로 알아차리게 되었다. 부처님을 쳐다보는 과부의 얼굴에는 어느 새 슬픔의 그림자가 지워져 있었다.

그 무렵 네란자라 강변에 있는 우루벨라 마을에는 카샤파라는 성을 가진 바라문 삼 형제가 살고 있었다. 당시 그들의 영향력은 대단하여 맏형은 오백 명, 둘째는 삼백 명, 세째는 이백 명의 제자들을 각각 거느리고 있었다. 그러므로 그들의 명망은 매우 높았다. 그들은 불의 신 아그니를 섬기고 있으므로 불을 무엇보다도 신성한 것으로 믿었다. 그러나 그 바라문 삼 형제도 한번 부처님을 만나 뵙고 말씀을 듣더니 지금껏 그들이 섬겨 오던 불의 신을 버리고 당장 부처님의 제자가 되었다. 삼 형제와 함께 그들을 스승으로 받들던 천 명의 제자들까지 부처님께 귀의했다. 이렇게 되자 마가다나라에서 가장 큰 교단이 그대로 부처님의 교단이 된 셈이다.

이제 부처님께서는 천 명이 넘는 제자를 거느리고 라자가하로 가시게 되었다. 라자가하는 예전에 부처님이 카필라를 떠나 출가의 길에 올랐을 때 들른 적이 있던 곳이고, 또 자신의 성도(成道)를 기다리는 빔비사라왕이 있는 곳이다. 라자가하로 가는 도중 일행은 산을 넘게 되었다. 산 위에 올라섰을 때 부처님은 천 명의 제자들을 향해 설법을 하셨다.

"보라, 모든 것은 지금 이글이글 타오르고 있다. 눈이 타고 있다. 눈에 비치는 형상이 타고 있다. 그 형상을 인식하는 생각도 타고 있다. 눈으로 보아서 생기는 즐거움도 괴로움도 모두 타고 있다. 그러면 그것은 무엇으로 인해 타고 있는가. 탐욕의 불, 노여움의 불, 어리석음의 불로 인해 타고 있는 것이다. 수행자들이여, 이것을 바로 보는 사람은 모든 것에 대한 애착이 없어지리라. 애착이 없어지면 그는 영원한 안락을 누릴 것이다."

이 설법은 제자들에게 새로운 눈을 뜨게 했다. 지금까지 불을 섬겨 오던 그들에게 주는 감명은 말할 수 없이 컸다. 그들은 지금까지 타는 불을 섬겨 왔지만 인간의 마음속에서 타고 있는 탐욕과 노여움의 불은 모르고 지내왔던 것이다. 이 자리에서 카샤파 형제와 천 명의 제자들은 크게 깨달은 바가 있었다.

부처님과 그 일행이 라자가하로 오신다는 소문은 빔비사라왕에게까지 알려졌다. 왕은 곧 신하들을 데리고 부처님을 영접하려고 성 밖으로 나갔다. 부처님의 모습을 보자 왕은 부처님 발 앞에 엎드려 절했다. 부처님은 빔비사라왕과 다시 만나게 된 인연에 감회가 깊었다. 왕과 신하들을 위해 어떻게 하는 것이 나라를 잘 다스리는 길인가를 말씀하셨다. 부처님의 설법을 듣고 난 빔비사라왕은 갑자기 자기 눈이 열리는 듯한 감동을 받았다. 왕은 그 자리에서 자기의 심정을 이렇게 고백했다.

"내가 아직 태자로 있을 때 나에게는 다섯 가지 소원이 있었습니다. 첫째는 왕위에 오르는 것, 둘째는 나의 영토에 부처님이 나타나 주셨으면 하는 일, 셋째는 내가 그 부처님을 섬기는 일, 넷째는 부처님께서 내게 설법해 주실 것, 다섯째는 부처님의 설법을 듣고 깨달을 수 있었으면 하는 것들이었습니다. 오늘 부처님께서 이 나라에 오셨으니 이제는 그 다섯 가지 소원이 모두 이루어졌습니다. 나는 오늘부터 부처님께 귀의하겠습니다."

이때부터 빔비사라왕은 한평생 부처님을 섬기는 독실한 신도가 되었다. 그리고 라자가하성 밖에 있는 대숲을 부처님과 그의 교단에 바쳤다.

그러던 어느 날 라자가하의 한 부자가 대숲에 계시는 부처님을 찾아왔다. 그는 부처님의 설법을 들은 다음 이곳에 집을 지어 드리겠다고 자청했다. 이때까지 부처님의 교단은 비와 햇볕을 피할 만한 집이 없었기 때문에 더러는 곤란을 느낄 때가 있었다. 부처님께서는 화려하게 꾸미지만 않는다면 집을 지어도 좋다고 허락하셨다. 이렇게 하여 지은 것이 죽림정사(竹林精舍)이고, 이 집은 부처님의 교단이 가지게 된 최초의 절이기도 하다. 이곳을 중심으로 교단은 나날이 번창해서 날이 갈수록 찾아오는 사람들의 수는 늘어만 갔다. 왕으로부터 천민에 이르기까지 부처님의 소문을 들은 사람들은 모두 이 대숲에 있는 절로 찾아왔다. 그리고 부처님을 뵙고 설법을 듣게 되면 누구나 신도가 되었다. 젊은이들 중에는 그 자리에서 출가하여 제자가 된 사람도 적지 않았다.

한편 부처님께서 라자가하에 오셔서 설법을 시작한 지 얼마 안 되었을 때의 일이다. 라자가하 시민들은 불안을 느끼기 시작했다. 이러다가는 유능한 젊은이들이 모두 출가해 버리지 않을까 하는 걱정에서였다. 아들이 출가한 집에서는 부모들이 '부처님이 우리 아들을 빼앗아 갔다'고 원망했다. 게다가 산자야 종파의 제자였던 사리풋타〔舍利弗〕와 목갈라나〔目連〕 같은 유명한 수행자가 이백오십 명의 제자를 거느리고 부처님께 귀의해 버렸다. 어떤 사람은 부처님의 제자를 보고 비꼬았다.

"마가다의 서울 라자가하에 한 위대한 사문이 나타났다. 앞서는 산자야의 제자들을 유혹하더니 이번에는 또 누구를 유혹하려는가?"

한 제자로부터 이 말을 들은 부처님께서는 이렇게 말씀하셨다.

"이같은 비난의 소리는 오래 가지 못할 것이다. 또 비난하는 사람이 있으면 이렇게 대답해 주어라. 여래는 법에 의하여 사람을 인도할 따름이다. 바른 법에 귀의하는 것을 시기하는 자는 누구인가. 바른 법을 시기하는 자는 모두가 바르지 못한 자들이다." 『佛傳』

3. 살인자의 귀의

어느 때 부처님께서는 사밧티에 들어가 밥을 빈 다음 성밖에 있는 숲길을 지나다가 소치는 사람과 밭을 가는 농부들을 만났다. 그들은 길을 가는 부처님을 보자 가는 길을 만류했다.

"부처님, 그 길로 가시면 안 됩니다. 그 길에는 앙굴리말라라는 무서운 살인자가 있어 닥치는 대로 사람을 죽입니다. 사람을 죽인 다음 손가락을 잘라 목걸이를 만들어 걸고 다닙니다. 제발 그 길로 가지 마십시오."

이와 같이 거듭거듭 만류하였으나 부처님은

"내게는 두려움이라는 것이 없소."

라고 말씀하시면서 길을 떠났다. 얼마 안 가서 앙굴리말라가 갑자기 칼을 치켜들고 나타나 부처님께로 달려왔다. 부처님은 태연하게 걸어가셨다. 앙굴리말라는 있는 힘을 다해 뛰었으나 이상하게도 부처님께 가까이 다가설 수가 없었다.

"사문아, 거기 섰거라!"

하고 그는 소리쳤다. 부처님은 걸음을 멈추고 돌아서서 앙굴리말라를 바라보셨다. 그는 부처님의 자비스럽고 위엄 있는 모습을 대하자 한 발짝도 떼어 놓을 수가 없었다. 조금 전까지의 살기가 순식간에 사라져 버렸다. 이때 부처님은 조용히 말씀하셨다.

"앙굴리말라여, 나는 여기 이렇게 멈추어 있다. 너는 어리석어 무수한 인간의 생명을 해쳐왔고 나를 해치려 하지만 나는 여기 이렇게 멈추어 있어도 마음이 평온하다. 너를 가엾이 여겨 여기에 왔다."

이 말을 듣자 앙굴리말라는 문득 악몽에서 깨어나 제 정신으로 돌아왔다. 마치 시원한 물줄기가 훨훨 타오르던 불길을 꺼버린 듯하였다. 그는 칼을 내던지고 부처님 앞에 꿇어 엎드렸다.

"부처님, 저의 어리석음을 용서해 주십시오. 그리고 오늘부터 저를 제자로 받아 주십시오."

그는 부처님을 따라 기원정사에 가서 설법을 듣고 지혜의 눈을 뜨게 되었다. 이튿날 앙굴리말라는 바리때를 들고 거리로 밥을 빌러 나갔다. 그가 나타났다는 소문을 듣고 거리의 사람들은 두려움에 떨었다. 그가 밥을 빌고자 찾아간 집의 부인은 해산하기 위해 산실에 들었다가 그가 왔다는 이야기를 듣고 너무 놀란 끝에 해산을 못하고 말았다. 그 집 사람들에게 무서운 저주를 받은 앙굴리말라는 빈 바리때를 들고 기원정사로 돌아와 눈물을 흘리면서 부처님께 도와주기를 호소했다. 부처님은 이렇게 말씀하셨다.

"앙굴리말라여, 너는 곧 그 집에 가서 여인에게 '나는 이 세상에 난 뒤로 아직 산 목숨을 죽인 일이 없습니다. 이 말이 사실이라면 당신은 편안히 해산할 것입니다'라고 하여라."

앙굴리말라는 놀라서 말했다.

"부처님, 저는 아흔아홉 사람의 목숨을 빼앗았습니다."

"도(道)에 들어오기 전은 전생이다. 세상에 난 뒤라는 말은 도를 깨친 뒤를 말한다."

그는 곧 그 집에 가서 부처님이 시킨 대로 했더니 부인은 편안히 해산을 했다. 그러나 그에게 원한이 있던 사람들은 돌과 몽둥이를 들고 나와 그를 치고 때렸다. 온몸이 피투성이가 되어 겨우 기원정사로 돌아온 그는 부처님께 여쭈었다.

"부처님, 저는 원래는 남을 해치지 않는다는 뜻에서 아힘사카〔不害〕라는 이름을 가졌으면서 어리석은 탓으로 많은 생명을 죽였습니다. 그리고 씻어도 씻기지 않는 피묻은 손가락을 모았기 때문에 앙굴리말라〔指鬘〕라는 이름을 얻었습니다. 그러나 이제는 부처님께 귀의하여 깨달음을 얻었습니다. 소나 말을 다루려면 채찍을 쓰고 코끼리를 길들이려면 갈구리를 씁니다. 그런데 부처님께서는 채찍도 갈구리도 쓰지 않으시고 흉악한 제 마음을 다스려 주셨습니다. 저는 오늘 악의 갚음을 받았고, 바른 법을 들어 청정한 지혜의 눈을 떴으며, 참는 마음을 닦아 다시는 다투지 않을 것입니다. 부처님, 저는 이제 살기도 원치 않고 죽기도 바라지 않습니다. 다만 때가 오기를 기다려 열반에 들고 싶을 뿐입니다.” 『佛傳』

4. 사캬족의 귀의

카필라의 숫도다나왕은 태자가 마가다의 서울에서 위대한 부처님으로 존경받고 있다는 소식을 듣고 매우 기뻐했다. 태자가 도를 이루어 부처님이 되었다는 소식은 숫도다나왕도 벌써부터 들어서 알고 있었다. 숫도다나왕은 하루라도 빨리 아들의 모습을 보고 싶었다. 그러나 부처님은 라자가하까지 와 계시면서도 고향인 카필라에는 아직도 가려 하지 않으셨다. 숫도다나왕은 기다리다 못해 여러 번 사신을 보내어 자신의 뜻을 부처님께 알렸다. 그런데 그때마다 찾아간 사신들은 부처님의 설법을 듣고 그 자리에서 머리를 깎고 출가해 버리고 말았다. 한번 출가해 버린 그들은 수행에만 힘쓸 뿐 왕의 사신으로서의 임무는 까맣게 잊어버리고 있었다.

그래서 왕은 이번에는 가장 신임하는 우다인 대신을 특사로 보내게 되었다. 왕의 심정을 잘 알고 있는 우다인은 다음과 같이 맹세하고 길을 떠났다.

"제가 부처님을 만나 혹시 출가하게 되더라도 대왕의 간절하신 뜻은 꼭 전하여 모시고 오겠습니다."

우다인도 부처님의 설법을 듣고는 곧 출가하였다. 그러나 그는 왕에게 맹세한 일만은 잊지 않았다. 몇 달을 두고 기회를 살피던 우다인은 부처님 곁에 사람이 없는 틈을 타서 이렇게 말했다.

"부처님, 지금 카필라에서는 숫도다나왕과 사캬족들이 부처님이 오시기만을 고대하고 있습니다. 그들은 부처님의 가르침을 받고자 오래 전부터 기다리고 있습니다. 곧 카필라로 가시는 것이 어떻겠습니까?"

부처님께서는 의외에도 선뜻 동의하셨다.

"나도 벌써부터 그런 생각을 가지고 있었다. 이제 그 때가 되었나 보다. 그럼 떠날 준비를 하여라."

우다인은 너무나 기뻐서 먼저 카필라로 떠났다. 카필라에서는 왕을 비롯하여 온 나라 안이 부처님을 맞을 준비에 바빴다. 다들 옛날의 태자를 보고 싶었던 것이다. 어느덧 정든 카필라를 떠난 지 열두 해가 되었다. 부처님의 나이도 이제는 마흔이 넘었다. 부처님은 제자들을 데리고 라자가하를 떠난 지 두 달 만에 카필라에 이르렀다.

그러나 카필라에 도착한 부처님께서는 궁전에 들지 않고 출가 사문의 습관에 따라 이집 저집 밥을 빌며 다녔다. 왕은 부처님께

"가문을 욕되게 하는 일을 그만 두고 어서 들어와 궁전에 머물도록 하오."

하고 권했다. 왕의 머리속에는 아직도 옛날의 싯다르타가 뚜렷이 남아 있기 때문이었다. 그러나 부처님께서는 이렇게 대답하셨다.

"이것은 출가 사문이 옛날부터 지켜온 법도입니다."

부처님께서는 궁중에서 설법하시기 전에 이모와 야쇼다라 그리고 라훌라와도 만났다. 열두 해 만에 친족들과 대하는 감회가 새로웠다. 마음 착한 여인들은 그저 눈물만 흘리고 있을 뿐이었다. 부처님께서는 부왕과 그들을 위해 설법하셨다. 설법을 듣고 난 그들은 출가 사문의 길을 이해하게 되었고 한편으로는 자랑스럽게 생각하였다. 부처님께서 카필라에 오신 지 며칠 안 되어 사캬족 출신의 청년들은 앞을 다투어 부처님의 제자가 되었다. 카필라는 또 한번 뒤집히게 되었다. 옛날 숫도다나왕과 야쇼다라 태자비가 겪었던 쓰라린 아픔을 겪어야 하는 부모와 아내들이 뒤를 이어 나타났기 때문이다.

부처님에게는 아우가 한 사람 있었다. 그는 부처님을 키워 준 마하파자파티 왕비가 낳은 아들이다. 부처님이 카필라로 돌아왔을 때 장차 싯다르타 대신 왕위를 계승하게 될 아우 난다의 결혼식이 막 거행되려 하고 있었다. 신부는 미인으로 알려진 순다리였다.

부처님은 난다를 데리고 성 밖에 있는 니그로다 정사(精舍)로 가셨다. 니그로다 정사는 부처님과 그 제자들을 위해 숫도다나왕이 마련한 정사였다. 그 정사에 도착하신 부처님은 난다를 앞에 앉히고 천천히 말씀하셨다.

"난다야, 너는 지금 곧 머리를 깎고 출가하여라."

난다에게는 너무도 뜻밖의 말이어서 선뜻 대답을 못하고 주저하는 빛을 보이자 부처님께서는

"난다, 너는 지금 눈앞에 보이는 여성의 아름다움에 사로잡혀 있구나. 너는 내 말대로 곧 출가하는 것이 좋겠다."

라고 하시면서 손수 난다의 머리를 깎아 출가하게 하였다.

형님인 부처님의 뜻을 어기지 못하고 출가하여 니그로다 정사에 살게 되었지만 아리따운 순다리의 모습이 떠오를 때마다 난다는 괴로워했다. 이 괴로움은 난다가 출가한 뒤에도 오랫동안 계속되었다. 출가한 난다가 두고 온 순다리를 잊지 못하면서 이따금 멍하게 앉아 있는 모습을 보시고, 부처님은 어느 날 난다를 데리고 깊은 숲속으로 들어가셨다. 거기에서 흉하게 생긴 암원숭이 한 마리를 난다에게 보이며

"이 암원숭이와 너의 순다리를 비교하면 어느 편이 더 아름다우냐?"

라고 물으셨다. 난다는 대답하였다.

"말할 것도 없이 순다리가 훨씬 아름답습니다."

이번에는 신통력으로 이 세상에서는 볼 수 없는 아름다운 선녀를 보이시며 물었다.

"이 선녀와 순다리를 비교하면 어떠냐?"

이번에는 난다도 입을 다문 채 아무 말도 못하였다.

총명한 난다는 깨달은 바가 있었다. 이후부터 난다는 출가 사문의 길만을 찾아 수행하게 되었다. 그러나 난다의 출가를 슬프게 여기는 사람은 순다리만이 아니었다. 싯다르타 태자가 떠난 다음 오직 하나밖에 없는 후계자로 믿고 있던 난다마저 출가하였다는 소식을 들었을 때 숫도다나왕은 또 한번 쓰라린 고통을 겪어야 했다. 이제 남은 후계자는 손자인 라훌라밖에 없었다. 태자가 출가하기 직전에 태어난 라훌라는 어느덧 열두 살이 되어 있었다. 라훌라는 어느 날 부처님을 찾아왔다.

"저에게 물려줄 재산을 주십시오."

하고 엉뚱한 말을 했다. 부처님께서는 빙그레 웃으시며 라훌라의 손목을 끌고 성 밖에 있는 니그로다 정사로 가셨다. 부처님께서 제자인 사리풋타에게

"이 아이를 출가시켜라."

하고 일렀다. 마침내 라훌라도 아버지인 부처님을 따라 출가하게 된 것이다. 물려줄 재산은 물질적인 재산이 아니라 법의 재산이었던 것이다. 나이 어린 손자까지 출가한 것을 본 왕의 비통함은 말할 수 없이 컸다. 그리하여 나중에 숫도다나왕은 부처님께, 이제부터 미성년자의 출가는 반드시 부모의 허락을 얻도록 하자고 제의했고, 부처님도 그 의견을 받아들이셨다. 부처님이 카필라에 계시는 동안 난다와 라훌라 외에도 오백 명에 가까운 귀족 청년들이 출가하였다. 출가하는 청년들은 이발사인 우팔리에게 그들이 지니고 있던 패물

을 내주었다. 오랫동안 신세진 갚음이었다. 그러나 이 우팔리도 받았던 패물을 내버리고 출가하여 부처님의 제자가 되었다. 후세에 계율 지키기에 으뜸이라고 존경받는 우팔리 존자는 바로 이 카필라의 이발사였다. 이 무렵 또 두 형제가 출가하였다. 그들은 야쇼다라의 형제였다. 이 두 형제 가운데서 아난다는 일생을 바쳐 부처님을 공경하고 시봉하였으나, 다른 한 형제인 데바닷타는 부처님 교단에 반역하여 부처님을 괴롭혔다.

카필라와 이웃나라 콜리 사이에는 로히니강이 흐르고 있었다. 이 콜리는 예전부터 카필라와의 국교가 매우 두터운 사이였다. 같은 사캬족인데다 싯다르타를 낳은 마야 왕비와 그를 길러 준 마하파자파티, 그리고 태자비 야쇼다라까지도 모두가 콜리 출신이었다. 두 나라는 쌀을 주식으로 하는 농업국이었으므로 농사철에는 물이 많이 필요했다. 그런데 어느 해 여름 가뭄이 몹시 들어 로히니 강물은 바닥이 나고 강변에 있는 저수지 물도 얼마 남지 않았다. 카필라와 콜리 사람들은 저수지 양쪽에서 서로 물을 끌어들이려다가 큰 싸움이 벌어졌다. 양편이 다들 지나치게 흥분한 나머지 살기가 등등하여 서로 맞붙어 싸우려고 했다. 이 말을 전해 들은 부처님은 급히 로히니강으로 나가셨다. 부처님을 보자 그들은 들었던 연장을 놓으며 합장했다. 부처님은 말씀하셨다.

"여러분들은 물과 사람, 이 둘 중에 어느 편이 더 소중하다고 생각하십니까?"

"물론 사람이 더 소중합니다."

"여러분은 지금 물 때문에 서로 싸우고 있습니다. 내가 나타나지 않았더라면 지금쯤 아마 몇 사람이 크게 다쳤을지도 모릅니다. 이 일은 싸움으로 해결될 일이 아닙니다."

부처님께서는 다음과 같은 비유를 들어 인간의 어리석음을 깨우쳐 주셨다.

"옛날 깊은 산 속에 사자 한 마리가 살고 있었습니다. 그 사자가 하루는 큰 나무 아래 누워 있을 때 바람이 불어 나무 열매가 사자의 얼굴에 떨어졌습니다. 사자는 잔뜩 화를 내며 꼭 혼을 내줘야지 하고 별렀습니다. 그런지 사흘째 되던 날 한 목수가 수레바퀴에 쓸 재목을 찾아 이 산으로 올라오게 되었습니다. 사자는 좋은 기회라 생각하고 '수레바퀴에 쓸 재목이라면 이 큰 나무를 베어 가시오' 하고 목수에게 일러 주었습니다. 목수는 사자의 말대로 그 나무를 베었습니다. 그랬더니 넘어진 나무는 목수에게 '사자의 가죽을 바퀴에 쓰면 아주 질깁니다'라고 속삭였습니다. 목수는 마침내 곁에 있던 사자도 잡아 버렸습니다. 사자와 나무는 이와 같이 하찮은 일로 다투어 자기의 목숨까지 잃고 말았던 것입니다."

부처님께서 이와 같은 비유를 들어 말씀하시자 양쪽 사람들은 저마다 부끄러워하면서 뿔뿔이 흩어져 갔다.

『佛傳』

5. 여성의 출가

숫도다나왕이 늙어 병석에 눕게 되었다. 사랑하던 태자 싯다르타는 부왕의 기대를 저버리고 출가하여 위대한 성자가 되었고, 작은 아들 난다도 역시 싯다르타의 뒤를 따랐다. 그리고 손자 라훌라마저 출가하였으므로 늙은 왕의 마음은 쓸쓸하기가 비길 데 없었다. 부처님을 낳았다는 영광을 느끼고 있으면서도 손자마저 떠나버린 뒤부터는 마음이 텅 비어 외로움을 느끼지 않을 수 없었다. 숫도다나왕이 병석에 누웠다는 소식을 전해 들은 부처님은 곧 라자가하를 떠나 카필라로 가셨다. 왕의 임종이 가까웠음을 알았기 때문이다. 병석에 나타난 부처님을 보았을 때 왕은 마지막 설법을 청하였다. 부처님은 왕의 손을 잡고 이렇게 말씀하셨다.

"모든 근심은 푸시고 아무 일도 걱정하지 마십시오. 그리고 제가 지금까지 말씀한 법을 생각하시면서 마음을 평안히 가지십시오."

왕이 누워 있는 병석에는 부처님을 비롯하여 난다, 라훌라, 아난다와 같은 친족의 사문들이 모여 있었다. 늙은 임금은 이 같은 환경에서 옛날의 태자이고 지금의 성자인 부처님의 손을 꼭 쥔 채 마지막 설법을 듣고 조용히 숨을 거두었다.

왕이 돌아가신 지 얼마 안되었을 때의 일이다. 그

무렵 부처님은 아직 카필라성 밖에 있는 니그로다 정사에 머무르고 계셨다. 하루는 아무 예고도 없이 자기를 알뜰히 키워 주던 마하파자파티 왕비가 정사로 찾아왔다. 부처님께 공손히 예배한 다음 왕비는 옛날의 아들에게 간곡한 부탁을 하는 것이었다.

"이제는 나도 출가하여 부처님의 곁에서 수행의 길을 걷겠소. 제발 나 같은 여성들도 출가할 수 있는 길을 열어 주시오."

그러나 자기를 키워 준 이모의 간절한 소원이건만 부처님은 잘라서 거절하였다. 이런 일이 있은 뒤 부처님은 카필라를 떠나 베살리로 옮겨 가셨다. 그때 베살리 교외에 있는 마하바나 정사에 대중들은 부처님이 오시기를 기다리고 있었다. 부처님께 세 번씩이나 출가를 신청했다가 세 번 다 거절당했지만 마하파자파티는 한번 결심한 뜻을 굽히지 않았다. 왕비는 며칠 뒤 스스로 머리를 깎은 다음 비단옷 대신 누더기를 걸치고 맨발로 부처님이 가신 길을 따라 나섰다. 출가 사문의 모습을 하고 베살리로 향하는 왕비를 보고 많은 여인들도 그 뒤를 따랐다. 여인들의 발은 돌부리에 채어 피가 흘렀다. 마하파자파티와 그 일행은 부처님이 계시는 곳까지 걸어왔다. 그리고 다시 여성의 출가를 애원했다.

마하바나 정사 밖에서 여성들이 웅성거리며 애원하는 소리를 듣고 문을 연 사람은 부처님을 시봉하고 있던 아난다였다. 아난다의 얼굴을 본 마하파자파티는 자기들이 여기까지 찾아온 뜻을 말하면서 여성의 출가를 부처님께서 허락해 주시도록 해달라고 당부했다. 아난다는 곧 부처님께 알려드렸다.

"지금 밖에 카필라에서 맨발로 걸어온 마하파자파티 일행이 여성의 출가를 애원하며 있습니다."

그러나 부처님의 대답은 전과 마찬가지였다. 그러자 아난다는 마하파자파티 왕비가 어린 태자를 키우느라 애썼던 과거를 회상시키면서 다시 여성의 출가를 간청했다. 그래도 부처님의 대답은 한결같았다. 세 번이나 거절당했을 때 아난다는 부처님께 이렇게 여쭈었다.

"부처님, 만일 여성일지라도 출가하여 부처님의 가르침대로 수행에 힘쓴다면 남자만큼 수행의 성과(聖果)를 얻을 수 있겠습니까?"

부처님은 침묵을 깨뜨리고 말씀하셨다.

"그렇다, 여인도 이 법에 귀의하여 지성으로 수행하면 성과를 얻을 수 있다."

이 대답에 용기를 얻은 아난다는 다시 한번 마하파자파티의 은혜를 들면서 여성의 출가를 허락해 줄 것을 간청했다. 부처님은 말씀하셨다.

"출가한 사문은 청정한 계율을 닦고 세속의 애착을 떠나야 한다. 그런데 여인은 세속의 애착이 강하므로 도에 들어가기 어렵다. 그리고 여인이 출가하면 청정한 법이 이 세상에 오래 갈 수 없다. 그것은 잡초가 무성한 논밭에는 곡식이 자라지 못하는 것과 같다. 가정에 여인이 많고 사내가 적으면 도둑이 들기 쉽듯이,

이 교단에 여인이 출가하면 청정한 교법이 오래 가지 못하게 될 것이다. 그러므로 물을 넘치지 않게 하기 위해 둑을 쌓는 것과 같이 교단의 질서를 위해 따로 여덟 가지 계법〔尼八敬戒〕을 마련한다. 출가한 여인은 반드시 이 여덟 가지 계법을 지켜야 한다.”

이와 같이 하여 마하파자파티의 출가가 허락되었다. 최초의 비구니가 된 것이다. 『佛傳』

6. 데바닷타의 반역

데바닷타는 부처님의 가까운 친척이었다. 그는 야쇼다라의 동생이고 아난다의 형이었다. 그는 아난다와 우팔리가 출가할 때 함께 출가하여 부처님 교단에서 수행하고 있었다. 그런데 데바닷타는 남달리 큰 야심을 품고 있는 사람이었다. 그는 부처님의 교단을 이어받으려는 뜻을 품고 있었다. 마가다의 태자 아자타삿투의 후원을 얻게 되자 그의 야심은 더욱 커갔다. 아자타삿투 태자와 데바닷타의 사이가 가까워지면서 여러 가지 소문이 돌고 있었다. 그때 부처님은 라자가하의 죽림정사에 계셨다. 오랜만에 부처님을 가운데 모시고 둘러앉은 제자들은 데바닷타의 소문을 부처님께 알려 드렸다.

“부처님, 아자타삿투 태자는 아침 저녁으로 오백 대의 수레에 음식을 실어다가 데바닷타와 그 무리들에게 공양한다고 합니다.”

이 말을 들은 부처님은 비구들에게 말씀하셨다.

"지금 데바닷타가 누리고 있는 명성과 이익을 부러워해서는 안 된다. 그와 같은 호화로운 사치는 데바닷타에게 아무런 이익을 주지 못하고 도리어 파멸을 가져다 줄 것이다. 마치 파초가 열매를 맺으면 시들어 버리는 것과 같은 것이다."

며칠이 지나 부처님이 다시 제자들과 한자리에 앉아 설법을 시작하려고 할 때였다. 데바닷타와 그를 추종하는 무리들이 부처님을 찾아왔다. 그는 부처님께 중대한 제의를 하였다.

"부처님은 이제 너무 연세도 많으신데다 건강도 좋지 않으십니다. 그러므로 교단을 제게 맡겨 주십시오."

교단의 내용과 데바닷타를 잘 알고 있는 부처님은 이렇게 말씀하셨다.

"데바닷타여, 잘 들어라. 내 아직 아무에게도 교단을 맡기려고 생각한 적이 없다. 맡긴다고 하더라도 여기 목갈라나와 같은 제자들이 있지 않느냐. 어찌 네가 교단을 맡을 수 있겠느냐."

부처님께 이와 같이 거절당한 데바닷타는 무서운 음모를 꾸미기 시작했다. 빔비사라왕을 옥에 가두고 왕위를 빼앗은 아자타삿투의 힘을 빌어 부처님을 죽이려 했다. 한번은 칼 잘 쓰는 자객을 보내어 부처님의 목숨을 빼앗으려 했다. 그러나 부처님의 곁에까지 간 그 자객은 어찌된 영문인지 몸을 꼼짝도 할 수가 없었다.

그 모습을 본 부처님이 어찌하여 그렇게 떨고만 있느냐고 물으셨을 때, 자객은 그 자리에 엎드려 부처님께 용서를 빌었다. 부처님의 목숨을 해치려던 자객은 그 후 도리어 부처님의 충실한 제자가 되었다.

한번은 부처님이 영취산에서 내려오시는 길이었다. 데바닷타의 무리들은 벼랑 위에 숨어 있다가 부처님이 그 아래를 지나가는 순간 큰 바위를 내려뜨렸다. 그들은 바위가 부처님 머리 위에 떨어지도록 했으나 바위는 굴러 내려오다가 좁은 골짜기에서 멎고 말았다. 제자들은 걱정이 되어 부처님의 둘레에 모였다. 그러나 부처님은

"여래는 폭력에 의해 목숨을 잃는 법이 없다."

라고 말씀하시면서 태연히 길을 걸어가셨다. 데바닷타는 두 번이나 음모에 실패했으면서도 뜻을 돌리려 하지 않았다.

이번에는 라자가하의 거리를 지나가는 부처님을 향해 아주 성질이 사나운 코끼리를 풀어 놓았다. 멀리서 그 광경을 바라보던 사람들은 부처님의 신변을 매우 걱정했다. 그러나 부처님을 향해 달려가던 코끼리는 부처님 앞에 이르더니 갑자기 그 자리에 멈추었다. 그리고는 코를 아래로 드리운 다음 꿇어앉았다.

데바닷타의 음모는 세 번 다 실패로 돌아갔다. 어떠한 폭력도 여래의 법 앞에서는 무력했다. 그러나 데바닷타의 사건은 부처님의 일생에서 가장 큰 아픔이었다. 데바닷타로 인해 교단이 분열되는 일까지 일어났

다. 교단을 분열시킨 데바닷타가 부처님의 가까운 친척이었다는 것이 부처님의 마음을 아프게 했다.

『佛傳』

7. 시드는 가지

부처님께서는 두루 다니시면서 설법하셨다. 해가 갈수록 많은 사람들이 부처님의 가르침에 귀의했다. 그러나 부처님의 육신은 늙어감에 따라 차츰 쇠약해지고 있었다. 부처님이 기원정사에 계실 때였다. 부처님이 가장 아끼던 제자 사리풋타〔舍利弗〕가 마가다의 한 가난한 마을에서 앓다가 죽었다. 곁에서 간호하던 어린 춘다는 죽은 사리풋다의 유물인 바리때와 가사를 가지고 부처님께 왔다. 부처님의 얼굴을 본 춘다는 이제까지 참았던 설움이 복받쳐 흐느끼면서 사리풋타의 죽음을 부처님께 알려 드렸다.

"부처님, 여기 사리풋타의 바리때와 가사가 있습니다."

곁에서 춘다의 이야기를 듣고 있던 아난다도 같이 울었다. 사리풋타는 부처님의 많은 제자 가운데서도 지혜가 으뜸인 수제자였다. 이같은 제자가 부처님보다 먼저 세상을 떠났으니 부처님의 슬픔도 말할 수 없이 컸다. 그러나 부처님은 담담한 표정으로 아난다와 춘다의 슬픔을 달래 주셨다.

"너희들은 내가 항상 하던 말을 잊었느냐? 가까운

사람과는 언젠가 이별해야 하는 법이다. 세상에서 무상하지 않은 것은 없다. 모든 것은 세월을 따라 변해간다. 아난다, 저기 큰 나무가 있구나. 저 무성한 가지 중에서 하나쯤은 먼저 시들어 떨어질 수도 있지 않느냐. 그와 같이 사리풋타도 먼저 간 것이다. 이 세상에 무상하지 않은 것은 없다. 너희들은 언제든지 너희들 자신에게 의지하여라. 남에게 의지해서는 안 된다. 그리고 법에 의지하고 다른 것에 의지하지 말아라."

사리풋타가 죽은 지 얼마 안 되어 이번에는 목갈라나〔目連〕가 죽었다는 소식이 전해졌다. 목갈라나도 사리풋타 못지 않게 부처님 교단에서는 중요한 인물이었다. 노년에 이르러 유능한 두 제자를 잃었다는 사실은 부처님의 마음에도 적지 않은 슬픔을 가져다 주었다. 부처님은 두 제자가 없는 모임에 참석할 때면 가끔 이런 말씀을 하셨다.

"사리풋타와 목갈라나가 보이지 않는 모임은 어쩐지 텅 빈 것만 같구나."

부처님이라고 해서 아끼던 제자의 죽음에 서운한 생각이 들지 않는 것은 아니었다. 다만 그 슬픔에 집착하지 않을 뿐이었다. 그리고 인생이 덧없다는 것을 부처님은 이 세상에 태어나면서부터 느껴 왔던 것이다. 부처님은 사리풋타의 죽음을 몹시 슬퍼하는 춘다와 아난다에게 했던 말씀을 그 후로도 여러 수행자들의 모임에서 가끔 되풀이하셨다.

만년에 이르러 부처님의 주변에 몇 가지 비극이 벌

어졌다. 아버지 슛도다나왕의 죽음과 가장 아끼던 두 제자의 죽음, 그리고 친척인 데바닷타의 배반, 이런 것들이 부처님의 심경을 더욱 아프게 했다. 게다가 또 하나의 큰 비극이 일어났다.

카필라를 노려 오던 코살라가 마침내 쳐들어오고 있었다. 부처님은 이 소식을 듣고 뙤약볕이 내리쪼이는 한길가 고목나무 아래 앉아 계셨다. 군사를 이끌고 그 앞을 지나가려던 코살라의 젊은 왕 비루다카는 얼른 말에서 내려 부처님께 절한 다음 물었다.

"부처님, 우거진 나무도 많은데 왜 하필이면 잎이 하나도 없는 나무 아래 앉아 계십니까?"

부처님은 대답하셨다.

"친족이 없는 것은 여기 그늘이 없는 나무와 같은 법이오."

이 한마디를 들은 젊은 왕은 부처님의 뜻을 알아차리고 군대를 돌려 코살라로 돌아갔다. 비루다카는 얼마 후 다시 진군을 시작했다. 이번에도 그늘이 없는 나무 아래 앉아 계시는 부처님의 모습을 보고 왕은 다시 되돌아섰다. 세 번째 진군이 카필라를 향했을 때 부처님의 모습은 보이지 않았다. 지난 세상에 진 빚은 어쩔 수 없이 받게 되는 것을 아셨기 때문이다. 비루다카왕은 서슴지 않고 카필라를 공격했다. 살생을 엄격히 금하고 있던 사캬족은 전쟁에 약할 수밖에 없었다. 이렇다할 저항도 없이 패배하고 말았다. 『佛傳』

8. 열 반

부처님의 연세도 여든이 되었다. 노쇠한 몸을 이끌고 강가강을 건너 밧지족의 서울인 베살리에 이르렀을 때 장마철을 만났다. 그 해에는 인도 전역에 심한 흉년이 들어 많은 수행자들이 한자리에 모여 지내기가 어려웠다. 여럿이 한데 모여 밥을 빌기가 곤란했기 때문이다. 그래서 부처님은 제자들에게 베살리 근처에 각각 흩어져 지내도록 하셨다. 부처님은 아난다만을 데리고 벨루바 마을에서 지내시게 되었다. 이때 부처님은 혹심한 더위로 몹시 앓으셨다. 그러나 부처님은 고통을 참으면서 목숨을 이어가셨다. 병에서 회복한지 며칠 안 된 어느 날 부처님은 나무 그늘에 앉아 쉬고 계셨다. 아난다는 곁에 와서 이렇게 말했다.

"부처님께서 무사하시니 다행입니다. 부처님의 병환이 중하신 걸 보고 저는 어찌 할 바를 몰랐습니다. 그러나 교단에 대해서 아무 말씀도 없이 이대로 열반에 드실 리는 없다고 생각하니 위안이 되었습니다."

부처님은 아난다에게 말씀하셨다.

"아난다여, 나는 이제까지 모든 법을 다 가르쳐 왔다. 법을 가르쳐 주는 데 인색해 본 적이 없다. 이제 나는 늙고 기운도 쇠했다. 내 나이 여든이다. 낡아빠진 수레가 간신히 움직이고 있는 것처럼 내 몸도 겨우 움직이고 있다."

부처님은 베살리 지방에 흩어져 있는 비구들을 모이게 한 뒤 석 달 후에는 열반에 들겠다고 말씀하셨다. 그날 부처님은 거리에 걸식하러 나갔다가 거리의 여기저기를 돌아보시며 이것이 베살리를 보는 마지막이라고 곁에 있는 아난다에게 말씀하셨다.

부처님은 베살리를 떠나 파바라는 고을에 이르셨다. 여기에서 금세공(金細工) 춘다가 올리는 공양을 드시고 나서 다시 병을 얻게 되었다. 이때 춘다가 올린 음식은 부처님께 올린 마지막 공양이 되었다. 이 공양을 마치자, 부처님은 고통을 참으시면서 쿠시나가라로 다시 길을 떠나셨다. 많은 제자들이 걱정에 잠겨 뒤를 따랐다. 이 길이야말로 부처님이 걸으신 최후의 길이 되고 말았다. 쿠시나가라에 도착하자 부처님은 아난다에게 말씀하셨다.

"아난다여, 나는 지금 몹시 피곤해 눕고 싶다. 저기 사라수 아래에 가사를 네 겹으로 접어 깔아 다오. 나는 오늘 밤 여기에서 열반에 들겠다."

아난다는 부처님께서 열반에 드신다는 말을 듣고 슬퍼서 견딜 수가 없었다. 부처님은 한쪽에 가 울고 있는 아난다를 불렀다.

"아난다여, 울지 말아라. 가까운 사람과 언젠가 한번은 헤어지게 되는 것이 이 세상의 인연이다. 한번 태어난 것은 반드시 죽게 마련이다. 죽지 않기를 바라는 것은 어리석은 생각이다. 너는 그 동안 나를 위해 수고가 많았다. 내가 간 뒤에도 더욱 정진하여 성인의 자리에 오르도록 하여라."

아난다는 슬픔을 참으면서 부처님께서 열반에 드신 다음 그 몸을 어떻게 할 것인지를 물었다. 부처님은 다음과 같이 말씀하셨다.

"너희 출가 수행자는 여래의 장례 같은 것에 상관하지 말아라. 너희는 오로지 진리를 위해 부지런히 정진하여라. 여래의 장례는 신도들이 알아서 치러 줄 것이다."

그날 밤에 부처님께서 열반에 드신다는 소식이 전해지자 말라족 사람들은 슬퍼하면서 사라수의 숲으로 모여들었다. 이때 쿠시나가라에 살던 늙은 수행자 수바드라도 그 소식을 듣고 부처님이 돌아가시기 전에 평소의 의문을 풀어야겠다고 허둥지둥 사라수의 숲으로 달려왔다. 그러나 아난다는

"부처님을 번거롭게 해드려서는 안 됩니다. 부처님은 지금 매우 피로하십니다."

하고 청을 받아 주지 않았다. 부처님은 아난다에게 수바드라를 가까이 오도록 이르시고 이렇게 말씀하셨다.

"진리를 알고자 찾아온 사람을 막지 말아라. 그는 나를 괴롭히기 위해서가 아니라 내 설법을 듣고자 온 것이다. 그는 내 말을 들으면 곧 깨닫게 될 것이다."

부처님은 수바드라를 위해 설법을 들려 주셨다. 수바드라는 부처님의 설법을 듣고 그 자리에서 깨달은 바가 있었다. 수바드라는 부처님의 마지막 제자가 된 것이다. 이제 부처님이 열반에 드실 시간이 가까워 온

듯했다. 부처님은 무수히 모여든 제자들을 돌아보시면서 다정한 음성으로 물어보셨다.

“그동안 내가 한 설법의 내용에 대해서 의심나는 점이 있거든 묻도록 하여라. 승단이나 계율에 대해서도 물을 것이 있으면 물어라. 이것이 마지막 기회가 될 것이다.”

그러나 그 자리에 모인 제자들은 한 사람도 묻는 이가 없었다. 부처님은 거듭 말씀하셨다.

“어려워 말고 어서들 물어보아라. 다정한 친구끼리 말하듯이 의문이 있으면 내게 물어보아라.”

이때 아난다가 말했다.

“지금 이 자리에 모인 수행자들 중에는 부처님의 가르침에 대해서 의문을 지닌 사람이 없습니다.”

아난다의 말을 들으시고 부처님은 마지막 가르침을 펴시었다.

“너희들은 저마다 자기 자신을 등불로 삼고 자기를 의지하여라. 진리를 등불삼고 진리를 의지하여라. 이 밖에 다른 것에 의지해서는 안 된다. 그리고 너희들은 내 가르침을 중심으로 화합할 것이요, 물 위에 기름처럼 겉돌지 말아라. 함께 내 교법(敎法)을 지키고 함께 배우며 함께 수행하고 부지런히 힘써 도(道)의 기쁨을 함께 누려라. 나는 몸소 진리를 깨닫고 너희들을 위해 진리를 말하였다. 너희는 이 진리를 지켜 무슨 일에나 진리대로 행동하여라. 이 가르침대로 행동한다면 설사 내게서 멀리 떨어져 있더라도 그는 항상 내 곁에 있는 것과 다름이 없다.

죽음이란 육신의 죽음이라는 것을 잊지 말아라. 육신은 부모에게서 받은 것이므로 늙고 병들어 죽는 것은 어쩔 수 없는 일이다. 여래는 육신이 아니라 깨달음의 지혜다. 육신은 여기에서 죽더라도 깨달음의 지혜는 영원히 진리와 깨달음의 길에 살아 있을 것이다. 내가 간 후에는 내가 말한 가르침이 곧 너희들의 스승이 될 것이다. 모든 것은 덧없다. 게으르지 말고 부지런히 정진하여라."

이 말씀을 남기고 부처님께서는 평안히 열반에 드셨다. 진리를 찾아 왕자의 자리도 박차고 출가하여 견디기 어려운 고행 끝에 지혜의 눈을 뜨신 부처님, 사십오 년 동안 수많은 사람들에게 여러 가지 방법으로 법을 설해 몸소 자비를 구현한 부처님은 이와 같이 열반에 드셨다. 부처님은 육신의 나이 여든으로 이 세상을 떠나갔지만 그 가르침은 어둔 밤에 등불처럼 중생의 앞길을 밝게 비추고 있다. 이 지상에 인류가 살아 있는 한 부처님의 가르침도 영원히 살아 있을 것이다.

「佛傳」

제 2 편　초기경전

제 1 장　지혜와 자비의 말씀 ①

1. 네 가지 진리

부처님께서 파탈리풋다로 가시던 도중 라자가하〔王舍城〕에서 멀지 않은 왕원(王園)에 쉬면서 비구들에게 말씀하였다.

"도를 닦는 이는 반드시 네 가지 진리를 알아야 한다. 어리석은 사람들은 진리를 알지 못해 오랫동안 바른 길에서 벗어나 생사(生死)에 매여 헤매느라고 쉴 새가 없다. 어떤 것이 네 가지 진리인가. 첫째는 이 세상 모든 것이 괴로움이니 이것을 고(苦)라 한다. 둘째는 괴로움은 집착으로 말미암아 생기는 것이니 이것을 집(集)이라 한다. 세째는 괴로움과 집착이 없어져 다한 것이니 이것을 멸(滅)이라 한다. 네째는 괴로움과 집착을 없애는 길이니 이것을 도(道)라 한다.

괴로움의 뜻을 알지 못하고 지혜롭지 못하므로 오랫동안 먼 길을 헤매어 생사가 쉬지 않는다. 그러나 반드시 이 세상 모든 것이 괴로움임을 알 것이니, 괴로움이란 나는 것, 늙는 것, 병드는 것, 죽는 것, 번민, 사랑하는 사람과 헤어지는 것, 미워하는 사람과 만나는 것, 구하는 것이 얻어지지 않는 것 등이다. 그러므로 오온(五蘊)[1]으로 된 이 몸이 모두 괴로움이다. 이 것이 괴로움인 줄 알고 애욕의 집착을 끊으면 눈을 얻었다고 하리니, 이 생을 마치고는 뒤에 다시 괴로움이 없게 된다. 집착 때문이라 함은 애욕을 따라 생긴다는 것이니, 괴로움과 집착을 모두 없애고 그 길을 따라 진리를 행하여 눈을 얻으면 이 생을 마친 뒤에는 다시 태어나지 않는다. 이미 진리를 보아 도의 눈을 얻은 이에게는 다시 나고 죽음이 없다.

그리고 도를 얻으려면 여덟 가지 행을 닦아야 한다. 첫째는 마음을 다하여 여래의 가르침을 듣고, 둘째는 애욕을 버려 갈등을 없애며, 셋째는 살생과 도둑질과 음행 같은 것을 저지르지 않고, 넷째는 속이고 아첨하며 나쁜 말로 꾸짖는 일을 하지 않으며, 다섯째는 질투하고 욕심내어 남들이 믿지 않는 일을 하지 않고, 여섯째는 모든 것이 무상(無常)하고 고(苦)이고 공(空)이고 무아(無我)임을 생각하며, 일곱째는 몸의 냄새나고 더럽고 깨끗하지 않음을 생각하고, 여덟째는 몸에 탐착하지 않고 마침내는 흙으로 돌아갈 줄 아는 것이다.

지나간 세상의 모든 부처님들이 다 이 네 가지 진리를 알았고, 앞으로 올 부처님들도 이 진리를 볼 것이다. 세속적인 은혜와 사랑을 탐하고 바라거나 혹은 세상의 부귀 영화와 명예와 오래 살기를 원하는 이는 끝

---

1) 사람을 형성하고 있는 물질과 정신작용. 물질〔色〕·느낌〔受〕·생각〔想〕·의지작용〔行〕·의식〔識〕.

내 세상에서 벗어나는 길을 얻지 못한다.

길은 마음으로부터 생기는 것이니 마음이 깨끗해야 길을 얻을 수 있다. 그 마음이 청정하여 다섯 가지 계율을 범하지 않으면 천상에 태어난다. 만약 지옥·아귀·축생의 길을 끊으려거든 일심으로 여래의 가르침과 계율을 받들어 행해야 할 것이다. 이제 여래가 중생을 나고 죽는 데서 해탈케 하려고 바른 길을 열어 보였으니, 배우려고 하는 사람들은 반드시 잘 생각해 보아라."

이와 같이 말씀하시고 나서 부처님은 아난다와 함께 파탈리풋타에 이르러 성 밖 어떤 나무 아래 머무셨다. 그 곳 바라문과 거사(居士)[2)]들은 부처님이 제자들을 데리고 오셨다는 말을 듣고 모두 부처님 계신 데로 모여들었다. 부처님께 공양하기 위해 앉을 방석을 가지고 혹은 물병과 등잔을 들고 와서 예배하였다.

부처님은 그들에게 말씀하였다.

"사람이 세속에서 함부로 탐욕을 즐기면 다섯 가지 소모되는 현상이 있다. 스스로 방종하므로 재산이 줄어들고, 몸을 위태롭게 하고 도를 잃게 되며, 사람들이 공경하지 않고 죽을 때에 뉘우치게 되며, 추한 소문과 나쁜 이름이 널리 퍼지고, 스스로 방종하므로 죽은 뒤에는 삼악도(三惡道)[3)]에 떨어진다.

그러나 사람들이 마음을 조복(調伏)받아 방종하지

---

2) 불교에 귀의한 남자 신도.
3) 지옥·아귀·축생들이 사는 세 갈래 세계.

않으면 다섯 가지 덕을 갖추게 된다. 검소하고 절약하므로 재산이 날로 늘어나고, 도의 뜻에 가깝게 되며, 사람마다 우러러 공경하고 죽을 때도 뉘우침이 없으며, 덕망이 세상에 널리 퍼지고, 검소하고 절약하므로 죽은 뒤에 천상이나 복된 곳에 태어난다. 사람이 방종하지 않으면 이와 같이 다섯 가지 좋은 일이 있으니 잘 생각해서 행하여라."

부처님께서 여러 사람들을 위해 가르침을 펴시니 기뻐하지 않는 이가 없었다. 『長阿含 般泥洹經』

2. 계(戒)·정(定)·혜(慧)를 닦아라

부처님께서는 아난다와 함께 콜리성 북쪽의 한 나무 아래 머무르시며 여러 비구들에게 말씀하였다.

"너희들은 청정한 계율을 지니고 선정(禪定)을 닦으며 지혜를 구하여라. 청정한 계율을 지니는 사람은 탐욕과 성냄과 어리석음을 따르지 아니하고, 선정을 닦는 사람은 마음이 산란하지 않게 되며, 지혜를 구하는 이는 애욕에 매이지 않으므로 하는 일에 걸림이 없다. 계·정·혜가 있으면 덕이 크고 명예가 널리 퍼지리라. 또 세 가지 허물을 떠나면 마침내 아라한(阿羅漢)이 될 것이다. 지금의 이 몸으로 삼매(三昧)를 얻고자 하면 부지런히 깨닫기를 구해 이 생이 다하도록 청정한 도에 들어가라. 마땅히 실행할 것을 행하면 죽은 뒤에 다시 윤회(輪廻)하는 세상에 태어나지 않을 것이다."

부처님은 아난다를 데리고 여기저기 다니면서 제자들에게 세 가지 요긴함을 말씀하셨다.

"너희들은 마땅히 계를 지니고 선정을 닦아 지혜를 깨달으라. 이 세 가지를 잘 지키는 사람은 덕망이 높고 명예가 드날리게 될 것이다. 음란한 마음과 성내는 마음과 어리석은 마음과 잡된 생각이 없어질 것이니, 이것을 일러 해탈(解脫)이라 한다. 이 계행(戒行)이 있으면 저절로 선정(禪定)이 이루어지고, 선정이 이루어지면 지혜가 밝아지리니, 이를테면 흰 천에 물감을 들여야 그 빛이 더욱 선명하게 되는 것과 같다. 이 세 가지 마음이 있으면 도를 어렵지 않게 얻을 것이고, 일심으로 부지런히 닦으면 이 생을 마친 후에는 청정한 데에 들어갈 것이다. 이와 같이 행하면 스스로 이 몸을 버리고 다시 나지 않은 줄을 알리라.

만약 계·정·혜의 행을 갖추지 못하면 윤회에서 벗어나기 어려울 것이다. 그러나 이 세 가지를 갖추면 마음이 저절로 열리어, 문득 천상·인간·지옥·아귀·축생 들의 세상을 보게 되고, 온갖 중생들의 생각하는 것도 알게 될 것이다. 마치 시냇물이 맑으면 그 밑에 모래와 돌자갈의 모양을 환히 들여다볼 수 있는 것과 같다.

깨달은 사람은 마음이 밝으므로 보고자 하는 것이 다 나타난다. 도를 얻으려면 먼저 그 마음을 깨끗이 해야 한다. 마치 물이 흐리면 그 속이 보이지 않는 것과 같다. 마음을 깨끗이 지니지 못하면 세상에 나고 죽음을 벗어나지 못할 것이다. 스승이 보고 말하는 것은 제자들이 마땅히 실행해야 할 것이다. 스승이라 할지라도 제자의 마음속에 들어가 그 생각을 잡아 줄 수는 없기 때문이다. 생각과 마음이 청정한 사람은 도를 스스로 얻을 것이다. 여래는 청정함을 가장 즐거워한다."

『長阿含 般泥洹經』

3. 고행과 바른 수행

부처님께서 녹야원(鹿野苑)에 계실 때였다. 발가숭이 이교도〔裸形外道〕 카샤파가 부처님을 찾아와 이렇게 말했다.

"부처님이시여, 당신은 온갖 고행을 싫어하고 고행자를 비방한다는데 그것이 사실입니까?"

부처님은 말씀하셨다.

"카샤파여, 그것은 내 뜻이 아니오. 또 내 말을 바르게 전한 것도 아니오. 나는 천안(天眼)으로써 고행자가 죽은 후 지옥에 떨어지는 것도 보고 천상에 태어나는 것도 봅니다. 이와 같이 고행자 중에는 지옥에 떨어지기도 하고 천상에 태어나는 이도 있는데, 어떻게 통틀어 고행을 싫어하고 고행자를 비방할 수 있겠소."

카샤파는 말했다.

"부처님이시여, 알몸이라든가 공양을 받지 않는 일, 또는 쇠똥을 먹고 나무껍질이나 짐승의 가죽으로 몸을 가리며, 항상 서 있거나 하룻밤에 세 번씩 목욕을 하는 것 같은 고행은 사문(沙門)과 바라문에게도 알맞은 일이라고 합니다."

"카샤파, 아무리 그와 같은 고행을 할지라도 그 사람에게 계행과 선정과 지혜가 없으면 그것은 참된 사문이나 바라문과는 멉니다. 화내지 않고 남을 해칠 생각이 없으며 자비심을 기르고 번뇌가 없어 현재에 깨달아 있으면, 그 사람이야말로 진정한 사문이요 바라문이라고 할 것이오."

"부처님, 사문이나 바라문이 된다는 것은 얼마나 어려운 일입니까?"

"그 어려움이 곧 고행을 닦는다는 뜻은 아니오. 고행쯤이야 물항아리를 나르는 하녀도 할 수 있는 일이 아니오? 화내지 않고 남을 해칠 생각이 없으며 자비심을 기르고 번뇌가 없이 현재에 깨닫는다는 것이 참으로 어려운 일입니다."

이교도 카샤파는 다시 물었다.

"부처님, 그러면 그 계행과 선정과 지혜의 성취란 어떤 것입니까?"

"계행의 성취란 이런 것이오. 여래가 이 세상에 출현하여 스스로 깨닫고 남을 가르칠 때에 사람들이 그 가르침을 듣고 신심(信心)을 내어 출가합니다. 그래서 계율에 따라 행동을 삼가고 바른 행동으로 즐거움을 삼으며, 조그마한 허물도 두려워하고 감관을 다스려 바른 지혜를 갖춥니다. 산 목숨을 죽이지 않고, 주지 않는 것을 갖지 않으며, 여자를 범하지 않고, 거짓을 말하거나 거친 말을 쓰지 않으며 바른 생활을 해나가는 것이오. 또 선정의 성취란, 눈으로 사물을 볼 때라도 감관을 잘 지켜 그 모양에 팔리지 않고, 가나 오나 앉으나 누울 때에도 항상 마음의 눈을 밝히어 바른 마음과 바른 생각에 머뭅니다. 새가 날개밖에는 아무것도 갖지 않듯이 몸을 가리는 옷과 배를 채우는 밥으로 만족하고, 나무 밑이나 동굴 속, 숲이나 묘지 등 한적한 곳을 찾아 고요히 앉소. 그래서 탐욕과 성냄과 게으름과 의심을 버리고, 건강하고 자유롭고 안온한 사람이 되어 선정에 들어가는 것이오. 그리고 지혜의 성취란, 선정에 의해 고요하고 맑고 밝아 아무것에도 걸림이 없는 마음으로써 이 세상의 덧없음과 '나'라고 내세울 것 없음을 알며, 다섯 가지 신통〔五神通〕을 언고 네 가지 진리를 알아 번뇌를 없애고 깨달음을 얻어 해탈했다는 분명한 자각을 가지는 것이오.

카샤파여, 이보다 더 뛰어난 계행과 선정과 지혜의 성취는 없소. 계와 고행과 지혜와 해탈을 칭송하는 사문이나 바라문이 있지만, 여래처럼 맑고 높은 계와 고행과 지혜와 해탈을 갖춘 사람은 없을 것이오. 그 가장 높은 곳에 도달한 자가 바로 여래입니다.

나의 이 말에 대해서 어떤 사람들은 이렇게 말할는지 모릅니다. '사문 고타마는 사람이 없는 곳에서 사자후를 하지만 그것은 신념에서 하는 것이 아니다. 질문을 받으면 대답하지 못한다. 대답한다 할지라도 만족시키거나 믿게 하지 못한다.' 그러나 그와 같이 생각해서는 안됩니다. 나는 여러 사람들 앞에서 신념을 가지고 사자후를 합니다. 많은 사람의 질문에 대답하고 만족시키며 믿게 합니다. 카샤파여, 일찍이 라자가하의 영축산에서 당신과 같은 고행자 니그로다는 욕망을 없애는 최고 형식에 대해서 내게 물어 대답을 듣고 무척 기뻐한 일이 있소."

이 가르침을 듣고 이교도가 부처님의 제자가 되었다. 그는 부지런히 정진한 끝에 깨달음을 얻었다.

『南傳 長部經典 8』

4. 신통을 금하다

부처님께서 나란다성 바바리암라 동산에 계실 때였다. 하루는 견고(堅固)라고 하는 남신도 한 사람이 부처님을 찾아왔다.

"부처님, 이토록 번화하고 잘 살고 있는 나란다 사람들이 부처님을 공경하고 믿고 있습니다. 원컨대 부처님께서는 어떤 비구로 하여금 신통 변화를 나타내 보이게 해 주십시오. 그러면 이 성 안에 사는 사람들이 더욱 부처님의 법을 믿고 공경할 것입니다."

"나는 비구들에게 여러 사람이 보는 앞에서 신통 변화를 나타내 보이라고 가르친 일이 없소. 다만 한적한 곳에 앉아 도를 생각하고, 공덕이 있거든 안으로 감추어 두고 허물이 있으면 몸소 드러내 놓으라고 가르칠 뿐이오."

그러나 견고는 거듭거듭 부처님께 간청했다. 부처님은 그의 청을 거절하시고 나서 이렇게 말씀하셨다.

"세 가지 신통이 있는데, 그것은 내가 몸소 체득한 것이니 말해 보겠소. 신족통(神足通)과 타심통(他心通)과 교계통(教誡通)이 그것이오. 신족통이란, 한 몸으로 여러 몸을 나타내기도 하고 여러 몸을 합쳐 한 몸을 만들기도 하며 또는 나타내고 숨기기도 하오. 산과 장벽을 지나되 허공과 같이 걸리지 않고, 땅 속에 출몰하되 물 속에서처럼 자유로우며, 물 위로 다니되 땅 위와 같고 허공에 앉되 날개 있는 새와 같소. 큰 신통력과 위력으로 해와 달을 손으로 만지고 몸으로 범천(梵天)에 이르기도 하오.

어떤 신도가 비구의 이러한 신통을 보고 아직 믿음을 얻지 못한 사람에게 이것을 이야기하면 그 사람은 '저 비구는 간다리라는 주문을 외어 그러한 신통을 얻은 것이다'라고 할 것이오. 이것은 오히려 불법(佛法)을 비방하는 결과를 가져오지 않겠소? 그러므로 나는 신통 변화 같은 것을 부질없게 여기어 비구들에게 금하도록 한 것이오.

그리고 타심통이란, 남의 마음을 관찰하여 '너의 뜻은 그렇고 네 마음은 이렇다'고 말하는 것이오. 이것을 보고 믿음을 얻은 이가 아직 믿음을 얻지 못한 사람에게 이야기한다면, 그 사람은 '저 비구는 마니가라는 주문을 외어 그런 신통을 얻은 것이다'라고 할 것이오. 이것은 오히려 불법을 비방하는 결과가 되지 않겠소? 그러므로 나는 이런 허물을 보고 신통 변화 같은 것을 부질없게 여기어 비구들에게 금하도록 한것이오. 교계통이란, 여래가 세상에 출현하여 사문이나 바라문들에게 '그대들은 이렇게 생각하고 저렇게는 생각하지 마라. 이런 일은 하고 저런 일을 해서는 안 된다. 이것은 내버리고 저것을 취해라.' 이와 같이 가르쳐 훈계하는 것이오. 그들은 모두 어둠을 떠나 밝음을 찾고 죄악을 버리고 공덕을 성취하게 되는 것이오. 이렇게 출가하여 정진 수행하므로 계행이 갖추어지고 선정이 갖추어지며 지혜가 갖추어져 아라한의 지위를 얻게 되는 것이오. 이 세 가지 신통은 여래가 스스로 체득하여 가르치는 것이오."

견고는 부처님의 말씀을 듣고 기뻐하면서 받들어 행했다. 『長阿含 堅固經』

5. 적을 막는 길

부처님께서 라자가하의 영취산에서 천이백오십 명의 비구들과 계실 때였다. 마가다의 왕 아자타삿투는 밧지국과 서로 좋지 않은 사이였다. 어느 날 왕은 여러 신하들에게 이렇게 말했다.

"밧지국은 나라가 부강하고 백성이 많으며 땅이 기름지다. 해마다 풍년이 들고 진기한 것이 많이 나는 것만을 믿고 나에게 굴복하지 않으니 쳐들어가 정복하고야 말겠다.”

왕은 바라문 출신인 어진 신하 우사(雨舍)에게 자기 대신 부처님을 찾아뵙고 가르침을 받아 오도록 분부했다. 우사는 오백 대의 수레에 기마 이천 마리와 부하 이천 명을 데리고 영축산으로 향했다.

그는 부처님을 뵙고 공손히 꿇어앉아 여쭈었다.

“마가다의 왕 아자타삿투는 부처님께 머리 숙여 거처가 편안하고 기력이 좋으신지 안부를 물으셨습니다.”

부처님은 대답하셨다.

“고맙소, 왕과 온 백성들과 당신도 평안하십니까?”

우사는 찾아온 뜻을 말했다.

“임금님은 밧지국과 뜻이 맞지 않아 여러 신하들과 의논한 끝에 그 나라를 정복하기로 했습니다. 그래서 부처님의 가르침을 듣고자 저를 보낸 것입니다.”

부처님은 우사에게 말씀하셨다.

“내가 일찍이 밧지국에 머무르면서 본 일인데 그 나라 사람들은 모두 근엄합니다. 나는 그들을 위해 나라를 다스리는 데 필요한 일곱 가지 법을 말한 적이 있소. 만일 지금도 그것을 실행하고 있다면 날로 더욱 흥할지언정 쇠약해지지는 않을 것입니다.”

우사는 합장을 하고 간절한 마음으로 여쭈었다.

“그 일곱 가지 법을 들려 주십시오. 어떻게 실행하는 것입니까?”

부처님은 아난다에게 말씀하셨다.

"아난다, 너는 밧지국 사람들이 자주 모임을 가지고 바른 일을 서로 의논하여 몸소 지킨다는 말을 들은 일이 있느냐?"

"그렇다고 들었습니다."

부처님은 다시 아난다에게 말씀하셨다.

"그렇다면 어른과 젊은이들은 서로 화목하여 갈수록 흥할 것이다. 그 나라는 언제나 안온하여 누구의 침략도 받지 않을 것이다. 너는 또 밧지국의 임금과 신하가 화목하고 윗사람과 아랫사람이 서로 공경한다고 들은 일이 있느냐?"

"그렇다고 들었습니다."

"그렇다면 그 나라는 언제나 안온하여 갈수록 흥성하고 누구의 침략도 받지 않을 것이다. 너는 밧지국 사람들이 법을 받들어 삼가해야 할 것을 알고 예의를 어기지 않는다고 들은 일이 있느냐?"

"그렇다고 들었습니다."

"그렇다면 그 나라는 누구의 침략도 받지 않을 것이다. 또 밧지국 사람들은 부모에게 효도하고 어른을 공경하여 순종한다고 들은 일이 있느냐?"

"그렇다고 들었습니다."

"그렇다면 그 나라는 누구의 침략도 받지 않을 것이다. 그들이 조상을 공경하여 제사를 지낸다고 들은 일이 있느냐?"

"그렇다고 들었습니다."

"그렇다면 그 나라는 누구의 침략도 받지 않을 것이

다. 너는 또 그 나라의 부녀자들이 정숙하고 진실하며 웃고 농담할 때라도 그 말이 음란하지 않다고 들은 일이 있느냐?"

"그렇다고 들었습니다."

"그렇다면 그 나라는 누구의 침략도 받지 않을 것이다. 너는 그 나라 사람들이 수행자를 공경하고 계행이 청정한 이를 존경하고 보호하며 공양하기를 소홀히 하지 않는다고 들은 일이 있느냐?"

"그렇다고 들었습니다."

"그렇다면 어른과 젊은이들은 서로 화목하여 갈수록 더 흥성할 것이다. 그래서 그 나라는 언제나 안온하여 누구의 침략도 받지 않을 것이다. 나라를 다스리는 이가 이 일곱 가지 법을 실행하면 어떤 적이라도 그 나라를 위태롭게 할 수 없을 것이다."

이 말을 듣고 있던 우사는 부처님께 말씀드렸다.

"밧지국 사람들이 이 일곱 가지 중에서 하나만을 지닐지라도 치지 못할 것인데, 하물며 일곱 가지를 다 지킨다면 더 말할 것도 없습니다. 잘 알았습니다. 나라 일이 많으므로 이만 물러가겠습니다."

그는 일어나 부처님께 예배하고 자리를 떠났다.

『長阿含 遊行經』

6. 마음의 주인이 되라

부처님께서 여러 비구들에게 말씀하셨다.

“이 세상에는 영원한 것도 견고한 것도 없으며 결국은 모두 흩어지고 만다. 망상 분별로 하는 일은 속임이 될 뿐이다. 세속의 인연으로 만나는 것이 얼마나 오래 갈 수 있겠느냐. 천지와 저 큰 수미산(須彌山)도 결국은 무너질 것인데 이까짓 사람 몸 따위이겠느냐.

나는 석 달 후에 열반에 들 것이니 놀라거나 슬퍼하지 말아라. 과거 현재 미래의 모든 부처님들이 다 법으로 부처를 이룬 것이다. 이미 교법(教法)이 갖추어져 있으니 너희들도 부지런히 배워 실행하고 깨끗한 마음을 지니고 해탈을 얻도록 하여라. 분별하는 작용이 끝나면 죽지도 않고 다시 나지도 않을 것이며 다른 몸을 받는 일도 없을 것이다. 오온(五蘊)의 작용을 끊으면 배고프고 목마르며 춥고 더우며 근심·슬픔·괴로움·번민 같은 것도 없어진다. 사람이 바른 마음을 쓸 줄 알면 천신들도 기뻐할 것이다. 마음을 조복받아 부드럽고 순하고 스스로 텅 비어야 한다. 마음 가는 대로 따라가서는 안된다. 마음 가는 대로 한다면 못할 것이 없을 것이다. 도를 얻는 것도 또한 마음이다. 마음이 하늘도 만들고 사람도 만들며 귀신이나 축생 혹은 지옥도 만들므로 모든 것은 다 마음에 매인 것이다. 그러므로 마음을 따라 온갖 법이 일어난다.

마음이 바탕이 되어 마음의 뜻하는 것이 행(行)이 되고 행의 하는 일이 명(命)이 되니, 어질고 어리석음이 행에 있고 오래 살고 일찍 죽음이 명에 달린 것이다. 대개 의지와 행과 명, 이 세 가지가 서로 관계되어 좋고 나쁜 짓을 하므로 스스로 그 과보를 받는다. 아비가 착하지 못한 짓을 했더라도 자식이 대신 받지 못하고, 또 자식이 옳지 못한 일을 했을지라도 아비가 대신 받지 못한다. 착한 일은 스스로 복을 받고 나쁜 짓은 스스로 재앙을 불러들이는 것이다.

여래가 천상 천하에서 높이 공경받는 것도 그 뜻이 숭고하기 때문이다. 그러므로 바른 마음으로 진리를 행동으로 옮겨 진리를 실행하는 사람은 반드시 현세에서 휴식과 안락을 얻을 것이니, 잘 받아 가지고 읽고 외우며 조용히 생각하여라. 그러면 곧 나의 깨끗한 법이 오래 머무를 것이며, 세상의 온갖 괴로움에서 벗어나고 중생을 제도하여 편안케 하리라."

『長阿含 般泥洹經』

7. 법이 쇠퇴하지 않으려면

부처님께서 여러 비구들에게 말씀하셨다.

"내가 하는 말을 자세히 듣고 잘 생각해서 행하여라. 비구에게 일곱 가지 가르침이 있으면 법이 쇠퇴하지 않을 것이다. 그 일곱 가지 가르침이란, 첫째는 자주 모여 경전의 뜻을 강론하며 외는 데 게을리하지 않음이다. 둘째는 화합하고 순종하며 서로 바르게 가르치며 돕는 일이다. 셋째는 남의 것을 가지거나 탐내지 않고 오로지 한적한 산천을 좋아하는 일이다. 넷째는 음욕을 끊고 어른과 어린이가 예의로써 서로 아끼고 섬기는 것이다. 다섯째는 사랑과 효도로 스승을 섬기며 가르침을 듣고 아는 것이다. 여섯째는 법을 받들어 교법과 계율을 공경하며 청정한 행을 닦는 일이다. 일곱째는 도를 받들어 행하고 성자들을 공양하며 어린이를 타일러 알게 하고, 와서 배우려는 이를 맞아 의복과 음식과 침상과 의약을 베푸는 일이다. 이와 같은 일곱 가지 가르침 속에서 법은 오래 머물게 된다.

또 비구에게 일곱 가지 지키는 것이 있으면 법이 쇠퇴하지 않을 것이니 잘 생각해 실행하여라. 첫째는 청정함을 지켜 덧없는 유위법(有爲法)[4]을 좋아하지 않는다. 둘째는 욕심 없음을 지켜 탐내지 않는다. 셋째는 잘 참아 다투거나 소송하는 일이 없다. 넷째는 고요한 행을 지켜 번거로운 여러 무리들의 모임에 섞이지 않는다. 다섯째는 법의 뜻을 지켜 여러 가지 생각을 일으키지 않는다. 여섯째는 한 마음을 지켜 고요히 앉아 생각을 한 곳에 모은다. 일곱째는 검소하고 절약하며 옷과 밥이 거칠며 풀자리로 침상을 삼는다. 이와 같은 일곱 가지 법을 지킴으로써 법이 오래 가게 된다.

또 비구에게 일곱 가지 공경함이 있으면 법이 쇠퇴하지 않을 것이니 잘 생각해서 실행하여라. 첫째는 부처님을 공경함이니 착한 마음으로 예의를 갖추어 섬기고 다른 데 의지하지 않음이다. 둘째는 법을 공경함이니 뜻을 도에 두고 다른 곳에 의지하지 않음이다. 셋

---

4) 인연에 의하여 이합집산(離合集散)하는 생멸이 있는 현상.

째는 승단을 공경함이니 의지해 가르침을 받고 다른 데 의지하지 않음이다. 넷째는 배움을 공경함이니 계(戒) 지키는 이를 섬기고 다른 데 의지하지 않음이다. 다섯째는 듣는 것을 공경함이니 법을 강의하는 이를 섬기고 다른 데 의지하지 않음이다. 여섯째는 깨끗하여 욕심 없는 이를 공경하여 다른 데 의지하지 않음이다. 일곱째는 삼매를 공경함이니, 좌선하여 선정 닦는 이를 섬기고 다른 데 의지하지 않음이다. 이와 같은 일곱 가지 법을 공경하면 법이 오래가게 된다.

또 비구에게 일곱 가지 생각하는 것이 있으면 법이 쇠퇴하지 않을 것이니 잘 생각해서 행하여라. 첫째는 경전의 뜻 생각하기를 부모 생각하듯 해야 한다. 부모가 자식을 낳으면 그 은혜가 한 세상에 그치지만, 법은 무수한 세상에 걸쳐 살면서 생사를 건지는 것이다. 둘째는 인생살이가 고통 아닌 것이 없는 줄을 생각함이니, 살아서는 처자 권속에 대한 걱정을 하다가도 한 번 죽어 뿔뿔이 흩어지면 흩어진 줄도 모른다. 이와 같이 인생의 덧없음을 생각하여 마땅히 도 닦기를 힘써야 한다. 셋째는 정진을 생각함이니 몸과 말과 생각을 단정히 하면 도를 이루기가 어렵지 않다. 넷째는 겸허하기를 생각함이니 교만하고 잘난 체하지 말며, 현명한 이를 섬기고 배우지 못한 이를 가엾이 여겨 가르쳐야 한다. 다섯째는 마음 조복 받기를 생각함이니 감정을 마음대로 놀아나지 못하게 하고, 음란하고 성내거나 어리석은 태도를 억제하여 사특한 짓이 없게 하라. 여섯째는 이 육신이란 냄새나고 더럽고 피를 담은 것이므로 탐낼 것이 못된다고 생각하라. 일곱째는 스스로 관찰하되 사람의 몸은 거름과 같아서 있은 이래 죽지 않는 이는 없다. 세상이란 꿈과 같은데 기뻐하고 사랑하는 것이 변하는 줄도 모르고 있으니, 알고 보면 허망한 꼭둑각시 놀음임을 스스로 깨달아 알아야 한다. 이 일곱 가지 법대로 하면 법이 오래도록 머물 것이다.

땅 위를 흐르는 여러 갈래의 물이 쉬지 않으면 마침내 바다로 들어가듯이, 비구들도 도닦기를 그치지 않으면 구경의 해탈을 얻게 되리라. 여래의 교법을 서로 이어받아서 그 말씀을 외어 지니고 때때로 일깨우며 사부대중(四部大衆)[5]들이 서로 가르치면 이러한 가르침이 오래 이어질 것이다." 『長阿含 般泥洹經』

8. 악인은 침묵으로 대하라

아난다는 부처님의 얼굴빛이 오늘처럼 빛나고 화평스러운 것을 일찍이 보지 못했다. 금빛처럼 빛나는 얼굴을 보고 그는 꿇어앉아 여쭈었다.

"제가 부처님을 모신 지 이십여 년이 되었지만 오늘처럼 얼굴빛이 빛나고 화평하신 것을 일찌기 보지 못했습니다. 그 뜻을 알고 싶습니다."

5) 출가 수행승인 비구·비구니와 일반 남녀 신도.

부처님은 대답하셨다.

"아난다여, 그것은 두 가지 인연으로 그러하다. 두 가지 인연이란 내가 바른 깨달음을 얻었을 때와 열반에 들 때이다. 내가 오늘 밤중에 열반에 들려고 해서 안색이 빛을 발한 것이다."

이 말을 듣고 아난다는 깜짝 놀라 어찌할 바를 몰랐다.

"어찌 그렇게 빨리 열반에 드시렵니까? 세상에 빛이 없어지는 것 같습니다."

부처님은 아난다에게 말씀하셨다.

"아난다여, 춘다〔純陀〕[6]에게 가서 걱정하지 말고 기뻐하라고 하여라. 여래에게 공양한 인연으로 좋은 과보를 받을 것이라고 위로해 주어라. 너도 잘 알아 두어라. 반드시 여래를 공경하고 교법을 배우고 섬겨야 한다."

이 말씀을 듣고 아난다는 부처님께 여쭈었다.

"찬다카〔車匿〕[7] 비구는 성미가 급하고 괴팍하여 욕지거리를 잘하고 말이 많습니다. 부처님께서 열반하신 후에는 어떻게 하면 좋겠습니까?"

"내가 열반하고 난 후에는 찬다카를 위해 대중들이 침묵을 지키고 그를 상대하여 말하지 않도록 하라. 그러면 그는 부끄러움을 느껴 저절로 뉘우치게 될 것이

---

6) 부처님은 금세공(金細工) 춘다가 올린 공양을 받고 나서 병환이 도져 위독해졌다. 이것이 최후의 공양이었다.

7) 부처님 태자 시절의 시종으로서 출가하여 말썽을 부렸다.

다."

이 말을 마치고 부처님은 아난다에게 자리를 깔게 하셨다. 그리고 오른쪽 옆구리를 바닥에 대고 무릎을 굽혀 다리를 포개고 누워 성인의 바른 지혜를 생각하셨다. 「長阿含 般泥洹經」

9. 수행자와 여인

아난다는 부처님께 여쭈었다.

"부처님께서 열반하신 후 아직 가르침을 받지 못한 세상 여인들을 출가 사문은 어떻게 대해야 합니까?"

"서로 마주 보지 말아라."

"만약 서로 마주 보게 된다면 어떻게 해야 합니까?"

"더불어 말하지 말아라."

"만약 더불어 말하게 된다면 어떻게 해야 합니까?"

"스스로 마음을 다잡아라. 아난다여, 너는 여래가 열반한 뒤에 보호할 사람이 없어 혹시 닦아 오던 것을 잃지 않을까 하는 그런 걱정을 하지 말아라. 내가 지금까지 말한 교법(敎法)과 계율이 곧 너를 보호하고 또한 네가 의지해야 할 곳이다. 오늘부터는 비구들에게 사소한 계율은 버리고 윗사람과 아랫사람이 서로 화목하여 마땅히 예절을 따르라고 일러라. 이것이 출가한 사람들이 공경하고 순종할 법이다."

「長阿含 遊行經」

10. 사성(四姓)에서 뛰어난 사람

부처님께서 사밧티의 녹자모 강당(鹿子母講堂)에 계실 때였다. 바라문 출신으로 부처님께 귀의하여 출가한 바셋타와 바르드바자에게 부처님은 물으셨다.

"바라문 중에서도 뛰어난 너희들이 집을 버리고 출가 사문의 생활을 하니 바라문들이 혹시 너희를 보고 비난하지 않더냐?"

바셋타가 말했다.

"그렇습니다, 부처님. 바라문들은 남을 멸시하는 버릇으로 저희를 비난하여 욕하고 있습니다."

"어떤 말로 비난하고 욕을 하더냐?"

"그들은 한결같이 이렇게 말합니다. '인간 중에 바라문만이 가장 높은 종족이고 그 밖에는 다 하잘것없는 낮은 종족이다. 바라문은 살빛이 희고 다른 종족은 살빛이 검다. 바라문만이 오직 순수한 범천(梵天)의 혈통을 받은 종족이다. 바라문만이 범천의 입에서 나왔고 범천에 의해 창조되었으며 범천의 상속자이다. 그런데 너희들은 고귀한 계급을 등지고 미천한 계급의 사람들과 가까이 사귀고 있으니 그것은 어리석기 짝이 없는 짓이다. 머리 깎은 사문 가운데는 범천의 발에서 나온 천한 자들도 있지 않느냐.' 이러한 말로 저희를 비난하고 욕합니다."

"바셋타여, 그러나 사실은 그런 것이 아니지 않느

냐. 바라문도 시집가고 장가가며 여인은 임신해서 아이를 낳고 있지 않더냐. 그들의 출생도 다른 사람과 꼭 같으면서 어떻게 바라문만이 최상의 종족이라고 범천의 입에서 나왔으며 범천의 상속자라고 남을 욕하고 업신여긴단 말이냐. 세상에는 왕족과 바라문과 평민과 노예 등 네 가지 계급이 있다. 그러나 왕족이라고 해서, 남의 생명을 해치고 재산을 약탈하거나 음란한 짓을 하고 거짓말과 이간질 악담을 하며 탐욕과 성냄과 그릇된 소견을 가지고 있다면, 그들도 또한 죄를 범하게 되며 그 갚음을 받게 된다. 바라문이나 평민 노예도 이와 마찬가지이다.

또 왕족이 남의 생명을 해치지 않고 약탈과 음행과 거짓말과 이간질·악담·탐욕·성냄 등에서 벗어나 바른 견해를 지녔다면, 그것은 착한 일이며 착한 갚음을 받게 된다. 이것은 바라문이나 평민이나 노예도 또한 마찬가지이다. 그런데 바라문만이 최상의 종족이요 나머지는 미천하다고 주장하는 것은 지혜로운 사람으로서는 받아들일 수 없는 일이다.

네 가지 종족이나 계급은 그 사람의 혈통이나 신분으로서 차별되는 것이 아니다. 우리는 모두가 똑같은 사람이다. 누구든지 번뇌가 없어지고 청정한 계행이 성취되어 생사의 무거운 짐을 벗어버리고 완전한 지혜를 얻어 해탈의 도를 이루었다면, 그 사람이야말로 사성(四姓) 중에서 가장 뛰어난 사람이라고 할 수 있을 것이다. 왜냐하면 진리만이 이 세상에서 가장 높은 것이기 때문이다.

그 태생이 다르고 이름이 다르고 성이 다르고 가계가 다르더라도 너희가 출가하여 집을 버린 수행자가 되었을 때 저 바라문들이 '너희는 무엇이냐?'고 묻거든 '우리는 사캬족의 자손이다. 사캬무니의 진정한 아들이다. 우리는 그의 입에서 나왔으며 법에서 났으며 법의 상속자이다'라고 대답하여라. 너희는 여래를 의지하여 새로 얻어 성취된 청정한 계행의 몸이요, 선정의 몸이요, 지혜의 몸이요, 해탈의 몸이요, 해탈지견[8] 의 몸이기 때문이다." 『長阿含 小緣經』

11. 사문의 과보

부처님께서 많은 제자들과 함께 라자가하의 신의(神醫)인 지바카 소유의 암라 동산에 계실 때였다. 마가다의 아자타삿투왕은 사월 보름날 밤에 재계(齋戒)하고 궁전 누각에서 밝게 떠오르는 달을 바라보고 있었다. 그는 곁에 있는 신하들을 돌아보며, 이 밤에 덕이 높은 사문이나 바라문을 모시고 설법을 들었으면 좋겠다고 하였다. 이때 지바카는 마침 부처님이 천이백오십 명의 제자들과 함께 암라 동산에 와 계시니 부처님을 모시고 법을 들었으면 좋겠다고 말했다. 왕은 지바카의 말을 듣고 곧 암라 동산으로 갔다. 왕은 부처님

8) 번뇌의 속박에서 벗어난 자유 자재한 몸.

께 공손히 예배드린 후 이렇게 물었다.

"부처님, 이 세상 사람들은 여러 가지 기술과 직업을 가지고 있습니다. 그들은 그 보수로써 부모 처자를 부양하고 자기도 안락을 누립니다. 그런데 출가 수행하는 사문이나 바라문은 현세에서 어떤 과보를 받게 됩니까?"

부처님은 말씀하셨다.

"여기 왕을 섬기는 한 사람의 종이 있다고 합시다. 그는 왕을 위해 부지런히 일을 할 것이오. 아침 일찍 일어나 밤늦게 자며 얼굴빛을 부드럽게 하고 말씨도 공손히 하여, 왕의 비위를 거스르지 않으려고 항상 애를 쓸 것이오. 그러다가 어느 날 문득 생각을 돌이켜 출가를 합니다. 머리를 깎고 가사를 걸치고 몸과 말과 생각을 조심하고 변변치 않은 음식과 의복에 만족하며 세속을 떠나 고요한 숲에서 살게 될 것이오. 이때 어떤 신하가 숲에서 수행하고 있는 예전의 종을 보았다고 왕께 전하는 말을 듣는다면, 그 사람에게 예전처럼 돌아와 시중을 들라고 하겠소?"

"그렇게 할 수는 없습니다. 내가 먼저 그에게 절하고 그를 맞아 가사와 음식과 숙소를 제공하며, 병이 나면 약과 필요한 물건을 대주면서 그를 보호하겠습니다."

"그렇다면 그것이 곧 눈앞에 보이는 사문의 과보가 아니겠소?"

"그렇습니다. 그것은 분명히 눈에 보이는 사문의 과

보입니다.” 『南傳 長部 沙門果經』

12. 청정한 계행(戒行)의 과보

아자타삿투왕이 다시 부처님께 여쭈었다.

“부처님, 눈앞의 과보보다 더 뛰어난 것을 말씀해 주십시오.”

“어떤 귀족의 가장이나 자제나 혹은 천민의 자제들이 여래의 가르침을 듣고 믿음을 내어 장애 많은 세속생활을 떠나 출가하여 사문이 되었다고 합시다. 그는 청정한 계행을 닦고 정진하여 조그만 허물도 두려워하고 깨끗한 몸과 말과 생각을 지니며, 모든 감관의 문을 잘 보호하고 바른 생각과 바른 지혜를 두루 갖추게 될 것이오.

그러면 어떤 것이 계행을 갖춘 것인가. 살생을 하지 않고 모든 생물을 가엾이 여기며, 주지 않는 물건은 갖지 않고 남의 것을 가지려고 하는 생각도 내지 않으며, 떳떳하지 못한 음행을 하지 않고 밝고 깨끗한 행동을 합니다. 거짓말을 하지 않고 진실한 말만 하고 이간질을 하지 않고 화합하고 친밀한 말을 하며, 거친 말을 하지 않고 누구나 들으면 기뻐하는 말을 하고 부질없는 말을 하지 않고 도리와 교법에 맞는 말을 합니다. 하루에 한 번 먹고 연극이나 노래·춤·오락 등의 유흥장에 가지 않으며, 몸을 꽃다발이나 향수로 치장하지 않고 높고 큰 침상이나 의자를 사용하지 않소.

금·은 같은 귀금속과 곡식을 저장해 놓는 일도 없고 부인이나 소녀 또는 남녀의 노예를 받아 부리는 일이 없으며, 코끼리·말·소·산양 등의 가축이나 토지 전답을 받는 일도 없소. 공사(公私)간의 심부름이나 중매 혹은 팔고 사는 행위를 하지 않고, 속이고 거짓말하는 모든 그릇된 행위를 하지 않소. 이것은 또한 비구계(比丘戒)의 일부분이 되는 것이오.

비구가 이와 같이 계행을 두루 갖추면 이 계행의 위력으로 어느 곳에 갈지라도 두려움을 느끼지 않게 됩니다. 마치 사방의 적을 정복한 위력 있는 왕은 어디를 가나 두려울 것이 없는 것과 같소. 비구가 청정한 계행을 갖추면 마음속으로 티없이 깨끗한 평안을 누리게 되니 이것이 비구가 계행을 구족한 현세의 과보인 것이오."

『南傳 長部 沙門果經』

13. 계행과 정진으로 얻은 자유

부처님께서 다시 말씀하셨다.

"비구는 또 눈·귀·코·혀·몸·생각 등 감관의 문을 잘 지켜야 합니다. 마치 부자가 창고의 문을 단속하여 도둑의 침범을 막듯이, 비구가 눈으로 사물을 볼 때에는 어떤 현상이나 특수한 환경에 집착하지 말아야 합니다. 만약 생각을 다스리지 않고 그대로 놓아 둔다면 탐욕과 애착과 비애 등의 부정법(不淨法)에 흘러가고 말 것이오. 그러므로 눈을 잘 단속하여 감각 작용을 조절함으로써 보는 감각이 바른 길을 벗어나지 않고 항상 순결한 제자리로 돌아가게 해야 하는 것이오. 소리를 듣는 귀와 냄새를 맡는 코, 맛을 보는 혀, 차고 덥고 거칠고 부드러움을 느끼는 몸, 시비와 좋아하고 싫어하는 생각도 그와 같아서 어떤 현상이나 특수한 환경에 집착하지 말아야 합니다. 그래야만 듣고 냄새 맡고 맛보고 감촉하고 의식하는 것이 모두 제 길을 벗어나지 않고 항상 순결한 제자리로 돌아가게 되는 것이오. 이와 같이 모든 감관을 잘 단속하여 그 공덕이 갖추어지면, 마음속으로 티없이 깨끗한 안락을 누리게 되는 것이오. 이것이 감관의 문을 보호한 공덕의 과보입니다.

또 어떤 것이 비구의 지족(知足)인가 하면, 그 몸을 보호하는 옷과 얻은 것에 만족하여 어디를 가든 한 벌 옷과 한 벌 바리때를 지니고 가는 것이오. 마치 새가 어디를 가든 날개만을 가지고 나는 것처럼. 비구는 이와 같이 청정한 계행과 감관과 만족을 갖추어 조용한 숲속이나 나무 아래, 동굴이나 묘지 등 세속을 떠난 한적한 곳을 선택해 한 그릇 밥을 얻어 먹은 뒤에는 단정히 앉아 바른 생각에 편안히 머무는 것이오. 그는 세속의 탐욕을 버리고 청정한 마음에 머물며 남을 해치려거나 성내고 미워하는 생각을 여의고, 모든 생물을 가엾이 여기어 이롭게 하려는 마음에 머물며, 정신이 혼미한 데서 벗어나 산뜻하고 올바른 생각과 바른 지혜에 머뭅니다. 산란하고 헐떡거리는 생각을 쉬어 고요하고 차분한 마음에 머물며, 망설이고 의심하는 데서 벗어나 깨끗하고 의심하지 않는 마음에 머물러 그 마음을 맑고 깨끗하게 정화합니다. 이를테면, 어떤 사람이 남에게서 빌린 돈으로 처자를 부양하고 스스로도 만족하는 것과 같이, 비구도 계행과 정진으로 묵은 죄업을 청산하고 새로운 도업(道業)에 의해 스스로 평안을 얻어 만족하는 것이오. 또 한 가지 비유를 든다면, 남의 노예가 되어 마음대로 오고 가지 못하다가 속박에서 벗어나 자유를 얻으면 남에게 예속되지 않고 떳떳한 자유인으로 자기가 하고 싶은 대로 하는 것과 같이, 비구도 청정한 계행과 줄기찬 정진의 힘으로 세속적인 오욕(五欲)의 노예에서 벗어나 독립된 자유를 누리게 되는 것이오. 이것이 비구가 바른 생각과 바른 지혜를 갖추어 만족할 줄 알고 번뇌에서 벗어난 현세의 과보입니다."

이와 같이 부처님께서 말씀하시니, 마가다의 왕 아자타샷투는 감격한 끝에 이렇게 여쭈었다.

"거룩하십니다. 마치 넘어진 사람을 일으켜주고, 파묻혀 있던 것을 드러내놓으며, 길 잃은 사람에게 길을 보여 주고, 어둔 밤에 불을 밝혀 주는 것과 같습니다. 이같이 온갖 방편을 들어 진리를 말씀해 주시니, 저는 지금부터 부처님께 귀의하고 교법에 귀의하고 승단에 귀의하겠습니다. 오늘부터 이 목숨이 다하도록 삼보(三寶)에 귀의하여 신도가 되고자 하오니 받아주시기를 바랍니다. 저는 어리석고 무지하여 왕권을 얻기 위해 잔인하게도 덕이 많은 부왕(父王)을 살해하였습니다. 부처님, 앞으로 제가 잘못되는 일이 없도록 저의 이 죄악을 죄악으로 인정하시고 저를 받아 주십시오."

"대왕, 참으로 당신은 어리석고 무지하여 큰 죄악을 저질렀소. 당신은 그처럼 덕이 많은 부왕을 살해하였소. 그러나 당신이 죄악은 죄악대로 인정하고 법에 따라 그 죄를 참회하겠다니 나는 그것을 받아들이겠소. 누구든지 죄를 인정하고 법답게 참회하여 앞으로 잘못되는 일이 없도록 스스로 계를 지키려 한다면 성자의 계율이 번창할 것이오."

아자타삿투왕은 부처님의 가르침을 듣고 기뻐하면서 예배하고 물러갔다. 왕이 물러간 뒤 부처님은 제자들에게 이렇게 말씀하셨다.

"저 아자타삿투왕은 진심으로 뉘우친 것이다. 만일 그가 부왕을 살해하지 않았더라면, 그는 바로 이 자리에서 마음의 때를 벗고 청정한 법의 눈을 얻었을 것이다."

『南傳 長部 沙門果經』

14. 허물어진 탑에는 흙을 바를 수 없다

부처님께서 많은 비구들과 함께 파바에 있는 어떤 동산에 머무르고 계실 때였다. 부처님은 달이 밝은 보름 밤에 맨땅에 앉아 비구들에게 법을 설한 다음 사리풋타에게 말씀하셨다.

"지금 사방에서 많은 비구들이 모여 함께 정진하면

서 자지 않는다. 나는 등이 아파 좀 쉬고 싶으니, 네가 비구들을 위해 법을 설해 주어라."

부처님은 가사(袈裟)를 네 겹으로 접어 깔고 오른쪽 옆구리를 바닥에 대고 사자처럼 발을 포개고 누우셨다. 사리풋타는 비구들에게 말했다.

"이 파바성은 이교도 니간타〔尼乾子〕가 살던 곳인데 그는 얼마 전에 죽었습니다. 그 후 제자들은 두 파로 갈라져 서로 잘잘못을 캐면서 시비하고 있습니다. '나는 이 법을 잘 알지만 너는 그것을 모른다. 나는 바른 법을 가졌는데 너는 사견(邪見)을 가지고 있다.' 이와 같이 말이 서로 얽히어 앞뒤가 없이 저마다 자기 말만을 참되고 바르다고 합니다. 그래서 니간타를 따르던 이 고장 사람들은 다투는 무리들을 싫어합니다. 옳다고 주장하는 그 법이 바르지 못하기 때문입니다.

법이 올바르지 못하면 해탈의 길로 나아갈 수 없습니다. 이를테면 허물어진 탑에는 다시 흙을 바를 수 없는 것과 같습니다. 그러나 여래의 법은 올바르고 참되어 해탈의 길이 될 수 있습니다. 새로운 탑은 장엄하게 꾸미기가 쉬운 것과 같습니다. 우리들은 마땅히 교법과 계율을 모아 그들과 같은 다툼을 막고 청정한 수행을 쌓아 모든 중생들에게 이익과 안락을 얻게 해야겠습니다.

수행자는 반드시 안으로 살펴야 합니다. 만약 성냄과 원한을 가지고 저들처럼 대중을 어지럽힌다면 화합한 대중을 모아 널리 방편을 베풀어 다툼의 근본을 뽑아야 합니다. 맺힌 원한이 다했을 때는 그 마음을 거두어 다시는 일어나지 않도록 할 것입니다. 성냄이 뒤틀어지면 시기하고 교활하여 스스로 자기 소견에 말려들어 사견(邪見)에 헤매고 치우친 편견에 떨어지고 맙니다."

부처님은 사리풋타의 말이 옳다고 인정하셨다.

『長阿含 衆集經』

제 2 장 지혜와 자비의 말씀 ②

1. 탐욕의 재앙

부처님께서 카필라성 밖에 있는 니그로다 숲에 머물고 계실 때였다. 사캬족의 왕 마하나마가 부처님께 여쭈었다.

"부처님, 저는 오랫동안 탐욕과 성냄과 어리석음이 마음의 더러움이라고 하신 부처님의 가르침을 감사히 받들어 왔습니다. 그러나 아직도 그와 같은 번뇌가 제 마음을 사로잡을 때가 있습니다. 그래서 저는 무엇인가 제 마음에서 버려져야 할 것이 아직 버려지지 않고 있다고 생각됩니다."

"그렇소, 마하나마여, 탐욕과 성냄과 어리석음이 아직도 당신 마음에서 가셔지지 않았기 때문이오. 만약 마음속에 그와 같은 번뇌가 말끔히 가셔졌다면 당신은 가정에서 살지 않을 것이며, 또 갖가지 탐욕에 허덕이지 않을 것이오. 탐욕이란 어디를 가도 만족할 줄 모르는 것이오. 탐욕은 고통으로 가득 차게 하는 것이오. 우리들을 절망의 구렁으로 떨어뜨리고 무서운 재앙을 불러들이오. 바른 지혜로써 그것이 그른 줄 알더라도 평안한 경지에 이르지 못하면 탐욕에 쫓기고 마는 것이오. 그것이 그른 것인 줄 바르게 알고 탐욕을 떠나 평안한 경지에 이르러야만 탐욕의 속박에서 벗어날 수 있는 것이오.

이것은 내 경험이오만, 내가 깨달음을 얻기 전 탐욕이 우리를 절망으로 떨어뜨리고 무서운 재앙을 불러들이는 것임을 알기는 알았었소. 그러나 평안한 경지에 이르지 못했기 때문에 그 탐욕에 쫓기면서 지내왔던 것이오. 그 후 그것이 그른 줄 바르게 알고 평안한 경지에 이른 그때부터 비로소 탐욕의 속박에서 벗어나게 된 것이오. 탐욕에는 즐거움과 재앙이 있소. 탐욕에는 다섯 가지가 있는데, 마음에 드는 물건과 소리와 냄새와 맛과 감촉이 그것이오. 이 다섯 가지 탐욕에 대해 기쁨과 즐거움이 생기는데 이것이 탐욕의 즐거움이오. 또 사람들은 여러 가지 직업을 가지고 살아가면서 추위와 더위, 바람과 비, 벼룩·모기·뱀들에 시달림을 받고 굶주림과 목마름의 고통을 받소. 그래서 낙담과 슬픔에 빠지게 되는 것이오. 아니 그처럼 애쓰고 고생한 끝에 부자가 됐다 합시다. 이제 그는 부(富)를 지키기 위해 전에 없던 걱정 근심을 겪어야 합니다. '어떻게 하면 왕에게 몰수당하지 않을까. 도둑에게 빼앗기지 않을까. 불에 타지 않을까. 물에 떠내려 보내지 않을까. 어떻게 하면 귀찮은 친척들에게 뜯기지 않을까.' 이와 같이 온갖 걱정을 하지만 마침내는 몰수당하고 빼앗기고 떠내려보내고 뜯기기도 합니다. 그리하여 모두가 내것이었는데 이제 하나도 내것이 아니구나 하고 비탄에 빠지오. 이것이 탐욕의 재앙이오. 우리가 겪는 현재의 괴로움은 모두 탐욕에 기인한 것이오.

그리고 그 탐욕 때문에 왕은 왕과 다투고 바라문은 바라문과 다투며 부모는 자식과 다투고, 형제끼리 친구끼리 서로 다투게 되는 것이오. 다투고 싸우고 욕질하다가 마지막에 몽둥이를 들거나 칼을 휘둘러 서로 죽이기까지 하니 이것이 탐욕의 재앙이오.

또 탐욕 때문에 사람들은 몸을 망치고 함부로 빼앗으며 간음을 행합니다. 왕은 이들을 붙들어 온갖 형벌을 가합니다. 채찍으로 갈기고 몽둥이로 치며 팔과 다리를 끊고 귀와 코를 자르오. 또 목에서 발끝까지 가죽을 벗기고 팔과 무릎을 쇠기둥에 못박아 불을 지르오. 끓는 기름을 몸에 부어 굶주린 개에게 주고, 몸을 말뚝에 매어 칼로 목을 베오. 이와 같은 고통이 모두 탐욕의 재앙인 것이오.

마하나마여, 사람들은 이 탐욕 때문에 몸과 말과 생각으로 갖가지 악을 지어 죽은 후에는 지옥에 떨어져 온갖 고통을 받소. 이것이 다 탐욕의 재앙으로서 미래의 고통 또한 탐욕을 원인으로 하여 이루어지는 것이오."

마하나마는 부처님의 말씀을 듣고 기뻐하면서 돌아갔다.

『中阿含 小苦蘊經』

2. 세속에서 뛰어나는 법

부처님께서 강가강을 건너 앙가국 아바나라는 마을

밖 숲속에 머물러 계실 때였다. 하루는 거리에 들어가 밥을 빌고, 숲으로 돌아오니, 장자(長者)[1] 포타리야가 양산을 받고 신을 신은 채 숲속을 거닐고 있었다. 그는 부처님을 보자 가까이 와서 인사한 뒤 앉지도 않고 머뭇거렸다. 부처님은 그를 돌아보고 말씀하셨다.

"장자님, 자리가 있으니 앉으시오."

포타리야는 장자라고 불린 것이 못마땅해 잠자코 있었다. 부처님이 거듭 권하자 입을 열었다.

"부처님, 나를 장자라고 부른 것은 마땅치 않습니다."

"그래도 당신은 장자의 차림을 하고 있지 않소?"

"나는 처자와 살림을 버리고 세속을 떠난 사람입니다."

"당신은 어떻게 처자와 살림을 버리고 세속을 떠났소?"

"나는 내 재산 전부를 아들에게 물려 준 뒤 아무 간섭 없이 다만 옷과 먹을 것만 받으면서 숨어 살고 있습니다. 나는 이렇게 살림을 버리고 세속을 떠났습니다."

"당신이 말하는 세속을 떠났다는 것은 내가 말하는 세속을 떠났다는 것과는 다릅니다."

"부처님의 가르침에서 말하는 세속을 떠났다는 뜻을 말씀해 주십시오."

---

1) 인도에서 좋은 가문에 나서 많은 재산과 덕을 갖춘 사람을 부르는 말.

"내 가르침에서는 여덟 가지 법으로 세속을 떠나오. 그 여덟 가지란, 산 목숨을 죽이지 않고, 남이 주지 않는 것을 갖지 않으며, 거짓말을 하지 않고, 화합을 깨뜨리지 않으며, 탐욕을 버리고 성내지 않으며, 시기하지 않고, 그리고 교만을 버리는 일 등이오. 그러나 이것으로도 세속을 완전히 떠나는 것은 아니오. 세속을 완전히 떠나는 법은 따로이 있소."

"그 법도 말씀해 주십시오."

"장자님, 이를테면 굶주린 개에게 살이 조금도 붙어 있지 않은 뼈를 던져 준다면 개는 굶주림을 달래지 못할 뿐 아니라 그 뼈로 인해 피로와 고달픔은 더할 것이오. 내 제자는 이 뼈의 비유처럼 바른 지혜로 쾌락을 잘 살펴 그것은 고통과 불행의 씨라고 사실대로 알아 오욕(五欲)에 집착하는 마음을 버리오.

독수리나 솔개 같은 날짐승이 고깃덩이 하나를 가지고 날아갈 때 다른 사나운 새가 쫓아와 그것을 덮치려 한다면, 새들이 그 고깃덩어리를 버리지 않는 한 서로 싸워 죽거나 커다란 상처를 입게 될 것이오. 또 타오르는 횃불을 들고 바람을 거슬러 올라갈 때 그 횃불을 버리지 않는 한 손을 데거나 타 죽게 될 것이오.

향락은 꿈과 같아 깨어 보면 아무것도 없소. 무서운 독사를 보고 손을 내밀어 물라고 할 사람은 없을 것이오. 남의 돈을 함부로 빌려 쓰면 마침내는 빚장이에 몰려 곤란을 당할 것이오. 나무 열매가 익은 것을 보고 올라가 따먹고 있을 때 누가 도끼로 나무 밑동을 찍는다고 합시다. 그때 나무에 오른 사람이 얼른 내려오지 않으면 손발을 다치거나, 나무에서 떨어져 죽게 될 것이오.

이것이 모두 욕락(欲樂)에 대한 비유입니다. 내 가르침을 받는 제자들은 이런 비유와 같이 욕락을 관찰하고, 그것은 고통과 불행의 씨라고 바른 지혜로써 사실 그대로를 알아 세상 욕심에 집착하는 마음을 버리고 있소. 내 제자들은 이렇게 해서 얻은 청정으로 이 세상에서 해탈을 얻소. 이것을 내 가르침에서는 세속을 완전히 떠나는 법이라 하오. 당신도 이와 같이 세속을 떠났습니까?"

"부처님, 어떻게 제가 그럴 수 있겠습니까. 저는 이전에 다른 가르침에 빠져, 모르는 것을 안다 하고 아는 것을 모른다고 해 왔습니다. 그러나 이제는 모르는 것을 모르는 줄 알고, 아는 것을 아는 줄 알았습니다. 부처님께서는 저에게 사문에 대한 사랑과 믿음과 존경을 가르쳐 주셨습니다. 저는 오늘부터 목숨이 다할 때까지 부처님의 가르침을 따르는 신도가 되겠습니다."

『南傳 中部 포타리야經』

3. 백골로 돌아갈 육신

부처님께서 쿠루수의 서울 캄마싯담마에 계실 때 비구들에게 말씀하셨다.

"중생의 마음을 깨끗이 하고 걱정과 두려움에서 건

지며 고뇌와 슬픔을 없애고 바른 법을 얻게 하는 유일한 길이 있느니 곧 사념처법(四念處法)이다. 과거 모든 여래도 이 법에 의해 최상의 열반을 얻었고, 현재와 미래의 여래도 이 법으로 열반을 얻을 것이다. 비구는 그 몸〔身〕과 느낌〔受〕과 마음〔心〕과 법〔法〕, 이 네 가지에 대해 똑바로 관찰하고 끊임없이 정진하여 바른 생각과 지혜로써 세상의 허욕과 번뇌를 끊어 버려야 한다.

어떤 것이 몸을 바로 관찰하는 법인가. 비구가 숲속이나 나무밑 혹은 고요한 곳에서 몸을 바로하고 앉아 오로지 한 생각으로 호흡을 조절하되, 길게 들이쉬고 내쉴 때에는 그 길다는 것을 알고, 짧게 들이쉬고 내쉴 때에는 그 짧다는 것을 알아라. 온몸으로 들이쉬고 내쉬는 것을 알아 마음을 다른 데로 달아나지 못하게 하라. 이 몸을 관찰하되 몸이 어디 갈 때에는 가는 줄 알고 머물 때에는 머무는 줄 알며, 앉고 누울 때에는 앉고 누웠다는 상태를 바로 보아 생각이 그 몸의 동작 밖에 흩어지지 않게 하여라. 어떤 사물에도 집착하지 말고 다만 이 몸 관찰하는 데에 머물게 하여라. 이와 같이 이 몸의 굴신과 동작의 상태를 사실대로 관찰하여 한 생각도 흩어지지 않게 되면, 몸에 대한 형상이 눈앞에 드러나 바른 지혜가 나타나며, 이 세상 어떤 환경에도 집착하지 않게 될 것이다.

또한 이 몸이 애초에 무엇으로써 이루어졌는지 사실대로 관찰해야 한다. 이 몸은 지수화풍(地水火風) 네 가지 요소가 한데 어울려 된 것임을 밝게 보아야 한다. 솜씨 있는 백정이 소를 잡아 사지를 떼어 펼쳐놓듯이 비구도 이 몸을 네 요소로 갈라 눈앞에 드러내 놓아야 한다.

숲속에 버려진 시체가 하루 이틀 지나면 부어 터지고 썩어 문드러지는 것을 보는 것과 같이 이 몸도 그렇게 되고 말리라는 것을 알아야 한다. 그 형상이 눈앞에 역력하면 모든 허망한 경계에 집착하지 않게 될 것이다. 또 숲속에 버려진 시체의 백골, 한두 해 지나 무더기로 쌓인 백골, 다 삭아 가루가 된 해골을 보는 것과 같이 비구들도 그 몸을 주시하되, 이 몸도 저 꼴을 면치 못하리라는 것을 관찰하면 세상의 모든 집착을 버리게 될 것이다. 비구는 몸에 대해 이와 같이 관찰하는 것이다.

다음으로, 우리의 몸과 마음이 때와 장소를 따라 그 느끼는 작용에 대해 어떻게 관찰할 것인가. 느낌에는 세 가지가 있다. 괴로움을 느끼는 작용, 즐거움을 느끼는 작용, 괴롭지도 즐겁지도 않음을 느끼는 작용이다. 즐거움을 누릴 때는 즐거운 줄 알고, 괴로움을 당할 때는 괴로운 줄 알며, 괴롭지도 즐겁지도 않을 때는 또한 그런 줄을 알아야 한다. 이와 같이 자기 몸과 마음에서 일어나는 느낌을 사실대로 관찰하고 타인의 느낌도 객관적으로 관찰하면 그 느낌이 눈앞에 나타난다. 느낌이 시시로 변해 고정된 괴로움이나 즐거움, 고정된 불고(不苦) 불락(不樂)이 없음을 알아 어떤 것에도 집착하지 않는다. 이것이 비구가 느낌에 대해 관찰하는 법이다.

또 어떤 것이 마음을 관찰하는 법인가. 마음에 탐심이 일어나면 '이것이 탐심이구나'라고 알고, 탐심을 버리면 버린 줄 알아야 한다. 이와 같이 성내는 마음, 어리석은 마음, 뒤바뀐 마음, 넓은 마음, 좁은 마음, 고요한 마음, 산란한 마음, 해탈한 마음, 해탈하지 못한 마음을 스스로 낱낱이 안팎으로 살피고, 그 마음이 일어나는 것과 사라지는 것을 관(觀)하여 눈앞에 대하듯 하면 세상의 어떤 집착이라도 놓아 버리게 된다. 이것이 마음을 바로 관찰하는 법이다.

끝으로 어떤 것이 관찰하는 것인가. 안으로 탐욕이 있으면 있는 줄 알고 없으면 없는 줄 알며, 또 탐욕이 일지 않았더라도 일어난 것으로 관하고, 일어났을 때에는 없어진 것으로 관하며, 이미 없어진 것은 앞으로도 일어나지 않을 것으로 관하는 것이다. 이와 같이 성내는 마음, 졸음, 산란한 마음, 의혹 등도 안팎으로 관하고 일어나고 사라지는 것을 관하여, 그것이 뚜렷하게 눈앞에 드러날 때에는 세상의 모든 집착을 버리게 될 것이다. 비구들이여, 누구든지 이 사념처관을 단 한 달만이라도 법대로 닦으면 탐욕과 불선법(不善法)을 떠나 성인의 길에 들게 될 것이다. 이 사념처관은 중생의 마음을 깨끗이 하고 걱정과 두려움에서 건져내며, 고뇌와 슬픔을 없애고 바른 법을 얻게 하는 유일한 길이다."

비구들은 이와 같은 부처님의 말씀을 듣고 모두 기뻐하며 받들어 행하였다. 『中阿含 念處經』

4. 최상의 법륜(法輪)

부처님께서 바라나시의 녹야원(鹿野苑)에 머물면서 제자들에게 말씀하셨다.

"나는 이곳 녹야원에서 일찍이 어떤 사람도 또 어느 곳에서도 굴린 적이 없는 최상의 법륜을 처음으로 굴렸었다. 그것은 네 가지 진리〔四聖諦〕인데, 곧 고(苦)·집(集)·멸(滅)·도(道)이다.

비구들이여, 사리풋타와 목갈라나를 잘 섬기고 받들어라. 그들은 지혜로워 청정하게 수행하는 이의 보호자가 될 것이다. 사리풋타는 너희들의 생모(生母)와 같고 목갈라나는 양모(養母)와 같으리라. 사리풋타는 처음 발심하여 수행하는 이를 잘 길러주고, 목갈라나는 그들을 이끌어 깨달음에 이르게 할 것이다. 이제 사리풋타가 너희들에게 네 가지의 진리를 잘 가리어 말해 줄 것이다."

하고 부처님께서는 그 자리를 뜨셨다.

사리풋타는 모인 대중을 향해 이렇게 말했다.

"부처님은 이 녹야원에서 일찌기 어떤 사람도 또 어느 곳에서도 굴린 적이 없는 최상의 법륜을 굴리셨으니, 그것은 곧 고·집·멸·도의 네 가지 진리입니다. 그럼 어떤 것이 고의 진리〔苦諦〕입니까. 나고 늙고 병들고 죽는 것이 고(苦)요, 원수를 만나게 되는 것이 고요, 사랑에는 이별이 있으니 그것이 고요, 구하는 것을 얻을 수 없으니 고요, 걱정 근심과 번민과 슬픔이 고입니다. 한 말로 한다면 인생의 존재 그 자체가 고의 집합체인 것입니다.

나는 것〔生〕을 고라 함은 무슨 뜻입니까. 중생들이 각기 그 종류를 따라 오온(五蘊)이 화합하여 목숨을 이룬 후 세상에 태어납니다. 한 생명이 이 세상에 나와 그 생명을 보존하고 키워 가려면 천만 가지 고통을 겪게 되므로 이것을 태어남의 고라 합니다. 늙은 것을 고라 함은 무슨 뜻입니까. 사람이 나이를 먹으면 머리털이 희어지고 이가 빠지며 얼굴이 쭈그러지고 등이 굽으며 기력이 쇠해집니다. 몸은 날로 무거워 앉으면 허리가 아프고 다닐 때는 지팡이에 의지하게 되니 이것을 늙음의 고라 합니다. 병드는 것을 고라 함은 무슨 뜻입니까. 온몸은 균형을 잃고 기혈이 순조롭지 못해 두통이나 치통 요통을 앓으며 눈이 어둡고 귀가 먹습니다. 혹은 열병 냉병 풍병 습병으로 사지가 뒤틀리고 온갖 고통이 엄습하니 이것을 병고라고 합니다. 죽음의 고라 함은 무슨 뜻입니까. 중생들이 그 몸의 기력이 다하고 목숨이 끝나려 할 때 아직 끊어지지 않은 잔명이 죽음의 막다른 길에 이르러 여러 가지 견디기 어려운 심한 고통을 받게 됩니다. 그러므로 이것을 죽음의 고라 합니다. 또 원수를 만나는 고라 함은, 일찌기 서로 미워하며 원한을 품고 해치거나 죽이려 했던

자와 만나게 되는 고통을 말합니다. 사랑에 이별이 있는 고라 함은, 아무리 친하고 가까운 부모와 처자라도 언젠가는 서로 이별하게 되는 고통을 말합니다. 구하는 것을 얻을 수 없는 고라 함은, 모든 중생은 나지 않으려고 해도 업에 따라 나게 되며, 나거든 늙거나 병들어 죽지 말든지 죽거든 나지 말든지 해야 할 텐데 그것이 뜻대로 되지 않습니다. 그리고 사는 동안 부귀영화를 원하고 온갖 재난과 슬픔이 없기를 원하지만 뜻대로 되지 않으니 그것이 또한 고통입니다. 이와 같이 이 세상에 일단 생명을 받아 태어난 것은 결국 모든 고통의 집합체인 것입니다. 이것이 고(苦)의 진리입니다.

다음 어떤 것이 집의 진리〔集諦〕입니까. 그와 같은 고의 원인은 집착에 있습니다. 이 다음 생의 업보를 부르게 되는 애욕과 번뇌를 말합니다. 어떤 것이 멸의 진리〔滅諦〕입니까. 저 애욕과 번뇌를 남김없이 없애버리는 것을 말합니다.

어떤 것이 도의 진리〔道諦〕입니까. 멸에 이르는 방법 즉 여덟 가지의 바른 길〔八聖道〕입니다. 그것은 바른 견해〔正見〕, 바른 생각〔正思〕, 바른 말〔正語〕, 바른 행위〔正業〕, 바른 생활〔正命〕, 바른 노력〔正精進〕, 바른 기억〔正念〕, 바른 선정〔正定〕입니다.

바른 견해란 네 가지 진리를 바로 보는 지혜요, 바른 생각이란 번뇌 망상을 멀리하고 성냄과 원한이 없는 생각이요, 바른 말이란 거짓말 악담 이간질 부질없는 잡담을 떠난 도리에 맞는 참된 말이요, 바른 행위란 살생 도둑질 음행을 하지 않고 올바른 계행을 지키는 일입니다. 바른 생활이란 출가자의 생활 방법으로 부정한 장사나 점술 따위의 수단을 떠나 정당한 방법으로 의식을 얻어 생활하는 것입니다. 바른 노력이란 아직 일어나지 않은 나쁜 생각을 일지 않게 하고, 이미 일어난 나쁜 생각은 없애버리며, 아직 일어나지 않은 착한 생각을 일게 하고, 이미 일어난 착한 생각은 원만히 키워나가도록 끊임없이 노력하는 것입니다. 바른 기억이란 생각을 한 곳에 집중하여 몸과 마음과 진리를 바로 관찰하고 탐욕에서 일어나는 번뇌를 없애는 것입니다. 그리고 바른 선정이란 모든 욕심과 산란한 생각을 가라앉혀 선정에 들어감을 말합니다.

여러분, 이것이 부처님께서 말씀하신 네 가지 진리입니다. 『中阿含 分別聖諦經』

5. 정견(正見)과 사견(邪見)

부처님께서 기원정사(祇園精舍)에 계실 때 이와 같이 비구들에게 말씀하셨다.

"이 세상에 세 가지 그릇된 견해를 가진 외도(外道)가 있는데, 슬기로운 사람들은 그것을 밝게 가려내어 추종하지 말아야 한다. 만약 그러한 견해를 따른다면 이 세상의 모든 일은 부정하게 될 것이다. 그러면 세 가지 그릇된 견해란 어떤 것인가. 첫째, 어떤 사문이나 바라문은 '사람이 이 세상에 경험하는 것은 괴롭든 즐겁든 모두 전생의 업에 의한 것이다.'라고 말한다. 둘째, 또 어떤 사람들은 '모든 것은 자재천(自在天)[2]의 뜻에 의한 것이다.'라고 한다. 셋째, 혹은 '인(因)도 없고 연(緣)도 없다.'고 말한다.

나는 언제나 무엇이나 전생의 업에 의한다고 주장하는 사람들을 찾아가, 그 의견이 틀림없다고 생각하느냐고 물었고 그들은 그렇다고 대답했다. 그래서 나는 '그러면 사람을 죽이거나 도둑질하거나 음행하고 거짓말하고 탐욕과 성냄과 삿된 소견을 갖는 것도 모두 전생에 지은 업에 불과할 것이다. 만약 그렇다면, 이 일을 해서는 안 된다거나 이 일은 해야겠다는 의지도 노력도 소용없게 될 것이다. 따라서 어떤 자제력도 없이 마음 내키는 대로 함부로 행동하는 사람을 정당한 사문 혹은 바라문이라고 하지 않겠는가.'하고 비판했었다.

또 모든 것은 자재천의 뜻에 의한 것이라고 주장하는 사람들을 찾아가 '만약 당신들의 주장대로라면 살생하는 것도 자재천의 뜻이고, 도둑질이나 음행이나 그릇된 소견을 갖는 것도 자재천의 뜻에 의한 것일 게다. 그렇다면 이 일을 해서는 안 된다거나 이 일은 해야겠다는 의지도 노력도 소용없게 될 것이다. 따라서 어떤 자제력도 필요 없이 마음 내키는 대로 함부로 행동하는 사람을 정당한 사문 혹은 바라문이라고 하지

2) 색계(色界)의 정상(頂上)에 있는 천신의 이름.

않겠는가.' 하고 비판했었다.

그리고 인도 없고 연도 없다고 주장하는 사람들을 찾아가 '당신들의 주장대로라면 살생하는 것에도 인과 연이 없고 그릇된 소견을 갖는 것에도 인과 연이 없을 것이다. 이처럼 모든 것에 인연이 없다고 한다면, 이 일을 해서는 안 된다거나 이 일을 해야겠다는 의지도 노력도 소용없게 될 것이다. 따라서 어떤 자제력도 필요 없이 마음 내키는 대로 함부로 행동하는 사람을 정당한 사문 혹은 바라문이라 하지 않겠는가.' 하고 비판했었다.

비구들이여, 이것이 그와 같은 의견을 가지고 주장하는 사문이나 바라문들에 대한 나의 비판이다. 만약 그들이 주장하는 대로 행동한다면 이 세상의 모든 일은 부정되고 마침내는 커다란 혼란을 가져오게 될 것이다. 슬기로운 사람은 이와 같이 그릇된 의견을 잘 가려내어 버림받지 않도록 해야 할 것이다."

부처님은 이치로써 차근차근 설명하여 그들로 하여금 그릇된 소견을 버리고 바른 길로 돌아오게 하셨다.

사리풋타는 비구들에게 말했다.

"어떤 것이 부처님 제자의 바른 견해이며, 진리에 대해 절대적인 신념을 가지고 통달할 수 있는 길이겠습니까. 불제자는 먼저 어떤 것이 불선법(不善法)인지, 불선법의 근본이 무엇인지를 알아야 하고, 어떤 것이 선법(善法)인지, 선법의 근본이 무엇인지를 알아야 합니다. 이것이 부처님의 제자의 바른 견해로 그

보는 바가 올바르고 절대적인 신념으로 진리에 통달할 수 있는 길입니다.

불선법이란 산 목숨을 죽이는 일, 주지 않는 것을 가지는 일, 사음(邪淫), 거짓말, 악담, 이간질, 꾸미는 말, 탐욕, 성냄, 그릇된 소견 등을 가리킵니다. 이러한 불선법의 근본은 또한 탐욕과 성냄과 어리석음에 있습니다.

선법이란 산 목숨을 죽이지 않고, 주지 않는 것을 가지지 않으며, 사음을 하지 않고 거짓말과 악담과 이간질과 꾸미는 말을 하지 않으며, 탐욕과 성냄과 어리석음을 없애버린 것을 말하며, 이러한 선법의 근본은 탐하지 않고 성내지 않으며 어리석지 않음에 있습니다.

부처님 제자들이 이와 같은 불선법과 그 근본은 알고 또 선법과 그 근본을 알면, 그는 탐욕과 성냄의 번뇌를 없애며 '나'를 내세우려는 아만을 버리고 무명(無明)을 끊고, 지혜의 등불을 밝혀 현실의 괴로움을 면하게 될 것입니다. 이것이 부처님 제자의 바른 견해로 절대적인 신념을 가지고 올바른 진리를 통달하게 되는 길입니다."

비구들은 사리풋타의 말을 듣고 모두 기뻐하였다.

『中阿含 三度經』

6. 뗏목의 비유

부처님께서 기원정사에 계실 때였다. 독수리 잡기를 좋아하는 아리타 비구는 나쁜 소견을 가지고 있었다. 그는, 부처님이 언젠가 말씀한 '장애(障碍)'라는 법도 그걸 직접 실행해 보니 그렇게 장애가 되지 않더라고 말했다. 다른 비구들은 그릇된 그의 소견을 고쳐 주려고 토론도 하고 타이르기도 해보았지만 아무 보람이 없었다. 이 말을 전해 들은 부처님은 아리타를 불러 꾸짖으신 후 비구들에게 말씀하셨다.

"어떤 땅군이 큰 뱀을 보고 그 몸뚱이나 꼬리를 붙잡았다고 하자. 그때 뱀은 몸을 뒤틀어 붙잡은 손을 물 것이다. 그 때문에 그는 죽거나 죽을 만큼의 고통을 받을 것이다. 그것은 뱀 잡는 방법이 틀렸기 때문이다. 이와 같이 어리석은 사람은 여래의 교법을 배우면서도 가르침의 뜻을 잘 생각하지 않기 때문에 그 진리를 분명하게 알지 못한다. 그런 사람은 토론할 때 말의 권위를 세우려고 곧잘 여래의 교법을 인용하지만 그 뜻을 몰라 난처하게 된다.

그러나 지혜로운 사람은 여래의 가르침을 들으면 그 뜻을 깊이 생각하여 진리를 바르게 알기 때문에 항상 기쁨에 싸여 있다. 이를테면 어떤 땅군은 큰 뱀을 보면 곧 막대기로 뱀의 머리를 꼭 누른다. 그때 뱀은 자기를 누르는 손이나 팔을 감는다 할지라도 그 사람은 그 때문에 물려 죽거나 죽을 만큼의 고통을 받지는 않을 것이다. 왜냐하면 그는 뱀 잡는 방법을 잘 알고 있기 때문이다.

비구들이여, 나는 또 너희들에게 집착을 버리도록 하기 위하여 뗏목의 비유를 들겠다. 어떤 나그네가 긴 여행 끝에 바닷가에 이르렀다. 그는 생각하기를 '바다 건너 저쪽은 평화로운 땅이다. 그러나 배가 없으니 어떻게 갈까? 갈대나 나무로 뗏목을 엮어 건너가야겠군.' 하고 뗏목을 만들어 무사히 바다를 건너갔다. 그는 다시 생각하였다. '이 뗏목이 아니었다면 바다를 건너 올 수 없었을 것이다. 이 뗏목은 내게 큰 은혜가 있으니 메고 가야겠다.'

너희들은 어떻게 생각하느냐. 그가 그렇게 함으로서 그 뗏목에 대해 자기 할 일을 다했다고 생각하느냐?"

비구들은 하나같이 그렇지 않다고 대답했다. 부처님은 다시 말씀하셨다.

"그러면 그가 어떻게 해야 자기 할 일을 다하게 되겠는가. 그는 바다를 건너고 나서 이렇게 생각해야 할 것이다. '이 뗏목으로 인해 나는 바다를 무사히 건너왔다. 다른 사람들도 이 뗏목을 이용할 수 있도록 물에 띄워 놓고 이제 나는 내 갈 길을 가자.' 이와 같이 하는 것이 그 뗏목에 대해서 할 일을 다하게 되는 것이다.

나는 이 뗏목의 비유로써, 교법(教法)을 배워 그 뜻을 안 후에는 버려야 할 것이지 결코 거기에 집착할 것이 아니라는 것을 말하였다. 너희들은 이 뗏목처럼 내가 말한 교법까지도 버리지 않으면 안 된다. 하물며 법 아닌 것이야 말할 것 있겠느냐."

『南傳 中部 蛇喩經』

7. 네 것이 아닌 것은 버려라

뗏목의 비유를 말하고 난 부처님께서는 다시 이렇게 말씀하셨다.

"'나'와 내것이라는 잘못된 소견이 일어날 수 있는 다섯 가지 경우가 있다. 그것은 물질〔色〕과 감각〔受〕과 생각〔想〕과 의지작용〔行〕과 의식〔識〕이다. 무지해서 어진 사람을 가까이하지 않고 가르침을 모르는 사람은 이 다섯 가지 경우에 대해서 '이것은 내 것이다, 이것은 나다, 이것은 나의 '나'다'라고 생각하여 그것에 집착한다. 그러나 많이 배우고 어진 사람을 가까이하며 가르침을 받은 사람은 그 다섯 가지에 대해서 그와 같이 생각하거나 집착하지 않는다. 따라서 그것이 없어졌다고 하여 바른 생각을 잃거나 두려움에 떨지 않는다."

이때 어떤 비구가 물었다.

"부처님, 어떤 외계의 사물로 인해 바른 생각을 잃고 두려움에 떠는 일이 있겠습니까?"

"어떤 사람이 이렇게 생각한다고 하자. '이것이 전에는 내것이었는데 이제는 내것이 아니다. 다시 내 소유로 만들 수는 없을까?' 그래서 그는 슬퍼하고 탄식하며 가슴을 치고 운다. 이것이 외계의 사물로 인해 바른 생각을 잃거나 두려움에 떠는 일이다. 그러나 슬퍼하거나 탄식하지 않고 가슴을 치고 울지 않는다면 그는 외계의 사물로 인해 바른 생각을 잃거나 두려움에 떨지 않는다."

"부처님, 그렇다면 마음속의 어떠한 것으로 인해 바른 생각을 잃고 두려움에 떠는 일이 있겠습니까?"

"이 세계와 나 자신은 영원히 변하지 않고 존재하는 것이라고 생각하던 사람이 '나는 없다'고 하는 여래의 가르침을 들으면 슬퍼하고 탄식하며 가슴을 치고 울 것이다. 이것이 마음속의 어떠한 것으로 인해 바른 생각을 잃고 두려움에 떠는 일이다. 너희들은 영원히 변치 않고 지속되는 것을 가지고 있거나 본 일이 있느냐?"

"그런 것은 없습니다."

"그렇다, 이 세상에 영원히 존재하는 것은 없다. 그러므로 실체도 없는 '나'에 집착하면 항상 근심과 고통이 생기는 법이다. 내가 있다면 내것이 있을 것이고 내것이 있다면 내가 있을 것이다. 그러나 나와 내것을 어디서도 찾을 수 없다. 그러므로 이 세계와 내가 영원히 변하지 않고 존재한다는 생각은 어리석은 소견이다. 이 가르침을 안 제자들은 이와 같이 보고 이와 같이 들어서 물질과 분별을 싫어하고 욕망을 버리고 해탈하는 것이다. 이러한 비구를 가리켜 장애를 벗어난

자, 장애를 부순 자, 번뇌의 기둥을 빼어버린 자, 걸림이 없는 자, 무거운 짐을 내려 놓은 자, 속박을 벗어난 성자라 부른다.

이와 같이 말한 내게 어떤 사문이나 바라문들은 '저 사문 고타마는 사람의 몸과 마음이 없어져 버린다고 가르치는 자다'라고 비난할지 모른다. 그러나 나는 그와 같이 말하지는 않았다. 나는 이전이나 지금이나 현재의 고뇌를 말하고 그 고뇌를 끊어 없애는 것을 가르치고 있다. 아무리 남들이 비난하고 욕하더라도 나는 조금도 마음을 쓰거나 원한을 품지 않는다. 또 누가 칭찬하고 공경할지라도 나는 조금도 기뻐하거나 우쭐거리지 않는다. 비난하거나 칭찬하거나 나는 '그들이 내게 이렇게 하는 것을 이전부터 알고 있다'고 생각한다.

그러므로 너희들은 너희 것이 아닌 것은 모두 버려라. 그것을 버리면 영원한 평안을 누릴 것이다. 너희 것이 아니란 것은 무엇인가. 물질은 너희 것이 아니다. 그 물질을 버려라. 감각은 너희 것이 아니다. 그 감각을 버려라. 생각은 너희 것이 아니다. 그 생각을 버려라. 의지 작용(意志作用)은 너희 것이 아니다. 그 의지 작용을 버려라. 의식은 너희 것이 아니다. 그 의식을 버려라. 어떤 사람이 이 숲속에 와서 풀과 나뭇가지를 날라다 불사른다고 하자. 너희들은 이때 그는 우리 물건을 날라다 마음대로 불사른다고 생각하겠느냐?"

"그렇지 않습니다. 그것들은 나도 아니고 내것도 아니기 때문입니다."

"그와 같이 너희 것이 아닌 것은 버려라. 그것을 버리면 너희는 영원한 기쁨을 누릴 것이다."

『南傳 中部 蛇喩經』

8. 욕심이 없는 사람이 얻는 도

부처님께서 베사카라 숲에 계실 때 아니룻다〔阿那律〕는 파치나 숲에 머물고 있었다. 어느 날 오후 그는 선정(禪定)에 들어 생각하였다.

'아, 이 도(道)는 욕심이 없는 데서 얻는 것이고 욕심이 있으면 얻을 수 없는 것이구나. 이 도는 만족할 줄 아는 데서 얻는 것이고 족할 줄 모르면 얻을 수 없다. 이 도는 군중을 멀리 떠남으로써 얻는 것이고 많은 사람들의 번거로움 가운데서는 얻을 수 없다. 이 도는 바른 생각으로써 얻는 것이고 그릇된 생각으로는 얻을 수 없다. 이 도는 고요 속에서 얻는 것이고 시끄러운 속에서는 얻을 수 없다. 이 도는 지혜로운 사람이 얻는 것이고 어리석은 사람은 얻을 수 없는 것이다.'

부처님은 이때 아니룻다의 생각을 아시고 아니룻다 앞에 나타나셨다.

"착하다, 아니룻다. 너는 대인(大人)의 깨달음을 생각하고 있구나. 그 다음 한 가지는 부질없는 궤변을 하지 않는 일이다. 너는 이 여덟 가지 대인의 깨달음을 생각해 수행하는 동안 욕심과 옳지 못한 것을 버리고 여기에서 일어나는 기쁨을 맛보아 초선(初禪)을 거쳐 제이, 제삼, 제사 선의 경지에 들어갈 것이다. 네가 이 대인의 깨달음을 생각하고 제사선(第四禪)의 기쁨에 들어가면, 여인들이 여러 가지 옷을 옷장에 가득 채워 두고 즐거워하듯이 만족함을 느끼고 기쁨에 넘쳐 다시 흔들리지 않을 것이다. 열반의 길을 가는 너는 남루한 옷도 마음에 들 것이고, 빌어먹는 밥도 맛이 있을 것이며, 나무 밑 풀자리에 앉아도 마음은 늘 즐거울 것이고, 병들어 누워 있을 때 썩은 거름으로 만든 약이라도 만족하게 될 것이다."

부처님은 이와 같이 말씀하신 뒤 다시 베사카라 숲으로 돌아오셨다. 그리고 비구들에게 위에서 말한 여덟 가지 대인의 깨달음을 가르치고 나서 다시 이렇게 말씀하셨다.

"비구들이여, 욕심을 적게 가졌다고 해서 나는 욕심을 적게 가졌다고 말하지 마라. 만족함을 알았다고 해서 나는 만족할 줄 알았다고 말하지 마라. 멀리 떠나는 것을 즐거워한다고 해서 나는 멀리 떠나는 것을 즐거워한다고 말하지 마라. 궤변을 좋아하지 않는다고 해서 나는 궤변을 좋아하지 않는다고 말하지 마라. 이것이 욕심을 적게 가지는 법이다.

또 만족할 줄 안다는 것은 어떤 종류의 의식주나 약을 얻더라도 그것을 만족하게 여김이다. 멀리 떠나는 법이란 비구의 처소에 어떤 비구·비구니·신남(信男)·신녀(信女) 혹은 왕이나 이교도가 오더라도 비구는 멀리 떠나는 것을 즐기는 마음에서 진실한 법만을 알려주는 것이다. 정진하는 법은 비구가 나쁜 법을 버리고 좋은 법을 얻기 위해 정진할 때에 확고하게 선법(善法)에 대한 책임을 버리지 않는 것이다. 바르게 생각하는 법이란 비구가 바른 생각을 가지고 이전에 해온 온갖 바르지 못한 말과 행동을 돌이켜보고 새로운 책임을 느끼는 것이다. 지혜로운 사람의 법이란 법의 흥성하고 쇠함을 지혜로 살펴 네 가지 진리〔四聖諦〕의 도리를 잘 아는 것이다. 궤변을 즐기지 않는 법이란 그 마음이 궤변 없는 경지로 나아가 부질없는 이론이 끊겨진 경지에 이르러 마음이 해탈하는 것이다."

「中阿含 八念經」

9. 검은 업과 흰 업

용모가 뛰어난 가미니는 이른 아침 부처님을 뵙고 여쭈었다.

"부처님이시여, 바라문은 스스로 잘난 체하면서 하늘을 섬깁니다. 어떤 중생이 목숨을 마치면 바라문은 마음대로 죽은 이를 천상에 나도록 한다는 것입니다. 원컨대 법의 주인이신 부처님께서도 중생들이 목숨을 마치거든 천상에 태어나게 해 주십시오."

부처님은 말씀하셨다.

"가미니여, 내가 너에게 물을 테니 아는 대로 대답하여라. 어떤 사람이 게을러서 정진하지 않고, 게다가 산 목숨을 죽이며, 주지 않는 것을 가지고, 사음을 행하며, 거짓말을 하고, 그릇된 소견을 가지는 등 온갖 나쁜 업을 지으면서 살았다고 하자. 그가 죽을 때 많은 사람들이 와서 '당신은 게을러 정진하지 않고 그러면서 악업만을 행했습니다. 당신은 그 인연으로 목숨이 다한 뒤에는 반드시 천상에 태어나십시오'라고 했다 하자. 가미니여, 이렇게 여러 사람이 축원했다고 해서 그가 천상에 태어날 수 있겠느냐?"

"그럴 수는 없습니다."

"그렇다. 게으른 그가, 더구나 온갖 나쁜 업을 지은 그가 축원을 받았다고 해서 천상에 태어날 수는 없는 것이다. 비유를 들면, 저쪽에 깊은 못이 하나 있는데 어떤 사람이 거기에 크고 무거운 돌을 던져 넣었다. 마을 사람들이 못가에 모여서 '돌아, 떠올라라' 하고 축원을 하였다. 그 크고 무거운 돌이 축원을 했다고 해서 그들의 소원대로 떠오를 수 있겠느냐?"

"그럴 수 없습니다."

"그렇다. 그가 천상에 태어날 수 없는 것도 이와 마찬가지이다. 왜냐하면, 나쁜 업은 검은 것이어서 그 갚음으로 저절로 밑으로 내려가 반드시 나쁜 곳에 떨어질 것이기 때문이다. 또 어떤 사람은 부지런히 정진하면서 묘한 법을 실행하고 온갖 착한 업을 닦는다고 하자. 그가 목숨을 마칠 때 여러 사람이 모여서 '당신은 부지런히 정진하면서 묘한 법을 실행하여 온갖 착한 업을 이루었습니다. 당신은 그 인연으로 목숨이 다한 뒤에는 반드시 나쁜 곳에 가서 지옥에 떨어지십시오'라고 저주했다면 어떻게 될까. 그가 과연 그들의 저주대로 지옥에 떨어지겠느냐?"

"그렇지 않습니다."

"그렇다. 그것은 당치도 않은 말이다. 왜냐하면, 착한 업은 흰 것이어서 그 갚음으로 저절로 위로 올라가 반드시 좋은 곳에 이를 것이기 때문이다. 이를테면, 기름병을 깨뜨려 못물에 던지면 부서진 병조각은 밑으로 가라앉지만, 기름은 물위로 떠오르는 것과 같은 이치이다.

이와 같이 목숨이 다한 육신은 흩어져 까마귀와 새가 쪼아 먹고 짐승들이 뜯어 먹거나 혹은 태우거나 묻히어 마침내는 흙이 되고 만다. 그러나 그 마음의 업식(業識)만은 항상 믿음에 싸이고 정진(精進)과 보시(布施)와 지혜에 싸여 저절로 위로 올라가 좋은 곳에 나는 것이다.

가미니여, 산 목숨을 죽이지 않고, 주지 않는 것을 가지지 않으며, 사음과 거짓말을 하지 않고, 사특한 소견에서 벗어나는 좋은 길이 있다. 이른바 팔정도(八正道)가 위로 오르는 길이며 좋은 곳으로 가는 길이다."

부처님께서 이와 같이 말씀하시니 가미니와 여러 비구들이 다들 기뻐하면서 받들어 행하였다.

『中阿含 伽彌尼經』

10. 설법과 침묵

부처님께서 어느 날 오후 아난다를 데리고 아지타바티강으로 가서 목욕을 하셨다. 목욕을 끝낸 후 부처님은 아난다의 청을 받아들여 바라문 람마카의 집으로 가셨다.

그때 마침 람마카의 집에서는 많은 비구들이 모여 설법하고 있었다. 부처님은 문 밖에 서서 비구들의 설법이 끝나기를 기다리셨다. 이윽고 설법이 끝난 것을 안 부처님은 문을 두드렸다. 곧 비구들이 나와 문을 열고 부처님을 맞아들였다. 부처님은 자리에 앉은 뒤 물으셨다.

"너희는 아까 무슨 이야기를 하였으며 무슨 일로 여기 이렇게들 모였느냐?"

"부처님, 조금 전에 저희들은 법을 설하였으며, 그 법을 설하기 위해 이렇게 모인 것입니다."

"착하다. 비구들이여, 너희는 모여 앉으면 마땅히 두 가지 일을 행해야 한다. 하나는 설법하는 일이고 또 하나는 침묵을 지키는 일이다."

『中阿含 羅摩經』

11. 독 묻은 화살

부처님께서 사밧티의 기원정사에 계실 때였다. 말룽

캬존자는 홀로 조용한 곳에 앉아 이렇게 생각했다.

'세계는 영원한가 무상한가? 무한한 것인가 유한한 것인가? 목숨이 곧 몸인가 목숨과 몸은 다른가? 여래는 마침이 있는가 없는가? 아니면 마침이 있지도 않고 없지도 않는가? 부처님은 이러한 말씀은 전혀 하시지 않는다. 그러나 나는 그러한 태도가 못마땅하고 이제는 더 참을 수가 없다. 부처님께서 나를 위해 세계는 영원하다고 말씀하신다면 수행을 계속하겠지만, 영원하지 않다고 말씀하신다면 부처님을 비난한 뒤에 떠나야겠다.'

말룽캬는 해가 질 무렵 자리에서 일어나 부처님께로 갔다. 아까 혼자서 속으로 생각한 일들을 말씀드리고 이렇게 덧붙였다.

"부처님께서는 저의 이러한 생각에 대해서도 한결같이 진실한 것인지 허망한 것인지 기탄없이 바로 말씀해 주십시오."

부처님은 물으셨다.

"말룽캬, 내가 이전에 너를 위해 세상은 영원하다고 말했기 때문에 너는 나를 따라 수행을 하고 있었느냐?"

"아닙니다."

"그 밖의 의문에 대해서도, 내가 이전에 너를 위해 이것은 진실하고 다른 것은 다 허망하다고 말했기 때문에 나를 따라 도를 배웠느냐?"

"아닙니다."

"말룽캬여, 너는 참 어리석구나. 그런 문제에 대해서는 내가 일찍이 너에게 말한 일이 없고 너도 또한 내게 말한 일이 없는데, 너는 어째서 부질없는 생각으로 나를 비방하려고 하느냐?"

말룽캬는 부처님의 꾸지람을 듣고 머리를 떨어뜨린 채 말이 없었으나 속으로는 의문이 가시지 않았다.

부처님은 비구들을 향해 말씀하셨다.

"어떤 어리석은 사람이 '만약 부처님이 나를 위해 세계는 영원하다고 말하지 않는다면 나는 그를 따라 도를 배우지 않겠다'라고 생각한다면, 그는 그 문제를 풀지도 못한 채 도중에서 목숨을 마치고 말 것이다. 이를테면, 어떤 사람이 독 묻은 화살을 맞아 견디기 어려운 고통을 받을 때 그 친족들은 의사를 부르려고 했다. 그런데 그는 '아직 이 화살을 뽑아서는 안 되오. 나는 먼저 화살을 쏜 사람이 누구인지를 알아야겠소. 성은 무어고 이름은 무엇이며 어떤 신분인지를 알아야겠소. 그리고 그 활이 뽕나무로 되었는지 물푸레 나무로 되었는지, 화살은 보통 나무로 되었는지 대로 되었는지를 알아야겠소. 또 화살깃이 매털로 되었는지 독수리털로 되었는지 아니면 닭털로 되었는지 먼저 알아야겠소.' 이와 같이 말한다면 그는 그것을 알기도 전에 온 몸에 독이 퍼져 죽고 말 것이다. 세계가 영원하다거나 무상하다는 이 소견 때문에 나를 따라 수행한다면 그것은 옳지 않다. 세계가 영원하다거나 무상하다고 말하는 사람에게도 생로병사와 근심 걱정은 있다. 또 나는 세상이 무한하다거나 유한하다고 단정적으로 말하지는 않는다. 왜냐 하면 그것은 이치와 법에 맞지 않으며, 수행이 아니므로 지혜와 깨달음으로 나아가는 길이 아니고, 열반의 길도 아니기 때문이다. 그러면 내가 한결같이 말하는 법은 무엇인가. 그것은 곧 괴로움과 괴로움의 원인과 괴로움의 소멸과 괴로움을 소멸하는 길이다. 어째서 내가 이것을 한결같이 말하는가 하면, 이치에 맞고 법에 맞으며 수행인 동시에 지혜와 깨달음의 길이며 열반의 길이기 때문이다. 너희들은 마땅히 이렇게 알고 배워야 한다."

부처님께서 이렇게 말씀하시니 말룽캬를 비롯하여 여러 비구들은 기뻐하면서 받들어 행했다.

『中阿含 箭喩經』

12. 길을 가리킬 뿐이다

부처님이 사밧티의 녹자모 강당(鹿子母講堂)에 계실 때였다. 바라문 출신인 수학자 목갈라나[3]가 부처님을 찾아와 말했다.

"부처님, 여쭐 말씀이 있는데 들어 주신다면 말씀드리겠습니다."

"목갈라나, 마음대로 물어서 의문을 풀도록 하시오."

---

3) 부처님 십대제자(十大弟子) 중의 한 사람인 목갈라나(目連)와는 다른 사람이다.

"부처님, 이 녹자모 강당의 층계는 일층을 오른 뒤에야 이 삼사 층으로 오르게 됩니다. 이와 같이 층계를 따라 차츰차츰 위로 올라갈 수 있습니다. 코끼리를 다루는 사람도 순서를 따라 길들일 수 있습니다. 바라문들도 차례를 따라 베다를 배웁니다. 우리들이 수를 배우고 수학으로써 살아가는 것도 또한 순서에 따라 차츰차츰 이루어집니다.

부처님, 부처님의 법과 율에는 어떠한 순서가 있어 차츰차츰 성취하게 됩니까?"

"목갈라나여, 바른 주장이라면 그것은 순서대로 차츰차츰 성취하게 될 것이오. 나는 이 법과 계율을 순서대로 성취하였소. 만약 나이 어린 비구가 처음으로 와서 도를 배우고자 하여 법과 계율에 들어오면 나는 먼저 이렇게 가르치오. '너는 와서 목숨을 다해 몸을 지켜 청정하게 하고 말과 뜻을 지켜 청정하게 하라.' 그가 시킨 대로 하면 나는 다시 그 다음을 가르치오. '너는 홀로 멀리 떠나 나무 밑이나 숲속 혹은 무덤 사이 같은 한적한 곳에서 살아라. 그런 곳에 가서 단정히 앉아 원을 바로 세워 생각이 다른 데로 팔리지 않도록 하여라. 남의 재물과 가구를 보더라도 탐심을 내지 말고 마음을 깨끗이 가져라. 성냄과 수면에도 그렇게 하고 의심을 끊고 미혹을 막아 그 마음을 깨끗이 지켜라.'

목갈라나여, 그러나 장로 비구나 학덕이 높은 바라문에게는 더 깊은 것을 가르치오. 구경(究竟)에 가서는 모든 번뇌가 다하고 지혜를 얻는다고 가르치오."

"부처님, 그와 같이 가르치고 훈계하면 제자들은 다 구경의 지혜를 얻어 반드시 열반을 얻게 됩니까?"

"누구나 한결같을 수는 없소. 얻는 사람도 있고 얻지 못하는 사람도 있소."

"열반은 있고 열반으로 가는 길도 있으며 더구나 부처님은 현재 그 길을 가리키시는 분인데, 어째서 그들은 구경의 열반을 얻기도 하고 얻지 못하기도 합니까?"

"목갈라나여, 당신에게 묻겠소. 당신은 라자가하를 알고 거기로 가는 길도 알고 있소?"

"예, 알고 있습니다."

"만약 어떤 사람이 당신에게 라자가하와 그 곳으로 가는 길을 묻는다면 당신은 아는 대로 가르쳐 줄 것이오. 그러면 그는 가르쳐 준 길대로 따라가면 거기에 도달할 것이오. 그러나 어떤 사람은 바른 길을 버리고 잘못 길을 들거나 게으름을 부린다면 끝내 그 곳에 도달할 수 없을 것이오. 라자가하가 있고 그 곳으로 가는 길도 있으며 그리고 당신은 그 길잡이였는데, 어째서 어떤 사람은 가고 또 어떤 사람은 가지 못하오?"

"부처님, 저는 그 일에 책임이 없습니다. 제 가르침을 따른 사람은 도달할 것이고, 그렇게 하지 않은 사람은 도달하지 못할 것입니다."

"그렇소, 나도 또한 책임이 없소. 열반이 있고 열반으로 가는 길도 있어 나는 길잡이로서 비구들에게 가르치고 훈계하였지만, 열반을 얻은 이도 있고 얻지 못한 이도 있소. 그러니 그것은 저마다의 행동에 달린 것이오. 나는 다만 길을 가리킬 뿐이고 그의 행동에 달린 것이오. 나는 다만 길을 가리킬 뿐이고 그의 행동을 보고 '마침내 번뇌가 다하였다'고 인정할 따름이오."

수학자 목갈라나는 모든 의심이 풀렸다.

"부처님, 저는 알았습니다. 이제야 알았습니다. 저는 지금부터 부처님과 부처님의 가르침과 부처님의 승단에 귀의합니다. 원컨대 저를 받아 신도가 되게 해 주십시오. 저는 오늘부터 이 몸이 다하도록 삼보에 귀의하겠습니다."

부처님의 말씀을 듣고 수학자 목갈라나와 비구들은 모두 기뻐하면서 받들어 행했다.

『中阿含 算數目揵連經』

제 3 장　지혜와 자비의 말씀 ③

1. 괴로움을 없애려면

부처님께서 기원정사에 계실 때 비구들에게 말씀하셨다.

"내가 아직 깨달음을 이루지 못했을 때, 혼자 고요한 곳에 앉아 선정을 닦다가 이렇게 생각했었다. '세상에는 들어가기 어렵다. 생・노・병・사가 있기 때문이다. 그런데도 중생들은 생・노・병・사와 그것이 의지하는 바를 알지 못하고 있다.'

나는 또 이렇게 생각했었다. '무엇이 있어 생(生)이 있고 무엇을 인연하여 생이 있는가?' 그러다가 마침내 참다운 지혜로써 알게 되었다. 즉, 존재가 있기 때문에 생이 있고, 존재를 인연하여 생이 있다. 그러면 무엇이 있어 존재가 있고, 무엇을 인연하여 존재가 있는가? 그렇다, 취(取)가 있기 때문에 존재가 있으며, 취를 인연하여 존재가 있다. 취는 사물에 맛들이고 집착하여 돌아보고 생각하여 마음이 거기에 묶이면, 애욕이 더하고 자라나게 된다. 그 욕망이 있기 때문에 취가 있고, 또 욕망을 인연하므로 취가 있다. 취를 인연하여 존재가 있고 존재를 인연하여 생이 있으며, 생을 인연하여 노·병·사와 걱정 근심과 괴로움이 있다. 이렇게 해서 큰 괴로움의 무더기가 모인다. 등불은 기름과 심지를 인연하여 켜지고 기름과 심지를 더하면 오래 가게 된다. 그와 같이 사물을 취하고 맛들이고 집착하며 돌아보고 생각하면 욕망의 무더기는 더하고 자라난다. 그때 나는 또 이렇게 생각했다. '무엇이 없어야 노·병·사가 없어질까?' 그렇다, 생이 없으면 노·병·사도 없을 것이다. 존재가 없으면 생도 없다. 취가 없으면 존재도 없을 것이다. 이와 같이 하여 욕망을 떠나 마음을 돌아보거나 생각하지 아니하고 마음이 묶이지 않으면 욕망도 곧 멸할 것이다. 그 욕망이 멸하면 취가 멸하고, 취가 멸하면 존재가 멸하고, 존재가 멸하면 생이 멸하고, 노·병·사와 걱정 근심과 괴로움도 멸한다. 이렇게 해서 큰 괴로움의 무더기가 멸하는 것이다.

기름과 심지로 등불을 켜는 것이므로 기름을 더하거나 심지를 돋우지 않으면 등불은 오래지 않아 꺼지고 말 것이다. 그와 같이 모든 것은 덧없이 생멸하는 것이라고 관찰하여, 욕망을 끊어 버리고 마음이 돌아보거나 생각하지 않고 묶이어 집착하지 않으면 마침내는 괴로움의 무더기도 멸해 없어질 것이다."

『雜阿含 佛縛經』

2. 너무 조이거나 늦추지 마라

부처님께서 라자가하의 죽림정사(竹林精舍)에 계실 때였다. 소오나 비구는 영축산에서 쉬지 않고 선정(禪定)을 닦다가 이렇게 생각했다.

'부처님의 제자로서 정진하는 성문(聲聞)[1] 중에 나도 들어간다. 그런데 나는 아직도 번뇌를 다하지 못했다. 애를 써도 이루지 못할 바에야 차라리 집에 돌아가 보시를 행하면서 복을 짓는 것이 낫지 않을까?'

부처님은 소오나의 마음을 살펴 아시고 한 비구를 시켜 그를 불러 오도록 하셨다. 부처님은 소오나에게 말씀하셨다.

"소오나여, 너는 세속에 있을 때에 거문고를 잘 탔었다지?"

"네, 그랬습니다."

"네가 거문고를 탈 때 만약 그 줄을 너무 조이면 어떻더냐?"

"소리가 잘 나지 않습니다."

"줄을 너무 늦추었을 때는 어떻더냐?"

"그때도 잘 나지 않습니다. 줄을 너무 늦추거나 조이지 않고 알맞게 잘 고루어야만 맑고 미묘한 소리가 납니다."

---

1) 부처님의 음성(가르침)을 따라 정진하는 출가 수행자.

부처님은 소오나를 기특하게 여기면서 말씀하셨다.

"그렇다, 너의 공부도 그와 같다. 정진을 할 때 너무 조급히 하면 들뜨게 되고 너무 느리면 게으르게 된다. 그러므로 알맞게 하여 집착하지도 말고 방일하지도 말아라."

소오나는 이때부터 항상 부처님께서 말씀하신 거문고를 타는 비유를 생각하면서 정진하였다. 그는 오래지 않아 번뇌가 다하고 마음의 해탈을 얻어 아라한(阿羅漢)이 되었다. 소오나는 아라한이 되어 마음으로 해탈한 기쁨을 지니고 부처님을 찾아가 뵈었다.

"부처님, 저는 부처님의 법 안에서 아라한이 되었습니다. 모든 번뇌를 다하고 할 일을 이미 마쳤으며 무거운 짐을 벗어 버렸습니다. 또 바른 지혜로써 욕심을 떠난 해탈, 성냄을 떠난 해탈, 멀리 벗어난 해탈, 애욕이 다한 해탈, 모든 취(取)로부터의 해탈, 늘 생각하여 잊지 않는 해탈 등 여섯 가지 해탈을 얻었습니다.

부처님, 만약 조그마한 신심으로 욕심을 떠나 해탈했다고 한다면 그것은 옳지 못합니다. 탐욕과 성냄과 어리석음이 다한 것을 참으로 욕심을 떠난 해탈이라고 합니다. 만약 어떤 사람이 사소한 계율을 지키는 것으로써 자기는 성냄에서 해탈했다고 한다면 그것도 옳지 못합니다. 탐욕과 성냄과 어리석음이 다한 것을 참으로 성냄을 떠난 해탈이라고 합니다. 그리고 이양(利養)을 멀리 벗어나려고 닦아 익힌 것으로써 멀리 벗어난 해탈이라고 한다면 그것도 옳지 못합니다. 탐욕과 성냄과 어리석음이 다한 것을 참으로 멀리 벗어난 해탈이라고 합니다. 이와 같이 탐욕과 성냄과 어리석음이 다한 것을 가리켜 애욕이 다한 해탈, 모든 취(取)로부터의 해탈, 생각하여 잊지 않는 해탈이라고 합니다."

존자 소오나가 이 법을 말하였을 때 부처님은 기뻐하셨고 수행자들도 한결같이 환희에 젖었다. 소오나가 그 곳을 떠나자 부처님은 비구들에게 말씀하셨다.

"마음이 잘 해탈한 사람은 마땅히 그와 같이 말해야 한다. 소오나는 지혜로써 말하였다. 그는 스스로를 추켜세우지도 않고 남을 낮추지도 않고 그 이치를 바로 말하였다." 『雜阿含 二十億耳經』

3. 법을 보는 이는 여래를 본다

부처님께서 라자가하성 밖 죽림정사(竹林精舍)에 계실 때였다. 그 무렵 박칼리라는 비구는 라자가하에 있는 어떤 도공(陶工)의 집에서 앓고 있었다. 병은 날로 위독해 회복하기 어려워졌다. 그는 곁에서 간호하고 있는 스님을 불러 이렇게 말했다.

"스님, 미안하지만 부처님이 계시는 죽림정사에 가서 부처님께 제 말을 전해 주었으면 고맙겠습니다. 내 병은 날로 더해 도저히 회복할 수 없을 것 같습니다. 마지막 소원으로 저는 부처님을 한번 뵙고 예배를 드렸으면 싶은데, 이 몸으로 도저히 죽림정사까지 갈 수가 없습니다. 이런 저의 뜻을 부처님께 좀 사뢰어 주십시오."

간호하던 스님은 부처님을 찾아가 박칼리의 소원을 여쭈었다. 이 말을 전해 들은 부처님은 그 길로 성 안에 있는 도공의 집으로 오셨다. 박칼리는 부처님이 오시는 것을 보자 자리에서 일어나려고 앓는 몸을 뒤척이었다. 부처님은 박칼리의 머리맡에 앉아 뼈만 앙상하게 남은 그의 손을 잡고 일어나지 못하게 한 다음 말씀하셨다.

"박칼리여, 그대로 누워 있거라. 일어날 것 없다. 병은 좀 어떠냐, 음식은 무얼 먹느냐?"

박칼리는 가느다란 소리로 말했다.

"부처님이시여, 고통은 심하고 음식은 통 먹을 수가 없습니다. 병은 더하기만 하여 소생할 가망이 없습니다."

"박칼리여, 너는 어떤 후회되는 일이나 원통하게 생각되는 일은 없느냐?"

"부처님이시여, 저는 적지 않은 후회와 원통하게 생각되는 일이 있었습니다. 그것은 다름이 아니라 죽기 전에 마지막으로 부처님을 찾아가 뵙고 예배를 드리고 싶었는데 몸을 움직일 수 없는 것이 후회되고 원통했습니다."

이 말을 들은 부처님은 정색을 하고 말씀하셨다.

"박칼리여, 이 썩어질 몸뚱이를 보고 예배를 해서

어쩌자는 것이냐! 법을 보는 사람은 나를 보는 사람이요, 나를 보는 사람은 법을 보아야 한다. 그러므로 나를 보려거든 법을 보아라."

부처님은 또 이렇게 말씀하셨다.

"너는 형체를 영원한 것이라고 생각하느냐, 덧없는 것이라고 생각하느냐?"

"형체는 덧없는 것입니다."

"감각과 생각과 의지 작용과 의식에 대해서는 어떻게 생각하느냐?"

"그것도 덧없는 것입니다."

"박칼리여, 덧없는 존재는 괴로움이다. 괴로운 것은 주체가 없다. 또 덧없는 것에는 나와 내 것이라고 할 것이 없음을 알아야 한다. 이와 같이 봄으로써 내 제자들은 형체와 감각과 생각과 의지 작용과 의식을 싫어하고 욕심을 떠나 해탈하고 해탈의 지혜가 생기는 것이다."

이 말씀을 듣고 박칼리는 지혜의 눈을 떴다.

『雜阿含 跋迦梨經』

4. 복짓는 사람

부처님께서 기원정사에서 많은 대중을 위해 법을 설하고 계실 때였다. 그 자리에는 아니룻다도 있었는데 그는 설법 도중 꾸벅꾸벅 졸고 있었다. 부처님은 설법이 끝난 뒤 아니룻다를 따로 불러 말씀하셨다.

"아니룻다여, 너는 어째서 집을 나와 도를 배우느냐?"

"생로병사와 근심 걱정의 괴로움이 싫어 그것을 버리려고 집을 나왔습니다."

"그런데 너는 설법을 하고 있는 자리에서 졸고 있으니 어떻게 된 일이냐?"

아니룻다는 곧 자기 허물을 뉘우치고 꿇어앉아 부처님께 여쭈었다.

"이제부터는 이 몸이 부서지는 한이 있더라도 다시는 부처님 앞에서 졸지 않겠습니다."

이때부터 아니룻다는 밤에도 자지 않고 뜬 눈으로 계속 정진하다가 마침내 눈병이 나고 말았다. 부처님은 그에게 타이르셨다.

"아니룻다여, 너무 애쓰면 조바심과 어울리고 너무 게으르면 번뇌와 어울리게 된다. 너는 그 중간을 취하도록 하여라."

그러나 아니룻다는 전에 부처님 앞에서 다시는 졸지 않겠다고 맹세한 일을 상기하면서 타이름을 들으려고 하지 않았다. 아니룻다의 눈병이 날로 심해진 것을 보시고 부처님은 의사 지바카에게 아니룻다를 치료해 주도록 당부하셨다. 아니룻다의 증세를 살펴본 지바카는 부처님께 말씀드렸다.

"아니룻다님이 잠을 좀 자면서 눈을 쉰다면 치료할 수 있겠습니다만, 통 눈을 붙이려고 하지 않으니 큰 일입니다."

부처님은 다시 아니룻다를 불러 말씀하셨다.

"아니룻다여, 잠을 좀 자거라. 중생의 육신은 먹지 않으면 죽는 법이다. 눈은 잠으로 먹이를 삼고, 귀는 소리로 먹이를 삼으며, 코는 냄새로, 혀는 맛으로, 몸은 감촉으로, 생각은 현상으로 먹이를 삼는다. 그리고 여래는 열반으로 먹이를 삼는다."

아니룻다는 부처님께 여쭈었다.

"그러면 열반은 무엇으로 먹이를 삼습니까?"

"열반은 게으르지 않는 것으로 먹이를 삼는다."

아니룻다는 끝내 고집을 버리려고 하지 않았다.

"부처님께서는 눈은 잠으로 먹이를 삼는다고 말씀하시지만 저는 차마 잘 수 없습니다."

아니룻다의 눈은 마침내 앞을 볼 수 없게 되고 말았다. 그러나 애써 정진한 끝에 마음의 눈이 열리게 되었다. 육안을 잃어버린 아니룻다의 일상 생활은 말할 수 없이 불편하였다.

어느 날 해진 옷을 깁기 위해 바늘귀를 꿰려 하였으나 뀉 수가 없었다. 그는 혼자말로 '세상에서 복을 지으려는 사람은 나를 위해 바늘귀를 좀 꿰어 주었으면 좋겠네.'라고 하였다.

이때 누군가 그의 손에서 바늘과 실을 받아 해진 옷을 기워 준 사람이 있었다. 그 사람이 부처님인 것을 알고 아니룻다는 깜짝 놀랐다.

"아니, 부처님께서는 그 위에 또 무슨 복을 지을 일이 있으십니까?"

"아니룻다여, 이 세상에서 복을 지으려는 사람 중에 나보다 더한 사람은 없을 것이다. 왜냐하면 나는 여섯 가지 법에 만족할 줄 모르기 때문이다. 여섯 가지 법이란, 보시와 교훈과 인욕과 설법과 중생 제도와 더 없는 바른 도를 구함이다."

아니룻다는 말했다.

"여래의 몸은 진실한 법의 몸이신데 다시 더 무슨 법을 구하려 하십니까? 여래께서는 이미 생사의 바다를 건너셨는데 더 지어야 할 복이 어디 있습니까?"

"그렇다, 아니룻다. 네 말과 같다. 중생들이 악의 근본인 몸과 말과 생각의 행을 참으로 안다면 결코 삼악도(三惡道)에 떨어지지 않을 것이다. 그러나 중생들은 그것을 모르기 때문에 나쁜 길에 떨어진다. 나는 그들을 위해 복을 지어야 한다. 이 세상의 모든 힘 중에서도 복의 힘은 가장 으뜸이니, 그 복의 힘으로 불도를 성취한다. 그러므로 아니룻다, 너도 이 여섯 가지 법을 얻도록 하여라. 비구들은 너와 같이 공부해야 한다."

『增一阿含 力品』

5. 바다의 진리

부처님께서 사밧티의 녹야원에서 오백 명의 비구들과 같이 계실 때였다. 그때 부처님은 바다를 좋아한다는 젊은이를 만나 물으셨다.

"바다 속에는 무슨 신기한 것이 있기에 너희들은 그

렇게 바다를 좋아하느냐?"

젊은이는 대답했다.

"바다 속에는 여덟 가지 처음 보는 법이 있으므로 저희들은 거기서 즐깁니다. 첫째, 큰 바다는 매우 깊고 넓습니다. 둘째, 바다에는 신비로운 덕이 있는데 네 개의 큰 강이 각각 오백의 작은 강과 합쳐서 바다로 들어가면 그것들은 본래의 이름을 잃어버립니다. 셋째, 바다는 모두 똑같은 한맛〔一味〕입니다. 넷째, 드나드는 조수가 그 때를 어기지 않습니다. 다섯째, 여러 중생들이 그 속에서 삽니다. 여섯째, 바다는 어떠한 것을 받아들일지라도 비좁아지지 않습니다. 일곱째, 바다에는 진주와 같은 여러 가지 진귀한 보석이 있습니다. 여덟째, 바다에는 금모래가 있고 네 가지 보배로 된 수미산이 있습니다. 여래의 법에는 어떤 것이 있기에 비구들이 그 안에서 즐깁니까?"

"내게도 여덟 가지 처음 보는 법이 있어 비구들이 그 안에서 즐기고 있다. 첫째, 내 법 안에는 계율이 갖추어져 있어 방일한 행이 없다. 그것은 저 바다처럼 매우 깊고 넓다. 둘째, 세상에는 네 가지 계급이 있지만 내 법 안에는 마치 네 개의 강이 바다에 들어가면 한맛이 되듯이 도를 배우게 되면 그들은 그전의 이름이 없어지는 것과 같다. 셋째, 정해진 계율에 따라 차례를 어기지 않는다. 넷째, 내 법은 결국 똑같은 한맛이니 팔정도(八正道)가 그것이다. 다섯째, 내 법은 갖가지 미묘한 법으로 가득차 있다. 바다에 여러 중생들이 사는 것처럼 비구들은 그것을 보고 그 안에서 즐긴다. 여섯째, 바다에 온갖 보배가 있듯이 내 법에도 온갖 보배가 있다. 일곱째, 내 법 안에는 온갖 중생들이 집을 떠나 머리를 깎고 법복을 입고 도를 닦아 열반에 든다. 그러나 내 법에는 더하고 덜함이 없다. 바다에 여러 강이 들어와도 더하고 덜함이 없는 것과 같다. 여덟째, 큰 바다 밑에 금모래가 깔려 있듯이 내 법에는 헤아릴 수 없는 갖가지 삼매(三昧)가 있다. 비구들은 그것을 알고 즐기는 것이다."

젊은이는 감탄해 마지않았다.

"거룩하십니다. 부처님. 여래의 법 가운데 처음 보는 법들은 바다의 그것보다 백 배 천 배 뛰어나 견줄 수가 없습니다. 그것은 바로 성인의 여덟 가지 길입니다."

부처님은 그를 위해 차례로 법을 말씀하셨다. 보시와 계율과 천상에 나는 법을 가르치셨고, 탐욕은 더럽고 번뇌는 큰 재앙이므로 그것을 벗어나는 것이 가장 훌륭하다고 가르치셨다. 그리고 그의 마음이 열리고 의심이 풀린 것을 보시고 괴로움〔苦〕과 그 원인〔集〕과 없앰〔滅〕과 없애는 길〔道〕 등의 네 가지 진리를 말씀하셨다. 『增一阿含 八難品』

6. 법다운 보시

라자가하에 바드리카라는 부호가 있었다. 그는 재산

이 주체할 수 없이 많으면서도 인색하고 욕심이 많아 남에게 조금도 베풀려고 하지 않았다. 과거에 지은 공덕을 까먹기만 하고 새로운 공덕을 쌓을 줄 몰랐다. 그는 어찌나 인색했던지 일곱 개의 문을 겹겹이 닫아 얻으러 오는 사람을 막았고, 그물을 쳐 새들이 뜰에 내려와 모이를 쪼아먹는 것까지 막았다.

어느 날 목갈라나, 카샤파, 아니룻다 들이 모여 바드리카를 교화하기로 의논하고 그의 집으로 갔다. 이때 바드리카는 자기 방에서 혼자 맛있는 떡을 먹고 있었다. 그런데 뜻밖에 바리를 들고 나타난 아니룻다를 보고 놀랐다. 마음으로는 아주 못마땅했지만 아니룻다에게 남은 떡을 조금 주었다. 아니룻다가 돌아간 후에 그는 문지기를 불러 왜 사문을 들여 놓았느냐고 꾸짖었다. 그러나 문지기는 문이 굳게 잠긴 것을 보고 그럴 리가 없다고 대답했다.

바드리카가 이번에는 구운 떡을 먹고 있을 때였다. 그때 불쑥 카샤파가 그 앞에 나타났다. 그는 또 하는 수 없이 먹던 떡을 조금 떼어 주었다. 카샤파가 돌아간 후 다시 문지기를 불러 꾸짖었지만 대답은 한결같았다. 어디로 들어왔는지 몰라 잔뜩 화가 난 그는 사문들이 요술을 부려 사람을 놀리는 것이라고 욕지거리를 했다. 그의 아내가 칫타 비구의 누이동생인데, 남편의 욕설을 듣고 말했다.

"그렇게 욕설을 마세요. 당신은 두 스님이 누구인지 아십니까? 먼저 분은 카필라의 드로노다나왕〔斛飯王〕

의 아들 아니룻다 스님입니다. 그분은 깨달음을 얻어 부처님 제자 중에서도 천안통(天眼通)[2]이 으뜸이라고 합니다. 또 한 스님은 카필라의 부호의 외아들 카샤파입니다. 그분은 뛰어난 미인을 아내로 맞았다가 함께 출가하여 검소한 생활을 함으로써 부처님께 두타(頭陀)[3] 제일이라고 칭찬받는 스님입니다. 그와 같은 두 스님이 우리 집에 오신 것은 다시 없는 영광입니다."

"그 말을 들으니 언젠가 그 이름을 들은 것 같군."
하고 바드리카는 말했다.

이때 목갈라나는 쇠그물을 뚫고 공중에 뜬 채 가부좌(跏趺坐)[4]를 하고 있었다. 바드리카는 놀랍고 두려워 이렇게 소리쳤다.

"너는 천신이냐, 귀신이냐, 간다르바[5]냐, 야차냐?"

"천신도 아니요 귀신도 간다르바도 야차도 아니오. 나는 부처님의 제자 목갈라나이며 법을 설하기 위해 당신 앞에 나타난 것이오."

바드리카는 그가 사문이라는 말을 듣고 보시를 청하는 거지로 생각했다. 그리고 어떤 요구가 있더라도 거절하리라고 마음먹었다. 목갈라나는 법을 설했다.

---

2) 온갖 세상 일을 꿰뚫어 보는 능력.
3) 번뇌와 의식주에 대한 탐욕을 버리고 산과 들에 노숙하면서 밥을 빌어 먹고 검박하게 불도를 닦음. 이런 사람을 행각승(行脚僧)이라 한다.
4) 좌선(坐禪)할 때 바로 앉는 자세.
5) 사람이 죽어 다음 생으로 태어날 때까지의 중유(中有)의 몸.

"부처님은 법과 재물 두 가지 보시(布施)를 말씀하십니다. 정신차려 잘 들으시오. 내 이제 법의 보시를 말하리라. 부처님은 다섯 가지로 이 법보시를 말씀하십니다. 첫째는 산 목숨을 죽이지 않는 것, 둘째는 주지 않는 남의 물건을 갖지 않는 것, 셋째는 남의 아내를 범하지 않는 것, 넷째는 거짓을 말하지 않는 것, 다섯째는 술을 마시지 않는 것. 이 다섯 가지가 법의 보시입니다. 당신은 한평생 이 큰 보시를 지켜야 합니다."

바드리카는 이 다섯 가지 법보시가 아무 손해될 것 없음에 우선 마음이 놓였다. 살생하지 않는 것은 쉬운 일이고, 자기는 부자이니 남의 것을 가질 필요가 없으며, 남의 아내를 범하지 않고 거짓말을 않는 것은 좋은 일이며, 더구나 술 마시지 말라니 그것은 돈을 모으는 요긴한 방법이라 더욱 좋은 일이라고 생각되었다. 부처님의 가르침이 이런 것이라면 즐겨 따르겠다고 맹세했다. 그래서 목갈라나를 청해 처음으로 공양을 내었다.

공양을 마친 뒤 다시 옷을 공양하기 위해 창고에 들어가 가장 허름한 천을 고르려고 했다. 그러나 이상하게도 손이 저절로 좋은 천으로만 옮겨져 집었다가 놓기를 수없이 되풀이했다. 이때 문득 목갈라나의 말소리가 들려 왔다.

"남에게 베풀면서 마음과 싸우는 것은 어질고 착한 이로서는 차마 못할 일, 보시란 원래 싸움이 아니니 당신의 마음 내키는 대로 하시오."

바드리카는 이 소리를 듣자 자기 마음이 환히 드러나 보인 것을 부끄러워하며 좋은 천을 가져다 목갈라나에게 공양했다. 목갈라나는 옷감을 받고 그를 위해 다시 보시의 공덕에 대한 법을 설했다. 설법을 들은 바드리카는 비로소 마음의 눈이 띄어 기뻐하면서 한평생 부처님의 신도가 되기를 맹세했다.

『增一阿含 聲聞品』

7. 피할 수 없는 죽음

부처님께서 사밧티의 기원정사에 계실 때였다. 어느 날 파세나디왕은 나라 일로 성 밖에 나가 있었다. 그때 왕의 어머니는 백 살에 가까운 나이로 오래 전부터 병석에 누워 있었는데, 불행히도 왕이 나가고 없는 사이에 돌아가셨다. 지혜로운 신하 불사밀은 효성스런 왕이 이 불행한 소식을 들으면 얼마나 슬퍼할까 염려한 끝에 어떤 방편을 써서라도 왕의 슬픔을 덜어 주어야겠다고 생각했다. 그는 오백 마리의 코끼리와 말과 수레를 화려하게 장식하고 수많은 보물과 기녀들을 실은 뒤 만장을 앞세워 풍악을 잡히면서 상여를 둘러싸고 성 밖으로 나갔다. 왕의 일행이 돌아오는 도중에 만날 수 있도록 하기 위해서였다. 왕은 호화로운 상여를 보고 마중 나온 불사밀에게 물었다.

"저것은 어떤 사람의 장례 행렬인가?"

"성 안에 사는 어떤 부잣집 어머니가 돌아가셨답니다."

왕은 다시 물었다.

"저 코끼리와 말과 수레는 어디에 쓰려는 것인가?"

"그것들을 염라왕에게 갖다 바치고 죽은 어머니의 목숨을 대신하려고 한답니다."

왕은 웃으면서 말했다.

"어리석은 짓이다. 목숨이란 멈추게 할 수도 없지만 대신할 수도 없는 것. 한번 악어의 입에 들어가면 구해낼 수 없듯이, 염라왕의 손아귀에 들면 죽음은 면할 수 없다."

"그러면 여기 오백 명의 기녀들로 죽은 목숨을 대신하겠다는 것입니다."

"기녀도 보물도 다 쓸데없는 짓이다."

"그러면 바라문의 주술과 덕이 높은 사문의 설법으로 구원하겠다고 합니다."

왕은 껄껄 웃으면서 말했다.

"그것은 다 어리석은 생각이다. 한번 악어 입에 들어가면 나올 수 없는 것, 생이 있는데 어찌 죽음이 없겠는가. 부처님께서도 한번 태어난 자는 반드시 죽는다고 말씀하셨거늘."

이때 불사밀은 왕 앞에 엎드려 말했다.

"대왕님, 말씀하신 바와 같이 모든 생명 있는 것은 반드시 다 죽는 법입니다. 너무 상심하지 마십시오. 태후께서 돌아가셨습니다."

왕은 이 말을 듣고 놀라며 깊은 한숨을 쉬었다. 왕은 한참을 말없이 있다가 입을 열었다.

"착하구나. 불사밀이여, 그대는 미묘한 방편으로 내 마음을 위로해 주는구나. 그대는 참으로 좋은 방편을 알고 있다."

파세나디왕은 성으로 들어가 여러 가지 향과 꽃으로 돌아가신 어머니께 공양하고 나서 부처님이 계신 기원정사로 수레를 몰았다. 전에 없이 한낮에 찾아온 왕을 보고 부처님이 물으셨다.

"이 대낮에 웬 일이시오?"

"부처님, 저의 어머님이 돌아가셨습니다. 백 살에 가까운 어머님은 매우 노쇠했지만 저는 한결같이 공경해왔습니다. 만약 이 왕의 자리로 어머님의 죽음과 바꿀 수 있다면, 저는 왕위뿐 아니라 거기에 따른 말과 수레와 보물과 이 나라까지도 내놓겠습니다."

부처님은 말씀하셨다.

"너무 슬퍼하지 마시오. 살아 있는 모든 목숨은 반드시 죽는 법입니다. 모든 것은 바뀌고 변하는 것, 아무리 변하지 않게 하려 해도 그렇게 될 수는 없소. 마치 질그릇은 그대로 구운 것이건 약을 발라 구운 것이건, 언젠가 한번은 부서지고 마는 것과 같소. 네 가지 두려움이 몸에 닥치면 그것은 막을 수 없는 것이오. 그 네 가지란, 늙음과 질병과 죽음과 무상이오. 이것은 그 어떤 힘으로도 막아낼 수 없소. 마치 큰 산이 무너져 사방에서 덮쳐 누르면 아무리 발버둥쳐도 빠져 나올 수 없는 것과 같소. 견고하지 못한 것은 아예 믿을 것이 못되오. 그러므로 법으로 다스려 교화하고 법 아닌 것을 쓰지 마시오. 법으로 다스려 교화하면 그 몸이 무너지고 목숨이 끝난 뒤에 천상에 태어나지만, 법 아닌 것으로 다스리면 죽은 뒤에는 지옥에 떨어질 것이오."

왕은 부처님께 말씀드렸다.

"참으로 그렇습니다. 부처님 말씀을 듣고 나니 여러 가지 슬픔과 근심이 사라집니다. 나라 일이 많으니 이만 물러가겠습니다."

파세나디왕은 자리에서 일어나 부처님께 절하고 가벼운 마음으로 물러갔다. 『增一阿含 四意斷品』

8. 강물에 떠내려가는 통나무처럼

어느 때 부처님께서는 마가다나라에 머무르면서 많은 비구들과 함께 강변으로 나가셨다. 때마침 강 한가운데 큰 통나무가 떠내려가는 것을 보고 말씀하셨다.

"저기 강물에 떠내려가는 통나무를 보아라. 만일 저 나무가 이쪽 기슭이나 저쪽 기슭에도 닿지 않고 중간에 가라앉지도 않고, 섬에 얹혀지지도 않으며, 사람에게 건져지거나 사람 아닌 것에 잡히지도 않으며, 물을 따라 돌아오거나 물 가운데서 썩지 않는다면, 저 나무는 결국 바다로 들어가 머물게 될 것이다. 왜냐하면 모든 강물은 바다로 들어가기 때문이다. 비구들이여,

너희들도 그와 같아서 만일 도의 강물 위에서 이쪽 기슭이나 저쪽 기슭에 닿지 않고, 중간에 가라앉거나 사람이나 사람 아닌 것에 잡히지 않고, 물을 따라 돌아오거나 썩지 않는다면, 열반의 바다에 들어가 머물게 될 것이다. 왜냐하면 바른 견해, 바른 생각, 바른 말, 바른 행위, 바른 생활, 바른 노력, 바른 기억, 바른 선정은 반드시 열반으로 이끌기 때문이다."

그때 난다라는 소치는 사람이 멀리서 이 말씀을 듣고 부처님께 와서 여쭈었다.

"부처님, 저도 지금부터 그렇게 노력한다면 열반에 이르게 됩니까?"

"물론, 그렇다. 누구든지 그와 같이 하면 열반에 이르게 될 것이다."

"그러면 저도 사문이 되어 도(道) 안에 있도록 허락해 주십시오."

"네가 맡아 있는 그 소를 주인에게 돌려준 뒤에라야 사문이 될 수 있다."

"이 소는 집에 있는 송아지를 생각하기 때문에 혼자서도 돌아갈 수 있을 것입니다. 그러니 부처님께서는 제가 사문이 되는 것을 허락해 주십시오."

"그 소는 혼자 갈 수도 있겠지만, 그래도 네가 끌고 가서 주인에게 돌려주어야 한다."

그러자 난다는 소를 돌려주고 와서 사문이 되었다. 사문이 된 난다는 부처님께 또 물었다.

"부처님, 양쪽 언덕은 무엇이며, 중간에 잠기고 섭

에 얹히며, 사람이나 사람 아닌 것에 잡힌다는 것은 무엇이며, 물을 따라 돌아오고 썩는다는 것은 무엇을 뜻합니까?"

부처님은 대답하셨다.

"이쪽 기슭이란 육신을 말하고, 저쪽 기슭이란 육신이 없어짐을 말한다. 중간에 가라앉음은 욕락에 빠지는 일이고, 섬에 얹힌다는 것은 교만을 가리킨다. 사람에게 잡힌다는 것은 비구가 재가신도(在家信徒)와 사귀어 세속의 정을 같이 함으로써 도 닦는 마음을 타락케 함이고, 사람 아닌 것에 잡힌다는 것은 비구가 천상에 나기 위해 수행하되 '이 계행과 이 고행에 의해 천상에 나리라'고 생각하는 것이다. 물을 따라 돌아옴이란 그릇된 의심이고, 썩는다는 것은 비구들이 성질이 악하고 계를 지키지 않으며, 착한 일에 용감하지 못하고 자기 허물을 덮어 놓으며, 청정한 수행자가 아니면서도 청정한 수행자인 체하는 것을 말한다."

『增一阿含 馬血天子品』

제 4 장　성인의 길

1. 비를 뿌리려거든

소치는 다니야가 말했다.

"나도 이미 밥도 지었고 우유도 짜 놓았습니다. 나는 마히 강변에서 처자와 살고 있습니다. 내 움막은 지붕이 덮이고 방에는 불이 켜졌습니다. 그러니 신이여, 비를 뿌리려거든 비를 뿌리소서."

부처님께서 말씀하셨다.

"나는 성내지 않고 마음의 두터운 미혹(迷惑)을 벗어 버렸다. 마히 강변에서 하룻밤을 쉬리라. 내 움막[1]은 드러나고 탐욕의 불은 꺼져 버렸다. 그러니 신이여, 비를 뿌리려거든 비를 뿌리소서."

소치는 다니야가 말했다.

"모기나 쇠파리도 없고 소떼는 늪에서 우거진 풀을 뜯어 먹으며 비가 와도 견디어낼 것입니다. 그러니 신이여, 비를 뿌리려거든 비를 뿌리소서."

부처님께서 말씀하셨다.

"내 뗏목은 이미 잘 만들어져 있다. 거센 흐름에 끄

---

1) 부처님 자신.

떡없이 건너 벌써 피안(彼岸)에 이르렀으니, 이제는 더 뗏목이 소용없다. 그러니 신이여, 비를 뿌리려거든 비를 뿌리소서."

소치는 다니야가 말했다.

"내 아내는 온순하고 음란하지 않습니다. 오래 함께 살아도 항상 내 마음에 듭니다. 그 여자에게 그 어떤 나쁜 점이 있다는 말도 듣지 못했습니다. 그러니 신이여, 비를 뿌리려거든 비를 뿌리소서."

부처님께서 말씀하셨다.

"내 마음은 내게 순종하고 해탈해 있다. 오랜 수행으로 잘 다스려졌다. 내게는 그 어떤 나쁜 점도 있지 않다. 그러니 신이여, 비를 뿌리려거든 비를 뿌리소서."

소치는 다니야가 말했다.

"나는 놀지 않고 내 힘으로 살아가고 있습니다. 우리 아이들은 모두 다 건강합니다. 그 애들에게 그 어떤 나쁜 점이 있다는 말도 듣지 못했습니다. 그러니 신이여, 비를 뿌리려거든 비를 뿌리소서."

부처님께서 말씀하셨다.

"나는 그 누구의 고용인도 아니다. 스스로 얻은 것에 의해 온 누리를 걷는다. 남에게 고용될 이유가 없다. 그러니 신이여, 비를 뿌리려거든 비를 뿌리소서."

소치는 다니야가 말했다.

"소를 매놓을 말뚝은 땅에 박혀 흔들리지 않습니다. 문자 풀로 꼰 새 밧줄은 잘 꼬여 있으니 송아지도 끊을 수 없을 것입니다. 그러니 신이여, 비를 뿌리려거든 비를 뿌리소서."

부처님께서 말씀하셨다.

"황소처럼 고삐를 끊고 코끼리처럼 냄새나는 넝쿨을 짓밟았으니, 나는 다시 모태(母胎)에 들지 않을 것이다. 그러니 신이여, 비를 뿌리려거든 비를 뿌리소서."

이때 갑자기 검은 구름이 엄청난 양의 비를 쏟더니 골짜기와 언덕에 물이 넘쳤다. 쏟아지는 빗소리를 듣고 다니야는 이렇게 말했다.

"우리는 거룩한 스승을 만나 얻은 바가 참으로 큽니다. 눈이 있는 이[2]여, 우리는 당신께 귀의하오니 스승이 되어 주소서. 위대한 성자시여, 아내도 저도 순종하면서 행복한 분 곁에서 청정한 행을 닦겠습니다. 그러면 생사가 없는 피안에 이르러 괴로움을 없애게 될 것입니다."

이때 악마 파피만이 말했다.

"자녀가 있는 이는 자녀로 인해 기뻐하고, 소를 가진 이는 소로 인해 기뻐한다. 사람이 집착하는 근본은 기쁨이다. 집착할 데가 없는 사람은 기뻐할 것도 없다."

부처님께서 말씀하셨다.

"자녀가 있는 이는 자녀로 인해 근심하고, 소를 가진 이는 소 때문에 걱정한다. 참으로 사람들의 근심은

---

2) 지혜의 눈을 뜬 분이라는 뜻에서 초기 교단에서 부처님을 이와 같이 부르기도 했다.

집착에서 생긴다. 집착이 없는 이는 근심할 것도 없다." 「經集」

2. 무소의 뿔처럼

"모든 생물에 대해서 폭력을 쓰지 말고, 어느 것이나 괴롭히지도 말며, 자녀를 갖고자 하지도 말라. 하물며 친구이랴. 무소의 뿔처럼 혼자서 가라.

가까이 사귄 사람끼리는 사랑과 그리움이 생긴다. 사랑과 그리움에는 괴로움이 따르게 마련이다. 연정(戀情)에서 근심이 생기는 것임을 알고, 무소의 뿔처럼 혼자서 가라.

친구를 동정한 나머지 마음이 얽매이면 손해를 본다. 가까이 사귀면 이런 우려가 있다는 것을 알고, 무소의 뿔처럼 혼자서 가라.

자식이나 아내에 대한 애착은 가지가 무성한 대나무가 서로 엉켜 있는 것과 같다. 죽순이 다른 곳에 달라붙지 않도록, 무소의 뿔처럼 혼자서 가라.

숲속에 사는 사슴은 먹이를 찾아 여기저기 다닌다. 그와 같이 지혜로운 사람은 홀로 있는 자유를 찾아, 무소의 뿔처럼 혼자서 가라.

벗들과 함께 있으면, 머물거나 가거나 또는 나그네길에 있어서까지 항상 간섭을 받게 된다. 어리석은 벗들이 좋아하지 않는 홀로 있는 자유를 찾아, 무소의 뿔처럼 혼자서 가라.

벗들과 어울리면 유희와 환락이 따른다. 또 자녀들에 대한 애정은 헤아릴 수 없이 두텁다. 사랑하는 사람과 헤어지는 게 싫다면, 애초부터 무소의 뿔처럼 혼자서 가라.

사방으로 돌아다니면서 해치려는 생각 갖지 않고 무엇이나 얻은 것으로 만족하고, 온갖 고난을 이겨 두려움 없이 무소의 뿔처럼 혼자서 가라.

총명하고 예의바르고 어진 동반자로 벗을 삼는다면 어떠한 난관도 극복하리니, 기쁜 마음으로 생각을 가다듬고 그와 함께 가라. 그러나 그러한 동반자를 벗으로 사귈 수 없다면, 마치 정복한 나라를 버리고 가는 왕과 같이, 무소의 뿔처럼 혼자서 가라.

우리는 참된 벗 얻기를 바란다. 자기보다 뛰어나거나 동등한 친구와는 가까이 친해야 한다. 그러나 이러한 친구를 만나지 못할 때에는 허물을 짓지 말고, 무소의 뿔처럼 혼자서 가라.

애욕은 그 빛이 곱고 감미로우며 즐겁게 한다. 또 여러 가지 모양으로 우리들의 마음을 산산이 흐트러 놓는다. 관능적인 애욕에는 이와 같은 위험이 있다는 것을 알고, 무소의 뿔처럼 혼자서 가라.

이것이 내게는 질병이고 종기이며 재난이고 화살이며 공포다. 관능적인 애욕에는 이러한 두려움이 있다는 것을 알고, 무소의 뿔처럼 혼자서 가라.

탐내지 말고 속이지 말며, 갈망하거나 남의 덕을 헐지도 마라. 혼탁과 미혹을 버리고 세상의 온갖 애착에서 벗어나, 무소의 뿔처럼 혼자서 가라.

의롭지 못한 것을 생각하고 그릇된 일에 사로잡힌 나쁜 벗을 멀리하라. 탐욕에 빠져 있거나 게으른 사람을 가까이하지 말고, 무소의 뿔처럼 혼자서 가라.

널리 배워 진리를 알고 고결하고 총명한 이를 벗으로 사귀라. 그리하여 온갖 이로운 일을 배우고 의혹을 떠나 무소의 뿔처럼 혼자서 가라.

세상의 놀이와 환락을 즐기거나 구하지 말고 사치하지 마라. 허식을 버리고 진실을 말하면서, 무소의 뿔처럼 혼자서 가라.

홀로 앉아 선정(禪定)을 게을리하지 말고, 모든 일에 늘 이치와 법도에 맞도록 행동하라. 모든 생존에는 걱정 근심이 따르는 것임을 알고, 무소의 뿔처럼 혼자서 가라.

소리에 놀라지 않는 사자와 같이, 그물에 걸리지 않는 바람과 같이, 무소의 뿔처럼 혼자서 가라.『經集』

3. 나도 갈고 뿌린 후에 먹는다

어느 때 부처님께서는 마가다국 남산에 있는 한 바라문촌에 머물고 계셨다. 바라문 바라드바자는 씨를 뿌리려고 밭을 가는 데에 오백 자루의 괭이를 소에 메웠다. 부처님께서 바리를 들고 그의 집으로 가셨을 때 그는 마침 음식을 나누어 주고 있었다. 음식을 받기 위해 한쪽에 서 있는 부처님을 보고 바라드바자가 말했다.

“사문, 나는 밭을 갈고 씨를 뿌립니다. 밭을 갈고 씨를 뿌린 후에 먹습니다. 당신도 밭을 갈고 씨를 뿌리십시오.”

부처님께서 말씀하셨다.

“바라문, 나도 밭을 갈고 씨를 뿌리오. 갈고 뿌린 다음에 먹소.”

“그러나 우리는 지금까지 당신의 멍에나 호미 그리고 작대기나 소를 본 일이 없습니다. 그런데 당신은 어째서 나도 밭을 갈고 씨를 뿌린 다음에 먹는다고 하십니까? 당신이 밭을 간다는 것을 우리들이 알아듣도록 말씀해 주십시오.”

“믿음은 종자요 고행은 비며, 지혜는 내 멍에와 호미요 부끄러움은 괭이자루며, 의지는 잡아매는 줄이고 생각은 내 호미날과 작대기라오. 몸을 근신하고 말을 조심하며 음식을 절제하여 과식하지 않고 나는 진실로써 김을 매며, 온화한 성질은 내 멍에를 벗겨주오. 노력은 내 황소, 나를 안온의 경지로 실어다 주오. 물러남 없이 앞으로 나아가 그 곳에 이르면 근심 걱정이 없어지오.

내 밭갈이는 이렇게 이루어지고 감로(甘露)의 과보를 가져오는 이런 농사를 지으면 온갖 고뇌에서 풀려나게 되오.”

이때 밭을 가는 바라문 바라드바자는 커다란 청동바리에 우유죽을 하나 가득 담아 부처님께 올렸다.

"고타마께서는 우유죽을 드십시오. 당신이야말로 정말 밭을 가는 분입니다. 당신 고타마께서는 감로의 과보를 가져다 주는 농사를 지으십니다."

그러나 부처님께서는 이를 사양하였다.

"시를 읊어 얻은 것을 나는 먹을 수 없소. 이것은 바르게 보는 사람의 행동이 아니오. 눈뜬 사람들은 시[3]를 읊어 생긴 것을 받지 않았소. 오로지 진리에 따르는 것이 눈뜬 사람들의 생활 방법이오. 번뇌의 때를 다 없애고 나쁜 행위를 소멸해 버린 사람에게는 다른 음식을 드리시오. 그것은 공덕을 바라는 이의 복밭이 될 것이오."

"그러면 고타마님, 이 우유죽은 누구에게 드려야 합니까?"

"신·인간·사문·바라문을 포함한 여러 중생 가운데서 완전한 사람〔如來〕과 그의 제자를 제외하고 이 우유죽을 먹고 소화시킬 사람은 아무도 없소. 그러니 이 우유죽일랑은 산 풀이 적은 곳에 버리시오."

바라드바자는 그 우유죽을 생물이 없는 물속에 쏟아 버렸다. 그런데 그 우유죽은 물속에 버려지자마자 부글부글 소리를 내면서 많은 거품을 내뿜었다. 이때 바라드바자는 모골이 송연하여 두려워 떨면서 부처님 곁에 다가섰다. 그리고 부처님 발밑에 꿇어앉아 말했다.

"놀라운 일입니다. 고타마님, 마치 넘어진 사람을

---

3) 불교 이전 바라문교의 성전에 표현된 말을 인용한 것임.

일으켜 주듯이, 덮인 것을 벗겨 주듯이, 길 잃은 이에게 길을 가르쳐 주듯이, 혹은 '눈이 있는 자 빛을 보리라' 하여 어둠 속에서 등불을 비춰 주듯이, 고타마께서는 여러 가지 방편으로 진리를 밝혀 주셨습니다. 저는 고타마 당신께 귀의하고 진리와 그것을 수행하는 스님들의 모임에 귀의합니다. 저는 당신 곁에 출가하여 완전한 계율[4]을 받겠습니다."

밭을 가는 바라드바자는 이렇게 해서 부처님 곁에 출가하여 완전한 계를 받았다. 그 후 얼마 되지 않아 사람들을 멀리하고 홀로 부지런히 정진하여 마침내 더 없이 청정한 행의 궁극—많은 사람들이 바로 그것을 얻기 위해 집을 떠나 수행하는 것인데—을 스스로 깨달았다. 그리하여 그는 성인의 한 사람이 되었다.

『經集』

4. 천한 사람

불을 섬기는 한 바라문의 집에 성화(聖火)가 켜지고 제물이 올려져 있었다. 부처님께서는 사밧티 거리에서 탁발하면서 그의 집 앞을 지나가셨다. 바라문은 부처님을 보자 소리쳤다.

"비렁뱅이 까까중아, 거기 섰거라. 천한 놈아, 거기 섰거라."

---

4) 비구가 지켜야 하는 계율, 이를 구족계(具足戒)라고도 함.

부처님께서는 걸음을 멈추고 바라문에게 말씀하셨다.

"바라문, 당신은 도대체 어떤 것이 천한 사람인지를 알기나 하시오? 그리고 천한 사람을 만드는 조건이 무엇인지 알고 있소?"

"어디 당신이 한번 말해 보시오."

부처님께서 말씀하셨다.

"화를 잘 내고 원한을 품으며, 간사하고 악독해서 남의 미덕을 덮어 버리고 그릇된 소견으로 모함하는 사람, 그를 천한 사람으로 아시오. 생물을 해치고 동정심이 없는 사람, 그를 천한 사람으로 아시오. 시골과 도시를 파괴하여 독재자로서 널리 알려진 사람, 그를 천한 사람으로 아시오.

마을에 살거나 숲에서 살거나 주지도 않는데 남의 것을 가지는 사람, 그를 천한 사람으로 아시오. 빚이 있어 돌려달라고 독촉을 받으면 언제 빚을 졌느냐고 잡아떼는 사람, 그를 천한 사람으로 아시오. 얼마 안 되는 물건을 탐내어 행인을 살해하고 그 물건을 약탈하는 사람, 그를 천한 사람으로 아시오. 증인으로 불려 나갔을 때 자신이나 남을 위해, 또는 재물 때문에 거짓으로 증언하는 사람, 그를 천한 사람으로 아시오.

폭력을 써서 혹은 서로 눈이 맞아 친척이나 친구의 아내와 놀아나는 사람, 그를 천한 사람으로 아시오. 가지고 있는 재물이 풍족하면서도 늙고 쇠약한 부모를 섬기지 않는 사람, 그를 천한 사람으로 아시오. 부모나 형제 자매 혹은 계모를 때리거나 욕하는 사람, 그를 천한 사람으로 아시오.

상대가 이익되는 일을 물었을 때 불리하게 가르쳐 주거나 숨기는 일을 알리는 사람, 그를 천한 사람으로 아시오. 나쁜 일을 하면서 자기가 저지른 일을 숨기는 사람, 그를 천한 사람으로 아시오. 남의 집에 갔을 때는 융숭한 대접을 받았으면서 그 쪽에서 손님으로 왔을 때는 예의로써 대하지 않는 사람, 그를 천한 사람으로 아시오.

바라문이나 사문 혹은 걸식하는 사람을 거짓말로 속이는 사람, 그를 천한 사람으로 아시오. 식사 때가 되었는데도 바라문이나 사문에게 욕하며 먹을 것을 주지 않는 사람, 그를 천한 사람으로 아시오. 세속적인 어리석음에 덮여 변변치 않은 물건을 탐하고 사실 아닌 것을 말하는 사람, 그를 천한 사람으로 아시오. 자기를 칭찬하고 남을 경멸하며 스스로의 교만 때문에 비겁해진 사람, 그를 천한 사람으로 아시오.

남을 괴롭히고 욕심이 많으며 나쁜 야심을 지녀 인색하고, 덕도 없으면서 존경받으려 하며 부끄러움을 모르는 사람, 그를 천한 사람으로 아시오. 깨달은 사람을 비방하고 출가나 재가의 제자들을 헐뜯는 사람, 그를 천한 사람으로 아시오. 사실은 존경받지 못할 사람이 존경받을 사람이라 자부한다면 그는 이 세상의 도적이오. 그런 사람이야말로 가장 천한 사람이오. 내가 당신에게 말한 이와 같은 사람들은 참으로 천한 사람이오. 날 때부터 천한 사람이 되는 것은 아니오. 태어나면서부터 바라문이 되는 것도 아니오. 오로지 그 행동에 따라 천한 사람도 되고 바라문도 되는 것이오.

내가 다음에 실례를 들겠으니 내 말을 알아 들으시오. 찬다라족 출신의 백정으로 널리 알려진 사람이 있었소. 그는 얻기 어려운 최상의 명예를 얻었소. 많은 왕족과 바라문들이 그를 섬기려고 모여들었소. 그는 신들의 길, 더러운 티끌을 떨어버린 큰 도에 들어 탐욕을 버리고 범천(梵天)[5]의 세계에 가게 되었소. 미천한 태생인 그가 범천의 세계에 태어나는 것을 아무도 막을 수 없었소. 베다 독송자(讀誦者)의 집에 태어나 베다의 글귀에 친숙한 바라문들도 때로는 나쁜 행위에 빠져 있는 것을 볼 수 있소.

이와 같이 되면, 현세에서 비난을 받고 내세에는 나쁜 곳에 태어날 것이오. 신분이 높은 태생도 그들이 나쁜 곳에서 태어나는 것을, 그리고 비난받는 것을 막을 수는 없소. 날 때부터 천한 사람이 되는 것은 아니오. 날 때부터 바라문이 되는 것도 아니오. 오로지 그 행동에 의해 천한 사람도 되고 바라문도 되는 것이오."

이와 같이 말씀하셨을 때 불을 섬기는 바라문이 부처님께 말했다.

"훌륭하신 말씀입니다. 참으로 훌륭하신 말씀입니

5) 바라문 교도들의 신앙대상. 우주 만물의 창조주인 신으로 사바세계를 주재한다고 하며, 불교의 보호신이기도 함.

다. 마치 넘어진 사람을 일으켜 주듯이, 덮인 것을 벗겨 주듯이, 길잃은 사람에게 길을 가르쳐 주듯이, 혹은 눈 있는 자 빛을 보리라 하고 어둔 밤에 등불을 비춰 주듯이, 고타마께서는 여러 가지 방편으로 법을 밝혀 주셨습니다. 저는 고타마께 귀의합니다. 그리고 가르침과 수행승의 모임에 귀의합니다. 고타마께서는 오늘부터 제 목숨이 다할 때까지 저를 세속의 시자로 받아 주십시오." 「經集」

5. 평안한 사람

"어떻게 보고 어떤 계율을 지키는 사람을 평안하다고 할 수 있습니까? 고타마님, 가장 뛰어난 사람을 제게 말씀해 주십시오."

부처님께서 대답하셨다.

"죽기 전에 애착을 떠나 과거에 얽매이지 않고, 현재에 대해서도 이것저것 생각하지 않는다면, 그는 미래에 대해서도 별로 걱정할 것이 없다. 그런 성인은 화내거나 두려워 떨지 않고 우쭐거리지 않으며, 후회하지 않고 주문을 외거나 허둥거리지 않으며 말을 삼간다. 미래를 원하지도 않고 과거를 추억하며 울적해하지도 않는다. 감관에 닿는 모든 대상에서 멀리 떨어질 것을 생각하며, 여러 가지 견해에 이끌리는 일이 없다. 탐욕에 멀리 떠나 거짓 없고 욕심내지 않으며, 인색하거나 거만하지 않고 미움받지 않으며 두말〔兩

舌]을 하지 않는다. 유쾌한 일에 빠지지 않고 교만하지도 않으며, 부드럽고 상냥하게 말하며 잘못 믿는 일도 없고 버릴 욕심도 없다.

이익을 바라고 배우지 않는다. 이익이 없을지라도 성내지 않는다. 애착 때문에 남을 거역하지 않으며, 맛있는 음식을 탐내지 않으며, 항상 평온해 바른 생각을 가지고 있으며, 남을 자기 처지에서 생각하지 않는다. 자기가 뛰어났다거나 못하다고도 생각하지 않는다. 그에게는 번뇌의 불이 타오르지 않는다. 걸림없는 사람은 이치를 알았기 때문에 걸림이 없는 것이다. 그에게는 생존을 위한 애착도 생존을 끊어 없애려는 욕망도 없다. 모든 욕망을 돌아보지 않는 사람이야말로 평안한 사람이라고 나는 말한다. 그에게는 얽매임의 매듭이 없고 이미 모든 집착을 뛰어넘었다. 그에게는 자식도 가축도 논밭도 주택도 없다. 이미 얻은 것도 얻지 못한 것도 그에게서는 찾아볼 수 없다.

범부와 사문 또는 바라문들이 그를 비난하여 탐욕이 있다고 할지 모르지만 그는 욕심 같은 것을 생각해 본 적이 없기 때문에 여러 가지 힐난을 받아도 동요하지 않는다. 그 성인은 탐욕을 떠나 인색하지 않으며, 자기가 잘났다든가 못났다고 말하지 않는다. 그는 분별을 두지 않으므로 망상 분별에 따르지도 않는다. 그는 세상에서 가진 것이 없다. 또 없는 것을 걱정하지도 않는다. 그는 어떤 사물에도 이끌리지 않는다. 이와 같은 사람이야말로 참으로 평안한 사람이라 할 만하다." 『經集』

6. 성인의 길

친교(親交)가 있기 때문에 두려운 일이 생기고, 가정생활을 하기 때문에 더러운 때가 낀다. 친교도 없고 가정생활도 하지 않는다는 것이 성인의 생각이다. 이미 돋아난 번뇌의 싹을 잘라버리고, 새로 심지 않고 지금 생긴 번뇌를 기르지 않는다면, 그 사람은 혼자서 행동하는 성인이라 불린다. 그 위대한 선인(仙人)은 평안의 경지에 도달한 것이다. 번뇌가 일어나는 근본을 헤아려 알고, 그것에 집착하는 마음을 기르지 않는다면, 그는 참으로 생(生)을 멸해 구경(究竟)을 본 성인이다. 그는 망상 분별을 초월하여 윤회하는 무리 속에 끼지 않는다.

모든 집착이 일어나는 곳을 알아 아무것도 바라지 않고, 탐욕을 떠나 욕심이 없는 성인은 무엇을 구하려고 하지 않는다. 그는 이미 피안(彼岸)에 다다랐기 때문이다. 모든 것을 극복하고 온갖 것을 알며, 지극히 총명하고 여러 가지 사물에 더럽혀지지 않으며, 모든 것을 버리고 애착을 끊어 해탈한 사람, 그분이야말로 성인임을 현자(賢者)들은 안다.

지혜로운 힘이 있고 계율을 지키며, 마음이 잘 집중되어 선정을 즐기며, 생각이 깊고 집착에서 벗어나 거칠지 않고 번뇌의 때가 묻지 않는 사람, 그분이야말로 성인임을 현자들은 안다.

성인은 혼자서 행동하고 게으르지 않으며, 칭찬과 비난에도 흔들리지 않는다. 소리를 듣고도 무서워하지 않는 사자처럼, 그물에 걸리지 않는 바람처럼, 진흙에 더럽혀지지 않는 연꽃처럼 남에게 이끌리지 않고 남을 이끄는 사람, 그분이야말로 성인임을 현자는 안다.

남들이 입에 침이 마르도록 칭찬하거나 욕을 하더라도 멱감는 강가〔恒河〕의 기둥[6)]처럼 태연하고 탐욕을 떠나 모든 감관을 잘 가라앉힌 사람, 그분이야말로 성인임을 현자는 안다. 성행위를 하지 않고, 젊어서도 여자에게 집착하지 않으며, 교만하거나 게으르지 않고 속박에서 벗어난 사람, 그분이야말로 성인임을 현자는 안다. 세상 일에 달관하고 최고의 진리를 알며 거센 흐름을 헤치고 바다를 건넌 사람, 속박을 끊고 의존하지 않으며 욕정의 흐름을 아주 끊어버린 사람, 그분이야말로 성인임을 현자는 안다.

출가자와 재가자는 사는 곳과 생활 양식이 서로 같지 않다. 재가자는 처를 부양하지만, 출가자는 계율을 잘 지켜 내 것이라는 집착이 없다. 재가자는 용서 없이 남의 목숨을 해칠 때가 있지만, 성인은 자제하여 산 목숨을 보호한다. 이를테면, 하늘을 나는 공작새가 아무리 애를 써도 백조의 흰빛을 따를 수 없듯이, 재가

---

6) 멱감을 수 있는 강변이나 연못 기슭에 네모나 여덟 모로 된 기둥을 세워 누구든지 그 기둥에 몸을 문질러 씻도록 되어 있다. 그 기둥은 교만하지도 비굴하지도 않다.

자는 세속을 떠나 숲속에서 명상하는 수행승의 그 덕에는 미치지 못한다. 『經集』

7. 인간의 육체

걷고 서며 앉고 누우며 혹은 구부리고 편다. 이것이 신체의 동작이다. 신체는 뼈와 힘줄로 이어져 있고 살갗으로 덮여 있어 있는 그대로 볼 수는 없다. 신체 내부는 내장으로 가득 차 있고 위장・간장・심장・폐장・신장・비장이 있다. 콧물・점액・피・담즙・지방이 있다. 또 아홉 구멍에서는 항상 더러운 것이 흘러나온다. 눈에서는 눈곱, 귀에서는 귀지, 코에서는 콧물, 입에서는 침과 가래, 온몸에서는 땀과 때가 나온다. 또 머리에는 빈 곳이 있고 뇌수로 차 있다.

그런데 어리석은 사람들은 무명(無明)에 이끌려 그것을 깨끗한 것으로 안다. 죽어서 쓰러지면 몸은 부어 검푸르게 되고 무덤에 버려져 친척도 그것을 돌보지 않는다. 개・여우・늑대・벌레 들이 파먹고 까마귀나 독수리가 쪼아먹는다.

지혜로운 수행자는 깨달은 사람의 말을 듣고 그것을 완전히 이해한다. 그는 있는 그대로를 보기 때문이다. '저 죽은 시체도 살아 있는 이 몸뚱이와 같은 것이고, 살아 있는 이 몸뚱이도 언젠가는 죽은 저 시체처럼 될 것이다.'

이와 같이 안팎으로 몸에 대한 욕망에서 떠나야 한

다. 이 세상에서 애욕을 떠난 지혜로운 수행자는 죽음을 거치지 않고 평안하고 멸하지 않는 열반의 경지에 도달한다. 인간의 이 육체는 부정하고 악취를 풍기며, 온갖 오물로 가득 차 여기저기서 흘러 나온다. 이와 같은 육체를 가지고 있으면서 자신을 훌륭한 것으로 알고 또 남을 업신여긴다면 그는 소경이 아니고 무엇이겠는가.

동굴[7] 속에 머물러 집착하고 온갖 번뇌에 덮이어 미망(迷妄)에 빠져 있는 사람은 집착에서 벗어날 수 없다. 참으로 이 세상 욕망을 버리기란 어렵기 때문이다. 욕망에 따라 생존의 쾌락에 붙잡힌 사람은 해탈하기 어렵다. 남이 해탈을 시켜 줄 수 없기 때문이다. 그들은 미래와 과거를 생각하면서 현재의 욕망에 탐착한다. 그들은 욕망을 탐하고 부정에 친근하다가 죽을 때에는 여기서 죽으면 나는 어떻게 될까 하고 후회한다.

무엇인가를 내 것이노라고 집착해 동요하고 있는 사람들을 보라. 그들의 모습은 메말라 물이 마른 개울에서 허덕이는 물고기와 같다. 어진 이는 양극단(兩極端)에 대한 욕망을 억제하고 감관과 대상의 접촉을 잘 알아 탐하지 않는다. 자기 스스로 비난할 그런 나쁜 짓은 하지 않으며, 보고 듣는 일에 팔리지 않는다. 생각을 정리해 강을 건너라. 어진 이는 갖고 싶어하는 집

7) 육신을 말함.

착에 물들지 않으며, 번뇌의 화살을 뽑고 부지런히 정진하여 이 세상도 저 세상도 바라지 않는다.『經集』

8. 출가는 안온한 길

눈이 있는 사람[8]은 어째서 출가를 했는지, 그분은 무엇을 생각한 끝에 출가를 기뻐했는지, 그분의 출가에 대해서 나[9]는 이야기하리라.

'집에서 사는 것은 비좁고 번거로우며 먼지가 쌓이는 생활이다. 그러나 출가는 넓은 들판이며 번거로움이 없다'고 생각해 출가한 것이다. 출가한 다음에는 악한 행위를 하지 않고 입으로 저지르는 나쁜 짓도 버리고 아주 깨끗한 생활을 하였다. 눈뜬 사람은 마가다의 서울, 산으로 둘러싸인 라자가하로 갔다. 뛰어난 모습을 지닌 그는 탁발하기 위해 그 곳으로 간 것이다. 마가다왕 빔비사라는 높은 누각 위에서 그를 보았다. 뛰어난 모습을 가진 그를 보고 신하들에게 말했다.

"그대들은 저 사람을 보아라. 아름답고 건강하고 깨끗할 뿐 아니라, 행동도 의젓하게 앞만을 본다. 그는 눈을 아래로 뜨고 정신을 한군데로 모으고 있다. 저 사람은 천한 집 출신이 아닌 것 같다. 누가 뛰어가 그를 따라가 보아라. 저 수행자는 어디로 가는가."

8) 부처님을 가리킴.
9) 부처님의 제자 아난다를 말함.

왕의 신하들은 그의 뒤를 따라갔다. '저 수행자는 어디로 가는 것일까. 그는 어디에 사는 것일까' 하고 생각하면서, 그는 모든 감관을 억제하여 잘 지키고 생각하면서 집집마다 음식을 빌어 잠깐 동안에 바리를 채웠다. 거룩한 분은 탁발을 끝내고 그 성 밖으로 나와 판다바산으로 향했다. 아마 그는 거기에 살고 있는 모양이었다. 고타마가 자기 처소에 가까이 이른 것을 보자 신하들은 그에게로 가까이 다가갔고 한 신하는 왕궁으로 돌아가 왕에게 아뢰었다.

"대왕님, 그 수행자는 판다바산 앞쪽에 있는 굴 속에 호랑이나 황소처럼, 혹은 사자처럼 의젓하게 앉아 있습니다."

사신의 말을 듣고 빔비사라왕은 화려한 수레를 타고 판다바산으로 길을 재촉했다. 왕은 수레로 갈 수 있는 데까지 달려간 뒤 수레에서 내려 걸어서 산을 올라가 고타마의 곁에 이르렀다. 왕은 기쁜 마음으로 인사를 드린 뒤 이렇게 말했다.

"당신은 젊음이 넘치는 인생의 봄입니다. 용모도 빼어나고, 앉고 걷는 모습 또한 존귀하니 분명 왕족 태생인 것 같습니다. 나는 코끼리 떼를 앞세운 날쌘 군대를 정비해서 당신께 선물로 드리고 싶습니다. 그리고 당신의 태생을 알고 싶습니다. 말씀해 주십시오."

"임금님, 저쪽 히말라야 중턱에 한 종족이 있습니다. 예부터 코살라의 주민으로 부(富)와 용기를 갖추고 있습니다. 성(姓)은 '태양의 후예'라 하고, 종족은 사캬족이라 합니다. 나는 그런 집안에서 출가했습니다. 그것은 욕망을 채우기 위해서가 아닙니다. 모든 욕망에는 위험이 있으나, 출가는 안온하다는 것을 알아 힘써 정진합니다. 내 마음은 다만 이것을 즐기고 있습니다.”

「經集」

9. 번뇌의 화살

사람의 목숨은 정해져 있지 않아 얼마를 사는지 알 수 없다. 사람의 목숨이란 비참하고 짧으며 고뇌로 엉켜 있다. 태어나면 죽음을 피할 길이 없으며 늙으면 죽음이 온다. 실로 생이 있는 자의 운명은 이런 것이다. 익은 과일은 빨리 떨어질 위험이 있듯이 태어난 자는 죽지 않으면 안 된다. 그들에게는 항상 죽음의 두려움이 따른다. 이를테면, 옹기장이가 만든 질그릇이 마침내는 모두 깨어지고 말듯이, 사람의 목숨도 또한 그와 같다.

젊은이도 장년도, 어리석은 이도 지혜로운 이도 모두 죽음 앞에는 굴복하고 만다. 모든 사람은 반드시 죽는다. 그들은 죽음에 붙잡혀 저 세상으로 가지만, 아비도 그 자식을 구하지 못하고 친척도 그 친척을 저 세상에서 구해낼 수 없다. 보라. 친척들이 애타는 마음으로 지켜보고 있지만 사람은 하나씩 도살장으로 끌려가는 소처럼 사라져 간다. 이렇듯 세상 사람들은 늙음과 죽음으로 인해 사라져 간다. 그러나 슬기로운 이는 세상의 참모습〔實相〕을 알고 슬퍼하지 않는다.

그대는 온 사람의 길을 모르고, 또 간 사람의 길도 모른다. 그대는 생과 사 두 끝을 보지 않고 부질없이 슬피 우는가. 미망(迷妄)에 붙들려 울고불고 해서 무슨 이익이라도 생긴다면 현자들도 그렇게 할 것이다. 그러나 울고 슬퍼하는 것으로는 마음의 평안을 얻을 수 없다. 더욱더 괴로움이 생기고 몸만 여윌 따름이다. 스스로 자신을 해치면서 몸을 여위게 하고 추하게 만든다. 그렇다고 해서 죽은 사람이 어떻게 되는 것도 아니지 않는가. 그러므로 울며 슬퍼하는 것은 부질없는 것이다. 근심을 버리지 않는 사람은 점점 더 고뇌를 겪게 된다. 죽은 사람 때문에 운다는 것은 더욱 근심에 사로잡히는 것이다. 또한 자신이 지은 업으로 인해 죽어가는 사람들을 보라. 모든 살아 있는 자는 죽음에 붙잡혀 떨고 있지 않은가.

사람들이 여러 가지를 염원할지라도 그 결과는 다르게 나타난다. 기대에 어긋나는 것도 이와 같다. 보라, 세상의 저 모습을. 가령 사람이 백 년을 살거나 그 이상을 산다 할지라도 마침내는 친족들을 떠나 이 세상의 목숨을 버리게 된다. 그러므로 존경하는 사람의 말을 듣고 죽은 사람을 보았을 때에는 '그는 이미 내 힘이 미치지 못하게 되었구나'라고 깨달아, 슬퍼하거나 탄식하지 마라. 이를테면, 집에 불이 난 것을 물로 끄는 것과 같다. 지혜롭고 총명한 사람은 걱정이 생겼을 때는 이내 지워 버린다. 마치 바람이 솜을 날려 버리듯이 자신의 즐거움을 구하는 사람은 슬픔과 욕심과 걱정을 버려라. 자기 번뇌의 화살을 뽑으라. 번뇌의 화살을 뽑아 버리고 거리낌없이 마음의 평안을 얻는다면 모든 걱정을 초월하고 근심 없는 자, 평안에 돌아간 자가 될 것이다. 『經集』

10. 흔들리는 평안

마음 깊은 곳으로부터 화를 내고 남을 비방하는 사람이 있다. 또한 마음이 진실한 사람이라도 남을 비방하는 일이 있다. 그러나 성인은 비방하는 말을 들을지라도 그것에 동하지 않는다. 성인은 무슨 일에나 마음이 거칠어지지 않는다. 욕심에 끌리고 소망에 붙들린 사람이 어떻게 자기 견해를 초월할 수 있을까. 그는 자신이 완전하다고 생각하며 그대로 행한다. 그는 또한 아는 대로 떠들어댈 것이다. 누가 묻지도 않는데 남에게 자기의 계율과 도덕을 선전하는 사람, 스스로 자기 일을 떠들고 다니는 사람, 진리에 도달한 사람들은 그를 가리켜 거룩한 진리를 갖지 못한 사람이라고 말한다. 편안히 마음이 안정된 수행자가 계율에 대해서, 나는 이렇게 하고 있노라 하면서 뽐내지 않고, 이 세상 어디에 있더라도 번뇌로 불타지 않는다면 그는 거룩한 진리를 지니고 있는 사람이라고 진리에 도달한 사람들은 말한다. 때묻은 소견을 미리 만들고 고치며 치우쳐 자기 안에서만 훌륭한 열매를 보는 사람은 흔들리는 평안에 의존하고 있는 것이다.

모든 사물에 대한 집착을 확실히 알고 자기 견해에 대한 집착을 초월하는 일은 쉬운 일이 아니다. 때문에 사람들은 그런 좁은 소견의 울타리 안에 갇혀 그것을 집착하고 진리를 등진다.

사악(邪惡)을 쓸어 없애버린 사람은 이 세상 어디를 가든 모든 생존에 대해 편견이 없다. 사악을 물리친 사람은 허위와 교만을 버렸는데 어찌 윤회에 떨어질 것인가. 그에게는 이미 의지하고 가까이할 아무것도 없다. 모든 일에 기대고 의지하는 사람은 비난을 받는다. 그러나 기대고 의지함이 없는 사람을 어떻게 비난할 수 있겠는가. 그는 집착하지도 않고 버리지도 않는다. 그는 이 세상에서 모든 편견을 쓸어버린 것이다.

『經集』

11. 무엇이 최고인가

세상에서 사람들이 훌륭하다고 보는 것들을 흔히 으뜸가는 것이라 하고, 그 밖에 다른 것들은 여러 가지 견해에 붙들려 모두 뒤떨어졌다고 한다. 그러므로 그는 논쟁을 극복할 수 없다. 그는 본 것, 배운 것, 계율이나 도덕, 사색한 것에 대해서 자신 안에서 어떤 결론을 내리고서 그것만을 집착한 나머지 그 밖의 다른 것은 모두 뒤떨어진 것으로 안다.

사람이 어떤 일에만 몰두한 나머지 그 밖의 다른 것

은 모두 하잘것없다고 본다면, 그것은 대단한 장애라고 진리에 도달한 사람들은 말한다. 그러기 때문에 수행자는 본 것, 배운 것, 사색한 것, 또는 계율이나 도덕에 구애를 받아서는 안 된다. 지혜에 대해서나 계율이나 도덕에 대해서도 편견을 가져서는 안 된다. 자기를 남과 동등하다거나 남보다 못하다거나 또는 뛰어났다고 생각해서는 안 된다. 진리에 도달한 사람은 이미 가지고 있던 견해를 버리고 집착하지 않으며 지혜에 대해서도 특별히 의존하지 않는다. 그는 여러 가지 다른 견해로 분열된 사람들 틈에 있으면서 당파에 맹종하지 않고 어떤 견해일지라도 그대로 믿는 일이 없다. 그는 양극단에 대해서 여러 생존에 대해서 이 세상에도 저 세상에도 원하는 바가 없다. 모든 사물에 대해 단정할 만한 고집이 그에게는 조금도 없다. 그는 이 세상에서 본 것, 배운 것 또는 사색한 것에 대해서 티끌만한 망상도 갖지 않는다. 어떠한 견해에도 집착하지 않는 사람이 어찌 이 세상에서 망상 분별하겠는가.

그는 망령된 생각으로 분별하지 않고, 그 어느 한 가지 견해만을 유달리 존중하지도 않는다. 그는 모든 가르침을 원하지도 않고 계율이나 도덕에 매이지도 않는다. 이러한 사람은 피안(彼岸)에 이르러 다시는 이 세상에 돌아오지 않는다. 『經集』

12. 연꽃처럼

아, 짧도다. 인간의 생명이여, 백 살도 못 되어 죽어버리고 마는가. 아무리 오래 산다 해도 결국은 늙어서 죽는 것을. 사람들은 내 것이라고 집착한 물건으로 해서 근심한다. 자기가 소유한 것은 영원한 존재가 아니기 때문이다. 이 세상 모든 것은 변하고 없어지는 것으로 알고 집[10]에 머물러 있지 말아라.

사람들이 '이것은 내 것'이라고 생각하는 물건, 그것은 그의 죽음으로 해서 잃게 된다. 이를테면, 눈을 뜬 사람은 꿈속에서 만난 사람을 다시 볼 수 없듯이, 사랑하는 사람이 죽어 이 세상을 떠나면 다시는 만날 수 없다. 나를 따르는 사람은 현명하게 이 이치를 깨닫고, 내 것이라는 관념에 사로잡히지 마라.

누구누구라고 하던 사람들도 한번 죽은 후에는 그 이름만이 남을 뿐이다. 내 것이라고 집착하여 욕심부리는 사람은 걱정과 슬픔과 인색함을 버리지 못한다. 그러므로 안온함을 얻은 성인들은 소유를 버리고 떠난 것이다.

세속에서 물러나 청정한 행을 닦는 수행자는 마을에서 멀리 떨어진 곳〔寂靜處〕을 즐겨 찾는다. 그가 생존의 영역 속에 자기를 드러내지 않는다면 그것은 그에

---

10) 집착의 집.

게 어울리는 일이다.

성인은 아무것에도 매이지 않고 사랑하거나 미워하지 않는다. 또 슬픔도 인색함도 그를 더럽히지 못한다.

이를테면, 연꽃잎에 물방울이 묻지 않듯이, 성인은 보고 배우고 사색한 어떤 것에도 더럽혀지지 않는다.

사특한 악을 털어버린 사람은 보고 배우고 생각한 어떤 일에도 유달리 집착하거나 생각하지 않는다. 그는 다른 것에 의해서 깨끗해지려고 하지 않는다. 그는 탐내지 않고 탐욕에서 떠나려 하지도 않는다.「經集」

13. 수 행 자

"태양의 후예이신 위대한 선인(仙人)께 세속에서 멀리 떠나는 일과 평안의 경지에 대해서 묻겠습니다. 수행자는 어떻게 보아야 세상의 어떤 것에도 집착하지 않고 평안에 들 수 있습니까?"

스승께서 대답하셨다.

"내가 있다고 생각하는 의식의 근본은 모두 억누르고, 안에 도사리고 있는 온갖 애착까지도 눌러 버리도록 항상 명심하여 배우라. 될 수 있는 한 안팎으로 이치를 알아 두라. 그러나 그렇다고 해서 교만한 마음을 내서는 안 된다. 진리에 도달한 사람은 그것이 평안이라고는 말하지 않는다. 이로 말미암아 나는 뛰어났다든가 나는 뒤떨어졌다든가 혹은 나는 대등하다고 생각해서는 안 된다. 여러 가지 질문을 받더라도 자기가 잘 났다고 생각하지 말아라. 수행자는 마음이 평안해야 한다. 밖에서 고요함을 찾지도 말아라. 안으로 평안하게 된 사람은 고집할 것이 없다. 하물며 어찌 버릴 것이 있으랴. 바닷물 속에서는 파도가 일지 않고 잔잔하듯이, 고요히 멎어 움직이지 말아라. 수행자는 무슨 일에나 욕심을 내서는 안 된다."

"눈을 뜨신 분께서는 몸소 체험하신 법, 위험과 재난의 극복에 대해서 말씀해 주십시오. 바라건대 바른 길을 일러 주십시오. 계율의 규정이나 정신 안정의 법을 말씀해 주십시오."

"눈에 보이는 것에 탐내지 말아라. 저속한 이야기에서 귀를 멀리하라. 맛에 탐착하지 말아라. 세상에 있는 어떤 것이라도 내 것이라고 집착하지 말아라. 고통을 겪을 때라도 수행자는 결코 비탄에 빠져서는 안 된다. 생존을 탐내서도 안 된다. 무서운 것을 만났을 때라도 두려워 떨어서는 안 된다. 음식이나 옷을 얻더라도 묵히거나 쌓아 두어서는 안 된다. 또 그런 것을 얻을 수 없다 해서 걱정해서도 안 된다. 마음을 안정시켜라. 당황해서는 안 된다. 후회하지 말아라. 게으르지 말아라. 그리고 수행자는 한가하고 고요한 앉을 자리와 누울 곳에서 살아야 한다.

잠을 많이 자서는 안 된다. 부지런하고 깨어 있어야 한다. 게으름과 거짓으로 오락과 이성간의 교제와 걸치레를 버려라. 내 제자들은 아타르바 베다의 주문이나 해몽·관상·점을 쳐서는 안 된다.

수행자는 비난을 받더라도 두려워 말고, 칭찬을 받더라도 우쭐거리지 말아라. 탐욕과 인색과 성냄과 욕설을 멀리해야 한다. 수행자는 장사해서는 안 된다. 결코 남을 비방해서도 안 된다. 그리고 세상사람들과 가까이 교제해서도 안 된다. 이익을 위해 사람들을 만나지 말아라.

또 수행자는 거만해서는 안 된다. 자기의 이익을 위해 책략적인 언사를 써서도 안 된다. 오만 불손하거나 불화를 가져올 말을 해서는 안 된다. 거짓말을 피하라. 조심해서 속이지 않도록 하라. 그리고 생활에 대해서나 지혜에 대해서 혹은 계율이나 도덕에 대해서 자기가 남보다 뛰어났다고 생각해서는 안 된다. 출가수행자는 말 많은 세속인들한테서 욕을 먹거나 불쾌한 말을 많이 듣더라도 거친 말로 대꾸해서는 안 된다. 선한 사람들은 적대적인 대답을 하지 않는다. 수행자는 이 이치를 알아 잘 분별하고 늘 조심해서 배우라. 모든 번뇌가 소멸된 상태가 평안임을 알아라. 그러므로 여래의 가르침에 게으르지 말고 항상 따라 배우라.”

『經集』

제 5 장 진리의 여울

1. 잠 못드는 사람에게

원망으로써 원망을 갚으면
끝내 원망은 쉬어지지 않는다.
오직 참음으로써만 원망은 사라지나니
이 법은 영원히 변치 않으리.

마음에 모진 생각 버리지 못하고
욕심을 따라 치달리면서
스스로 자기를 다스리지 못하면
그에게는 법의(法衣)가 알맞지 않다.

진실을 거짓으로 생각하고
거짓을 진실로 생각하면
이것은 끝내 그릇된 소견
그에게는 부질없는 망상만 따른다.

그러나 진실을 진실인 줄 알고
거짓을 보고 거짓인 줄 알면
이것은 떳떳하고 올바른 이해

그는 반드시 진리에 도달하리.

지붕을 성글게 이어 놓으면
비가 내릴 때 빗물이 새듯이
마음을 조심해 간직하지 않으면
탐욕은 곧 이것을 뚫고 만다.

경전을 아무리 많이 외워도
실행하지 못하는 게으른 사람은
남의 소를 세는 목동과 같아
사문의 보람을 얻기 어렵다.

마음은 고요히 머물지 않고
끊임없이 변화하여 그침이 없다.
이것을 어진 이는 바로 깨달아
악을 돌이켜 복을 만든다.

아아, 이 몸은 오래지 않아
다시 흙으로 돌아가리라.
정신이 한번 몸을 떠나면
해골만이 땅 위에 버려지리라.

원수가 하는 일이 어떻다 해도
적들이 하는 일이 어떻다 해도
거짓으로 향하는 나의 마음이

내게 짓는 해독보다는 못한 것이다.

부모 형제가 어떻다 해도
친척들이 하는 일이 어떻다 해도
정직으로 향하는 나의 마음이
내게 짓는 행복보다는 못한 것이다.

아름다운 꽃을 따서 모으기에만
정신이 팔려 있는 그 사람을
죽음은 삽시간에 잡아가리라.
홍수가 잠든 마을 휩쓸어가듯.

보기에는 예쁘고 사랑스런 꽃이
빛깔만 곱고 향기가 없듯
아무리 훌륭하고 아름다운 말도
행하지 않으면 그 보람 없네.

여러 가지 고운 꽃을 한데 모아서
보기 좋은 꽃다발을 만들어내듯
사람도 착한 일을 모아 쌓으면
다음 세상 좋은 과보 복을 받는다.

계율을 빈틈없이 갖추어 이루고
행실이 방일하지 않은 곳에서
바르게 알고 해탈한 사람에게

악마는 그 틈을 타지 못한다.

잠 못드는 사람에게 밤은 길고
피곤한 나그네에게 길이 멀듯이
진리를 모르는 어리석은 사람에겐
생사의 밤길은 길고 멀어라.

나보다 나을 것 없고
내게 알맞는 길동무 없거든
차라리 혼자서 갈지언정
어리석은 사람과 길동무 되지 마라.

내 아들이다 내 재산이다 하여
어리석은 사람은 괴로워 허덕인다
나의 '나'가 이미 없거니
누구의 아들이며 누구의 재산인가.

어리석은 사람이 어리석다고
스스로 생각하면 벌써 어진 것이다.
어리석은 사람이 어질다 생각하면
그야말로 어리석은 바보일 뿐.

어리석은 사람은 한평생 다하도록
어진 사람을 가까이 섬기어도
참다운 진리를 알지 못한다.

숟가락이 국맛을 모르듯이.

지혜로운 사람은 잠깐만이라도
어진 사람을 가까이 섬기면
곧 참된 진리를 바로 안다.
마치 혀가 국맛을 알듯이. 「法句經」

2. 무엇을 웃고 무엇을 기뻐하리

그릇된 죄가 채 익기 전에는
어리석은 사람에게 꿀맛과 같다.
그러나 그 죄가 무르익으면
그는 비로소 괴로움에 신음한다.

금시 짜낸 소젖은 상하지 않듯
재에 덮인 불씨는 그대로 있듯
지은 업이 당장에는 아니 보이나
그늘에 숨어서 그를 따른다.

활 만드는 사람은 화살을 다루고
물 대는 사람은 물을 끌어들이며
목수는 언제나 나무를 깎고 다듬나니
이처럼 지혜로운 이는 자기를 다룬다.

아무리 비바람이 때린다 할지라도

반석은 흔들리지 않는 것처럼
어진 사람은 뜻이 굳세어
비방과 칭찬에도 움직이지 않는다.

깊은 못은 맑고 고요해
물결에 흐리지 않는 것처럼
지혜로운 사람은 진리를 듣고
그 마음 즐겁고 편안하여라.

전쟁에서 수천의 적과
단신으로 싸워 이기기보다
하나의 자기를 이기는 사람
그는 참으로 으뜸가는 용사다.

한 달에 천 번씩 제사를 지내
목숨이 다하도록 쉬지 않을지라도
오로지 한마음으로 진리를 생각하는
잠깐 동안의 그 공덕에 이르지 못한다.

비록 사람이 백 년을 산다 해도
간교한 지식이 어지러이 날뛰면
지혜를 갖추고 조용히 생각하며
하루를 사는 것만 같지 못하다.

악의 열매가 익기 전에는

악한 사람도 복을 만난다.
악의 열매가 익은 뒤에는
악한 사람은 죄를 받는다.

선의 열매가 익기 전에는
착한 사람도 화를 만난다.
선의 열매가 익은 뒤에는
착한 사람은 복을 받는다.

허공도 아니요 바다도 아니다.
깊은 산 바위 틈에 숨어들어도
일찍 내가 지은 악업의 재앙은
이 세상 어디서도 피할 곳 없네.

모든 생명은 채찍을 두려워하고
모든 생명은 죽음을 무서워한다.
자기 생명에 이 일을 견주어
남을 때리거나 죽이지 마라.

남 듣기 싫은 성낼 말 하지 마라.
남도 그렇게 네게 답할 것이다.
악이 가면 화는 돌아오나니
욕설이 가고 오고 주먹이 오고 가고.

소치는 사람이 채찍으로써

소를 몰아 목장으로 돌아가듯
늙음과 죽음도 또한 그러해
사람의 목숨을 쉽없이 몰고 가네.

무엇을 웃고 무엇을 기뻐하랴.
세상은 쉽없이 타고 있는데
그대들 어둠 속에 덮여 있구나.
어찌하여 등불을 찾지 않는가.

보라, 이 부서지기 쉬운 병투성이
이 몸을 의지해 편타하는가.
욕망도 많고 병들기 쉬워
거기엔 변치 않는 실체가 없네.

목숨이 다해 정신이 떠나면
가을철에 버려진 표주박처럼
살은 썩고 앙상한 백골만 뒹굴 것을
무엇을 사랑하고 즐길 것인가.

사람이 만일 바른 법을 모르면
그 늙음은 소의 늙음과 같다.
한갓 자라나 살만 더할 뿐
하나의 지혜도 더한 것 없나니.

깨끗한 행실을 닦지 못하고

젊어서 재산도 쌓지 못하면
고기 없는 빈 못을 부질없이 지키는
늙은 따오기처럼 쓸쓸히 죽는다.

깨끗한 행실도 닦지 못하고
젊어서 재산도 쌓지 못하면
못쓰는 화살처럼 쓰러져 누워
옛 일을 생각한들 어이 미치랴. 『法句經』

3. 음욕보다 더한 불길은 없다

사람이 만일 자신을 사랑하거든
모름지기 삼가 자기를 지켜라.
지혜로운 사람은 하루 세 때 가운데
적어도 한 번쯤은 자기를 살피나니.

원래 자기가 지은 업이라
뒤에 가서 언젠가는 스스로 받는다.
자기가 지은 죄는 자기를 부수나니
금강석이 보석을 부수는 것처럼.

악한 일은 나를 괴롭게 한다.
그러나 그것은 행하기 쉽다.
착한 일은 나를 편안케 한다.
그러나 그것은 행하기 어렵다.

물거품 같다고 세상을 보라.
아지랑이 같다고 세상을 보라.
이렇게 세상을 관찰하는 사람은
염라왕을 만나지 않는다.

사람이 먼저는 잘못이 있더라도
뒤에는 삼가 다시 짓지 않으면
그는 능히 이 세상을 비추리.
달이 구름에서 나오듯이.

부디 나쁜 일 하지 말고
모든 선을 받들어 행해
스스로 그 뜻을 깨끗이 하는 것
이것이 부처님의 가르침이네.

승리는 원한을 가져오고
패한 사람은 괴로워 누워 있다.
이기고 지는 마음 모두 떠나서
다툼이 없으면 스스로 편안하리.

음욕보다 더한 불길이 없고
성냄보다 더한 독이 없으며
내 몸보다 더한 고통이 없고
고요보다 더한 즐거움이 없네.

병이 없는 것 가장 큰 은혜요
만족을 아는 것 가장 큰 재산이다
친구의 제일은 믿음이요
즐거움의 제일은 열반이니라.

성인은 만나는 일 즐겁고
성인을 섬기는 일 또한 즐겁다.
어리석은 사람을 떠날 수 있어
착한 일 행해 혼자서 즐겁다.

도를 어기면 자기를 따르게 되고
도를 따르면 자기를 버리게 된다.
이 뜻을 모르고 마음대로 행하면
그는 애욕의 구렁에 떨어지리라.

사랑하는 사람을 가지지 마라.
미운 사람도 가지지 마라.
사랑하는 사람은 못 만나 괴롭고
미운 사람은 만나서 괴롭다.

그러므로 사랑을 일부러 만들지 마라.
사랑은 미움의 근본이 된다.
사랑도 미움도 없는 사람은
모든 구속과 걱정이 없다.

욕된 것을 참아 분심을 이기고
착함으로써 악을 이겨라.
남에게 베풀어 인색을 이기고
지극한 정성으로 거짓을 이겨라.

악은 사람의 마음에서 일어나
다시 사람의 몸을 망친다.
마치 녹이 쇠에서 나서
바로 그 쇠를 먹어 들어가듯이.

음욕보다 뜨거운 불길이 없고
성냄보다 빠른 바람이 없으며
무명(無明)보다 빽빽한 그물이 없다.
애정의 흐름은 물보다 빠르다.

진리를 가까이하면 히말라야의 눈처럼
멀리 있어도 그 이름 드러나고
진리를 멀리하면 밤에 쏜 화살처럼
가까이 있어도 나타나지 않는다. 『法句經』

제 6 장　전생에 쌓은 수행

1. 니그로다 사슴

그 옛날 바라나시에서 브라흐마닷타왕이 나라를 다스리고 있을 때였다. 보살[1]은 사슴으로 태어났는데 날 때부터 그의 몸은 온통 황금빛이었다. 그는 오백 마리 사슴에게 둘러싸여 숲에서 살고 있었다. 그를 불러 니그로다 사슴이라 했다.

그때 브라흐마닷타왕은 사슴 사냥에 미쳐 사슴고기 없이는 밥을 먹지 않았다. 일도 못하게 백성들을 불러다가 날마다 사슴 사냥을 나가는 것이었다. 백성들은 의논 끝에 궁전 뜰에 사슴의 먹이와 물을 마련해 두고 숲에서 사슴 떼를 몰아다 넣은 뒤 문을 닫아 버렸다. 왕은 뜰에 그득 갇혀 있는 사슴을 바라보며 흐뭇해하였다. 그 속에서 황금빛 사슴을 보고, 그 사슴만은 다치지 않도록 시종들에게 명령했다. 이때부터 왕은 끼니 때가 되면 혼자 나가 사슴 한 마리씩을 활로 쏘아 잡아왔다. 사슴들은 활을 볼 때마다 두려워 떨면서 이리 뛰고 저리 뛰다가 화살에 맞아 죽어갔다. 니그로다

1) 여기서는 부처님의 전생(前生)을 가리킴.

사슴은 많은 사슴들이 화살에 맞아 피를 흘리며 신음하는 것을 보고, 이제부터는 차례를 정해 이편에서 스스로 처형대에 오르기로 하였다. 다른 사슴들에게 상처를 입히지 않기 위해서였다. 이날부터 왕은 몸소 활을 쏘지 않아도 되었고, 자기 차례가 된 사슴은 제 발로 걸어가 처형대에 목을 대고 가로누웠다. 그러면 요리사가 와서 그 사슴을 잡아갔다. 그런데 하루는 새끼를 밴 암사슴의 차례가 되었다. 이런 사정을 안 니그로다 사슴은 '당신은 새끼를 낳은 다음에 오시오. 내가 대신 가겠소' 하고 처형대로 나갔다.

황금빛 사슴이 누워 있는 것을 본 요리사는 왕에게 달려가 그 사실을 알렸다. 왕은 뜰에 나와 니그로다 사슴을 보고 말했다.

"나는 너를 죽일 생각은 없는데 어째서 여기 누워 있느냐?"

"임금님, 새끼 밴 사슴의 차례가 되었기에 내가 대신 죽으려고 합니다."

이 말을 들은 브라흐마닷타왕은 속으로 크게 뉘우쳤다.

"나는 너처럼 자비심이 많은 자를 사람들 속에서도 보지 못했다. 너로 인해 내 눈이 뜨이는 것 같구나. 일어나라, 너와 암사슴의 목숨을 살려 주리라."

"임금님, 둘만의 목숨은 건질 수 있다 하더라도 다른 사슴들은 어찌 되겠습니까?"

"좋다, 그들도 구해 주리라."

"사슴들은 죽음을 면했지만 다른 네 발 가진 짐승들은 어찌 되겠습니까?"

"좋다, 그들의 목숨도 보호하리라."

"네발 가진 짐승은 안전하게 되더라도 두발 가진 새들은 어찌 되겠습니까?"

"좋다, 그들도 보호하리라."

"임금님, 새들은 안전하지만 물 속에 있는 고기는 어찌 되겠습니까?"

"착하다, 니그로다. 그들도 안전하게 해 주리라."

이와 같이 보살은 왕에게 모든 생물의 안전을 간청하여 눈을 뜨게 한 후 다른 사슴들과 함께 숲으로 돌아갔다. 『南傳 자타카 12』

2. 가난한 여인의 등불

사밧티〔舍衛城〕에 한 가난한 여인이 살고 있었다. 여인은 너무나 가난했기 때문에 이집 저집 다니면서 밥을 빌어 겨우 목숨을 이어갔다. 어느 날 온 성 안이 떠들썩한 것을 보고 지나가는 사람에게 무슨 일이냐고 물었다.

"프라세나짓왕은 석 달 동안 부처님과 스님들에게 옷과 음식과 침구와 약을 공양하고 오늘 밤에는 또 수만 개의 등불을 켜 연등회(燃燈會)를 연다고 합니다. 그래서 온 성 안이 이렇게 북적거립니다."

이 말을 들은 여인은 생각했다. '프라세나짓왕은 많

은 복을 짓는구나. 그런데 나는 아무것도 가진 게 없으니 어떻게 할까? 나도 등불을 하나 켜서 부처님께 공양해야겠는데.'

여인은 지나가는 사람에게 겨우 동전 두 닢을 빌어 기름집으로 갔다. 기름집 주인은 가난한 여인을 보고 기름을 구해 어디 쓰려느냐고 물었다.

"이 세상에서 부처님을 만나 뵙기란 참으로 어려운 일입니다. 이제 그 부처님을 뵙게 되니 얼마나 다행한 일입니까? 나는 가난해 아무것도 공양할 것이 없으니 등불이라도 하나 켜 부처님께 공양할까 합니다."

주인은 여인의 말에 감동하여 기름을 곱절이나 주었다. 여인은 그 기름으로 불을 켜서 부처님께서 다니시는 길목을 밝히면서 속으로 빌기를 '보잘것없는 등불이지만 이 공덕으로 내생에는 나도 부처님이 되어지이다'라고 하였다. 밤이 깊어 다른 등불은 다 꺼졌으나 그 등불만은 밝게 빛나고 있었다. 등불이 다 꺼지기 전에는 부처님께서 주무시지 않을 것이므로 아난다는 손으로 불을 끄려 하였다. 그러나 꺼지지 않았다. 가사자락으로, 또는 부채로 끄려 했으나 그래도 불은 꺼지지 않았다. 부처님은 그것을 보고 아난다에게 말씀하셨다.

"아난다, 부질없이 애쓰지 말아라. 그것은 가난하지만 마음 착한 여인의 넓고 큰 서원과 정성으로 켜진 등불이다. 그러니 결코 꺼지지 않을 것이다. 그 등불의 공덕으로 그 여인은 오는 세상에 반드시 성불(成

佛)할 것이다."

이 말을 전해 들은 프라세나짓왕은 부처님께 나아가 여쭈었다.

"부처님, 저는 석 달 동안이나 부처님과 스님들께 큰 보시를 하고 수천 개의 등불을 켰습니다. 저에게도 미래의 수기(授記)[2]를 주십시오."

부처님께서는 다음과 같이 말씀하셨다.

"불도란 그 뜻이 매우 깊어 헤아리기 어렵고 알기 어려우니 깨치기도 어렵소. 그것은 하나의 보시로써 얻을 수 있는 것이기도 하지만 백천의 보시로도 얻을 수 없는 경우가 있소. 그러므로 불도를 얻기 위해서는 먼저 여러 가지로 보시하여 복을 짓고, 좋은 벗을 사귀어 많이 배우며 스스로 겸손하여 남을 존경해야 합니다. 자기가 쌓은 공덕을 내세우거나 자랑해서는 안 됩니다. 이와 같이 하면 뒷날에 반드시 불도를 이루게 될 것이오."

왕은 속으로 부끄러워하면서 물러갔다.

『根本說一切有部毘奈耶藥事 12』

3. 시 한 편과 바꾼 목숨

한 수행자가 히말라야에서 홀로 고생하면서 오랜 세월을 보내고 있었다. 그때는 아직 부처님께서 세상에

---

2) 부처님께서 제자들에게 미래에 부처가 될 것이라고 예언하는 말.

나오시기 전이었으므로 부처님께서 세상에 출현했다는 말도, 대승경전(大乘經典)이 있다는 말도 듣지 못했다.

그때 제석천(帝釋天)[3]은 그가 과연 부처를 이룰 수 있는 자질과 능력이 있는가를 시험하기 위해 나찰(羅刹)[4]의 몸으로 변해 히말라야로 내려왔다. 수행자가 사는 근처에 서서 과거 부처님께서 말씀하신 시의 앞 구절을 외웠다.

"이 세상 모든 일은 덧없으니
그것은 곧 나고 죽는 법이네."

그는 이 시를 듣고 마음속으로 무한한 기쁨을 느꼈다. 자리에서 일어나 사방을 둘러보았으나 험상궂게 생긴 나찰 이외에는 아무도 보이지 않았다. 그는 생각하였다. '저처럼 추악하고 무서운 얼굴을 가진 것이 어떻게 그런 시를 읊을 수 있을까? 그것은 불 속에서 연꽃이 피고 햇볕 속에서 찬물이 흘러 나오는 것과 같다. 그러나 또 알 수 없다. 혹 저것이 과거에 부처님을 뵙고 그 시를 들었을는지도.'

그는 나찰에게 가서 물었다.

"당신은 어디서 과거 부처님께서 말씀하신 시의 앞 구절을 들었습니까? 당신은 어디서 그 여의주의 반쪽

---

3) 범천(梵天)과 함께 불교를 수호한다는 신.

4) 사람을 잡아먹는다는 악한 귀신.

을 얻었습니까? 나는 그것을 듣고 마치 망울진 연꽃이 피는 것처럼 내 마음이 열렸습니다."

"나는 그런 것은 모르오. 여러 날 굶어 허기가 져서 헛소리를 했을 뿐이오."

"그런 말씀 마십시오. 당신이 만일 그 시 전부를 내게 일러 주신다면 나는 일생토록 당신의 제자가 되겠습니다. 물질의 보시는 없어질 때가 있지마는 법의 보시는 없어질 수 없습니다."

"당신은 지혜는 있어도 자비심이 없소. 자기 욕심만 채우려 하고 남의 사정은 모르고 있소. 나는 지금 배가 고파 죽을 지경이오."

"당신은 대체 어떤 음식을 먹습니까?"

"놀라지 마시오. 내가 먹는 것은 사람의 살덩이이고 마시는 것은 사람의 따뜻한 피요. 그러나 그것을 구하지 못해 나는 괴로워하고 있소."

"그러면 당신은 그 나머지 반을 들려주십시오. 나는 그것을 다 듣고 내 몸을 당신에게 드리겠습니다. 나는 이 무상한 몸을 버려 영원한 몸과 바꾸려 합니다."

"그러나 누가 당신 말을 믿겠소? 겨우 반쪽을 듣기 위해 그 소중한 몸을 버리겠다니."

"당신은 참으로 어리석습니다. 마치 어떤 사람이 질그릇을 주고 칠보로 된 그릇을 얻듯이, 나도 이 무상한 몸을 버려 금강석처럼 굳센 몸을 얻으려는 것입니다. 그리고 내게는 많은 증인이 있습니다. 시방 삼세의 모든 부처님께서 그것을 증명해 주실 것입니다."

"그러면 똑똑히 들으시오. 나머지 반을 말하겠소."

그리고 나찰은 시의 후반을 외웠다.

"나고 죽음이 다 없어진 뒤
열반 그것은 즐거움이어라."

그는 이 시를 듣고 더욱 환희심이 솟았다. 시의 뜻을 깊이 생각하고 음미한 뒤에 벼랑과 나무와 돌에 새겼다. 그리고 높은 나무 위에 올라가 떨어지려 하였다. 그때 나무의 신〔樹神〕이 그에게 물었다.

"그 시에는 어떤 공덕이 있습니까?"

"이 시는 과거 모든 부처님께서 말씀하신 것입니다. 내가 이 시를 들으려고 몸을 버리는 것은 나 하나를 위해서가 아니라 모든 중생을 이롭게 하기 위해서입니다."

그는 최후로 이런 생각을 하였다. '세상의 인색한 모든 사람들에게 내 몸을 버리는 이 광경을 보여 주고 싶다. 조그만 보시로 마음이 교만해진 사람들에게 내가 한 구절의 시를 얻기 위해 기꺼이 목숨을 버리는 것을 보여 주고 싶다.'

그는 몸을 날려 나무에서 떨어졌다. 그런데 그 몸이 땅에 닿기도 전에 나찰은 곧 제석천의 모양을 나타내어 공중에서 그를 받아 땅에 내려놓았다. 모든 천신들이 그의 발에 예배하고 그 지극한 구도(求道)의 정신과 서원(誓願)을 찬탄하였다. 『大般涅槃經 14』

4. 죽은 소에게 풀을 먹이다

그 옛날 보살은 땅이 많은 한 지주의 집에 태어나 수자타 동자(童子)라고 불리었다. 그가 성년이 되었을 때 할아버지가 돌아가셨다. 그의 아버지는 부친이 돌아가시자 슬픔에 잠겨 화장터에서 뼈를 가져다 정원에 흙탑을 세우고 그 안에 모셔 두었다. 밖에 나갈 때면 그 탑에 꽃을 올려 놓고 부친 생각을 하면서•통곡을 했다. 그는 목욕도 하지 않고 향유도 바르지 않으며 음식도 먹으려 하지 않았다. 이것을 본 수자타 동자는 아버지의 슬픔을 달래드리기 위해 어떤 좋은 방법이 없을까 곰곰이 생각했다. 어느 날 그는 들길에서 죽은 소 한 마리를 보자 문득 좋은 생각이 떠올랐다. 죽은 소 앞에 풀과 물을 갖다 놓고 '먹어 어서 먹어' 하고 말했다.

지나가던 사람들이 이 광경을 보고 수군거렸다.

"수자타는 정신이 돌았나봐. 죽은 소에게 물을 주다니."

그는 아무 대꾸도 하지 않은 채 여전히 죽은 소에게 먹으라고만 했다. 동네 사람들은 이 사실을 수자타의 아버지에게 전했다.

"당신 아들은 미쳤나 봅니다. 죽은 소에게 풀과 물을 갖다 놓고 자꾸 먹으라고 합니다."

이 말을 전해 들은 지주는 돌아가신 아버지에 대한

슬픔이 어느새 아들에게로 돌려져 곧 아들이 있는 곳으로 달려갔다.

"어떻게 된 노릇이냐? 목숨이 끊어진 소에게 풀을 먹으라고 하다니. 아무리 먹을 것과 마실 것을 주어 보아도 한번 죽은 소는 다시 일어날 수 없다. 이 어리석은 아들아."

수자타가 말했다.

"소의 머리는 그대로 있고 발과 꼬리도 그대로 있으니 소는 틀림없이 일어날 것입니다. 그러나 아버지, 할아버지는 머리도 없고 손발도 없습니다. 흙탑 앞에서 울어대는 아버지야말로 어리석지 않습니까?"

이 말을 듣자 지주는 정신이 번쩍 들었다. '내 아들은 지혜롭구나. 이 세상 일도 저 세상 일도 환히 알고 있다. 나를 깨우쳐 주기 위해 그와 같은 일을 했구나.' 이런 일이 있은 뒤부터는 아버지의 죽음을 두고 더 이상 슬퍼하지 않게 되었다. 『南傳 자타카 252』

5. 왕위를 보시하다

옛날 어떤 나라에 왕이 자비로 나라를 다스리고 백성을 잘 보살폈다. 달마다 나라 안을 두루 다닐 때에는 수레에 갖가지 보물과 의복·약품 등을 싣고 나가, 가난한 사람과 병자에게는 보물과 약을 나눠주고 죽은 사람이 있을 때에는 장례를 치러 주었다. 특히 가난한 사람을 볼 때에는 그것을 자신의 허물이라 하여 '내가 덕이 있었다면 백성들도 풍족할 것인데 내 덕이 모자란 탓으로 백성들이 가난하다. 지금 이 백성들의 가난은 곧 나의 가난이다.' 하고 자책했다.

이때 제석천은 왕의 덕행을 시험하기 위해 늙은 바라문으로 변하여 왕에게 가서 돈 천 냥을 달라고 했다. 왕은 곧 천 냥을 주었다. 그러자 바라문은 받았던 돈을 내놓으면서 이렇게 말했다.

"나는 늙었습니다. 이 돈을 남에게 빼앗길까 걱정이니 대왕님이 이것을 맡아 주십시오."

왕은 그 돈을 맡아 주었다. 제석천은 또 다른 바라문으로 변하여 왕에게 가서 왕의 덕을 찬양하고 말했다.

"나는 전생에 복을 지어 본래 귀족의 몸이었던 것이 지금은 이렇게 천민이 되었습니다. 그러므로 대왕의 그 영화를 사모하여 왕위를 얻으려고 왔습니다. 나에게 나라를 맡겨 줄 수 없겠습니까?"

왕은 선뜻 왕위를 내준 다음 처자와 함께 허름한 수레를 타고 궁전을 떠났다. 제석천은 또 다른 바라문으로 변하여 왕의 앞에 나타나 수레를 청하였다. 왕은 기꺼이 수레마저 내어주고 처자와 함께 정처없이 길을 떠났다.

제석천은 다시 맨 처음의 바라문으로 변하여 왕의 앞에 나타나 맡겨 두었던 돈 천 냥을 돌려 달라고 하였다.

"나는 나라 전체를 다른 사람에게 내어주느라고 당

신이 맡긴 돈을 깜빡 잊었습니다."

"그러면 사흘 안으로 그것을 돌려 주시오."

하고 바라문은 말했다.

왕은 아내와 아들을 어느 집에 잡히고 돈 천냥을 얻어 그 바라문에게 돌려주었다. 왕의 아내와 아들은 그 집에서 도둑의 누명을 쓰고 옥에 갇히었다가 마침내 사형을 당하여 거리에 버려졌다.

왕은 남의 집 고용살이로 돈 천 냥을 벌어 아내와 아들을 구하려고 찾아가다가 거리에서 참혹하게 죽은 그들의 시체를 보았다. 그래서 왕은 '나는 전생의 악업으로 인해 지금 이런 과보를 받는구나.'라고 생각하고 시방 세계의 모든 부처님께 전생의 자기의 죄를 참회하였다.

그런 후 왕은 마음을 안정시키고 선정에 들어 신통의 지혜로 이제까지의 모든 일들이 다 제석천의 시험임을 알았다. 그 뒤 왕은 백성들의 간청으로 다시 왕위에 나아가 나라를 잘 다스렸다. 『六度集經 1』

6. 말 많은 임금님

보살은 재상의 집에 태어나 장성한 뒤에는 왕의 스승이 되었다. 그 왕은 말하기를 몹시 좋아하였다. 그래서 왕이 말하고 있을 때에는 다른 사람은 전혀 말을 붙일 수가 없었다. 보살은 어떻게 하면 왕의 이와 같은 버릇을 고쳐 줄까 하고 궁리를 했다. 마침 그때 히

말라야산 밑에 있는 어떤 호수에 거북 한 마리가 살고 있었다. 거기에 백조 두 마리가 먹이를 찾아와 거북과 친해졌다. 하루는 백조가 거북에게 말했다.

"우리가 살던 히말라야 중턱에는 눈부신 황금 굴이 있는데 우리와 함께 가보지 않겠소?"

"내가 거기까지 어떻게 갈 수 있겠소."

"우리가 당신을 데려다 드리지요. 당신이 만약 입을 다물고 아무하고도 말을 하지 않는다면."

"입을 다물겠소. 어떻게든지 나를 그곳에 데려다 주시오."

백조는 나뭇가지 하나를 거북의 입에 물린 후 자기들은 그 양쪽 끝을 물고 하늘을 날았다. 백조가 거북을 데리고 가는 모양을 보고 동네 아이들은

"야, 거북이 백조에게 물려간다."

하고 떠들어댔다.

거북은 아이들에게 욕을 해주고 싶어졌다.

"친구가 나를 데리고 가는데 너희가 무슨 상관이냐. 이 고얀 놈들!"

거북은 말을 하고 싶어 물었던 나뭇가지를 생각없이 놓아 버리자 그만 땅에 떨어져 두 조각이 나고 말았다. 이때 백조는 빠른 속력으로 궁전 상공을 지나가던 참이었다. 왕은 궁전 뜰에 떨어져 조각난 거북을 보고 보살에게 물었다.

"스승님, 어떻게 해서 거북이 떨어져 죽었습니까?"

"거북과 백조는 서로 믿고 의지하는 사이였을 것입

니다. 백조가 거북에게 히말라야로 데려다 주겠다고 나뭇가지를 물리고 하늘을 날았을 것입니다. 그러다가 거북이 입을 다물고 있을 수 없어 무엇을 지껄이려 하다가 나뭇가지를 놓아 버린 것입니다. 너무 지나치게 말이 많은 사람은 언젠가는 이와 같이 불행을 당하는 법입니다."

그 후부터 왕은 말을 삼가게 되었다.

「南傳 자타카 215」

7. 배은망덕

부처님께서 비구들에게 말씀하셨다.

"옛날 바라나시에 대제석군(大帝釋軍)이라는 왕과 월광(月光)이라는 부인이 있었는데 부인의 꿈은 항상 잘 맞았다. 그 나라에는 언제부터인지 금빛 사슴왕이 한 마리 살고 있었다. 어느 원수진 두 사람이 강가에서 맞부딪쳤다. 그중 힘센 사람이 다른 한 사람을 붙잡아 강물 속에 던져버렸다. 그는 물에 떠내려가면서 구원을 청했다. 금빛 사슴왕은 강가에 나와 물을 마시다가 사람이 외치는 소리를 듣고 물 속에 들어가 그를 업고 헤엄쳐 나왔다. 구원을 받은 사내는 꿇어 앉아 합장하고 사슴왕에게 말하였다.

'나는 당신 덕분에 다시 살아났습니다. 나는 당신의 종이 되어 당신 은혜를 갚겠습니다.'

'내게는 종이 필요 없습니다. 다만 한 가지 부탁은

나를 보았다고 아무에게도 말하지 말아 주십시오. 그렇게 하는 것이 내 은혜를 갚는 길입니다.'

그래서 그는 사슴왕의 거처를 아무에게도 말하지 않기로 맹세하고 떠났다. 어느 날 밤 월광 부인은 꿈에 금빛 사슴을 보았다. 그리하여 왕에게 그것을 구해 달라고 간청하였다. 왕도 그 꿈이 맞는 줄 알기 때문에 온 나라에 영을 내려 누구든 금빛 사슴이 있는 곳을 알리는 사람에게는 그 상으로 오백의 촌락을 주리라 하였다. 그때 물에 빠졌던 사람은 이 말을 듣고 생각하였다. '나는 지금 가난하다. 왕에게 사슴 있는 곳을 알려 상을 탈까, 아니면 은혜를 갚기 위해 잠자코 있어야 할까?'"

부처님께서 비구들에게 말씀하셨다.

"세상 사람들은 대개 오욕락(五欲樂)에 얽혀 있으므로 한번 그 욕심에 빠지게 되면 어떤 나쁜 일이라도 저지르고 만다. 그러므로 물에 빠졌던 사람도 상금과 은혜를 갚는 일에 망설이고 있는 것이다.

그는 끝내 욕심에 끌려 은혜를 저버리고 왕에게 가서 금빛 사슴이 있는 곳을 알렸다. 왕은 곧 군사를 데리고 나가 그 금빛 사슴이 있는 곳을 둘러쌌다. 거기에는 천여 마리의 다른 사슴도 살고 있었다. 그 사슴들은 모두 놀라 흩어져 달아났다. 금빛 사슴왕은 생각하였다. '지금 내가 달아나면 군사들은 나를 찾기 위해 저 많은 사슴들을 다 잡을 것이다. 차라리 내가 죽고 그들을 살리자.'

금빛 사슴왕은 왕에게로 갔다. 물에 빠졌던 사람은 손을 들어 금빛 사슴이 저기 있다고 왕에게 알렸다."

부처님께서 비구들에게 말씀하셨다.

"중생이 만일 극단의 악업을 지을 때에는 그 과보는 이미 미래를 기다리지 않고 현재에 나타나는 법이다. 그는 은혜를 저버리고 악업을 지었기 때문에 그 사슴을 가리키던 순간 두 팔이 땅에 떨어지고 말았다.

왕이 그것을 보고 까닭을 물었을 때 그는 다음과 같이 시로 대답하였다.

'담벽을 넘어 남의 물건을 훔치는
그 사람을 일러 도둑이라 하네.
그러나 은혜 입고 갚지 않는 자
그야말로 큰 도둑이라 하리.'

그리고 그는 그 동안의 사정을 자세히 왕에게 이야기하였다. 왕은 이 말을 듣고 다음 게송으로 그를 꾸짖었다.

'은혜도 모르는 이 무정한 사람아
대지는 갈라져 왜 너를 빨아들이지 않는가.
너의 혀는 왜 백 조각으로 끊어지지 않는가.
금강신(金剛神)은 왜 철퇴로 너를 치지 않는가.
모든 귀신은 왜 너를 당장 잡아가지 않는가.
그처럼 큰 죄에 과보는 왜 이처럼 적은가.'

왕은 그 사슴이 큰 보살임을 알고 온 나라에 영을 내려 사슴을 잡지 못하게 하였다."

「根本說一切有部毘奈耶破僧事 5」

8. 원망을 원망으로 갚지 말라

옛날 장수왕(長壽王)이 있었는데 그에게는 장생(長生)이라는 아들이 있었다. 왕은 자비와 정의로 나라를 다스렸으므로 비바람이 순조롭고 오곡이 풍성하여 백성들은 태평성대를 노래했다. 그 이웃 나라의 포악한 어떤 왕은 장수왕의 이 번영을 시샘해 마침내 군사를 일으켜 쳐들어왔다. 신하들은 이 사실을 왕에게 알리고 마주 나가 싸우기를 청했다. 그러나 왕은 이렇게 말했다.

"만일 우리가 이기면 그들이 죽을 것이고 그들이 이기면 우리가 죽을 것이다. 저쪽 군사나 이쪽 군사나 다 소중한 목숨들이 아니냐. 누구나 제 몸을 소중히 여기고 목숨을 아까워하는데 내가 살기 위해 남을 죽이는 것은 어진 사람의 도리가 아니다."

왕은 이와 같이 그들을 말린 뒤 태자 장생에게 말했다.

"저 이웃 나라 왕은 우리 나라를 가지고 싶어한다. 내 신하들은 나 한 사람을 위해 선량한 백성들의 목숨을 희생시킬 것이다. 나는 차라리 이 나라를 저 왕에게 내주어 백성들의 생명과 재산을 보호하리라."

왕과 태자는 성을 빠져나와 산중으로 들어가 버렸다. 이웃 나라 왕은 이 나라를 차지하고 다시 장수왕을 잡으려고 황금 천 냥의 상금을 걸었다.

그때 장수왕은 마을 근처에 있는 나무 밑에 앉아 덧없는 인생과 허무한 세상일을 생각하고 있었다. 그때 한 늙은 바라문이 곁에 와서 보시를 청하자 왕은 이와 같이 말했다.

"나는 지금 아무것도 가진 것이 없습니다. 그러나 지금 새 임금은 나를 잡기 위해 막대한 상금을 걸었다고 합니다. 당신은 내 목을 베어 가십시오."

그러나 바라문은 차마 그럴 수 없었다. 왕이 거듭 말했다.

"이 몸은 머지 않아 썩을 것인데 어떻게 오래 보존할 수 있겠습니까. 한번 나면 반드시 죽는 법이니 누구도 영원히 살 수는 없습니다. 만일 당신이 지금 내 목을 베어 가지 않는다 할지라도 내 몸은 언젠가 한줌 흙이 되고 말 것입니다."

"당신은 자비를 베푸는 거룩한 분입니다. 어떻게 그 고귀한 생명을 버려 더러운 이 몸을 구원하려 하십니까."

그러면서 바라문은 그 곳을 떠나갔다. 왕은 그를 따라가다가 성문의 수위에게 붙잡혀 사형장으로 끌려가게 되었다. 그때 장생이 나무꾼으로 변장하고 부왕 가까이 가자 왕은 그를 알아보고 말했다.

"너는 내 마지막 교훈을 명심하라. 원한을 품어 그

재앙을 후세에 길이 남기는 것은 효자의 도리가 아니니 원한을 원한으로써 갚지 마라."

장생은 차마 아버지의 죽음을 볼 수 없어 깊은 산에 들어가 숨어 버렸다. 그 뒤 장생은 원수를 갚으려고 포악한 새 왕의 사랑받는 시종이 되었다. 그러나 왕은 그가 장생인 줄을 알지 못했다. 어느 날 그는 왕과 함께 사냥을 나갔다가 숲속에서 길을 잃고 사흘 동안을 헤매었다. 왕은 주림과 피로에 지쳐 허리에 찼던 칼을 풀어 장생에게 맡기고 그의 무릎을 베고 깊은 잠에 빠졌다. 장생은 좋은 기회라 생각하고 칼을 빼어 왕의 목을 치려 하였다. 그때 '원한을 원한으로 갚지 마라. 내 유훈을 어기면 효자가 아니다.'라고 하던 임종 때의 아버지 말씀이 문득 머리 속을 스쳐갔다. 그는 들었던 칼을 자루에 꽂았다. 이렇게 하기를 세 번 되풀이하는데 왕이 깨어났다. 장생은 엎드려 왕에게 말했다.

"저는 아버지의 원수를 찾아 헤매던 장생입니다. 아버지는 돌아가시면서 원한을 원한으로 갚지 말라고 하셨습니다. 그런데 저는 어리석게도 악을 악으로 갚으려고 하여 세 번 칼을 들었다가 그때마다 아버지의 유훈을 생각하고 칼을 버렸습니다. 길을 잃은 것도 사실은 제가 일부러 한 짓입니다. 대왕님, 저를 죽여 주십시오. 그러면 내 혼이 자리를 옮겨 다시는 이런 나쁜 생각을 내지 않을 것입니다."

이 말을 들은 왕은 속으로 깊이 뉘우쳤다.

“실로 나는 포악하여 선악을 구별하지 못했소. 당신의 아버지는 훌륭한 성인이었소. 비록 나라를 잃었지만 그 덕은 잃지 않았소. 당신은 아버지의 유훈을 잘 이어받은 뛰어난 효자요. 내 목숨은 당신 것이었으나 당신은 나를 용서하여 죽이지 않았소.”

그들은 손을 맞잡고 숲속에서 나와 왕궁으로 돌아갔다. 왕은 장생에게 나라를 돌려주고 자기 나라로 돌아갔다. 『六度集經』

9. 비둘기 대신 자기 몸을 주다

옛날 자비심이 지극한 왕이 있었다. 그는 항상 백성 대하기를 어머니가 자식을 사랑하듯이 했으며 정진력 또한 굳세었다. 그래서 언젠가는 기어코 부처님이 되리라는 큰 서원을 세우고 있었다. 어느 날 비둘기 한 마리가 비명을 지르면서 황급히 그 품속에 날아들어 온몸을 바들바들 떨었다. 그때에 뒤쫓던 매가 나뭇가지에 앉아 왕에게 말하였다.

“그 비둘기를 내게 돌려주시오. 그것은 내 저녁거리입니다.”

“네게 돌려줄 수 없다. 나는 부처가 되려고 서원을 세울 때 모든 중생을 다 구호하겠다고 결심하였다.”

“모든 중생 속에 나는 들지 않습니까? 나에게는 자비를 베풀지 않고, 더구나 내 먹이를 빼앗겠단 말입니까?”

"이것은 돌려줄 수 없다. 너는 어떤 것을 먹고 싶어 하느냐?"

"갓 죽인 날고기가 먹고 싶습니다."

왕은 속으로 생각했다.

'날고기라면 산 목숨을 죽이지 않고는 얻을 수 없다. 그렇다고 하나를 구하기 위해 다른 목숨을 죽게 할 수 있겠는가. 내 몸은 더러운 것, 오래지 않아 죽고 말 것이니 차라리 내 몸을 주자.'

왕은 선뜻 다리의 살을 베어 매에게 주었다. 그런데 매는 비둘기와 똑같은 무게의 살덩이를 요구하였다. 왕은 저울을 가져다 베어 낸 살덩이와 비둘기를 달아 보았다. 비둘기가 훨씬 무거웠다. 왕은 한쪽 다리의 살을 베어, 두 덩이를 합쳐 달게 하였다. 그러나 그것도 가벼웠다. 그리하여 두 발꿈치, 두 엉덩이 두 젖가슴의 살을 베어 달았으나 이상하게도 베어낸 살이 비둘기의 무게보다 가볍기만 했다. 마침내 왕은 자기의 온몸을 저울 위에 올려 놓으려고 하다가 힘이 다하여 쓰러지고 말았다.

그러나 왕은 매를 원망하거나 자기가 한 일에 후회하는 빛이 조금도 없이 오히려 중생의 고통을 생각했다.

'모든 중생은 다 고해(苦海)에 빠져 있다. 나는 그들을 건져 내야 한다. 이 고통도 중생들이 받는 지옥의 고통에 비하면 그 십육분의 일에도 미치지 못할 것이다.'

왕은 다시 저울로 올라가려 하였으나 또 쓰러지고 말았다. 그때 왕은 다시 맹세하여 말하였다.

"나는 살을 베고 피를 흘려도 괴로워하거나 뉘우치지 않고 일심으로 불도를 구하였다. 내 이 말이 진실이라면 내 몸은 본래대로 회복되리라."

이렇게 말했을 때 왕의 몸은 본래대로 회복되었다.

『大智度論 4』

제 7장 어리석음의 비유

1. 화 잘내는 사람

여러 사람이 방 안에 모여 어떤 사람의 덕망과 행동에 대해 이야기하고 있었다.

"그 사람의 행동은 모두 훌륭한데 두 가지 단점이 있다. 곧잘 성내지 않으면 경솔한 게 그의 흠이다."
하고 누가 말했다.

이때 그 사람이 문 밖을 지나다가 그 말을 들었다. 그는 화를 내며 방으로 뛰어들어와 그렇게 말한 사람의 멱살을 잡고 주먹질을 해댔다. 곁에 있던 사람들이 그에게 그 까닭을 물었다.

"내가 언제 성을 내고 매사에 경솔하단 말이오. 이 사람이 그렇게 터무니없는 말을 하니까 때린 것 아니오!"

한 사람이 그의 말을 받아
"지금 당신이 한 짓이 바로 성을 잘 내고 경솔하다는 증거가 아니겠소?"
하고 반문했다.

남이 자기 허물을 말할 때 원망하거나 성을 내는 것은 어리석은 일이다. 비유하면 이렇다. 술 잘 마시는 사람이 술에 취해 성격이 거칠어지고 정신이 흐려져 있다가도 남에게 비난을 듣게 되면 도리어 그를 원망하고 미워한다. 그리고 스스로 깨끗하다는 것을 내세우려고 구차한 변명을 늘어놓는다. 이런 어리석은 사람은 항상 자기 허물 듣기를 꺼리며, 남에게 비난을 들으면 화를 낸다. 『百喩經』

2. 옹기장이 대신 나귀를 사오다

옛날 한 바라문이 큰 잔치를 베풀려고 했다. 그는 제자에게 잔치에 쓸 질그릇을 마련해야겠으니 옹기장이를 한 사람 데려오라고 했다. 제자는 옹기장이 집을 찾아 나섰다. 도중에 그는 질그릇을 나귀 등에 싣고 팔러 가는 옹기장이를 만났다. 그런데 잘못하여 나귀가 질그릇을 떨어뜨리는 바람에 그릇이 모두 깨어지고 말았다. 그 옹기장이는 울면서 어쩔 바를 몰랐다. 이런 광경을 지켜보던 바라문의 제자는 그에게 물었다.

"왜 그렇게 슬퍼하십니까?"

"오랜 고생 끝에 그릇을 만들어 장에 내다 팔려고 가는 길인데 이 못된 나귀 때문에 모두 깨어졌으니 이를 어떻게 합니까?"

제자는 그 말을 듣고 이렇게 말했다.

"이 나귀야말로 참으로 훌륭합니다. 오랜 시간이 걸려 만든 그릇을 잠깐 사이에 모두 깨뜨려 버리니 그 솜씨가 대단하지 않습니까. 내가 그 나귀를 사겠습니다.”

옹기장이는 기뻐하며 나귀를 팔았다. 제자는 그 나귀를 타고 돌아왔다. 그를 본 스승은 제자에게 물었다.

“옹기장이는 데려오지 않고 웬 나귀를 끌고 오느냐?”

“옹기장이보다 나귀가 더 필요합니다. 옹기장이가 오랜 시간을 들여 만든 질그릇을 나귀는 잠깐 동안에 모두 깨뜨려 버립니다.”

그때 스승은 이렇게 말했다.

“너는 미련하고 지혜란 조금도 없구나. 이 나귀는 깨뜨리는 일은 잘할지 모르나 백 년이 걸려도 그릇 하나 만들지는 못한다.”

세상에 은혜를 모르는 무지한 사람들도 그와 같다. 오랫동안 남의 은혜를 입고서도 그것을 갚을 줄은 모른다. 뿐만 아니라 손해만 끼치고 조금도 이익을 주지 못한다. 은혜를 배반하는 사람이 이 비유와 무엇이 다르랴. 「百喩經」

3. 물이 보기 싫거든 물가를 떠나라

옛날 어떤 사람이 길을 가다가 몹시 목이 말랐다. 때마침 그는 맑은 물이 흐르고 있는 나무 홈통을 발견하고 정신없이 물을 마셨다. 실컷 마시고 난 그는

“물아, 이제는 더 흐르지 마라.”

하고 나무 홈통을 향해 말했다. 그러나 물은 여전히 흘러 나왔다. 그는 다시

"싫도록 마셨으니 더 흐르지 말라는데 왜 멈추지 않느냐?"

하고 화를 냈다. 어떤 사람이 그 광경을 보고

"당신은 참 어리석구려. 당신이 이곳을 떠나면 될텐데 흐르는 물을 보고 성화를 내야 무슨 소용이 있겠소."

하며 그를 다른 곳으로 데려갔다.

어리석은 사람도 이와 같다. 세상 온갖 것에 집착하고 갈망하여 오욕락(五欲樂)의 단물을 마시다가 그 쾌락에 싫증이 나면 물을 실컷 마시고 난 사람처럼 이렇게 말하는 것이다.

"너희 빛과 소리와 냄새와 맛나는 것은 다시 내 눈에 띄지도 마라."

그러나 그 다섯 가지 욕락은 끊임없이 앞에 나타난다. 그는 다시

"빨리 사라져 내 눈에 띄지 말라 했는데 왜 다시 나타나느냐?"

하고 화를 낸다. 이때 지혜로운 사람은 그것을 보고 이렇게 말한다.

"당신이 그것들로부터 떠나고 싶으면 당신의 여섯 감관을 거두고 그 마음을 닫아 망상을 내지 마십시오. 그렇게 하면 곧 해탈을 얻을 것입니다. 그런데 그것을 보지 않는 것을 가지고 그들이 생기지 않는 것으로 여

긴다면 잘못된 생각입니다."

그것은 물을 마신 어리석은 사람과 조금도 다를 것이 없다. 『百喩經』

4. 연주의 대가를 못 받은 악사

어느 악사가 왕 앞에서 음악을 연주하게 되었다. 왕은 그에게 연주의 대가로 돈 천 냥을 주겠다고 약속했다. 연주를 마치자 악사는 왕 앞에 나아가 그 대가를 요구했다. 그러자 왕은 돈을 주기는커녕 도리어 이렇게 말하는 것이었다.

"네가 연주한 음악은 내 귀를 즐겁게 했다. 그런데 그것은 네 귀도 즐겁게 해주었을 것이다. 그러니 너도 돈을 내놓아라."

인간의 세계에서나 천상에서 조그마한 즐거움은 받을 수 있다. 그러나 그것은 실체가 없어 덧없이 소멸하는 것이다. 또한 그것들은 오래 지속되지 못하니 마치 음악소리가 허무한 것과 같다. 『百喩經』

5. 누각의 삼층만 지으려는 부자

옛날에 미련하여 아는 것이라곤 아무것도 없는 어리석은 부자가 있었다. 어느 날 그는 이웃 부잣집에 갔다가 삼층 누각을 구경하게 되었다. 그것은 웅장하고 화려할 뿐 아니라, 넓고 높아 시원스럽게 보였다. 어리석은 부자는 무척 부러워하며 이렇게 생각했다. '내 재산도 저 사람 것만 못하지 않다. 아직까지 나는 왜 이런 누각을 짓지 않았을까?' 그는 곧 목수를 불렀다.

"저 누각처럼 거대하고 웅장한 누각을 지을 수 있겠소?"

"저 집은 내가 지은 것입니다."

"그러면 곧 저런 누각을 지어 주시오."

목수는 곧 땅을 고르고 벽돌을 쌓아 누각을 짓기 시작했다. 벽돌을 쌓아 짓는 것을 지켜보던 부자는 의심이 나서 목수에게 물었다.

"어떤 집을 지으려는 것이오?"

"삼층 누각을 짓는 중입니다."

그때 이 부자는 이렇게 말했다.

"나는 아래 두 층은 필요 없으니 맨 위층만 지어 주시오."

"어떻게 그럴 수가 있습니까. 아래층을 짓지 않고 어떻게 이층을 지으며 이층을 짓지 않고 어떻게 삼층을 지을 수 있단 말입니까. 나는 그런 집은 짓지 못합니다."

하고 목수는 그만 떠나버렸다. 사람들은 이 말을 듣고 모두 그 부자의 어리석음을 비웃었다.

이는 마치 삼보를 공경하지 않고 게으름을 피우며 놀기만 하다가 도(道)의 결과를 구하는 것과 같다. 이러한 사람이 세상의 비웃음을 받는 것은 누각의 삼층만을 지으려는 어리석은 부자의 경우와 다를 것이 없다. 『百喩經』

6. 가난한 아이의 욕심

어떤 가난한 아이가 있었다. 그는 어느 날 큰 부자를 보자 그 부자처럼 많은 재산을 갖고 싶어했다. 그러나 뜻대로 되지 않자 아이는 홧김에 자신이 지녔던 조그만 재물마저 물 속에 던져 버리려 했다. 그것을 본 한 사람이 아이에게 타일렀다.

"너는 아직 나이도 어려 앞길이 창창한데 왜 그것을 물 속에 버리려 하느냐? 그 재물이 비록 적긴 하지만 네가 노력한다면 늘릴 수도 있지 않겠느냐."

어리석은 사람도 그와 같다. 집을 갓 떠나 진리를 조금 터득했을 때, 그들은 깊은 진리를 얻어 덕이 높은 사람들을 보고 부러워한다. 나이가 많고 덕이 있으며 또 아는 것이 많은 사람이 여러 사람들로부터 공양받는 것을 보고 그와 같이 되기를 바란다. 그러나 쉽사리 그렇게 되지 않을 때 마음 속으로 괴로워하고 끝내는 그만 수행하기를 포기하려고까지 생각한다. 그것은 마치 어리석은 아이가 노력도 없이 하루 아침에 부자가 되기를 바라다가 자신의 재물마저 버리려는 것과 같다. 『百喩經』

7. 귀한 목재로 숯을 굽다

옛날 한 부자의 아들이 있었다. 그는 바닷가에 놀러 나갔다가 오랫동안 물 속에 잠겨 있던 목재를 하나 건져 수레에 싣고 집으로 돌아왔다. 그는 목재를 내다팔 양으로 그것을 다시 장으로 가지고 갔다. 그러나 아주 귀한 목재여서 값이 비싸기 때문에 사려는 사람이 아무도 없었다. 여러 날이 지나도록 팔리지 않게 되자 그는 걱정이 되었다. 마침 옆에는 숯을 파는 사람이 있었는데 숯은 잘 팔렸다. 이것을 본 부자의 아들은 목재로 숯을 구워 어서 제 값을 받는 것이 낫겠다고 생각했다. 그는 목재를 태워 숯을 만들어 내다 놓았다. 그러나 그는 나무의 절반 값도 받지 못했다.

어리석은 사람도 그와 같다. 여러 가지 방편으로 부지런히 정진하여 깨달음을 얻으려다 그것이 얻기 어려워지면 물러난다. '차라리 소승(小乘)의 결과를 얻는 것이 낫겠다'고 생각하는 것이다. 『百喩經』

8. 나귀의 젖을 짜려는 사람들

옛날 어떤 시골에 나귀를 구경조차 한 일이 없는 사람들이 살았다. 그러나 나귀의 젖이 매우 맛이 좋다는 말은 어디서 듣고 그것을 몹시 먹고 싶어했다. 어느 날 그들은 숫나귀 한 마리를 얻게 되었다. 그들은 젖을 짜려고 서로 다투어 나귀를 붙잡았다. 어떤 사람은 머리를 붙잡고, 어떤 사람은 귀를 붙잡으며, 더러는 꼬리나 다리를 붙잡기도 했다. 서로 먼저 젖을 짜 마시려고 법석을 떨고 있을 때 별안간 한 사람이 나귀의 생식기를 움켜잡고 '이것이 젖이다'고 소리를 질렀다. 그러자 모두들 생식기에 달라붙어 젖을 짜려 했으나 헛수고였다. 그래서 그들은 세상 사람들로부터 비웃음을 샀다.

이교도의 범부들도 그와 같다. 진리라는 말을 듣기는 했어도 그것을 얻을 수 있는 곳에 가서 찾지 않고 허망하고 잡된 생각을 내거나 잘못된 견해를 내어 일부러 발가벗거나 굶주리거나 혹은 높은 벼랑에서 몸을 던지기도 한다. 결국 잘못된 생각 때문에 나쁜 길에 떨어지고 만다. 그것은 어리석은 사람들이 엉뚱한 곳에서 젖을 얻으려는 것과 같다. 「百喩經」

9. 과일을 따려고 나무를 베다

어떤 나라의 궁전 뜰에 과일나무 한 그루가 있었다. 나무는 키가 크고 잎이 무성하여 얼마 안 있으면 향기롭고 맛있는 열매가 많이 맺힐 것 같았다. 왕은 그 나무 아래서 한 신하를 만나

"앞으로 이 나무에 맛있는 열매가 많이 열릴 텐데 그대는 그것을 먹지 않겠는가?"

하고 물었다. 신하는 왕에게

"이 나무는 너무 높고 커서 먹고 싶어도 열매를 딸 수 없을 것 같습니다."
하고 대답했다. 왕이 안으로 들어간 뒤 신하는 열매를 따기 쉽도록 나무를 베어 버렸다. 열매가 맺히기는 고사하고 나무가 말라 죽게 되자 그는 다시 나무를 세워 놓았지만 헛수고였다.

수행하는 사람들도 그와 같다. 법의 왕이신 부처님께는 계율의 나무가 있어 훌륭한 열매를 맺는다. 그 열매를 먹으려면 반드시 계율을 지키고 온갖 공덕을 쌓아야 한다. 그러나 그 방법을 몰라 도리어 계율을 비방한다. 그것은 마치 나무를 베어 버린 다음 다시 살리려고 하는 것과 같다. 「百喩經」

10. 재산은 놓아 두고 문만 지키다

어떤 사람이 먼 곳으로 여행을 떠나려 했다. 그는 하인에게 문단속 잘하고 나귀와 밧줄을 잘 살필 것을 당부한 다음 집을 나섰다. 주인이 떠난 후 이웃집에서 한 친구가 광대놀이를 구경가자고 그를 부르러 왔다. 그는 밧줄로 나귀를 묶어 문에 매어 두고는 친구와 함께 밖으로 나갔다. 그가 나간 후 곧 그 집에 도둑이 들어와 값진 물건들을 모두 훔쳐 달아났다. 주인이 돌아와 하인에게 물었다.

"집안의 값진 물건들을 모두 어떻게 했느냐?"

"주인께서는 제게 문과 나귀와 밧줄만을 부탁했을

뿐입니다. 그 밖에 다른 것은 제 알 바가 아닙니다." 하고 태연하게 주인을 쳐다보았다. 주인은 어리석은 하인을 꾸짖고 나서 말했다.

"너에게 문단속을 잘하라고 한 것은 바로 값진 물건들 때문이었다. 이제 그것들을 모두 잃어 문은 아무 쓸모가 없게 되었으니, 너도 이 집에서 쓸모가 없게 됐구나."

태어나면 반드시 죽게 마련인 인간이 애욕의 노예가 되는 것도 이와 같다. 부처님은 항상 '감관의 문을 잘 단속하여 대상에 집착하지 말고 무명(無明)의 나귀와 애욕의 밧줄을 잘 지키라'고 훈계하였다. 그런데 어떤 비구들은 부처님의 교훈을 받들지 않고 이익만을 구하고 거짓 청빈을 꾸미어 고요한 곳에 앉아 있지만 마음은 산란하여 오욕락(五欲樂)에 빠져 있다. 즉 형체와 소리와 냄새와 맛과 촉감에 현혹되고 마음은 무명에 덮여 있는 것이다. 그래서 바른 생각과 깨달음의 재물을 모두 잃고 만다. 『百喩經』

11. 참깨를 볶아 심다

한 어리석은 사람이 있었다. 그는 날 깨만을 먹다가 우연히 볶은 깨를 먹게 되었다. 퍽 고소하고 맛이 좋았다. 그래서 그는 '깨를 아예 볶아서 심으면 뒷날 맛있는 깨를 거둘 수 있겠구나.' 하고 깨를 볶아 밭에 뿌렸다. 그러나 볶은 깨에서 움이 틀 리가 없었다.

수행하는 사람들도 그러하다. 오랜 세월 부처의 경지에 이르려고 괴로운 수행을 하다가 그것이 고통스러우면 '차라리 소승(小乘)의 길을 닦는 것이 더 쉽겠다.'고 생각한다. 그리하여 처음의 큰 바람은 그 결실을 원만하게 이루지 못하고 만다. 그것은 마치 볶은 깨에서 움이 트지 않는 것과 같다. 「百喩經」

12. 머리를 끌고 가는 꼬리

뱀 한 마리가 살고 있었다. 어느 날 뱀의 꼬리가 머리에게 말했다.

"이제부터 내가 앞서가야겠다."

그러나 머리는

"언제나 내가 앞서갔는데 이제 와서 갑자기 무슨 소리냐?"

라고 하면서 여전히 앞서갔다. 그러자 꼬리는 심술이 나서 그만 나무를 칭칭 감아 버렸다. 머리는 더 이상 앞으로 나갈 수 없게 되었다. 머리는 하는 수 없이 꼬리를 앞세워 가게 되었다. 그러나 꼬리는 길을 잘못 들어 불구덩이에 떨어져 뱀은 타죽고 말았다.

스승과 제자도 이와 같다. 제자는 '스승들은 연로하다는 이유로 항상 앞에 서 있다. 그러나 우리는 젊다. 우리가 길잡이가 되어야 한다.'고 말한다. 계율에 익숙지 못한 젊은이들은 항상 계율을 범하다가 서로를 이끌고 지옥에 떨어지기 쉽다. 「百喩經」

13. 떡 한 개로 입을 봉한 부부

고집들이 센 한 부부가 있었다. 하루는 그들에게 떡 세 개가 생겼다. 부부는 떡 한 개씩을 나누어 먹고 나서 한 개를 서로 더 먹겠다고 입씨름을 벌였다. 그러다 끝까지 말을 하지 않는 사람이 떡을 먹기로 했다. 떡 한 개 때문에 종일 아무도 입을 열지 않았다.

밤이 되자 그 집에 도둑이 들었다. 도둑은 방 안으로 들어와 물건을 훔쳐갔다. 그러나 부부는 입을 봉한 채 도둑이 하는 거동만 빤히 쳐다보고 있었다. 도둑은 그들 부부를 이상하게 여기면서도 아무 말도 없는 데 용기를 얻어 그 부인을 범하려 했다. 그래도 남편은 말이 없었다. 참다 못한 아내가

"도둑이야!"

하고 고함을 치며 남편에게 대들었다.

"미련한 사내, 그래 떡 한 개 때문에 자기 아내를 범하려는 것을 보고도 가만히 있단 말이오?"

그러자 남편은

"떡은 내 것이야!"

하고 비로소 입을 열었다. 사람들은 이 말을 듣고 모두 비웃었다.

범부들도 그와 같다. 조그만 명성이나 이익을 위해 큰 손해를 보면서도 잠자코 있다. 온갖 번뇌와 악한 도둑의 침범으로 좋은 법을 잃고 악도에 떨어진다 해

도, 그것을 두려워하기는커녕 출세의 길만 구한다. 그리고 오욕락에 빠져 큰 고통을 당하더라도 재난이라 생각하지 않는다. 그것은 저 어리석은 부부와 다름이 없다. 『百喩經』

14. 입을 걷어차다

옛날 부자가 한 사람 있었다. 곁의 사람들은 그의 환심을 사려고 그에게 온갖 아첨을 다 떨었다. 심지어 그 부자가 가래침을 뱉으면 그의 시종들은 달려가 그것을 밟아 문지르는 일까지도 서슴지 않았다. 어떤 미련한 시종 한 사람이 자기도 그렇게 하여 그의 눈에 들고자 했으나 차례가 돌아오지 않자 이렇게 생각했다. '그가 침을 뱉을 때마다 나보다 날쌘 사람들이 먼저 달려가 그것을 밟아 버릴 테니, 나는 그가 침을 뱉으려 할 때 얼른 밟아 버려야겠다.'

그때 마침 부자가 가래침을 뱉으려 했다. 미련한 그 시종은 얼른 발을 들어 부자의 입을 걷어차버렸다. 부자의 입술이 터지고 이가 부러졌다. 부자는 화를 벌컥 내며 그를 꾸짖었다.

"너 이놈, 어찌 감히 내 입을 차느냐?"

어리석은 시종은 대답했다.

"만일 주인 어른의 침이 입에서 나와 땅에 떨어지면, 곁에 사람들이 얼른 밟아 버리기 때문에 제게는 차례가 오지 않습니다. 그래서 침이 입에서 나오려 할 때 먼저 밟으려고 했던 것이 그만 그렇게 되었습니다."

어떤 일이든 그 때가 있는 법이다. 때가 채 이르기도 전에 억지로 애를 쓰면 도리어 화를 당한다. 사람들은 제때와 제때 아님을 잘 살펴 알아야 한다.

『百喩經』

15. 한꺼번에 짜려던 우유

한 어리석은 사람이 있었다. 그는 잔칫날을 앞두고 그날 손님들에게 대접할 우유를 짜 모으다가 문득 이렇게 생각했다. '날마다 우유를 짜 모으면 저장할 곳도 마땅치 않고 맛도 덜할 것이다. 그러니 아예 소 뱃속에 우유가 고이도록 놓아 두었다가 한꺼번에 짜는 것이 좋겠다.'

그래서 그는 새끼소마저 따로 떼어 매두었다. 그렇게 한 달이 지나 잔칫날이 돌아왔다.

그는 소를 끌고와 젖을 짜려 했다. 그러나 젖은 계속해서 짜내지 않았기 때문에 아무리 짜도 나오지 않았다. 잔치에 온 손님들은 그 사정을 듣고 모두 그를 비웃었다.

어리석은 사람도 그와 같다. 그는 보시를 하려다 말고 '재산이 많이 모이면 그때 한꺼번에 보시하리라'고 생각한다. 그러나 재산은 많이 모이기도 전에 수재, 화재, 혹은 관청이나 도둑의 약탈로 인해 잃어버릴 염려가 있다. 또는 갑자기 목숨을 잃어 알맞는 시기에 보시하지 못하게 되는 경우도 생긴다. 그것은 앞의 비유와 다를 바 없다. 『百喩經』

16. 물 속에 비친 금덩이

어떤 사람이 물가에 갔더니 물 속에 금덩이가 보였다. 그는 물 속에 들어가 금을 찾으려 했다. 진흙을 헤치며 금을 찾아보았으나 금은 나오지 않았다. 그는 물 밖으로 나왔다. 흐려진 물이 맑아지자 또 그 금덩이가 보였다. 다시 물에 뛰어들어가 그것을 찾았으나 역시 찾지 못했다. 이렇게 하기를 여러 번 거듭하자 그는 지쳐 쓰러질 것 같았다.

이때 그의 아버지가 아들을 찾아 나왔다가 그런 꼴을 하고 있는 아들을 보았다. 아버지는 "왜 그토록 지쳐 있느냐?"고 물었다. "물 속에 금이 있길래 들어가 건지려 했지만 찾지 못하고 이렇게 몸만 지쳤습니다." 그 말을 들은 아버지는 물 속을 들여다보고 그것이 나무 위에 금덩이가 있어 물 속에 비친 것임을 알았다. 그는 아들에게 "저것은 새가 금을 물고 가다 나무 위에 둔 것일 게다." 하고 말해 주었다. 그들은 나무 위의 금을 내려와 집으로 가지고 갔다.

어리석은 범부들도 그와 같다. 이 육체 속에 내가 있는 줄 알고 아무리 찾아보아도 찾을 수 없는 것이다. 『百喩經』

17. 거울 속의 사람

몹시 가난한 사람이 있었다. 항상 곤궁해서 남의 빚만 잔뜩 짊어진 채 갚지를 못했다.

그는 고향을 떠나 아무도 모르는 곳으로 도망쳤다. 도중에 그는 겉이 거울로 덮여 있는 한 보물상자를 발견했다. 그는 기뻐하여 상자를 열려 했다. 그때 거울 속에서 웬 사람이 자기를 마주 보고 있었다. 그는 놀라서 얼른 합장을 하고 이렇게 말했다.

"나는 이 상자 속에는 아무것도 없는 줄 알았습니다. 당신이 이 속에 있을 줄은 정말 모르고 그랬으니 제발 용서해 주십시오."

범부들도 그와 같다. 한없는 번뇌의 시달림을 받고 생사의 마왕(魔王)에게 핍박을 당하다가 그것을 피해 바른 가르침 안에 들어온다. 그들은 좋은 법을 닦아 행하고 여러 가지 공덕을 쌓으려 한다. 그러나 보물상자의 거울 속에서 자신의 얼굴을 보고 남으로 착각하는 바보처럼 '나'가 있다고 쓸데없는 생각을 낸다. '나'에 집착하여 그것을 실재하는 것이라고 생각하고 타락의 길에 빠지는 것이다. 그것은 어리석은 자가 거울 속에 비친 자신에게 보물상자를 버리듯, 나라는 관념에 집착하기 때문에 온갖 공덕을 잃어버리는 것과 같다.

『百喩經』

제 8 장 효행(孝行)

1. 번뇌의 업과 악행

어느 때 부처님께서는 라자가하의 영축산에 계셨다. 아침이 되어 가사를 입고 바리를 들고, 걸식하러 성 안으로 들어가셨다. 성 안에 사는 한 장자(長子)[1]의 아들 싱갈라가 못에서 목욕하고 언덕에 올라와 몸을 말린 뒤 동·서·남·북·상·하의 여섯 군데를 향해 예배하고 있었다. 부처님께서 그것을 보고 말씀하셨다.

"너는 무엇 때문에 육방(六方)의 여섯 군데를 향해 예배하느냐?"

싱갈라는 부처님께 대답했다.

"저의 아버지가 임종하실 때 '너는 무엇에나 예배하고 싶거든 먼저 동·서·남·북·상·하의 여섯 군데를 향해 예배하라'고 유언하셨습니다. 저는 아버지의 유언을 듣고 감히 어길 수 없어 이렇게 예배하는 것입니다."

부처님께서 싱갈라에게 말씀하셨다.

"거기에는 방위(方位)의 이름만 있을 뿐이다. 그러

---

1) 인도에서 덕망이 높고 재산이 많은 노인을 높여 부르는 말.

나 우리 성현의 법에는 그런 육방의 예배로써 으뜸을 삼지 않는다.”

장자의 아들은 부처님께 여쭈었다.

“그 성현의 법 안에서 육방에 예배하는 법을 가르쳐 주십시오.”

부처님께서 말씀하셨다.

“이제 너를 위해 설명하겠으니 자세히 듣고 잘 명심하여라. 네 가지 번뇌의 업과 네 가지 악행(惡行)과 또 여섯 가지 재산을 없애는 일이 있다. 이런 나쁜 일을 하지 않고 육방에 예배하면 이 세상에서도 잘 살고 후생에 가서도 좋은 과보를 얻을 것이다.

네 가지 번뇌의 업이란 살생과 도둑질과 음행과 거짓말이다. 또 네 가지 나쁜 행위란 탐욕과 성냄과 두려워함과 어리석음이다. 이와 같은 번뇌의 업과 악행을 행하면 큰 불행이 있을 것이다.

또 재산을 없애는 여섯 가지 일이란 술에 취하고 도박하며 방탕하고 풍류에 빠지며 나쁜 벗과 어울리고 게으름에 빠지는 일이다. 이런 악행을 떠난 뒤에 육방에 예배하면 이 세상이나 다음 세상에서 항상 안락할 것이다.

술을 마시는 데에는 다음 같은 허물이 있다. 재산을 소비하게 되고 병이 생기고 잘 다투고 나쁜 이름이 퍼지며 분노가 폭발하고 지혜가 날로 없어지는 것이다. 그러므로 술을 마시지 말아야 한다.

도박에도 다음과 같은 허물이 있다. 재산이 날로 줄

어들고 도박에 이기더라도 원한이 생기며, 지혜로운 사람이 타일러도 듣지 않고 사람들이 그를 멀리하며 도둑질할 마음이 생기는 것이다. 그러므로 도박을 해서는 안 된다.

방탕에도 다음 같은 허물이 있다. 몸을 보호하지 못하며, 자손을 보호하지 못하고 항상 놀라고 두려워하게 되며, 온갖 괴롭고 나쁜 일이 몸을 얽어매고 허망하다는 생각을 잘 내게 되는 것이다. 그러므로 방탕하지 말아야 한다.

나쁜 벗과 어울리는 데에도 다음과 같은 허물이 있다. 남을 속일 꾀를 내고 으슥한 곳을 좋아하며, 남의 여자를 유혹하고 남의 물건을 훔치며 재물을 독차지하려 하고 남의 허물 드러내기를 좋아하는 것이다. 그러므로 나쁜 벗과 어울리지 말아야 한다.

게으름에도 다음과 같은 허물이 있다. 부자면 부자라고 해서, 가난하면 가난하다고 해서 일하기 싫어한다. 추울 때는 춥다고 해서, 더울 때는 덥다고 해서 일하기 싫어한다. 시간이 이르면 이르다고 해서, 시간이 늦으면 늦었다고 해서 일하기 싫어하는 것이다. 그러므로 부디 게으르지 말아야 한다.

그 대신 가까이해야 할 벗이 있다. 그는 너에게 많은 이익을 주고 많은 사람들을 보살펴 준다. 잘못을 말리고 사랑하고 가엾이 여기며, 남을 이롭게 하고 사업을 같이 하는 벗이다. 그러므로 그런 이는 친해야 한다."

『六方禮經』

2. 대인 관계

부처님께서 다시 말씀하셨다.

"육방이란 어떤 것인지 알아야 한다. 동쪽은 부모요, 남쪽은 스승이며, 서쪽은 아내요, 북쪽은 친족이며, 아래쪽은 종이요, 위쪽은 덕이 높은 사문과 바라문이다.

사람으로 태어났으면 다음 같은 일로 부모에게 효도해야 한다. 부모를 잘 받들어 아쉬움이 없게 하고, 할 일이 있으면 먼저 부모에게 알리며, 부모가 하시는 일에 순종하여 거스르지 않고 부모의 당부를 어기지 않으며, 부모가 경영하는 바른 사업을 계승하여 끊어지지 않게 하는 것이다. 자식이 부모를 받들어 효도로 섬기면 부모는 편안하여 아무 걱정이 없을 것이다.

또 부모는 다음과 같이 자식을 사랑해야 한다. 자식을 타일러 나쁜 일을 하지 못하게 하고 좋은 일을 가르쳐 주며, 사랑이 그 골수에 사무치도록 하고 좋은 곳에 결혼시키며, 수시로 필요한 물건을 대어주어야 한다.

제자가 스승을 받들어 공경하는 데에도 다음과 같은 일이 있다. 필요한 물건을 대어드리고 예배 공양하며 존경하여 우러러 받들고, 가르침이 있을 때는 순종하여 어기지 않으며 들은 법은 잘 지녀 잊지 않아야 한다. 제자가 스승을 공경하고 받들면 스승은 편안하여 아무 걱정이 없을 것이다.

또 스승은 다음 같은 일로 제자를 지도하여야 한다. 법을 따라 다루고 모르는 것을 가르쳐 주며, 묻는 것에 대답하여 잘 이해하도록 하고, 좋은 벗을 알선해 주며 아는 것은 아끼지 않고 모두 가르쳐 주어야 한다.

남편이 아내를 위하는 데에도 다음 같은 일이 있다. 예절로써 대하고 위신은 지키며, 항상 의복과 음식을 넉넉히 대어 주고 집안 일을 믿고 맡겨야 한다.

또 아내는 다음 일로 남편을 공경하여야 한다. 항상 먼저 일어나고 뒤에 앉으며, 말을 부드럽게 하고 잘 순종하며, 남편의 뜻을 먼저 알아 받들어 행해야 한다. 아내가 이와 같이 남편을 받들어 공경하면 남편은 편안하여 아무 걱정이 없을 것이다.

그리고 누구나 다음 같은 일로 친족을 가까이하고 공경하여야 한다. 물건을 나누어 쓰고 말을 인자하게 하며, 이익을 주고 이익을 같이하여 속이지 않아야 한다. 이와 같이 친족을 공경하고 가까이하면 친족은 편안하여 아무 걱정이 없을 것이다.

주인은 고용인에 대하여 다음과 같은 일을 가르쳐야 한다. 능력에 따라 일을 시키고, 항상 음식을 대어 주며, 수시로 노력의 대가를 치러 주고, 병이 나면 치료해 주며 가르쳐 주어야 한다.

또 고용인은 다음 같은 일로 주인을 받들어 섬겨야 한다. 일찍 일어나고 일을 정성껏 해야 하며, 주지 않는 것을 가지지 않고 순서대로 일을 하며, 주인의 이름을 칭송하여 드날리는 것이다. 고용인이 이와 같이 주인을 섬기면 주인은 편안하여 아무 걱정이 없을 것이다.

시주는 항상 다음 같은 일로 사문이나 바라문을 받들어 공경해야 한다. 행동이 친절하고 말이 인자하며, 마음이 자비스럽고 때를 맞추어 보시하고 문을 잠그지 않는다. 시주가 이와 같이 사문이나 바라문을 받들면 그들은 편안하여 아무 걱정이 없을 것이다.

또 사문이나 바라문은 다음 같은 일로 시주를 가르쳐야 한다. 그들을 보호하여 나쁜 일을 저지르지 않게 하고, 좋은 것을 가르쳐 착한 마음을 가지게 하고, 듣지 못한 것을 듣게 하며, 이미 들은 것은 잘 이해하게 하고, 천상에 나는 길을 알려 주는 일이다."

부처님께서 이와 같이 말씀하시니 장자의 아들 싱갈라는 이렇게 여쭈었다.

"부처님, 부처님의 말씀은 저로서는 상상도 할 수 없었던 것입니다. 아버지의 교훈과는 비교할 수도 없습니다. 넘어진 자를 일으켜 주고, 닫힌 마음을 열어 주시며, 미혹한 이를 깨닫게 하셨습니다. 그리고 어두운 밤에 등불을 켜시고 눈있는 사람은 보게 하셨습니다. 부처님께서는 무수한 방편으로 미혹한 자를 깨닫게 하시고 맑고 깨끗한 이치를 드러내셨습니다. 그러므로 저는 오늘부터 부처님과 부처님의 법과 승단에 귀의하겠습니다. 저로 하여금 그 바른 법 안에서 신도가 되게 해 주십시오. 그러면 저는 목숨을 마칠 때까지 살생하지 않고 도둑질하지 않으며, 사음하지 않고, 거짓말하지 않으며, 술을 마시지 않겠습니다."

「六方禮經」

3. 어진 아내의 길

사밧티의 부호 급고독 장자(給孤獨長者)는 권력과 재산이 많은 집안의 딸 옥야(玉耶)를 며느리로 맞았다. 그 여자는 뛰어나게 미인이었다. 그러나 친정의 지체와 자기의 미모를 믿고 교만하여 시부모와 남편을 제대로 섬기려 하지 않았다. 아내로서의 부덕과 예절이 없는 것을 보고 걱정하던 장자는 부처님을 청해 며느리를 교화시키기로 하였다. 초대를 받고 장자의 집을 찾아간 부처님은 옥야에게 말씀하셨다.

"여자는 무엇보다 단정해야 하오. 단정하다는 것은 얼굴이나 몸매나 의복 등 겉모양만을 가리키는 것이 아니라, 그릇된 태도를 버리고 마음을 한결같이 공손하게 가지는 일이오."

옥야가 속으로 자기 허물을 뉘우치며 묵묵히 있는 것을 보고 부처님은 말을 이으셨다.

"세상에는 일곱 종류의 아내가 있소. 어머니 같은 아내, 누이 같은 아내, 친구 같은 아내, 며느리 같은 아내, 종 같은 아내, 원수 같은 아내, 도둑 같은 아내 등이오.

첫째, 어머니와 같은 아내란 남편을 아끼고 생각하기를 어머니가 자식을 생각하듯 하는 것이오. 밤낮으로 모시고 그 곁을 떠나지 않고 때에 맞추어 먹을 것을 차리며, 남편이 밖에 나갈 때에는 남들에게 흉잡히지 않도록 마음을 쓰는 것이오.

둘째, 누이 같은 아내란 남편을 받들어 섬기기를 한 부모에게서 혈육을 나눈 형제와 같이 하는 아내요. 그러므로 거기에는 두 가지 정이 있을 수 없으며, 누이가 오라비를 받들어 섬기듯 하는 것이오.

셋째, 친구와 같은 아내란 남편을 모시고 사랑하는 생각이 지극해서 서로 의지하고 사모하여 떠나지 않소. 어떤 비밀한 일도 서로 알리며 잘못을 보면 충고를 하여 실수가 없게 하고, 좋은 일에는 칭찬하여 지혜가 더욱 밝아지도록 하오. 서로 사랑하여 이 세상에서 편안히 지내게 하기를 어진 벗과 같이 하는 아내요.

넷째, 며느리와 같은 아내란 공경과 정성을 다해 어른을 받들고 겸손과 순종으로 남편을 섬기며, 일찍 일어나고 늦게 자며 어긋나는 말과 행동을 하지 않소. 좋은 일이 있으면 다른 사람에게 돌리고 궂은 일에는 자기가 나서서 책임을 지오. 남에게 베풀기를 가르치고 착하게 살기를 서로 권하며, 마음이 단정하고 뜻이 한결같아 조금도 그릇됨이 없소. 아내의 예절을 밝게 익혀 손색이 없으니 나아가도 예의에 어긋나지 않고 물러나도 예의를 잃지 않으며, 오로지 화목으로써 귀함을 삼으니 이것이 며느리 같은 아내인 것이오.

다섯째, 종과 같은 아내란 항상 어려워하고 조심하여 교만하지 않고 일에 부지런하여 피하거나 꺼리는 것이 없으며, 공손하고 정성스러워 충성과 효도를 끝까지 지키오. 말은 부드럽고 성질은 온화하며 입으로는 거칠거나 간사한 말을 하지 않고, 몸으로는 방종한 행동을 하지 않소. 정숙하고 선량하고 슬기로우며, 항상 스스로 엄하게 단속하여 예의로 몸가짐을 삼소. 남편이 사랑해도 교만을 부리지 않고, 설사 박대를 할지라도 원망함이 없이 묵묵히 받아들여 딴 생각을 품지 않소. 남편이 즐기는 것을 권하고 말이나 얼굴빛에 질투가 없으며, 오해를 받더라도 그것을 밝히려고 다투지 않소. 아내의 예절을 힘써 닦아 옷과 음식을 가리지 않고 다만 공경하고 정성을 기울일 뿐, 남편을 공경하고 받들기를 마치 종이 상전을 섬기듯 하는 것이니 이것이 종과 같은 아내요.

여섯째, 원수와 같은 아내란 언제나 성내는 마음을 지니고 남편을 보아도 반기지 않고 밤낮으로 헤어지기를 생각하며, 부부라는 생각이 없이 나그네처럼 여기며 걸핏하면 싸우려고 으르렁거리면서 조금도 어려워하는 마음이 없소. 흐트러진 머리로 드러누워 손끝하나 까딱하지 않고, 집안 살림살이나 아이들이 어떻게 되건 전혀 보살피지 않으며, 바람을 피우면서도 부끄러운 줄을 모르오. 그 모습이 짐승과 같아 친척을 욕되게 하니 이것이 원수 같은 아내요.

일곱째, 도둑과 같은 아내란 밤낮으로 자지 않고 성난 마음으로 대하며, 무슨 수를 써서 떠날까 궁리하고 독약을 먹이자니 남이 알까 두려워서 못하고, 친정이나 이웃에 가서 그들과 짜서 재산을 빼내려 하며, 정부를 두고는 틈을 보아 남편을 죽이려 하오. 남편의 목숨을 억울하게 빼앗으려는 것이니 이것이 도둑과 같은 아내요. 세상에는 이와 같은 일곱 종류의 아내가 있소.

그 가운데 먼저 든 다섯 종류의 착한 아내는 항상 그 이름을 널리 떨치고 여러 사람들이 사랑하고 공경하며 일가 친척들이 함께 칭송하게 되오. 그리고 악독한 두 종류의 아내는 항상 비난을 받고 몸과 마음이 편치 못해 늘 앓게 되며, 눈을 감으면 악몽으로 두려워 떨고 자주 횡액을 당하며 죽은 뒤에는 삼악도에 떨어져 헤어날 기약이 없는 것이오."

부처님의 이와 같은 말씀을 듣고 옥야는 눈물을 흘리며 부처님 앞에서 자기 허물을 뉘우쳤다.

"제 마음이 어리석고 미련하여 아내로서 몽매한 짓을 했습니다. 이제부터는 지나간 잘못을 고쳐 교만을 부리지 않고 종과 같은 아내가 되어 시부모와 남편을 받들어 섬기겠습니다."

부처님은 옥야에게 말씀하셨다.

"사람 중에 어느 누가 허물이 없겠소. 고쳐서 새 사람이 된다면 그보다 더 좋은 일이 없을 것이오."

옥야는 이날부터 어진 아내가 되었다. 『玉耶女經』

제 9 장 티끌을 벗어난 대장부

1. 출가 생활

부처님께서 말씀하셨다.

"부모 형제와 이별하고 출가한 사문은 욕망을 쉬고 애욕을 끊어 자기 마음의 근원과 법의 깊은 이치를 알아서 무위법(無爲法)[1]을 깨달아야 한다. 안으로 얻을 것이 없고 밖으로는 구할 것이 없어 마음은 진리에도 얽매이지 않고 업도 짓지 않는다. 생각도 없고 지음도 없으며, 닦을 것도 없고 증득(證得)할 것도 없다. 여러 과정을 거치지 않고도 스스로 가장 높은 것이니 이것을 일러 도(道)라 한다.

머리와 수염을 깎고 사문이 되어 내 가르침을 받는 사람들은 세속의 온갖 재산을 버리고 남에게 빌어 얻는 것으로써 만족하라. 하루 한 끼만 먹고 한 나무 밑에서 하루 이상 머물지 마라. 사람의 마음을 덮어 어리석게 하는 것은 애착과 탐욕이기 때문이다."

『四十二章經』

1) 생사와 변화가 없는 참된 법.

2. 열 가지 선악

"중생은 열 가지 선을 이루기도 하고 악을 이루기도 한다. 그 열 가지란 몸의 세 가지, 말의 네 가지, 생각의 세 가지이다. 몸의 세 가지는 산 목숨을 죽이는 일과 남의 물건을 훔치는 일과 음란한 짓을 하는 일이다. 말의 네 가지는 이간질과 악담과 거짓말과 당치 않게 말을 꾸미는 일이고, 생각의 세 가지는 탐욕과 성냄과 어리석음이다. 이 열 가지 일은 성인의 가르침에 어긋나는 것이므로 열 가지 악한 일이라고 한다. 이와 같은 악한 일을 하지 않으면 곧 열 가지 착한 일이 될 것이다. 사람이 많은 허물이 있으면서도 스스로 뉘우치지 않고 그대로 지나버리면 냇물이 바다로 들어가 점점 깊고 넓게 되듯이 죄가 무겁게 쌓일 것이다. 그러나 허물이 있을 때 스스로 그릇된 줄 알고 악을 고쳐 선을 행하면 죄가 저절로 없어질 것이니, 병자가 땀을 내고 차차 회복되어 가는 것과 같다."

『四十二章經』

3. 허공에 침뱉기

"악한 사람이 선한 일 하는 사람을 일부러 찾아와 귀찮게 굴더라도 스스로 참고 견디면서 그에게 성내거나 꾸짖지 마라. 남을 미워하는 자는 스스로를 미워하는 것이다.

내가 도를 지켜 큰 자비를 베푼다는 말을 듣고 어떤 사람이 찾아와 나를 꾸짖고 욕했다. 그러나 내가 잠자코 대꾸하지 않았더니 그는 꾸짖기를 그쳤다. 내가 그에게 '만일 당신이 어떤 사람에게 선물을 주려 했을 때 그가 받지 않는다면 당신은 그 선물을 어떻게 하시겠습니까?' 하고 물었더니 그는 '그냥 가지고 돌아가지요'라고 대답했다. 나는 그에게 이렇게 말했다. '조금 전에 당신이 나를 욕했지만 나는 그것을 받아들이지 않았소. 그러니 당신은 그 욕을 당신 자신에게 한 것이오. 마치 메아리가 소리에 응하고 그림자가 물체를 따르는 것과 같이, 당신은 당신이 범한 죄업에서 벗어날 수 없는 것이오. 그러니 부디 악한 일을 하지 마시오.'

악한 사람이 어진 사람을 해치는 것은 허공을 향해 침을 뱉는 일과 같다. 침은 허공에 머물지 않고 자기 얼굴에 떨어지게 마련이다. 그리고 바람을 거슬러 티끌을 뿌리는 일과 같다. 티끌은 저쪽으로 가지 않고 도리어 자기 몸에 와 묻을 것이다. 어진 사람을 해칠 수는 없는 것이며 화는 반드시 자신에게 되돌아오고 만다."

『四十二章經』

4. 큰 공덕

"많이 듣는 것으로써 도를 사랑한다면 도는 끝내 얻

기 어려울 것이다. 뜻을 지켜 도를 받들어 행할 때에야 그 도는 크게 이루어진다. 다른 사람이 도를 펴는 것을 보고 함께 기뻐한다면 그 공덕은 아주 클 것이다. 어떤 사문이 내게 물었다. '그러면 그 공덕은 다할 때가 있습니까?' 나는 이렇게 대답해 주었다. '한 횃불에 수천 사람이 저마다 홰를 가지고 와서 불을 붙여 간다 할지라도 그 횃불은 조금도 달라지지 않는다. 그 공덕도 또한 이와 같은 것이다.'

악한 사람 백 명을 공양하는 것보다 한 명의 착한 사람을 공양하는 것이 더 낫고, 착한 사람 천 명을 공양하는 것보다 한 명의 오계(五戒) 지키는 사람을 공양하는 것이 더 낫다. 이와 같이 백억의 아라한을 공양하는 것보다 한 부처님을 공양하는 것이 낫고, 천억의 부처님을 공양하는 것보다 분별 없고 집착 없고 닦을 것 없고 증득할 것 없는 사람 하나를 공양하는 것이 더 낫다."

『四十二章經』

5. 스무 가지 어려움

"사람에게는 스무 가지 어려움이 있다. 가난하고 궁핍해서는 보시하기가 어렵고, 돈 많고 지위가 높아 가지고는 배우기가 어려우며, 목숨을 버려 죽기를 기약하기 어렵다. 살아서 부처님의 세상을 만나기 어렵고, 부처님의 경전을 얻어 보기 어렵다. 색심과 욕심을 참기 어렵고, 좋은 것을 보고 갖고 싶은 생각 내지 않기 어려우며, 욕을 먹고 성내지 않기 어렵다. 권세를 가지고 뽐내지 않기 어렵고, 일을 당해 무심하기 어렵다. 널리 배워 두루 연구하기 어렵고, 아만을 버리기 어려우며, 무식한 사람을 깔보지 않기 어렵다. 마음을 평등하게 쓰기 어렵고, 남의 옳고 그름을 말하지 않기 어렵다. 선지식(善知識)을 만나기 어렵고, 자성(自性)을 보아 도를 배우기 어려우며, 형편따라 교화하여 사람을 제도하기 어렵고, 어떤 경우를 당해 움직이지 않기 어려우며, 방편을 잘 알기 어렵다."

『四十二章經』

6. 전생 일을 알려면

어떤 사문이 부처님께 여쭈었다.

"어떻게 해야 전생 일을 알며, 지극한 도를 알겠습니까?"

부처님께서 말씀하셨다.

"마음을 깨끗이 하고 의지를 굳게 가지면 지극한 도를 알 수 있다. 거울을 닦아 먼지가 없어지면 밝아지는 것과 같이, 탐욕을 끊고 구하는 것이 없으면 전생 일을 알게 될 것이다."

"어떤 것이 선이며 어떤 것이 가장 큰 것입니까?"

"도를 행하고 참 마음을 지키는 것이 선이며, 의지가 도(道)와 계합하는 것이 가장 큰 것이다."

『四十二章經』

7. 힘 세고 밝은 것

“어떤 것이 힘센 것이며, 가장 밝은 것입니까?”

“욕심을 참는 것이 힘센 것이다. 욕심을 참으면 악한 마음도 들지 않기 때문에 편안함과 씩씩함을 겸하게 된다. 또 참는 사람은 악한 마음이 없으므로 반드시 남의 존경을 받게 된다. 그리고 마음의 때가 다 없어져 깨끗해지니 이것이 가장 밝은 것이다. 천지가 생기기 전부터 오늘에 이르도록 시방세계에서 생긴 일을 보지 못하는 것이 없고 알지 못하는 것이 없으며 듣지 못하는 것이 없이 일체지(一切智)[2)]를 얻은 것이니 가장 밝은 것이다.” 『四十二章經』

8. 도를 얻으려면

부처님께서는 말씀하셨다.

“사람이 애욕에 얽매이면 마음이 흐리고 어지러워 도를 볼 수 없다. 깨끗이 가라앉은 물을 휘저어 놓으면 아무리 들여다보아도 그림자를 볼 수 없는 것과 같다. 너희들 사문은 반드시 애욕을 버려야 한다. 애욕의 때가 씻기면 도를 볼 수 있을 것이다. 도를 보는 사람은 마치 횃불을 가지고 어두운 방안에 들어갔을

---

2) 모든 것을 아는 지혜.

때 어두움이 사라지고 환히 밝아지는 것과 같다. 도를 배워 진리를 보면 무명은 없어지고 지혜만 남을 것이다.

내 법은 생각함이 없이 생각하고, 행함이 없이 행하며, 말함이 없이 말하고, 닦음이 없이 닦는다. 그러므로 아는 사람에게는 가깝지만 어리석은 사람에게는 갈수록 아득할 뿐이다. 무어라 말할 길이 끊어졌으며, 사물에 걸릴 것이 없으니, 털끝만치라도 어긋나면 잃기도 잠깐이다.

천지를 볼 때 덧없이 생각하고, 세계를 볼 때도 덧없음을 생각하며, 마음을 볼 때는 그대로가 보리(菩提)[3]라고 생각하라.

이와 같이 도를 알면 얻기가 빠를 것이다. 몸 안에 있는 사대(四大)[4]가 제각기 이름을 가졌지만 어디에도 '나'가 없다고 생각하라. 내가 있지 않다면 그것은 허깨비와 다를 게 무엇인가.

사람이 감정과 욕망에 이끌려 명예를 구하지만 명예가 드러날 만하면 몸은 이미 죽고 만다. 하잘것없는 세상의 명예를 탐하느라 도를 배우지 않고 헛수고만 하니, 마치 향을 사루어 그 향기를 맡기는 했지만 향은 이미 재가 되고 만 것과 같다. 이와 같이 몸을 해치는 불이 명예 뒤에 숨어 있는 것이다."

3) 도(道), 지혜.

4) 육신을 구성하는 네 가지 요소. 즉 지(地)·수(水)·화(火)·풍(風).

「四十二章經」

9. 칼날에 묻은 꿀

“사람들이 재물과 색을 버리지 못하는 것은 마치 칼날에 묻은 꿀을 탐하는 것과 같다. 한번 입에 댈 것도 못되는데 어린애들은 그것을 핥다가 혀를 상한다. 사람이 처자나 집에 얽매이는 것은 감옥에 갇히는 것보다 더하다. 감옥은 풀릴 날이 있지만 처자는 멀리 떠날 생각조차 없기 때문이다. 정과 사랑은 어떠한 재앙도 꺼리지 않는다. 호랑이 입에 들어가는 재난이 있다 하더라도 깊이깊이 빠져든다. 그러므로 이를 범부라 이르고 여기에서 뚫고 나오면 티끌을 벗어난 장부라 한다.

모든 욕망 가운데서 성욕보다 더한 것은 없다. 성욕은 크기의 한계가 없는 것이다. 다행히 그것이 하나뿐이었기 망정이지 둘만 되었더라도 도 닦을 사람은 아무도 없을 것이다. 애욕을 지닌 사람은 마치 횃불을 들고 거슬러 가는 것과 같아서 반드시 손을 태울 화를 입게 된다.

어떤 악마가 내게 미녀를 보내어 그 뜻을 꺾으려 했을 때 나는 이렇게 말했다. ‘가죽 주머니에 온갖 더러운 것을 담은 자여, 너는 무엇하러 왔느냐, 물러가라, 내게는 소용이 없다!’

악마가 도리어 공경하는 마음을 일으켜 도의 뜻을

물었다. 나는 그를 위해 설명해 주었더니 그는 곧 눈을 뜨게 되었다." 『四十二章經』

10. 진흙에 더럽혀지지 않는 연꽃

"도 닦는 사람은 마치 나무토막이 물에 떠서 물결 따라 흘러가는 것과 같다. 양쪽 기슭에도 닿지 않고, 누가 건져 가거나 소용돌이에 빠지지도 않고 썩지도 않는다면, 이 나무는 틀림없이 바다에 들어갈 것이다. 도를 배우는 사람도 이와 같아서, 정욕에 빠지거나 온갖 그릇된 일에 흔들리지 않고 정진에만 힘쓴다면 그는 반드시 도를 이룰 것이다. 너희들 스스로의 생각을 믿지 마라. 너희들 생각은 믿을 수 없는 것이다. 여인과 만나지 마라. 여인을 만나면 화가 생기게 마련이다. 아라한[5]이 된 뒤에라야 너희들 뜻을 믿을 수 있을 것이다.

여인을 마주 보지 말고 함께 이야기도 하지 마라. 만일 함께 이야기할 때는 똑바른 마음으로 '나는 출가 사문이다. 흐린 세상에 태어났으니 연꽃이 진흙에 더럽혀지지 않는 것과 같아야 한다'고 생각하라.

나이 많은 여인은 어머니로 생각하고 손위가 되는 이는 누님으로, 나이 적은 이는 누이동생으로, 어린이는 딸과 같이 생각하여 제도하려는 마음을 내면 부정

5) 다시 생사에 윤회하지 않는 성문 4과 중 최고의 경지.

한 생각이 일어나지 않을 것이다.

도 닦는 사람은 마른 풀을 가진 것과 같아서 불에 가까이 가지 말아야 한다. 수행인이 욕망의 대상을 보거든 마땅히 멀리해야 한다. 어떤 사람이 음란한 생각이 그치지 않음을 걱정한 끝에 자기의 생식기를 끊으려 했다. 나는 그에게 다음과 같이 타이른 적이 있다.

'생식기를 끊는 것은 생각을 끊는 것만 못하다. 음란한 생각이 쉬지 않고서 생식기를 끊은들 무슨 소용이 있겠느냐.'

사람들은 애욕으로 인해 걱정이 생기고 걱정으로 인해 두려움이 생긴다.

애욕에서 떠나버리면 무엇을 걱정하고 무엇을 두려워할 것인가." 『四十二章經』

11. 사람으로 태어나기 어렵다

"도를 닦는 사람은 한 사람이 만 사람을 상대로 싸우는 것과 같다. 갑옷을 입고 문을 나섰다가 의지가 약해져 겁을 내는 수도 있고, 혹은 반쯤 가다 물러나는 수도 있으며, 맞붙어 싸우다가 죽기도 하고 이기고 돌아오기도 한다. 사문이 배울 때에는 마땅히 그 마음을 굳게 가져 용맹스럽게 정진하고 모든 악마를 쳐부수어야만 도의 열매를 거두게 될 것이다.

쇠 그릇을 만들 때 못쓸 쇠붙이는 버리고 좋은 쇠붙이로 만들어야 그 그릇이 깨끗하고 튼튼한 것처럼, 도를 배우는 사람도 마음의 때를 씻은 뒤에라야 그 행동이 청정해질 것이다.

사람이 악도에서 벗어났더라도 다시 사람으로 태어나기 어렵고, 사람 중에서도 남자 되기가 어려우며, 남자가 되었을지라도 여섯 감관〔六根〕을 온전히 갖추기 어렵고, 여섯 감관을 갖추었을지라도 큰 나라에 태어나기 어렵다. 큰 나라에 태어났을지라도 부처님의 세상을 만나기가 어려우며, 부처님 세상을 만났을지라도 수행자를 만나기 어렵고, 수행자를 만났다 하더라도 신심(信心)을 내기 어렵다. 신심을 냈을지라도 보리심(菩提心)을 내기 어렵고, 보리심을 냈을지라도 닦음도 없고〔無修〕 증함도 없는〔無證〕 경지에 이르기는 참으로 어렵다.

내 제자들이 내게서 멀리 떠나 있더라도 내가 가르친 계율을 항상 생각하면 반드시 도를 성취할 수 있을 것이지만, 내 곁에서 항상 나를 보고 있더라도 내 계율에 따르지 않으면 끝내 도를 얻지 못할 것이다."

『四十二章經』

12. 목숨은 호흡 사이에

부처님께서 어떤 사문에게 물으셨다.

"사람의 목숨이 얼마 동안 있느냐?"

사문이 대답했다.

"며칠 사이에 있습니다."

"너는 아직 도를 모른다."
부처님께서 다른 사문에게 물으셨다.
"사람의 목숨이 얼마 동안 있느냐?"
"밥 먹는 사이에 있습니다."
"너도 아직 도를 모른다."
또 다른 사문에게 물으셨다.
"사람의 목숨이 얼마 동안 있느냐?"
"호흡하는 사이에 있습니다."
"그렇다. 너는 도를 아는구나." 『四十二章經』

13. 문틈에 비친 먼지처럼

"내 가르침을 배우는 사람은 내가 말한 바를 모두 믿고 따라야 한다. 이를테면 꿀을 먹으면 속과 겉이 모두 달듯이 내 법문도 또한 그렇다.

나는 왕자의 지위를 문틈에 비치는 먼지처럼 보고, 금이나 옥 따위의 보배를 깨어진 기왓장처럼 보며, 비단옷을 헌 누더기같이 보고, 삼천대천세계를 한 알의 겨자씨같이 본다. 열반을 조석으로 깨어 있는 것과 같이 보고, 평등을 하나의 참다운 경지로 보며, 교화 펴는 일은 사철 푸른 나무와 같이 본다."『四十二章經』

제 10 장 최후의 교훈

1. 계율은 스승이다

부처님께서 바라나시의 녹야원(鹿野苑)에서 처음으로 법륜(法輪)[1]을 굴려 콘단냐〔憍陳如〕 등 다섯 수행자를 교화시키고, 최후의 설법으로 수바드라를 제도하시니 건질 만한 사람은 모두 건지신 것이다.

사라수 아래서 열반에 드시려고 할 때였다. 사방이 고요해 아무 소리도 없는 한밤중 부처님께서는 제자들을 위해 진리의 요긴한 점을 대강 말씀하셨다.

"여러 비구들, 내가 열반에 든 뒤에는 계율 존중하기를 어둠 속에서 빛을 만난 듯이, 가난한 사람이 보물을 얻은 듯이 해야 한다. 계율은 너희들의 큰 스승이요, 내가 세상에 더 살아 있더라도 이것과 다름이 없을 것이다. 청정한 계율을 지닌 사람은 물건을 사고 팔거나 무역을 하지 말고, 집이나 논밭을 마련하지 말며 하인을 부리거나 짐승을 기르지 마라. 재물 멀리하기를 불구덩이를 피하듯 하고, 초목을 베거나 땅을 개간하지 마라. 약을 만들거나 사람의 길흉을 점치는

1) 부처님의 가르침을 전륜성왕(轉輪聖王)이 가지고 있는 윤보(輪寶)에 비유한 말. 부처님의 설법을 가리켜 법륜을 굴린다고 함.

일, 하늘의 별로 점치는 일, 수(數)를 놓아 맞추는 일들을 하지 마라.

몸을 바르게 갖고 일정한 때를 정해 먹으며, 깨끗하게 계를 지키며 살아라. 세상의 나쁜 일에 참여하지 말며 주술(呪術)을 부리거나 선약(仙藥)을 만들지 말아라.

권세있는 사람과 사귀어 서민들을 업신여기지 말고, 자기 마음을 단정히 하여 바른 생각으로 남을 구제하라.

또 자기 허물을 숨기거나 이상한 행동으로 남들을 혹하게 하지 말며, 음식·의복·침구·의약 등 네 가지 공양의 분량을 알고 만족하게 여기며, 받은 공양거리는 쌓아두지 말아라.

이상은 계율을 가지는 태도를 대강 말한 것인데 계는 바르고 순한 해탈의 근본이므로, 프라티목샤[2]라고 부르는 것이다. 이 계(戒)를 의지하면 모든 선정(禪定)과 괴로움을 없애는 지혜를 낼 수 있을 것이다.

그러므로 비구들은 반드시 청정한 계를 가져 어긋나지 않게 하여라. 만일 사람에게 청정한 계가 없으면 온갖 좋은 공덕이 생길 수 없다. 계는 가장 안온한 공덕이 머무는 곳임을 알아라." 『遺教經』

2) 별해탈(別解脫)의 뜻.

2. 마음의 임자가 되라

"이미 계에 머물게 되었으면 오관을 잘 거두어 오욕에 들어가지 말게 하라. 이를테면, 소치는 사람이 회초리를 쥐고 단속함으로써 소가 남의 논밭에 들어가지 못하도록 하는 것과 같다. 만약 오관을 제멋대로 놓아버리면 오욕뿐 아니라 가는 곳이 끝없어, 마침내는 막을 수 없을 것이다. 또한 그것은 사나운 말과 같아서 단단히 재갈을 물리지 않으면 그 수레에 태운 사람을 구렁에 내동댕이칠 것이다.

도둑의 침해를 받으면 그 침해가 한 생에 그치지만, 오관의 화는 여러 생에 미치어 그 해독은 매우 무겁다. 그러므로 지혜로운 사람은 스스로 자제하여 오관에 따르지 말고, 도둑을 붙들듯 하여 함부로 날뛰지 못하게 해야 한다. 이 오관도 그 주체는 마음이다. 그러므로 너희들은 마땅히 그 마음을 다스려라.

흐트러진 마음은 두렵기가 독사나 맹수보다 더해서 큰 불길이 치솟아 일어나는 것도 그것에 비길 바가 못된다. 그것은 마치 꿀 그릇을 든 사람이 꿀만 보고 좋아서 이리저리 날뛰기만 하고 깊은 구렁을 보지 못하는 것과 같다. 또 그것은 고삐 없는 미친 코끼리나 나무를 만난 원숭이와도 같아 이리 뛰고 저리 뛰어 붙들기 어려우니 빨리 꺾어 방일하지 못하게 해야 할 것이다. 이 마음을 놓아 버리면 모든 착한 일을 잊어버리게 되지만 그것을 한곳에 모아 두면 이루지 못할 일이 없을 것이다. 그러므로 비구들은 부지런히 정진하여 자기 마음을 항복받아야 한다." 『遺敎經』

3. 빛깔과 향기를 다치지 않게

"음식을 받았을 때는 마치 약을 먹듯 하고, 좋고 나쁜 것을 가려 생각을 팔지 말며, 건강을 유지하여 주리고 목마름을 달래는 데에 맞도록 하여라. 마치 꿀벌이 꽃을 거쳐 올 때에 꿀 만들기에 적당한 꽃가루만을 취하고 빛깔이나 향기는 다치지 않는 것처럼, 비구도 남의 공양을 받을 때에는 주림을 달래기에 알맞도록만 하고, 많은 것을 구해 그 착한 마음을 헐지 말아라. 지혜로운 사람은 소의 힘이 얼마만한가를 헤아려 너무 무거운 짐을 지워 그 힘을 다하게 하지 않는다."

『遺敎經』

4. 독사가 방 안에서 자고 있는데

"낮에는 부지런히 착한 법을 닦아 익히고, 밤중에는 경전을 읽어라. 잠만 잠으로써 나날을 아무 소득없이 헛되이 보내서는 안 된다. 항상 덧없는 불길이 온 세상을 불사르고 있음을 생각하며 빨리 자신을 구제할 것이며 부디 깨어 있음을 생각하여 빨리 자신을 구제할 것이며 부디 깨어 있거라. 모든 번뇌의 도둑이 항상 틈을 엿보고 원수처럼 침범하는데 어찌 잠자기만을 일삼아 경계하지 않을 것인가.

번뇌가 네 마음속에 잠자고 있는 것은 마치 검은 독사가 네 방에서 자고 있는 것과 같다. 그러므로 계율을 가지는 갈퀴로써 빨리 물리쳐 없애버려야 한다. 독사가 나간 뒤에라야 마음놓고 편히 잠들 수 있다. 독사가 나가지 않았는데 잠자고 있다면 그는 어리석기 짝이 없는 사람이다." 『遺敎經』

5. 부끄러워할 줄 알아라

"부끄러움의 옷은 모든 장식 가운데 가장 으뜸가는 것이다. 부끄러움은 쇠갈퀴와 같아 사람의 법답지 못함을 다스린다. 그러므로 항상 부끄러워할 줄을 알고 잠시도 그 생각을 버리지 말아야 한다. 만일 부끄러워하는 생각을 버린다면 모든 공덕을 잃게 될 것이다. 부끄러워할 줄 아는 사람은 곧 착한 법을 가질 수 있지만, 그렇지 못한 사람은 짐승과 다를 바 없다."

『遺敎經』

6. 참는 덕

"여러 비구들, 만약 어떤 사람이 와서 너희 사지를 마디마디 찢는다 할지라도 자기 마음을 청정하게 가져 성내지 말고 또한 입을 정하게 지켜 나쁜 말을 하지 말라. 성내는 마음을 그대로 놓아 두면 자기의 도를 스스로 방해하고 공덕과 이익을 잃어버리게 될 것이다.

참는 일이 덕이 되는 것은 계를 가지거나 고행하는 일로도 그것에 미치지 못한다. 그러므로 참을 줄 아는 사람이라야 용기있는 대장부라 할 수 있다. 그리고 타인으로부터 받는 꾸짖음을 감로수(甘露水) 마시듯 하지 못하는 사람은 도(道)에 들어선 지혜로운 사람이라 할 수 없다. 왜냐하면, 성냄의 해독은 착한 법을 부수고 좋은 명예를 헐어 이 세상이나 저 세상에서도 남이 좋게 보지 않을 것이기 때문이다.

성내는 마음은 사나운 불꽃보다 더 무서운 것이니, 항상 막고 지켜 마음속에 들어오지 못하게 하라. 공덕을 빼앗는 도둑으로 성냄보다 더한 것은 없다. 세상 사람은 욕심만 있고 자기를 다스리는 법이 없기 때문에 때에 따라 성냄도 용서받을 수 있겠지만, 출가 수행자가 성내는 것은 당치 않은 일이다. 그것은 마치 맑게 갠 날에 뇌성 벽력이 치는 격이다." 『遺教經』

7. 순박하고 정직하라

"너희들 비구는 스스로 머리를 숙여야 한다. 몸의 치장을 버리고 가사를 입고 바리를 들고 탁발(托鉢)로써 살아가라. 이러한 형색은 자기가 보기에도 세상의 잡된 일에서 떠난 모습이거늘 어디에 교만심을 품으랴. 교만은 세상 사람도 멀리하는 것인데 하물며 집을 나와 도에 들어간 사람임에랴. 해탈을 위해 자기를 낮추어 탁발로 살아가는 수행자임에랴.

굽혀 아첨하는 마음은 도와는 어긋나는 것이니, 그 마음을 순박하고 정직하게 가져야 한다. 굽혀 아첨하는 마음은 속임밖에 되지 않으니 도에 들어간 사람은 그럴 수 없다. 그러므로 너희들은 마음을 단정히 하고 순박과 정직을 근본으로 삼아야 한다.” 『遺敎經』

8. 욕심이 적으면 근심도 적다

“여러 비구들, 욕심이 많은 사람은 이익을 구함이 많기 때문에 번뇌도 많지만, 욕심이 적은 사람은 구함이 없어 근심 걱정도 없다. 욕심을 적게 하기 위해서라도 힘써 닦아야 할 텐데, 하물며 그것이 온갖 공덕을 낳게 함에 있어서랴. 욕심이 적은 사람은 남의 마음을 사기 위해 굽혀 아첨하지 않고 모든 감관에 이끌리지 않는다.

또 욕심을 없애려는 사람은 마음이 편안해서 아무 걱정이나 두려움이 없고, 하는 일에 여유가 있어 부족함이 없다. 그래서 열반의 경지에 들게 되는 이것을 가리켜 욕심이 적음〔小欲〕이라 한다.

만약 모든 고뇌를 벗어나고자 한다면 만족할 줄 알아야 한다. 넉넉함을 아는 것은 부유하고 즐거우며 안온하다. 그런 사람은 비록 맨땅 위에 누워 있을지라도 편안하고 즐겁다. 그러나 만족할 줄 모르는 사람은 설사 천상에 있을지라도 그 뜻에 흡족하지 않을 것이다. 만족할 줄 모르는 사람은 부유한 듯하지만 사실은 가난하고, 만족할 줄 아는 사람은 가난한 듯하지만 사실은 부유하다. 만족을 알지 못하는 사람은 항상 오욕(五欲)에 이끌려 만족을 아는 사람들이 불쌍하게 여긴다. 이것을 가리켜 지족(知足)이라 한다."『遺敎經』

9. 무리를 좋아하면 무리의 괴로움을 받는다

"여러 비구들, 만약 적정 무위(寂靜無爲)의 안락을 얻고자 한다면 안팎의 시끄러움을 떠나 혼자서 한가한 곳에 있거라. 마음속의 온갖 분별 망상과 바깥의 여러 대상 경계를 버리고 한적한 곳에 혼자 있으면서 괴로움의 근본을 없애려고 노력해야 한다. 그런 사람은 제석천(帝釋天)도 공경한다.

무리를 좋아하는 사람은 무리로부터 괴로움을 받는다. 그것은 약한 나무에 많은 새떼가 앉으면 그 가지가 부러질 염려가 있는 것과 같다. 또 세상 일에 얽매이고 집착하여 여러 가지 괴로움에 빠지는 것은 늙은 코끼리가 진흙 수렁에 빠져 스스로 헤어나지 못하는 것과 같다. 이것을 가리켜 멀리 떠남〔遠離〕이라 한다."

『遺敎經』

10. 낙숫물이 돌을 뚫는다

"부지런히 정진한다면 어려운 일이 없을 것이다. 그러므로 너희들은 부지런히 정진해야 한다. 이를테면, 낙수가 돌을 뚫는 것과 같다. 수행인의 마음이 게을러 정진을 쉬게 되면, 그것은 마치 나무를 비비어 불씨를 얻으려 할 때 나무가 뜨거워지기도 전에 그만두는 것과 같다. 그는 아무리 불씨를 얻고자 해도 얻지 못할 것이다. 이것을 가리켜 정진(精進)이라 한다.

선지식을 찾으려면 항상 잊지 않고 생각하는 일밖에 없다. 잊지 않고 생각하면 모든 번뇌의 도둑이 들어올 수 없기 때문이다. 그러므로 너희들은 항상 생각을 모아 마음에 두라. 만약 바른 생각을 잃어버리면 모든 공덕을 잃어버릴 것이며, 생각하는 힘이 굳세면 비록 오욕의 도둑 속에 들어가더라도 해침을 받지 않을 것이다. 완전하게 무장하고 싸움터에 나가면 두려울 것이 없다. 이것을 가리켜 잊지 않고 생각함이라 한다.

마음을 한곳에 모으면 마음은 곧 선정(禪定)에 있을 것이다. 마음이 선정에 있으면 세상의 생멸(生滅)하는 존재 양상을 알 수 있다. 그러므로 너희들은 항상 모든 선정을 부지런히 닦아 마음이 흩어지지 않도록 하여라. 물을 아끼는 집에서 둑이나 못을 잘 관리하는 것처럼, 수행자도 지혜의 물을 위해 선정을 잘 닦고 그 물이 새지 않도록 한다. 이것을 가리켜 정(定)이라

한다.” 『遺敎經』

11. 무명 속의 밝은 등불

“지혜가 있으면 탐착이 없어질 것이니, 항상 자세히 살피어 그것을 잃지 않도록 하여라. 이것은 우리 법 가운데서 능히 해탈을 얻게 하는 것이다. 그러나 그렇지 못한 사람은 수행자도 아니요 세속 사람도 아니므로 무엇이라 이름할 것이 없는 것이다. 참 지혜는 생로병사의 바다를 건너는 튼튼한 배이고, 무명 속의 밝은 등불이며, 모든 병든 자의 좋은 약이고, 번뇌의 나무를 찍는 날이 선 도끼이다. 그러므로 비구들은 잘 듣고 생각하고, 지혜로써 더욱 자신을 길러야 한다. 만약 어떤 사람이 지혜의 빛을 가졌다면, 그는 세상의 무엇이든지 육신으로 밝게 볼 수 있다. 이것을 가리켜 지혜라 한다.

여러 가지 궤변으로 논쟁하면 마음이 어지러워진다. 비록 집을 나왔다 할지라도 아직 해탈하지 못한 비구는 무익한 논쟁을 하지 말고 어지러운 마음을 쉬어야 한다. 열반의 즐거움을 얻으려면 논쟁의 번거로움을 없애야 하기 때문이다. 이것을 가리켜 논쟁하지 않음이라 한다.” 『遺敎經』

12. 여래는 길잡이

"한결같은 마음으로 방일함을 원수와 도둑을 멀리하듯 하여라. 여래의 가르침은 모두 지극한 것이니 너희들은 부지런히 그렇게 행해야 한다. 산속이나 늪가나 나무 밑에서, 혹은 고요한 방에 한가히 있을 때에, 들은 법을 생각해서 잊거나 잃어버리지 말고 스스로 힘써 부지런히 수행하라. 아무것도 해놓은 일 없이 헛되이 죽으면 뒷날 반드시 뉘우침이 클 것이다. 나는 의사와 같아 병을 알고 약을 말하는 것이니, 먹고 안 먹는 것은 의사의 허물이 아니다. 나는 길잡이와 같아 좋은 길로 사람을 인도하는 것이니, 듣고서 가지 않더라도 그것은 길잡이의 허물이 아니다." 『遺敎經』

제 11 장　동서(東西)의 대화

1. 현자의 대론 · 제왕의 대론

밀린다왕[1)]이 말하였다.

"나가세나 스님, 나와 대론(對論)하겠습니까?"

나가세나는 왕의 물음에 대해 다음과 같이 대답하였다.

"임금님, 현자(賢者)로서 대론을 원한다면 나도 응하겠습니다. 그러나 제왕의 권위로써 대론을 원한다면 나는 응할 뜻이 없습니다."

"나가세나 스님, 현자로서 대론한다 함은 어떻게 하는 것입니까?"

"대체로 현자의 대론에 있어서는 문제가 해명되고 해설되고 서로 비판되고 수정되고 반박당하는 경우가 있다 할지라도 현자는 결코 성내지 않습니다."

"그렇다면 제왕으로서 대론한다 함은 어떻게 하는 것입니까?"

"제왕은 대론에 있어 대개 한 가지 것을 주장하고

---

1) 서기 전 2세기 후반의 희랍인 박트라왕 메난드로스를 말함. 그는 인도에 침입하여 한때 북인도 일대에 세력을 떨쳐 희랍문화의 영향을 인도에 주기도 했었다.

한 가지 것만을 밀고 나가며 그의 뜻을 따르지 않는 사람에게는 왕의 권위로 벌을 주라고 명령합니다."

"알았습니다. 저는 제왕으로서가 아니라 현자로서 스님과 대론하겠습니다. 스님은 비구나 사미나 신도들과 대론하듯 거리낌없이 자유롭게 대론하십시오."

"좋습니다."

"그럼 질문하겠습니다."

『밀린다王問經』

2. 이름에 대한 문답

밀린다왕은 나가세나에게 물었다.

"스님은 어떻게 하여 세상에 알려졌습니까? 스님의 이름을 뭐라고 부릅니까?"

"임금님, 저는 나가세나로 알려져 있습니다. 동료 수행자들도 나가세나라고 부릅니다. 그리고 저의 부모는 나가세나 이외에도 수라세나, 바라세나, 시하세나란 이름으로 저를 부르기도 합니다. 그러나 이 나가세나란 이름은 명칭·호칭·가명에 지나지 않습니다. 거기에 인격적 개체는 인정할 수 없는 것입니다."

이 말을 듣고 밀린다왕은 오백 명의 희랍인과 팔만 명의 비구에게 '나가세나 스님은 이름 속에 인격적 개체는 없다고 말했습니다. 여러분은 그 말을 믿을 수 있습니까?'라고 물어본 다음, 다시 나가세나 스님을 향해 다음과 같은 질문을 하였다.

"스님, 만일 이름에 인격적 개체를 인정할 수 없다면 스님에게 의복·음식·약품 등의 필수품을 제공하는 자는 누구입니까? 그것을 받아 사용하는 자는 또 누구입니까? 계행(戒行)을 지키는 자는 누구이며, 수행에 힘쓰는 자는 누구입니까? 또 수행한 결과 열반에 이르는 자는 누구이며, 살생을 하고 남의 것을 훔치는 자는 누구입니까? 세속적 욕망 때문에 바르지 못한 행동을 하고 거짓말하는 자는 누구입니까? 인격적 개체가 없다면 공덕도 죄도 없으며, 선행과 악행의 과보도 없을 것입니다. 나가세나 스님, 인격적 개체가 없다면 스님을 죽이는 자가 있더라도 살생의 죄는 없을 것입니다. 따라서 스님의 승단에는 계를 일러 주는 수계사(授戒師)도 없다는 결론이 나옵니다. 스님은 '승단의 수행 비구들이 나를 나가세나라 부른다'고 하였습니다. 그렇다면 나가세나라 불리는 것은 대체 무엇입니까? 머리카락이 나가세나란 말입니까?"

"임금님, 그렇지 않습니다."

"그렇다면 스님의 손톱이나 이가 나가세나란 말입니까?"

"그렇지도 않습니다."

"그렇다면 살·힘줄·뼈 등 신체의 각 부분에서 어느 한 분이 나가세나란 말입니까? 아니면 이들 전부가 나가세나란 말입니까?"

나가세나는 어느 한 부분도 또 전부도 아니라고 대답하였다.

"그렇다면 오온(五蘊) 중의 어느 하나가 나가세나입니까? 아니면 오온을 합친 것이 나가세나입니까?"

나가세나의 대답은 역시 아니라고 했다.

"그렇다면 스님, 오온 밖에 나가세나가 따로 있는 것입니까?"

"임금님, 그렇지도 않습니다."

"스님, 저는 스님에게 물을 수 있는 것은 다 물어보았으나 나가세나는 찾아내지 못하였습니다. 나가세나란 빈 소리에 지나지 않습니까? 그렇다면 우리 앞에 있는 나가세나는 어떤 자입니까? 스님은 '나가세나는 없다.'고 진실 아닌 거짓말을 말씀하셨습니다."

이때 나가세나는 밀린다왕에게 반문(反問)하기 시작했다.

"임금님, 대왕은 귀족 출신으로 호화롭게 자라났습니다. 대왕이 한낮의 더위에 뜨거운 땅이나 모래를 밟고 또 울퉁불퉁한 자갈 위를 걸어왔다면 발을 상했을 것입니다. 그리고 몸은 피로하고 마음은 산란하여 온몸에 고통을 느꼈을 것입니다. 도대체 대왕은 걸어서 왔습니까, 아니면 타고 왔습니까?"

"스님, 저는 걸어서 오지 않고 수레를 타고 왔습니다."

"수레를 타고 왔다면, 무엇이 수레인가를 말씀해 주십시오. 수레채가 수레입니까?"

"그렇지 않습니다."

"그러면 굴대가 수레입니까?"

"그렇지 않습니다."

"바퀴 · 차체 · 차틀 · 멍에 · 밧줄 · 살 · 채찍 가운데 어느 하나가 수레입니까?"

왕은 한결같이 아니라고만 대답했다.

"임금님, 그렇다면 이것들을 모두 합친 전체가 수레입니까?"

"아닙니다, 스님."

"그렇다면 이것들 밖에 수레가 따로 있는 것입니까?"

왕은 여전히 아니라고만 대답했다.

"임금님, 저는 대왕에게 수레에 대해 물을 수 있는 것은 죄다 물어보았습니다. 그러나 수레는 찾아낼 수 없었습니다. 수레란 단지 빈 소리에 지나지 않습니까? 그렇다면 대왕은 '수레가 존재하지 않는다'고 진실 아닌 거짓을 말씀하신 셈이 됩니다. 대왕은 만백성을 다스리는 왕입니다. 무엇이 두려워 거짓을 말씀하십니까?"

이와 같이 물은 다음 나가세나는 오백 명의 희랍인과 팔만 명의 비구에게 말하였다.

"밀린다왕은 여기까지 수레를 타고 왔다고 말씀했습니다. 그러나 '어떤 것이 수레인가'라는 질문을 받았을 때 무엇이 수레라고 분명한 대답을 못하였습니다. 여러분은 왕의 말씀을 믿을 수 있겠습니까?"

이 말을 듣고 오백 명의 희랍인들은

"임금님, 무엇이 수레인가를 분명히 말씀하여 주십

시오."
하고 왕에게 간청했다. 그러자 왕은 나가세나에게 다음과 같이 설명하였다.

"스님, 저는 거짓을 말한 것은 아닙니다. 이 모든 것, 즉 수레채·굴대·바퀴·차틀 등과 어울려 수레라는 명칭·호칭·가명(假名)이 생겨난 것입니다."

"임금님, 참 훌륭하게 설명해 주셨습니다. 수레라는 이름을 바로 파악하였습니다. 마찬가지로 대왕이 나에게 질문한 나가세나의 이름도 신체의 각 부분과 오온의 각 부분이 어울려 이루어진 것입니다."

『밀린다王問經』

3. 나이에 대한 문답

밀린다왕이 물었다.

"나가세나 스님, 출가 이후 스님의 나이는 몇 살입니까?"

"일곱 살입니다."

"스님이 말씀한 일곱이란 무엇을 말한 것입니까? 스님이 일곱이란 말입니까, 아니면 수가 일곱이란 말입니까?"

바로 그때 온몸을 화려하게 장식한 밀린다왕의 그림자가 땅 위에 그리고 물항아리 속에도 비쳤다.

"임금님, 대왕의 그림자가 땅 위와 물항아리 속에 비쳤습니다. 도대체 당신이 왕입니까, 저 그림자가 왕입니까?"

"내가 왕입니다. 그림자는 나로 인하여 생긴 것입니다."

"마찬가지로 출가 이후의 햇수가 일곱인 것이요 내가 일곱인 것은 아닙니다. 대왕의 그림자처럼 나로 인하여 일곱이라는 숫자가 생긴 것입니다."

"그렇습니다. 내 질문은 아주 어려웠는데 스님은 훌륭하게 대답하셨습니다." 『밀린다王問經』

4. 영혼에 대한 문답

나가세나가 대론을 위하여 밀린다왕의 초대를 받고 사가라에 갔을 때의 일이다. 나가세나를 모시러 간 밀린다왕의 신하인 아난타카야가 나가세나 곁에 가까이 가서 이런 질문을 했다.

"스님, 제가 나가세나라고 부를 때 그 나가세나는 무엇입니까?"

나가세나는 곧 그 신하에게 반문했다.

"당신은 나가세나를 무엇이라고 생각하시오?"

"나가세나 스님, 들이쉬고 내쉬는 숨이 나가세나라고 생각합니다."

"그렇다면 나간 숨이 돌아오지 않거나 들어온 숨이 나가지 않을 때 그 사람은 살아 있을 수 있겠습니까?"

"살아 있을 수 없습니다."

"나팔 부는 사람이 나팔을 불 때 그가 내쉰 숨이 다시 그에게로 돌아옵니까?"

"돌아오지 않습니다."

"피리 부는 사람이 피리를 불 때 내쉰 숨이 다시 그에게 돌아옵니까?"

"돌아오지 않습니다."

"그런데 어째서 나팔 부는 사람과 피리 부는 사람은 죽지 않습니까?"

"저는 스님과 같은 현자와는 대론할 자격이 없습니다. 그 까닭을 말씀해 주십시오."

"호흡에 영혼이 있는 것은 아닙니다. 들이쉬는 숨과 내쉬는 숨은 신체의 계속적인 활동에 지나지 않습니다."

그리고 그 신하에게 자세히 설명하여 주었다. 그랬더니 그 신하는 승단의 시주가 되겠다고 맹세하였다.

『밀린다王問經』

5. 윤회에서 벗어남에 대한 문답

밀린다왕은 이와 같이 물었다.

"스님, 죽은 뒤 다시 태어나지 않는 자가 있습니까?"

"어떤 사람은 다시 태어나고 어떤 사람은 다시 태어나지 않습니다."

"그러면 어떤 사람이 다시 태어나고 어떤 사람이 다

시 태어나지 않습니까?"

"번뇌 있는 사람은 다시 태어나고, 번뇌 없는 사람은 다시 태어나지 않을 것입니다."

"나가세나 스님, 스님은 다시 태어날 것입니까?"

"죽을 때 생존에 대한 집착을 가지고 죽는다면 다시 태어날 것이고, 생존에 대한 집착이 없이 죽는다면 다시 태어나지 않을 것입니다."

"잘 알겠습니다." 『밀린다王問經』

6. 지혜의 특징

밀린다왕은 나가세나에게 물었다.

"스님, 지혜의 특징은 무엇입니까?"

"지혜는 광명을 특징으로 합니다."

"지혜의 특징은 어찌하여 광명이 됩니까?"

"임금님, 지혜가 생길 때 지혜는 무명의 어둠을 깨뜨려 지혜의 등불을 밝히고 심오한 진리를 드러냅니다. 그리하여 출가 수행자는 모든 것을 '무상이다, 고다, 무아다.'라는 밝은 지혜로 보려고 합니다."

"비유를 들어 말씀해 주십시오."

"어떤 사람이 어두운 집안으로 등불을 가지고 들어온다고 합시다. 그는 어둠을 깨고 광채를 발하며 밝은 빛을 비추어 거기 있는 물건들을 밝게 볼 수 있습니다. 마찬가지로 수행하는 자는 가장 밝은 지혜로써 모든 존재를 바로 비추어 봅니다."

"잘 알았습니다." 『밀린다王問經』

7. 무아사상과 윤회

밀린다왕은 나가세나에게 물었다.

"스님, 다시 태어난 자와 사멸한 자는 같습니까, 다릅니까?"

"같지도 않고 다르지도 않습니다."

"비유를 들어 설명하여 주십시오."

"대왕은 어떻게 생각하십니까? 일찍이 갓난아이였던 대왕과 어른이 된 대왕은 같다고 생각하십니까?"

"아닙니다, 어릴 적 나와 지금의 나는 다릅니다."

"그렇다면 어른이 된 대왕은 어머니도 아버지도 또 스승도 없었다는 말이 됩니다. 따라서 학문이나 계율이나 지혜도 배울 수 없었다는 것이 됩니다. 어릴 적 어머니와 어른이 되었을 적 어머니가 다릅니까? 지금 배우고 있는 자와 이미 배움을 마친 자가 다릅니까? 죄를 범한 자와 죄를 범하여 손발이 잘린 처벌을 받은 자가 다릅니까?"

"그렇지는 않습니다. 그런데 무슨 까닭에 그런 말씀을 하십니까?"

"현재의 나를 보더라도 어릴 적 나와 어른이 된 나는 같습니다. 이 몸에 의존하여 어릴 적 나와 어른이 된 나는 한 몸입니다."

"비유를 하나 들어 주십시오."

"여기 어떤 사람이 등불을 켠다고 합시다. 그 등불은 밤새도록 탈 것입니다."

"그렇습니다. 밤새도록 탈 것입니다."

"그렇다면 초저녁에 타는 불꽃과 밤중에 타는 불꽃이 같겠습니까?"

"아닙니다. 같지 않습니다."

"또 밤중에 타는 불꽃과 새벽에 타는 불꽃이 같겠습니까?"

"같지 않습니다."

"그러면 초저녁의 불꽃과 밤중의 불꽃과 새벽의 불꽃은 전혀 다른 것입니까?"

"그렇지 않습니다. 불꽃은 똑같은 등불에 의하여 밤새도록 탈 것입니다."

"인간이나 사물도 꼭 그와 같이 지속(持續)되는 것입니다. 생겨나는 것과 없어지는 것은 앞서거나 뒤서거나 하지 않고 동시에 계속되는 것입니다. 이것은 마치 우유가 변하는 경우와 같습니다. 짜낸 우유는 얼마 후 엉기게 되고 다시 기름으로 변합니다. 만일 우유를 엉긴 우유나 기름과 똑같다고 하는 사람이 있다면 대왕은 그 말이 옳다고 하겠습니까?"

"스님, 그 말은 옳지 않습니다. 엉긴 우유와 그 기름은 우유를 바탕으로 변한 것입니다."

"인간이나 사물의 지속도 이와 같습니다. 생겨나는 것과 없어지는 것이 별개의 것이지만 앞서거나 뒤서거나 하면서 지속되는 것입니다."

"잘 알겠습니다." 『밀린다王問經』

8. 명칭과 형태

밀린다왕은 나가세나에게 물었다.

"스님, 무엇이 저 세상에 바꿔 태어나게 됩니까?"

"명칭과 형태가 바꿔 태어납니다."

"현재의 명칭과 형태가 저 세상에 바꿔 태어납니까?"

"아닙니다. 현재의 명칭과 형태에 의하여 선이나 악의 행위가 행하여지고 그 행위에 의해 새로운 명칭과 형태가 저 세상에서 바꿔 태어납니다."

"현재의 명칭과 형태 그대로가 저 세상에 태어나는 것이 아니라면, 인간은 악업으로부터 벗어날 수 있지 않겠습니까?"

"만일 저 세상에 다시 태어나지 않는다면 인간은 악업으로부터 벗어날 수 있습니다. 그러나 실은 저 세상에 다시 태어나는 한 악업으로부터 벗어나지 못합니다."

"비유를 들어 설명하여 주십시오."

"어떤 사람이 남의 망고를 훔쳤다고 합시다. 망고나무 주인이 그를 잡아 왕에게 끌고 가 처벌을 요구하였습니다. 그때 도둑이 '임금님, 저는 이 사람의 망고를 따지 않았습니다. 이 사람이 심은 망고와 제가 따 온 망고와는 다릅니다. 그러므로 처벌받을 수 없습니다.'

라고 말한다면 왕은 어떻게 하겠습니까? 그를 처벌하겠습니까?"

"물론 처벌할 것입니다."

"무슨 이유로 처벌하겠습니까?"

"스님, 그가 무슨 말로 변명하든 처음 망고는 지금 보이지 않지만 나중 망고에 대하여 그 사람은 처벌을 받아야 합니다."

"임금님, 마찬가지로 인간은 현재의 명칭과 형태에 의하여 선악의 행위가 행하여지고 그 행위에 의해 새로운 명칭과 형태로 저 세상에서 다시 태어나는 것입니다. 그러므로 다시 태어난 인간은 그의 업으로부터 벗어나지 못하는 것입니다."

"다시 한번 비유를 들어 주십시오."

"어떤 사람이 밤에 등불을 가지고 자기 집 지붕에 올라가 일하다가 등불이 그의 집을 태우고 이어서 온 마을을 태웠다고 합시다. 마을 사람들이 그를 붙잡아 '당신은 어찌하여 온 마을을 태웠소' 하고 물었습니다. 그랬더니 그는 '나는 마을을 불태우지는 않았습니다. 내가 일할 때 밝힌 불과 마을을 태운 불은 다릅니다.' 하고 대답했습니다. 그들이 입씨름을 하다가 왕 앞으로 갔다고 합시다. 왕은 어느 쪽 말이 옳다고 하겠습니까?"

"마을 사람들 말이 옳습니다."

"어째서 그렇습니까?"

"그가 무어라고 변명하든 마을을 태운 불은 그가 일

할 때 사용한 불을 원인으로 하여 일어났기 때문입니다."

"임금님, 마찬가지로 사람은 죽음과 함께 끝나는 현재의 명칭과 형태가 저 세상에서 다시 태어나는 명칭과 형태가 다르기는 하지만 나중 것은 첫 번째 것을 원인으로 하여 생겨나는 것입니다. 그러므로 악업으로부터 벗어날 수 없습니다."

"나가세나 스님, 잘 알았습니다."『밀린다王問經』

9. 부처님의 실재

밀린다왕은 물었다.

"스님, 부처님을 보신 적이 있습니까?"

"저는 본 적이 없습니다."

"그러면 스님의 스승은 부처님을 뵌 적이 있습니까?"

"뵌 적이 없습니다."

"그렇다면 부처님은 실재하지 않습니까?"

"대왕은 히말라야 산중에 있는 우하강을 보신 적이 있습니까?"

"본 일이 없습니다."

"대왕의 아버지께서는 우하강을 보신 일이 있습니까?"

"본 일이 없습니다."

"그렇다면 임금님, 우하란 강은 없는 것입니까?"

"스님, 그 강은 있습니다. 나도 아버지도 우하강을 본 일은 없습니다. 그러나 우하강은 실재로 있는 강입니다."

"임금님, 마찬가지로 나도 스승도 부처님을 뵌 적은 없습니다. 그러나 부처님은 실재로 계셨습니다."

"스님, 잘 알겠습니다." 『밀린다王問經』

10. 부처님은 가장 높으신 분인가

밀린다왕은 나가세나에게 물었다.

"스님, 부처님은 가장 높으신 분입니까?"

"그렇습니다. 세상에서 가장 높으신 분입니다."

"스님은 한 번도 본 일이 없는데 어떻게 그분이 가장 높으신 것을 알 수 있습니까?"

"큰 바다를 본 일도 없는 사람들이 '큰 바다는 광대무변하고 그 깊이를 헤아릴 수 없으며 오대강이 모두 바다로 흘러 들어가지만 바다는 더 줄거나 차는 일이 없다'는 것을 알겠습니까?"

"네, 알 수 있습니다."

"마찬가지로 저는 위대한 부처님 제자들이 완전한 열반에 도달하는 것을 보고 부처님은 세상에서 가장 높으신 분이라는 것을 알 수 있습니다."

"잘 알겠습니다." 『밀린다王問經』

11. 부처님의 증명

밀린다왕은 나가세나에게 물었다.

"스님, 딴 사람들도 부처님께서 세상에서 가장 높으신 분이라는 것을 알 수 있습니까?"

"그렇습니다. 딴 사람들도 그것을 알 수 있습니다."

"어떻게 딴 사람들도 부처님께서 가장 높으신 분이라는 것을 알 수 있습니까?"

"옛날 탓사라는 명필이 있었습니다. 그 명필이 죽은 후 많은 세월이 지났는데 사람들은 어떻게 탓사라는 명필이 있었다는 것을 알 수 있겠습니까?"

"그분이 남긴 글씨로 그분이 살아 있었다는 것을 알 수 있습니다."

"임금님, 마찬가지로 법을 본 사람은 누구나 부처님께서 어떤 분이라는 것을 압니다. 왜냐하면 부처님께서는 법을 말씀하셨기 때문입니다."

"잘 알겠습니다, 스님." 『밀린다王問經』

12. 출가한 자에게 육신은 소중한가

밀린다왕은 나가세나에게 물었다.

"스님, 출가한 자에게도 육신은 소중합니까?"

"아닙니다. 출가한 자는 육신을 사랑하지 않습니다."

"그렇다면 왜 스님들은 육신을 아끼고 집착합니까?"

"대왕은 싸움터에 나가 화살에 맞은 적이 있습니까?"

"네 있습니다."

"그때 상처에 연고를 바르고 기름약을 칠하고 붕대를 감았습니까?"

"그렇게 했습니다."

"그렇다면 연고를 바르고 기름약을 칠하고 붕대를 감은 것은 그 상처가 소중하여서였습니까?"

"아닙니다. 상처가 소중한 것은 아니었습니다. 상처의 살이 부풀어 곪았으므로 치료하였을 뿐입니다."

"임금님, 그와 마찬가지입니다. 출가 수행자에게 육신이 소중하여서가 아닙니다. 출가자는 육신에 집착하는 것이 아니라, 청정한 수행을 더욱 잘하기 위하여 육신을 유지할 뿐입니다. 부처님께서는 일찍이 '육신은 상처와 같다'고 말씀하셨습니다. 따라서 출가한 수행자는 육신에 집착하는 것이 아니라 육신을 상처처럼 보호하는 것입니다."

"잘 알았습니다." 『밀린다王問經』

13. 계율은 어떻게 제정하였는가

밀린다왕은 나가세나에게 물었다.

"스님, 부처님께서는 모든 것을 아시고 예견하신 분

입니까?"

"그렇습니다. 부처님께서는 모든 것을 아실 뿐 아니라 모든 것을 예견하셨습니다."

"그렇다면 어째서 부처님께서는 비구 승단의 규율을 한꺼번에 제정하지 않으시고 기회 있을 때마다 마련하셨습니까?"

"임금님, 이 세상에 있는 모든 의약을 다 알고 있는 의사가 있겠습니까?"

"그렇습니다. 아마 있을 것입니다."

"의사는 병들었을 때 환자에게 투약합니까, 아니면 앓기도 전에 투약합니까?"

"병든 다음에 투약합니다."

"그와 마찬가지로 부처님께서는 모든 것을 아시고 모든 것을 예견하신 분이지만, 적당하지도 않을 때 규율을 마련하여 주시지는 않았습니다. 일상 생활을 하는 동안 필요가 있을 때 계율을 마련하여 주신 것입니다."

"잘 알았습니다. 나가세나 스님."

『밀린다王問經』

14. 지혜가 있는 곳

밀린다왕은 물었다.

"스님, 지혜는 어디 있습니까?"

"아무데도 없습니다."

"그렇다면 지혜는 실재하지 않습니까?"
"임금님, 바람은 어디 있습니까?"
"아무 곳에도 없습니다."
"그렇다면 바람은 실재하지 않습니까?"
"잘 알았습니다." 『밀린다王問經』

15. 수행의 목적

밀린다왕은 나가세나에게 물었다.

"스님들은 과거의 괴로움을 버리기 위해 노력하십니까?"

"그렇지 않습니다."

"그렇다면 미래의 괴로움을 버리기 위해 노력하십니까?"

"그렇지 않습니다."

"그렇다면 현재의 괴로움을 끊기 위해 노력하십니까?"

"그것도 아닙니다."

"만일 스님들이 과거의 괴로움이나 미래의 괴로움이나 또 현재의 괴로움을 버리기 위해 노력하는 것이 아니라면 무엇 때문에 그처럼 애를 쓰십니까?"

"우리들은 '이 괴로움은 사라지고 저 괴로움은 생기지 않기를' 바라는 소원 때문에 노력합니다."

"그렇다면 미래의 괴로움이 있습니까?"

"존재하지 않습니다."

“스님들은 지금 있지도 않는 괴로움을 버리기 위해 노력한다고 하니 지나치게 현명합니다.”

“대왕은 일찍이 적이나 원수와 대항하여 맞선 일이 있습니까?”

“있습니다.”

“대왕은 그때를 당해서 비로소 참호를 파고 보루를 쌓고 성문을 굳게 잠그고 망루를 세우고 양곡을 마련하게 하였습니까?”

“아닙니다. 그런 일은 모두 미리 준비하여 두었습니다.”

“대왕은 그때를 당해서 비로소 말 타는 기병과 활 쏘는 병사들을 훈련시켰습니까?”

“아닙니다. 그들은 모두 미리 익혀 두게 하였습니다.”

“어떤 목적 때문에 그렇게 하였습니까?”

“미래의 위험을 막기 위해서였습니다.”

“미래의 위험이 지금 존재합니까?”

“존재하지 않습니다.”

“대왕은 지금 존재하지 않는 미래의 위험을 대비하기 위해 그런 일을 하였습니다. 지나치게 현명하십니다.”

“또 한 가지 비유를 들어 주십시오.”

“대왕은 어떻게 생각하십니까? 목이 말랐을 때 물을 마시고 싶다고 하여 비로소 우물을 파고 저수지를 만듭니까?”

"그렇지 않습니다. 그런 일은 모두 미리 준비하여 둡니다."

"장차 목마름에 대비하기 위해서입니다."

"그렇다면 미래의 목마름은 지금 존재합니까?"

"지금 존재하지 않습니다."

"대왕은 지금 존재하지 않는 미래의 목마름에 대비한다니 지나치게 현명합니다."

"다시 한번 비유을 들어 주십시오."

"대왕은 어떻게 생각하십니까? 배가 고팠을 때 비로소 무엇인가 먹고 싶어 밭을 갈고 씨를 뿌립니까?"

"그렇지 않습니다. 그런 일은 미리부터 준비합니다."

"무엇 때문에 미리 준비합니까?"

"미래의 배고픔을 막기 위해 준비하는 것입니다."

"그렇다면 미래의 배고픔은 지금 존재합니까?"

"그렇지 않습니다."

"대왕은 지금 존재하지도 않는 미래의 배고픔을 위해 씨를 뿌린다니 지나치게 현명합니다."

"스님, 잘 알았습니다." 『밀린다王問經』

16. 염불에 의한 구제

밀린다왕은 나가세나에게 물었다.

"스님, 내가 들으니 '백 년 동안 악행을 하였더라도 죽을 때 한 번만 부처님을 생각한다면 천상에 태어날 수 있다.'고 말합니다. 나는 그것을 믿지 않습니다. 또 '살생을 단 한 번 하였더라도 지옥에 떨어질 것이다'라고 말합니다. 나는 그런 것도 믿지 않습니다."

"대왕은 어떻게 생각합니까? 조그마한 돌멩이가 배 없이 물 위에 뜰 수 있습니까?"

"뜰 수 없습니다."

"백 대의 수레에 실을 만한 바위라도 배에 싣는다면 물 위에 뜰 수 있습니까?"

"그렇습니다. 물 위에 뜰 수 있습니다."

"선업(善業)을 그 배와 같이 생각하십시오."

"잘 알겠습니다, 스님." 『밀린다王問經』

17. 모르고 짓는 악행

밀린다왕은 나가세나에게 물었다.

"스님, 알면서 나쁜 짓 하는 사람과 모르고 하는 사람 중 누가 더 큰 화를 입습니까?"

"몰라서 나쁜 짓을 하는 사람이 더 화를 입습니다."

"그렇다면 우리 왕자나 대신들이 모르고 잘못을 범한다면 그들에게 갑절의 벌을 내려야 하겠습니까?"

"임금님, 어떻게 생각하십니까? 이글이글 단 쇠붙이를, 한 사람은 모르고 잡았고 한 사람은 알고 잡았다고 하면 어느 사람이 더 심하게 데겠습니까?"

"모르고 잡은 사람이 더 심하게 뎁니다."

"그와 마찬가지로 모르고 악행을 하는 사람이 더 큰

화를 입습니다."

"잘 알겠습니다. 나가세나 스님."『밀린다王問經』

18. 해탈하면 지식은 없어지는가

밀린다왕은 나가세나에게 물었다.

"스님, 지식을 가진 자는 지혜도 가집니까?"

"그렇습니다."

"지식과 지혜는 둘 다 같은 것입니까?"

"그렇습니다."

"그렇다면 지식과 함께 지혜를 가진 사람은 미혹에 빠지는 일이 있습니까, 없습니까?"

"어떤 일에 대해서는 미혹되고 어떤 일에 대하여는 미혹되지 않습니다."

"그렇다면 어떤 일에 대해서 미혹됩니까?"

"아직 배우지 않은 기술이나 아직 가본 적이 없는 지방이나 아직 들어보지 못한 이름과 술어 등에 대해서는 미혹될 것입니다."

"어떤 일에 대해 미혹되지 않습니까?"

"지혜에 의하여 깨친 것, 즉 무상(無常)과 고(苦)와 무아(無我)에 대해서는 미혹되지 않을 것입니다."

"그러면 깨친 사람의 어리석음은 어디로 갑니까?"

"지혜가 생기자마자 어리석음은 곧 사라져 버립니다."

"비유를 들어 설명하여 주십시오."

"사람이 어둔 방안으로 등불을 가져왔을 때 어둠이 사라지고 밝음이 나타나는 것과 같습니다."

"스님, 그렇다면 지혜는 어디로 갑니까?"

"지혜는 자신이 해야 할 일을 이룩하자마자 곧 사라집니다. 그러나 지혜에 의해 이룩된 무상과 고와 무아의 깨침은 없어지지 않습니다."

"비유를 들어 설명해 주기 바랍니다."

"어떤 사람이 하인에게 등불을 밝혀 편지를 쓰게 한 다음 등불을 끄게 하는 경우와 같습니다. 이 경우 등불은 꺼져도 편지는 없어지지 않습니다. 마찬가지로 지혜는 사라지지만 지혜에 의하여 이룩된 깨침은 없어지지 않습니다."

"다른 비유를 들어 설명하여 주십시오."

"의사가 환자에게 약을 먹여 병을 낫게 하는 경우와 같습니다. 이 경우 병이 나은 다음에도 의사는 다시 그에게 약의 효과를 보이려고 생각하겠습니까?"

"아닙니다. 약은 이제 할 일을 다하였습니다. 병이 다 나은 사람에게 약이 무슨 소용이 있겠습니까?"

"꼭 그와 같습니다. 약은 수행력이고 의사는 수행자, 병은 번뇌이며 환자는 범부와 같습니다. 약에 의해 병이 나은 것처럼 뛰어난 수행력에 의해 모든 번뇌는 없어지며 지혜는 사라지지만 깨달음은 없어지지 않습니다."

"잘 알겠습니다." 『밀린다王問經』

19. 여러 가지 정신 작용

밀린다왕은 나가세나에게 물었다.

"스님, 모든 것이 혼합되어 있을 때 이것은 촉각이고 이것은 감정이며 이것은 표상이고 이것은 생각이라는 등으로 분리시켜 분명히 말할 수 있겠습니까?"

"아닙니다. 따로따로 구별할 수는 없습니다."

"비유를 들어 설명하여 주십시오."

"궁중의 요리사가 요리를 만든다고 합시다. 그는 음식에다 기름과 소금과 생강과 마늘과 후추와 그 밖의 조미료를 넣습니다. 그때 대왕은 요리를 들고 온 요리사에게 '이 요리에서 기름맛과 소금맛과 생강맛과 마늘맛을 분리하여 가져오너라' 하고 분부했다고 합시다. 그 요리사가 혼합하여 만든 요리에서 '이것은 기름맛, 이것은 소금맛, 이것은 생강맛, 이것은 마늘맛입니다'라고 분리하여 가져올 수 있겠습니까?"

"그렇게는 할 수 없습니다. 그러나 양념맛은 하나하나 특징에 따라 나타나 있습니다.

꼭 그와 같습니다. 모든 것이 한데 혼합되어 있는데 하나하나 분리하여 이것은 감정이요, 이것은 생각이라고 말할 수 없습니다."

"잘 알겠습니다."

"임금님, 소금을 눈으로 보고 알 수는 있습니까?"

"알 수 있습니다."

"잘 들으십시오. 눈으로 알 수 있는 것은 소금이 갖고 있는 흰빛에 지나지 않습니다."

"그렇다면 혀로 알 수 있습니까?"

"그렇습니다."

"스님, 만일 혀로만 소금을 알 수 있다면 황소는 왜 소금 전체를 수레로 실어 나릅니까? 짠맛만을 나르면 될 텐데."

"임금님, 그것은 짠맛만을 실어 나를 수 없기 때문입니다. 짠맛과 무게라는 두 가지 성질은 소금에서는 하나이면서 또한 갈라져 있는 것입니다. 임금님, 대체 소금을 저울로 달 수 있습니까?"

"그렇습니다. 달 수 있습니다."

"그렇지 않습니다. 소금은 저울로 달 수는 없습니다. 그 무게만을 저울로 달 수 있을 뿐입니다."

"잘 말씀하셨습니다, 나가세나 스님."

『밀린다王問經』

20. 업의 증명

밀린다왕은 나가세나에게 물었다.

"스님, 스님들은 '지옥의 불은 보통 불보다 훨씬 더 뜨겁다. 보통 불 속에 던져진 조약돌은 하루에 녹지 않지만 큰 집채만한 바위도 지옥불 속에 들어가면 순식간에 녹아 버린다'고 말합니다. 나는 이 말을 믿지 않습니다. 또 스님들은 '지옥에 태어난 생명체는 수십만 년 동안 지옥불 속에서 타더라도 녹아 없어지는 일이 없다.'고 합니다. 나는 이 말도 믿지 않습니다. 어떻게 생각하십니까?"

"임금님, 암상어와 암악어와 암거북은 단단한 돌멩이나 자갈이나 모래를 먹습니까?"

"그렇습니다."

"돌멩이나 자갈이나 모래는 뱃속에 들어가면 녹아 버립니까?"

"그렇습니다."

"그렇다면 뱃속에 든 그들의 태아도 녹아 버립니까?"

"그렇지는 않습니다."

"어찌하여 자갈도 돌멩이도 녹는데 태아는 녹지 않습니까?"

"업 때문에 녹지 않는다고 생각합니다."

"마찬가지로 지옥에 태어나는 생명체는 수천 년 동안 지옥불 속에 있어도 업 때문에 녹지 않습니다. 지옥에 있는 생명체는 거기서 태어나 거기서 성장하고 거기서 죽습니다. 그러므로 부처님께서는 '악업이 소멸될 때까지는 죽지 않는다'고 말씀하신 것입니다."

"잘 알았습니다, 스님." 『밀린다王問經』

21. 윤회의 주체

밀린다왕은 나가세나에게 물었다.

"스님, 사람이 죽을 때 윤회의 주체가 저 세상에 옮아감이 없이 다시 태어날 수 있습니까?"

"그렇습니다. 옮아감이 없이 다시 태어날 수 있습니다."

"어찌하여 그럴 수가 있습니까? 비유을 들어 설명해 주십시오."

"어떤 사람이 등불에서 등불로 불을 붙인다고 합시다. 이런 경우 한 등불이 딴 등불로 옮아간다고 할 수 있습니까?"

"그렇지 않습니다."

"마찬가지로 윤회의 주체도 한 몸에서 딴 몸으로 옮아감이 없이 다시 태어나는 것입니다."

"다시 다른 비유를 들어 설명해 주십시오."

"대왕은 어릴 때 스승으로부터 배운 시를 기억하십니까?"

"그렇습니다. 기억할 수 있습니다."

"그러면 시는 스승으로부터 대왕에게로 옮긴 것입니까?"

"아닙니다. 그렇지 않습니다."

"임금님, 마찬가지로 몸은 옮김이 없이 다시 태어나는 것입니다."

"잘 알았습니다." 『밀린다王問經』

22. 사후의 시간

밀린다왕은 나가세나에게 물었다.

"스님, 세상에서 죽은 후 범천(梵天)에 태어나는 사람과 카쉬밀에 태어나는 사람 둘 중에 어느 쪽이 먼저 도착합니까?"

"둘 다 동시에 도착합니다."

"비유를 들어 주십시오."

"임금님은 어디에서 태어났습니까?"

"칼라라는 마을에서 태어났습니다."

"칼라는 여기에서 얼마나 멉니까?"

"약 이백 요자나(由旬)[2)]입니다."

"카쉬밀은 여기서 얼마나 멉니까?"

"십이 요자나입니다."

"임금님, 그러면 지금 칼라를 생각하십시오."

"생각하였습니다."

"또 카쉬밀을 생각하십시오."

"생각하였습니다."

"어느 쪽이 더 빨리 생각됩니까?"

"어느 쪽이나 같습니다."

"임금님, 마찬가지로 여기서 죽은 후 범천에 태어나는 것이나 카쉬밀에 태어나는 것이나 동시입니다. 빠

---

2) 거리의 단위, 손수레로 갈 수 있는 하루의 거리. 약 14km.

르고 더딘 것이 없습니다. 여기 새 두 마리가 공중을 날다가 한 마리는 높은 나무에 앉고 한 마리는 낮은 나무에 앉았다고 합시다. 두 마리가 동시에 내려앉았다면 어느 쪽 그림자가 땅에 먼저 비치겠습니까?"

"두 마리의 그림자가 동시에 땅에 비치겠습니다."

"임금님이 말한 경우도 꼭 이와 같습니다."

"잘 알겠습니다." 『밀린다王問經』

23. 열반의 즐거움

밀린다왕은 나가세나에게 물었다.

"아직 열반을 얻지 못한 사람이 열반이 얼마나 평안한 상태인가를 알 수 있습니까?"

"그렇습니다. 알다뿐입니까?"

"아직 열반을 얻지도 않고 어떻게 열반이 평안한 상태인가를 알 수 있습니까?"

"임금님, 손발을 잘려본 일이 없는 사람이 손발이 잘린 사람의 고통과 슬픔을 알 수 있습니까?"

"그렇습니다. 그런 줄을 압니다."

"어떻게 그것을 압니까?"

"손발이 잘린 사람이 아파하고 슬퍼하는 표정을 보고 아프고 슬픈 일인 줄 압니다."

"임금님, 아직 열반을 얻지 못한 사람들도 열반을 체득한 사람들의 즐거운 표정을 보고 열반이 얼마나 평안한 상태인가를 압니다."

"잘 알았습니다." 『밀린다王問經』

24. 해탈을 얻은 사람

밀린다왕은 나가세나에게 물었다.

"스님, 탐욕에 가득 차 있는 사람과 탐욕을 버린 사람은 어떻게 다릅니까?"

"탐욕에 차 있는 사람은 집착하고 탐욕을 버린 사람은 집착하지 않습니다."

"그 뜻은 무엇입니까?"

"한 사람은 욕심에 살고 한 사람은 욕심이 없습니다."

"스님, 나는 이와 같이 생각합니다. 탐욕에 차 있는 사람이나 탐욕을 버린 사람이나 다 같이 굳은 음식이든 부드러운 음식이든 맛좋은 것을 바라고 맛없는 것은 바라지 않습니다."

"임금님, 탐욕에 차 있는 사람은 맛좋은 음식의 맛을 즐기고 그 맛에 집착하지만, 탐욕을 버린 사람은 맛은 알면서도 집착하지 않습니다."

"잘 알겠습니다." 『밀린다王問經』

25. 윤회란 무엇인가

밀린다왕은 나가세나에게 물었다.

"스님이 말씀하신 윤회는 무엇을 뜻합니까?"

"이 세상에 태어난 자는 이 세상에서 죽고, 이 세상에서 죽은 자는 저 세상에 태어나며, 저 세상에 태어난 자는 저 세상에서 죽고, 저 세상에서 죽은 자는 다시 딴 세상에 태어납니다. 윤회가 뜻하는 것은 이런 것입니다."

"비유를 들어 주십시오."

"어떤 사람이 잘 익은 망고를 먹고 씨를 땅에 심었다고 합시다. 그 씨로부터 망고나무가 자라 열매를 맺을 것입니다. 그 나무에 열린 망고를 따 먹고 씨를 땅에 심으면, 다시 나무로 자랄 것입니다. 망고나무는 끝없이 이어갈 것입니다. 윤회도 이와 같습니다."

"잘 알겠습니다." 『밀린다王問經』

제 3 편 대승경전

제 1 장 피안에 이르는 길

1. 집착없는 보시

어느 때 부처님께서 천이백오십 명의 많은 비구들과 함께 사밧티〔舍衛城〕의 기원정사(祇園精舍)에 계셨다. 이른 아침 걸식을 마치고 발을 씻은 뒤 좌선을 하고 있는데, 많은 대중이 부처님 곁에 모여들었다. 그때 장로(長老) 비구인 수부티도 자리를 같이했었다. 그는 부처님께 합장하고 다음과 같이 여쭈었다.

"부처님, 부처님께서는 보살들을 잘 보살펴 주시고 그들에게 부촉(付囑)하십니다. 구도의 길에 나선 선남자 선여인은 어떻게 행동하며, 그 마음을 어떻게 가져야 하겠습니까?"

부처님께서 말씀하셨다.

"착하다, 수부티. 잘 들어라. 보살이 깨달으려는 마음을 낸 다음에는 이와 같이 그 마음을 가져야 할 것이다. 이 세상에 있는 모든 중생들, 즉 알에서 난 것, 태에서 난 것, 습기에서 난 것, 저절로 난 것〔化生〕, 형체 있는 것, 형체 없는 것, 생각 있는 것, 생각 없는 것, 생각 있지도 않고 없지도 않는 것, 이와 같은 온갖 중생들을 모두 열반에 들도록 제도(濟度)하지 않으면 안 된다. 그러나 이렇듯 한량없는 중생을 제도했다 할지라도 사실은 한 중생도 제도를 얻은 이가 없는 것이 된다. 왜냐 하면, 보살에게 나라든가 남이라든가 중생이라든가 목숨이라는 생각이 있으면 그는 벌써 보살이 아니기 때문이다.

보살은 또 무엇에 집착하여 보시(布施)해서는 안 된다. 즉 형상에 집착함이 없이 보시해야 하며, 소리나 냄새나 맛이나 감촉이나 생각의 대상에 집착함이 없이 보시해야 한다. 보살은 이와 같이 보시하되 아무런 생각의 자취도 없이 해야 한다. 왜냐하면, 보살이 어디에도 집착함이 없이 보시하면 그 공덕은 생각으로 헤아릴 수 없는 것이기 때문이다. 수부티, 너는 어떻게 생각하느냐. 동쪽 허공의 크기를 헤아릴 수 있겠느냐?"

"헤아릴 수 없습니다."

"남쪽과 서쪽과 북쪽과 위 아래에 있는 허공을 헤아릴 수 있겠느냐?"

"헤아릴 수 없습니다."

"수부티, 그와 같다. 보살이 어디에 집착하지 않고 보시한 공덕도 그와 같아서 헤아릴 수 없는 것이다. 보살은 마땅히 위에 말한 바와 같이 행동해야 할 것이다."

『金剛經』

2. 형상에 집착하지 말라

부처님께서 말씀하셨다.

"수부티, 너는 어떻게 생각하느냐. 몸의 형상으로써 여래(如來)를 볼 수 있겠느냐?"

"볼 수 없습니다. 여래를 몸의 형상으로써는 볼 수 없습니다. 여래께서 몸의 형상이라고 말씀하신 것은 진정한 형상이 아니기 때문입니다."

이와 같이 대답했을 때 부처님께서 수부티에게 말씀하셨다.

"모든 형상은 거짓이요 허망한 것이다. 형상이 없는 것은 거짓이 아니다. 그러므로 형상이 있고 없는 양쪽에서 여래를 보아야 할 것이다."

이때 수부티는 부처님께 물었다.

"부처님, 이와 같은 법문을 듣고 믿을 사람이 있겠습니까?"

"그런 말 말아라. 내가 열반에 든 뒤 둘째 오백 년대에 계행을 가지고 복을 닦는 사람들이 이와 같은 법문을 들으면 진실이라고 믿을 것이다. 그들은 한두 부처님께만 귀의하여 착한 일을 한 것이 아니고 몇 십만이나 되는 많은 부처님께 귀의하여 착한 일을 하였기 때문에, 이와 같은 말씀을 들으면 곧 청정한 신심을 내는 것이다. 여래는 지혜의 눈으로 그들이 한량없는 복과 덕을 얻게 될 것을 모두 알고 또 볼 수 있다.

그들에게는 나라든가 남이라든가 중생이라든가 목숨이라는 집착이 없고, 법이라든가 법 아니라는 집착도 없다. 그들이 만약 마음에 망상 분별을 일으키면 나와 남과 중생과 목숨에 집착하게 되는 것이다. 그러므로 법에도 집착하지 말고 법 아닌 데도 집착하지 말아야 한다. 내가 항상 너희에게 말하기를 '내 가르침을 물 건너는 뗏목과 같이 알라'고 하지 않았느냐. 법도 오히려 버려야 할 것인데 하물며 법 아닌 것이랴."『金剛經』

3. 얻은 것이 없어야 한다

부처님께서 다시 수부티에게 물으셨다.

"너는 어떻게 생각하느냐. 여래가 바른 깨달음을 얻었겠느냐, 설한 법이 있겠느냐?"

"제가 부처님께서 말씀하신 뜻을 알기로는 바른 깨달음이라고 할 만한 정해진 법이 없으며, 부처님께서 말씀하신 법도 없습니다. 그 까닭은 부처님께서 깨닫고 말씀하신 법이란 모두 붙잡을 수도 없고 말할 수도 없으며, 법도 아니고 법 아닌 것도 아니기 때문입니다. 성인들은 생멸이 없는 법〔無爲法〕으로써 나타내기 때문입니다."

"수부티, 어떤 사람이 이 삼천대천세계(三千大千世界)[1]에 칠보를 가득 채워 보시한다면 그가 지은 공덕

---

1) 대천세계의 삼천 배 되는 세계, 한 부처님의 교화권(敎化圈). 이 우주는 무수한 삼천대천세계로 이루어졌다 한다.

이 얼마나 많겠느냐?"

"한량없이 많을 것입니다. 그 까닭을 말씀드리면 이 공덕은 공덕의 본질이 아니므로 부처님께서 공덕이 많다고 하신 것입니다."

"그러나 어떤 사람이 이 법문 중에서 한마디라도 이해하고 다른 사람에게 말해 준다면 그 공덕은 저 칠보로 보시한 공덕보다 훨씬 뛰어날 것이다. 왜냐하면 모든 여래와 바른 깨달음이 모두 거기에서 나왔기 때문이다. 수부티, 여래의 가르침이란 곧 여래의 가르침이 아니다."

부처님께서 말씀하셨다.

"수부티, 어떻게 생각하느냐. 아라한(阿羅漢)이 생각하기를 자기가 아라한의 도를 얻었다고 하겠느냐?"

"그렇지 않습니다. 존경받을 사람이 '나는 존경받을 사람이 되었다'고 생각하지는 않을 것입니다. 사실은 존경받을 사람이라고 할 수 있는 것은 없습니다. 그러기 때문에 존경받을 사람이라고 말해지고 있을 뿐입니다. 만약 아라한이 생각하기를, 자기가 아라한의 도를 얻었노라 한다면, 그는 '나'라는 집착에 사로잡힌 것이고 남이라든가 중생이라든가 목숨이라는 집착에 얽힌 것입니다.

부처님, 부처님께서는 저를 가리켜 '갈등 없는 경지에 이른 제일인자'라고 칭찬하셨습니다. 그 경지에 이른 사람은 욕심 없는 첫째 아라한이지만, 저는 스스로를 욕심이 없는 아라한이라고 생각하지는 않습니다.

제가 만약 아라한의 도를 얻었노라고 생각했다면, 부처님께서 저를 가리켜 그렇게 말씀하시지 않으셨을 것입니다." 『金剛經』

4. 실체와 이름

"만약 어떤 보살이 '나는 불국토를 장엄(莊嚴)할 것이다'라고 말했다면 그것은 잘못 말한 것이 된다. 불국토 장엄, 불국토 장엄이라고 하지만 그것은 장엄이 아니다. 그러므로 '불국토 장엄'이라고 말해질 뿐이다.

수부티, 그러므로 보살들은 이와 같이 청정한 마음을 내야 한다. 형상에 집착하여 마음을 내지도 말고, 소리와 냄새와 맛과 감촉과 생각의 대상에 집착하여 마음을 내서도 안 된다. 아무데도 집착함이 없이 마음을 내야 한다.

어떤 사람의 몸이 수미산만 하다면 그 몸을 크다고 하겠느냐?"

"그것은 엄청나게 큽니다. 왜냐하면, 부처님께서는 '몸 몸 하지만 그런 것은 없다'고 하셨기 때문입니다. 그러기 때문에 '몸'이라고 불려지는 것입니다. 부처님, 그것은 있는 것도 아니고 없는 것도 아닙니다. 그러기 때문에 '몸'이라고 불려지는 것입니다." 『金剛經』

5. 전교(傳敎)의 공덕

부처님께서 말씀하셨다.

"수부티, 강가강〔恒河〕의 모래알만큼 많은 강가강이 있다고 하자. 그런 강에 있는 모래는 얼마나 많겠느냐?"

"그 강가강만 하여도 한없이 많을 텐데 더구나 그 강에 있는 모래이겠습니까?"

"수부티, 내가 지금 너에게 진실하게 말하는 것이니 똑똑히 들어라. 어떤 선남자 선여인이 그와 같은 강가강의 모래처럼 많은 세계에 칠보를 가득 채워 보시한다면 그 공덕은 헤아릴 수 없이 많을 것이다. 그러나 어떤 선남자 선여인이 이 법문 중에서 한 구절만이라도 이해하고 다른 사람에게 가르쳐 준다면 그 공덕은 저 칠보로 보시한 공덕보다 훨씬 뛰어날 것이다.

수부티, 어디서나 이 법문 중에서 한마디라도 말하고 들려 준다면 온 세상의 천신과 인간들이 그곳을 부처님의 탑과 같이 공경할 것이다. 하물며 이 법문을 모두 기억하여 읽고 연구하고 남들에게 해설해 주는 사람에게랴. 그는 가장 높고 으뜸가고 희귀한 법을 성취한 사람이 될 것이다. 이 법문이 있는 데는 곧 부처님께서 계시고 지혜로운 부처님의 제자가 사는 곳이 될 것이다."

『金剛經』

6. 색은 곧 공이다

부처님께서 사리풋타에게 말씀하셨다.

“사리풋타, 모든 법은 있는 것도 아니고 없는 것도 아니며, 나는 것도 아니고 없어지는 것도 아니라 생각하고 바라밀(波羅蜜)에 마음을 두어야 한다. 베풀 때에도 베푼다는 생각 없이 보시(布施)바라밀을 행하라. 참다운 보시는 베푼 사람도 없고 베푼 물건도 없고 베풂을 받는 사람도 없다. 계율로써 생각을 억제할 때에도 계를 지킨다거나 생각을 억제한다는 관념이 없이 계 지키는 바라밀을 행하라. 본질적으로는 허물을 범하고 범하지 않는 것이 없다. 남이 나를 괴롭힐지라도 그것을 참으면서 누가 나를 괴롭힌다는 생각 없이 참는 바라밀을 행하라. 괴롭힘에 따라 움직일 마음이라는 것은 본래 없는 것이다. 노력할지라도 노력한다는 생각 없이 정진바라밀을 행하라. 노력하거나 게으르다는 것은 본래 없는 것이다. 사유(思惟)할지라도 사유한다는 생각 없이 선정(禪定)바라밀을 행하라. 선정을 닦거나 안 닦는다는 것은 본래 없는 것이다. 사물에 집착함이 없이 반야(般若)바라밀을 행하라. 모든 법의 실체와 현상은 다 잡을 수 없는 것이다.

사리풋타, 모든 것은 얻을 수 없는 것이다. 이렇다고도 저렇다고도 할 수 없는 것임을 알아 반야바라밀을 행하라. 밝은 지혜를 얻어 번뇌를 없애버리고 불퇴전(不退轉)의 자리에 오르려거든 반야바라밀을 수행해야 한다. 이 반야바라밀을 수행하면 그릇된 소견에 빠지지 않고 생각의 번거로움을 돌려 불・법・승 삼보를 믿고 평안하게 될 것이다. 이것은 모든 사람을 부모와 형제처럼 화목하게 만든다.

어떤 사람이 반야바라밀을 수행할 때에는 천신들도 이 일을 기뻐하면서 그가 음욕에서 떠나 처음부터 끝까지 청정행을 쌓도록 마음속으로 빌어 준다. 음욕은 불과 같아 몸을 태우고 더러운 것이므로 자기와 남을 더럽힌다. 원수와 같이 틈을 노리며, 마른 풀이 붙은 불길과 같아 삽시간에 모든 것을 태워 버린다. 음욕은 또 쓴 과일과 같고 날이 선 칼과 같으며, 마술사 같고 어둠 속의 함정 같으며, 겉으로만 친절한 척하는 적과 같다.

이 반야바라밀을 수행할 때에는 반야바라밀을 보지도 말고 그 이름도 생각하지 말며, 행하고 행하지 않는 차별도 두지 마라. 색(色)[2]은 그 본성이 공(空)하기 때문에 공은 곧 색이 되는 것이다. 원래 색의 자성은 공이다. 자성이 공에 의하지 않고 가설로 그것을 색이라 이름한 것이다. 이런 경우 공은 색과는 다르다. 그러나 색은 공을 떠나 존재하지 않고 공은 색을 떠나 따로 존재하는 것이 아니다. 그러므로 색이 즉 공이고, 공이 즉 색일 수 있는 것이다.

---

2) 물질적인 모든 존재.

보리와 중생과 보살이라는 것도 다 그 이름뿐이다. 그 자성은 생도 없고 멸도 없으며 더러운 것도 없고 깨끗한 것도 없다. 이와 같이 알고 반야바라밀을 수행할 때에는 생도 멸도 보지 말며 더러움도 깨끗함도 보지 마라. 세상에서는 가설로 이름 붙인 것을 그 이름에 얽매여 망상 분별을 일으키고 말을 일으키고 집착을 일으킨다. 나라거나 남이라거나 다 그 실체가 없는 이름뿐인 공인데 거기에 어찌 집착할 것인가.

사리풋타, 이 반야바라밀을 수행하여 모든 번뇌를 떠나고 바른 깨달음을 열어 한량없는 중생들을 깨우쳐 주리라고 원을 세우지 않으면 안 된다. 공(空)·무상(無相)·무원(無願)의 법을 따라 모든 것에서 뛰어나고 다시는 물러서지 않는 자리를 얻어 모든 중생을 위한 참다운 복밭이 되어야 한다. 온갖 착한 일은 이 사람으로 말미암아 세상에 나타나고, 그 착한 일로 말미암아 세상은 평화롭고 도에는 깨달음이 있는 것이다."

『大品般若經 習應品』

7. 반야바라밀의 수행

수부티가 부처님께 말했다.

"부처님, 만약 보살이 뛰어난 방편(方便)도 없이 반야바라밀[3)]을 수행하면서 물질〔色〕·느낌〔受〕·생각〔想〕·의지작용〔行〕·의식〔識〕 등을 살피고 이런 것의

3) 지혜의 완성이라는 뜻.

모양에 집착하여 그릇된 해석을 내린다면 그는 반야바라밀을 잃어버릴 것입니다. 그리고 보살이 반야바라밀을 수행할 때에 '나는 지금 반야바라밀을 수행하고 있다'고 생각한다면 그는 모양에 집착하여 반야바라밀을 잃어버릴 것입니다."

수부티는 다시 사리풋타에게 말했다.

"반야바라밀을 수행할 때에 여러 법의 모양을 분별하여 존재의 성질이 참으로 있는 것이라고 집착하기 때문에 생로병사와 후세의 괴로움에서 벗어날 수 없는 것입니다. 만약 반야바라밀을 수행할 때에 물질·느낌·생각·의지작용·의식과 다른 법에 사사로운 마음으로 집착하지 않으면 이것은 참으로 반야바라밀을 수행하는 것이므로 바른 깨달음을 얻을 수 있습니다. 왜냐하면, 모든 존재의 성질은 공해서 존재가 아니기 때문입니다. 그러나 이 존재를 떠나 따로 공이 없으니, 모든 존재는 공이고 공은 곧 모든 존재입니다.

그러므로 반야바라밀을 수행할 때에는 존재에 대해서 있는 것이라고 집착하지도 말고, 있는 것이 아니라고 집착하지도 말며, 있으면서 있는 것이 아니라고 집착하지도 말아야 합니다. 또한 있는 것도 아니고 있는 것이 아닌 것도 아니라고 집착해도 안 됩니다. 모든 존재는 본성이 없는 그것이 본성이므로 그 본성은 찾아 볼 수 없는 것입니다.

보살은 이와 같이 반야바라밀을 수행하고 그 반야바라밀에서도 모양〔相〕을 취하지 않습니다. 모양 없는 것도 취하지 않고, 모양도 아니고 모양 없는 것도 아닌 그것조차 취하지 않으며, 이와 같이 취하지 않는다는 생각까지도 집착하지 않습니다. 왜냐하면 반야바라밀은 그 자성(自性)이 없어 찾아볼 수 없기 때문입니다.

이와 같이 모든 존재와 반야바라밀에서 취할 것 없는 것을 보살의 '얻을 것 없는 삼매'라고 합니다. 이 삼매와 반야와 보살, 이 셋이 하나임을 잊어서는 안 됩니다. 모든 존재의 성질은 평등하기 때문입니다. 그러므로 보살은 이 삼매에 들어 '나는 이 존재를 가지고 삼매에 들었다.'고 생각하지도 않고, 삼매에 있으면서 삼매에 있는 줄도 모르고 또 생각하지도 않습니다."

이때 부처님께서는 수부티를 칭찬하면서 사리풋타에게 말씀하셨다.

"보살은 이와 같이 집착하지 않는 것을 방편으로 하여 반야바라밀을 배운다. 어떤 것이 얻을 것 없는 것인가 하면, 나와 남과 중생과 목숨과 아는 사람, 보는 사람이 모두 실체가 없으므로 얻을 수 없다. 모든 존재는 본래 공해서 얻을 수 없고 항상 청정하다. 청정하다는 것은 모든 존재가 나지도 않고 없어지지도 않으며, 더러운 것도 깨끗한 것도 아니고 얻는 것도 짓는 것도 없음을 말한다. 이것을 모르는 것을 무명(無明)이라 한다. 중생은 이 무명과 갈애(渴愛) 때문에 망상 분별하여 유(有)와 무(無)의 양극단에 얽매인

다.

사리풋타, 보살이 반야바라밀을 수행할 때에는 집착하지 않는 것을 방편으로 수행하여 밝은 지혜를 얻는다. 모든 존재는 자성이 없기 때문이다."

『大品般若經 行相品』

8. 반야바라밀의 방편

수부티가 부처님께 물었다.

"부처님, 집착하지 않는 것을 방편으로 반야바라밀을 수행하면 밝은 지혜를 얻으리라는 말씀을 새로 발심한 보살이 들으면 혹시 의혹하지 않겠습니까?"

부처님께서 말씀하셨다.

"반야바라밀에서 방편을 찾지 못하고 선지식(善知識)을 얻지 못하면 두려움이 생길 것이다. 방편이란 모든 존재의 자성은 얻을 수 없는 것이라고 아는, 밝은 지혜와 부합되는 마음을 말한다. 이 마음은 다른 다섯 바라밀까지도 충족시킨다.

이 잡을 수 없는 지혜를 가지고 중생에게 가르침을 베풀고, 그 가르침도 또한 얻을 수 없는 것이라고 생각하는 것은 보살의 보시바라밀이다. 스스로 행동하고 스스로 살피면서 그 행동하고 살핌이 잡을 수 없는 것이라고 아는 것은 보살의 지계(持戒)바라밀이다. 얻을 수 없다는 것으로 알고 모든 법의 고(苦)·공(空)·무상(無常)·무아(無我)를 참고 기뻐하는 것은 보살의 인욕(忍辱)바라밀이다. 무엇이나 다 얻을 수 없는 것으로 알고 또 밝은 지혜에 어울리는 마음으로 정진하여 게으르지 않는 것은 보살의 정진(精進)바라밀이다.

보살이 반야바라밀을 수행하면서 조그마한 이기심이나 불순한 마음을 일으키지 않는 것은 보살의 선정(禪定)바라밀이다. 이와 같은 방편이 있는 사람이라면 이 반야바라밀을 들어도 의혹하지 않을 것이다.

색을 공이라고 보기 때문에 공한 것이 아니라 색은 본래부터 그 자체가 공한 것이다. 그 밖에 다른 법도 공이라고 보기 때문에 공한 것이 아니고 그 자체가 공한 것이다. 보살은 이와 같이 보살의 자성이 공해서 얻을 수 없는 것을 알고 반야바라밀을 알기 때문에 두려움이 없는 것이다.

그러면 보살의 선지식이란 무엇인가. 모든 것은 그 자체가 공해서 얻을 수 없고, 여러 가지 선한 수행도 공하기 때문에 얻을 수 없다고 가르쳐, 조그마한 깨달음의 안일에 빠지지 않고 밝은 지혜로 나아가게 하는 사람이 곧 보살의 선지식이다. 보살의 악지식(惡知識)은 육바라밀을 버리라고 하거나, 조그마한 이익에 머물러 자기만의 깨달음에 만족하라고 가르치는 사람이다. 모든 것이 공이므로 부처도 없고 보살도 없고 깨달음의 길도 찾을 필요가 없다고 하는 말을 들으면서도 그것이 악마의 장난이라고 깨우쳐 주지 않는다면 그는 악지식이다."

『大品般若 幻學品』

9. 마하살

수부티가 부처님께 물었다.

"부처님, 마하살이란 무슨 뜻입니까?"

부처님께서 말씀하셨다.

"보살은 열반에 드는 사람 중에서도 으뜸이므로 마하살[4]이라 한다. 보살은 모든 법을 알고 일체 중생을 구하겠다는 큰 마음을 낸다. 그 마음은 금강석처럼 굳기 때문에 반드시 열반에 들고 열반에 드는 사람 중에서도 으뜸이 된다. 그 큰 마음이란 어떤 것인가. 보살은 다음과 같은 열 가지 서원을 세운다.

이 세상을 청정하게 정화시키겠다. 모든 존재의 모양에서 집착을 버리겠다. 모든 중생과 마음을 같이하겠다. 모든 중생을 구제하여 깨달음을 얻도록 하겠다. 모든 중생을 구제할지라도 한 사람도 구제했다는 생각조차 가지지 않겠다. 모든 법의 생멸이 없음을 깨닫겠다. 밝은 지혜의 마음으로 육바라밀(六波羅蜜)을 수행하겠다. 지혜를 닦아 모든 법을 알겠다. 모든 법이 공하여 모양이 없는 것임을 알겠다. 모양이 없기 때문에 그 실상을 깨닫겠다.

보살은 또 지옥 아귀의 괴로움에 허덕이는 중생을 가엾이 여겨 그 괴로움을 대신 받는 큰 마음을 일으킨

---

4) 큰 보살이란 뜻. 보살은 자리(自利)·이타(利他)의 큰 행〔大行〕과 큰 원〔大願〕을 가진 사람이다.

다. 그래서 더러운 마음, 화내는 마음, 어리석은 마음, 자기 이익에만 만족하는 마음을 일으키지 않는다. 흔들리지 않는 마음을 일으켜 법을 믿고, 법을 참고, 법을 받고, 법을 수행하여 공에 머물러 열반에 드는 사람 중에 으뜸이 된다. 이러한 보살을 마하살이라 한다." 『大品般若經 金剛品』

10. 반야바라밀은 여래의 어머니

제석천을 비롯한 여러 천신들도 반야바라밀의 설법을 듣고 몹시 기뻐하였다. '부처님과 스님들은 우리에게 법비를 내려주시니, 우리는 그 답례로 꽃비를 뿌립시다' 하고 부처님과 제자들이 있는 곳에 아름다운 꽃을 뿌렸다. 수부티는 이 광경을 보고 속으로 생각했다. '이것은 일찍이 볼 수 없었던 아름다운 꽃일 것이다.'

이때 제석천이 말했다.

"스님, 이것은 나무에 핀 꽃도 아니고 마음에 핀 꽃도 아닙니다."

"그 말도 옳다. 그러나 피지 않는 것을 어째서 꽃이라 이름하겠는가?"

제석천은 인연이 화합하여 된 물건에 임시로 붙인 그 거짓 명칭을 들어 교묘하게 법을 말하는 수부티의 지혜에 놀랐다. 그래서 부처님께 여쭈었다.

"부처님, 수부티 존자(尊者)는 어떻게 거짓 명칭을

들어 모든 존재의 실상을 말할 수 있습니까?"

"사물은 모두 거짓 이름으로 불린다. 그 실상은 완전히 공이고 실체가 없다. 사물은 칭찬한다고 해서 더할 것이 없고, 비방할지라도 줄어들 것이 없다. 그러므로 수부티는 어두운 세상 소견으로 붙인 거짓 이름을 쓰면서도, 그 이름은 거짓이고 자체는 없는 것이라고 깨달음의 경지를 말한 것이다.

여래란 어떤 모양을 갖춘 육신을 말한 것이 아니다. 일체지(一切智)를 갖추어야만 여래라고 이름할 수 있는 것이다. 그런데 그 일체지는 오로지 반야바라밀 가운데서 배워 얻는 것이므로 반야바라밀은 여래의 어머니이다. 일체지가 간직되어 있는 육신의 사리(舍利)를 공경해도 그 공덕은 적지 않겠지만, 그보다도 일체지를 낳는 반야바라밀을 생각하고 공양하는 공덕이 훨씬 더 뛰어날 것이다. 이 반야바라밀만 이 세상에 있다면 온갖 선행(善行)과 지혜를 성취할 수 있고, 중생을 제도하여 이 세상을 맑게 정화시킬 수 있을 것이다. 그러므로 바른 법을 구하려면 반야바라밀을 생각하고 공양하는 것이 제일가는 공덕이 될 것이다."

『大品般若經 散華品』

11. 보리에 회향하는 공덕

미륵보살이 수부티에게 말했다.

"만약 보살이 여러 사람이 쌓는 공덕을 기쁜 마음으

로 도와 주고 또 자신도 그 공덕을 쌓아, 그것을 자기 만이 아니고 다른 사람들에게까지 성불하도록 널리 회향한다면, 그것은 실로 으뜸가는 공덕이라고 할 것입니다.

왜냐하면 보통 사람들의 공덕은 자신만을 완전하게 하고 깨끗하게 하여 구제하려는 것이지만 보살의 공덕은 모든 사람들을 완전하게 하고 깨끗이 하고 구제하기 위해서 쌓는 것이기 때문입니다."

수부티는 다음과 같이 말했다.

"그렇습니다. 공덕의 근원인 여래를 생각하고 처음으로 보리심을 발하여 수행할 때부터 깨달음을 얻을 때까지 잠시도 잊지 않고 모든 사람의 공덕을 같이 기뻐하면서 그것을 모두 보리(菩提)에 돌려 보낸다면 그것은 둘도 없는 공덕이 될 것입니다. 그러나 만약 그 마음에, 나는 보리를 위해 회향(廻向)했다는 생각이 있다면 그 사람은 바른 공덕을 쌓은 것이 아닙니다. 그는 같이 기뻐한 대상에 마음이 걸리고, 또 회향한 사실에 집착한 것입니다. 이와 같이 사물과 마음에 집착이 남아 있는 동안은 바른 도를 성취할 수 없을 것입니다."

수부티는 말을 계속하였다.

"처음부터 발심한 보살이 반야바라밀을 수행할 때 집착하려 해도 그 대상이 없고, 생각하려 해도 생각할 수 없는 반야바라밀임을 믿는다면 집착에서 벗어날 수 있을 것입니다. 그러므로 처음 배우는 보살은 부처님의 가르침을 깊이 믿고 항상 선지식에게 법을 물어야 합니다.

선지식은 그를 위해 육바라밀의 뜻을 잘 해설해 주고, 반야바라밀을 떠나지 않게 해 줄 것입니다. 따라서 그 보살은 모든 법에 집착하는 일이 없으므로 설사 악마의 가르침을 듣게 되더라도 거기에 빠져들어가지 않을 것입니다." 「大品般若經 隨喜品」

12. 모든 법은 깨끗하다

사리풋타가 반야바라밀의 공덕을 듣고 나서 부처님께 여쭈었다.

"부처님, 반야바라밀은 어떤 것에도 더럽혀지지 않는 깨끗한 거울이며, 모든 법의 진리를 비추는 밝은 거울입니다. 온갖 번뇌를 없애주므로 윤회에 얽매이지 않습니다. 법의 실상을 환히 보게 하므로 두려움과 고뇌를 끊고 윤회의 어둔 길을 비추는 밝은 빛입니다. 치우친 고행과 쾌락을 추구하지 않으므로 그릇된 소견을 가진 사람을 바른 길로 인도하는 부처님의 지혜입니다. 반야바라밀은 그 자체가 공하기 때문에 어둔 눈으로 보는 법처럼 생멸하지 않습니다. 항상 있는 것도 아니고 없는 것도 아니므로 윤회에서 벗어나 있고, 모든 공덕과 선행의 어머니이므로 나약한 자를 구해 줍니다. 한량없는 힘을 지니고 일체지의 근본이 되므로 모든 존재의 실상(實相)을 보여 줍니다. 이와 같이 넓고 큰 반야바라밀을 어떻게 공양해야 합니까?"

"사리풋타, 네 말과 같이 반야바라밀은 모든 법의 근본이므로 여래와 다를 것이 없다. 그러므로 반야바라밀을 여래와 같이 공양하고 여래를 예배하는 것처럼 예배하라. 만약 마군에게 이끌려 반야바라밀을 비방하거나, 깊은 법을 믿을 수 없고 마음이 깨끗하지 못해 반야바라밀을 비방하거나, 나쁜 벗과 사귀어 바른 생각을 잃고 육신에만 집착한 나머지 반야바라밀을 비방하거나, 짜증과 화를 내며 자기를 높이고 남을 얕보아 반야바라밀을 비방하면 지옥에 떨어져 나올 기약이 없을 것이다. 그러므로 이 네 가지 인연은 조심하지 않으면 안 된다."

부처님께서 다시 말씀하셨다.

"사람들에게 깨끗하고 깨끗하지 못한 차별을 두지만 사물의 본성은 깨끗한 것도 더러운 것도 아니다. 집착하기 쉬운 마음이기 때문에 깨끗한 것을 가까이하고 더러운 것을 멀리 하라는 것이다. 이것은 방편일 따름이다. 집착하는 마음을 떠나서 보면 모든 존재는 다 깨끗하다. 탐욕과 성냄과 어리석음도 다 깨끗한 것이며, 이 육체를 형성하는 오온(五蘊)도 깨끗하고 지혜도 깨끗한 것이다. 모든 존재가 깨끗하므로 반야바라밀도 깨끗하다."

"부처님께서 말씀하신 깨끗함이란 중생의 알음알이로써는 상상할 수 없는 깊은 뜻입니다."

"그렇다, 사리풋타. 깨끗하고 깨끗하지 못한 것은

차별의 눈으로 보고 하는 말이다. 지금 내가 깨끗하다는 것은 구경(究竟)의 깨끗함이다. 차별을 떠나서 본존재의 본성이다." 「大品般若經 歎淨品」

13. 지혜의 완성

관자재보살이 깊은 반야바라밀다를 행할 때, 다섯가지 쌓임이 모두 공한 것을 비추어 보고 온갖 괴로움과 재앙을 건지느니라.

사리불이여, 물질이 공과 다르지 않고 공이 물질과 다르지 않으며, 물질이 곧 공이요, 공이 곧 물질이니, 느낌과 생각과 지어감과 의식도 또한 그러하니라.

사리불이여, 이 모든 법의 공한 모양은 나지도 않고 없어지지도 않으며 더럽지도 않고 깨끗하지도 않으며 늘지도 않고 줄지도 않느니라.

그러므로 공 가운데에는 물질도 없고 느낌과 생각과 지어감과 의식도 없으며, 눈과 귀와 코와 혀와 몸과 뜻도 없으며, 빛과 소리와 냄새와 맛과 닿임과 법도 없으며, 눈의 경계도 없고 의식의 경계까지도 없으며, 무명도 없고 또한 무명이 다함도 없으며, 늙고 죽음도 없고 또한 늙고 죽음이 다함까지도 없으며, 괴로움과 괴로움의 원인과 괴로움의 없어짐과 괴로움을 없애는 길도 없으며, 지혜도 없고 얻음도 없느니라. 얻을 것이 없는 까닭에 보살은 반야바라밀다를 의지하므로 마음에 걸림이 없고, 걸림이 없으므로 두려움이 없어서 뒤바뀐 헛된 생각을 아주 떠나 완전한 열반에 들어가며, 과거 현재 미래의 모든 부처님도 이 반야바라밀다를 의지하므로 아뇩다라삼먁삼보리를 얻느니라. 그러므로 알아라. 반야바라밀다는 가장 신비한 주문이며, 가장 밝은 주문이며, 가장 높은 주문이며, 아무 것과도 견줄 수 없는 주문이니, 온갖 괴로움을 없애고 진실하여 허망하지 않느니라.

그러므로 반야바라밀다의 주문을 말하노니 주문은 곧 이러하니라.

아제 아제 바라아제 바라승아제 모지 사바하(세 번 반복)

『般若心經』

제 2 장 유마힐의 설법

1. 좌선

부처님께서는 베살리의 장자(長者) 유마힐(維摩詰)이 앓아 누워 있는 것을 아시고 사리풋타〔舍利弗〕에게 말씀하셨다.

"네가 유마힐에게 가서 병문안을 하여라."

사리풋타는 부처님께 말했다.

"부처님, 그에게 문병하는 일을 저는 감당할 수 없습니다. 언젠가 숲속 나무 아래 앉아 좌선하던 옛일이 생각납니다. 그때 유마힐은 저에게 이렇게 말했습니다. '사리풋타님, 앉아 있다고 해서 그것을 좌선(坐禪)이라고 할 수는 없습니다. 삼계(三界)[1]에 있으면서 몸과 마음이 움직이지 않는 것을 좌선이라고 합니다. 마음과 그 작용이 쉬어버린 무심한 경지에 있으면서도 온갖 행위를 할 수 있는 것을 좌선이라고 합니다. 진리에 나아가는 길을 버리지 않고, 그러면서도 범부의 일상생활을 하는 것이 좌선입니다. 마음이 안으로 고요에 빠지지 않고 또 밖으로 흩어지지 않는 것

---

1) 생사 유전이 계속되는 미혹의 세계를 셋으로 나눈 것. 욕계(欲界)·색계(色界)·무색계(無色界).

을 좌선이라고 합니다. 번뇌를 끊지 않고 열반에 드는 것을 좌선이라고 합니다. 만약 이와 같이 앉을 수 있다면 이는 부처님께서 인정하시는 좌선일 것입니다.'

부처님, 저는 그때 이런 말을 듣고 말문이 막혀 아무 말도 못했습니다. 그러므로 그를 찾아가 문병하는 일을 감당할 수 없습니다." 『維摩經 弟子品』

2. 설법

부처님께서 목갈라나〔目連〕에게 말씀하셨다.

"네가 유마힐에게 가서 병문안을 하여라."

"부처님, 저도 그 일을 감당할 수 없습니다. 저는 베살리 성 안에서 많은 신도들에게 법을 설하던 옛일이 생각납니다. 그때 유마힐은 저에게 말했습니다. '목갈라나님, 설법은 법답게 해야 합니다. 법은 중생을 가리지 않습니다. 중생의 허물을 보지 않기 때문입니다. 법은 '나'의 허물이 없으므로 나도 없고, 생과 사가 없으므로 목숨이 없으며, 과거의 생과 미래의 생이 끊어졌기 때문에 내가 없으며, 모양이 없으므로 항상 적연(寂然)합니다. 진리는 원인을 도와서 결과를 맺게 하는 일이 없으므로 모양이 없으며, 언어가 끊어졌기 때문에 이름이 없고, 치밀하거나 치밀하지 못한 생각까지도 떠났기 때문에 말이 없고, 허공과 같으므로 형상이 없으며, 궁극적인 공(空)이기 때문에 부질없는 말이 없습니다.

진리에는 내 것도 없고, 분별도 비교할 대상도 없으며, 진리는 간접적인 원인에 관계하지도 않고 직접적인 원인에도 속하지 않으며, 모든 사물의 안에 들기 때문에 모든 사물의 본성과 같습니다. 진리는 사물 그대로의 모습에 따르고 어떠한 환경의 영향도 입지 않으므로 진실 그곳에 머뭅니다. 또 진리는 육진(六塵)에 의한 것이 아니므로 흔들리지 않으며, 시간 속에 머무는 것이 아니므로 오고 감이 없습니다. 진리는 공(空)에 따르고 차별하지 않으며 작위(作爲)의 뜻이 없습니다. 진리는 아름답고 추한 것을 가리지 않고 더하고 덜함이 없으며 생멸(生滅)이 없으며 돌아갈 곳도 없습니다. 진리는 눈과 귀와 코와 혀 그리고 몸과 마음을 초월하였고 낮음이 없으며 결코 흔들리지 않으며 관찰의 대상에서 떠나 있습니다.

진리는 중생의 능력에 따라 그에 맞게 설해야 합니다. 또 지견(知見)은 걸림이 없어야 하며, 대비심(大悲心)으로 대승(大乘)을 찬탄하고 부처의 은혜에 보답하며, 삼보(三寶)가 영원한 것을 생각하면서 설법해야 합니다.' 부처님, 저에게는 변재(辯才)가 없습니다. 그러므로 문병하는 일을 감당할 수 없습니다."

『維摩經 弟子品』

3. 걸식

부처님께서 카샤파〔迦葉〕에게 유마힐의 문병을 말씀

하시자 카샤파는 이렇게 말했다.

"부처님, 저도 그 일을 감당할 수 없습니다. 저는 가난한 마을에서 걸식하던 일이 생각납니다. 그때 유마힐은 저에게 다가와 말했습니다.

'카샤파님, 자비심이 있다 해도 부자를 버리고 굳이 가난한 사람[2)]에게서 걸식하는 것은 그 자비심을 널리 펴는 일이 못됩니다. 걸식은 평등한 법에 머물러 차례대로 행해야 합니다. 걸식은 식용을 위한 것이 아니며, 음식을 얻기 위한 것도 아닙니다. 마을에 들어갈 때는 사람이 살지 않는 빈 마을이라는 생각으로 들어가야 하며, 형상을 보더라도 장님과 같이 보고, 들리는 소리는 메아리와 같이 듣고, 냄새는 바람과 같이 느끼고, 맛을 분별하지 않으며, 온갖 느낌은 깨달음의 경지에서 느끼듯 해야 하고, 또 모든 것이 꼭두각시와 같은 줄 알아야 합니다.

카샤파님, 이와 같이 걸식한 한 끼의 밥을 모든 중생에게 베풀고 모든 부처님과 성현에게 공양한 다음에 먹을 수 있어야 남의 보시를 헛되이 먹었다고 하지 않을 것입니다. 이와 같이 먹을 수 있는 사람은 번뇌를 버리지 않고서도 해탈에 들고, 집착을 끊지 않고서도 바른 가르침에 들 수 있습니다. 보시하는 사람의 복덕도 많고 적음이 없습니다. 손해나 이득을 떠날 때 이것을 깨달음의 길에 바르게 들어갔다 하고, 자기만의

---

2) 카샤파는 가난한 집만 골라 걸식했다. 가난한 사람이 보시한 공덕으로 가난을 면하게 하기 위해.

깨달음을 구하는 길에 의지하지 않았다고 합니다.'

부처님, 저는 이와 같은 말을 듣고서 남에게 성문(聲聞)이나 독각(獨覺)의 수행을 권하지 않게 되었습니다."

『維摩經 弟子品』

4. 지계(持戒)

우팔리〔優婆離〕도 부처님께 여쭈었다.

"부처님, 저도 유마힐의 문병을 감당할 수 없습니다. 저는 파계한 두 비구가 죄에 대한 뉘우침과 근심으로부터 벗어나 죄를 면하게 해달라는 이야기를 듣고 형식적인 설명을 해주었습니다. 그곳에 유마힐이 찾아와 말했습니다.

'우팔리님, 이 두 사람의 죄를 더 무겁게 해서는 안 됩니다. 지금 곧 두 사람의 뉘우침과 근심을 없애주어 마음이 흔들리지 않게 해야 합니다. 그 죄의 본성은 안에 있는 것도 밖에 있는 것도 아니며 중간에 있는 것도 아닙니다.

부처님께서 설하신 것과 같이 마음이 더러우면 중생도 더럽고 마음이 깨끗하면 중생도 깨끗한 것입니다. 또 마음은 안에 있는 것도 밖에 있는 것도 중간에 있는 것도 아닙니다. 그 마음이 그러하듯이 저도 또한 그와 같고, 모든 것은 그와 같아서 진실을 떠나서는 존재하지 못합니다. 우팔리님, 만약 마음이 깨달음을 얻었을 때 그 마음은 더럽혀 있겠습니까?'

'아닙니다.'

'모든 중생의 마음도 그와 같이 때가 없습니다. 망상은 때입니다. 망상이 없으면 곧 청정입니다.

그릇된 생각은 더럽혀진 것이며 그릇된 생각이 없으면 곧 청정입니다. 나에 집착하는 것은 더럽혀진 것이며, 나에 집착하지 않는 것은 곧 청정한 것입니다. 또 모든 것은 아지랑이나 물 속에 비친 달, 거울에 비친 그림자와 같이 망상으로부터 생긴 것입니다. 이 이치를 아는 사람은 계율을 지키는 사람이며 깨달은 사람입니다.'

이때 두 비구는 뉘우침과 근심을 떠나 보리심(菩提心)을 내었습니다." 『維摩經 弟子品』

5. 출가의 공덕

라훌라도 부처님께 여쭈었다.

"부처님, 저는 베살리에 사는 장자의 아들들에게 출가(出家)의 공덕에 대해서 적당한 설명을 하고 있었습니다. 그때 유마힐이 곁에 와 저에게 말했습니다.

'라훌라님, 출가의 공덕을 설해서는 안 됩니다. 왜냐하면 아무런 이익과 공덕이 없는 것이 출가이기 때문입니다. 인연에 의해서 된 것이라면 이익과 공덕이 있다고 할 수 있지만, 출가는 인연으로 이루어진 것이 아닙니다. 인연을 따라 변하는 것이 아닌 법에는 이익도 없고 공덕도 없습니다.

출가에는 깨달음도 없고 미혹도 없으며 그 중간도 없습니다. 온갖 그릇된 견해를 멀리하고 열반과 하나가 되는 것입니다. 이것은 견해를 멀리하고 열반과 하나가 되는 것입니다. 이것은 지혜로운 사람이 찾는 것이며 성인이 닦는 길입니다. 출가의 길은 모든 마군을 항복시키고 미혹의 세계를 초월하며, 지혜의 눈을 밝게 하고 뛰어난 능력을 갖추어 그 힘을 얻습니다. 마군을 멀리하고 이교도를 설복하며, 거짓된 이름에 집착하지 않고, 욕망의 늪에서 나와 묶이지 않고, '나'에 집착하지 않으며, 인연의 영향을 받지 않고, 마음은 혼란하지 않으며, 안으로는 기쁘고, 중생의 뜻을 지키며, 선정을 따라 온갖 과오를 떠나는 것이 참다운 출가입니다.'

그리고 유마힐은 장자의 아들들에게 말했습니다.

'그대들이 지금 이곳에서 최상의 깨달음을 구하는 마음을 일으킨다면, 그것이 곧 출가이며 계율을 완전히 갖춘 것이 된다.'

이때 서른두 명이나 되는 장자의 아들들은 모두 보리심을 내었습니다." 『維摩經 弟子品』

6. 중생 그대로가 진여

부처님께서 미륵보살에게 말씀하셨다.

"그대가 유마힐을 찾아가 병문안을 하도록 하시오."

"부처님, 저는 적임자가 아닙니다. 그 옛날 도솔천

의 왕과 그 일족을 위해 깨달음을 얻는 수행에 관해 설하던 일이 생각납니다. 그때 유마힐이 저에게 말하였습니다.

'미륵보살님, 부처님께서는 보살님이 반드시 최상의 깨달음을 얻을 것이라고 수기(受記)하셨습니다. 그런데 어느 생(生)에 수기가 이루어질 것입니까? 과거, 미래, 아니면 현재입니까? 만약 과거의 생이라고 한다면 그 과거의 생은 이미 지나간 것입니다. 미래의 생이라면 아직 오지 않고 있습니다. 만약 현재의 생이라 해도 그 현재는 잠시도 머물러 있지 않습니다. 부처님께서, 너희는 지금 이 순간에도 동시에 태어나고 늙으며 죽어가고 있다 하신 말씀과 같습니다. 생멸하는 미혹(迷惑)의 세계를 초월하는 것이 수기를 이루는 것이라면, 생멸을 초월하는 것은 깨달음을 얻는 경지이므로 여기에는 수기를 받는 일도 없고 깨달음을 얻는 일도 없을 것입니다. 어떻게 해서 보살님은 여래가 되리라는 수기를 받았습니까?

보살님, 진여(眞如)[3]가 생하는 것을 수기가 이루어진 것이라고 합니까, 아니면 멸하는 것을 수기가 이루어진 것이라고 합니까? 설사 진여가 생하는 것이 수기를 이루는 것이라 해도 거기에는 생이 없으며, 멸하는 것이라 해도 거기에 멸은 없습니다. 중생 그 자체가 진여이며 모든 존재가 그대로 진여입니다. 따라서

3) 우주 만유에 두루하여 상주 불변(常住不變)하는 본체.

보살님도 진여입니다. 만약 보살님이 수기를 받았다고 하면 모든 중생도 수기를 받은 것입니다. 왜냐하면 진여 그 자체는 둘이 있는 것도 아니고 구별되는 것도 아니기 때문입니다.

또 보살님이 최상의 깨달음을 얻는다고 하면 모든 중생도 얻을 것입니다. 왜냐하면 중생 그대로가 깨달음의 실상이기 때문입니다. 그러므로 수기를 받았다고 설하여 천신(天神)을 유혹해서는 안 됩니다. 실제로는 최상의 깨달음을 구하고자 하는 마음을 일으키는 자도 없고 또 물러서는 자도 없는 것입니다. 그러므로 천신들로 하여금 깨달음에 대한 분별을 버리게 해야 합니다.'

「維摩經 菩薩品」

7. 깨달음

'미륵보살님, 깨달음은 몸으로 얻는 것이 아닙니다. 또 마음으로 얻는 것도 아닙니다. 적멸(寂滅)이야말로 깨달음입니다. 그것은 모든 모양을 없앴기 때문입니다. 모든 대상과의 관계를 끊었기 때문에 관찰하는 일이 없는 것도 깨달음이며, 생각이 없으므로 행하지 않는 것도 깨달음입니다. 그릇된 소견을 끊어 없앤 것도 깨달음이며, 망상을 떠난 것도 깨달음이며, 욕망을 막는 것도 깨달음이며, 안팎의 모든 경계에 탐착하지 않는 것도 깨달음이며, 진여에 따르는 것도 깨달음입니다. 사물의 본성에 머무는 것도 깨달음이며, 사물의 진실한 존재에 이르는 것도 깨달음이며, 마음과 마음이 파악하는 대상에서 떠나 분별하지 않는 것도 깨달음이며, 허공과 같아서 평등한 것도 깨달음입니다.

생하고 지속하며 멸하는 일이 없으므로 무위(無爲)도 깨달음이며, 중생의 마음과 행을 아는 것도 깨달음이며 안팎의 경계를 만나 거기 영향을 입지 않는 것도 깨달음이며, 모양과 빛깔이 없으므로 일정한 위치가 없는 것도 깨달음인 것입니다.

거짓 이름도 그 이름과 글자가 공한 것이므로 깨달음이며, 취하거나 버릴 것이 없는 것도 깨달음이며, 항상 스스로 적정(寂靜)하여 혼란하지 않음도 깨달음입니다. 미혹을 떠난 경계도 그 본성이 깨끗하므로 깨달음이며, 반연을 떠났기 때문에 대상에 집착하지 않음도 깨달음이며, 모든 것이 평등하므로 다르지 않음도 깨달음이며, 비유할 수 없으므로 비교할 길이 끊긴 것도 깨달음이며, 모든 법은 알기 어려운 것이므로 미묘함도 깨달음인 것입니다.'

부처님, 유마힐이 이같이 설할 때 천신들도 진리를 깨달은 마음의 평안을 얻었습니다." 『維摩經 菩薩品』

8. 도량(道場)

부처님께서 광엄(光嚴)동자에게 말씀하셨다.

"네가 유마힐에게 가서 문병하여라."

"부처님, 저도 적임이 아닙니다. 언젠가 저는 베살

리 성문을 나가려 하고 유마힐은 들어오고 있을 때의 일이 생각납니다. 저는 그에게 물었습니다.

'거사(居士)[4]님, 어디서 오십니까?'

'나는 도량(道場)에서 옵니다.'

'도량이란 어디를 말합니까?'

'곧은 마음이 도량입니다. 거짓이 없기 때문입니다. 믿음을 가지고 수행하는 것도 도량입니다. 사물을 판별하기 때문입니다. 공덕을 증가시키므로 마음 깊이 도를 구하는 것도 도량이며, 잘못에 떨어지거나 진리를 의심하는 일이 없으므로 보리심도 도량입니다. 보답을 바라지 않는 보시도 도량이며, 소원을 이루게 하므로 계를 지키는 것도 도량이며, 모든 중생을 대할 때 맞설 일이 없으므로 인욕도 도량입니다. 나태하여 물러서는 일이 없으므로 정진도 도량이며, 마음이 조화를 이루므로 선정(禪定)도 도량이며, 모든 것의 본체를 보므로 지혜도 도량입니다.

모든 중생에 대해 평등하므로 중생에게 즐거움을 베푸는 따뜻한 마음도 도량이며, 중생을 위해 괴로움을 잘 참아내므로 중생의 괴로움을 없애주고자 하는 마음도 도량이며, 여래의 가르침을 익히는 것이 즐거움이므로 중생의 기쁨을 기뻐하는 것도 도량이며, 사랑과 미움을 넘어선 것이므로 중생에 대해서 평등함도 도량입니다. 마음의 동요를 버리게 하므로 해탈도 도량이

4) 가정생활을 하면서 불교를 믿는 남자 신도.

며, 중생을 교화하므로 방편도 도량입니다. 진리는 세상을 속이지 않으므로 도량이며, 무명으로부터 늙음과 죽음에 이르는 모든 일에 관계하므로 연기(緣起)도 도량이며, 온갖 번뇌까지도 진실을 알게 하므로 도량입니다. 무아(無我)를 알게 하므로 중생도 도량이며, 모든 존재가 공(空)함을 알게 하므로 모든 법도 도량입니다.

이와 같이 보살이 온갖 바라밀을 힘써 닦고 중생을 교화하고자 하면 발을 들고 내리는 동작까지도 도량으로부터 와서 부처님의 가르침을 실천하는 것이라고 알아야 합니다.'

이런 일이 있기 때문에 저는 그를 찾아가 문병하는 일을 감당할 수 없습니다." 『維摩經 菩薩品』

9. 중생이 앓으니 보살도 앓는다

문수보살은 유마힐을 문병하기 위해 여러 대중과 함께 베살리로 갔다. 그때 유마힐은 문수보살 일행이 오고 있는 것을 알고 가구를 치우고 시중드는 사람들을 내어보내 홀로 침상 위에 누워 있었다. 문수보살이 들어서자 유마힐이 말했다.

"어서 오십시오, 문수보살님, 올 것이 없는데 오셨고 볼 것이 없는데 보십니다."

문수보살이 유마힐에게 말했다.

"그렇습니다, 거사님. 왔다 해도 온 것이 아니며 갔

다 해도 가는 것이 아닙니다. 왜냐하면 와도 온 곳이 없고 가도 간 곳이 없으며, 본다는 것도 사실은 보지 못하는 것입니다. 그건 그렇고, 병환은 좀 어떠십니까? 부처님께서 안부를 전하셨습니다. 병은 어째서 생겼으며, 얼마나 오래 됐으며, 어떻게 하면 나을 수 있겠습니까?"

유마힐은 대답했다.

"내 병은 무명(無明)으로부터 애착이 일어 생겼고, 모든 중생이 앓으므로 나도 앓고 있습니다. 중생의 병이 없어지면 내 병도 없어질 것입니다. 왜냐하면 보살은 중생을 위해 생사에 들고 생사가 있으면 병이 있게 마련입니다. 중생이 병에서 벗어날 수 있다면 보살도 병이 없을 것입니다. 그러므로 보살의 병은 대비심(大悲心)에서 생깁니다."

"거사님의 병명은 무엇입니까?"

"내 병에는 증세가 없으므로 볼 수 없습니다."

"그 병은 몸의 병입니까, 마음의 병입니까?"

"몸과는 관계 없으니 몸의 병은 아니며, 마음은 꼭두각시 같으므로 마음의 병도 아닙니다."

"지(地)·수(水)·화(火)·풍(風) 네 가지 요소 중 어디에 걸린 병입니까?"

"이 병은 지의 요소에 걸린 것이 아닙니다. 그렇다고 지의 요소와 관계가 없는 것도 아닙니다. 수·화·풍의 요소에 대해서도 마찬가지입니다. 그러나 중생의 병이 네 가지 요소로부터 생겨 앓고 있기 때문에 나도 병든 것입니다."

"병든 보살은 어떻게 그 마음을 다스리고 극복해야 합니까?"

"병든 보살은 이와 같이 생각해야 합니다.

'내 병은 모두가 전생의 망상과 그릇된 생각과 여러 가지 번뇌 때문에 생긴 것이지, 결코 병에 걸려야 할 실체가 있는 것은 아니다. 왜냐하면 네 가지 요소가 결합되어 몸이라고 가칭(假稱)하였을 뿐 네 가지 요소에는 실체로서의 주체는 없으며, 몸에도 역시 내가 없기 때문이다. 또 이 병이 생긴 것은 모두가 나에 집착하기 때문이다. 그러므로 나라는 것에 집착하지 말아야 한다.'

이와 같이 병의 근본을 알면 곧 나에 대한 생각도 중생에 대한 생각도 없어지고 존재에 대한 생각이 일어날 것이니 그때는 또 이렇게 생각해야 합니다.

'이 몸은 여러 가지 물질이 화합하여 이루어진 것이다. 생길 때는 물질만이 생기고 멸해도 물질만이 멸한다. 또 이 물질은 서로 알지 못해 생길 때 내가 생긴다고 말하지 않으며 멸할 때 내가 멸한다고 말하지 않는다.'

또 병든 보살이 물질에 대한 생각을 버리기 위해서는 이렇게 생각해야 합니다.

'물질에 대한 이 생각도 또한 뒤바뀐 생각이다. 뒤바뀐 생각이란 커다란 병이다. 나는 반드시 이것으로부터 떠나야 한다.'

떠난다고 하는 것은 나와 내 것으로부터 떠나는 것을 말합니다. 그것은 상대적인 것으로부터 떠나는 것을 말합니다. 상대적인 것을 떠난다 함은 주관과 객관을 떠나 평등한 행을 하는 것입니다. 평등이라고 하는 것은 나와 열반이 평등한 것이며 나와 열반은 모두 공(空)한 것입니다. 공이라고 하는 것은 다만 이름에 지나지 않으며 그와 같은 상대적인 것은 변하지 않는 것이 없습니다. 이 평등함을 얻으면 다른 병은 없고 오직 공에 대한 집착만이 남지만 이 집착 또한 공인 것입니다.

이 병든 보살은 이제 괴로움과 즐거움을 감수(感受)하는 일이 없지만 중생을 위해 온갖 괴로움과 즐거움을 감수합니다. 또 불법(佛法)이 중생계에서 충분히 성취되기 전에는 그 감수하는 일을 버리고 깨달음의 경지에 들지 않습니다. 그러므로 만약 자기의 몸이 괴로우면 악의 과보를 받는 중생을 생각하며 '나는 이미 괴로움을 극복하였으므로 모든 중생의 괴로움도 극복하도록 해야 한다.'는 대비심을 일으켜야 합니다. 그리고 병의 근본을 끊기 위해 가르쳐 이끌어야 합니다.

병의 근본은 반연입니다. 마음이 대상에 대하여 작용할 때 그것은 병의 근본이 됩니다.

마음이 작용하는 대상은 삼계(三界)입니다. 이 마음의 작용을 끊기 위해서는 모든 것에 얽매이지 않아야 합니다. 만약 모든 것에 얽매이지 않으면 마음이 대상에 대해 작용하지 않을 것입니다. 마음이 얽매이지 않는다고 하는 것은 상대적인 생각을 떠나는 것이며, 상대적인 생각이라고 하는 것은 주관과 객관이며, 이것을 떠나는 것이 곧 모든 것에 얽매이지 않는 것입니다.

문수보살님, 병든 보살이 그 마음을 극복한다는 것은 이와 같은 것입니다. 그러나 보살은 마음을 극복하는 일에 집착하지 않으며, 극복하지 않는 일에도 집착하지 않습니다." 『維摩經 問疾品』

10. 보살의 수행

유마힐이 문수보살에게 말했다.

"이 두 가지를 멀리하는 것이 보살의 수행입니다. 생사의 세계에 머물러 있으면서도 물들지 않고, 열반의 세계에 있으면서도 생사의 바다에 그대로 머물러 있는 것이 보살의 행입니다. 때 묻은 행이 아니며 깨끗한 행도 아닌 것이 보살의 행입니다. 이미 마군의 장애를 초월하였지만, 계속해서 장애를 극복하는 것을 보이는 것이 보살의 행입니다. 모든 것을 아는 지혜를 구하지만, 수행이 모자랄 때는 그것을 바라지 않는 것이 보살의 수행입니다.

또 이 세상 모든 것이 어디서 새로 생겨나는 것이 아님을 알면서도 중생을 제도하기 위해 깨달음의 경지에 들지 않는 것이 보살의 행입니다. 모든 중생을 사랑하면서도 그 애정에 집착하지 않는 것이 보살의 행입니다. 심신(心身)의 업이 다한 경지를 바라면서도 그 경지를 즐기지 않는 것이 보살의 행입니다. 불도를 이루고 법륜(法輪)을 굴려 열반에 들어도 결코 보살의 길을 버리지 않는 것이 보살의 행입니다."

『維摩經 問疾品』

11. 구도자

사리풋타는 빈 방안을 보고 생각했다.

'여러 보살과 수많은 불제자들이 어디에 다 앉을까?'

유마힐은 그러한 사리풋타의 마음을 알고 물었다.

"사리풋타님, 스님은 법을 위해 온 것입니까, 아니면 앉을 자리를 찾아온 것입니까?"

"저는 법을 위해 온 것이지 자리를 위해 온 것은 아닙니다."

"알았습니다, 사리풋타님. 진리를 구하는 사람은 신명(身命)을 돌보지 않는데 하물며 앉을 자리가 문제이겠습니까? 또 법을 구하는 사람은 물질이나 정신에서도 구하지 않으며, 욕계(欲界)·색계(色界)·무색계(無色界)를 구하지도 않습니다. 진리를 구하는 사람은 부처님에게 집착하여 구하지도 않고 교법에 집착해서 구하지도 않으며 승단에 집착해서 구하지도 않습니다. 진리를 구하는 사람은 괴로움을 알기 위해 구하거나 괴로움의 근원을 끊기 위해 구하지 아니하며, 열반과 열반에 이르는 길을 닦기 위해서도 구하지 않습니다. 만일 '나는 괴로움을 알고, 괴로움의 근원을 끊고, 열반과 열반에 이르는 길을 닦는다'고 말한다면, 그는 법을 구하는 것이 아니라 부질없는 말을 닦는 것에 불과합니다. 진리에는 부질없는 말이 없습니다.

사리풋타님, 진리를 적멸(寂滅)이라고 합니다. 만일 생멸을 거듭한다면 이는 생멸을 구하는 것이지 진리를 구하는 것은 아닙니다. 진리는 물들지 않는 것입니다. 만일 진리라든가 열반에 물들게 되면 이것 역시 물든 집착이지 진리를 구하는 것은 아닙니다. 진리는 속으로 생각하는 것이 아닙니다. 만일 진리를 생각으로 파악하고자 한다면 이는 곧 생각에 맴도는 것이지 진리를 구하는 것은 아닙니다. 진리에는 취하고 버릴 것이 없습니다. 만일 진리를 취하고 버린다고 하면 이는 취하고 버림을 구하는 것이지 진리를 구하는 것은 아닙니다.

진리는 일정한 곳이 없습니다. 만약 어떤 곳에 집착한다면 진리가 속해 있는 곳에 집착하는 것이지 진리를 구하는 것은 아닙니다. 진리는 모양이 없습니다. 만일 모양에 의해 식별한다면 이는 모양을 구하는 것이지 진리를 구하는 것은 아닙니다. 진리에는 머물 수 없습니다. 만약 진리에 머물면 이는 진리에 머무는 것이지 진리를 구하는 것은 아닙니다. 진리는 보고 듣고 깨닫고 알 수 없습니다. 만일 보고 듣고 깨닫고 안다면 이는 보고 듣고 깨닫고 아는 것이지 진리를 구하는 것은 아닙니다. 진리는 인연에 의해서 만들어지지 않았으므로 상주 불변(常住不變)한 것입니다. 이는 인연에 의해서 만들어진 것을 구하는 것이지 진리를 구하는 것은 아닙니다. 그러므로 법을 구하는 사람은 모든 것에 대하여 결코 구하는 것이 없어야 합니다."

『維摩經 不思議品』

12. 중생에 대한 관찰

문수보살이 유마힐에게 물었다.

"보살은 중생을 어떻게 보십니까?"

유마힐이 대답했다.

"마술사가 만든 꼭두각시를 보듯이 합니다. 지혜로운 사람이 물 속의 달을 보고, 거울 속에 비친 얼굴을 보는 것과 같이 봅니다. 또 한낮의 아지랑이, 메아리, 뜬구름, 물거품, 파초의 줄기, 번갯불과 같다고 봅니다. 또 보살은 물질을 초월한 무색계(無色界)에서 물질을 보듯이 중생을 보며, 불에 탄 난알의 싹과 같이 중생을 봅니다. 장님이 빛을 보듯이, 공중을 나는 새의 자취와 같이, 석녀(石女)가 낳은 아이와 같이, 꼭두각시가 일으키는 번뇌와 같이, 잠에서 깨어나 보는 꿈과 같이, 열반에 든 사람이 다시 몸을 받는 것과 같이 보살은 중생을 그렇게 봅니다."

『維摩經 觀衆生品』

13. 보살의 자비

문수보살이 다시 물었다.

"만약 중생을 그와 같이 관찰한다면, 보살은 어떻게 그들에게 자비를 베풀 수 있겠습니까?"

유마힐이 대답했다.

"보살은 중생을 위해 그와 같은 가르침을 설하는 것이 진실한 자비라고 생각합니다. 보살은 생멸하는 일이 없으므로 깨달음의 경지에서 자비를 행하며, 번뇌가 없으므로 번뇌에 타지 않는 자비를 행하며, 과거 현재 미래가 평등하므로 평등한 자비를 행하며, 대립된 다툼이 없으므로 다툼이 없는 자비를 행합니다. 보살의 마음은 부서지지 않으므로 견고한 자비를 행하며, 모든 사물의 본성은 청정하므로 보살도 청정한 자비를 행하며, 보살의 마음은 허공처럼 끝이 없으므로 끝없는 자비를 행합니다.

또 보살은 번뇌의 도둑을 쫓아버리므로 아라한의 자비를 베풀며, 세상 사람들의 마음을 평안하게 하므로 보살의 자비를 베풀며, 존재의 실상을 알았으므로 여래의 자비를 베풀며, 중생을 깨닫게 하므로 부처의 자비를 베풀며, 인연 밖에서 깨달았으므로 자연 그대로의 자비를 베풀며, 평등하여 한맛이기 때문에 보리의 자비를 베풀며, 온갖 애욕을 끊었으므로 일체를 초월한 자비를 베풀며, 대승(大乘)으로써 중생을 교화하므로 가엾이 여기는 자비를 베풀며, 공(空)과 무아(無我)를 깨달았으므로 권태를 모르는 자비를 행합니다. 주는 것을 아끼지 않으므로 설법으로 자비를 행하며, 계율을 범한 자를 교화하므로 계율을 지니는 것으로써 자비를 행하며, 나와 남을 함께 보살피므로 인욕으로써 자비를 행하며, 중생이란 짐을 지기 때문에 정진으로 자비를 행하며, 감각적인 기쁨을 받아들이지 않으므로 선정(禪定)으로 자비를 행하며, 교화할 때를 잘 알므로 지혜로써 자비를 행합니다.

모든 것에 나타나므로 방편의 자비를 행하며, 진실한 마음은 청정하므로 떳떳한 자비를 행하며, 나쁜 행이 없으므로 깊은 마음의 자비를 행하며, 부처의 즐거움을 얻게 하므로 안락한 자비를 행합니다. 보살의 자비는 참으로 이와 같습니다." 『維摩經 觀衆生品』

14. 절대 평등의 경지

유마힐은 보살들을 향해 말했다.

"여러분, 보살은 어떻게 해서 차별을 떠난 절대 평등의 경지〔不二法門〕에 듭니까? 생각한 대로 말씀해 주십시오."

법자재(法自在)보살이 말했다.

"생과 멸은 서로 대립하고 있습니다. 그러나 진리는 본래 생하는 것이 아니므로 멸하는 일도 없습니다. 깨달음을 얻는 것이 곧 절대 평등의 경지에 들어가는 것입니다."

덕수(德守)보살이 말했다.

"나와 내 것은 서로 대립하고 있습니다. 내가 있기 때문에 내 것이 있습니다. 만약 내가 없다면 내 것도 없습니다. 이것이 절대 평등의 경지에 드는 것입니다."

묘비(妙臂)보살이 말했다.

"중생을 제도하고자 하는 보살의 마음과 자기의 깨달음만을 구하는 성문(聲聞)의 마음은 서로 대립해 있습니다. 그러나 마음은 공하고 꼭두각시와 같은 것이라는 것을 분명히 알 때, 보살의 마음도 성문의 마음도 없습니다. 이것은 절대 평등의 경지에 드는 것입니다."

사자(師子)보살이 말했다.

"죄악과 복덕은 서로 대립하고 있습니다. 만약 죄악의 본성이 복덕과 다르지 않음을 깨달아 알고, 금강석과 같은 지혜로써 이러한 사실을 분명히 깨달으며, 거기에 속박을 받거나 해방되는 일이 없으면, 이것이 절대 평등의 경지에 드는 것입니다."

나라연(那羅延)보살이 말했다.

"세간과 출세간(出世間)은 서로 대립해 있습니다. 그러나 세간의 본성이 공하다는 것을 알면 이는 곧 출세간입니다. 그리고 그 세계에서는 들고 나는 일이 없으며, 넘치고 흩어지는 일도 없습니다. 이것이 절대 평등의 경지에 드는 것입니다."

선의(善意)보살이 말했다.

"생사와 열반은 서로 대립하고 있습니다. 그러나 만약 생사의 본성을 이해하면 생사는 이미 없는 것입니다. 거기에는 결박하는 일도 없으며, 그로부터 벗어날 필요도 없고 생멸도 없습니다. 이와 같이 아는 것을 절대 평등의 경지에 든다고 합니다."

보수(普守)보살이 말했다.

"아(我)와 무아(無我)는 서로 대립하고 있습니다. 그러나 아도 알 수 없는 것인데 어떻게 무아를 알 수 있겠습니까? 자기 본성을 보는 사람은 이 두 가지 생각을 하지 않습니다. 이것이 절대 평등의 경지에 드는 것입니다."

뇌천(雷天)보살이 말했다.

"지혜와 무명은 서로 대립하고 있습니다. 그러나 무명의 본성은 곧 지혜입니다. 그렇다고 이 지혜에 집착해서는 안 됩니다. 모든 무명을 떠나 평등하고 상대되는 것이 없으면 이것을 절대 평등의 경지에 든다고 합니다."

적근(寂根)보살이 말했다.

"부처님과 교법과 승단은 서로 의지하고 있습니다. 그러므로 부처님은 곧 교법이고, 교법은 곧 승단입니다. 이 삼보(三寶)는 어느 것이나 변함이 없는 진실이 나타난 것으로서 허공과 같습니다. 모든 것도 이와 같아서 이것을 잘 행하는 것을 절대 평등의 경지에 든다고 합니다."

복전(福田)보살이 말했다.

"선행과 악행과 보다 뛰어난 선행은 서로 대립하고 있습니다. 그러나 이 세 가지 행위의 본성은 공(空)이며, 선행도 없고 악행도 없으며 보다 뛰어난 선행도 없습니다. 이 세 가지 행위에 있어서 아무런 일도 생기지 않는 것이 절대 평등의 경지에 드는 것입니다."

화엄(華嚴)보살이 말했다.

"자기를 고집하기 때문에 나와 남을 구별하게 됩니다. 그러나 자기의 본성을 보는 자는 나와 남을 구별하는 일이 없습니다. 만약 이 두 가지 것에 집착하지 않으면 식별하는 것도 식별되는 것도 없습니다. 이것을 절대 평등의 경지에 든다고 합니다."

덕장(德藏)보살이 말했다.

"집착한 마음으로 취하고 버리면 두 가지 것이 서로 대립합니다. 그러나 집착하지 않으면 곧 취사(取捨)가 없습니다. 취사가 없으면 절대 평등의 경지에 든다고 합니다."

월상(月上)보살이 말했다.

"어둠과 밝음은 서로 대립하고 있습니다. 어둠과 밝음이 없으면 곧 대립이 없습니다. 왜냐하면 모든 마음의 작용이 다해 적정(寂靜)한 경지에 들면 어둠도 없고 밝음도 없는 것과 같이 모든 존재의 현상도 그와 같기 때문입니다. 이를 알고 평등할 수 있으면 절대 평등의 경지에 든다고 합니다."

보인수(寶印手)보살이 말했다.

"열반을 바라는 것과 세간을 싫어하는 것은 서로 대립하고 있습니다. 만약 열반을 바라지 않고, 세간도 싫어하지 않는다면 대립은 없습니다. 왜냐하면 결박이 있으면 해탈이 있지만 본래부터 결박이 없다면 해탈도 없기 때문입니다. 결박도 해탈도 없으면 바라는 일도 싫어할 일도 없습니다. 이것을 절대 평등의 경지에 든다고 합니다."

주정왕(珠頂王)보살이 말했다.

"정도(正道)와 사도(邪道)는 서로 대립하고 있습니다. 정도에 머물러 있는 사람은 이것은 그릇되고 저것은 바른 것이라고 분별하지 않습니다. 이 두 가지를 떠나는 것을 절대 평등의 경지에 든다고 합니다."

요실(樂實)보살이 말했다.

"진실과 허위는 서로 대립하고 있습니다. 그러나 진실을 보는 사람은 진실조차도 보지 않는데 어찌 허위를 보겠습니까? 왜냐하면 진실은 육안으로 볼 수 있는 것이 아니고 지혜의 눈으로 보기 때문입니다. 그러나 이 지혜의 눈에는 본다고 하는 것도 보지 않는다고 하는 것도 없습니다. 이것을 절대 평등의 경지에 든다고 합니다."

이와 같이 여러 보살이 설한 다음 문수보살이 말했다.

"내 생각으로는 모든 것에 대해서 말도 없고 말할 것도 없으며, 가리킬 것도 식별할 것도 없으며, 일체의 질문과 대답을 떠난 것, 이것이 절대 평등의 경지에 드는 것이라 하겠습니다."

그리고 유마힐에게 물었다.

"우리들은 각기 생각한 바를 말했습니다. 이제는 거사님의 차례입니다. 어떻게 하여 보살은 절대 평등의 경지에 들어갑니까?"

이때 유마힐은 침묵한 채 아무 말이 없었다. 이것을 본 문수보살은 감탄하여 말했다.

"훌륭합니다! 참으로 훌륭합니다! 문자나 말 한마디 없는 이것이야말로 참으로 절대 평등의 경지에 드는 것입니다." 『維摩經 不二法門品』

제 3 장 보살의 덕

1. 보살의 덕

어느 때 부처님께서 라자가하〔王舍城〕 영취산에 수많은 비구들과 함께 계셨다. 거기에는 일만 육천 명의 보살들도 자리를 같이했는데, 그들은 여러 불국토에서 왔고, 다음 생에서는 최상의 깨달음을 얻을 이들이었다. 부처님께서 장로(長老)[1] 카샤파에게 말씀하셨다.

"다음 네 가지가 있으면 보살은 지혜를 잃게 된다. 첫째, 교법과 교법을 가르치는 스승에게 존경하는 생각이 없는 것. 둘째, 교법을 펴는 데에 인색하여 가르침을 손아귀에 쥐고 있는 것. 셋째, 교법을 듣고자 하는 사람을 방해하거나 그 열의를 꺾어 설법하지 않고 숨기는 것. 넷째, 교만하여 남을 경멸하는 것.

그러나 다음 네 가지 법을 지니면 보살은 뛰어난 지혜를 얻는다. 첫째, 교법과 교법을 가르치는 스승을 받든다. 둘째, 마음에 물욕이 없고 이해 타산이나 예배 공양이나 명성을 돌보지 않으며, 스승에게서 배운 대로 또는 자기가 깨달은 대로 다른 사람에게 간절한 마음으로 가르친다. 셋째, 교법을 많이 들음으로써 지혜가 생긴다고 알아 들은 대로 받아 지닌다. 넷째, 수

1) 지혜와 덕이 높고 나이가 많은 비구를 가리키는 말.

행을 위주로 하고 개념이나 해설의 언어 문자에 집념하지 않는다. 이 네 가지 법을 갖추면 보살은 뛰어난 지혜를 얻는다.

다음 네 가지는 보살이 수행해야 할 길이다. 첫째, 모든 중생에게 평등한 마음을 가질 것. 둘째, 중생들을 부처님의 지혜로 이끌 것. 셋째, 중생들에게 평등하게 교법을 말할 것. 넷째, 중생들에게 평등하게 바른 행동을 실천할 것. 이 네 가지가 보살의 길이다.

그리고 다음 네 가지는 진실한 보살에게 갖추어진 덕이다. 첫째, 모든 존재의 본성은 공(空)한 것임을 알면서도 행동의 결과는 믿어 의심치 않는다. 둘째, 중생이 무아(無我)인 것을 알면서도 그들에게 자비심을 지닌다. 셋째, 진리를 구하는 자기 마음은 열반으로 향해 있지만 윤회의 세계에서 수행한다. 넷째, 중생들을 위해 그들에게 필요한 것을 베풀지만 그 갚음을 기대하지 않는다. 이것이 진실한 보살의 덕이다.

비유를 들어 말할까 한다. 이 비유로써 보살은 보살에 합당한 덕을 사람들에게 이해시킬 수 있을 것이다. 이를테면, 이 대지는 모든 중생들의 근원이다. 변함이 없고 보수를 바라지도 않는다. 이와 마찬가지로 처음으로 보리심을 낸 보살은 지혜의 자리에 오르기까지 중생들의 삶의 근원이 되고 변함이 없고 보수를 바라지도 않는다. 물이 풀과 약초와 나무를 키우듯이 청정한 원을 지닌 보살은 중생들을 자비로 적시고 잠깐 동안 이 세상에 머물러 중생들이 지니고 있는 맑고 깨끗한 성품을 키워 준다. 별이 곡식을 여물게 하듯이 보살의 지혜는 중생들이 지니고 있는 맑고 깨끗한 법을 키워 준다. 바람이 불국토를 형성하듯이 보살의 미묘한 방편이 여래의 가르침을 이루는 것이다.

또 선보름에는 달이 커가듯이 도의 마음이 청정한 보살은 맑고 깨끗한 법을 점점 키워간다. 태양이 일시에 비친 별으로 중생을 비추듯이 보살은 일시에 비친 지혜의 빛으로 중생들의 지혜를 비춘다. 짐승 중의 왕인 사자는 어디 가든지 무서워하거나 두려워하지 않고 의젓하게 활보한다. 그와 마찬가지로 올바르게 행동하고 교법을 듣고 덕과 법을 몸에 익힌 보살은 언제 어디서나 조금도 두려워하지 않고 사방을 활보한다. 잘 훈련된 코끼리는 아무리 무거운 짐을 나를지라도 그 때문에 지치는 일이 없다. 그와 마찬가지로 마음이 잘 닦인 보살은 일체 중생의 무거운 짐을 모두 나를지라도 지치지 않는다.

또 연꽃은 진흙 속에 있어도 진흙에 의해 더러워지지 않듯이 보살은 세속에 살아도 세속의 일에 의해 더러워지지 않는다. 가지 잘린 나무라도 뿌리가 성하면 다시 움이 터서 크게 자란다. 그와 마찬가지로 보살은 미묘한 방편인 번뇌의 가지가 잘려도 모든 선근이 상하지 않는 한 다시 삼계(三界)에서 큰 나무처럼 자란다. 사방에서 흐르는 여러 강물도 바다에 들어가면 모두 한 가지 짠맛이 된다. 그와 마찬가지로 여러 가지 일을 통해 쌓은 보살의 선행도 중생의 깨달음에 회향하면 해탈의 한맛이 된다.

왕은 신하들의 도움으로 왕으로서의 모든 임무를 수행한다. 그와 마찬가지로 보살의 지혜는 방편에 의해 여래의 일을 다한다. 구름 한 점 없이 맑게 갠 하늘에서 비가 내리지는 않는다. 그와 마찬가지로 교법을 조금밖에 듣지 못한 보살에게서는 진정한 가르침의 비를 기대할 수 없다. 물기를 잔뜩 머금은 비구름은 오곡 위에 비를 내린다. 그와 마찬가지로 커다란 자비의 구름과 몇 번이고 되풀이해 들은 교법의 구름에서 내리는 비만이 모든 중생들을 고루 적신다. 단 한 개의 보석이라도 채취된 곳에서는 많은 보석을 얻을 수 있다. 그와 마찬가지로 보살이 한 사람이라도 출현한 곳에서는 수많은 성문이나 독각(獨覺)이 나오게 된다. 냄새나는 똥오줌이라도 논밭에 주면 거름이 된다. 그와 마찬가지로 보살에게 있는 번뇌일지라도 지혜에 대해서는 양분이 된다."

『寶積經 迦葉品』

2. 진실한 관찰

부처님께서 카샤파에게 말씀하셨다.

"훌륭한 보배의 모음〔大寶積〕인 이 법문에 의해 배우려는 보살은 존재에 대해서 올바르게 수행하지 않으면 안 된다. 무엇이 존재에 대한 올바른 수행인가. 그것은 곧 모든 존재에 대한 진실한 관찰이다. 그러면 또 무엇이 모든 존재에 대한 진실한 관찰인가. 자아

(自我)가 없다고 보는 관찰과 중생이 없다, 목숨 있는 것이 없다, 개인이 없다, 개아(個我)가 없다, 인간이 없다, 인류가 없다고 관찰할 경우 그것을 곧 중도(中道)라 하고, 존재에 대한 진실한 관찰이라고 한다.

중도, 즉 존재에 대한 진실한 관찰이란 물질〔色〕에 대해서 영원하지도 않고 무사하지도 않다고 보는 관찰이다. 이와 같이 느낌〔受〕과 생각〔想〕과 의지작용〔行〕과 의식〔識〕에 대해서도 영원하지 않다고 본다. 이것이 중도이고 존재에 대한 진실한 관찰이다.

어떤 존재를 가지고 영원한 것이라거나 무상한 것이라고 한다면 그것은 한쪽에 치우친 극단론이다. 이 영원과 무상 사이의 올바른 것은 어떤 형체를 가지고 있지도 않고 보이지도 않으며, 나타나지도 않고 인식될 수도 없으며 무어라 이름 붙일 수도 없는 것이다. 이와 같이 관찰하는 것이 중도, 즉 존재에 대한 진실한 관찰이다. 자아가 있다고 한다면 이것은 한쪽에 치우친 극단론이다. 무아(無我)라고 하여도 이것 역시 극단론이다. 이 유아(有我)와 무아 사이의 올바른 것은 역시 어떤 형체를 가지고 있지도 않고 보이지도 않으며 나타나지도 않고 인식될 수도 없으며 무어라 이름 붙일 수도 없다. 이와 같이 관찰하는 것이 중도, 즉 존재에 대한 진실한 관찰이다. 마음이 실재한다거나 실재하지 않다고 주장하는 것도 위의 경우와 같다.

또 존재에 대한 진실한 관찰이란 다음과 같은 관찰이다. 공(空)한 성질이 있어 그것이 모든 것을 공하게 하는 것은 아니다. 존재 그 자체가 본래 공한 것이다. 무상(無相)이 있어 그것이 존재하는 것을 무상으로 만드는 것은 아니다. 존재 그 자체가 본래 상(相)이 없는 것이다. 무원(無願)이 있어 그것이 존재를 바람이 없는 것으로 하는 것은 아니다. 존재 그 자체가 본래 바람이 없는 것이다. 무자성(無自性)이 있어 어떤 존재를 자성이 없는 것으로 만드는 것은 아니다. 존재 그 자체가 본래부터 자성이 없는 것이다. 이와 같이 관찰하는 것이 중도이고 존재에 대한 진실한 관찰이다."

『寶積經 迦葉品』

3. 마음이란

부처님께서 카샤파에게 말씀하셨다.

"애욕에 물들고 분노에 떨고 어리석음으로 아득하게 되는 것은 어떤 마음인가. 과거인가, 미래인가, 현재인가. 과거의 마음이라면 그것은 이미 사라진 것이다. 미래의 마음이라면 아직 오지 않은 것이고, 현재의 마음이라면 머무르는 일이 없다.

마음은 안에 있는 것도 아니고 밖에 있는 것도 아니며 또한 다른 곳에 있는 것도 아니다. 마음은 형체가 없어 눈으로 볼 수도 없고 만질 수도 없고 나타나지도 않고 인식할 수 없고 이름붙일 수도 없는 것이다. 마음은 어떠한 여래도 일찍이 본 일이 없고 지금도 보지 못하고 장차도 볼 수 없을 것이다. 그와 같은 마음이라면 그 작용은 어떤 것일까.

마음은 환상과 같아 허망한 분별에 의해 여러 가지 형태로 나타난다. 마음은 바람과 같아 멀리 가고 붙잡히지 않으며 모양을 보이지 않는다. 마음은 흐르는 강물과 같아 멈추는 일 없이 나자마자 곧 사라진다. 마음은 등불의 불꽃과 같아 인(因)이 있어 연(緣)이 닿으면 불이 붙어 비춘다. 마음은 번개와 같아 잠시도 머물지 않고 순간에 소멸한다. 마음은 허공과 같아 뜻밖의 연기로 더럽혀진다. 마음은 원숭이와 같아 잠시도 그대로 있지 못하고 여러 가지로 움직인다. 마음은 화가와 같아 여러 가지 모양을 나타낸다.

마음은 한 곳에 머물지 않고 서로 다른 의혹을 불러일으킨다. 마음은 혼자서 간다. 두 번째 마음이 결합되어 함께 있는 것은 아니다. 마음은 왕과 같아 모든 것을 통솔한다. 마음은 원수와 같아 온갖 고뇌를 불러일으킨다. 마음은 모래로 쌓아올린 집과 같다. 무상한 것을 영원한 것으로 생각한다. 마음은 쉬파리와 같아 더러운 것을 영원한 것으로 생각한다. 마음은 낚싯바늘과 같아 괴로움인 것을 즐거움으로 생각한다. 마음은 적과 같아 항상 약점을 기뻐하며 노리고 있다.

마음은 존경에 의해서 혹은 분노에 의해 흔들리면서 교만해지거나 비굴해진다. 마음은 도둑과 같아 모든 선근(善根)을 훔쳐 간다. 마음은 불에 뛰어든 부나비처럼 아름다운 빛깔을 좋아한다. 마음은 싸움터의 북처럼 소리를 좋아한다. 마음은 썩은 시체의 냄새를 탐하는 멧돼지처럼 타락의 냄새를 좋아한다. 마음은 음식을 보고 침을 흘리는 종처럼 맛을 좋아한다. 마음은 기름접시에 달라붙는 파리처럼 감촉을 좋아한다.

이와 같이 남김없이 관찰해도 마음의 정체는 알 수 없다. 즉 찾을 수 없는 것이다. 얻을 수 없는 그것은 과거에도 없고 미래에도 없고 현재에도 없다. 과거나 미래나 현재에 없는 것은 삼세를 초월해 있다. 삼세를 초월한 것은 유도 아니고 무도 아니다. 유도 아니고 무도 아닌 것이 생기는 일이 없다. 생기는 일이 없는 것에는 그 자성이 없다. 자성이 없는 것에는 일어나는 일이 없다. 사라지는 일이 없는 것에는 지나가 버리는 일이 없다. 지나가 버리지 않는다면 거기에는 가는 일도 없고 오는 일도 없다. 죽는 일도 없고 태어나는 일도 없다. 가고 오고 죽고 나는 일도 없고 태어나는 일도 없다. 가고 죽고 나는 일이 없는 것에는 어떠한 인과(因果)의 생성도 없다. 인과의 생성이 없는 것은 변화와 작위(作爲)가 없는 무위(無爲)다. 그것은 성인들이 지니고 있는 타고난 본성인 것이다.

그 타고난 본성이 허공의 어디에 있건 평등하듯이 누구에게나 평등하다. 타고난 본성은 모든 존재가 마침내는 하나의 본질이라는 점에서 차별이 없는 것이다. 그 본성은 몸이라든가 마음이라는 차별에서 아주 떠나 있으므로 한적하여 열반의 길로 향해 있다. 그 본성은 어떠한 번뇌로도 더럽힐 수 없으므로 무구(無垢)하다. 그 본성은 자기가 무엇인가를 한다는 집착,

자기 것이라는 집착이 없어졌기 때문에 내 것이 아니다. 마음의 본성은 진실한 것도 아니고 진실하지 않은 것도 아니다. 결국은 어디에도 치우치지 않는 점에서 평등하다. 그 본성은 가장 뛰어난 진리이므로 이 세상을 초월한 것이고 참된 것이다. 그 본성은 본질적으로 생겨난 것이 아니므로 없어지는 일도 없다. 그 본성은 존재의 여실성(如實性)으로서 항상 있으므로 영원한 것이다. 그 본성은 가장 수승(殊勝)한 열반이므로 즐거움이다. 그 본성은 온갖 더러움이 제거되었으므로 맑은 것이다. 그 본성은 찾아보아도 자아가 있지 않기 때문에 무아(無我)다. 그 본성은 절대 청정한 것이다.

그러므로 안으로 진리를 구할 것이고 밖으로 흩어져서는 안 된다. 누가 내게 성내더라도 마주 성내지 않고, 두들겨 맞더라도 마주 두들기지 않고, 비난을 받더라도 마주 비난하지 않고, 비웃음을 당하더라도 비웃음으로 대하지 않는다. 자기의 마음속으로 '도대체 누가 성냄을 받고 누가 두들겨 맞으며 누가 비난받고 누가 비웃음을 당하는 것인가'라고 되살핀다. 수행인은 이와 같이 마음을 거두어 어떠한 환경에서라도 흔들림이 없어야 한다." 『寶積經 迦葉品』

4. 네 가지 사문

부처님께서 카샤파에게 말씀하셨다.

"흔히 사문 사문 하는데 어떤 것이 진정한 사문(沙

門)인가. 사문에는 다음 네 종류가 있다. 겉모양만의 사문, 겉으로만 얌전한 체하는 것으로써 남을 속이는 사문, 명예와 명성과 칭찬을 구하는 사문, 진실하게 수행하는 사문 등이다.

첫째, 겉모양만의 사문이란 어떤 것인가. 어떤 사문은 겉으로 보기에 사문다운 모양을 갖추고 있다. 그는 가사를 입고 머리를 깎고 바리때를 가지고 있으나 정작 행동과 말씨와 생각은 깨끗하지 못하다. 수행도 하지 않고 해탈을 얻지도 못한다. 조용하지도 못하고 교법을 지키지도 않는다. 탐욕스럽고 게으르고 파계하며 항상 죄를 짓고 있다. 이것이 겉모양만의 사문이다.

둘째, 겉으로만 얌전한 체함으로써 남을 속이는 사문이란 어떤 것인가. 어떤 사문은 예의 범절이 깍듯하여 다니고 머물고 앉고 누움에 탓할 게 없고, 음식과 의복과 거처가 지극히 검소하며, 세속에 있는 신도나 다른 수행자와 잘 섞이지 않고 말수도 적다. 그러나 이 사문의 그와 같은 처신은 시주(施主)를 속여 자기를 훌륭한 사문으로 보이려고 하는 조작된 행동에 불과하다. 마음을 맑게 하기 위해서도 아니고 평안을 얻기 위해서도 아니며 수행을 위해서도 아니다. 그는 다만 겉으로만 훌륭한 사문으로 보여 공양을 많이 받으려는 생각에 사로잡힌 것이다. 공(空)에 대한 교법을 들으면 깊은 구렁에 떨어지는 것같이 생각하고 공을 말한 비구들을 믿으려 하지 않는다. 이것이 겉으로만 얌전한 체함으로써 남을 속이는 사문이다.

셋째, 명예와 명성과 칭찬을 구하는 사문이란 어떤 것인가. 어떤 사문은 자기가 계율을 지키고 있는 것을 어떻게 남에게 알릴까 생각하며 계율을 지킨다. 어떻게 하면 남들이 자기를 뛰어난 학자라고 알아줄까 생각하며 교법을 듣고 배운다. 어떻게 하면 남들이 자기를 산중의 도인이라고 알아줄까 생각하며 산중에서 수행한다. 이것은 남에게 보이기 위해서이지, 세상을 이롭게 하기 위해서도 아니고 욕정을 떠나기 위해서도 아니며, 평안을 위해서도 아니고 깨달음을 위해서도 아니다. 진실한 사문이나 진실한 바라문이 되기 위해서도 아니며 열반의 실현을 위해서도 아니다. 이것이 명예와 명성과 칭찬을 구하는 사문이다.

넷째, 진실하게 수행하는 사문이란 어떤 것인가. 그는 몸에 대해서도 생명에 대해서도 바라는 것이 없는데, 하물며 이익이나 존경이나 명예에 대해서이겠는가. 공(空)·무상(無相)·무원(無願)의 법을 듣고 기뻐하여 진실한 모습을 이해한다. 열반조차도 바라지 않으면서 청렴한 수행자의 생활을 한다. 삼계에 속한 기쁨에는 아예 아랑곳하지 않는다. 진리를 귀의처로 삼고 사람을 귀의처로 삼지 않는다. 번뇌로부터의 해탈을 안으로 구하고 밖으로 찾아 헤매는 일이 없다. 모든 존재는 그 본성이 청정하여 더럽히지 않는 것을 본다. 미혹의 바다 가운데서 자기 자신을 의지할 섬으로 삼고 타인을 섬으로 삼지 않는다. 법은 애욕을 떠난 것이라고 하는 진리에도 집착하지 않는데, 법을 말로 나타낸 것에 집착하겠는가. 무엇인가 잘못된 법을 끊어버리기 위해 수행하는 것도 아니고, 도를 배우기 위해서나 깨닫기 위해서도 아니다. 윤회의 길에서 살기 때문에 그런 것도 아니고 열반의 세계를 유달리 기뻐해서도 아니다. 해탈을 구해서도 아니고 이 세상의 속박을 구해서도 아니다. 모든 존재의 본성이 열반 상태에 있는 것임을 알아 윤회에 유전하는 것도 아니고, 그렇다고 열반에 안주하는 것도 아니다. 이것이 진실하게 수행하는 사문이다. 진실한 수행에 의해서만 사문의 덕행이 갖추어지는 것이지, 이름만의 수행에 의해서는 그리 될 수 없다." 『實積經 迦葉品』

5. 대승 보살의 방편

지승(智勝)이 부처님께 여쭈었다.

"부처님, 어떤 것이 보살의 방편이며, 보살은 어째서 방편을 씁니까?"

부처님께서 말씀하셨다.

"방편을 쓰는 보살은 한 덩이 밥을 가지고도 일체 중생에게 보시할 수 있다. 왜냐 하면 보살은 한 덩이 밥을 베풀 때에도 일체 중생이 지혜를 얻도록 발원(發願)하기 때문이다. 그러므로 보살은 중생과 보리로 회향(廻向)[2]하게 된다. 이것이 보살이 쓰는 방편이다.

2) 자기가 닦은 선행(善行)의 공덕을 모두 중생이나 불과(佛果)에 돌려보냄.

보살이 보시하는 사람을 보면 같이 기뻐하는 마음을 내고, 이 기뻐하는 선근이 중생과 함께 하기를 원한다. 이것이 보살이 쓰는 방편이다.

보살이 임자 없는 꽃이나 향을 볼 때에, 혹은 바람에 날리는 잎새를 보더라도 그것을 부처님께 공양하며 발원하기를, '이 선근 공덕으로 일체 중생이 지혜를 갖추어지이다'라고 한다. 이것이 보살이 쓰는 방편이다. 보살은 시방세계 중생들이 누리는 온갖 즐거움을 보면, 일체 중생이 모든 것을 아는 지혜의 기쁨을 누리기를 원한다. 만약 고통받는 것을 보면 중생들을 위해 모든 죄를 참회하고, 중생들의 고통을 모두 내가 대신 받아 그들로 하여금 기쁨을 받도록 원한다. 이와 같은 인연으로 마침내는 온갖 고통에서 벗어나 즐거움만을 누리기를 원한다. 이것이 보살이 쓰는 방편이다.

보살은 한 부처님께 예배 공양 찬탄하면 곧 모든 부처님께 예배 공양 찬탄하는 것이라고 생각한다. 왜냐하면 모든 부처님은 한 법계 한 법신이며, 계(戒)·정(定)·혜(慧)·해탈(解脫)·해탈지견(解脫知見)이 모두 같기 때문이다. 이것이 보살이 쓰는 방편이다.

보살은 자기 자신이 모자란다 할지라도 스스로 경멸하지 않고, 게송(偈頌) 하나라도 알게 되면 이렇게 생각한다. '이 한 구절의 게송을 아는 것이 곧 모든 법을 아는 길이다. 모든 법이 이 게송 안에 들어 있기 때문이다.' 이와 같이 생각하고, 도시와 시골로 두루 다니면서 자비심으로 부지런히 법을 설한다. 이양(利

養)이나 명망이나 찬탄을 구하지 않고 '사람들에게 들려 준 이 게송의 인연으로 일체 중생이 모두 아난다와 같이 불법을 많이 듣고 여래의 변재(辯才)를 얻어지이다' 하고 원한다. 이것이 보살이 쓰는 방편이다.

보살이 방편으로 보시할 때 육바라밀이 갖추어진다. 왜냐하면 보살은 걸식하는 사람을 보면 아끼고 탐하는 마음이 없어져 큰 보시를 하기 때문이다. 이것이 보시(布施)바라밀이다. 스스로 계행을 닦고 계행을 가지는 이에게 보시하고, 계행을 가지지 않은 사람에게는 가지도록 권한 후에 보시한다. 이것이 지계(持戒)바라밀이다. 스스로 성내는 마음을 없애고 자비롭고 가엾이 여기는 마음을 내어 중생을 보살피고 평등히 보시한다. 이것이 인욕(忍辱)바라밀이다. 음식이나 약을 보시하여 중생으로 하여금 몸과 마음에 정진을 갖추어, 오고 가고 앉고 서는 온갖 동작을 자유롭게 한다. 이것이 정진(精進)바라밀이다. 중생들이 그 보시를 얻으면 마음이 안정되어 기뻐하고 흐트러지지 않는다. 이것이 선정(禪定)바라밀이다. 이와 같이 보시를 한 다음에는 돌이켜 생각한다. '보시를 한 사람은 누구이며 보시를 받는 사람은 누구인가. 그리고 누가 그 복을 받을 것인가.' 이렇게 헤아려 보시한 사람과 보시 받은 사람과 그 갚음을 가리지 않는다면 이것이 지혜(智慧)바라밀이다. 이와 같이 보살이 방편을 쓰면 육바라밀이 갖추어지게 된다." 『寶積經 大乘方便品』

제 4 장 승만부인의 서원

1. 승만부인의 수기

파세나디왕과 말리부인은 부처님의 가르침을 받고 기쁨에 넘쳐 딸 승만(勝鬘)을 생각했다.

"승만은 슬기롭고 생각이 깊으니 부처님을 뵙기만 하면 곧 법을 깨닫게 될 것이다. 바로 사람을 보내 보리심(菩提心)을 발하게 하는 것이 좋겠다."

말리부인은 궁녀 찬디라를 승만의 시가(媤家)인 아요다국 궁궐로 보내 부처님의 공덕을 찬탄하는 소식을 전하게 했다. 승만부인은 어머니의 소식을 듣고 기쁨을 이기지 못했다. 부인은 부처님의 큰 공덕을 일찍부터 듣고는 있었지만, 어머니로부터 이렇게 소식을 들으니 문득 부처님을 뵙고 공양하고 싶은 생각이 간절해져 부처님 계시는 사밧티를 향해 합장을 했다.

부처님을 뵙고자 하는 간절한 소망에 오랫동안 잠겨 있을 때 부처님께서는 제자들을 거느리고 아요다로 오셨다. 승만부인과 그 권속들은 부처님을 뵙게 된 것을 매우 기뻐했다. 그들은 부처님의 발에 머리를 대고 절하며 부처님의 큰 공덕을 찬탄하였다. 승만부인은 부처님의 한량없는 지혜와 공덕을 다시 찬탄한 뒤 부처님께 귀의하고 세세생생(世世生生)토록 거두어 주실 것을 간청했다.

부처님께서는 승만부인에게 전생에도 바른 법을 깨닫도록 교법을 일러 주었던 인연을 말씀하시고 이렇게 수기(授記)[1]하셨다.

“여래의 참된 공덕을 찬탄한 인연으로 부인은 한량없는 미래에 천상과 인간세계에서 자유자재한 몸이 될 것이오. 어느 때 어떠한 곳에 있더라도 늘 여래를 볼 것이며, 이만 아승지겁 후에는 부처를 이룰 것이오. 그때의 이름을 보광(普光)여래라고 할 것이오. 부인이 성불할 그 세계에는 나쁜 일이라는 것이 없고, 늙고 병들고 시드는 일도 없으며, 마음에 맞지 않는 일을 겪는 괴로움이 없고, 몸과 목숨과 기운이 갖추어져 온갖 즐거움만 가득할 것이오. 또 그 세계에는 대승보살들과 선근(善根)을 익히고 닦은 사람들만 태어나게 될 것이오.” 『勝鬘經 如來眞實義功德章』

2. 열 가지 서원과 세 가지 큰 원

부처님으로부터 먼 미래에 성불하리라고 수기를 받은 승만부인은 열 가지 서원을 스스로의 계율로 삼기로 하고 부처님께 여쭈었다.

“부처님, 저는 오늘부터 보리(菩提)를 이룰 때까지

1) 부처님이 제자들에게 미래에 부처가 될 것이라고 한 예언.

다음 열 가지 서원을 지키겠습니다.

받은 계율에 대해 범할 생각을 내지 않겠습니다.

어른들에게 교만한 생각을 내지 않겠습니다.

중생들에게 성내는 마음을 일으키지 않겠습니다.

남의 잘생긴 용모를 시기하거나 값진 패물에 대해서 부러워하는 마음을 내지 않겠습니다.

제 몸이나 제 소유에 대해 아끼려는 생각을 내지 않겠습니다.

제 자신을 위해서는 재산을 모으지 않고 가난하고 외로운 중생들을 구제하기 위해서만 모으겠습니다.

보시와 부드러운 말과 이로운 행과 처지를 같이하는 일로 중생을 거두어 주고, 항상 때묻지 않고 싫어하지 않고 거리낌이 없는 마음으로 중생을 대하겠습니다.

외로워 의지할 데 없거나 구금을 당했거나 병을 앓거나 여러 가지 고난을 만난 중생들을 보게 되면, 그들을 도와 편안하게 하고 고통에서 벗어나게 한 다음에야 떠나겠습니다.

살아 있는 짐승을 붙잡거나 가두어 기르거나 계율을 범하는 것을 보게 되면, 제 힘이 닿는 데까지 그들을 타이르고 거두어 나쁜 일을 고치도록 하겠습니다. 그 까닭을 말씀드리면 타이르고 거두어 줌으로써 바른 법이 오래 머물고, 나쁜 일이 점점 줄어들어 부처님의 가르침이 세상에 널리 펼쳐질 것입니다.

바른 법을 깊이 새겨 잊어버리지 않겠습니다. 바른 법을 잊어버리면 대승(大乘)을 잊게 되고, 대승을 잊어버리면 열반에 이르는 길도 잊어버리고 맙니다. 만약 보살이 대승의 가르침을 잊어버린다면 바른 법을 거두어 지니지 못할 것이며, 스스로 그릇된 길에 떨어져 영원히 범부의 세계에서 벗어나지 못할 것입니다. 저는 이런 일을 큰 죄악이라고 알고 있습니다. 바른 법을 몸에 지님으로써 저와 미래의 보살들은 헤아릴 수 없는 복덕을 성취할 것입니다.

부처님, 저는 이와 같은 열 가지 서원을 지킬 것을 맹세합니다. 법왕이신 부처님께서는 저의 증인이 되어 주십시오."

승만부인은 다시 부처님 앞에서 세 가지 큰 원을 세웠다.

"부처님, 저는 이 진실한 서원으로 끝없는 중생들을 안락하게 하겠습니다. 이 선근(善根)의 인연으로 태어날 때마다 바른 법의 지혜를 얻겠습니다.

제가 바른 법을 말할 때에는 몸과 목숨을 돌보지 않고 잘 지키겠습니다."

부처님께서 승만의 세 가지 원에 대해서 말씀하셨다.

"모든 물건이 공간 속에 들어 있는 것처럼, 보살의 무수한 원도 모두 부인이 세운 세 가지 원 속에 들어 있소. 그만큼 이 세 가지 원은 넓고 큰 것이오."

『勝鬘經 如來眞實義功德章』

3. 바른 법을 거두어들이는 일

승만부인이 부처님께 여쭈었다.

“보살의 모든 원은 결국 한 가지 큰 원으로 들어갑니다. 한 가지 큰 원이란 바른 법을 거두어들이는 것입니다.”

“부인의 지혜와 방편이 깊고 훌륭합니다. 부인은 이제까지 많은 선근을 심어 북돋아 왔습니다. 다음 세상 사람들도 선근을 얻은 사람이면 부인이 말하는 것을 알아 들을 것이오. 부인이 말한 바른 법을 거두어들인다 함은 과거·현재·미래의 여래들도 한결같이 말씀하시는 것이오. 나도 지금 바른 법을 거두어들이는 것을 말하고 있소. 바른 법을 거두어들이는 것은 그 공덕과 이익이 한량없으므로, 여래의 지혜와 변재로도 또한 헤아릴 수 없는 것이오.”

승만부인이 다시 말했다.

“부처님, 제가 부처님의 위신력(威神力)을 받들어 바른 법을 거두어들이는 크고 넓은 이치를 말씀드리려 합니다. 바른 법을 거두어들이는 뜻이 크고 넓다는 것은 곧 한량이 없으며, 모든 부처님의 교법(教法)을 배워 팔만 사천 법문을 지니는 것이기 때문입니다. 비유해 말씀드리면, 대지(大地)가 바다와 산과 초목과 중생들의 네 가지 무거운 짐을 지고 있듯이, 바른 법을 거두어들이는 사람은 스스로 다음 네 가지 짐을 집니다.

선지식을 만나지 못해 법문을 듣지 못한 사람들에게 천상이나 인간 세계에서 행해야 할 착한 일을 가르칩니다. 부처님의 가르침을 듣기만 하고 혼자 깨달음을 얻으려는 성문(聲聞)이나, 자연의 이치를 살펴 자기 혼자서 깨달음을 얻으려는 독각(獨覺)이나, 자신과 일체 중생이 다 함께 불국토를 이루는 크나큰 진리를 깨달아 얻으려고 수행하는 대승보살에게 각각 알맞는 법을 가르쳐 줍니다. 이것이 바른 법을 거두어들이는 사람들의 네 가지 무거운 짐입니다.

부처님, 또 깨달음의 피안(彼岸)에 이르는 것과 바른 진리를 거두어들이는 것이 다르지 아니하니 이것이 곧 바라밀[2]입니다. 보시로 성숙시킬 사람에게는 내 몸을 버려서라도 그들의 뜻에 맞게 보살펴 그 중생이 바른 진리를 이루게 함이니 이것이 곧 보시바라밀입니다.

이와 같이 지계(持戒)로 성숙시킬 사람에게는 감관과 생각을 맑히고 몸가짐을 바르게 하여 그들이 법을 이루게 하며, 인욕(忍辱)으로 성숙시킬 사람에게는 비록 그들이 꾸짖고 욕하거나 헐뜯고 위협하더라도 성내거나 두려워하지 않고, 이롭게 하려는 마음과 참고 견디는 마음으로 그들의 뜻에 따라 보호하여 바른 지혜를 이루게 합니다.

정진으로 성숙시킬 사람에게는 게으르지 않고 부지

---

2) 피안(彼岸)에 도달, 또는 완성이라는 뜻.

런히 힘쓰게 하며, 선정으로 성숙시킬 사람에게는 마음이 밖으로 흩어지지 않게 하여 예전에 한 일과 말을 잊지 않도록 합니다. 지혜로 성숙시킬 사람에게는 그들이 묻는 온갖 이치를 두려움이 없는 마음으로 여러 가지 이론과 방편으로 막힘없이 가르쳐 바른 법을 이루게 합니다. 이것이 모두 바라밀입니다.

부처님, 거두어들여야 할 바른 법과 바른 법을 거두어들이는 일은 다르지 않습니다. 그 까닭을 말씀드리면, 바른 법을 거두어들이는 사람은 몸과 목숨과 재산을 다 버리기 때문입니다. 몸을 버린다 함은 이 세상이나 저 세상에서 생로병사를 떠나 무너지지 않고 바뀌지 않으며 생각할 수 없는 공덕인 여래의 법신(法身)을 얻는 것입니다. 목숨을 버린다 함은 죽음을 완전히 떠나 끝이 없으며 항상 머물고 생각할 수 없는 공덕과 온갖 불법을 얻는 것입니다. 재산을 버린다 함은 일반 사람들과 달리 줄어지거나 다함이 없는 온갖 공덕을 얻어, 여러 중생들의 훌륭한 공양을 받는 것입니다. 부처님은 진실한 눈이시고 지혜이시며, 진리의 근본이 되시고 의지가 되시니 이러한 뜻을 모두 밝게 아실 것입니다."

부처님께서는 승만부인을 칭찬하시고 이렇게 말씀하셨다.

"바른 법을 거두어들이는 공덕은 끝없는 세월을 두고 말해도 다할 수 없을 것이오."

『勝鬘經 攝受正法章』

제 5 장 극락세계

1. 법장비구의 발원

부처님께서는 아난다에게 말씀하셨다.

"헤아릴 수 없는 아득한 옛날, 정광여래(錠光如來)라는 부처님이 세상에 출현하여 무수한 중생들을 제도했었다. 이 부처님 다음에는 광원(光遠)여래가 출현했고, 그 다음에는 월광(月光)여래가 출현했으며, 이와 같이 오십삼 부처님이 차례차례 나오시어 중생을 교화하셨다. 쉰네 번째로 출현한 세자재왕(世自在王) 부처님 때에, 기억과 이해와 판단과 정진과 지혜력이 뛰어난 법장(法藏)이란 비구가 있었다.

그는 세자재왕 부처님의 가르침을 받은 구도자인데, 그 부처님 앞에서 여래의 덕을 칭송하고 보살이 닦는 온갖 행을 닦아 중생을 제도하려는 원을 세웠다. 이 원이 이루어지기까지는 지옥의 고통을 받는 한이 있을지라도 물러서지 않겠다는 굳은 결의를 하고 이렇게 말했었다.

'부처님, 저는 바른 깨달음을 얻고자 합니다. 세상에서 견줄 데 없는 부처님이 되고 싶습니다. 그래서 모든 중생들이 행복하게 살 수 있는 불국토(佛國土)를

이룩하고 싶습니다.'

그때 세자재왕 부처님은 법장에게 말씀하셨다.

'그대 자신이 그렇게 하면 되지 않겠는가?'

'부처님, 저로서는 불가능합니다. 그것은 부처님만이 하실 수 있습니다. 다른 불국토가 얼마나 훌륭한 곳인지, 그 아름답고 평화로운 모습에 대해 말씀해 주십시오. 그것을 듣는다면 저도 훌륭한 불국토를 완성할 수 있을 것 같습니다.'

이렇게 해서 부처님은 그의 원력(願力)을 알고, 이백십억 불국토를 말씀하셨다. 그는 그로부터 다섯 겁 동안 홀로 선정(禪定)을 닦아 다른 어떤 불국토보다도 뛰어난 국토를 이루게 된 것이다. 법장비구가 이 일을 세자재왕 부처님께 알리자, 그 부처님은 이와 같이 말씀하셨다.

'법장비구, 지금이 바로 그대의 원력과 수행의 결과를 널리 알려 중생들을 기쁘게 해 줄 때이다. 현재와 미래의 사람들은 그것을 듣고 그와 같은 불국토의 아름다운 특징과 그 원행(願行)을 본받아 불도(佛道)를 이루게 될 것이다.'

'부처님, 그러면 저의 특별한 원을 들어 주십시오. 만약 저의 국토에 다음과 같은 일들이 이루어지지 않는다면 저는 결코 부처가 되지 않겠습니다.

첫째, 내 불국토에는 지옥·아귀·축생 등 삼악도(三惡道)의 불행이 없을 것.

둘째, 내 국토에 태어나는 중생들은 한결같이 훌륭

한 몸을 가져 잘난이·못난이가 따로 없을 것.

셋째, 내 불국토에 태어나는 중생들은 번뇌의 근본인 아집(我執)을 일으키지 않을 것.

넷째, 내 불국토에 태어나는 중생들은 바른 길에 들어 필경에 성불할 것.

다섯째, 내 불국토에 태어나는 중생들은 목숨이 한량없을 것. 다만 중생을 제도하기 위해서는 목숨을 마음대로 할 수 있을 것.

여섯째, 내 불국토에 태어나는 중생들은 나쁜 일이라고는 이름도 들을 수 없을 것.

일곱째, 어떤 중생이든지 지극한 마음으로 내 불국토를 믿고 좋아하여 태어나려는 이는 내 이름을 열 번만 불러도 반드시 왕생(往生)하게 될 것.

여덟째, 내 이름을 듣고 내 불국토를 사모하여 여러 가지 공덕을 짓고 지극한 마음으로 내 국토에 태어나고자 하는 사방세계의 중생들은 반드시 왕생하게 될 것.

아홉째, 내 불국토에 태어나는 보살들은 누구든지 부처님의 온갖 지혜를 얻어 법을 말하게 될 것.'

'아난다, 법장비구는 세자재왕 부처님 앞에서 이와 같은 마흔여덟 가지 큰 서원을 세우고 오로지 미묘한 불국토 장엄(莊嚴)[1]에 전념한 것이다. 그 원으로 이루어진 불국토는 끝없이 넓고 커서 다른 어떤 것에도 비교될 수 없이 홀로 뛰어난 상주 불멸(常住不滅)의 세계였다.' 『無量壽經』

---

1) 좋고 아름답게 꾸미고 장식하는 것.

2. 법장비구의 수행

“이와 같은 불국토 장엄도 사실은 법장비구가 오랜 세월 동안 보살이 닦아야 할 끝없는 덕행(德行)을 쌓았기 때문이다. 그는 탐욕과 성냄과 어리석은 생각을 내지 않았고 감관의 대상에도 팔림이 없었다. 인욕행(忍辱行)을 닦아 어떠한 괴로움일지라도 잘 견디어 냈으며, 욕심이 적고 만족할 줄 알아 삼독(三毒)[2]번뇌를 떠나 살았다. 마음은 삼매에 들어 항상 평안하고 고요했으며, 밝은 지혜는 어디에도 걸림이 없었다.

마음에 거짓이라고는 조금도 없고 안색은 늘 평온했으며, 사람을 대할 때는 인자한 말로써 상대편을 기쁘게 해 주었다. 용맹 정진하여 자기 뜻을 이루는 데 게으름이 없었고, 오로지 청정한 진리를 구하고 그것으로써 모든 중생들에게 은혜를 베풀었다. 불·법·승의 삼보(三寶)를 공경하고 스승과 어른을 섬기며, 복덕과 지혜로써 보살의 온갖 수행을 몸에 익혀 모든 중생들에게 공덕을 성취케 했다.

그는 또 모든 것은 실체가 없어 공(空)이라고 관(觀)하고, 모든 것에는 차별된 모양이 없다고 관하고, 찾아 구하려는 생각을 버리는 것에 전념했다. 그리고 모든 현상은 본래부터 만들어진 것이 아니고 어디로부

2) 탐하고 성내고 어리석은 마음.

터 생긴 것도 아니며, 허깨비처럼 거짓 모습으로 나타난 것에 지나지 않는다고 관했었다. 또 그는 자신이나 남에게 해가 되는 나쁜 말은 입에 담지 않았고, 서로에게 이로운 좋은 말만을 하려고 노력했다. 그는 나라를 버리고 왕위와 재산도 버리고 애욕을 끊고 몸소 육바라밀(六波羅蜜)을 닦았으며 그것을 남들에게 가르쳐 실천하도록 했었다. 아난다, 법장비구는 이와 같이 전생에 보살행을 닦을 때에 모든 신이나 인간의 행위보다 뛰어나 무엇이든지 마음대로 할 수 있었던 것이다."

『無量壽經』

3. 무량광 무량수

아난다는 부처님께 여쭈었다.

"부처님, 법장비구는 이미 성불(成佛)하여 열반의 경지에 들어가셨습니까, 그렇지 않으면 아직 성불하지 못했습니까, 혹은 이 다음에 성불하실 것입니까?"

부처님은 아난다에게 말씀하셨다.

"법장비구는 이미 성불하여 지금 서쪽에 계신다. 그 이름을 아미타불(阿彌陀佛)이라 하는데, 그것은 무량광불(無量光佛) 혹은 무량수불(無量壽佛)이란 뜻이다. 그 나라는 여기에서 십만억 번째에 있고, 그 부처님이 계시는 세계를 극락(極樂)이라 한다.

무량수불의 위신력에 찬 광명은 가장 뛰어나, 다른 부처님의 광명과 비교가 되지 않는다. 만약 중생들이 그 빛을 볼 수 있다면 탐욕과 성냄과 어리석음의 세 가지 번뇌가 저절로 사라지고, 몸과 마음이 편하고 즐거움에 가득차 스스로 어진 마음을 내게 될 것이다. 그리고 지옥·아귀·축생의 삼악도에서도 이 광명을 보게 되면 평안을 얻어, 다시는 괴로워하지 않고 마침내 해탈하게 된다.

이와 같이 무량수불의 광명은 너무도 찬란하기 때문에, 시방(十方)의 불국토를 두루 비추어 그 명성이 떨치지 않는 데가 없다. 지금 나만이 그 광명을 찬탄하는 것이 아니고 모든 부처님과 보살·성문(聲聞)·연각(緣覺)들도 한결같이 찬탄하고 있다. 만약 중생들이 그 광명의 공덕을 듣고 밤낮으로 찬탄하면, 소원대로 그 불국토에 태어나 보살과 성문들에게 칭찬을 받을 것이다. 그리고 자신이 장차 부처가 되었을 때 시방세계의 부처님과 보살로부터 그 몸에 지닌 광명에 대해 칭송받게 될 것이다. 그것은 지금 내가 무량수불의 광명을 찬탄하는 것과 같을 것이다.

아난다, 또 무량수 부처님의 수명(壽命)은 한량없이 길어 햇수로 따질 수 없다. 가령 시방세계 모든 중생들이 성문이나 연각이 되어 그들의 지혜를 한데 모아 백천만 겁 동안 헤아린다 할지라도 무량수불의 수명은 다 셀 수가 없을 것이다. 그리고 그 나라에 있는 성문이나 보살들의 수도 한량이 없어 헤아릴 수 없다.

그 불국토는 청정 안온하고 말할 수 없이 즐거운 곳이다. 형상을 초월하여 상주 불변한 열반의 경지이다.

그 곳에 있는 성문과 보살과 천신과 인간들은 지혜가 한량없고 신통이 자재하여 형상이 똑같고 차별이 없다. 그러므로 세상에서 부르는 것과 같은 차별된 호칭도 소용없는 것이다. 그러나 다른 세상의 일에 수순(隨順)하기 위해 천신이라거나 인간이라고 하는 것뿐이다. 그들의 얼굴은 한결같이 단정하고 아름다워 그 어떤 것에도 견줄 수 없다. 그들은 모두 생멸(生滅)이 없는 법신(法身)과 그지없이 즐거운 몸을 가지고 있다."

『無量壽經』

4. 악에 젖은 세상

부처님께서 대중에게 말씀하셨다.

"세상 사람들은 하잘것없는 일들을 다투어 구한다. 악과 괴로움으로 뒤끓고 있는 세상에서 사람들은 자신의 생활 때문에 허덕이며 겨우 생계를 꾸려 나간다. 신분이 높거나 낮거나 가난한 자나 부자나 남녀 노소를 가릴 것 없이 모두 돈과 물질에 눈이 어두워 있다. 그러나 사실은 그것이 있거나 없거나 간에 근심걱정은 떠날 날이 없다. 불안 끝에 방황하고 번민으로 괴로워하며, 욕심에 쫓기느라 조금도 마음 편할 틈이 없는 것이다.

논밭이 있으면 논밭 때문에 걱정하고 집이 있으면 집 때문에 근심하며, 가축과 하인과 돈과 재산·의복·음식 세간살이에 이르기까지 이것 저것 걱정 아닌 것이 없다. 있으면 있다고 해서, 없으면 없다고 해서 걱정하고 한숨 짓는다. 때로는 뜻밖의 수해나 화재 혹은 도둑을 만나 재산을 잃어버리고 원통해하고 슬퍼한다. 이런 생각이 맺히면 마음은 멍들어 돌이키기가 매우 어렵다. 만약 재산을 모두 잃거나 벌을 받게 되어 신명이 위태롭게 되면 그는 모든 것을 고스란히 버리지 않을 수 없다. 누구 하나 그를 따라가는 이도 없다. 아무리 신분이 높고 부자라 할지라도 사람들은 이렇듯 괴로움과 근심 속에서 살아가고 있는 것이다.

또 때로는 이와 같은 고통 끝에 죽는 일이 있다. 그들은 일찍이 착한 일을 행하지 않고 도를 닦거나 덕을 쌓지 않았으므로 죽은 뒤에는 혼자서 외롭게 어두운 세상으로 가게 된다. 그가 가는 세상은 선업이나 악업의 결과에 따라 받는 과보다. 그럼에도 이 선악에 대한 인과(因果)의 도리마저 사람들은 모르고 있다.

가족이나 친척들은 서로 공경하고 사랑할 것이며, 미워하거나 시기해서는 안 된다. 가진 사람과 갖지 못한 사람은 서로 보살피고 도와, 탐하거나 아껴서는 안 된다. 항상 부드러운 말과 화평한 얼굴로 대해야 한다. 만약 마음속에 남을 미워하는 생각을 지니면 금생에서는 비록 조그마한 말다툼이라 할지라도 다음 세상에는 그것이 큰 원수가 될 수 있다. 마음속으로는 깊은 원한을 품고 있기 때문이다. 그래서 생사를 되풀이하면서 서로 앙갚음을 하는 것이다.

인간은 애욕 속에서 혼자 태어났다가 혼자서 죽어간

다. 즉 자신이 지은 선악의 행위에 따라 즐거움과 괴로움의 세계에 이른다. 자신이 지은 행위의 과보는 그 누구도 대신해 받아 줄 수 없다. 착한 일을 한 사람은 좋은 곳에, 악한 짓을 저지른 사람은 나쁜 곳에 태어난다. 태어나는 곳은 달라도 과보는 당초부터 기다리고 있으므로 그는 혼자서 과보의 늪으로 가는 것이다. 멀리 떨어진 다른 세계로 따로따로 가버리기 때문에 이제는 서로 만날 길이 없다. 한번 헤어지면 그 가는 길이 서로 다르므로 다시 만나기는 어렵다.

그렇건만 사람들은 어째서 세상의 지저분한 일을 버리지 못하며, 몸이 건강할 때 부지런히 착한 업을 닦아 생사가 없는 깨달음의 경지에 이르려고 하지 않는가. 무엇 때문에 사람들은 길을 찾지 않는가. 도대체 이 세상에서 무엇을 바라고 있단 말인가. 어떠한 즐거움을 꿈꾸고 있는 것일까.

이와 같이 세상 사람들은 착한 일을 하면 좋은 과보가 오고, 도를 닦으면 깨단게 된다는 사실을 믿지 않는다. 사람이 죽으면 다음 세상에 다시 태어나고, 은혜를 베풀면 복이 된다는 것을 안 믿는다. 그들은 선악에 대한 인과의 도리를 믿지 않고, 그런 것이 어디 있느냐고 믿으려 하지 않는다. 이처럼 비뚤어진 소견을 가지고 있으면서도 자기는 바른 생각을 가졌다고 내세운다. 세상이 어지럽고 인심이 거칠어지고 사람들이 애욕을 탐하게 되면, 진리를 등지는 사람은 늘고 그것을 깨닫는 사람은 줄어든다. 세상은 항상 어수선하여 믿고 의지할 만한 것은 하나도 없다. 지위가 높은 사람이거나 낮은 사람이거나, 가난한 사람이거나 부자거나 세상일에 얽매여 허덕이고, 저마다 가슴에 독(毒)을 품고 있다. 그러한 독기 때문에 눈이 어두워 함부로 일을 저지르는 것이다. 깊이 헤아리고 생각하여 온갖 나쁜 일을 멀리해야 할 것이다. 그리고 착한 일을 찾아 노력을 아끼지 말아야 한다. 애욕과 영화는 오래갈 수 없다. 언젠가는 내게서 떠나가고 말 것들이다. 참으로 이 세상에서 즐길 만한 것은 아무것도 없다.

이제 다행히 바른 법을 만났으니 부지런히 닦아라. 마음속으로부터 정토(淨土)에 왕생하려는 원을 세운 사람은 반드시 밝은 지혜를 얻고 뛰어난 공덕을 갖추게 될 것이다. 욕심에 팔려 여래의 계(戒)를 어기고 남 뒤에 처져서는 안 된다.

나는 그대들을 기쁘게 해 주고 싶다. 자기 자신에 대한 생로병사의 고통을 멀리해야 할 것이다. 우선 스스로 결단하여 몸과 행동을 바르게 갖고 착한 일을 많이 하며 부지런히 정진하고, 몸을 청결하게 갖고 마음의 때를 말끔히 씻어내며, 말과 행동을 떳떳하게 하여 겉과 속이 다르지 않게 하라. 그래서 미혹에서 벗어나 중생을 구제하고 원을 굳게 세워 선업을 쌓아라. 일생의 고통이란 사실 순간에 지나지 않는 것이며, 무량수 부처님의 국토에 태어나면 끝이 없는 기쁨을 누리게 된다. 그 세계에서는 해탈의 기쁨을 오래오래 누리게 되고 미혹의 뿌리를 뽑아 버렸기 때문에 탐하고 성내고 어리석은 데서 오는 괴로움도 없다."

『無量壽經』

5. 부모를 가둔 아자타삿투

부처님께서 라자가하 영축산에 천이백오십 명의 제자와 문수보살을 비롯한 많은 보살들과 함께 계셨다. 그때 라자가하에는 아자타삿투〔阿闍世〕라는 태자가 있었다. 그는 나쁜 친구 데바닷타의 꼬임에 빠져 아버지 빔비사라왕을 일곱 겹으로 된 방에 가두어 놓고 신하들에게 명령하여 한 사람도 얼씬거리지 못하도록 했었다. 왕을 공경하던 왕비 베데히는 깨끗이 목욕하고 나서 가루에 우유와 꿀을 반죽하여 몸에 붙이고, 품속에 포도주를 넣어 가지고 은밀히 왕에게 드렸었다. 왕은 꿀반죽과 포도주를 마신 뒤 멀리 영축산을 향해 합장하고 말했다.

"덕이 높으신 목갈라나님, 원컨대 자비를 베풀어 나에게 팔계(八戒)[3]를 설해 주십시오."

이때 목갈라나는 신통력으로 매가 날듯이 신속하게 왕이 갇혀 있는 곳에 이르렀다. 그는 날마다 이렇게 해서 왕에게 팔계를 설해 주었다. 그리고 부처님은 푸르나를 보내어 왕에게 설법해 주도록 했었다. 삼 주일이 지났다. 갇혀 있는 몸이지만 꿀반죽을 먹고 설법을 들

3) 팔관재계(八關齋戒)와 같은 뜻.

어 왕은 안색이 온화하고 기쁨으로 충만해 있었다.

어느 날 아자타삿투는 문지기에게 왕이 아직도 살아 있느냐고 물었다.

"대왕님, 왕대비께서는 몸에 꿀반죽을 붙이고 품속에 포도주를 넣어 가지고 와서 왕께 드리고 있습니다. 그리고 목갈라나와 푸르나 두 스님이 허공을 날아와 설법해 줍니다. 그러니 저로서는 막을 도리가 없습니다."

이 말을 듣고 화가 난 아자타삿투는 칼을 들고 어머니를 치려 하면서 말했다.

"어머니는 역적을 도왔으므로 역적이오. 스님들은 악당이오. 사람을 홀리는 주문으로 이 나쁜 임금을 여러 날 죽지 않게 했기 때문이오."

이때 지혜로운 신하 월광(月光)은 의사 지바카와 함께 왕 앞에 나아가 말했다.

"대왕님, 베다 성전에 말해진 것을 듣건대, 아득한 옛날부터 온갖 나쁜 임금이 있어 왕위에 빨리 오르기 위해 그 부왕을 죽인 자가 무려 일만 팔천 명이나 됩니다. 그러나 무도하게 그 어머니를 죽였단 말은 아직 듣지 못했습니다. 대왕께서 만약 부모를 살해하신다면 왕족의 이름을 더럽히게 될 것입니다. 이런 일은 찬다라[4] 같은 천민이나 할 수 있는 일입니다. 저희는 차마 볼 수 없으므로 여기 더 머물러 있을 수 없습니다."

---

4) 인도사회에 있어서 천민, 주로 도살업에 종사하는 계층.

이와 같이 말하고 두 신하는 물러나려 하였다.

아자타삿투는 깜짝 놀라 지바카에게 말했다.

"그대는 나를 도와 주지 않겠소?"

"대왕님, 어머니를 살해해서는 안 됩니다."

왕은 이 말을 듣고 뉘우쳐 도와 주기를 청했다. 그리고 칼을 거두어 어머니를 살해하지는 않았지만, 하인을 시켜 깊은 골방에 가두어 다시 나오지 못하도록 했다.

『觀無量壽經』

6. 베데히의 소원

골방에 갇힌 베데히는 수심에 잠긴 채 멀리 영축산을 향해 부처님께 예배드린 뒤 이렇게 말했다.

"부처님, 그전에는 항상 아난다님을 보내어 저를 위로해 주셨습니다. 저는 지금 갇힌 몸이 되어 거룩하신 부처님을 뵈올 길이 없습니다. 원컨대 목갈라나님과 아난다님을 만나 뵙게 해 주십시오."

베데히가 머리를 들자 눈앞에 황금빛으로 빛나는 부처님이 많은 보석으로 장식된 연꽃 위에 앉아 계시는 것이었다. 왼쪽에는 목갈라나, 오른쪽에는 아난다가 모셨고, 제석천(帝釋天)과 범천(梵天)들이 하늘에서 꽃을 뿌려 공양하는 것이 보였다.

베데히는 땅에 엎드려 울면서 부처님께 여쭈었다.

"부처님, 저는 전생에 무슨 죄를 지었기에 이와 같이 못된 자식을 두었습니까? 부처님께서는 또 무슨 인연으로 데바닷타[5]와 같은 이를 친족으로 두셨습니까? 저를 위해 근심이 없는 세상을 말씀해 주십시오. 저는 더럽고 악한 이 세상을 버리고 그곳에 태어나고 싶습니다. 이 세상에는 지옥·아귀·축생이 가득차 있고 악인들로 넘치고 있습니다. 이 다음 세상에서는 나쁜 소리를 듣지 않고 나쁜 사람들과 만나고 싶지도 않습니다. 지금 저는 지극한 마음으로 참회합니다. 태양이신 부처님, 저에게 청정한 업으로 이루어진 세계를 보여 주십시오." 『觀無量壽經』

7. 극락 왕생의 청정한 업

그때 부처님께서는 광명을 놓았다. 시방세계 부처님의 맑은 아름다운 국토가 모두 그 광채 안에 나타났다. 칠보로 된 불국토 등 한량없는 불국토의 모습을 베데히에게 보여 주신 것이다. 베데히가 부처님께 여쭈었다.

"부처님, 이러한 불국토는 청정하고 밝은 빛으로 충만되어 있습니다. 그러나 저는 아미타불이 계시는 극락세계에 가서 나고 싶습니다. 부처님, 저에게 그 길을 가르쳐 주십시오. 저에게 마음의 평화를 가르쳐 주십시오."

이때 오색 광명이 부처님의 입에서 나와 빔비사라왕

5) 부처님의 사촌 동생으로 부처님을 죽이려고까지 한 사람.

의 머리 위에 비치었다. 대왕은 비록 갇혀 있는 몸이지만 마음의 눈이 걸림없이 부처님을 뵙고 예배했다. 부처님은 베데히에게 말씀하셨다.

"아미타불이 계시는 곳이 여기에서 멀지 않다는 것을 아시오? 생각을 한곳에 모아 청정한 업으로 이루어진 저 불국토를 자세히 관(觀)해 보시오. 나는 이제 당신을 위해 말하리다. 그래서 이 다음 세상에 청정한 업을 닦는 사람들이 서방의 극락세계에 가서 날 수 있도록 하겠소.

저 불국토에 가서 나고자 하는 사람은 세 가지 복을 닦지 않으면 안 되오. 첫째는 부모에게 효도하고 스승과 어른을 공경하며, 자비한 마음으로 산 것을 죽이지 않고 열 가지 착한 일〔十善業〕을 행할 것이오. 둘째는 불·법·승 삼보에 귀의하고 여러 가지 도덕적인 규범을 지키며 위의(威儀)를 어기지 않아야 하오. 셋째는 보리심을 내어 깊이 인과(因果)의 도리를 믿고 여래의 말씀을 독송하며 남에게도 이 길을 권해야 합니다. 이와 같은 세 가지를 청정한 업이라 하오. 이 세 가지 업은 과거 현재 미래 삼세 부처님의 공통적인 청정한 업이오."

『觀無量壽經』

8. 극락 왕생의 길

부처님께서 사리풋타에게 말씀하였다.

"사리풋타, 극락세계에 태어나는 중생들은 모두 보

리심에서 물러나지 않는 이들이며, 그 중에는 이 다음에 부처가 될 사람이 많아 숫자와 비유로도 헤아릴 수 없다. 이 말을 들은 중생들은 서원을 세워 정토 왕생을 원해야 할 것이다. 거기 가면 으뜸가는 사람들과 한데 모여 살 수 있다.

조그마한 선근(善根)이나 복덕의 인연으로는 저 세계에 왕생하기 어렵다. 선남자 선여인이 아미타불에 대한 이야기를 듣고 하루나 이틀 혹은 사흘 나흘 닷새 엿새 이레 동안 한결같은 마음으로 아미타불의 이름을 외우되, 조금도 마음이 흐트러지지 않으면 그가 임종할 때 아미타불이 여러 성중(聖衆)들과 함께 그 사람 앞에 나타날 것이다. 그는 생각이 뒤바뀌지 않고 곧 아미타불의 극락세계에 왕생하게 될 것이다.

사라풋타, 나는 이러한 도리를 알고 말한 것이니, 어떤 중생이든지 이 말을 들으면 저 국토에 왕생하기를 원하라."

『阿彌陀經』

제 6 장 지식과 지혜

1. 분별을 떠나야 부처를 본다

부처님께서 바다를 건너 랑카성이 있는 섬에 들어가 마라야산 숲속에 계실 때였다. 랑카성 주인 나파나왕은 부처님께서 자기 나라에 오신 것을 영광으로 생각하고 궁전으로 맞아들였다. 부처님이 성안으로 들어서자 그 고장 사람들은 남녀 노소 할 것 없이 부처님 곁에 몰려와 절하고 법문을 듣고자 하였다. 이때 나파나왕은 대혜(大慧)보살에게 자기들을 위해 부처님께 법을 물어 달라고 청했다. 대혜보살은 왕을 대신하여 부처님께 깨달은 경지를 물었다. 그런데 부처님은 법을 설하시다가 갑자기 자취를 감추어 버렸다. 수많은 군중과 동산이 일시에 사라지고 나파나왕만이 홀로 궁중에 남아 있었다. 왕은 어리둥절하다가 이렇게 생각했다. '조금 전에 보인 것은 무엇이었던가? 그리고 설법을 듣고 있던 것은 누구였던가? 부처님과 성과 산과 숲은 다 어디로 사라지고 없는가? 꿈인가 생시인가? 정말 알 수 없는 일이다.' 한참 동안 의문에 잠겼다가 왕은 다시 이렇게 생각하였다.

'모든 법은 다 이와 같은 것이 아닐까? 모든 대상

은 내 마음의 분별에서 나온 것이다. 범부들로는 알 수 없는 일이지만, 사실은 볼 수도 없고 볼 것도 없으며, 말할 수도 없고 말할 것도 없는 것이다. 부처님을 뵙고 법문을 듣는 것도 모두가 분별이다. 내가 조금 전에 본 것은 참으로 부처님을 뵈온 것이 아니다. 분별을 일으키지 않는 것이 부처님을 뵙는 길이다.'

이렇게 생각했을 때 나파나왕은 문득 마음이 열려 마음속에 번뇌를 여의고 분별이 없는 경지에 이르러 모든 것을 그대로 볼 수 있게 되었다. 이때 공중에서 다음과 같은 소리가 들려 왔다.

"그렇소, 대왕. 도를 닦는 사람들은 다 대왕과 같이 부처를 보아야 합니다. 안으로 행(行)을 닦고 밖으로 집착하는 소견을 내서는 안 되오. 쓸데없는 이론을 즐기지 마시오. 자유자재하다고 해서 왕위에 집착해서도 안 됩니다. 이와 같이 그릇된 소견을 버리고 '나'라는 생각에서 떠나 바른 지혜를 가지고 도를 닦으면 최상의 깨달음에 들어갈 것이오."

『楞伽經 羅婆那 勸請品』

2. 분별의 지혜로는 헤아릴 수 없다

부처님께서는 깨달음의 경지에 들어간 왕의 마음을 아시고 다시 몸을 나타내셨다. 왕은 매우 기뻐하면서 부처님께 여쭈었다.

"부처님께서는 항상 말씀하시기를 '법도 버려야 할

것인데 하물며 법이 아닌 것이랴.' 하셨습니다. 어째서 법과 비법(非法)을 버려야 하며, 또 법과 비법은 무엇을 가리킨 것입니까?"

부처님께서 말씀하셨다.

"비유를 들어 말하면, 병은 깨어지는 것이므로 그 실체가 없는 것이오. 그런데 사람들은 병의 실체가 있는 줄로 압니다. 이와 같이 보는 법을 버리지 않으면 안 되오. 안으로 자기 마음의 본성을 보면 밖으로 집착할 것이 없소. 이와 같은 바른 견해로 법을 보는 것이 곧 법을 버리는 것이오. 비법이라고 하는 것은 토끼뿔이라든지 석녀(石女)의 자식처럼 사실은 없는 것을 가리키오. 이처럼 집착할 것이 못 되기 때문에 버려야 합니다.

여래의 법은 모든 분별과 쓸데없는 논란을 떠나서 있소. 진실한 지혜만이 이것을 증득합니다. 중생들을 편안하게 하기 위해 법을 설하고 차별을 떠난 지혜를 여래라고 합니다. 여래는 진실한 지혜와 하나이기 때문에 분별의 지혜로는 헤아릴 수 없소. 왜냐하면 중생의 마음은 그 대상에 따라 빛깔과 형상을 인식하지만, 여래는 분별을 떠났기 때문에 헤아릴 수가 없는 것이오.

벽에 걸린 그림 속 사람에게 감각이 없듯이, 중생들도 꼭두각시와 같아 업(業)도 없고 과보(果報)도 없는 것이오. 이와 같이 보는 것을 바른 견해라 하고, 이와 같이 달리 보는 것을 분별의 소견이라 합니다. 분별에 의하기 때문에 법과 비법에 집착하는 것이오. 이를테면 어떤 사람이 물에 비치는 자기 얼굴을 보고 혹은 등불이나 달빛에 비친 자기 그림자를 보고 분별을 일으켜 집착하는 것과 같은 것이오. 법이라든가 비법이라고 하는 것도 사실은 분별에 지나지 않소. 분별에 의지하기 때문에 버리지 못하고 허망한 것에 팔려 열반을 얻지 못하는 것이오. 열반이란 여래의 장(藏)이오. 그러므로 스스로 지혜의 세계에 들어가 깨달음의 선정(禪定)을 얻어야 합니다."

『楞伽經 羅婆那 勸請品』

3. 모든 것은 한 찰나도 머물지 않는다

대혜보살이 부처님께 말씀드렸다.

"부처님, 저희들을 위하여 모든 법의 생멸(生滅)하는 모양을 말씀해 주십시오. 부처님께서는 모든 존재는 한 찰나도 머무르지 않는다고 말씀하셨습니다."

부처님께서 말씀하셨다.

"모든 법이란 이른바 선법(善法)과 불선법(不善法), 유위법(有爲法)과 무위법(無爲法), 세간법(世間法)과 출세간법(出世間法), 유루법(有漏法)과 무루법(無漏法), 내법(內法)과 외법(外法) 등이오. 그것은 마음〔心〕과 뜻〔意〕과 의식(意識)의 훈습(熏習)에 의해 늘고 자라는 것이오. 모든 범부는 마음과 뜻과 의식의 훈습에 의해 선법과 불선법을 분별하는 것이오. 그러나 성인은 현재 삼매에 들어 번뇌가 없는 선행(善行)의 즐거움을 얻었으므로 이것을 선법이라 합니다.

또 선법과 불선법이란 여덟 가지 알음알이인데 아뢰야식(阿賴耶識)[1]과 의(意)와 의식과 안식(眼識)과 이식(耳識)과 비식(鼻識)과 설식(舌識)과 신식(身識)입니다. 뒤의 다섯 가지 알음알이가 의식과 어울려 선법과 불선법이 차별되어 자꾸 이어가지만 그 자체에는 차별이 없소. 생기는 법을 따라 생겼다가 도로 없어지는 것인데, 그것은 제 마음이 허망한 경계를 나타낸 것인 줄 모르기 때문이오. 그러다가 그것이 없어질 때는 그 형상의 크고 작음과 낫고 못함에 집착하는 것이오.

그 의식은 다섯 가지 알음알이와 어울려 생기는 것인데 그것은 찰나도 머무르지 않소. 그러므로 모든 존재는 한 찰나도 머무르지 않는다고 한 것이오. 그런데 어리석은 범부는 그 뜻을 알지 못하고 모든 존재가 한 찰나도 머무르지 않는다는 견해에만 집착하여 '무루(無漏)의 법도 한 찰나도 머무르지 않는다'고 말하니, 그것은 진여(眞如)의 법인 여래장(如來藏)[2]을 깨뜨리는 말이오.

다섯 가지 알음알이는 육도(六道)에도 나지 않고 고

---

1) 우주 만유를 전개하는 근본식(根本識).

2) 미혹한 세계의 진여(眞如)는 그 덕이 숨겨져 아주 없어진 것이 아니고 중생이 여래의 성덕(性德)을 갖추고 있으므로 여래장이라 함.

(苦)와 낙(樂)을 받지 않으며 또 열반의 인(因)도 짓지 않소. 여래장은 고락을 받지 않기 때문에 생사의 인(因)이 아니지만 다른 법은 생사와 어울리는 것이오. 그런데 범부들은 그것을 알지 못하고 그릇된 소견에 젖어, 모든 법은 한 찰나도 머무르지 않는다고 말하는 것이오.

금강의 여래장인 여래의 증득한 법은 한 찰나도 머무르지 않는 법이 아니오. 만일 여래가 얻은 법이 한 찰나도 머무르지 않는 것이라면 어떠한 성인도 성인이 되지 못하였을 것이오. 금강은 한 겁 동안 머물러 있어도 무게와 부피가 그대로 있어 늘지도 줄지도 않소. 그런데 어째서 어리석은 범부는 모든 법을 분별하여 '한 찰나도 머무르지 않는다.'고 말합니까. 그들은 내 뜻을 이해하지 못해 안팎의 모든 법은 한 찰나도 머무르지 않는다는 것을 알지 못했기 때문이오."

『楞伽經 刹那品』

4. 육바라밀을 성취하려면

대혜보살이 다시 부처님께 여쭈었다.

"부처님께서는 항상 육바라밀(六波羅蜜)을 완전히 성취하면 최상의 깨달음을 얻는다고 말씀하셨습니다. 어떤 것이 육바라밀이며 어떻게 하면 그것을 완전히 성취할 수 있겠습니까?"

부처님께서 말씀하셨다.

“바라밀에는 세 가지가 있소. 즉 세간의 바라밀과 출세간의 바라밀과 출세간 최상의 바라밀이오. 세간의 바라밀이란 어리석은 범부가 나와 내것에 집착하고, 그 두 가지 치우친 소견에 떨어져 훌륭하고 묘한 경계를 얻기 위해 바라밀을 행하고 물질적인 현상과 과보를 구하는 것이오. 어리석은 범부는 보시와 지계와 인욕과 정진과 선정과 지혜 등 여섯 바라밀을 행하여 범천(梵天)에 나기도 하고 세간의 법인 다섯 가지 신통〔五神通〕을 구하기도 하니 이것을 세간의 바라밀이라 합니다.

출세간의 바라밀이란 성문(聲聞)과 독각(獨覺)이 성문과 독각에 알맞는 열반의 마음을 가지고 수행하는 바라밀이오. 어리석은 범부들이 제 몸을 위해 열반의 즐거움을 구하려고 세간의 바라밀을 행하는 것처럼, 성문과 독각도 제 몸을 위해 열반의 즐거움을 구하려고 출세간의 바라밀을 행합니다. 그러나 그들이 구하는 것은 구경(究竟)의 즐거움이 아니오. 대혜보살, 출세간 최상의 바라밀이란 자기 마음의 허망한 분별로써 바깥 경계가 나타난 것임을 분명히 아는 것이니, 그때에는 오직 그 마음만이 안팎의 법을 나타낸 것임을 여실히 압니다. 왜냐하면, 허망한 분별로 분별하지 않고 안팎의 마음과 물질의 모양에 집착하지 않기 때문이오.

보살은 모든 법을 똑바로 알면서도 일부러 보시바라밀을 행하니, 그것은 일체 중생에게 두려움이 없는 평안한 즐거움을 얻도록 하기 위해서입니다. 그러므로 그것을 보시바라밀이라 합니다. 보살은 모든 법을 관찰하여 분별하는 마음을 내지 않으면서도 맑고 시원한 법을 따릅니다. 그러므로 그것을 지계바라밀이라 합니다. 보살은 또 분별하는 마음을 내지 않고 고행을 참으면서 그 경계가 진실이 아님을 분명히 압니다. 그러므로 그것을 인욕바라밀이라 합니다.

보살은 어떻게 정진의 행을 닦는가 하면, 초저녁과 밤중과 새벽을 가리지 않고 항상 부지런히 수행하되 진여(眞如)의 법을 그대로 따라 온갖 분별을 끊소. 그러므로 그것을 정진바라밀이라 합니다. 보살은 분별하는 마음을 떠나 저 이교도들의 '취할 수 있다' '취할 만하다'는 경계의 모양을 따르지 않소. 그러므로 그것을 선정바라밀이라 합니다. 어떤 것이 보살의 지혜바라밀인가 하면, 보살은 제 마음의 분별하는 모양을 분명히 관찰하여 분별하는 마음으로 보지 않으므로 두 가지 치우친 견해에 떨어지지 않소. 진실한 수행에 의해 한 법도 나거나 사라지는 것을 보지 않고 제 마음으로 증득한 거룩한 행을 닦소. 그러므로 그것을 지혜바라밀이라 합니다. 바라밀의 이치를 이와 같이 완전히 성취하면 그는 최상의 깨달음을 얻을 수 있소. 이것이 출세간 최상의 바라밀이오." 『楞伽經 刹那品』

5. 분별심은 지혜가 아니다

대혜보살은 부처님께 여쭈었다.

"부처님, 범부의 분별심은 어째서 성인의 마음이 아닙니까?"

부처님께서 대혜보살에게 말씀하셨다.

"모든 범부는 이름과 모양에 집착하고 그것에 따라 일어나는 법을 따르며 갖가지 모양을 보고 나와 내것이라는 그릇된 견해에 떨어져 모든 존재에 집착하고, 무명(無明)의 어둠에 들어갑니다. 그래서 탐심을 일으키고 성냄과 어리석은 업을 짓게 됩니다. 누에가 고치를 짓듯이 분별하는 마음으로 스스로 몸을 얽어 육도(六道)[3]의 큰 바다에 떨어짐을 알지 못하니 이것은 지혜가 없기 때문이오. 중생들은 나와 내것이 없는 것을 알지 못하고 있소.

분별이란 어떤 존재에 의해 불리워지는 이름이며 모양에 따라 분별하는 것이오. 이를테면 코끼리・말・수레・걸음걸이・인민 등 갖가지 모양을 분별하는 것이니 이것이 곧 분별이오. 바른 지혜란 무엇인가. 어떤 사물의 모양이나 이름을 관찰할 때 이것은 실체가 없으며 인연에 의해 생긴 것이라고 관찰해야 하오. 그렇게 해서 모든 이교도와 성문과 독각의 경지에 떨어지

---

3) 중생의 업에 따라 윤회하는 여섯 가지 길. 즉 지옥・아귀・축생・아수라・인간・천상.

지 않소. 이것을 바른 지혜라 하오. 보살은 바른 지혜에 의해 사물의 모양이나 이름을 보고 〈있다〉고 하지도 않고, 모양이나 이름이 없는 데서도 〈없다〉고 하지 않으니, 그것은 있고 없는 견해를 떠났기 때문이오. 모양과 이름을 보지 않음은 바른 지혜이므로 나는 그것을 진여(眞如)라 하오.

바른 지혜를 따르시오. 바른 지혜는 단멸(斷滅)도 아니요 영원한 것도 아니오. 또 분별도 없고 분별이 없는 곳에서 스스로 증득한 지혜로서 모든 외도와 성문과 독각의 바르지 못한 견해를 떠난 것이오."

『楞伽經 五法門品』

6. 강가강〔恒河〕[4]의 모래처럼

대혜보살은 부처님께 여쭈었다.

"여래가 강가강의 모래와 같다고 함은 무슨 뜻입니까?"

부처님께서 말씀하셨다.

"이를테면 강가강에 있는 모래는 자라·거북·소·염소 등 온갖 짐승들이 밟을지라도 분별을 내지 않으며 성내지 않고 또한 나를 괴롭게 한다는 생각도 내지 않소. 그것은 분별이 없고 때를 깨끗이 씻어버렸기 때문이오. 여래는 거룩한 지혜를 얻어 모든 능력과 자재

4) 갠지스강을 가리킴.

한 공덕이 강가강의 모래와 같소.

이교도와 그릇된 이론을 주장하는 사람들이 성내는 마음으로 여래를 헐뜯고 비방하더라도 여래는 동하지 않고, 분별을 내지 않으며 본 원력으로 중생을 삼매에 들게 하여 즐겁게 할 뿐이오.

그러므로 내가 강가강의 모래와 같다고 한 것은 평등하여 다른 분별이 없는 것이니 애착의 몸을 떠났기 때문이오. 그것은 강가강의 모래가 땅을 떠나지 않음과 같소. 불이 대지를 태울지라도 대지는 달라지지 않소. 어리석은 범부는 전도된 망상으로 스스로 분별하여 말하기를 '땅이 불에 타게 된다.'고 하지만 땅은 타지 않소. 여래도 이와 같이 법신(法身)의 자체는 강가강의 모래처럼 멸하지 않으며 없어지지도 않소. 강가강의 모래가 한량없고 가없는 것처럼.

강가강의 모래가 강가강에서 난다고 해도 나오는 것을 보지 못하고 들어간다 해도 들어가는 것을 보지 못하며, 모래는 '내가 강가강에서 나오고 들어간다.'고도 생각하지 않소. 여래의 지혜도 이와 같아서 모든 중생을 제도하고도 제도된 중생이 없다고 합니다. 왜냐하면 법은 몸이 없기 때문이오. 몸이 있는 것은 모두 덧없고 무너지는 것이지만 여래는 법신이므로 덧없거나 무너지지 않소.

어떤 사람이 향유(香油)를 만들려고 강가강의 모래를 아무리 눌러 짤지라도 끝내 얻을 수 없는 것은 모래에 향유가 없기 때문이오. 여래는 고뇌의 압박이 있더라도 성내지 않소. 본 원력을 버리지 않고 중생에게 기쁨을 주어 대자 대비를 베풀려고 하기 때문이오. 강가강의 모래는 물을 따라 흐르고 물을 거슬러 흐르지 않소. 중생을 위한 여래의 설법도 이와 같이 열반을 따라 순종하고 거슬러 흐르지 않소. 그러므로 여래가 강가강의 모래와 같다는 것이오." 『楞伽經 恒河沙品』

7. 육식은 곧 살생

대혜보살이 부처님께 여쭈었다.

"부처님, 저희들을 위해 고기를 먹는 허물과 먹지 않는 공덕을 말씀해 주십시오."

부처님께서 대혜보살에게 말씀하셨다.

"고기를 먹는 사람에게는 한량없는 허물이 있소. 보살이 큰 자비를 닦으려면 고기를 먹지 말아야 하오. 그러면 먹는 허물과 먹지 않는 공덕을 말하겠소. 중생이 시작없는 옛적부터 고기 먹는 습관으로 고기 맛에 탐착하여 번갈아 서로 살해하며 어질고 착한 이를 멀리하고 생사의 괴로움을 받는 것이오. 고기를 먹지 않는 이는 바른 가르침을 듣고, 보살 지위에서 참답게 수행하여 최상의 깨달음을 얻을 것이며, 또한 중생들을 여래의 경지에 들게 할 것이오.

고기를 먹는 이는 곧 중생의 큰 원수이며 여래의 종자를 끊게 된다는 것을 알아야 하오. 내 제자가 내 말을 듣고도 고기를 먹는다면 그는 곧 백정의 자손이오.

그는 내 제자가 아니며 나는 그의 스승이 아니오.

보살은 마땅히 모든 고기를 부모의 피와 살로 생각하고 그와 같이 관찰해야 합니다. 그러므로 고기를 먹어서는 안 되는 것이오. 중생이 고기 먹는 사람을 보면 놀라고 두려워하니 고기를 먹는 것은 중생과 큰 원한을 맺는 것이오. 보살은 자비를 베풀고 중생을 거두어주기 위해서라도 먹지 말아야 합니다. 중생들은 보살을, 여래의 자비한 종자이며 중생의 귀의할 곳이라고 생각하고 있소. 중생들은 보살이라는 말만 듣고도 의심과 두려운 생각을 내지 않게 되고, 친구라는 생각과 선지식이라는 생각과 두렵지 않다는 생각을 냅니다. 그리고 의지할 곳을 얻었으며 편안한 곳을 얻었으며 좋은 스승을 만났다고 합니다. 고기를 먹지 않기 때문에 중생들에게 이와 같은 신심을 내게 하는 것이오. 만약 고기를 먹는다면 중생들은 곧 믿는 마음을 버리고 '세상에는 믿을 만한 것이 없다.'고 말할 것이오. 그러므로 보살은 중생의 믿는 마음을 지켜 주기 위해서라도 고기를 먹어서는 안 됩니다.

보살은 청정한 불국토를 구하며 중생을 교화하기 위해 고기를 먹지 말아야 합니다. 모든 고기는 사람의 시체와 같이 생각하고 눈으로 보려고도 말고 냄새를 맡으려고도 하지 말아야 할 것인데 어찌 입 속에 넣겠소. 모든 고기도 이와 같소. 시체를 불태우면 냄새가 나는 것처럼 고기를 구워도 냄새가 납니다. 그러므로 보살은 청정한 불국토를 구하며 중생을 교화하기 위해 고기를 먹어서는 안 됩니다.

만약 모든 사람들이 고기를 먹지 않는다면 중생을 살해하는 일도 없어질 것이오. 사람들이 고기를 먹기 때문에 고기를 구하고 또 사게 되니 자연히 죽여서 파는 사람이 생기게 되는 것이오. 이것은 모두 먹는 사람이 있어 죽인 것이므로 고기를 사먹는 이도 죽이는 이와 다를 게 없소.

사냥꾼과 백정과 고기 먹는 사람들은 악독한 마음이 배어 있어 차마 할 수 없는 일도 손쉽게 저지르게 되오. 모양이 곱고 살찐 중생을 보면 '이놈은 잡아먹음 직하다'고 생각하면서 참지 못하는 것이오. 그러므로 나는 고기 먹는 사람은 자비의 종자를 끊는다고 말한 것이오.

내가 보건대 세상에 있는 고기치고 생명 아닌 것은 없소. 손수 죽이지도 말 것이요, 남을 시켜 죽여서도 안 됩니다. 만일 고기가 생명으로부터 나온 것이 아니라면 내가 왜 사람들이 먹는 것을 막겠소. 그러므로 나는 고기 먹는 것을 죄라고 말하며 여래의 종자를 끊기 때문에 먹는 것을 허락할 수 없소.

내가 열반한 후 뒷세상에 나의 제자라고 자칭하면서 '여래도 고기를 먹었다' '계율 가운데 고기를 먹을 수 있다고 말하였다'고 할지 모릅니다. 그러나 내가 만약 고기 먹을 것을 허락했다면 내 입으로 어떻게 큰 자비와 참다운 수행을 말하고 중생 보기를 외아들처럼 보라고 하겠소."

『楞伽經 遮食肉品』

제 7 장 마음과 생각

1. 마음은 어디에

부처님께서 아난다에게 물으셨다.

"아난다, 너는 여래의 거룩한 모습을 보고 기뻐하여 처음으로 도를 구하려고 발심했다 하니, 무엇으로 보았으며 무엇이 기뻐했느냐?"

아난다가 대답했다.

"제 눈으로 보고 제 마음이 기뻐했습니다."

부처님은 다시 말씀하셨다.

"그렇다. 그런데 그 눈과 마음이 생사 윤회의 허물이다. 그러므로 윤회를 벗어나려면 먼저 그것이 있는 곳부터 알아야 한다. 이제 네게 묻겠다. 눈과 마음이 어디 있느냐?"

"세상 모든 중생의 눈은 얼굴에 있고, 인식하는 마음은 몸 속에 있습니다."

"그렇다면 아난다, 마음이 몸 속에 있다면 몸 속의 것들을 분명하게 보아야 할 것이다. 그러나 어떤 중생이나 먼저 몸 속을 보고 나중에 바깥 것을 보는 사람이 있겠느냐? 몸 속의 것을 알지 못한다면 바깥 것은 어떻게 아느냐? 그러므로 마음이 몸 속에 있다는 말은 옳지 못하다.”

아난다가 부처님께 다시 여쭈었다.

“부처님의 그러한 말씀을 듣고 보니 마음은 몸 밖에 있겠습니다.”

“네 마음이 만일 몸 밖에 있다면, 몸과 마음이 따로 있어 서로 관계가 없을 것이다. 즉 마음이 아는 것을 몸은 알지 못하고 몸이 아는 것을 마음은 알지 못해야 할 것이다.”

“부처님, 부처님의 말씀처럼 속을 보지 못하기 때문에 몸 속에 있는 것이 아니고, 몸과 마음이 서로 분리돼 있지 않으므로 몸 밖에도 있지 않습니다. 지금 다시 생각하니 마음은 한곳에 있습니다.”

부처님께서 말씀하셨다.

“그 있는 곳이 어디냐?”

“이 마음이 속을 알지 못하면서 바깥 것을 잘 보기 때문에 제 생각에는 마치 눈에 유리를 댄 것과 같이 마음이 눈 속에 들어 있겠습니다.”

“네 마음이 눈에 유리를 댄 것 같다면, 산과 강을 볼 때는 어째서 눈을 보지 못하느냐? 유리를 눈에 대고 볼 때 유리도 보고 산과 강도 보지 않느냐.”

아난다가 부처님께 여쭈었다.

“그러면 제가 부처님을 보는 것은 바깥 것을 본다 하고, 눈을 감고 어두운 것을 보는 것은 몸 속의 것을 본다 하면 어떻겠습니까?”

“네가 어두운 것을 볼 때 그 어둠이 눈앞에 있을 텐

데 어떻게 몸 속이라 하겠느냐? 또 눈이 어둠과 대하지 않는다면 어떻게 볼 수 있겠느냐? 그러므로 어두운 것을 보는 것이 몸 속을 보는 것이라는 이치는 당치 않다."

아난다가 말했다.

"부처님께서는 일찍이 '마음이 움직여 형상이 생기고 형상이 생기어 여러 가지 마음이 움직인다' 하셨습니다. 지금 생각하니, 곧 생각하는 자체가 내 마음일 것이므로 대상과 합하는 것을 따라 마음이 있는 것입니다."

부처님께서 아난다에게 말씀하셨다.

"네 말대로 대상과 합하는 곳에 마음이 있다고 한다면, 그 마음이 자체가 없으니 무엇과 합하겠느냐. 그러니 그 말도 옳지 못하다."

아난다가 부처님께 다시 말했다.

"지금 생각하니, 몸 속을 보지 못하므로 속에 있다고는 할 수 없고, 몸과 마음이 서로 알기 때문에 밖에 있다는 것도 옳지 않습니다. 서로 알면서도 안으로는 보지 못하니 그것은 중간에 있겠습니다."

"네가 중간이라 말하니 그 중간이 어디 있느냐?"

"부처님께서는 보는 감관과 대상이 연(緣)이 되어 눈의 인식을 낸다 하셨습니다. 보는 감관은 분별하는 작용이 있고 대상은 그것이 없는데, 눈의 인식이 그 중간에서 생긴 것이니 이것을 마음이 있는 곳이라 하겠습니다."

"네 마음이 만일 감관과 대상의 중간에 있다면 이 마음의 자체가 둘을 겸했느냐, 겸하지 않았느냐? 겸했다면 그 두 가지가 서로 뒤섞여 어지러운 것이며, 대상은 감관이 아니므로 서로 양립할 것이니 어떻게 중간이 되겠느냐? 또 겸하지 않았다면 알고 모름도 아니어서 바탕이 될 만한 성질이 없는 것이니 중간이란 무슨 모양이겠느냐? 그러므로 중간에 있다는 것도 옳지 못하다."

아난다가 부처님께 다시 여쭈었다.

"부처님께서는 예전에 '알고 분별하는 마음이 안이나 바깥 또는 중간에 있지 아니하여 아무데도 있는 곳이 없다'고 하셨습니다. 그것은 온갖 것에 집착함이 없는 것을 마음이라 한 것이니, 집착함이 없는 것을 마음이라 할까요?"

부처님께서 아난다에게 말씀하셨다.

"알고 분별하는 마음이 아무데도 있는 곳이 없다 하니, 이 세상과 허공의 온갖 것에 네가 집착하지 않는다 함은 사물이 있다는 것이냐? 없다면 무엇을 두고 집착하지 않는다는 것이냐? 형상이 없으면 아주 없는 것이며, 없는 것이 아니라면 형상이 있는 것이니 형상이 있다면 그것은 곧 집착하는 것이다. 어떻게 집착이 없다고 하겠느냐. 그러므로 온갖 것에 집착이 없는 것을 마음이라 하는 것도 옳지 않다." 『首楞嚴經 1』

2. 보는 것은 마음

아난다는 부처님께 여쭈었다.

"저는 부처님의 가장 어린 아우로 부처님의 사랑을 받고 출가했습니다. 귀여워해 주심을 믿어 많이 듣기만 하고 번뇌를 끊지 못했습니다. 사특한 주문에 홀려 음실(婬室)에 들어갔으니 그것은 참 마음이 있는 데를 알지 못한 탓입니다. 바라건대 부처님께서 큰 자비로 가엾이 여기시고 저희에게 사마타[1)] 길을 보여 주시며 저 잇찬티카[2)]들에게도 어리석고 미천함을 깨뜨리게 하여 주십시오."

부처님께서 아난다에게 말씀하셨다.

"일체 중생이 시작 없는 옛적부터 여러 가지로 뒤바뀌어 업의 씨앗을 버리지 못하고, 수행하는 사람들도 깨달음을 이루지 못한 것은 모두가 두 가지 근본을 알지 못해 잘못 닦아 익혔기 때문이다. 마치 모래를 삶아 음식을 만들려는 것과 같이 아무리 오랜 세월을 수행한다 할지라도 될 수 없는 일이다.

그럼 무엇이 두 가지인가. 하나는 시작 없는 생사의 근본이니, 지금 너와 중생들이 반연하는 마음으로 자기의 심성(心性)을 삼는 것이고, 다른 하나는 시작 없

---

1) 마음 가운데 일어나는 망녕을 쉬고 마음을 한 곳에 집중시키는 일.

2) 신앙심이 없고 선근(善根)이 끊어진 무지 몽매한 인간.

는 보리 열반의 원래 청정한 본체이다. 그런데 이 본래 밝은 것을 잃어버린 탓으로 종일 움직이고 있으면서도 스스로로 깨닫지 못하고 억울하게 여러 세계에 들어가게 된다.

아난다, 네가 지금 사마타의 길을 알아서 생사에서 벗어나려 하는데 다시 묻겠다."

부처님께서 팔을 들어 다섯 손가락을 구부리고 아난다에게 말씀하셨다.

"네가 이것을 보느냐?"

아난다가 대답하였다.

"봅니다."

"무엇을 보느냐?"

"부처님께서 팔을 들고 손가락을 구부려 주먹을 쥐시고 저의 마음과 눈에 비춥니다."

"네가 무엇으로 보았느냐?"

"저와 대중은 모두 눈으로 보았습니다."

"네가 지금 대답하기를 '손가락을 구부려 쥔 주먹을 마음과 눈에 비춘다' 하니, 네 눈은 알겠지마는 무엇을 마음이라 하여 내 주먹이 비춤을 받느냐?"

"부처님께서 지금 마음이 있는 데를 물으시니, 제가 마음으로 헤아리고 찾아봅니다. 이렇게 헤아리고 찾아보는 것을 마음이라 합니다."

"아니다, 아난다. 그것은 네 마음이 아니다."

"이것이 저의 마음이 아니라면 무엇이겠습니까?"

"그것은 대상의 허망한 모양을 생각하여 너의 참 마

음을 의혹케 하는 것이다. 네가 시작 없는 옛적부터 금생에 이르도록 도둑을 잘못 알아 자식으로 여기고, 너의 본래 항상 있는 것은 잃어버린 탓으로 윤회를 받고 있는 것이다."

"부처님, 저는 마음으로 부처님을 공경하여 출가하였으니 제 마음이 어찌 부처님 한 분만 공경하겠습니까. 많은 국토를 다니면서 여러 부처님과 선지식을 섬기며 용맹심을 내어 모든 어려운 법을 행하는 것도 이 마음으로 할 것이며, 또 법을 비방하고 선근(善根)에서 영원히 물러나는 것도 역시 이 마음으로 할 것입니다. 만일 이것이 마음이 아니라면 저는 마음이 없어 흙이나 나무토막과 같을 것이며, 이렇게 깨닫고 알고 하는 것을 떠나서는 다른 것이 없습니다. 어찌하여 부처님께서는 마음이 아니라 하십니까?"

이때 부처님은 아난다의 머리를 쓰다듬으시며 말씀하셨다.

"내가 항상 말하기를, 모든 법은 마음에서 나타나는 것이며, 인과(因果)와 세계의 티끌까지도 마음으로 인해 그 자체가 된다고 하였다. 모든 세계의 온갖 것 중에 풀과 나뭇잎과 실오라기까지도 그 근원을 따지면 모두 그 자체의 성질이 있고 허공까지도 이름과 모양이 있는데, 어째서 청정하고 미묘하고 밝은 마음이 자체가 없겠느냐?

만일 네가 분별하고 생각하며 분명하게 아는 것을 고집하여 마음이라 한다면 이 마음이 온갖 물질·냄새·맛·감촉의 모든 객관적인 것을 떠나 따로 완전한 성품이 있어야 할 것이다. 네가 지금 내 법문을 듣는 것은 소리로 인해 분별하는 것이다. 보고, 듣고, 깨닫고, 아는 것을 없애고 속으로 무엇을 느낀다 하더라도 그것은 이미 경험했던 사실을 분별하는 것이다.

내가 네게 마음이 아니라고 고집하라는 것은 아니다. 네가 속으로 잘 생각해 보아라. 만일 대상의 세계를 떠나 분별하는 성품이 있다면 그것은 참으로 네 마음이다. 분별하는 성품이 대상을 떠나 그 자체의 성질이 없다면 그것은 대상을 분별하는 그림자일 뿐이다.

대상은 항상 있는 것이 아니다. 변하고 없어질 때는 거북이털이나 토끼뿔처럼 마음도 없어지고 변할 것이다. 그렇다면 네 법신(法身)이 없어지는 것과 같으니 무엇이 생멸 없는 깨달음을 증득하겠느냐?"

그때 아난다와 대중들이 무엇을 잊어버린 듯 말이 없었다.

부처님께서 아난다에게 말씀하셨다.

"수행하는 사람들이 겨우 아라한을 이루는 것은 모두 이 생사(生死)하는 망상에 집착하여 진실한 것인 줄로 잘못 알기 때문이다. 그러므로 너는 지금 많이 듣기만 했지 성과(聖果)를 이루지는 못했다."

아난다는 이 말을 듣고 다시 부처님께 여쭈었다.

"제가 부처님을 따라 출가한 뒤로부터 부처님의 위신력만 믿고, 애써 닦지 않아도 부처님께서 삼매를 얻게 하여 주리라 생각했습니다. 몸과 마음은 본래 대신

할 수 없는 줄을 알지 못하여 제 본심을 잃었으니, 몸은 비록 출가하였으나 마음은 도에 들어가지 못한 것이, 마치 가난한 아들이 아버지를 버리고 달아난 것과 같습니다.[3] 아무리 많이 듣는다 할지라도 몸소 수행하지 않으면 소용이 없다는 것을 알았습니다. 음식 이야기를 아무리 늘어놓아도 배부르지 않는 것과 같습니다. 부처님, 저희들이 지금 두 가지 장애에 얽힌 것은 항상 고요한 마음을 알지 못한 탓입니다. 바라건대 부처님께서는 불쌍히 여기시어 미묘하고 밝은 마음을 밝혀 저의 눈을 열어 주십시오."

부처님께서는 자리를 고쳐 앉으시며 말씀하셨다.

"너를 위해 큰 법회를 열어 일체 중생들이 미묘하고 비밀한 성품과 깨끗하고 밝은 마음과 청정한 눈을 얻게 하겠다. 네가 아까 대답하기를 주먹을 본다고 하였으니 그 주먹의 광명이 어디에 있으며, 어떻게 주먹이 되었으며 무엇으로 보았느냐?"

아난다가 대답했다.

"부처님의 전신은 금빛이고 보배산과 같이 빛나므로 광명이 있습니다. 그리고 그 광명을 눈으로 보았고, 다섯 손가락을 구부려 쥐었으므로 주먹이 되었습니다."

부처님께서 아난다에게 말씀하셨다.

---

3) 집을 나간 가난한 아들이 부자인 아버지를 만났으나 아버지인 줄 모르고 두려워 달아났다는 『법화경』의 말씀. 우리 마음이 본성을 알지 못하는 것에 비유.

"지혜 있는 사람은 비유만으로도 안다. 내 손이 없으면 주먹을 쥘 수 없듯이 네 눈이 없으면 너는 볼 수 없을 것이다. 그러니 네 눈을 내 주먹에 견준다면 이치가 같겠느냐?"

"그렇습니다. 제 눈이 없으면 저는 볼 수 없습니다. 제 눈을 부처님의 주먹에 견준다면 이치가 같겠습니다."

"네가 서로 같다고 말했지만 그 이치는 그렇지 않다. 손이 없는 사람은 주먹을 이룰 수 없다. 그러나 눈 없는 사람이 전혀 보지 못하는 것은 아니다. 한길에 나가 소경들에게 무엇이 보이느냐 물어보아라. 어두운 것만 보이고 다른 것은 아무것도 보이지 않는다고 할 것이다. 이렇게 생각하면 대상이 어두울 뿐이지 보는 것이야 무슨 다름이 있겠느냐?"

"소경들이 어두운 것만 보는 것을 어떻게 본다고 하겠습니까?"

"소경들이 어둠만 보는 것과 눈 밝은 사람이 어둔 방에 있는 것과 그 어둠이 같겠느냐, 다르겠느냐?"

"어둔 방에 있는 사람과 저 소경들의 깜깜함은 다르지 않습니다."

"아난다, 만일 눈먼 사람이 앞에 깜깜하다가 문득 눈을 뜨면 여러 가지 형체를 보게 된다. 이때 눈이 보는 것이라면, 저 어둔 방 속에 있는 사람이 깜깜한 것만 보다가 문득 등불을 켜면 역시 앞에 나타난 갖가지 형체를 볼 것이다. 이것을 등불이 본다고 하겠느냐?

등불이 보는 것이라면 등불이라 할 수 없으며, 또 등불이 본다면 네게는 아무 관계도 없을 것이다. 그러므로 등은 형체를 나타낼 뿐 보는 것은 눈이요 등이 아님을 알아라. 눈은 대상을 비출 뿐 보는 성품은 마음이다."

『首楞嚴經 1』

3. 생멸이 없는 마음

그때 아난다와 대중들은 부처님의 가르침을 듣고 기쁨이 솟았다. 가만히 생각하니 시작없는 옛적부터 본심을 잃어버리고 대상 세계를 분별하는 그림자를 본심인 줄 잘못 알았다가 오늘에야 깨달은 것이다. 마치 젖을 잃었던 아이가 어미를 만난 것과 같았다. 그들은 부처님께 예배하고 이 몸과 마음의 참되고 허망한 것을 나타내어 생멸하고 생멸하지 않는 두 가지 성질에 대해서 듣고 싶어하였다. 이때 파세나디왕이 일어서서 부처님께 물었다.

"제가 부처님의 가르침을 듣기 전에 이교도 카타야나와 산자야를 만났는데, 그들은 말하기를 '이 몸이 죽은 뒤에 아무것도 없는 것을 열반이라 한다'고 하였습니다. 이제 부처님을 뵈러 왔으니 그 의혹을 풀어 이 마음이 생멸하지 않는 경지를 알도록 하여 주십시오. 아직도 번뇌가 남아 있는 대중들은 모두 듣고자 합니다."

부처님께서 파세나디왕에게 말씀하셨다.

"왕의 몸이 있으므로 이런 질문을 할 수 있소. 그런데 왕의 몸은 강철처럼 굳어서 죽지 않는다고 생각하시오, 아니면 변하여 없어진다고 생각하시오?"

"부처님, 이 몸은 결국 없어지고 맙니다."

"왕이 일찍이 없어져 본 적이 없는데 어떻게 없어질 것을 아시오?"

"무상하게 변하는 제 몸이 비록 없어져 본 적은 없습니다. 그러나 지금도 수시로 변하고 달라지는 것이 마치 불이 타 재가 되듯이 늙어 갑니다. 이렇게 쉴 새 없이 늙어 가므로 이 몸은 언젠가 없어지리라고 생각합니다."

부처님께서 말씀하셨다.

"그건 그렇다고 합시다. 왕의 나이가 많은데 얼굴은 어린 시절과 비교해 어떻소?"

"부처님, 제가 어렸을 때에는 피부가 고왔고 장성해서는 혈기가 왕성했으나, 지금은 늙어 살결에 주름이 잡히고 정신은 혼미합니다. 머리는 백발이 되고 얼굴은 쭈그러져 앞날이 멀지 않았는데 어찌 어렸을 때와 비교할 수 있겠습니까."

"왕의 얼굴이 갑자기 늙지는 않았을 것 아니오?"

"부처님, 조금씩 변해가는 것을 제가 깨닫지는 못하지만 세월이 흐름에 따라 점점 이렇게 늙었습니다. 제 나이 스무 살 때에는 젊었다고는 하나 열 살 때보다는 늙었고, 서른 살 때는 스무 살보다 늙었으며, 지금은 예순두 살인데 쉰 살 때를 생각하니 그때는 매우 건강하였습니다. 조금씩 달라지던 것이 이렇게 많이 늙어 버렸습니다. 곰곰이 생각하면 그 변천하는 것이 어찌 십년 이십 년뿐이겠습니까. 해마다 달마다 날마다, 아니 한 찰나도 멎지 않고 달라 가니 이 몸은 필경 없어질 것입니다."

"변천하여 멎지 않는 것을 보고 필경은 없어질 줄을 안다 하니, 없어질 때 왕의 몸 가운데 없어지지 않는 것이 있는 줄을 아시오?"

파세나디왕은 합장하고 대답했다.

"그것은 아직 모르고 있습니다."

"내가 이제 생멸하지 않는 성질을 보여 주겠소. 왕은 몇 살 때 강가강을 보았소?"

"제가 세 살 때 어머니는 저를 데리고 기바천 사당에 가셨습니다. 그때 강을 건넜는데 그것이 강가강인 줄을 처음으로 알았습니다."

"그럼 강가강이 세 살 때 보던 것과 열세 살 때 보던 것과 어떻습디까?"

"세 살 때나 열세 살 때나 조금도 다르지 않았습니다. 지금 예순두 살이지만 역시 다름이 없습니다."

"왕은 지금 머리가 세고 얼굴이 쭈그러짐을 슬퍼하고 있소. 지금 강가를 보는 것이 어려서 강가를 보던 것보다 늙었겠소?"

"그럴 수는 없습니다."

"왕의 얼굴은 쭈그러졌을망정 보는 그 성질은 쭈그러지지 않았소. 쭈그러지는 것은 변하지만 쭈그러지지 않는 것은 변하는 것이 아니오. 변하는 것은 없어지지만 변하지 않는 것은 원래 생멸이 없는 것이오. 그런데 어찌 그것이 생사를 받겠소. 이교도들이 말하는 이 몸이 죽은 뒤에 아주 없어져버린다는 말은 옳지 않습니다."

왕이 이 말을 듣고는 죽은 뒤에도 다른 세상에 태어날 것을 알고 여러 대중과 함께 기뻐하였다.

『首楞嚴經 2』

4. 마음은 돌려 보낼 수 없다

아난다가 가르침을 듣고 기뻐하면서 부처님께 여쭈었다.

"부처님의 법문을 듣고 미묘하고 밝은 마음이 원래 원만하고 상주(常住)하는 것임을 비로소 알았습니다. 그러나 지금 부처님의 설법하는 음성을 듣고 또 이렇게 뵙는 것은 반연하여 일어나는 마음〔緣心〕입니다. 미묘하고 밝은 마음을 얻었다고 하나 그것이 본래의 심지(心地)라고는 인정할 수 없습니다. 자비를 베푸시어 의심의 뿌리를 뽑아 버리고 위없는 도에 들어가게 하여 주십시오."

부처님께서 아난다에게 말씀하셨다.

"네가 반연하는 마음으로 법문을 듣기 때문에 이 법문도 또한 연(緣)이 되어 법의 성질을 이해하지 못한다. 어떤 사람이 손가락으로 달을 가리켜 보일 때, 곁에서는 그 손가락을 통해 달을 보아야 할 것이다. 그런데 손가락을 보고 달이라 한다면 그는 달만 보지 못할 뿐 아니라 손가락마저 보지 못한다. 또한 손가락만 모르는 것이 아니고 밝은 것과 어둔 것도 모르는 사람이다. 왜냐하면 가리키는 손가락을 달의 밝은 성질이라 하기 때문이다. 밝은 것과 어둔 것을 둘 다 모르는 너도 그와 같다.

만일 설법하는 음성을 분별하는 것을 네 마음이라 한다면 그 마음이 분별할 음성을 떠나서도 분별하는 성품이 있어야 한다. 이를테면, 나그네는 여관에 투숙할 때 잠깐 쉬었다가 곧 떠나 끝까지 머무르지 않는다. 그러나 여관 주인은 떠나지 않으므로 주인이라 하는 것과 같다. 이것도 그와 같아서 참으로 네 마음이라면 떠남이 없어야 할 것이다. 그런데 어째서 음성을 떠나서는 분별하는 성질이 없겠느냐. 이런 것이 어찌 음성을 분별하는 마음뿐이겠느냐. 내 얼굴을 분별하는 것도 빛이나 형상을 떠나서는 분별하는 성품이 없다. 이와 같이 대상 세계를 떠나 분별하는 성품이 없다면 너의 심성이 모두 각각 돌려보낼 데가 있으니 주인이라 할 수 있겠느냐?"

"만일 저의 심성이 각각 돌려보낼 데가 있다면 부처님께서 말씀하신 미묘하고 밝은 본래의 마음은 어째서 돌려보낼 데가 없습니까?"

"자세히 들어라. 이제 너에게 돌려보낼 데 없음을 보여 주겠다. 이 큰 강당에 동쪽이 환히 열리어 해가 뜨면 밝게 비추고, 구름낀 그믐밤은 어둡고, 창틈으로는 트임을 보고, 담장에서는 막힘을 보고, 분별한 곳에서는 연(緣)을 보고, 허공은 빈 것이요, 바람이 불어 먼지가 날면 흙비가 오는 것이요, 맑게 개어 구름이 걷히면 맑음을 보게 된다.

아난다, 네가 이 여러 가지 변화하는 모양을 보았으니 내가 이제 본래 관계된 곳으로 돌려보내겠다. 어디가 본래 관계된 곳인가. 이 여러 가지 변화에서 밝은 것은 해에 돌려보낸다. 해가 없으면 밝지 못하기 때문에 밝은 인(因)은 해에 있다. 그러므로 해에 돌려보낸다. 어둠은 그믐밤에 돌려보내고, 통함은 창틈으로, 막힘은 담장에, 연(緣)은 분별에, 허공은 빈 것에, 흙비는 먼지에, 맑은 것은 갠 데에 제각기 돌려보낸다. 세간의 온갖 것이 이런 종류에서 벗어나지 못한다.

네가 이 여덟 가지를 보는 견(見)[4]의 밝은 성질은 어디로 돌려보내겠느냐? 만일 밝은 데로 돌려보낸다면 어두운 것이 여러 가지로 차별되나 견(見)은 차별이 없다. 돌려보낼 수 있는 것은 네가 아니지만, 돌려보내지 못하는 것은 네가 아니고 누구이겠느냐. 그러므로 네 마음이 본래 미묘하고 밝고 깨끗하지만, 네가 스스로 혼미하여 본래 미묘한 것을 잃어버리고 윤회하면서 생사 속에서 항상 떠다님을 알아야 한다. 그래서 내가 너를 가엾다고 한 것이다." 『首楞嚴經 2』

4) 참 마음을 가리킴.

5. 맺힘을 푸는 일

아난다가 부처님께 여쭈었다.

"부처님, 세상에서 맺힌 것 푸는 사람을 보면 맺힌 그 근원을 모르고는 풀지 못합니다. 저와 이 자리에 있는 성문(聲聞)들도 시작없는 옛적부터 무명과 함께 생하고 멸해 왔습니다. 비록 많이 들은 선한 인연으로 출가는 했으나 하루거리 학질을 앓는 사람과 같으니 자비로써 거두어 주십시오. 오늘 이 몸과 마음이 어찌하여 맺혔으며 어떻게 하면 풀리겠습니까? 중생들로 하여금 윤회에서 벗어나고 삼계에 떨어지지 않게 해 주십시오."

부처님께서 아난다와 대중에게 말씀하셨다.

"착하다, 아난다. 무명이 너로 하여금 윤회케 하는 생사의 맺힌 근원은 너의 여섯 감관〔六根〕이요 다른 것이 아니다. 또한 최상의 보리(菩提)가 너로 하여금 안락과 해탈을 얻게 하는 것도 여섯 감관이지, 다른 것은 아니다."

아난다가 잘 알아듣지 못한 것을 보시고 부처님은 다시 말씀하셨다.

"감관과 대상의 근원은 같고, 속박과 해탈이 둘 아니며, 분별하여 헤아리는 바탕이 허망하여 허공의 꽃과 같다. 대상으로 말미암아 알음알이를 내고, 감관으로 인해 형상이 있으니, 형상과 보는 것은 그 실체가 없이 서로 관계되어 있는 것이다. 그러므로 내가 지견(知見)에 알음알이를 두면 곧 무명의 근본이 되고, 지견에 분별 망상을 내지 않으면 곧 열반이니, 이 가운데 다시 무엇을 용납하겠느냐."

아난다는 부처님의 가르침을 듣고 마음의 눈이 열려 기뻐하면서 다시 말했다.

"부처님, 성품이 깨끗하고 미묘하고 영원하다는 말씀은 잘 알겠습니다. 그러나 아직도 여섯이 풀리면 하나까지 없어진다는 매듭 푸는 차례를 알지 못하겠습니다."

이때 부처님께서는 수건을 가지고 한 개의 매듭을 맺어 아난다에게 보이면서 말씀하셨다.

"아난다, 이것이 무엇이냐?"

"그것은 매듭입니다."

부처님이 그 매듭 위로 또 한 매듭을 맺으시고 다시 아난다에게 물었다.

"이것이 무엇이냐?"

"그것도 매듭입니다."

부처님은 이와 같이 여섯 개의 매듭을 만드시고 아난다에게 말씀하셨다.

"이 수건이 원래는 하나이지만 내가 여섯 번 맺어 여섯 매듭이란 이름이 생긴 것이다. 수건은 한 수건인데 맺음 때문에 다르게 된 것이다. 너의 여섯 감관도 그와 같아 한 근원에서 다른 것이 생겼다. 그러므로 여섯이 풀리면 하나마저 없어질 것이다. 네가 시작없는 옛적부터 심성(心性)이 들떠 알음알이가 허망하게 생기고 견(見)을 피로케 하여 대상을 불러일으킨 것이다. 마치 눈이 피로하면 맑은 허공에 환상의 꽃이 보이는 것과 같다. 산하 대지(山河大地)와 생사 열반도 모두 잘못되어 생긴 뒤바뀐 환상의 꽃이다."

"그러면 그 매듭을 어떻게 해야 풀 수 있겠습니까?"

부처님은 매듭진 수건을 이리저리 당긴 뒤 아난다에게 말씀하셨다.

"내가 지금 왼쪽으로 당기고 오른쪽으로 당겨도 풀리지 않으니 어디 네가 그 방법을 생각해 보아라. 어떻게 하면 풀리겠느냐?"

"매듭진 복판에서 풀어야 합니다."

"그렇다, 맺힌 것을 풀려면 매듭 복판에서 풀어야 할 것이다. 아난다, 그러므로 네 마음대로 여섯 감관에서 선택하여라. 어느 한 감관의 매듭이 풀리면 매듭의 덩이가 풀리고 말 것이다. 온갖 허망한 것이 없어지면 어찌 참되지 않겠느냐. 아난다, 여섯 매듭이 동시에 풀릴 수 있겠느냐?"

"그 매듭이 차례로 맺힌 것이므로 차례로 풀어야 합니다. 여섯 매듭의 근본은 같지만 맺힌 것이 각기 다르므로 한꺼번에 풀 수 없습니다."

부처님께서 말씀하셨다.

"그렇다, 여섯 감관을 푸는 것도 그와 같다. 이 감관이 처음 풀리면 먼저 무아의 경지에 이르고, 공(空)

의 성질이 밝아지면 법에서 해탈하고, 그런 뒤는 모두 공함을 얻을 것이다."

아난다와 대중들이 부처님의 말씀을 듣고 마침내 의혹이 없어졌다. 『首楞嚴經 5』

6. 도를 얻은 체험담

부처님께서 대중에게 물었다.

"너희들이 처음으로 발심하여 깨달을 때에 어떤 방법으로 삼매에 들어갔느냐?"

콘단냐〔憍陳如〕 비구가 부처님께 예배하고 이렇게 말했다.

"저는 녹야원에서 부처님으로부터 최초의 설법을 듣고 부처님의 음성에서 네 가지 진리를 깨달았습니다. 부처님께서 저희들 중에 먼저 알았다고 인가(印可)하시어 〈안냐타〉라고 하셨습니다. 저는 음성으로 아라한이 되었으므로 음성이 으뜸이 되겠습니다."

향엄동자(香嚴童子)는 이렇게 말했다.

"저는 부처님께서 모든 유위법(有爲法)을 자세히 살피라는 말씀을 듣고 조용히 방안에 앉아 정진하다가 비구들이 침수향 사르는 향기를 맡았습니다. 이 향기는 나무도 아니고 연기도 아니며 불도 아니므로, 가도 닿는 데가 없고 와도 온 데가 없음을 생각하였습니다. 이때부터 생각이 사라져 번뇌가 없어지고 미묘한 향기가 그윽하였으니 저는 향기로부터 아라한이 되었습니다. 그러므로 향기가 으뜸이 되겠습니다."

필린다밧사는 이렇게 말했다.

"저는 처음 발심하여 부처님을 따라 수행할 때에 부처님께서 이 세상의 여러 가지 즐겁지 못한 일을 말씀하시던 것을 생각하면서, 성중에서 밥을 빌다가 가시에 발을 찔려 온몸이 몹시 아팠습니다. 저는 생각하기를 '분별이 있기 때문에 아픈 줄을 안다. 아픈 줄 아는 것과 아픈 것이 있더라도 각(覺)의 청정한 심성에는 아픈 것도 없고 아픈 줄 아는 것도 없을 것이다. 한 몸에 어떻게 두 가지 각(覺)이 있을 것인가.' 이와 같이 생각한 지 오래지 않아 몸과 마음이 문득 공해지고 삼칠일(三七日) 동안에 온갖 번뇌가 없어져 아라한이 되었습니다. 저는 각(覺)을 순일하게 하고 몸을 잊어버리는 방편으로 도를 얻었습니다."

이때 대세지(大勢至)보살이 오십이 보살과 함께 자리에서 일어나 부처님께 예배하고 이와 같이 말했다.

"제가 생각하니 과거 초일월광(超日月光) 부처님은 저에게 염불삼매(念佛三昧)를 가르쳐 주셨습니다. '한 사람은 전심으로 생각하는데 다른 한 사람은 까맣게 잊고 있다면, 이 두 사람은 만나도 만난 것이 아니고 보아도 본 것이 아니다. 그러나 두 사람이 서로 생각하여 생각하는 두 마음이 간절하면 이 생에서 저 생에 이르도록 몸에 그림자 따르듯이 서로 어긋나지 않을 것이다. 시방세계의 여래(如來)가 중생을 생각하는 것도 어미가 자식 생각하듯 하지만, 자식이 멀리 달아나

버리면 생각한들 무엇하랴. 자식이 어미 생각하기를 어미가 자식 생각하듯 한다면, 어미와 자식이 여러 생을 지내도록 서로 어긋나지 않을 것이다.

중생이 마음으로 부처님을 생각하고 부처님을 염하면 현세에나 미래에 반드시 부처님을 볼 것이며, 방편을 빌지 않고라도 저절로 마음이 열릴 것이다. 그것은 마치 향을 다루는 사람이 몸에 향기가 배는 것과 같으리니 이것을 향광장엄(香光莊嚴)이라 한다'고 하셨습니다. 저는 수행시에 염불하는 마음으로 무생법인(無生法忍)[5]에 들어갔고, 지금도 이 세계에서 염불하는 사람을 섭수(攝受)하여 정토(淨土)에 왕생하게 합니다. 제 생각으로는 어느 한 감관만을 가릴 것이 아니라, 여섯 감관을 모두 거두어 깨끗한 생각이 서로 잇따라 삼매를 얻는 것이 제일이겠습니다."

『首楞嚴經 6』

5) 생멸이 없는 진리를 깨닫고 거기에 머물러 흔들리지 않음.

제 8 장 원만한 깨달음

1. 헛꽃임을 알라

문수보살이 부처님께 여쭈었다.

"자비하신 부처님, 여기에 모인 대중들을 위해 부처님께서 처음 닦으신 법다운 수행과, 보살이 청정한 대승의 마음을 내어 중생들의 모든 병을 버리는 법을 말씀해 주십시오. 그래서 대승을 구하는 미래의 중생들이 그릇된 소견에 떨어지지 않게 하여 주십시오."

부처님께서 말씀하셨다.

"선남자, 법왕(法王)에게 큰 다라니문(陀羅尼門)[1]이 있으니 그 이름이 원각(圓覺)이오. 모든 청정과 진여(眞如)와 보리와 열반과 바라밀(波羅蜜)로써 보살을 가르치며, 모든 여래의 처음 수행은 다 원각을 의지해 무명(無明)을 끊고 불도를 성취한 것이오.

무명이란 무엇인가 하면, 중생들이 시작없는 옛적부터 갖가지로 뒤바뀌어 길 잃은 사람이 동서를 분간하지 못하는 것처럼, 사대(四大)를 자기 몸이라 하며 사물을 느끼는 인식을 자기 마음이라 합니다. 마치 병난

---

1) 우주 실상에 계합하여 한량없는 묘법(妙法)을 지닌 문.

눈이 허공에서 헛꽃과 겹친 달을 보는 것과 같은 것이오. 그러나 실로 허공에는 꽃이 없소. 그것은 환자의 잘못된 집착인 것이오. 이 잘못된 집착은 허공 자체를 잘못 알 뿐만 아니라, 다시 저 꽃이 생긴 원인까지도 모르게 되오. 이로 말미암아 그릇되게 생사에 윤회하는 것이니, 이것을 무명이라 합니다.

무명은 실체가 없소. 마치 꿈속에서 가졌던 물건이 깨고 나면 아무것도 없는 것처럼, 허공의 헛꽃도 없어지면 없어진 곳도 알 수가 없소. 그 이유는 생긴 곳이 없기 때문이오. 본래 생(生)이 없건만, 중생들이 잘못 생멸을 보게 되므로 생사에 윤회한다고 말하는 것이오. 여래의 첫 수행 단계에서 원각을 닦는 이가 이 헛꽃을 알면 윤회도 없고 생사를 받을 몸과 마음도 없을 것이오. 없애려고 해서 없는 것이 아니라 본래 성품이 없기 때문이오.

이렇게 아는 것도 허공과 같으며, 허공과 같은 줄 아는 것도 곧 헛꽃이오. 그렇다고 아는 성품이 없다고도 말할 수 없는 것이오. 있고 없음을 함께 버려야 참으로 정각(淨覺)을 수순한다고 말할 수 있소. 왜냐하면 허공과 같은 성질이고 항상 움직이지 않으며, 여래장(如來藏) 가운데서 나고 죽음이 없으며, 지견이 없고 법계의 성품처럼 절대 원만하여 시방세계에 두루하기 때문이오. 이것을 이름하여 초심자의 법다운 수행이라 합니다. 보살은 이것으로써 대승으로 향한 깨끗한 마음을 낼 것이며, 말세 중생들도 여기에 의지하여 수행하면 그릇된 지견에 떨어지지 않을 것이오."

『圓覺經 文殊菩薩章』

2. 환인 줄을 알면

보현보살이 부처님께 여쭈었다.

"자비하신 부처님, 여기에 모인 보살들과 미래의 중생들을 가르쳐 주십시오. 대승을 닦는 자가 원각의 청정한 경지를 듣고 어떻게 수행해야 하겠습니까? 만일 어떤 중생이 모든 것이 환(幻)인 줄을 안다 하더라도 그 몸과 마음이 또한 환이니, 어떻게 환으로써 환을 닦겠습니까? 만일 모든 환의 바탕이 아무것도 없는 것이라 한다면 곧 마음도 없는 것이니, 수행할 자는 누구이며 어떻게 다시 환과 더불어 수행하라 하십니까?

만일 모든 중생의 바탕이 본래 수행할 것이 없다고 하신다면 생사 가운데서 항상 환화(幻化)로 사는 것이 되어 일찍 환의 경지를 알지 못하니, 망상심으로 어떻게 해탈을 얻겠습니까? 미래의 중생을 위해 무슨 방편으로든지 그들이 점차로 닦고 익혀 모든 환을 떠나게 하여 주십시오."

부처님께서 말씀하셨다.

"모든 중생의 가지가지 환화(幻化)는 모두가 여래의 원각 묘심(圓覺妙心)에서 나온 것이오. 마치 헛꽃이 허공으로 인해 있는 것과도 같소. 헛꽃은 없어지는 것이지만 허공의 성품은 무너지지 않는 것처럼, 환을 바탕으로 삼는 중생의 마음은 도리어 환에 의해 없어지지만, 모든 환이 다 없어지더라도 깨닫는 마음만은 움직이지 않는 것이오. 깨달음을 말한다 하더라도 환을 의지해 말하는 것은 역시 환이오. 깨달음이 있다고 말해도 역시 환이며, 깨달음이 없다고 말해도 역시 마찬가지오. 그러므로 환이 없어지는 것을 부동(不動)이라 합니다.

모든 보살과 말세 중생은 일체 환화인 허망한 경계를 버려야 할 것이오. 버리는 마음을 굳게 가지는 그 마음에 환을 또 다시 버리시오. 버린다는 것도 환이니 버린다는 생각조차 버려야 합니다. 이와 같이 하여 버릴 것 없음을 얻어야 모든 환이 제거될 것이오.

두 나무를 서로 비벼 불을 일으키면, 나무는 타 없어지고 재는 날고 연기는 사라지는 것과 같소. 환으로써 환을 닦는 것도 이와 같아서, 모든 환이 비록 다 없어질지라도 단멸(斷滅)[2]에 들어가지는 않소. 환일 줄 알면 곧 환을 버린 것인데 무슨 방편이 필요하며, 환을 버림이 곧 깨달음인데 또한 무슨 차례가 있겠소. 모든 보살과 중생들이 이것을 의지해 수행하면 모든 환을 버리게 될 것이오." 『圓覺經 普賢菩薩章』

2) 아무것도 없어 허무한 것에 떨어짐. 혹은 이 몸이 죽은 뒤는 내생이 없다는 생각.

3. 한 마음이 청정하면 온 세계가 청정하다

보안(普眼)보살이 부처님께 여쭈었다.

"자비하신 부처님, 여기 모인 여러 보살과 미래 중생들을 위해 보살이 수행할 차례를 말씀해 주십시오. 어떻게 생각하고 어떻게 머무를 것이며, 중생들이 깨치지 못하면 어떠한 방편(方便)을 써야 모두 깨치겠습니까? 만약 중생들이 바른 방편과 바른 생각이 없으면 부처님이 말씀하신 삼매를 듣고 마음이 아득하여 깨칠 수 없을 것입니다. 자비를 베푸시어 저희들과 미래 중생들을 위해 그 방편을 말씀해 주십시오."

이때 부처님께서 보안보살에게 말씀하셨다.

"선남자, 그럼 자세히 들으시오. 그대들을 위해 말해 주리다. 새로 배우는 보살과 미래 중생이 여래의 청정한 원각심(圓覺心)을 구하려면, 생각을 바르게 하여 모든 헛된 것을 멀리 떠나야 할 것이오. 먼저 여래의 사마타행[3]에 의지하여 계율을 굳게 가지고 대중과 함께 편안하게 지내며 고요한 곳에 앉아 항상 이런 생각을 하시오.

'지금 내 이 육신은 네 가지 요소로 화합된 것이다. 털·손톱·이빨·살갗·근육·뼈·골수들은 다 흙으로 돌아갈 것이고, 침·콧물·피·눈물·대소변은 물로

---

3) 마음 가운데 일어나는 망념을 쉬고 마음을 한 곳에 집중시키는 일.

돌아갈 것이며, 더운 기운은 불로 돌아가고, 움직이는 것은 바람으로 돌아갈 것이다. 네 가지 요소가 뿔뿔이 흩어져 버리면 이 허망한 육신은 어느 곳에 있을 것인가.'

이 몸은 원래 자체가 없는 것인데, 화합하여 형상을 이루었으니 사실은 헛것이며, 네 가지 인연이 거짓으로 모여 육근(六根)이 있게 된 것이오. 육근과 사대(四大)가 안팎으로 합하여 이루어졌는데 반연하는 기운이 허망하게 그 안에 모이고 쌓여 반연하는 것이 있는 듯한 것을 이름하여 마음이라 한 것이오. 이 허망한 마음도 육진(六塵)[4]이 없다면 있을 수 없고 사대가 흩어지면 육진도 없을 것이오. 이 가운데 인연과 티끌이 흩어져 없어지면 마침내 반연하는 마음도 볼 수 없을 것이오.

중생의 환(幻)인 육신이 멸하므로 환인 마음도 멸하고, 환인 마음이 멸하므로 환인 세계도 멸하고, 환인 세계가 멸하므로 환의 멸도 또한 멸하고, 환의 멸이 멸해도 환이 아닌 것은 멸하지 않소. 이를테면 거울에 때가 없어지면 맑은 빛이 나타나는 것과 같소. 몸과 마음이 다 환의 때〔幻垢〕이니, 때가 아주 없어지면 시방세계가 청정함을 알 것이오. 마치 맑은 구슬에 오색이 비치면 그 빛에 따라 각기 달리 나타나는 것인데, 어리석은 사람들은 그 구슬에 실제로 오색이 있는 줄

4) 물질〔色〕·소리〔聲〕·냄새〔香〕·맛〔味〕·감촉〔觸〕·의식의 대상〔法〕 등 여섯 가지가 깨끗한 마음을 더럽히므로 육진이라 함.

로 착각하는 것이오. 원각인 청정한 성품이 몸과 생각으로 나타나는 것인데, 어리석은 사람들은 청정한 원각에 실제로 이런 몸과 생각이 있는 줄 알고 있소. 보살과 미래 중생들이 모든 환을 깨달아 영상(影像)이 멸해 버렸기 때문에, 이때는 문득 끝없는 청정을 얻는 것이니, 끝없는 허공도 원각의 나타남이오, 그 깨달음이 원만하고 밝으므로 마음이 청정해지고, 마음이 청정하므로 보이는 세계가 청정하고, 보이는 것이 청정하므로 눈이 청정하고, 눈이 청정하므로 보는 인식이 청정합니다. 그리고 인식이 들리는 세계가 청정하고, 들리는 것이 청정하므로 귀가 청정하고, 귀가 청정하므로 듣는 인식이 청정하고, 인식이 청정하므로 느낌의 세계가 청정하고, 코와 혀와 몸과 생각도 또한 그와 같소. 눈이 청정하므로 빛이 청정하고, 빛이 청정하므로 소리가 청정하며, 향기와 맛과 감촉과 생각의 대상도 그와 같소. 이와 같이 한 마음이 청정하면 온 법계가 다 청정합니다.

모든 실상(實相)의 성품이 청정하기 때문에 한 몸이 청정하고, 한 몸이 청정하므로 여러 몸이 청정하며, 여러 몸이 청정하므로 시방세계 중생의 원각도 청정합니다. 한 세계가 청정하므로 여러 세계가 청정하고, 여러 세계가 청정하므로 마침내는 허공과 삼세(三世)를 두루 싸 모든 것이 평등하고 청정해서 움직이지 않소.

깨달음을 성취한 보살은 법에 얽매이지도 않고 법에

서 벗어나기를 구하지도 않으며, 나고 죽는 것을 싫어하지도 않고 열반을 특별히 좋아하지도 않소. 계행(戒行) 가지는 것을 공경하지도 않고 파계를 미워하지도 않으며, 오래 수행한 이를 소중히 여기지도 않고 처음 발심한 이를 업신여기지도 않소. 왜냐하면 온갖 것이 모두 원각이기 때문이오. 이를테면 눈빛이 앞을 비추되 그 빛은 원만하여 사랑도 미움도 없는 것과 같으니, 그것은 빛 자체는 둘이 아니어서 사랑과 미움이 없기 때문이오. 보살과 미래 중생이 이 마음을 닦아 성취하면, 여기에는 닦을 것도 없고 성취할 것도 없을 것이오. 원각은 널리 비치고 적멸(寂滅)해서 차별이 없소. 이 가운데서는 헤아릴 수 없이 많은 불국토가 마치 헛꽃이 어지럽게 일어나고 스러지는 것 같아서 합하지도 떠나지도 않으며, 얽매임도 풀림도 없을 것이오. 중생이 본래 부처이고, 생사와 열반이 지난밤 꿈과 같아 생사와 열반이 일어나는 것도 없어지는 것도 없으며, 오는 것도 가는 것도 없소.

모든 보살들이 이와 같이 닦을 것이며, 이러한 차례로 이렇게 생각할 것이며, 이와 같이 머물러 가질 것이며, 이러한 방편으로 이렇게 깨닫는 것이므로 이와 같은 법을 구하면 아득하거나 어리석지 않을 것이오."

『圓覺經 普眼菩薩藏』

4. 원각 묘심

금강장(金剛藏)보살이 부처님께 여쭈었다.

"자비하신 부처님, 중생들에게 본래 부처의 성품이 있는 것이라면 어째서 다시 무명(無明)[5]이 있으며, 만일 모든 무명을 중생이 본래 가지고 있다면 어째서 부처님께서는 중생이 본래 부처를 이루었다고 말씀하십니까? 시방세계의 중생들이 본래 부처를 이루었다가 뒤에 무명이 일어났다고 하니 그러면 여래도 언젠가는 다시 번뇌가 생겨야 하지 않겠습니까?

원컨대 끝없는 자비로써 모든 보살을 위해 비밀장(祕密藏)을 열어 미래의 중생들도 이와 같은 법문을 듣고 의심과 뉘우침이 영원히 가시도록 하여 주십시오."

부처님께서 말씀하셨다.

"모든 세계의 시작과 끝과 생과 멸과 앞과 뒤와 있고 없음과 모이고 흩어짐과 일어나고 마침이 모두가 생각생각에 계속되며, 돌고 돌아 오고 가는 것이니 갖가지로 취하고 버림이 모두 윤회인 것이오. 윤회를 벗어나지 못하고 원각을 알려고 하는 것은 원각의 성품까지도 함께 윤회케 하는 것이 되오. 이렇게 하여 윤회를 면하려 한다면 그것은 잘못이오. 마치 눈을 깜빡

---

5) 진리를 알지 못하는 근본 무지(根本無知), 이것이 고(苦)의 원인이다.

이면 잔잔하던 물이 흔들리는 것 같고, 또 눈앞에서 횃불을 돌리면 불의 고리가 되는 것 같고, 구름이 흐르면 달도 움직이고, 배가 가면 물가의 언덕도 옮아가는 것과 같소.

이와 같이 움직이는 마음을 쉬지 않고서는 변화하는 대상을 멈추게 할 수 없는데, 생사에 윤회하는 때문은 마음을 깨끗이 하지 않고 어떻게 부처의 원각을 보려고 하시오? 그러기 때문에 그대들은 세 가지 의혹을 얻게 되는 것이오. 비유하면 환(幻)의 가림으로 그릇되게 헛꽃을 보다가 환의 가림이 없어지면 환의 가림이 이미 없어졌으니 다시 일어난다고는 말하지 못할 것이오. 왜냐하면 환의 가림과 헛꽃이 서로 기다리지 않기 때문이오. 또한 헛꽃이 허공에서 없어질 때 언제 다시 허공에서 헛꽃이 일어나느냐고는 묻지 못할 것이오. 왜냐하면 허공에는 본래 꽃이 없어서 생기고 없어지는 것이 아니기 때문이오. 생사와 열반도 함께 일어났다 없어졌다 하는 것과 같으니 미묘한 원각만이 헛꽃과 환의 가림을 떠난 것이오.

모든 여래의 미묘한 원각심에는 본래 보리와 열반이 없으며, 성불과 성불하지 못함도 없으며, 윤회와 윤회 아님도 없는 것이오. 이러한 경지는 성문(聲聞)으로서는 상상할 수도 없소. 마치 반딧불로 수미산을 태우려 해도 태울 수 없는 것과 같소. 윤회하는 마음으로 윤회의 소견을 내어 여래의 대열반 경지를 알려고 하는 것은 무모한 짓이오. 그러기 때문에 모든 보살과 미래의 중생은 먼저 끝없는 윤회의 근본을 끊어야 한다고 말한 것이오.

생각을 짓는다는 것은 마음이 일어났기 때문이니, 그것은 모두 감각을 통한 인식작용이지 참된 마음은 아니오. 그것의 경지를 알려고 하는 것은 헛꽃에서 열매를 기다리는 것과 같아 더욱 그릇된 생각이오. 허망하고 들뜬 마음은 망상 분별만 일으키고 원각을 성취할 수는 없소. 이와 같은 분별은 옳은 질문이 되지 않소.” 「圓覺經 金剛藏菩薩章」

5. 애욕은 생사의 근원

미륵보살이 부처님께 여쭈었다.

“부처님, 보살과 미래 중생이 여래의 대열반의 바다에 들어가려면 어떻게 윤회의 근원을 끊으며, 윤회에는 어떠한 성질이 있습니까? 그리고 보리를 닦는 데는 몇 가지 차별이 있으며, 어지러운 세상에 돌아와 중생을 교화하는 데는 어떠한 방편을 써야 되겠습니까?”

부처님께서 말씀하셨다.

“모든 중생에게는 시작 없는 옛적부터 갖가지 은애와 애정과 탐심과 음욕이 있기 때문에 생사에 윤회하는 것이오. 중생들은 음욕으로 인해 각자의 성품과 생명을 타고 나는 것이니 윤회의 근원이 애욕임을 명심하시오. 음욕이 애정을 일으켜 생사가 계속되는 것이오. 음욕은 사랑에서 오고, 생명은 음욕 때문에 생기는데, 중생이 또다시 생명을 사랑하여 드디어 음욕을 의지하니, 음욕을 사랑함은 원인이 되고 생명을 사랑함은 결과가 되는 것이오.

음욕으로 인하여 마음에 맞거나 거스름이 생기며, 그 대상이 사랑의 마음을 거스르면 그만 미움과 질투를 내어 갖가지 업을 짓소. 여기서 지옥과 아귀가 생기는 것이오. 그러므로 중생이 생사의 윤회를 면하려면, 먼저 탐욕을 끊고 애정의 목마름을 없애야 합니다. 보살이 몸을 빌어 세간에 나타나는 것은 애정이 원인은 아니오. 자비로써 중생을 건지고자 방편으로 탐욕을 빌어 생사에 들어온 것이오. 만약 중생들이 욕심을 버리고 미워하고 사랑하는 마음을 없애며 윤회를 끊기 위하여 부지런히 여래의 원각 경지를 구한다면 깨끗한 마음에서 깨달음을 얻을 것이오.

중생들이 본래 음욕을 탐하기 때문에 무명이 나타나고, 두 가지 장애로써 그 깊고 얕음이 드러납니다. 첫째는 이치의 장애이니 바른 지견이 막히는 것이고, 둘째는 사물의 장애이니 생사가 계속되는 것이오. 만약 이 두 가지 장애를 먼저 끊지 못하면 성불할 수 없소. 모든 중생이 탐욕을 버리고 사물의 장애를 제거했더라도 이치의 장애를 끊지 못하면 성문·독각은 될지언정 보살의 경지에는 미칠 수 없소. 그러므로 중생들이 여래의 원각에 머무르려면, 원을 세우고 부지런히 두 가지 장애를 끊어야 합니다. 두 가지 장애를 끊으면 곧 보살의 경지에 들어간 것이오. 사물과 이치의 장애가 영원히 끊어졌다면 곧 여래의 미묘한 원각에 들어간 것이오.

선지식을 만나 그가 닦던 법다운 수행을 의지할 때, 거기에는 단번에 닦는 것과 점차로 닦는 것이 있을 것이오. 그러나 여래의 보리의 바른 길을 만나면 능력에 구애됨이 없이 부처를 이룰 것이오. 만약 중생들이 선지식을 구하려다가 그릇된 지견 가진 이를 만나면 그는 바른 깨달음을 얻지 못할 것이오. 이런 것은 외도(外道)로서 그릇된 스승의 잘못이지 중생의 허물은 아니오.

보살이 자비한 방편으로 세간에 들어와 깨치지 못한 이를 깨닫게 하기 위해 갖가지 모양을 나투어, 어려운 일이나 쉬운 일이나 그들과 함께 하고 교화하여 성불케 하니, 이것은 모두가 시작없는 옛적부터 청정한 원력에 의지했기 때문이오. 중생이 대원각을 얻을 마음을 내려면 반드시 보살의 깨끗한 큰 원을 내어 이런 말을 해야 합니다. '이제 나는 여래의 원각에 머물러 선지식을 찾고 외도나 성문·독각은 만나지 않겠습니다.' 이 원에 의해 수행하여 모든 장애를 점점 끊으면 장애는 없어지고 원이 이루어져 해탈의 깨끗한 법에 올라 크고 미묘한 대원각을 증득할 것이오."

『圓覺經 彌勒菩薩章』

제 9 장 영원한 생명

1. 헤아리기 어려운 여래의 지혜

어느 때 부처님께서는 삼매(三昧)에서 나와 사리풋타〔舍利弗〕에게 말씀하셨다.

“여래의 지혜는 매우 깊어 끝이 없으며 그 지혜의 문은 들어가기가 어려워 성문(聲聞)이나 독각(獨覺)으로는 알 수 없다. 왜냐하면 여래는 일찍이 한량없는 부처님을 섬기면서 그 가르침을 실행하고 용맹하게 정진하였기 때문이다. 그리하여 명성이 널리 떨쳐졌으며 일찍이 없었던 깊은 법을 성취하고 자유자재로 설법하므로 그 뜻을 알기 어렵다.

사리풋타, 내가 성불한 뒤로 여러 가지 인연과 비유로 교법(敎法)을 널리 말하였고 무수한 방편으로 중생들을 교화하여 집착을 버리게 하였다. 여래는 방편과 지견(知見)으로 바라밀다[1]를 두루 갖추었기 때문이다.

여래의 지견은 넓고 깊으며, 한량없고 걸림없으며,

1) 완성(完成)이라는 뜻. 육바라밀이라 하여, 보시(布施)·지계(持戒)·인욕(忍辱)·정진(精進)·선정(禪定)·지혜(智慧)의 덕목(德目)이 있다.

자신에 넘치고 두려움 없으며, 한없이 깊은 곳까지 선정과 해탈과 삼매에 들어가 일찍이 없었던 법을 성취한 것이다. 여래는 여러 가지로 분별하여 모든 법을 미묘하게 말하며 말씨가 부드러워 중생들의 마음을 즐겁게 한다.

그러므로 더 말하지 말자. 여래가 성취한 것은 보기 드물고 이해하기 어려운 법으로서 다만 여래끼리만이 그 법의 참 모양을 알고 있을 뿐이다. 즉 법은 그러한 모양과 본성과 힘과 작용을 가지고 있고, 그러한 원인과 조건과 결과도 가지고 있으니 결국은 본체와 현상이 하나임을 밝혀낸 것이다.” 『法華經 方便品』

2. 여래가 세상에 출현한 까닭

부처님께서 사리풋타에게 말씀하셨다.

“네가 그토록 간절히 세 번이나 청하니 어찌 말하지 않을 수 있겠느냐. 너는 자세히 듣고 잘 생각하여라. 너를 위해 말하겠다.”

이와 같이 말씀하셨을 때 그 모임에 있던 비구·비구니·신남·신녀 오천 명이 자리에서 일어나 부처님께 절하고 물러가 버렸다. 그들은 죄의 뿌리가 깊고 잘난 체하는 사람들이므로 얻지 못한 것을 얻었다 하고 깨닫지 못하고도 깨달았다 한다. 그들에게는 이러한 허물이 있었기 때문에 머물러 있지 않았고, 부처님께서도 말리지 않으셨다. 이때 부처님이 사리풋타에게 말씀하셨다.

"여기 남은 대중들은 잎과 가지는 없고 열매뿐이다. 그들처럼 잘난 체하는 사람들로서는 물러가는 것이 당연하다. 너에게 말하겠으니 자세히 들어라. 이와 같이 미묘한 법은 시절 인연이 닿아야 말하는 것이다. 그것은 마치 우담바라 꽃[2)]이 때가 되어야 한 번 피는 것과 같다.

사리풋타, 너는 여래의 말을 믿어라. 여래의 말은 결코 허황하지 않다. 여래가 말하는 법은 그 뜻을 이해하기 어렵다. 왜냐하면 여래는 무수한 방편과 갖가지 인연과 비유와 이야기로 법을 설하기 때문이다. 이 법은 생각이나 분별로는 이해할 수 없고 여래끼리만 알 수 있다. 그 까닭은 모든 여래는 오로지 한 가지 큰 인연으로 세상에 출현하기 때문이다.

어째서 여래는 한 가지 큰 인연으로 세상에 출현한다 하는가. 모든 여래는 중생으로 하여금 부처의 지견(知見)을 열어 청정케 하려고 세상에 출현하며, 중생에게 여래의 지견을 보여 주려고 세상에 출현하며, 중생으로 하여금 부처의 지견을 깨닫게 하려고 세상에 출현하며, 중생으로 하여금 여래의 지견에 들어가게 하려고 세상에 출현하기 때문이다." 『法華經 方便品』

---

2) 인도에서 삼천 년만에 한 번 핀다는 상상의 꽃.

3. 삼승은 일불승의 방편

부처님께서 사리풋타에게 말씀하셨다.

“어떤 중생이 안으로 지혜가 있어 여래의 법을 듣고 믿으며 부지런히 정진하여 삼계(三界)에서 빨리 벗어나려고 열반을 구한다면 그를 성문승(聲聞乘)이라 한다. 저 아이들이 양의 수레를 가지려고 불타는 집에서 뛰쳐나오는 것과 같다.

또 어떤 중생이 여래의 법을 듣고 믿으며 부지런히 정진하여 자연의 지혜를 구하고, 홀로 있기를 좋아하고 고요한 곳을 즐기며 모든 법의 인연을 깊이 알면 그를 독각승(獨覺乘)이라 한다. 저 아이들이 사슴의 수레를 가지려고 불타는 집에서 뛰쳐나오는 것과 같다.

또 어떤 중생이 여래의 법을 듣고 믿으며 부지런히 정진하여 일체지(一切智)와 불지(佛智)와 자연지(自然智)와 무사지(無師智)와 여래의 지견과 두려움 없음을 구하고, 한량없는 중생을 가엾이 여겨 그들을 편안케 하며, 세상 사람들을 이롭게 하고 그들을 제도하면 그를 대승보살(大乘菩薩)이라 한다. 저 아이들이 소의 수레를 가지려고 불타는 집에서 뛰쳐나오는 것과 같다.

자식들이 불타는 집에서 무사히 나와 안전한 곳에 있는 것을 본 장자(長者)가 자기 재산이 한량없으므로 자식들에게 큰 수레를 평등하게 나누어 주듯이, 여래는 모든 중생의 어버이이므로 한량없는 중생이 여래의 법문으로 삼계의 괴롭고 험한 길에서 나와 열반의 즐거움을 얻게 한다. 여래는 이것을 보고 이와 같이 생각한다. '내게는 끝없는 지혜와 힘과 두려움 없는 여래의 법장(法藏)이 있고, 이 중생들은 모두 내 자식들이니 평등하게 대승법을 주어 모두 여래의 열반을 얻게 하리라.' 이와 같이 생각하고 중생들에게 여래의 선정과 해탈의 기쁨을 준다.

저 장자가 처음에는 세 가지 수레로써 불타는 집에서 아이들을 나오게 했지만, 그 뒤 수많은 보배로 장식된 으뜸가는 큰 수레를 주었다. 여래도 그와 같이 처음에는 삼승(三乘)[3] 으로 중생을 인도하다가 나중에는 대승(大乘)으로써 제도하여 해탈케 한다. 여래에게는 한량없는 지혜와 힘과 두려움 없는 법장이 있어 모든 중생에게 대승법을 줄 수 있지만, 중생들은 알아듣지 못한다. 그러므로 여래는 일불승(一佛乘)에서 방편으로 삼승을 분별하여 말한 것임을 알아야 한다."

『法華經 譬喩品』

4. 집을 나갔던 아들

수부티〔須菩提〕가 부처님께 말했다.

---

3) 성문(聲聞)·연각(緣覺)·보살(菩薩)·승(乘)이란 물건을 실어 옮기는 수레처럼 중생을 열반의 기슭에 이르게 하는 비유.

"부처님, 제가 비유를 들어 말하겠습니다. 어떤 사람이 어렸을 때 집을 나가 여기저기 떠돌아다니면서 오십 년을 보냈습니다. 이제 몸은 늙고 가난하여 의식을 찾아 사방으로 헤매다가 우연히 옛날의 고향으로 들어섰습니다. 그는 품을 팔면서 이집 저집 다니다가 마침내 부모가 사는 집에 이르러 문밖에서 기웃거렸습니다. 그때 장자는 그가 자기 아들임을 한눈에 알아보고 반가워 어쩔 줄을 몰랐습니다. 그리고 이렇게 생각했습니다.

'내 창고에 가득한 재산을 이제 전해 줄 사람이 생겼다. 나는 집 나간 아들을 밤낮으로 생각했지만 그를 만날 수 없었는데 이제 제 발로 돌아왔으니 내 소원을 이루게 됐구나.' 장자는 하인을 시켜 곧 그를 데려오도록 하였습니다. 그런데 아들은 자기를 붙드는 사람을 보고 놀라면서 '나는 아무 잘못이 없는데 왜 붙잡습니까?' 하고 뿌리치며 달아나 버렸습니다. 아들이 놀라 달아나는 것을 보고 장자는 한 꾀를 생각했습니다. 이번에는 아들처럼 형색이 초라하고 보잘것없는 두 하인을 보내면서 이렇게 당부했습니다. '너희들은 그에게 가서 좋은 일자리가 있는데 거기서는 삯을 갑절을 주니 함께 가지 않겠느냐고 해 보아라. 그래서 그가 좋아하면 데리고 오너라. 그리고 그가 무슨 일을 하느냐고 물으면 쓰레기를 치는 일이라고 하여라.'

그때 두 하인은 장자의 아들을 찾아가 그와 같이 말했습니다. 그날부터 그는 장자의 집에서 삯을 받고 일하게 되었습니다. 세월이 지남에 따라 점차 두려움도 사라지고 장자의 집안 일에 익숙하게 되었습니다. 그러나 아직도 장자가 자기의 아버지인 줄은 모르고 있었습니다.

어느 날 장자는 병이 났습니다. 죽을 날이 가까워 온 줄을 알고 일꾼인 아들을 불러 이렇게 말했습니다. '내게는 금은 보배가 많아 창고마다 가득차 있다. 그 안에 있는 재산이 얼마인지 알아두고, 남에게 받고 줄 것도 모두 네가 맡아서 처리해 다오. 이제는 나와 네가 다를 것 없으니 조심해서 잘 관리하여라.'

얼마 후 장자는 아들의 마음이 점점 트이게 되고 예전에 스스로 못났다고 하던 생각이 없어진 줄을 알았습니다. 죽음이 임박해진 어느 날 장자는 아들을 시켜 친척과 국왕과 왕족과 거사들을 모이게 하고 이와 같이 말했습니다.

'이 사람은 본래 내 아들입니다. 그는 어렸을 때 집을 나가 여러 곳으로 헤매 다니기를 오십여 년이나 했습니다. 그동안 나는 아들을 찾기 위해 갖은 애를 썼지만 찾을 수 없었습니다. 그런데 뜻밖에 여기서 만나게 되었습니다. 내가 가졌던 모든 재산을 이 아들에게 넘겨 줍니다. 앞으로는 모든 일을 아들이 대신 맡아할 것입니다.'

이때 아들은 장자의 말을 듣고 비로소 아버지임을 알았습니다. 뜻밖의 일을 당해 어리둥절했습니다. '나는 이 재산에 대해서 어떠한 희망도 가지지 않았는데,

이제 이 엄청난 재산이 저절로 들어왔구나.' 하고 기뻐했습니다.

부처님, 큰 재산을 가진 장자는 곧 여래이시고, 가난했던 아들은 바로 저희들과 같습니다. 그러므로 저희들은 여래의 아들입니다. 저희들은 어리석은 탓으로 소승법(小乘法)에 집착하여 열반의 하루 품삯으로 만족하고 있었습니다. 그러나 그것이 대승법을 보이기 위한 방편임을 이제야 알았습니다. 저희들은 본래부터 바라지도 않았는데 법왕(法王)의 큰 보배가 저절로 들어온 것입니다." 『法華經 信解品』

5. 한 구름에서 내리는 비이지만

부처님께서 카샤파와 큰 제자들에게 말씀하셨다.

"여래는 모든 법의 왕이다. 그러므로 그 말이 결코 허황하지 않다. 모든 법에 대해 지혜와 방편으로 말하고, 그 말하는 법은 모든 것을 아는 지혜의 경지에 이르렀다. 여래는 모든 법의 돌아갈 곳을 관찰하여 알고, 중생들의 마음을 꿰뚫어보며, 모든 법을 끝까지 잘 알아 중생들에게 온갖 지혜를 보여 준다. 비유하면, 삼천대천세계(三千大千世界)의 산과 강과 골짜기와 평지에서 자라는 초목과 숲과 약초의 종류가 많지만 각기 그 이름과 모양이 다르다. 비가 내리면 모든 초목과 숲과 약초들의 뿌리와 줄기와 가지와 잎이 두루 젖는다. 한 구름에서 내리는 비이지만 그 초목의 종류와 성질에 따라 저마다 달리 자라며 꽃을 피우고 열매를 맺는다. 같은 땅에서 나고 같은 비에 젖지만 여러 가지 초목이 각기 다른 것이다.

여래도 그와 같아 세상에 출현하는 것은 구름이 일어나는 것과 같고, 큰 음성으로 온 세계의 중생들에게 사자후(獅子吼)하는 것은 구름이 삼천대천세계를 두루 덮는 것과 같다. 여래가 설하는 법은 한 모양이고 한 맛이다. 즉 해탈의 모양과 멀리 여의는 모양과 멸하는 모양인데 마침내는 모든 지혜에 이르는 것이다. 어떤 중생이든 여래의 법을 듣고 그대로 행하면 그 공덕은 스스로 알 수 없을 만큼 한량이 없다."

『法華經 藥草喩品』

6. 신통력으로 만든 성

부처님께서 비구들에게 말씀하셨다.

"여래는 방편으로 중생의 성품에 깊이 들어가 그들이 소승법을 좋아하고 오욕락(五欲樂)에 탐착함을 알고 열반법을 설한다. 그들이 그것을 들으면 그대로 믿고 행한다. 비유하면 오백 유순이나 되는 멀고 험난하고 인적마저 끊어진 길이 있는데, 많은 사람들이 이 길을 지나 진귀한 보물이 있는 곳으로 가고자 하였다. 이때 한 길잡이가 있었는데 그는 총명하고 지혜가 많아 이 험한 길의 지리를 잘 알고 있어 여러 사람들을 데리고 그 길을 지나려고 하였다.

그런데 따라오던 사람들이 피로에 지친 끝에 그만 되돌아갈 마음이 생겨 길잡이에게 '우리들은 너무 피로하고 무서워 더 나아갈 수 없소. 앞길은 아직도 멀었으니 그만 되돌아가야겠소.' 하고 말했다. 길잡이는 이렇게 생각했다. '이 사람들은 참으로 딱하다. 어째서 눈앞의 진귀한 보물을 버리고 되돌아가려고 할까?' 그는 방편으로 삼백 유순쯤 지난 곳에 신통력으로 한 도성(都城)을 만들어 여러 사람에게 보이며 말하였다. '무서워 말고 되돌아가려고도 생각지 마시오. 저 앞에 큰 도성을 보시오. 거기에는 모든 것이 갖추어져 있어 마음대로 즐길 수 있고 편히 쉴 수도 있소. 그리고 거기만 가면 보물이 있는 곳도 멀지 않소.'

지쳐 있던 사람들은 새 기운을 얻어 다들 기뻐하였다. 이제는 험한 길을 벗어나 즐겁고 편안함을 얻게 됐다고 생각했다. 이리하여 사람들은 신통력으로 만든 도성에 다달아 편안하다는 생각을 갖게 되었다. 이때 길잡이는 그들이 잘 쉬어 피로가 가신 것을 보고 그 도성을 없애고 여러 사람에게 말했다. '당신들은 조금만 더 힘을 내시오. 보물이 있는 곳이 여기서 멀지 않소. 아까 있던 도성은 내가 신통력으로 만든 것이오.'

비구들, 여래도 그와 같다. 지금 너희들의 길잡이가 되어 생사와 번뇌의 험난하고 아득한 길을 벗어나게 한다. 만약 중생들이 대승법만을 들으면 여래를 만나 보려거나 가까이하려고도 하지 않는다. 여래의 길이 너무 아득하여 오랫동안 수행을 쌓아야만 이를 수 있다고 생각하기 때문이다.

여래는 중생의 마음이 약한 줄 알아 방편을 써서 도중에서 쉬게 하려고 이승(二乘)[4]의 열반을 말한 것이다. 중생이 이승의 경지에 머무르면 그때 여래는 다음과 같이 말한다. '너희들은 아직 할 일을 다하지 못했다. 지금 너희가 머물러 있는 자리는 여래의 지혜에 가까우니 잘 살피고 생각해 보라.' 너희가 얻은 열반은 진실한 것이 아니다. 다만 여래가 방편으로써 일불승(一佛乘)을 분별하여 삼승(三乘)을 말한 것이다. 마치 저 길잡이가 휴식을 위해 신통력으로 만든 도성의 경우와 같다. 그러므로 잘 쉰 줄 알면 '보물이 있는 곳은 여기서 멀지 않다. 이 성은 내가 신통력으로 만든 것이다'라고 다시 말한다." 『法華經 化城喩品』

7. 푸르나의 변재

부처님께서 여러 비구들에게 말씀하셨다.

"너희들은 이 푸르나〔富樓那〕를 보느냐? 나는 항상 법을 말하는 사람 중에서 그가 제일이라고 칭찬하였다. 또 그의 여러 가지 공덕을 찬탄하자면 이렇다. 푸르나는 내 법을 수호하고 널리 펴며, 사부대중(四部大衆)[5]에게 가르쳐 그들을 이롭고 기쁘게 하며, 여래의 바른 법을 원만하게 해석하여 청정한 계행을 닦는 이

4) 성문·연각의 최고 수행 경지.
5) 출가한 비구·비구니와 집에서 불교를 믿는 신남·신녀.

들에게 크게 이익을 주므로 여래 이외에는 그의 변재를 따를 이가 없다.

그러나 너희들은 푸르나가 내 법만을 수호하여 널리 편다고 생각해서는 안 된다. 지난 세상에 구십억 부처님 처소에서도 그 부처님들의 바른 법을 수호하여 널리 폈으며, 그 곳에서도 법을 설하는 사람들 중에 으뜸이었다. 또 여러 부처님이 설하신 공(空)한 법을 분명히 알아 네 가지 걸림없는 지혜를 얻었으며, 항상 자세히 생각하고 청정하여 법을 설하면서 의혹이 없었다. 보살의 신통력을 갖추고 목숨이 다하도록 항상 청정한 계행을 닦았으므로 그때 사람들이 모두 그를 참다운 성문(聲聞)이라고 말했다.

푸르나는 이런 방편으로 한량없는 중생을 이롭게 하였고, 무수한 사람들을 교화하여 최상의 깨달음에 이르게 하였다. 불국토를 청정하게 하려고 항상 불사(佛事)를 일으켜 중생을 교화했다. 푸르나는 과거의 일곱 부처님 때에도 법을 설하는 사람들 중에 으뜸이었고, 지금도 그러하며, 미래에도 또한 그러할 것이다. 그때마다 여래의 법을 수호하고 널리 펴서 무수한 중생을 교화하여 최상의 깨달음에 이르게 할 것이다. 그는 여래의 국토를 청정하게 하기 위해 항상 이와 같이 부지런히 정진하고 중생을 교화하여 차츰 보살의 도를 두루 갖출 것이다. 푸르나는 한량없는 아승지겁[6]을 지

6) 한량없는 시간.

난 다음 세상에서 최상의 깨달음을 얻을 것인데 그 이름을 법명(法名)여래라고 할 것이다."

「法華經 五百弟子受記品」

8. 여래의 방에 들어가 법을 설하라

부처님께서 약왕(藥王)보살에게 말씀하셨다.

"많은 사람들이 집에 있거나 출가해서 보살의 도를 수행하면서 이 묘법연화경(妙法蓮華經)을 보고 듣고 읽고 외고 쓰고 지녀 공양하지 않으면 이 사람은 보살의 도(道)를 잘 행하지 못하는 것이고, 이 경전을 듣는 사람이라야 보살의 도를 잘 행하는 사람이오. 불도를 얻고자 하는 어떤 중생이 이 묘법연화경을 보거나 들으며 들은 후에 믿고 이해하고 받아 지닌다면 그는 최상의 깨달음에 가까워진 줄을 알아야 하오.

높은 산등성이에 우물 팔 때 마른 흙이 나오는 것을 보면 물줄기가 멀리 있는 줄을 압니다. 그러나 쉬지 않고 파내려가면 젖은 흙이 나오고 점점 더 깊이 파서 진흙이 나올 때쯤은 물이 가깝다는 것을 알게 되는 것이오. 보살도 그와 같소. 이 묘법연화경을 듣지도 못하고 이해하거나 닦아 익히지도 못한다면 그는 최상의 깨달음에는 아직 멀었소. 만일 듣고 이해하고 생각하고 받아 익힌다면 최상의 깨달음에 가까워진 것이오. 왜냐하면 모든 보살의 최상의 깨달음이 다 이 경에 들어 있기 때문이오.

이 경전은 방편의 문을 열어 실상(實相)을 보이오. 이 법화경의 법장(法藏)은 깊고 멀어 쉽게 도달할 사람이 없지만, 이제 여래가 보살들을 교화하고 그들의 깨달음을 성취시켜 주기 위해 그렇게 열어 보인 것이오. 만일 보살이 이 법화경을 듣고 놀라 의심하고 두려워 하면 그는 새로 발심한 보살이고, 성문이 그러하다면 그는 잘난 체하는 사람인 줄 아시오.

선남자 선여인이 여래가 열반한 뒤에 사부대중을 위해 이 법화경을 설하려면 어떻게 해야 하는가 하면, 그는 여래의 방에 들어가 여래의 옷을 입고 여래의 자리에 앉아 이 경을 설해야 합니다.

여래의 방이란 모든 중생에 대한 자비스런 마음이요, 여래의 옷이란 부드럽고 화평하고 욕됨을 참는 마음이며, 여래의 자리란 모든 존재의 공(空)한 것을 말합니다. 이런 가운데 편히 머물러 게으르지 않는 마음으로 여러 보살과 사부대중을 위해 법화경을 널리 설해야 합니다." 『法華經 法師品』

9. 보살이 가까이 해야 할 곳

부처님께서 문수보살에게 말씀하셨다.

"만약 보살이 말세에 이 경을 해설하려면 다음과 같은 법에 편히 머물러야 합니다. 첫째는 보살의 행할 바와 가까이할 곳에 머무르며 중생을 위해 이 경을 설해야 합니다. 보살은 욕됨을 참는 자리에 머물러 부드럽고 화평하고 착하고 순종하면서 놀라는 일이 없어야 합니다. 또 법에 대해서도 행한다는 생각이 없이 모든 존재의 실상을 관찰하여 행함도 없고 분별하지도 말아야 합니다. 이것을 보살의 행할 바라 하는 것이오.

보살은 국왕이나 왕자나 대신이나 관리들과 가까이 하지 말고, 바라문이나 사교(邪教)를 믿는 이와 가까이해서도 안 되오. 흉악한 장난이나 서로 때리고 겨루는 이들과 가까이하지 말며, 백정이나 사냥꾼이나 여러 가지 나쁜 일에 종사하는 사람들과도 가까이하지 말아야 합니다. 이런 사람들이 만일 찾아오면 그들에게 법을 말해 줄 뿐 아무것도 바라는 일이 없어야 합니다. 또 소승(小乘)을 좋아하는 사람들과도 가까이하지 말고 문안하지도 말며, 방안에서나 거닐 때도 함께 있지 마시오. 혹시 그들이 찾아오면 근기(根機)를 따라 법을 설해 줄 뿐 바라는 것이 없어야 합니다.

또 보살이 여인에게 이끌려 법을 연설해서는 안 되며 대면하기를 좋아해서도 안 되오. 만일 남의 집에 가더라도 젊은 여인과 함께 이야기하지 말며, 혼자서 남의 집에 들어가지 말고 만약 일이 있어 혼자 들어가게 될 때는 일념으로 여래를 생각하시오. 여인에게 법을 설할 때는 이를 드러내 웃지 말고 옷깃을 헤쳐 보이지 말며, 설사 법을 위해서일지라도 그들과 친하지 말아야 합니다. 또 나이 어린 제자나 사미(沙彌)나 어린 아이를 양육하지 말며, 항상 좌선(坐禪)을 좋아하여 한적한 곳에서 마음을 잘 다스리고 닦아야 합니다.

또 보살은 모든 존재가 공하여 실상도 이와 같음을 관찰하여 뒤바뀌거나 흔들리지 말고 물러서지도 말아야 합니다. 마치 허공의 성질이 아무것도 없는 것처럼, 모든 존재도 온갖 말할 길이 끊어져 생기지도 나오지도 않고 일어나지도 않으며, 이름과 모양도 없고 참으로 있는 것이 아니어서 한량없고 그지없으며 걸림과 막힘도 없소. 다만 그것은 인연으로 있는 것이며 뒤바뀜으로 해서 생길 뿐이오. 그러므로 항상 이와 같이 존재의 진실한 모양을 잘 관찰하라고 말하는 것이오. 이것을 보살의 가까이할 곳이라 합니다.

둘째로, 말세에 이 경을 설하려면 안락한 행에 머물러야 합니다. 입으로 설하거나 독경할 때에는 남의 허물과 경전의 허물을 말해서는 안 되오. 또 다른 교법을 말하는 법사(法師)를 경멸하거나 남의 장단점을 들어 미워하거나 싫어하는 생각을 가져서도 안 되오. 이와 같이 안락한 마음으로 듣는 사람들의 마음에 거슬리지 않도록 하시오. 질문을 받더라도 소승법으로 대답하지 말고 대승법으로 해설하여 모든 지혜를 얻게 하시오." 『法華經 安樂行品』

10. 땅에서 솟아오른 보살들

부처님께서 미륵보살에게 말씀하셨다.

"미륵보살, 이 헤아릴 수 없는 무수한 큰 보살들이 땅에서 솟아 올라오는 것을 그대들은 예전에 보지 못했다고 했소. 나는 이 사바세계에서 최상의 깨달음을 얻은 뒤부터 이 보살들을 교화하고 인도하여 그들의 마음을 다스리고 도(道)에 대한 마음을 내도록 해 왔소. 이 보살들은 모두 이 사바세계에 머물러 있으면서 모든 경전을 읽고 외우고 통달하여 생각하고 분별하며 바르게 기억했소.

이 선남자들은 대중들 가운데 있으면서 여러 말 하기를 좋아하지 않고, 고요한 곳에서 부지런히 정진하기를 즐겨 잠깐도 쉬지 않았소. 인간에나 천상에 머물지 않고 깊은 지혜를 좋아하여 걸림이 없으며, 여래의 법을 좋아해 일심으로 정진하면서 위없는 지혜를 구했었소."

이때 미륵보살과 무수한 보살들은 처음 듣는 일에 의심을 내어 '부처님께서 어떻게 이 짧은 세월 동안에 그렇게 한량없고 무수한 보살들을 교화하여 최상의 깨달음에 머물게 하셨을까' 하고 생각했다. 그래서 곧 부처님께 여쭈었다.

"부처님, 부처님께서는 태자로 계시다가 사캬족의 궁궐에서 나오시어 가야성에서 얼마 멀지 않은 도량에 앉아 최상의 깨달음을 이루셨습니다. 그때부터 지금까지 사십여 년이 되었는데 부처님께서는 어떻게 이 짧은 시간에 그렇게 큰 불사(佛事)를 지으셨으며, 어떻게 그 무수한 큰 보살들을 교화하여 최상의 깨달음을 이루게 하셨다고 말씀하십니까?

부처님, 이 큰 보살들은 어떤 사람이 천만억 겁 동

안을 두고 세어도 다 셀 수 없으며 그 끝을 알 수 없을 것입니다. 그들은 오랜 세월부터 지금까지 한량없고 그지없는 부처님 계시는 곳에서 선근(善根)을 심고 보살의 도를 성취하며 항상 청정한 계행을 닦았을 것입니다. 부처님께서 그들을 교화하여 최상의 깨달음을 얻게 하셨다는 것은 세상 사람들로서는 믿기 어려운 일입니다.

만일 얼굴이 팽팽하고 머리카락이 검은 스물너덧 되는 젊은이가 백 살 된 노인을 가리켜 내 아들이라고 하고, 백 살 된 노인이 그 젊은이를 자기 아버지라 한다면 이 일은 믿을 수 없을 것입니다. 부처님께서도 그와 마찬가지로 도를 얻으신 지 오래 되지 않았는데 이 보살 대중들은 이미 한량없는 천만억 겁 전부터 불도를 위해 부지런히 정진해 왔습니다. 그들은 한량없는 백천만억 삼매에 잘 들고 나며 머물면서 큰 신통력을 얻고 오래도록 청정한 계행을 닦았습니다. 또 모든 선한 법을 차례로 익혀 문답에 능하니 사람 가운데 보배이며 모든 세간에서 매우 드문 이들입니다. 그런데 오늘 부처님께서는 그들을 부처님이 도를 얻으셨을 때 처음으로 마음을 내게 하고 교화하며 지도하여 최상의 깨달음에 나아가게 했다고 말씀하셨습니다.

부처님께서 성불하신 지가 오래되지 않았는데 이렇게 큰 공덕을 어떻게 지으셨습니까? 저희들은 부처님께서 설하신 법이나 하시는 말씀을 허황됨이 없다고 믿으며, 또 부처님께서 알려 주신 바를 다 통달하였습니다. 그러나 만일 새로 발심한 보살들이 부처님께서 열반하신 뒤에 이 말을 듣는다면 혹 믿지 아니하고 법을 파괴하는 죄업의 인연을 일으킬까 염려됩니다. 바라건대 부처님께서 말씀하시어 저희들의 의심을 덜게 하시고, 오는 세상의 모든 선남자들도 이 사실을 듣고 의심을 내지 않게 해 주십시오."『法華經 從地涌出品』

11. 한량없는 여래의 수명

부처님께서 여러 보살과 대중들에게 말씀하셨다.

"선남자들, 그대들은 여래의 진실하고 참된 말을 믿으시오."

이때 보살들 중에서 미륵보살이 부처님께 말했다.

"부처님, 말씀하여 주십시오. 저희들은 부처님 말씀을 믿겠습니다."

부처님은 이렇게 말씀하셨다.

"그대들은 여래의 비밀하고 신통한 힘을 자세히 들으시오. 모든 세간의 천신과 사람과 아수라들이 말하기를 '사캬무니 부처님은 사캬족의 궁전에서 나와 가야성에서 멀지 않은 도량에 앉아 최상의 깨달음을 얻었다'고 하지만, 참으로 내가 성불한 것은 한량없고 그지없는 백천만억 나유타 겁[7]전이오. 비유해 말하면, 가령 어떤 사람이 삼천대천세계를 부수어 그것으

7) 셀 수 없이 많은 시간을 말함.

로 티끌을 만들어 동쪽으로 가면서 무량 아승지 세계를 지날 때마다 한 티끌씩 버리어 그 티끌이 다하도록 한다고 합시다. 그대들은 그와 같은 세계의 수효를 생각하고 헤아릴 수 있겠소?"

미륵보살과 대중들이 부처님께 대답했다.

"부처님, 그와 같은 세계는 한량없고 그지없어 숫자로 알 수 없고 생각으로도 미칠 수 없습니다. 성문(聲聞)이나 독각(獨覺)들이 번뇌가 없는 지혜로 생각하여도 알 수 없고, 물러감이 없는 지위〔不退轉位〕에 있는 저희들도 그런 일은 통달할 수 없습니다. 그와 같은 세계의 수효는 한량이 없고 그지없겠습니다."

이때 부처님은 보살들에게 말씀하셨다.

"이제 분명히 말하겠소. 이 모든 세계를 부수어서 티끌을 만들어 한 티끌로 한 겁을 삼는다 해도 내가 성불한 것은 이보다 훨씬 많은 백천만억 나유타 겁 이전이오. 그때부터 나는 항상 이 사바세계에 머물러 법을 설해 교화하였고, 다른 백천만억 나유타 아승지 국토에서도 중생을 교화하여 이롭게 하였소.

이러는 중간에 나는 연등불(燃燈佛)을 설하기도 하고 그분의 열반을 말하기도 했지만, 이런 것은 다 방편으로 한 말들이오. 만일 어떤 중생이 나에게 오면 나는 여래의 눈으로 그의 총명하고 우둔함을 관찰할 것이오. 그래서 그 근기에 따라 여러 곳에서 다른 이름, 다른 나이의 여래로 출현하고 또 열반에 들기도 하고, 여러 가지 방편으로 미묘한 법을 설하여 다른 중생들에게도 기쁜 마음을 내게 한 것이오.

여래는 중생들 가운데서도 작은 법을 좋아하는 박덕하고 업이 무거운 중생을 만날 때 그를 위해 '나는 젊어서 출가하여 최상의 깨달음을 얻었다'고 말해 왔소. 그러나 사실 내가 성불한 지는 앞서 말한 바와 같이 매우 오래되었소. 다만 중생을 교화하여 불도에 들어오게 하려고 방편으로 그런 말을 한 것이오.

여래가 말한 경전들은 모두 중생을 제도하기 위한 것이므로 혹 자신을 말하기도 하고 다른 이를 말하기도 하오. 그러나 그것은 다 진실하여 허황하지 않소. 왜냐하면 여래는 삼계의 모양을 있는 그대로 보고 알기 때문이오. 여래는 삼계가 생하는 것도 아니고 멸하는 것도 아니며, 유(有)도 아니고 무(無)도 아니며, 실재도 아니고 비실재(非實在)도 아니며, 같음도 아니고 다름도 아닌 것을 알고 있소. 여래는 삼계를 중생이 보듯이 보지 않소.

여래는 이런 일을 밝게 보기 때문에 그릇됨이 없지만, 중생들에게는 갖가지 성품과 욕망과 행동과 생각과 분별이 있기 때문에 그들로 하여금 선근을 내게 하려고 온갖 인연과 비유와 말로 여러 가지 법을 말한 것이오. 여래는 여래의 할 일을 하면서 잠시도 쉬지 않았소. 이와 같이 내가 성불한 지가 헤아릴 수 없이 오래되었고, 수명은 한량없는 아승지 겁 동안에 머물러 멸하지 않소.

내가 본래 보살도를 행하여 이룩한 수명은 아직도

다하지 않아 위에 말한 수명의 여러 곱절이 될 것이오. 실제로는 열반이 없지만 앞으로 열반하리라고 말한 것은 여래가 방편으로 중생을 교화하기 위해서이오. 만일 여래가 세상에 오래 머문다면 박덕한 사람들이 선근을 심지 않아 가난하고 미천하며, 오욕락을 탐하고 허황한 소견에 빠질 것이오. 또 여래가 항상 머물러 열반하지 않음을 보고는 교만한 마음을 내며 게으르고 싫어하는 생각을 품어 만나기 어렵다는 생각과 공경하는 마음을 내지 않을 것이오.

그러므로 여래는 '비구들은 여래가 세상에 출현하는 것을 만나기 어려운 일인 줄 알아라. 박덕한 사람들은 한량없는 백천만억 겁을 지나 혹 여래를 보기도 하고 보지 못하기도 한다. 이와 같이 여래를 만나기란 매우 어려운 일이다'라고 방편으로 말하는 것이오. 중생들이 이런 말을 들으면 반드시 만나기 어렵다는 생각을 내고 사모하는 마음을 품어 여래를 갈망하고 선근을 심게 되므로 실제로는 열반하는 것이 아니지만 열반한다고 말하는 것이오. 모든 여래의 법도 다 이와 같아서 중생을 제도하기 위한 것이므로 진실하여 허황하지 않은 것이오."

『法華經 如來壽量品』

12. 독경의 공덕

부처님께서 미륵보살에게 말씀하셨다.

"어떤 중생이 여래의 수명이 이처럼 길다는 말을 듣

고 한 생각이라도 믿음을 낸다면 그가 얻은 공덕은 한량이 없을 것이오. 만일 선남자 선여인이 최상의 깨달음을 위해 팔십만 억 나유타 겁 동안에 지혜바라밀다를 제외한 보시·지계·인욕·정진·선정의 다섯 바라밀다를 행하여 얻는 공덕을 앞의 공덕에 비한다면 백천만억 분의 일에도 미치지 못하며 숫자로는 헤아릴 수 없다오. 만일 선남자 선녀인에게 이러한 공덕이 있으면 최상의 깨달음에서 물러나는 일이 없을 것이오.

또 어떤 사람이 부처님이 수명이 길다는 말을 듣고 그 뜻을 이해한다면 이 사람이 얻는 공덕은 한량이 없어 여래의 위없는 지혜를 일으키게 될 것이오. 하물며 이 경을 많이 듣거나 남으로 하여금 듣게 하고, 스스로 지니거나 남에게 지니게 하며, 자기가 쓰거나 남을 시켜 쓰게 하고, 또 꽃과 향으로 경전에 공양한다면 이 사람의 공덕은 한량이 없어 모든 것을 아는 지혜를 내게 될 것이오. 여래의 수명이 길다는 말을 듣고 간절한 마음으로 믿고 이해하면, 곧 여래가 항상 영취산[8]에 계시면서 대보살과 성문들에게 둘러싸여 법문하는 것을 보게 될 것이오.

또 여래가 열반한 뒤에 이 경을 듣고 비방하지 않고 기뻐하는 마음을 내면 그것이 깊이 믿고 이해하는 모습이오. 하물며 읽고 외우고 받아 지니는 사람이겠소. 그는 여래를 머리 위에 받드는 것이나 다름이 없을 것

---

8) 중인도 마가다의 라자가하 부근에 있는 산 이름. 이 산에서 부처님이 『법화경』을 설법하셨다.

이오. 이런 선남자 선여인은 다시 나를 위해 탑을 쌓고 절을 짓거나 침상·의복·음식·약 등의 네 가지로 공양할 필요가 없소. 그 까닭은 이 선남자 선여인이 이 경전을 받아 지니고 읽고 외우면, 이미 탑을 쌓고 절을 지어 승단을 공양한 것이나 다름없기 때문이오."

『法華經 分別功德品』

13. 여래의 은혜를 갚으려면

어느 때 부처님이 법의 자리에서 일어나 큰 신통력을 나타내어 오른손으로 보살들의 이마를 만지며 이렇게 말씀하셨다.

"내가 한량없는 백천만억 아승지 겁 동안 닦아 얻은 최상의 깨달음을 이제 그대들에게 부촉하니, 그대들은 한결같은 마음으로 오래오래 이 법을 받아 지니고 읽고 외워서 널리 펴며, 모든 중생들이 잘 듣고 알게 하시오. 왜냐하면 여래는 큰 자비가 있고 아끼고 탐하는 것이 없으며 두려운 것도 없어서, 중생들에게 여래의 지혜와 자연의 지혜를 주기 때문이오. 그러므로 여래는 모든 중생들의 큰 시주(施主)요. 그대들도 여래의 법을 따라 배우되 아끼고 탐하는 생각을 내지 마시오.

미래에 선남자 선여인이 여래의 지혜를 믿는 이가 있으면 그 사람으로 하여금 여래의 지혜를 얻도록 하기 위해 법화경을 설하시오. 만일 어떤 중생이 믿지 아니하면 여래의 다른 깊고 묘한 법을 가르쳐 그들을 이롭고 기쁘게 하시오. 그대들이 이렇게 하면 모든 여래의 은혜에 보답하게 될 것이오." 『法華經 囑累品』

14. 관세음보살을 부르는 공덕

어느 때 무진의(無盡意)보살이 부처님께 여쭈었다.

"부처님, 관세음보살은 무슨 인연으로 관세음보살이라 합니까?"

부처님께서 말씀하셨다.

"한량없는 백천만억 중생들이 여러 가지 괴로움을 당할 때 관세음보살의 이름을 듣고 한 마음으로 그 이름을 부르면 관세음보살은 곧 그 음성을 듣고 그들을 다 해탈케 하는 것이오. 관세음보살의 이름을 지니는 이는 설사 큰 불속에 들어가도 이 보살의 위신력(威神力)으로 인해 불이 그를 태우지 못합니다. 큰 물에 떠내려가더라도 그 이름을 부르면 곧 얕은 곳에 이르게 됩니다. 진귀한 보배를 얻으려고 큰 바다에 들어갔다가 폭풍으로 나찰(羅刹)의 나라에 표착했을 때 그 가운데 한 사람이라도 관세음보살의 이름을 부르는 이가 있으면 여러 사람들이 모두 나찰의 난을 벗어날 수 있을 것이오.

또 어떤 사람이 화를 입게 되었을 때 관세음보살을 부르면 그들이 가졌던 흉기가 부서져서 화를 면하게 될 것이오. 삼천대천세계에 가득 찬 야차나 나찰들이 와서 사람들을 괴롭히려 하여도 관세음보살 부르는 소리를 들으면 이 악귀들은 해치기는커녕 흉악한 눈으로 바라보지도 못할 것이오. 또 어떤 사람이 죄가 있든 없든 손발이 쇠고랑에 채워지고 몸이 사슬에 묶였더라도 관세음보살을 부르면 모두 다 부서져 곧 벗어나게 될 것이오.

진귀한 보물을 가진 상인들이 도적떼가 들끓는 험한 길을 지나갈 때 그 중에 한 사람이 '무서워하지 말고 지극한 마음으로 관세음보살을 부르시오. 이 보살은 중생들의 두려움을 없애주니 그 이름만 불러도 도적들의 재난을 면하게 됩니다'라고 말했소. 이 말을 들은 여러 상인들이 함께 소리내어 '나무 관세음보살' 하고 그 이름을 부르면 곧 재난을 면하게 될 것이오. 관세음보살의 위신력은 이와 같이 헤아리기 어렵소. 음욕이 많은 중생이 항상 관세음보살을 생각하고 공경하면 곧 그 음욕을 버리게 될 것이오. 미워하고 성내는 마음이 많더라도 항상 관세음보살을 생각하고 공경하면 곧 성내는 마음을 버릴 수 있고, 업장이 두터워 어리석더라도 항상 관세음보살을 생각하고 공경하면 곧 어리석음을 버리게 될 것이오.

관세음보살은 이와 같이 큰 위신력이 있어 이롭게 하니 중생들은 항상 마음으로 관세음보살을 생각해야 하오. 어떤 여인이 아들 낳기를 원하여 관세음보살께 예배하고 공경하면 복덕과 지혜 있는 아들을 낳을 것이며, 딸 낳기를 원하면 단정하고 잘생긴 딸을 낳을 것이오. 그는 전생에 덕의 종자를 심었으므로 모든 사람의 사랑과 존경을 받게 될 것이오.

이와 같이 관세음보살을 공경하고 예배하면 복이 있을 것이니 중생들은 모두 관세음보살의 이름을 받들어야 합니다."

『法華經 觀世音菩薩普門品』

제 10 장 열반의 기쁨

1. 강물은 바다로

부처님께서 제자 카샤파에게 말씀하셨다.

"너에게 여래가 얻은 오래 사는 업(業)을 말하겠으니 자세히 들어라. 어떤 보리(菩提)의 인(因)이 될 만한 것인지 지성으로 들어 그 이치를 알고 다른 사람에게도 알려주어야 한다. 나도 그러한 업을 쌓아 바른 깨달음을 얻었고, 지금 그 이치를 여러 사람에게 말한다. 보살이 오래 살려거든 모든 중생을 자식처럼 보살펴라. 크게 사랑하고〔大慈〕, 크게 가엾이 여기고〔大悲〕, 크게 기뻐하고〔大喜〕, 크게 버리는〔大捨〕, 평등한 마음을 내어 살생하지 않는 계행(戒行)을 일러주고 선한 법을 가르쳐라. 모든 중생을 오계(五戒)와 십선(十善)[1]들에 의해 살도록 할 것이며, 지옥·아귀·축생·아수라의 세계에 다니면서 고통받는 중생들을 건져라. 해탈하지 못한 이는 해탈케 하고, 헤매는 이는 건져내며, 열반을 얻지 못한 이는 열반을 얻게 하

---

1) 살생·도둑질·그릇된 음행·거짓말·이간질·악담·꾸민 말·탐욕·성냄·삿된 소견을 십악(十惡)이라 하는데 십악을 짓지 않으면 곧 십선(十善)이다.

고, 두려움에 떠는 이는 위로해 주어야 한다. 이와 같은 업을 짓는 인연으로 보살은 수명이 길고 지혜가 걸림이 없는 것이다."

카샤파가 부처님께 말했다.

"부처님의 말씀은 보살이 평등한 마음을 닦아 모든 중생을 자식처럼 생각하면 오래 살게 된다고 하셨습니다. 그러나 저는 그 뜻을 잘 이해할 수 없습니다. 중생을 자식처럼 보살펴 주신 부처님은 이 세상에 오래 살아 계시면서 변함이 없어야 할 것인데, 어찌하여 백 년도 못 되어 세상을 떠나려 하십니까?"

"카샤파, 강물은 모두 바다로 흘러 들어간다. 이와 같이 인간이나 천상이나 땅이나 공중에 있는 목숨의 강물은 모두 여래의 목숨바다로 들어간다. 그러므로 여래의 목숨은 무한한 것이다. 온갖 존재 중에서 허공이 가장 영원하듯, 여래도 모든 중생 가운데서 가장 수명이 길다."

"부처님, 여래의 수명이 그렇다면 일 겁 동안만이라도 사시면서 중생을 위한 깊은 진리를 비내리듯 해주셔야 하지 않겠습니까?"

"카샤파, 너는 여래가 아주 없어진다고 생각하지 말아라. 비구·비구니나 신통을 얻은 선인(仙人)들도 오래 살려고 하면 얼마든지 오래 살 수 있을 것이다. 하물며 모든 법에 자재한 여래가 일 겁이나 백 겁을 더 못 살겠느냐. 여래는 항상 머무는 법이고 바뀌지 않는 법이며, 여래의 몸은 화현(化現)한 몸이고 음식으로써 유지되는 몸이 아니지만, 중생을 제도하기 위해 일부러 그렇게 보이는 것임을 알아라. 그러므로 모든 것을 버리고 열반에 들려고 한다. 열반이란 여래의 법성(法性)이다. 여래는 영원한 법이고 바뀌지 않는 법이니, 너희들은 그런 이치를 알고 부지런히 정진하여라. 그리고 정진한 뒤에는 다른 사람을 위해 널리 가르쳐야 한다."

『涅槃經 長壽品』

2. 멸하지 않는 법의 성품

카샤파가 다시 부처님께 물었다.

"부처님, 법의 성품은 그 뜻이 무엇인지, 저는 그것을 알고 싶습니다. 제가 알기로는 법의 성품이란 곧 있던 것이 없어진다는 말입니다. 만약 있던 것이 없어진다면 몸은 어떻게 존재하며, 몸이 존재하지 않는다면 어떻게 거기에 법의 성품이 있다고 하겠습니까? 그리고 몸에 법의 성품이 있다면 어떻게 존재할 수 있겠습니까?"

"카샤파, 너는 없어지는 것을 법의 성품이라고 하지 마라. 법의 성품은 없어지는 것이 아니다. 여래의 경지는 성문(聲聞)이나 연각(緣覺)으로는 알 수 없다. 여래의 몸을 없어지는 것이라고 말하지 마라. 여래는 어느 곳에 머무르며, 어디로 다니며, 어디서 보며, 어디서 즐거워하느냐고 묻지 마라. 여래의 법신(法身)과 여러 가지 방편은 헤아릴 수 없는 것이다. 그리고 불·법·승을 받들어 수행하면서 영원하다는 생각을 가져야 할 것이다. 이 세 가지 법은 다르지도 무상하지도 않으며 바뀜도 없다. 만약 이 세 가지 법에 대해서 다르다는 생각을 낸다면 그는 청정한 삼보에 의지하지 못하며, 금지된 계행도 지키지 못하고 마침내는 성문이나 연각의 보리도 이루지 못할 것이다. 그러나 이와 같이 헤아릴 수 없는 여래의 법신과 방편이 영원하다는 생각을 하면 곧 귀의할 곳이 있을 것이다. 나무가 있으면 그 그림자가 있다. 여래도 그와 같아서 영원한 법이 있으므로 귀의할 곳이 있어 무상하지 않다. 만약 여래가 무상하다면 여래는 천상이나 인간의 귀의할 데가 아니다."

"부처님, 어둠 속에서는 나무는 있어도 그 그림자는 없습니다."

"카샤파, 그렇게 말하지 마라. 육안으로 볼 수 없다고 해서 없는 것은 아니다. 여래도 그와 같이 그 성품은 항상 존재하여 없어지거나 바뀌는 것이 아니다. 다만 지혜가 없는 눈으로는 보지 못한다. 마치 어둠 속에서는 나무 그림자를 볼 수 없는 것과 같다. 범부들이 여래의 열반을 보고 여래는 무상한 법이라고 말하는 것도 그와 같다. 여래를 법보(法寶)나 승보(僧寶)와 다르다고 한다면 그것은 귀의할 곳이 못될 것이다."

"부처님, 저는 여래와 교법과 승단이 헤아릴 수 없음을 알았습니다. 이 이치를 널리 말해도 믿지 않는 사람이 있다면 그들은 오랫동안 무상(無常)만을 닦아 온 사람일 것입니다. 저는 그런 사람들을 위해 서리와 우박이 되겠습니다."

"착하다. 너는 바른 법을 잘 지킬 것이며 사람들을 속이지 않을 것이다. 그러한 인연으로 오래 살 것이며, 지나간 세상 일도 잘 알게 될 것이다."

『涅槃經 長壽品』

3. 가짜 약

카샤파가 부처님께 다시 여쭈었다.

"부처님께서 말씀하시기를, 아라한과 같은 훌륭한 사람은 세상을 이롭게 하고 가엾이 여기며, 사람들을 안락하게 한다고 하셨습니다. 그리고 그런 사람은 여래와 같으므로 중생들의 귀의(歸依)할 곳이라고도 하셨습니다. 그러나 아마라 열매의 설고 익음을 알 수 없듯이 그들이 파계하거나 청정한 것을 어떻게 알 수 있겠습니까?"

"카샤파, 심오한 이 법문을 의지하면 알 수 있을 것이다. 어떤 고을에 약장수가 있었다. 그는 히말라야에서 캐온 좋은 약을 팔면서 더러는 다른 약도 섞어 팔았다. 사람들은 히말라야에서 가져온 약만을 사려고 했으나 어느 것이 진짜인지 분별할 수 없었다. 약장수가 다른 약을 주면서 히말라야에서 가져온 약이라 속였지만 그들은 분별하지 못하고 좋은 약인 줄로만 알았다.

성문들 가운데도 이름만 빌린 사문이 있고 진실한 사문도 있다. 계행이 청정한 이도 있고 계를 깨뜨린 이도 있다. 그러나 신도들은 그들을 평등하게 공양하고 예배한다. 그것은 저 가짜 약을 히말라야의 약인 줄 알고 사온 사람들처럼 신도가 육안으로 볼 수밖에 없기 때문에 가려 보지 못하는 것과 같다. 어떤 이는 계행이 청정하고 어떤 이는 계를 깨뜨리며, 아무개는 참 스님이고 아무개는 가짜 스님인 것은 천안통(天眼通)[2]을 얻은 이라야 알 수 있는 것이다.

만약 그가 파계한 줄 알았다면 그에게는 보시하거나 예배하고 공양하지 말아야 한다. 그가 법답지 못한 줄 알았거든 그의 요구를 거절하라. 사문들 가운데 파계한 이가 있거든 그가 가사를 입고 있을지라도 공경하거나 예배하지 마라." 『涅槃經 四依品』

4. 네 가지에 의지하라

카샤파가 부처님께 말했다.

"부처님, 옳은 말씀입니다. 부처님 말씀이 진실하여 헛됨이 없으니 제가 금강석처럼 굳게 지키겠습니다. 언젠가 부처님께서 말씀하신 바와 같이 비구들은 네 가지 법에 의지해야 합니다. 즉, 법에 의지하고 사람

2) 욕계(欲界)와 색계(色界)를 자유 자재로 볼 수 있는 신통력.

에게 의지하지 말며, 뜻에 의지하고 말에 의지하지 말며, 지혜에 의지하고 지식에 의지하지 말며, 요의경(了義經)에 의지하고 불요의경(不了義經)[3]에 의지하지 말 것입니다."

부처님께서 말씀하셨다.

"착하다, 카샤파. 법에 의지한다는 것은 곧 여래의 열반에 의지함이다. 모든 여래의 가르침이 곧 법의 성품이며, 법의 성품이 곧 여래다. 그러므로 여래는 항상 존재하며 변하지 않는 것인데, 여래를 무상하다고 말한다면 그는 법의 성품을 알지 못하고 보지도 못한 것이다. 법의 성품을 알지 못한 사람에게는 의지하지 말아라. 아라한과 같은 이는 세상에 나와 법을 지키는 사람이니 그런 줄 알고 의지해야 한다. 왜냐하면 그는 여래의 은밀하고 깊은 법을 잘 알아 여래가 영원하고 변하지 않는 줄을 알기 때문이다. 어떤 사람이 파계한 몸으로 자기 이익을 위해 여래는 무상하고 변한다고 말하면 그런 사람에는 의지하지 말아라.

뜻에 의지하고 말에 의지하지 마라. 뜻은 깨달음이고 깨달았다는 뜻은 만족함이다. 만족하다는 뜻은 여래의 영원함이고, 교법이 영원하다는 것은 승가가 영원하다는 뜻이다. 이것이 뜻에 의지함이다. 말에 의지하지 마라는 것은, 꾸며대는 언론과 번지르르한 문장에 팔리지 말라는 뜻이며, 교활하고 아첨하고 자기 이

---

3) 요의경은 대승경전이고 불요의경은 소승경전이다.

익을 위해 하는 말에 의지하지 말라는 뜻이다.

지혜에 의지하고 지식에 의지하지 마라. 지혜란 곧 여래다. 여래의 공덕을 잘 알지 못하는 성문들의 분별은 지식이니 거기에는 의지하지 말아야 한다. 여래가 곧 법신인 줄 알면 그것은 지혜이니 의지해야 한다. 여래의 방편으로 이루어진 몸을 보고 그것이 오온(五蘊)에 속하고 음식물로 기르는 것이라 한다면 그것은 지식이니 의지하지 말아야 한다.

요의경에 의지하고 불요의경에 의지하지 마라. 소승은 불요의이고 대승은 요의이다. 만약 여래가 음식물로 산다고 하면 불요의이고, 영원해서 변하지 않는다 하면 요의이다. 여래의 열반이 불이 꺼짐과 같다고 하면 불요의이고, 여래가 법의 성품에 든다면 요의이다. 성문승은 밭갈이가 서툴러 열매를 거두지 못함과 같으니 의지하지 말 것이고, 대승의 진리는 여래가 중생을 제도하기 위해 방편으로 말한 것이므로 의지해야 한다.

너희들은 이와 같은 네 가지 의지하고 의지하지 말 곳을 잘 알아야 할 것이다. 나는 육안밖에 갖지 못한 중생들을 위해 이 네 가지 의지할 곳을 말한 것이지, 지혜의 눈을 가진 이를 위해 말한 것은 아니다. 그러므로 네 가지 의지할 곳을 거듭 말하겠다. 법이라 함은 곧 법의 성품이고, 뜻이라 함은 영원해서 변치 않음이며, 지혜라 함은 중생들이 모두 부처의 성품을 지녔다는 것이고, 요의라 함은 모든 대승의 법문을 통달하는 것이다." 『涅槃經 四依品』

5. 바다의 구명대

부처님께서 카샤파에게 말씀하셨다.

"보살이 출가하면 계율을 지켜 위의(威儀)를 잃지 않고, 가나 오나 앉으나 서나 항상 행동이 의젓해서 조그마한 허물도 없어야 한다. 그러기 위해서는 계율을 지키려는 마음이 금강석과 같이 단단하지 않으면 안 된다.

어떤 사람이 몸에 구명대를 차고 바다를 건너 가는데, 바닷속에 있던 나찰 귀신이 그에게 구명대를 달라고 했었다. 구명대를 주어 버리면 자기는 물에 빠져 죽게 될 것을 생각하고 '내가 죽는 한이 있더라도 그것은 줄 수 없다'고 대답했다. 그랬더니 나찰은 전부를 주기 어렵거든 그 반이라도 나누어 달라는 것이다. 그러나 그는 듣지 않았다. 나찰은 절반을 줄 수 없거든 삼분의 일이라도 달라고 했다. 여전히 대답이 없는 그를 보고 이번에는 손바닥만큼만 떼어 달라고 했다. 그래도 안 된다면 티끌만큼이라도 달라고 했다. 그러나 그는 한결같이 잘라 거절했다. '네가 달라는 것은 얼마 되지 않은 작은 것이다. 그러나 나는 지금 이 넓은 바다를 건너려 하는데 앞길이 얼마나 먼지도 모른다. 그런데 바늘귀만큼이라도 너에게 떼어 준다면 그 구멍에서 점점 공기가 새어 결국은 바다를 건너지 못

한 채 죽고 말지 않겠느냐.'

카샤파, 보살이 계율을 지키는 것도 바다를 건너는 사람이 구명대를 아끼고 사랑하는 것과 같다. 보살이 이와 같이 계를 지킬 때에 온갖 번뇌의 나찰(羅刹)이 따라다니면서 네 가지 근본계(根本戒)를 깨뜨리면 편안히 열반의 경지에 이를 것이라고 꾄다. 이때 보살은 이렇게 말하지 않으면 안 된다. '내가 계율을 지키다가 무간지옥에 떨어질지라도 계율을 깨뜨리고 천상에 나지 않겠다.'

보살은 이와 같이 계율을 지키고, 마음을 금강석처럼 단단히 가져, 대소승(大小乘)의 계를 소중하게 여기지 않으면 안 된다. 그렇게 함으로써 청정한 계의 덕을 갖추게 될 것이고 성인이 될 수 있다. 이것을 거룩한 행이라 한다." 「涅槃經 聖行品」

6. 생과 사의 비유

"카샤파, 또 거룩한 행이 있으니 그것은 네 가지 진리인 고(苦)·집(集)·멸(滅)·도(道)이다. 고는 괴로움이 핍박하는 것이고, 집은 애욕을 일으키는 집착이며, 멸은 번뇌를 없애는 것이고, 도는 대승의 행을 말한다. 괴로움에는 여덟 가지가 있다. 나고, 늙고, 병들고, 죽고, 사랑하는 이와 이별하고, 원수와 만나고, 구해도 얻지 못하고, 모든 욕망이 불붙듯 일어나는 것들이다. 이와 같은 여러 가지 괴로움은 살려고 하는 데서 일어난다. 중생은 어리석음에 덮여 나는 것은 탐하고 죽는 것은 싫어한다. 그러나 보살은 처음 나는 것을 볼 때에 이미 근심을 본다.

어떤 여인이 남의 집에 들어갔는데 그 여인의 얼굴이 아름답고 값진 옷을 입었으므로 주인이 호감을 가지고 물었다. '당신은 어디 사는 누구입니까?' '나는 공덕천(功德天)입니다.' '무슨 일을 하십니까?' '찾아가는 데마다 그 집에 온갖 보물을 생기게 해 줍니다.' 이 말을 들은 주인은 그 여인을 집안에 맞아들여 향을 사르고 꽃을 뿌려 공양하였다. 조금 후에 또 한 여인이 문앞에 서 있었다. 그 여인은 찌그러진 얼굴에 맷국이 흐르고 남루한 누더기를 걸치고 있었다.

주인은 기분이 언짢아 '당신은 누구요?' 하고 퉁명스럽게 물었다. '나는 흑암천(黑暗天)이라 합니다.' '무슨 일로 왔소?' '나는 가는 데마다 그 집의 재산을 없애버립니다.' 이 말을 들은 주인은 칼을 들고 나오면서 '썩 물러가지 않으면 이 칼로 죽여버릴테다.' 하고 덤벼들었다.

그 여인이 말했다. '당신은 참으로 어리석고 지혜가 없소. 조금 전에 당신 집에 찾아온 이는 내 언니요. 나는 항상 언니와 행동을 같이하기 때문에 당신이 나를 쫓아내면 결국 내 언니도 따라나가게 될 것이오.' 주인이 안으로 들어가 공덕천에게 물었다. '밖에 어떤 여인이 와서 당신의 동생이라 하는데 사실입니까?' 공덕천이 대답했다. '그렇습니다. 나를 좋아하려거든 내 동생도 함께 좋아해야 합니다. 나는 항상 동생과 행동을 같이하였고 한 번도 서로 떠나 본 적이 없습니다. 가는 곳마다 나는 좋은 일을 하고 동생은 나쁜 짓을 하며, 내가 이로운 일을 하면 동생은 손해 끼치는 일을 합니다. 그러므로 나를 사랑하려거든 동생도 함께 사랑해야 합니다.'

주인은 두 여인을 다 내쫓아버렸다. 두 여인이 팔을 끼고 나란히 사라져가는 것을 보고 주인은 마음이 후련했다. 두 여인은 가난한 집 앞에서 머뭇거렸다. 그 집 주인이 두 여인을 보자 반기면서 '이제부터는 우리 집에서 함께 삽시다.' 하고 맞아들였다.

카샤파, 태어나면 늙어야 하고, 병이 들면 죽게 되는 법이다. 어리석은 사람은 이 두 가지에 다 같이 집착하지만, 보살은 함께 버리고 애착하지 않는다.

바라문의 어린 아들이 배가 고파 똥 속에 과일이 있는 것을 보고 건져냈다. 어떤 지혜로운 이가 이것을 보고 '너는 바라문의 지체 높은 집 아들인데 어째서 똥 속에 떨어진 더러운 과일을 건져내느냐?' 하고 물었다. 아이는 부끄러워하며 '먹으려고 주운 것이 아니라 깨끗이 씻어 도로 버리려고 그랬습니다' 하고 대답했다. 지혜로운 이는 어이가 없어 이렇게 꾸짖었다. '도로 버릴 것을 무엇하러 주웠느냐?'

카샤파, 보살도 같다. 생을 받지도 않고 버리지도 않음은 지혜로운 이가 아이를 꾸짖는 일과 같고, 범부들이 생을 기뻐하고 죽음을 싫어하는 것은 아이가 과

일을 주웠다가 도로 버리는 일과 같다.”

『涅槃經 聖行品』

7. 꽃밭에 숨은 독사

부처님께서 카샤파에게 말씀하셨다.

“카샤파, 고(苦)는 죽음이다. 억센 폭우가 쏟아지면 약초와 나무와 숲이 다 꺾이고 말지만 금강석만은 깨뜨려지지 않는다. 이와 마찬가지로 죽음의 폭우도 모든 중생을 다 쓸어가지만 대승 열반의 경지에 있는 보살만은 해치지 못한다. 저 금시조(金翅鳥)가 모든 용을 잡아 먹지만 삼보에 귀의한 용은 먹지 못한다. 죽음이란 금시조도 그와 같아서 무수한 중생을 잡아 가지만 공(空)·무상(無相)·무원(無願)의 선정(禪定)에 든 보살은 잡아갈 수 없다.

죽음이란, 험난한 길에 노자가 없는 것 같고, 갈 길은 먼데 길동무가 없는 것 같고, 밤낮으로 가도 끝을 알 수 없는 길과 같다. 어두운 길에 등불이 없고, 들어 갈 문은 없는데 집만 있고, 아픈 데가 있어도 치료할 수가 없으며, 내 몸에 있지만 보지 못하는 것과 같다. 이런 비유에서도 알 수 있듯이 죽음은 참으로 큰 괴로움이다.

카샤파, 집(集)이란 애욕을 말한다. 사랑에는 선과 악이 있는데, 선한 사랑은 보살이 구하는 것이고, 악한 사랑은 중생이 구하는 것이다. 중생의 사랑은 집착이고 보살의 사랑은 집착이 아니다.

왕이 거동하면 신하도 따라가듯이 애욕이 가는 곳에는 항상 미혹(迷惑)이 따른다. 습한 땅에 잡초가 무성하듯 애욕의 습지에는 번뇌의 잡초가 무성하다. 또 애욕은 나찰의 딸과 같아 아이를 낳는 대로 잡아먹고 마침내는 자기 남편까지도 잡아먹는다. 중생들이 선업(善業)의 아이를 낳으면 낳는 대로 잡아먹고 중생까지도 잡아먹는다. 애욕은 또 꽃밭에 숨은 독사와 같다. 사람들이 꽃을 탐해 꽃밭에서 꽃을 꺾다가 독사에 물려 죽는다. 중생들은 오욕(五欲)의 꽃을 탐하다가 애욕이 뿜는 독을 받고 마침내 악도에 떨어진다.

멸(滅)은 애욕의 불이 꺼짐이다. 보살은 번뇌의 불을 끄고 맑고 고요한 적멸(寂滅)에 들어간다. 번뇌가 다한 사람에게는 즐거움뿐이므로 어떤 괴로움도 받지 않는다.

도(道)란 팔정도(八正道)[4] 다. 빛이 있어야 물체를 볼 수 있듯이, 보살은 대중 속에서 살면서 팔정도에 의해 모든 법을 보게 되는 것이다. 이와 같이 보살은 대승의 열반에 머물러 고집멸도(苦集滅道)의 참된 이치를 관찰해야 한다." 『涅槃經 聖行品』

4) 바른 견해·바른 생각·바른 말·바른 행위·바른 생활·바른 노력·바른 기억·바른 선정(禪定).

8. 네 가지 그지없는 마음

부처님께서는 말씀하셨다.

"보살이 청정한 행을 갖추려면 사랑하고, 가엾이 여기고, 기뻐하고, 버리는 네 가지 그지없는 마음〔四無量心〕을 수행해야 한다. 여래는 한량없는 방편으로 중생을 교화한다. 어떤 중생이 재산을 탐하면, 그를 위해 왕이라도 되어서 그의 요구대로 갖가지 물건을 주어 기쁘게 한 뒤 바른 깨달음의 길로 교화한다. 어떤 중생이 오욕락(五欲樂)을 탐하면, 오욕락으로 그의 소원을 풀어 준 뒤 바른 깨달음의 길로 이끌어 그를 편안하게 한다. 또 어떤 중생이 부귀 영화를 누리고 싶어하면, 그의 하인이 되어 시중을 들면서 마음에 들게 한 뒤 바른 깨달음의 길로 나아가게 한다. 어떤 중생이 성질이 사나워 자기 고집만을 세우고 남의 말을 잘 듣지 않는다면, 몇 천 년이라도 그를 타이르고 달래어 마음을 누그러뜨린 뒤 바른 깨달음의 길로 이끌어들인다.

선남자, 여래는 이와 같이 끝없는 세월에 여러 가지 방편으로 중생들을 권유하고 교화하여 바른 깨달음의 길로 나아가게 한다. 여래는 나쁜 무리 속에 있더라도 물들지 않음이 연꽃과 같다.

사랑하는 마음을 닦는 이는 탐욕을 끊게 되고, 가엾이 여기는 마음을 닦는 이는 성내는 일을 끊게 되며,

기쁜 마음을 닦는 이는 괴로움을 끊게 되고, 버리는 마음을 닦는 이는 탐욕과 성냄과 차별 두는 마음을 끊게 된다.

이 네 가지 그지없는 마음은 온갖 착한 일의 근본이 된다. 보살이 가난한 중생을 만나지 못하면 사랑하는 마음을 낼 인연이 없고, 사랑하는 마음을 내지 못하면 보시할 마음을 일으키지 못한다. 보시라는 인연으로써 중생들을 편안하고 즐겁게 하는 것이다. 보시를 하면서 마음이 어디에도 걸리지 않고 탐착심을 내지 않으면 반드시 바른 깨달음을 이루게 될 것이다.

또 보살은 부모와 원수를 대할 때에라도 평등한 마음으로 대하여 조금도 차별을 두지 않는다. 이것이 곧 사랑〔慈〕의 성취다. 그러나 큰 사랑〔大慈〕은 아니다. 큰 사랑은 실로 이루기 어렵다. 끝없는 세월에 번뇌만 쌓고 선한 법을 닦지 않았으므로 하루 동안에 마음을 조복할 수 없다.

이를테면 마른 완두콩은 송곳으로 찔러도 들어가지 않는 것처럼 번뇌의 굳기도 그와 같다. 하루 동안 마음을 거두어 산란치 않으려 해도 조복하기가 어렵다. 또 집에 있는 개는 사람을 두려워하지 않지만, 산에 있는 사슴은 사람을 보면 무서워 달아난다. 성내는 마음을 버리기 어렵기는 집 지키는 개와 같고, 사랑하는 마음을 잃기는 산에 있는 사슴 같으므로 조복하기 어렵다. 또 성내는 마음은 돌에 새긴 글씨처럼 지우기 어렵고, 사랑하는 마음은 물 위에 쓴 글씨처럼 빨리 사라진다. 성내는 마음은 달아오른 불덩이 같고, 사랑하는 마음은 번갯불과 같다. 그러므로 조복하기 어렵다.

그러나 보살은 모든 중생을 위해 이롭고 즐겁지 않은 일은 없애버린다. 이것이 대자(大慈)다. 보살은 모든 중생을 위해 이로움과 즐거움을 준다. 이것이 대비(大悲)다. 보살은 모든 중생들을 대할 때에 마음으로부터 기뻐한다. 이것이 대희(大喜)다. 보살은 모든 법을 볼 때에 평등한 마음으로 차별을 두지 않고 자기 기쁨을 남에게 준다. 이것이 대사(大捨)다. 이 네 가지 그지없는 마음은 모든 선행의 근본이 된다."

『涅槃經 梵行品』

9. 자비심이 곧 여래

부처님께서 말씀하셨다.

"보살이 보시를 하는 것은 명예나 이익을 위해서가 아니고 남을 속이기 위해서도 아니다. 그러므로 보시를 했다고 하여 교만한 마음을 내거나 은혜 갚기를 바라서도 안 된다. 보시를 할 때에는 자기를 돌아보지 말아야 하고 받은 사람을 가려서도 안 된다. 그가 계행이 청정하거나 청정하지 않거나, 선지식이거나 선지식이 아니거나 따져서는 안 된다. 보살이 만약 보시받을 사람의 계행이나 그 결과를 따진다면 끝내 보시하지 못하고 말 것이다. 보시하지 않으면 보시바라밀다를 갖출 수 없고, 보시바라밀다를 갖추지 못하면 바른 깨달음을 이룰 수도 없다.

보살이 보시를 할 때에는 평등한 자비심으로 중생을 자식처럼 생각해야 한다. 병든 중생을 보면 부모가 병든 자식을 대하듯 가엾이 여겨 보살펴 주고, 즐거워하는 중생을 보면 병든 자식이 다 나은 것을 보듯 기뻐하고, 보시한 뒤에는 다 큰 자식이 스스로 살아가는 것을 보고 마음을 놓듯이 해야 한다.

보살이 자비스런 마음으로 음식을 보시할 때에 다음과 같이 서원을 세워야 할 것이다. '내가 지금 보시하는 것은 모든 중생들에게 함께 하는 것이니 이 인연으로 중생들이 모두 큰 지혜의 음식을 얻어지이다. 바라건대 중생들이 법으로 맛있는 음식을 삼고 애욕의 음식을 찾지 말아지이다. 모든 중생들이 지혜를 완성하여 걸림없이 착한 일을 성취하여지이다. 모든 중생들이 공(空)한 이치를 깨달아 허공과 같이 걸림없는 몸을 얻어지이다. 바라건대 모든 중생들이 자비심을 일으켜 복밭이 되어지이다.'

모든 보살과 여래는 자비심이 근본이다. 보살이 자비심을 기르면 한량없는 선행(善行)을 할 수 있다. 어떤 사람이, 무엇이 모든 선행의 근본이냐고 묻거든 자비심이라고 대답하여라. 자비심은 진실해서 헛되지 않고 선한 일은 진실한 생각에서 일어난다. 진실한 생각은 곧 자비심이며, 자비심은 곧 여래다."

『涅槃經 梵行品』

10. 적멸의 즐거움

고귀덕왕(高貴德王)보살이 부처님께 물었다.

"무엇이 큰 열반입니까?"

부처님께서는 다음과 같이 말씀하셨다.

"영원하고, 즐겁고, 진정한 나이고, 청정한 것이 큰 열반이오. 보살이 대자 대비한 마음으로 모든 중생을 가엾이 여기고 그들을 부모와 같이 공경하며, 괴로운 생사의 바다를 건너게 하고 진실한 가르침을 보여 준다면 그것이 곧 큰 열반이오. 크다는 것은 헤아릴 수 없는 것을 말합니다. 중생들이 헤아리지 못하는 것을 여래와 보살은 보기 때문에 큰 열반이라 합니다. 또 대아(大我)가 있기 때문에 큰 열반이라 하는데, 대아란 무아(無我)의 경지에서 자유자재함을 말하는 것이오. 따로 구하는 일이 없으니 얻을 법도 없고, 허공처럼 모든 곳에 두루 차 있으니 없는 것 같지만 아무에게나 보여 줄 수 있는 것이오. 또 큰 즐거움이 있기 때문에 큰 열반이라 하는데 큰 즐거움이란 선도 아니고 악도 아니며, 선악(善惡)에서 벗어난 것이오. 모든 번뇌를 끊어 지혜가 원만하고 마음은 항상 고요하고 평안합니다. 또 한결같이 청정하기 때문에 큰 열반이라 하는데, 온갖 청정하지 못한 것을 아주 끊어 몸과 마음을 지니고 있기 때문에, 선업의 싹을 말려 버린 중생이라 할지라도 나쁜 생각을 돌이켜 바른 마음을 가지면 반드시 바른 깨달음을 얻을 수 있소.

열반에는 머물 곳이 없소. 다만 번뇌를 끊을 뿐이오. 열반의 경지는 이와 같이 영원하고 즐겁고 진정한 나이고 청정한 것이오. 그러나 그 즐거움은 애욕의 즐거움이 아니라 적멸(寂滅)의 즐거움이오."

「涅槃經 高貴德王菩薩品」

11. 선지식

부처님께서 고귀덕왕보살에게 말씀하셨다.

"선지식이란 부처님과 보살과 대승경전을 믿는 사람이오. 그들은 중생을 교화하여 열 가지 나쁜 업을 버리고 열 가지 선한 업을 쌓게 하기 때문이오. 또 선지식은 법대로 말하고 말대로 행동합니다. 스스로 살생(殺生)하지 않고 다른 사람도 살생하지 않게 하며, 스스로 도를 닦고 다른 사람에게도 도를 가르쳐 닦게 합니다. 자기의 즐거움은 돌보지 않고 항상 중생을 위해 즐거움을 구하며 남의 허물을 볼지라도 그의 단점을 말하지 않으며, 남을 위해 착한 일만 하는 것이 선지식이오.

허공에 걸린 달은 보름이 가까워질수록 점점 차 가듯이, 선지식도 배우는 이로 하여금 나쁜 법은 멀리하고 선한 법은 자라게 하는 것이오. 그러므로 선지식을 가까이 섬기는 사람은 본래 계행과 선정과 지혜와 해탈과 해탈한 지견(知見)이 없었더라도 단박 갖추게 됩니다.

진실한 선지식은 여래와 보살이오. 여래와 보살은 지혜로운 의사와 같소. 중생의 병과 그 약을 알고 병에 따라 약을 주어 낫게 하기 때문이오. 중생에게는 탐욕과 성냄과 어리석음의 세 가지 병이 있소. 탐욕의 병에 걸린 사람은 해골을 생각하게 하고, 성냄의 병에 걸린 사람은 자비한 것을 생각하게 하며, 어리석음의 병에 걸린 사람은 십이인연(十二因緣)[5]을 생각하게 하여 각기 그 병을 낫게 하는 것이오. 여래와 보살은 또 뱃사공과 같소. 나고 죽는 괴로움의 바다에서 중생을 건너게 해주기 때문이오.

여래와 보살은 모든 선한 법의 바탕이오. 그러므로 중생들은 여래와 보살로 인해 선한 법을 갖추게 되는 것이오. 마치 모든 약초가 히말라야에서 나오듯이, 모든 선한 법은 여래와 보살로부터 나오는 것이오.

이와 같이 여래와 보살은 선지식이오. 중생들이 선지식의 가르침에 따르면 번뇌의 병을 없애고 열반의 평안을 누리게 될 것이오." 『涅槃經 高貴德王菩薩品』

---

5) 중생의 생존은 열두 조건에 의해서 이루어진다. 즉 무명(無名)에 의해서 행(行)이 있고, 행에 의해서 식(識)이 있고, 이와 같이 명색(名色)·육입(六入)·촉(觸)·수(受)·애(愛)·취(取)·유(有)·생(生)·노사(老死)가 있게 된다.

12. 인연 따른 해탈

부처님께서 고귀덕왕보살에게 말씀하셨다.

"번뇌를 끊는 것이 열반이 아니고 번뇌가 일어나지 않는 것이 열반이오. 여래는 번뇌가 일어나지 않으므로 항상 열반이오. 지혜가 걸림이 없는 것을 또한 열반이라 합니다.

보살은 탐욕과 성냄과 어리석음을 아주 끊어 버렸으므로 해탈했다 합니다. 그리고 보살은 모든 법을 막힘없이 잘 알므로 해탈의 지견(知見)을 얻었다고 하며, 해탈의 지견을 얻었으므로 그 전에 듣지 못한 것을 이제 듣고, 보지 못한 것을 보고, 이르지 못한 데를 이르게 됩니다."

이때 고귀덕왕보살이 부처님께 여쭈었다.

"부처님께서 말씀하신 것처럼, 마음이 해탈한다는 말은 옳지 않습니다. 마음은 본래 얽매인 것이 아니기 때문입니다. 그러므로 마음의 성품은 탐욕과 어리석음과 같은 번뇌에 얽매이지 않습니다. 본래 얽매인 것이 아닌데 어째서 마음이 해탈한다 하십니까?"

부처님이 말씀하셨다.

"그렇소. 마음은 탐욕의 번뇌에 얽히는 것도 아니고 얽히지 않는 것도 아니며, 해탈도 아니고 해탈 아님도 아니오. 있음도 없음도 아니며, 현재도 아니고 과거나 미래도 아니오. 모든 법은 제 성품이 없기 때문이오.

여래와 보살은 중도(中道)를 보이오. 모든 법이 있다고도 하지 않고 없다고도 하지 않소. 인연으로 생겨나므로 그 인연에 따라 있기도 하고 없기도 한 것이오. 여래와 보살은 마음에 깨끗한 성품과 부정한 성품이 있다고 단정적인 말을 하지 않소. 그것은 깨끗한 마음이나 부정한 마음이 머무는 데가 없기 때문이오. 인연을 따라 탐욕을 내기 때문에 없는 것이 아니고, 본래 탐욕의 성품이란 없는 것이므로 그와 같이 말하는 것이오.

이 마음은 탐욕과 화합하지 않고 성냄이나 어리석음과도 화합하지 않소. 마치 해와 달이 안개나 구름에 가리면 볼 수 없지만, 그렇다고 해서 해와 달이 안개와 구름에 화합될 수 없는 것과 같소. 그러므로 탐욕의 번뇌가 마음을 더럽히지 못한다고 하며, 여래와 보살은 탐욕의 번뇌를 아주 깨뜨려 버렸기 때문에 마음이 해탈했다는 것이오." 『涅槃經 高貴德王菩薩品』

13. 삼매의 선행

부처님께서 고귀덕왕보살에게 말씀하셨다.

"보살이 큰 열반을 닦는 것은 든든한 뿌리를 얻는 일이니 그것은 곧 게으르지 않는 불방일(不放逸)이오. 방일하지 않음은 도의 뿌리이고 모든 선의 근본이오. 모든 짐승의 발자국 가운데 코끼리 발자국이 제일 크고, 모든 빛 중에서는 햇빛이 제일인 것처럼 불방일은 모든 선행 중에서 첫째가는 선행이오. 또 보살은 이 몸이 곧 바른 깨달음의 도를 얻는 그릇임을 생각하여 악마의 마음을 일으키지 않고 좁은 소견을 가져서도 안 되오. 모든 중생은 다 복밭임을 생각해야 합니다.

해치려는 생각을 버려 이 선행으로써 중생들이 오래 살기를 원하시오. 훔치려는 생각을 버려 이 선행으로써 중생들이 구하는 것을 얻도록 원하시오. 음란한 생각을 버려 이 선행으로써 중생들이 탐욕과 성냄과 어리석음과 애정에 목말라하는 일이 없기를 원하시오. 거짓말하려는 생각을 버려 이 선행으로써 중생들이 정토(淨土)를 이루어 꽃이 향기롭고 온갖 소리가 아름다워지기를 원하시오. 이간질이나 남을 헐뜯는 생각을 버려 중생들이 화목하여 바른 말 하기를 원하시오. 그릇된 소견을 버려 이 선행으로써 중생들이 모두 지혜가 충만하기를 원하시오.

이와 같이 원력과 인연으로 부처를 이룰 때에는 그 원이 성취되어 이 세상은 청정하게 정화되고 모든 번뇌의 적을 물리치게 될 것이오. 대지(大地)는 모든 것을 다 지니고 있지만 지녔다는 생각이 없듯이, 보살은 번뇌를 깨뜨리고 중생을 건지지만 건진다는 생각을 내서는 안 되오. 보살은 어떠한 형상이나 자취에 집착함이 없이 항상 삼매에 의해 교화해야 합니다."

『涅槃經 高貴德王菩薩品』

14. 불 성

사자후(師子吼)보살이 부처님께 물었다.

"부처님, 불성(佛性)이란 무엇이며, 왜 영원하고 즐겁고 〈나〉이고 깨끗하다 하십니까?"

부처님께서는 이렇게 말씀하셨다.

"잘 물었소. 누구든지 법을 위해 물으면 그는 지혜와 복덕을 갖추게 되고, 보살이 이 두 가지를 갖추면 불성을 알게 될 것이오. 불성을 제일의공(第一義空)이라 하니 그것은 곧 지혜요. 지혜는 공(空)과 불공(不空)을 보고, 상(常)과 무상(無常)을 보며, 고(苦)와 낙(樂)을 보고, 아(我)와 무아(無我)를 봅니다. 공과 무상과 고와 무아는 생사요, 불공과 상과 낙과 아는 열반이오. 어느 한쪽만을 보고 다른 면을 보지 못하면 중도(中道)라고 할 수 없소. 중도는 불성이고 바른 깨달음의 종자요.

중생은 무명에 덮이어 이것을 보지 못하기 때문에 누에가 고치를 만들고 죽는 것과 같이 스스로 업을 지어 생사에 오락가락하는 것이오. 성문과 연각은 공한 것만 보고 공하지 않은 것은 보지 못하며, 내가 없는 것만 보고 〈나〉인 것은 보지 못하오. 그래서 〈제일의공〉을 얻지 못하고, 제일의공을 얻지 못하므로 중도를 행하지 못하고, 중도가 없으므로 불성을 보지 못하는 것이오.

생사의 원인은 무명(無明)과 애욕에 있고 이 두 중간에서 나고 늙고 병들고 죽어가는 것이오. 이러한 생사는 중도(中道)에 의해 깨뜨릴 수 있으므로 중도의 법을 불성이라 하며, 불성은 영원하고 즐겁고 나이고 깨끗한 것인데, 중생들이 그것을 보지 못하고서 무상하고 괴롭고 내가 없고 깨끗하지 않다고 합니다."

부처님께서 말씀하셨다.

"열반이란 곧 번뇌의 불이 꺼져 버린 것이오. 또 열반은 우리들이 거처하는 방과 같아서 번뇌의 비바람을 막는 것이오. 중생의 눈으로 보면 밝지 못하지만 여래의 눈으로 보면 환하게 밝소. 아는 데에는 두 길이 있소. 눈으로 보는 것은 마치 손바닥에 과일을 쥐고 보는 것과 같은데, 중생은 들어서 알기 때문에 밝게 볼 수 없소. 그러나 지극한 믿음을 내면 볼 수 있을 것이오.

모든 법은 인연 따라 일어나고 인연 따라 사라지오. 그러나 불성은 깨뜨려지지도 않고 무너지지도 않으며, 끌려가지도 않고 얽매이지도 아니하며 허공과 같소. 모든 중생에게는 다 허공과 같은 불성이 있소. 만약 이 불성이 없다면 가고 오는 것도 없고, 나고 크는 것도 없을 것이오. 허공에는 거리낌이 없기 때문에 아무것도 볼 수 없는 것처럼, 중생의 불성도 그러하여 보살이라야 겨우 볼 수 있는 것이오.

이것은 여래의 경지이니 성문이나 연각으로는 알지 못합니다. 중생은 이 불성을 보지 못하기 때문에 번뇌의 그물에 걸려 생사에 괴로워하지만, 불성을 보면 생사에서 해탈하여 열반을 얻을 것이오."

『涅槃經 師子吼菩薩品』

15. 보리심을 내는 일

사자후보살이 부처님께 물었다.

"부처님, 만약 모든 중생에게 불성(佛性)이 있다면 어째서 모두 성불(成佛)하지 못했습니까?"

부처님께서 말씀하셨다.

"그것은 인연이 화합되지 않았기 때문이오. 그러니 끝내 못 이루는 것이 아니라 늦게 얻는 것이오. 인(因)과 연(緣)이 화합되어야 결과를 이루는 것이오. 인은 불성이고 연은 보리심을 내는 일이오. 보살이 다음과 같은 일을 하면 보리심에서 물러나게 되오. 믿지 않고, 짓지 않고, 의심하고, 몸과 재물을 아끼고, 열반을 두려워하고, 참지 못하고, 진실하지 못하고, 걱정 근심으로 모든 일을 즐기지 못하고, 게을러 도 닦기를 힘쓰지 않고, 나쁜 벗과 친하고 교만하며, 스승의 허물을 찾고, 생사를 좋아하고, 삼보를 공경하지 않는 등 이와 같은 일이 보리심을 깨뜨리는 것이오.

그러나 뜻을 바로 세워 법에 의지하고 여래와 성인을 가까이 섬기고, 어떤 고난을 당할지라도 그 마음을 잃지 않으면 보리심을 내게 될 것이오. 중생들이 나를 해치려 하면 '이 사람이 나에게 보리의 인연을 심어 주는구나. 만약 이런 이가 없으면 나는 무엇을 의지해 도를 이룰 것인가? 이와 같이 생각하고 오히려 그를 자비심으로 대하시오. 교만한 마음을 내지 말고, 항상 법문을 듣고 말하여 중생으로 하여금 그것을 믿도록 하시오. 들은 것이 많은 것보다 조금 들었을지라도 그 뜻을 분명히 알아야 합니다.

몸과 말과 생각의 세 가지 업을 악에 물들지 않게 하고, 몸과 목숨과 재산을 아끼지 말며, 남에게 은혜를 입었거든 조그마한 것일지라도 크게 갚으시오. 말을 항상 부드럽게 하여 나쁜 말을 하지 말고, 마음이 거친 사람을 부드럽게 대해 주며, 근심이 있는 이는 근심을 덜어주고, 굶주리는 사람에게 음식을 넉넉히 나누어 주며, 병든 사람을 고쳐 주고, 전쟁이 일어나거든 중재하여 화평하게 하며, 부모와 스승을 공경하고, 원한이 있는 사람에게는 자비로써 대해야 합니다.

남을 위해서라면 무량겁에 지옥의 고통을 대신 받더라도 뉘우치지 말고, 남이 이익을 얻는 것을 볼지라도 시기하지 말며, 자기 이익을 얻기 위해 과보의 인연을 모으지 말고, 현재의 쾌락에 탐착하지 마시오. 이와 같은 선행에 의해 보리심을 물리치지 않으면 부처를 보고 불성을 환히 깨칠 수 있을 것이오."

『涅槃經 師子吼菩薩品』

16. 칠보산의 비유

부처님께서 사자후보살에게 말씀하셨다.

"중생이 보리에서 물러난다고 해서 중생에게 불성이 없다고 생각해서는 안 됩니다. 두 나그네가 있었소. 그들은 어느 날 이런 말을 들었소. '어느 곳에는 칠보로 된 산이 있고, 그 산에는 감로수가 철철 넘치고 있다. 그 산에 가기만 하면 많은 보석을 얻어 단박에 부자가 될 수 있고 시원한 감로수를 마시면 죽지 않고 오래 살게 된다. 그런데 문제는 길이 멀고 험하기 때문에 거기까지 가기가 어렵다.' 이 말을 들은 두 나그네는 정신이 번쩍 나서 길을 떠났소. 길을 가던 도중 칠보산에서 많은 보석을 가지고 온다는 사람을 만났소.

'그 곳에는 정말 칠보로 된 산이 있고 감로수가 있습니까?' '나는 이렇게 많은 보석과 시원한 감로수를 마시고 오는 길이오. 그런데 길이 험하고 도둑이 많아 가는 사람은 수없이 많은데, 그 곳에 갔다가 돌아오는 사람은 아주 드뭅니다.' 이 말을 듣고 한 나그네는 미리 겁을 먹고 가던 길을 되돌아오고 말았소. 그러나 다른 한 나그네는 '이미 갔다가 오는 사람이 있는데 나라고 못 갈 리가 없다. 그 곳에 가기만 하면 소원대로 많은 보석을 가질 수 있고 감로수를 마셔 오래 살게 될 것이다. 만약 가다가 도둑을 만나 뜻을 이루지 못한다 할지라도 죽음밖에 더 있겠는가. 사람은 누구든지 언젠가는 한번 죽게 마련 아닌가. 다행히 뜻을 이루게 되면 부모 형제와 모든 이웃을 두루 도와 줄 수 있을 것이다. 쉬운 일이 이 세상에 어디 있겠는가.' 이렇게 결심하고 길을 재촉하였소.

칠보산이 큰 열반이고 감로수는 불성이며, 도중의 도둑떼는 번뇌이고, 꾸준히 길을 간 나그네는 불퇴전(不退轉)의 보살이며, 되돌아온 나그네는 나약한 중생에 견줄 수 있을 것이오.

불성은 그 길과 같아 항상 있어 변하지 않소. 겁을 먹고 되돌아가는 자가 있다고 하여 그 길이 상주(常住)하지 않는다고 할 수는 없소. 그와 같이 보리의 길에는 누가 물리치는 것이 아니고 스스로 물러남이 있을 뿐이오. 모든 중생은 반드시 도를 이룰 수 있고, 어떠한 죄를 범한 자라도 다 불성을 지니고 있는 것이오."

『涅槃經 師子吼菩薩品』

17. 사라숲을 빛내는 사람들

사자후보살이 다시 부처님께 물었다.

"부처님, 어떤 비구가 이 사라숲을 빛나게 하겠습니까?"

부처님께서 말씀하셨다.

"가르침을 잘 들어 그 뜻을 밝히고, 중생을 위해 널리 말해주는 비구라면 이 숲을 빛나게 할 것이오."

사자후보살이 말했다.

"그런 비구라면 아난다이겠습니다. 아난다는 그릇에 담긴 물을 다른 그릇에 그대로 옮기듯이, 부처님을 모시고 다니면서 잘 듣고 그대로 다른 사람들에게 말해 주기 때문입니다."

"그리고 천안(天眼)으로 시방세계 보기를 손바닥 안에 아마라 열매 보듯이 하는 비구라면 또한 이 숲을 빛나게 할 것이오."

"그런 비구라면 아니룻다이겠습니다. 아니룻다는 천안으로 온 세계를 환히 보되 조금도 막힘이 없기 때문입니다."

"욕심이 적어 만족할 줄 알고 고요를 즐기며 부지런히 정진하는 비구라면 또한 이 숲을 빛나게 할 것이오."

"그런 비구라면 카샤파이겠습니다."

"오로지 중생을 위해 공덕을 쌓을 뿐 자기 이익 때문에 공덕을 쌓지 않는 〈갈등 없는 삼매〉에 든 비구라면 또한 이 숲을 빛나게 할 것이오."

"그런 비구라면 수부티이겠습니다."

"신통을 잘 쌓고 지혜를 성취한 비구라면 이 숲을 빛나게 할 것이오."

"그런 비구라면 목갈라나와 사리풋타이겠습니다."

"중생에게 모두 불성이 있음을 말하고 금강석처럼 부서지지 않는 몸으로 걸림없이 자유로운 비구라면 이 숲을 빛나게 할 것이오."

이때 사자후보살이 부처님께 말했다.

"부처님, 그것은 다만 부처님 한 분뿐입니다. 원컨대 큰 자비를 베풀어 이 숲이 빛나도록 여기 오래 머물러 주십시오."

"머문다고 말하는 것은 교만이오. 교만을 가지고는 해탈을 얻을 수 없소. 그러기 때문에 머무르지 않소. 여래는 모든 교만을 아주 떨쳐 버렸는데 어찌 여기에만 머물러 있겠소. 또 머문다는 것은 생사가 있는 유위(有爲)의 법이오. 그러나 여래는 이미 유위의 법을 끊었는데 어찌 이곳에만 머물겠소. 허공은 시방세계 어디에고 머무르지 않는 것처럼, 여래도 동서남북 상하 어느 곳에도 머무는 일이 없소."

사자후보살이 다시 부처님께 물었다.

"열반을 어째서 모양이 없음이라 하십니까?"

"모양에 집착한 이는 어리석음을 내고, 어리석기 때문에 애욕을 일으키며, 애욕으로 인해 얽매이고, 얽매이므로 태어나게 되오. 태어나므로 죽게 되고, 죽기 때문에 무상한 것이 아니오? 그러나 모양에 집착하지 않으면 어리석음을 내지 않고, 어리석지 않으므로 애욕이 없으며, 애욕이 없으므로 얽매임이 없고, 얽매임이 없으므로 태어나지 않소. 태어나지 않으면 죽는 일이 없고, 죽음이 없기 때문에 영원한 것이 아니겠소? 이런 뜻에서 열반을 영원하다고 하고, 모양 없는 선정〔無相定〕을 대열반이라고 하는 것이오."

『涅槃經 師子吼菩薩品』

제 11 장 보살의 길

1. 깨달음을 찬탄한 노래

어느 때 부처님께서는 마가다나라의 적멸도량(寂滅道場) 보리수 아래에 계셨다. 부처님께서 처음으로 최상의 깨달음을 이루었을 때 대지는 밝게 빛나고 여러 가지 보석과 꽃으로 장식되어 아름다운 향기가 넘치고 있었다. 부처님 둘레에는 온갖 아름다운 꽃들이 싸여 있고 그 위에 금·은·유리·산호·파려·자거·마노 등 진귀한 보석들이 박혀 있었다. 나뭇가지와 잎새마다 찬란한 빛을 내어 눈이 부셨다. 이와 같은 풍경은 부처님의 신통력으로 나타난 것이다. 부처님께서는 사자좌(師子座)에 앉아 최상의 깨달음을 이루었다. 과거·현재·미래의 진리가 모두 평등함을 깨달았으며, 그 지혜의 빛은 모든 중생의 마음속에 들어가고 미묘한 깨달음의 소리는 온 세상 구석구석까지 메아리쳤다. 그것은 마치 허공을 지나가듯 무엇에나 걸림이 없었다. 또 지혜의 빛으로 어둠을 사르고 무수한 불국토(佛國土)를 나타내어 여러 가지 방편으로 중생을 교화하셨다. 그때 헤아릴 수 없이 많은 보살과 중생을 교화하셨다. 그때 헤아릴 수 없이 많은 보살과 천신들이 각각 부처님의 신통력을 받고 부처님의 깨달음을 찬탄하였다.

요업광명천왕(樂業光明天王)은 이렇게 찬탄했다.

"모든 부처님의 경지는 너무 깊어 상상할 수 없습니다. 부처님은 끝없는 중생을 교화하여 깨달음의 길로 가게 하십니다. 모든 사물의 참된 모습은 고요하게 통일되어 있고 그 바탕은 무엇에도 방해받지 않습니다. 여래는 신통력으로 한 개의 터럭 속에서도 중생을 위하여 최상의 진리를 말씀하십니다. 여래는 진리의 깊은 뜻을 살피고 중생의 능력에 따라 불멸(不滅)의 가르침을 비처럼 내리십니다. 그 때문에 많은 진리의 문이 열리고, 고요하게 통일되어 있는 평등하고 진실된 세계에 중생을 이끌어 들이십니다."

시기대범천왕(尸棄大梵天王)은 다음과 같이 찬탄했다.

"부처님의 몸은 청정하고 항상 고요하십니다. 시방세계를 비추더라도 그 자취가 없고 형체를 나타내지 않으며 마치 허공에 뜬 구름 같습니다. 이처럼 부처님의 몸은 고요한 선정의 경지이므로 어떤 중생도 생각으로 헤아릴 수 없습니다. 또 여래는 진리의 큰 바다를 한 소리로 남김없이 말씀하십니다. 여래의 미묘한 음성은 깊고 충만하여 중생들은 각자의 그릇에 따라 그 가르침을 받아들입니다. 시방 삼세 모든 부처님이 쌓은 보살행은 모두 부처님 둘레에 나타나지만 부처님은 조금도 그것을 마음에 두지 않으십니다. 부처님 몸은 허공과 같아 다할 수 없습니다. 부처님의 몸은 모양이 없으니 무엇에나 걸림이 없으십니다."

일광천자(日光天子)는 다음과 같이 찬탄했다.

"여래의 지혜 광명은 끝없는 시방세계를 두루 비추고 모든 중생들로 하여금 있는 그대로의 여래를 보게 하십니다. 중생들의 세계는 큰 바다처럼 넓지만 여래는 그 마음을 잘 아시고 중생의 지혜 바다를 열게 하십니다. 여래는 이 세상에 출현하시어 널리 시방세계를 비춥니다. 여래의 법신은 무엇에도 견줄 수 없으며 최상의 지혜로써 진리를 말씀하십니다. 여래께서 중생들의 갖가지 생활 속에 들어가 고행을 하는 것은 오로지 중생을 위해서입니다. 그때 그때의 형편에 따라 여래는 미묘한 몸을 나타내십니다. 그것은 마치 보름달과 같아 밤하늘에 밝고 은은한 빛을 비춰 줍니다. 무지해서 마음이 어두운 중생은 눈을 잃은 장님과 같습니다. 여래는 괴로워하는 중생을 위해 밝은 눈을 뜨셨고, 지혜의 등불을 밝혀 청정한 몸을 중생 앞에 나타내십니다."

비사문야차왕(毘沙門夜叉王)은 다음과 같이 찬탄했다.

"중생의 죄악은 깊고 무거워 부처님을 뵙고 섬길 수 없어 미혹의 세계로 흘러다니면서 갖은 괴로움을 겪습니다. 부처님께서는 이와 같은 중생을 구제하기 위해 세상에 나오셨습니다. 부처님께서는 시방세계 중생 앞에 출현하시어 중생의 고통을 덜어 주십니다. 부처님께서는 방편으로 중생의 무거운 죄와 악업의 장애를 벗기고 바른 법에 편히 머물게 하십니다. 부처님께서는 일찍이 오랜 세월 동안 수행을 쌓을 때 시방세계의 모든 부처님을 찬탄한 일이 있습니다. 그 때문에 높고 거룩한 부처님의 이름이 시방세계에 두루 울려 퍼집니다. 부처님의 지혜는 허공처럼 끝이 없고 그 법의 몸은 불가사의하십니다."

이 밖에도 수많은 천신과 보살이 번갈아가며 부처님의 위신력(威神力)을 입고 부처님의 덕을 찬탄해 마쳤을 때 연화장(蓮華藏)세계는 여러 가지로 진동하였다.

『華嚴經 世間淨眼品』

2. 모든 것은 자성이 없다

문수보살이 각수(覺首)보살에게 물었다.

"마음의 본성은 하나인데 어째서 이 세상에는 여러 가지 차별이 있습니까? 행복한 사람도 있고 불행한 사람도 있으며, 이목구비가 제대로 된 사람도 있고 불구자도 있으며, 잘생긴 사람도 있고, 못생긴 사람도 있으며, 괴로워하는 사람이 있는가 하면 즐거워하는 사람도 있습니다. 그리고 안으로 살펴보면 업(業)은 마음을 모르고 마음은 업을 모릅니다. 느낌은 그 결과를 모르고 결과는 느낌을 모릅니다. 마음은 느낌을 모르고 느낌은 마음을 모릅니다. 인(因)은 연(緣)을 모르고 연은 인을 알지 못합니다."

각수보살은 다음과 같이 말했다.

"중생을 교화하기 위해서 보살은 잘 물으셨습니다. 나는 사실대로 말씀드리겠습니다. 모든 것은 자성(自性)을 갖지 않습니다. 그것이 무엇인지 알아보려고 해도 알 수 없습니다. 따라서 무엇이건 서로 알지 못합니다. 이를테면 시냇물은 끊임없이 흐르지만 그 한 방울 한 방울은 서로 모르는 것과 같습니다. 또 타오르는 불길은 잠시도 멈추지 않지만 그 속에 있는 불꽃끼리는 서로 모르듯이 모든 것도 그렇습니다.

우리의 눈과 귀·코·혀·몸과 생각이 고통을 받는 것 같지만 사실은 어떤 고통도 받고 있지 않습니다. 존재 그 자체는 조금도 움직이지 않지만 나타난 쪽에서 보면 항상 움직이고 있습니다. 그러나 사실은 나타난 것에도 자성은 없습니다. 바르게 생각하고 있는 그대로 관찰하면 모든 것에는 자성이 없다는 것을 알게 될 것입니다. 이러한 마음의 눈은 청정하고 불가사의합니다. 그러므로 허망하다거나 허망하지 않다거나 진실하지 않다고 하는 것은 거짓 이름에 불과합니다." 『華嚴經 菩薩明難品』

3. 덧없이 흘러가는 존재

문수보살이 재수(財首)보살에게 물었다.

"여래가 중생을 교화할 때 무슨 이유로 중생의 시간과 수명과 신체와 행위와 견해 같은 것에 수순(隨順)해 줍니까?"

재수보살은 대답했다.

"지혜가 밝은 분은 항상 적멸(寂滅)의 행을 원합니다. 나는 사실대로 말씀드리겠습니다. 내 몸을 안에서 관찰해 볼 때도 대체 내 몸에 무엇이 있겠습니까. 이와 같이 자세히 살펴본 사람은 자아(自我)가 있는지 없는지를 이해하게 될 것입니다. 육체의 모든 부분을 샅샅이 살펴보면 어디에도 그 근본이 될 만한 곳은 없습니다. 몸의 형편을 이렇게 알고 있는 사람은 몸의 어디에건 집착하지 않을 것입니다. 또 이런 사람은 모든 것이 무상하다는 것을 알기 때문에 그 마음에도 집착하지 않습니다.

육체와 정신이 서로 밀접한 관계를 가지고 움직이는 모습은 마치 불의 바퀴〔旋火輪〕와 같아 어느 것이 먼저인지 알 수 없습니다. 인연으로 생기는 업은 꿈과 같아 그 결과도 모두 허망한 것입니다. 세상 일은 마음을 중심으로 움직입니다. 그러므로 자기 주관에 의해 판단을 내리는 것도 그 견해가 뒤바뀌기 쉽습니다. 생멸 변천하는 세계는 모두 인연으로 일어나 순간순간 소멸하고 있습니다. 지혜로운 사람은 모든 존재는 덧없이 흘러가 버리고 텅 비어 그 자체가 없는 것이라고 관찰하여 집착하지 않습니다."

『華嚴經 菩薩明難品』

4. 업의 본성

문수보살이 보수(寶首)보살에게 물었다.

"중생은 지(地)·수(水)·화(火)·풍(風) 네 요소로 되어 그 안에는 자아(自我)의 실체가 없고, 모든 존재의 본성은 선한 것도 아니고 악한 것도 아닙니다. 그런데 어째서 중생은 고와 낙을 받기도 하고 선하고 악한 짓을 하게 됩니까? 또 어째서 잘생긴 사람도 있고 못생긴 사람도 있습니까?"

보수보살이 대답했다.

"그가 지은 업에 따라 과보를 받는 것이지만 그 행위의 실체는 없습니다. 이것이 부처님의 가르침입니다. 마치 맑은 거울에 비친 그림자가 여러 가지이듯이 업의 본성도 그와 같습니다. 종자와 밭이 서로 모르지만 싹이 트듯이 업의 본성도 그와 같습니다. 많은 새가 저마다 다른 소리를 내듯이 업의 본성도 그와 같습니다. 지옥의 고통이 따로 외부에서 오는 것이 아니듯이 업의 본성도 그와 같습니다."

『華嚴經 菩薩明難品』

5. 분별 없는 본성

문수보살이 덕수(德首)보살에게 물었다.

"부처님께서 깨달은 법은 한 가지뿐인데 어째서 부처님께서는 여러 가지 길로 법을 말씀하시고 여러 가지 소리를 내시며, 여러 가지 몸을 나타내시고 끝없는 중생을 교화하십니까? 법의 성품 안에서 이와 같은 차별을 찾아도 볼 수 없지 않습니까?"

덕수보살이 대답했다.

"보살의 질문은 뜻이 깊습니다. 지혜로운 사람이 이것을 알면 항상 부처님의 공덕을 구할 것입니다. 대지(大地)의 본성은 하나인데 온갖 중생들을 살게 합니다. 그러나 대지 자체는 어떠한 분별도 하지 않듯이 부처님의 법도 그렇습니다. 불의 본성은 하나인데 모든 것을 태웁니다. 그러나 불 자체는 어떠한 분별도 하지 않듯이 부처님의 법도 그렇습니다. 바다에는 많은 시냇물이 흘러 들어갑니다. 그러나 그 맛은 변하지 않듯이 부처님의 가르침도 그렇습니다. 바람의 본성은 하나인데 모든 것을 불어버립니다. 그러나 바람 그 자체는 달라진 것이 없듯이 부처님의 법도 그렇습니다. 태양은 사방을 두루 비춥니다. 그러나 그 빛에는 차별이 없듯이 부처님의 법도 그렇습니다."

『華嚴經 菩薩明難品』

6. 여래의 복밭

문수보살이 목수(目首)보살에게 물었다.

"여래의 복밭은 하나인데 어째서 중생이 받는 과보는 다릅니까? 중생들 가운데에는 부자도 있고 가난한 자도 있으며, 지혜가 많은 이도 있고 적은 이도 있습니다. 그러나 여래는 평등해서 가깝고 먼 차별을 두는 일이 없지 않습니까?"

목수보살은 대답했다.

"대지는 하나이어서 차별이 없지만 온갖 싹을 트게 합니다. 부처님의 복밭도 그와 같습니다. 같은 물이라도 그릇에 따라 그 모양이 달라지듯이 부처님의 복밭도 중생에 따라 달라집니다. 변재천(辯才天)이 사람들을 기쁘게 하듯이 부처님의 복밭도 중생들을 기쁘게 합니다. 거울이 여러 가지 그림자를 비추듯이 부처님의 복밭도 중생들을 길러 줍니다. 해가 뜨면 어둠이 사라지듯 부처님의 복밭도 시방세계를 두루 비춥니다." 『華嚴經 菩薩明難品』

7. 젖은 나무는 타지 않는다

문수보살이 진수(進首)보살에게 물었다.

"부처님의 가르침은 한결같은데 이 가르침을 듣는 중생들은 어째서 한결같이 번뇌를 끊을 수 없습니까?"

진수보살이 대답했다.

"중생들 가운데에는 빨리 해탈하는 사람도 있지만 해탈하지 못하는 사람도 있습니다. 만약 어리석음을 없애어 해탈하려고 한다면 굳은 결심으로 용맹 정진해야 합니다. 나무가 젖어 있으면 약한 불은 꺼지고 말듯이 가르침을 들었어도 게으른 자는 그와 같습니다. 불을 지필 때에 태우다 말다 하면 마침내는 꺼지고 말 듯이 게으른 자도 그와 같습니다. 눈을 감고서는 달빛을 보려고 해도 볼 수 없듯이 게으른 자가 법을 구하는 것도 그와 같습니다."

『華嚴經 菩薩明難品』

8. 듣는 것만으로는 이룰 수 없다

문수보살이 법수(法首)보살에게 물었다.

"중생들 가운데 어느 부처님의 가르침을 듣는 것만으로

는 번뇌를 끊지 못하는 이가 있습니다. 법을 들으면서도 탐하고 성내고 어리석은 것은 무슨 까닭입니까?"

법수보살이 대답했다.

"듣는 것만으로는 부처님의 가르침을 알 수 없습니다. 이것이 구도(求道)의 진실한 모습입니다. 맛있는 음식을 보고 먹지 않고 굶어 죽는 사람이 있듯이 듣기만 하는 사람들도 그와 같습니다. 백 가지 약을 잘 알고 있는 의사도 병에 걸려 낫지 못하듯이 듣기만 하는 사람들도 그와 같습니다. 가난한 사람이 밤낮없이 남의 돈을 세어도 자기는 반푼도 차지할 수 없듯이 듣기만 하는 사람들도 그렇습니다. 장님이 그림을 그려 남들에게 보일지라도 자기 자신은 볼 수 없듯이 듣기만 하는 사람들도 그와 같습니다."

「華嚴經 菩薩明難品」

9. 중생의 성질에 맞는 법

문수보살이 지수(智首)보살에게 물었다.

"부처님의 가르침에서는 지혜를 첫째로 꼽는데 부처님께서는 어째서 육바라밀(六波羅蜜)과 사무량심(四無量心)을 찬탄하십니까? 이러한 법으로는 최상의 깨달음을 얻을 수 없지 않습니까?"

지수보살은 대답했다.

"과거 현재 미래의 모든 여래가 한 가지 법만으로는 최상의 깨달음을 성취할 수 없습니다. 여래는 중생의 성품을 잘 알아 거기에 알맞는 법을 설하십니다. 탐욕이 많은 사람에게는 보시를 권장하고, 규칙을 지키지 않는 사람에게는 계율 갖기를 권장하며, 화 잘 내는 사람에게는 인욕을, 게으른 사람에게는 정진을, 마음이 흩어지기 쉬운 사람에게는 선정(禪定)을, 어리석은 사람에게는 지혜를 권장합니다. 그리고 인정이 없는 사람에게는 사랑〔慈〕을 권장하고, 남을 해치는 사람에게는 가엾이 여김〔悲〕을, 마음에 근심이 있는 사람에게는 기쁨〔喜〕을, 사랑하고 미워하는 생각이 강한 사람에게는 버림〔捨〕을 권유하신 것입니다. 이와 같이 평소에 꾸준히 나아간다면 마침내 모든 진리를 깨닫게 될 것입니다." 『華嚴經 菩薩明難品』

10. 한 마음 한 지혜

문수보살이 현수(賢首)보살에게 물었다.

"모든 부처님께서는 오로지 일승(一乘)에 의해 생사를 초월하셨는데 모든 불국토를 자세히 살펴보면 사정이 각기 다릅니다. 즉 세계와 중생과 설법과 교화와 수명과 광명과 신통력 등 모두 한결같지 않습니다. 그렇다면 모든 법을 갖추지 않으면 최상의 깨달음을 성취할 수 없지 않습니까?"

현수보살은 대답했다.

"부처님의 가르침은 항상 있는 것이고 한 법뿐입니다. 부처님은 한 길에 의해 생사를 초월하셨습니다. 모든 부처님의 몸은 하나의 법신(法身)이고 그 마음과 지혜도 한 마음이고 한 지혜입니다. 그러나 중생이 깨달음을 얻는 방법에 따라 설법과 교화도 다른 것입니다. 또 모든 불국토는 평등하지만 중생이 지은 업이 각기 다르기 때문에 눈에 비치는 것도 같지 않습니다. 부처님의 힘은 자유 자재하므로 중생의 업과 과보에 따라 각기 진실한 세계를 보여주는 것입니다." 『華嚴經 菩薩明難品』

11. 부처님의 경지는 허공과 같다

여러 보살들이 문수보살에게 말했다.

"우리들이 알고 있는 것을 각기 말했습니다. 이제는 보살의 깊은 지혜로 부처님의 경지는 어떤 것이고 그 원인은 무엇이며 어떻게 해야 거기에 들어갈 수 있는지, 그리고 어떻게 하면 그 경지를 알 수 있는지도 말씀해 주십시오."

문수보살은 다음과 같이 말했다.

"여래의 심오한 경지는 허공처럼 광대 무변해서 가령 모든 중생이 그 안에 들어간다 할지라도 사실은 들어가지 못하는 것과 같습니다. 그 경지는 부처님만이 알고 계십니다. 부처님이 무량겁을 두고 설명한다 할지라도 다 말할 수 없을 것입니다.

부처님께서 중생을 해탈시키고자 할 때에는 중생의 마음과 지혜에 따라 법을 말씀하십니다. 그런데 아무리 말하더라도 부처님의 법은 다 말할 수 없습니다. 이와 같이 부처님은 중생의 수준과 기질에 따라 자유자재로 중생의 세계에 들어가지만 부처님의 지혜는 항상 고요합니다. 이것이 부처님만의 경지입니다.

부처님의 지혜는 과거 현재 미래에 걸쳐 막힘이 없고 그 경지는 마치 허공과 같습니다. 부처님의 경지는 그 자성이 참으로 청정하여 생각이나 분별로는 알 수 없습니다. 부처님의 경지는 업도 아니고 번뇌도 아니며 고요해서 걸릴 데도 없습니다. 그러나 평등하고 한결같이 중생의 세계에서 작용합니다. 모든 중생의 마음은 과거 현재 미래 속에 있고 부처님은 한 생각에 중생의 마음을 샅샅이 꿰뚫어보고 계십니다."

『華嚴經 菩薩明難品』

12. 보살의 청정한 일상

지수(智首)보살이 문수보살에게 물었다.

"보살은 어떻게 해야 사물에 흔들리지 않을 행동과 말과 생각의 청정한 삼업(三業)을 얻습니까? 보살은 어떻게 해야 지혜를 성취하고 두려워하지 않는 사람이 되며 각오가 굳어집니까? 보살의 가장 뛰어난 지혜, 헤아릴 수 없고 무어라 말할 수도 없는 그 지혜란 어떤 것입니까? 보살은 어떻게 해야 방편의 힘과 선정의 힘을 갖출 수 있습니까? 보살은 어떻게 해야 서로 관계된 연기(緣起)의 법을 알고 공삼매(空三昧)나 무상삼매(無相三昧)에 들어갈 수 있습니까? 보살은 어떻게 해야 육바라밀과 사무량심을 성취할 수 있습니까? 보살은 어떻게 해야 여러 천신과 용왕과 범천이 수호하고 공경하게 됩니까? 보살은 어떻게 해야 중생들의 집이 되고 구원의 손길이 되며 등불이 되고 길잡이가 됩니까? 보살은 어떻게 해야 모든 중생 가운데서 비길

데 없이 뛰어나게 됩니까?"

문수보살은 지수보살에게 대답했다.

"지수보살의 질문은 정말 훌륭합니다. 중생을 사랑하고 그들에게 은혜를 베풀기 위해 잘 물으셨습니다. 보살이 사물에 흔들리지 않을 행동과 말과 생각의 청정한 삼업(三業)을 성취한다면 그는 온갖 뛰어난 덕을 얻게 될 것입니다. 그때 보살은 부처님의 바른 법에 의심이 없고, 부처님이 나타내신 법을 스스로 나타내며, 중생을 버리지 않고 분명하게 모든 존재의 실상에 도달할 것입니다. 나쁜 일은 하지 않고 두루 선한 일을 하여 모든 것에 자유자재하게 될 것입니다.

그러면 그 청정한 삼업을 성취하여 뛰어난 덕을 얻으려면 어떻게 해야겠습니까. 보살은 이렇게 마음을 가져야 합니다. 보살이 집에 있을 때는 집안의 여러 가지 어려운 일을 당했을지라도 모든 것은 인연에 따라 있는 것이니 아무것도 집착할 것이 없다고 생각해야 합니다. 부모를 섬길 때는 잘 봉양하여 편하게 해드려야 합니다. 처자들과 모일 때는 미워함이 없이 아끼고 애욕의 탐착에서 벗어나야 합니다. 오욕(五欲)에 마주치면 탐욕과 미혹을 버리고 덕을 갖추도록 해야 합니다.

음악이나 무용을 즐길 때는 바른 법의 기쁨을 얻어 모든 것은 환상과 같다고 생각해야 합니다. 잠자리에 들 때는 부정한 애욕을 떠나 청정한 경지에 들어가야 합니다. 높은 산에 오를 때는 진리의 높은 곳에 오른다 생각하고 모든 것을 두루 살펴야 합니다. 남에게 보시할 때는 모든 집착을 버리고 빈 마음이 되어야 합니다. 모임에 참석할 때는 깨달음을 이루어 여러 부처님의 모임이 되도록 노력해야 합니다. 재난을 당할 때는 제 정신을 차리고 꺾이지 않도록 해야 합니다.

보살이 신심을 내어 집을 버리고 출가할 때는 모든 세상일도 함께 버리고 집착하지 말아야 합니다. 절 안에 있을 때는 모든 대중이 화합하여 마음에 틈이 생기지 않도록 해야 합니다. 출가할 때는 불퇴전의 경지를 목표로 하고 마음에 장애가 없도록 해야 합니다. 세속의 옷을 벗어 버릴 때는 오로지 바른 법을 구하고 쌓아 게으르지 않도록 해야 합니다. 머리를 깎을 때는 번뇌도 함께 깎아 적멸(寂滅)의 세계에 이르러야 합니다. 법복을 입을 때는 탐욕과 성냄과 어리석음의 삼독(三毒) 번뇌를 떠나 진리의 기쁨을 누려야 합니다.

출가했으면 부처님처럼 사사로운 일에서 떠나 모든 사람을 지도해야 합니다. 스스로 부처님 법에 귀의했을 때는 경전의 깊은 뜻을 배우고 큰 바다 같은 지혜를 얻어야 합니다. 스스로 승단에 귀의했을 때는 대중을 통솔하여 빈틈이 없도록 해야 합니다. 몸을 바르게 하고 앉을 때 어디에고 흔들림이 없도록 해야 합니다. 좌선하는 자세를 취할 때는 도의 마음을 굳게 가져 부동의 경지에 들어가야 합니다. 삼매에 들었을 때는 철저히 하여 선정(禪定)의 궁극에까지 이르러야 합니다. 모든 존재를 관찰할 때는 진정한 모습을 보고 장애나 틈이 없도록 해야 합니다.

옷을 입을 때는 모든 공덕을 입는다 생각하고 항상 참회해야 합니다. 옷깃을 여미고 허리띠를 맬 때에도 도의 마음을 새롭게 가다듬어야 합니다. 양치질할 때는 마음에 진리를 얻어 저절로 깨끗하게 되도록 원해야 합니다. 대소변을 볼 때에는 온갖 부정한 것을 버리고 탐욕과 성냄과 어리석음의 삼독도 버려야 합니다. 길을 갈 때에는 청정한 법계를 딛고 마음속의 번뇌에서 벗어나야 합니다. 길을 올라갈 때는 그 이상 없는 도에 올라 삼계를 초월해야 합니다. 길을 내려갈 때는 부처님 법의 깊은 데까지 들어가야 합니다. 험한 길에서 인생의 나쁜 길을 버리고 삿된 소견에서 벗어나야 합니다. 똑바른 길을 보면 마음을 바로 가져 거짓에서 벗어나야 합니다.

큰 나무를 보면 다투는 마음을 버리고 분노와 원망에서 벗어나야 합니다. 높은 산을 보면 최고의 깨달음을 목표로 부처님 법의 정상(頂上)에 오르고자 해야 합니다. 나무 가시를 보면 삼독의 가시를 빼내어 남을 해치려는 생각을 없애야 합니다. 무성한 나무를 보면 진리의 그늘을 만들어 선정 삼매에 들어가야 합니다. 잘 익은 과일을 보면 불도의 큰 행을 일으켜 으뜸가는 과보를 성취시켜야 합니다. 흐르는 물을 보면 바른 법의 흐름을 타고 부처님 지혜의 큰 바다에 들어가야 합니다. 샘물을 볼 때는 퍼내어도 퍼내어도 마르지 않는 진리의 물을 마시고 으뜸가는 덕을 쌓아야 합니다. 산골짝을 흐르는 물을 보면 먼지와 때를 씻어버리고 청정한 마음이 되어야 합니다.

다리를 보면 부처님 법의 다리를 놓아 많은 사람들이 머뭇거림 없이 건너게 해야 합니다. 즐거워하는 사람을 보면 청정한 법을 찾아 부처님 가르침에 의해 스스로 즐깁니다. 근심하는 사람을 보면 미혹을 벗어나는 마음을 냅니다. 괴로워하는 사람을 보면 모든 고뇌를 없애고 부처님의 지혜를 얻고자 합니다. 건강한 사람을 보면 금강석과 같은 단단한 진리의 몸을 이루고자 합니다. 병든 사람을 보면 몸의 공적함을 알아 모든 고통을 벗어나고자 해야 합니다. 은혜로운 사람을 보면 항상 부처님과 보살의 은덕을 생각합니다. 출가한 사문을 보면 부처님의 법을 얻어 모든 악에서 벗어나야 합니다. 고행자를 보면 마음과 몸을 굳게 가다듬어 불도에 정진해야 합니다.

음식을 먹으면 그 힘으로 불도에 기울여야 합니다. 음식을 얻을 수 없을 때는 모든 악행에서 벗어나야 합니다. 맛있는 음식을 대하면 절제를 지켜 욕심을 적게 하고 거기에 집착하지 않아야 합니다. 거친 음식을 대할 때는 모든 것이 허공처럼 모양이 없다는 삼매에 들어야 합니다. 음식을 삼킬 때는 선정의 기쁨으로 음식을 삼고자 힘써야 합니다. 다 먹고 나서는 공덕이 몸에 충만하여 부처님의 지혜를 성취하고자 해야 합니다.

부처님을 뵙고 공양할 때는 지혜의 눈을 얻어 여래의 실상을 보고자 해야 합니다. 여래의 실상을 보고 섬길 때는 남김없이 시방세계를 보고 부처님처럼 되고자 해야 합니다. 밤에 잠들 때는 모든 활동을 그치고 마음의 갈등을 쉬어야 합니다. 아침에 깨어날 때는 모든 일에 마음을 쓰며 되돌아보아야 합니다. 이와 같이 하면 행동과 말과 생각을 청정히 하고 뛰어난 공덕을 얻을 것입니다."

『華嚴經 淨行品』

13. 보살의 열 가지 행

공덕림(功德林)보살이 부처님의 위신력을 받아 번뇌를 물리치는 삼매에 드니, 시방세계에 계신 무수한 부처님들이 공덕림보살 앞에 나타나 말씀하셨다.

"착하다, 그대가 번뇌를 물리치는 삼매에 들었구나. 이것은 시방세계의 여래들이 그대에게 가피(加被)하려는 것이다. 여래가 예전부터 세운 서원의 힘과 위신력과 모든 보살의 선행의 힘이 그대로 하여금 이 삼매에 들어 법을 설하게 하려는 것이다. 보살이 열 가지 행(行)을 일으키는 것은 여래의 지혜를 늘리기 위해서이고, 법계(法界)에 깊이 들게 하려는 것이며, 중생계(衆生界)를 분명히 알게 하려는 것이고, 들어가는 데에 걸림이 없게 하려는 것이며, 하는 일에 장애를 없애기 위해서이다. 또 한량없는 방편을 얻게 하기 위해서이고, 온갖 지혜의 성질을 거두어 지니려는 것이며, 모든 법을 깨닫게 하려는 것이고, 모든 근기를 알게 하려는 것이며, 온갖 법을 가지고 말하게 하려는 것이다. 그대는 여래의 위신력을 받아 이 법을 설하라."

이때 모든 여래는 공덕림보살에게 걸림없는 지혜, 집착없는 지혜, 끊이지 않는 지혜, 스승 없는 지혜, 어리석지 않는 지혜, 다르지 않는 지혜, 허물이 없는 지혜, 한량없는 지혜, 이길 이 없는 지혜, 게으름 없는 지혜, 빼앗기지 않는 지혜를 주었다. 이 삼매의 힘은 그와 같은 지혜를 지니고 있기 때문이다. 시방세계의 여래가 각기 오른손으로 공덕림보살의 이마를 쓰다듬자 그는 삼매에서 나와 모든 보살에게 법을 설했다.

"여러 불자들, 보살의 행은 넓고 커서 법계처럼 헤아릴 수 없고 허공계처럼 끝이 없습니다. 왜냐하면 보살은 과거 현재 미래의 부처님의 행을 배우기 때문입니다. 보살에게는 삼세 부처님께서 말씀하신 열 가지 행이 있습니다. 그것은 즐거운 행, 이롭게 하는 행, 어기지 않는 행, 굽히지 않는 행, 어리석음과 산란을 떠나는 행, 잘 나타나는 행, 집착 없는 행, 얻기 어려운 행, 법을 잘 아는 행, 진실한 행입니다." 『華嚴經 十行品』

14. 즐거운 행

"여러 불자들, 보살의 즐거운 행이란 무엇입니까. 보살은 평등한 마음으로 자기가 가진 물건을 남김없이 모든 중생에게 널리 베풉니다. 베풀고 나서 뉘우치거나 아까워하거나 댓가를 바라거나 명예를 구하거나 자기 이익을 바라지 않습니다. 다만 모든 중생을 구제하고 이롭게 할 뿐입니다. 모든 부처님께서 쌓으신 행을 배우고 생각하고 좋아하며 몸소 실천하고 남에게 말하여 중생들로 하여금 괴로움을 떠나 즐거움을 얻게 하려는 것입니다. 가난한 이웃이 와서 빌면 보살은 곧 보시하여 그를 즐겁고 만족하게 합니다. 한량없이 많은 중생이 와서 구걸하더라도 보살은 조금도 싫어하거나 귀찮게 여기지 않고 더욱 자비하고 즐거운 마음으로 이렇게 생각합니다. '이 중생들은 내 복밭이고 선지식이다. 찾지도 않고 청하지도 않았는데 이렇게 몸소 와서 나를 바른 법에 들게 한다. 나는 이와 같이 배우고 닦아 모든 중생의 마음을 어기지 않으리라.'

또 이렇게 발원합니다. '내 보시를 받은 중생들은 모두 최상의 깨달음을 얻고 평등한 지혜를 가지며 바른 법을 갖추어 널리 선행(善行)을 하다가 열반에 들어지이다. 만약 한 중생이라도 마음에 만족하지 않는다면 나는 결코 최상의 깨달음을 얻지 않으리라.'

보살은 이와 같이 중생을 이롭게 하면서도 나라는 생각, 중생이라는 생각, 목숨이라는 생각, 베푸는 자라는 생각이 전혀 없습니다. 다만 법계(法界)와 중생계(衆生界)의 끝이 없고 틈이 없는 법과 공(空)하고 형상없고 자체가 없고 처소가 없고 의지가 없고 지음이 없는 법을 생각할 뿐입니다. 이런 생각을 할 때는 제 몸도 보지 않고, 보시하는 물건도 보지 않고, 받는 이도 보지 않고, 복밭도 보지 않고, 업도 과보도 그 결과도 보지 않습니다.

'모든 부처님께서 배우신 것을 나도 모두 배우고, 밝은 지혜를 얻어 모든 법을 알고, 중생들을 위해 삼세(三世)가 평등하고 고요하며 무너지지 않는 법의 본성을 말해주어, 그들이 즐거움을 얻게 하리라' 하고 생각합니다. 이것이 보살의 즐거운 행입니다." 『華嚴經 十行品』

15. 이롭게 하는 행

"여러 불자들, 보살의 이롭게 하는 행이란 무엇입니까. 보살은 계율을 청정하게 가지므로 어떠한 감각의 대상에도 집착하지 않고 중생들을 위해서도 그와 같이 말합니다. 권세나 문벌이나 부귀 같은 것에 조금도 집착함이 없이, 청정한 계율을 굳게 가지려면 이렇게 생각합니다. '나는 모든 얽힘과 속박과 탐욕과 시끄러움을 버리고 부처님께서 찬탄하신 평등한 정법을 얻으리라.'

보살이 이와 같이 청정한 계율을 가질 때 마군의 무리들이 아름다운 천상의 미녀들을 데리고 와서 여러 가지 방법으로 유혹할지라도 보살은 이렇게 생각합니다. '오욕(五欲)은 도를 방해하는 것이다. 여기에 빠지면 바른 깨달음을 이룰 수 없다.' 보살은 한 순간이라도 탐욕을 내지 않고 그 청정한 마음이 부처님과 같습니다.

보살은 탐욕으로 인해 한 중생이라도 해롭게 하는 일이 없습니다. 차라리 자기 목숨을 버릴지언정 중생을 해롭게 하는 일은 하지 않습니다. 보살은 이렇게 생각합니다. '중생은 오랜 세월 동안 오욕을 생각하고 오욕을 탐하고 거기에 집착하여 물들고 빠져 헤어날 줄을 모른다. 내가 이제 이 마군과 천상의 미녀와 모든 중생들을 청정한 계율에 머물게 하리라. 그래서 밝은 지혜에서 물러나지 않는 최상의 깨달음을 얻게 하리라. 이것이 내가 할 일이고 모든 부처님께서도 그와 같이 행하셨다.

모든 것은 허망하고 진실하지 않아 잠깐 생겼다가 없어져 견고하지 못하다. 그것은 마치 꿈과 같고 그림자와 같고 환상과 같아 어리석은 중생을 미혹케 한다. 이와 같이 알면 모든 것을 깨달아 생사와 열반을 통달하게 될 것이다. 여래의 보리를 얻어 아직 제도받지 못한 중생을 제도하고, 해탈하지 못한 중생을 해탈케 하며, 고요하지 못한 중생을 고요하게 하고, 청정하지 못한 중생을 청정케 하며, 열반에 들지 못한 중생을 열반에 들게 할 것이다.'

이것이 보살의 이롭게 하는 행입니다."

『華嚴經 十行品』

16. 어기지 않는 행

"여러 불자들, 보살의 어기지 않는 행이란 무엇입니까. 보살은 항상 참고 견디는 법을 쌓아 겸손하고 공경하여 남을 해치지 않으며, 탐하거나 집착하지 않고, 명예와 이익도 구하지 않고 이렇게 생각합니다. '내가 중생에게 법을 설해 나쁜 짓을 못하게 하리라. 즉 탐욕과 성냄과 어리석음·교만·질투·아첨하는 마음을 끊어 부드럽게 화평하여 참고 견디는 데에 항상 머물게 하리라.'

보살이 이와 같이 참고 견디는 법을 성취하면, 설사 무수한 중생이 입을 모아 헐뜯고 비방하고 흉기로 위협할지라도 그는 항상 이렇게 생각합니다. '내가 이만한 고통으로 마음이 흔들린다면 자신을 이기지 못하고, 자신을 지키지 못하고, 스스로 고요하지 못하고, 스스로 집착하게 될

것이니, 어떻게 남의 마음을 청정하게 할 수 있을 것인가.'

보살은 또 다음같이 생각합니다. '나는 끝없는 옛적부터 생사에 헤매면서 갖은 고통을 받았다. 그럴수록 정신을 가다듬어 청정해지고 바른 법에 편히 머물러 중생들에게 이런 법을 얻게 하리라. 사실 이 몸은 공(空)한 것이므로 나도 없고 내 것도 없다. 온갖 괴로움과 즐거움도 그 실체가 없다. 모든 것이 공한 것임을 내가 알고 남에게 널리 말하리라. 내가 지금 어떤 고통을 당할지라도 참고 견디어야 한다. 그것은 중생을 염려하기 때문이며, 중생을 안락하게 하고 가엾이 여기기 때문이며, 스스로 깨닫고 중생들을 깨닫게 하려는 때문이며, 중생들이 물러나지 않고 여래의 도에 나아가게 하기 위해서인 것이다.' 이것이 보살의 어기지 않는 행입니다."
『華嚴經 十行品』

17. 굽히지 않는 행

"여러 불자들, 보살의 굽히지 않는 행이란 무엇입니까. 보살은 온갖 정진을 수행합니다. 모든 번뇌를 끊기 위해 정진하고, 나쁜 버릇을 없애기 위해 정진합니다. 모든 중생의 생사와 번뇌와 희망과 마음의 상태를 알기 위해 정진합니다. 여래의 진실한 법을 알기 위해 정진하고 청정하고 평등한 법을 알기 위해 정진하며, 여래의 끝이 없고 헤아릴 수 없는 지혜를 알기 위해 정진합니다.

보살이 이와 같은 정진을 완성할 때 사람들은 물을 것입니다. '당신은 무수한 세계의 낱낱 중생들을 위해 무량겁을 두고 지옥의 고통을 받으면서도 그 중생들을 열반에 들게 하겠습니까? 또 수없는 부처님이 세상에 출현하여 부처님을 뵈온 인연으로 한없이 많은 중생들이 여러 가지 즐거움을 누리어도 당신은 그때까지 지옥의 고통을 면하지 못하다가 그들이 모두 열반에 든 뒤에라야 비로소 깨달음을 얻겠다고 하겠습니까?' 보살은 '어떠한 지옥의 고통이라도 중생을 위해서라면 달게 받겠습니다'라고 대답합니다.

또 어떤 사람이 물을 것입니다. '이를테면 당신이 한 개의 터럭으로 무수히 많은 큰 바닷물을 찍어 내어 다하게 하고, 무수한 세계를 부수어 티끌을 만듭니다. 그 물방울과 그 티끌을 낱낱이 세어 그 수효만큼 오랜 세월을 두고 지옥의 고통을 받을지라도 그 마음이 변치 않겠습니까?'

보살은 이와 같은 질문을 받을지라도 조금도 후회하는 생각이 없이 더욱 기뻐하고 스스로 감사하면서 이렇게 생각합니다. '내 힘으로 저 중생들을 모든 고통에서 벗어나게 하리라.' 보살이 이렇게 행한 방편으로 모든 중생들에게 열반을 얻게 합니다. 이것이 보살의 굽히지 않는 행입니다."

『華嚴經 十行品』

18. 어리석음과 산란을 떠나는 행

"여러 불자들, 보살의 어리석음과 산란을 떠나는 행이란 무엇입니까. 이 보살은 어떠한 경우에도 마음이 흩어지지 않고 헤아릴 수 없이 많은 세월 동안 바른 법을 들어 왔습니다. 보살은 바른 법을 들으면서 아직 거기에서 물러난 일이 없습니다. 왜냐하면 보살이 수행을 쌓을 때 한번이라도 중생의 삼매를 흐트러놓거나 바른 법과 지혜를 깨뜨리지 않았기 때문입니다.

보살은 남에게 비방을 듣거나 칭찬을 받을지라도 마음이 흔들리지 않습니다. 선정도 흔들리지 않고 보살행과 보리심과 염불 삼매와 중생을 교화하는 지혜도 흔들리지 않습니다. 보살은 선정 속에서 모든 음성의 모양을 보고 그 본성을 압니다. 남에게서 어떠한 소리를 들을지라도 좋아하거나 싫어하는 일이 없습니다. 보살은 모든 소리는 그 실체가 없고 차별이 없다는 것을 잘 알고 있기 때문입니다.

보살은 행동과 말과 생각이 항상 고요하므로 도에서 물러나지 않습니다. 선정 속에 편히 머물고 지혜가 깊어지고 모든 소리를 떠나 삼매 속에서 자비심을 기릅니다. 생각생각마다 한량없는 삼매를 얻어 마침내는 일체지(一切智)를 갖추게 됩니다.

보살이 악담을 들으면 이렇게 생각합니다. '내가 모든 중생들을 청정한 생각에 머물게 하여 지혜에서 물러나지 않고 열반을 성취케 하리라.' 이것이 보살의 어리석음과 산란을 떠나는 행입니다." 『華嚴經 十行品』

19. 잘 나타내는 행

"여러 불자들, 보살의 잘 나타내는 행이란 무엇입니까.

보살은 행동과 말과 생각이 청정하여 얻을 것 없는 데에 머물러 얻을 수 없는 행동과 말과 생각을 보입니다. 삼업(三業)이 모두 없는 것인 줄 알므로 얽매임이 없으며, 온갖 나타내 보이는 것에 본성도 없고 의지함도 없습니다. 망상 분별을 떠나 속박이 없는 법에 들어갔고, 가장 뛰어난 지혜의 진실한 법에 들어갔으며, 세간에서는 알 수 없는 출세간법에 들어갔습니다. 이것이 보살의 교묘한 방편으로 나타내는 행입니다.

보살은 이렇게 생각합니다. '모든 중생이 무성(無性)으로 성품을 삼았고, 모든 법이 적멸(寂滅)로 성품을 삼았으며, 모든 불국토가 무상(無相)으로 모양을 삼았다. 과거 현재 미래의 삼세가 다만 말뿐인데 모든 말이 여러 법 가운데 의지한 곳이 없고, 모든 법이 말 가운데 의지한 곳이 없다.'

보살은 이와 같이 법의 깊은 뜻을 알며, 세간이 고요하고 세간법과 출세간법이 다르지도 섞이지도 않고 또 차별이 없음을 압니다. 보살은 삼세의 평등한 법에 머물러 보리심을 버리지 않고 중생을 교화하는 마음이 물러나지 않으며, 큰 자비심을 길러 모든 중생을 구제하겠다는 원을 세우고 이렇게 생각합니다. '내가 중생의 덕을 완성시키지 않으면 누가 완성시켜 줄 것인가. 내가 중생의 번뇌를 없애지 않으면 누가 없애줄 것인가. 내가 중생을 깨우치지 않으면 누가 깨우쳐 줄 것인가. 내가 중생을 청정케 하지 않으면 누가 청정케 해 줄 것인가. 그것은 마땅히 내가 해야 할 일이다.'

보살은 또 이렇게 생각합니다. '중생의 덕이 아직 완성되지 않았는데 어떻게 나만 최상의 깨달음을 얻을 것인가. 나는 먼저 중생을 교화하기 위해 무량겁을 두고 보살행을 쌓아 중생의 덕을 완성시키리라.'

보살이 이러한 행에 머물러 있을 때 천신과 사문과 바라문들이 이 보살을 보고 공경하여 공양하거나, 잠깐이라도 그 가르침을 듣고 마음으로 생각하면 반드시 최상의 깨달음을 얻을 것입니다. 이것이 보살의 잘 나타내는 행입니다."

『華嚴經 十行品』

20. 집착 없는 행

"여러 불자들, 보살의 집착 없는 행이란 무엇입니까. 이 보살은 집착이 없는 마음으로 한 생각 중에 무수한 불국토를 생각하고 한없이 많은 부처님 처소에 나아가 예배하고 공양합니다. 보살은 부처님의 광명을 보거나 설법을 듣더라도 집착이 없으며, 시방세계와 부처님과 보살과 모인 대중에게도 집착이 없습니다. 설법을 듣고는 기뻐하고 원과 힘이 커서 보살행을 하면서도 부처님 법에 집착함이 없습니다.

보살은 부정한 세계를 보고도 미워하는 생각이 없습니다. 왜냐하면 보살은 모든 것을 부처님의 법과 같이 보기 때문입니다. 즉 모든 것은 청정하지도 부정하지도 않으며, 어둠도 밝음도 아니고, 진실도 거짓도 아니며, 편안함도 험난함도 아니고, 바른 길도 그릇된 길도 아닙니다.

보살은 이와 같이 법계에 깊이 들어가 중생을 교화하여도 중생에게 집착을 하지 않고, 삼매에 들어가 머물러도 집착함이 없습니다. 무수한 부처님 국토에 나아가 들어가고 보고 그 안에서 살면서도 부처님 국토에 집착이 없으며, 버리고 갈 때에도 미련을 두지 않습니다.

보살은 중생들이 온갖 고통 속에서 괴로워하는 것을 보면 대비심(大悲心)을 일으켜 이렇게 생각합니다. '나는 시방세계의 낱낱 중생을 위해 그들과 함께 무량겁을 지내면서 그들의 덕을 충만시키고 어떠한 경우에라도 그들을 버려 두고 모른 체하지 않을 것이다.' 보살은 잠깐 동안이라도 〈나〉라는 생각과 내 것이란 생각을 내지 않으며, 몸에 집착하지 않고 법에 집착하지 않으며, 생각과 소원과 삼매와 고요한 선정에도 집착하지 않습니다. 중생을 교화하여 그 덕을 성취시키는 데에도 집착하지 않고, 법계에 들어가는 데에도 집착하지 않습니다. 왜냐하면 보살은 다음과 같이 보기 때문입니다. 즉 모든 세계는 환상과 같고 부처님은 그림자 같으며, 보살행은 꿈과 같고, 부처님의 설법은 메아리와 같다고 봅니다.

보살은 모든 것이 무아(無我)라고 생각하고 대비심을 일으켜 모든 중생을 구제하면서도 그 일에 물들지 않습니다. 세상을 초월해 있으면서도 또한 세상을 따르고 있습니다. 이것이 보살의 집착 없는 행입니다." 『華嚴經 十行品』

21. 얻기 어려운 행

"여러 불자들, 보살의 얻기 어려운 행이란 무엇입니까. 보살은 항상 여래의 수승한 법을 좋아하고, 오로지 최상의 깨달음을 얻기 위해 잠시도 보살의 큰 원을 버리지 않으며, 무량겁을 두고 보살도를 닦아 왔습니다. 보살은 이 얻기 어려운 행에 머물러 생각생각마다 끝없는 생사의 고통을 돌이켜 보살의 큰 원을 버리지 않습니다. 만약 어떤 중생이 이 보살을 받들어 섬기고 공양하거나 그 원을 들을 수 있으면, 그는 불퇴전의 자리에 올라 반드시 최상의 깨달음을 성취할 것입니다.

보살은 한 중생을 무시하고 많은 중생에게 집착하지 않으며, 또한 많은 중생을 무시하고 한 중생에게 집착하지도 않습니다. 왜냐하면 중생계와 법계가 둘이 아닌 줄을 알기 때문입니다. 보살은 이와 같이 깊은 법계를 알아 모양이 없는 데에 머무르고 모든 불국토에 다니면서도 그 불국토에 집착하지 않습니다.

보살이 쌓은 공덕은 끝이 없으며 중생을 교화하여 구제하는 일도 끝이 없습니다. 보살은 최상의 깨달음에 도달한 것도 아니고 도달하지 못한 것도 아닙니다. 집착을 떠난 것도 아니고 떠나지 못한 것도 아닙니다. 세간법(世間法)도 아니고 출세간법도 아니며 범부도 아닙니다.

보살은 이와 같이 어려운 마음을 성취하여 항상 보살행을 쌓고, 모든 중생들로 하여금 영원히 나쁜 길을 떠나 삼세 부처님의 법에 편안히 머물게 합니다. 그리고 이렇게 생각합니다. '중생들은 은혜를 모르고 원수처럼 해치며 삿된 소견에 집착하여 미혹해 있다. 어리석어서 탐욕과 애착과 온갖 번뇌에 사로잡혀 헤매고 있다. 만약 그들이 은혜를 알고 지혜롭고 또 선지식이 세상에 가득하면 나는 결코 보살행을 닦을 필요가 없을 것이다. 그러므로 나는 그들을 위해 보살행을 닦지 않을 수 없다.' 이것이 보살의 얻기 어려운 행입니다."

「華嚴經 十行品」

22. 법을 잘 말하는 행

"여러 불자들, 보살의 법을 잘 말하는 행이란 무엇입니까. 이 보살은 모든 중생을 위해 맑은 법의 못이 되어 바른 법을 지키고 여래의 씨가 끊이지 않게 합니다. 보살은 중생의 요구에 따라 또는 그 능력에 맞도록 법을 설하고 말 한 마디 한 마디에 무궁무진한 뜻이 들어 있어 듣는 사람을 기쁘게 합니다. 가령 여러 가지 업보(業報)로 된 무수한 중생들이 한곳에 모여 있어 그들의 말이 각기 다르고 묻는 내용이 다를지라도, 보살은 한 생각에 모두 알아 듣고 하나의 진리로 그들의 의심을 풀어 주고 눈을 뜨게 합니다.

이때 보살은 이렇게 생각합니다. '한 터럭 끝에 순간마다 무수한 중생이 와서 모이고, 이와 같이 매 순간마다 과거 현재 미래에 걸쳐 모일지라도 중생은 다 할 수가 없다. 그 중생의 말은 서로 다르고 묻는 내용도 저마다 다를 것이다. 그러나 나는 그와 같은 중생의 문제를 다 들어 주고 마음에 조금도 두려워함이 없이 한 마디 말로써 의심의 그물을 끊어 그들을 기쁘게 해 주리라.'

보살의 설법은 진실하며 한 마디 한 마디마다 깊은 지혜가 들어 있고, 그 지혜의 빛은 모든 세계를 비추어 중생의 공덕을 완성시킵니다. 보살은 법을 잘 말하는 행에 머물러 스스로 청정하고 집착이 없는 방편으로 중생을 제도합니다.

여러 불자들, 이런 보살에게는 열 가지 몸이 있습니다. 첫째, 그지없는 법계에 들어가는 몸이니 그것은 모든 세상을 초월해 있습니다. 둘째, 미래의 몸이니 그것은 어떠한 국토에도 날 수 있습니다. 셋째, 태어나지 않는 몸이니 그것은 일찍이 없었던 진리를 얻었습니다. 넷째, 멸하지 않는 몸이니 모든 법은 말로 다 표현할 수 없습니다. 다섯째, 진실한 몸이니 그것은 진실한 도리를 얻은 것입니다. 여섯째, 무지를 떠난 몸이니 그것은 중생의 요구에 따라 교화합니다. 일곱째, 변하지 않는 몸이니 그것은 여기에서 죽어 저기에 태어난다는 일이 전혀 없습니다. 여덟째, 무너지지 않는 몸이니 법계의 본성은 깨뜨리지 않습니다. 아홉째, 한 모양의 몸이니 과거 현재 미래는 나타내 보일 수 없습니다. 열째, 모양이 없는 몸이니 그것은 모든 법의 모양을 잘 분별합니다.

보살은 이와 같은 열 가지 몸을 성취하고 모든 중생의 집이 됩니다. 왜냐하면 선한 능력을 길러 주기 때문입니다. 보살은 모든 중생의 구원의 손길이 됩니다. 그들에게 두려움이 없는 마음을 주기 때문입니다. 보살은 모든 중생의 의지할 곳이 됩니다. 중생을 편안한 세계에 살게 하기 때문입니다. 보살은 모든 중생의 길잡이가 됩니다. 중생에게 바른 길에 이르는 문을 열어 보이기 때문입니다. 보살은 모든 중생의 스승이 됩니다. 중생을 진실한 법에 들게 하기 때문입니다. 보살은 모든 중생의 등불이 됩니다. 중생에게 그들이 지은 업보를 환히 보게 하기 때문입니다. 보살은 모든 중생의 밝은 지혜가 됩니다. 중생에게 심오한 진리를 얻게 하기 때문입니다. 보살은 모든 중생의 빛이 됩니다. 중생에게 여래의 걸림없는 능력을 나타내기 때문입니다.

이것이 보살의 법을 잘 말하는 행입니다. 보살이 이 행에 머무르면 모든 중생을 위해 맑은 법의 못이 됩니다. 보살은 깊고 미묘한 법의 근원을 다 알고 있습니다."

『華嚴經 十行品』

23. 진실한 행

"여러 불자들, 보살의 진실한 행이란 무엇입니까. 이 보살은 진실하고 참된 말을 성취하여 말한 대로 행동하고 행동하는 대로 설법합니다. 보살은 삼세 부처님의 진실한 말을 배우고 삼세 부처님의 본성에 들어가 삼세 부처님과 똑같은 공덕을 갖추고 있습니다.

보살은 이렇게 생각합니다. '끝없는 고통 속에 있는 모든 중생들을 내가 구제하리라. 그들을 구제하기 전에 내가 먼저 성불하겠다는 것은 내 원이 아니다. 그러므로 모든 중생들에게 최상의 깨달음과 열반을 얻게 한 뒤에 성불하겠다. 중생이 나에게 보리심을 내게 한 것이 아니고, 내 스스로 보리심을 내어 끝없는 중생들에게 온갖 지혜를 얻게 하려고 했기 때문이다.'

보살은 본래의 서원을 버리지 않으므로 최상의 지혜에 들어갈 수 있습니다. 보살은 모든 중생의 요구에 맞도록 교화하고, 본래의 서원에 따라 중생의 요구를 만족시켜 두루 청정케 합니다. 보살은 생각마다 시방세계에 다니고 생각마다 무수한 불국토에 이르며, 보살은 또 여래의 걸림없는 신통력을 나타내어 그 마음은 법계나 허공계와 같고, 그 몸은 한량이 없어 중생의 요구대로 두루 나타냅니다. 그러면서도 마음과 몸은 어디에도 집착함이 없습니다. 보살 자신 속에서도 모든 중생과 모든 법과 모든 부처님이 두루 나타납니다. 보살은 중생의 여러 가지 생각과 욕망과 업보를 알고 그 근기에 맞도록 몸을 나타내어 중생의 고뇌를 덜어 줍니다.

보살은 대비심에 머물러 심오한 법을 수행하며 적멸(寂滅)의 세계에 드나듭니다. 여래의 능력을 얻어 서로 의지하고 관계된 법계에 걸림없이 들어가고 여래의 해탈을 성취합니다. 생사의 소용돌이를 건너 지혜의 바다에 들어가 모든 중생을 위해 항상 보살행을 쌓습니다. 이것이 보살의 진실한 행입니다."

이때 부처님의 신통력으로 시방세계가 크게 진동하고 하늘에서는 아름답고 향기로운 꽃이 내렸다. 눈부신 광명이 끝없는 세계를 비추고 천상의 음악이 은은히 울렸다. 시방

세계의 무수한 보살들이 모여와 저마다 공덕림보살을 찬탄했다. 『華嚴經 十行品』

24. 보살의 회향

금강당(金剛幢)보살이 부처님의 위신력(威神力)을 받고 밝은 지혜 삼매에서 나와 보살들에게 법을 설했다.

"여러 불자들, 보살의 헤아릴 수 없는 큰 서원이 법계에 충만하여 모든 중생을 널리 구제합니다. 보살은 이 원을 세워 과거 현재 미래 부처님의 회향(廻向)을 배웁니다. 보살은 보시(布施)·지계(持戒)·인욕(忍辱)·정진(精進)·선정(禪定)·지혜(智慧)의 육바라밀을 수행할 때 이렇게 생각합니다. '이 선근(善根)으로 모든 중생을 두루 이롭게 하며, 지옥·아귀·축생의 한량없는 고통에서 길이길이 떠나게 하여지이다.' 보살은 자기가 심은 선근을 이렇게 회향합니다. '나는 모든 중생의 집이 되리라, 그들의 고뇌를 없애 주기 위해서. 나는 모든 중생의 수호신이 되리라, 그들의 번뇌를 끊어 해탈케 하기 위해서. 나는 모든 중생의 귀의처가 되리라, 그들이 공포를 벗어날 수 있도록. 나는 모든 중생의 안락처가 되리라, 그들이 구경(究竟)의 편안한 곳을 얻을 수 있도록. 나는 모든 중생의 광명이 되리라, 그들이 지혜의 빛을 얻어 무명(無明)의 어둠을 없앨 수 있도록. 나는 중생의 길잡이가 되리라, 그들에게 걸림 없는 큰 지혜를 주기 위해서.' 보살은 이와 같은 온갖 선근을 회향하여 중생들에게 모든 지혜를 얻게 합니다.

여러 불자들, 보살은 친구나 원수를 가리지 않고 두루 회향합니다. 왜냐하면 보살은 모든 것을 평등하게 보아 사랑과 미움을 초월했기 때문이며, 항상 자비의 눈으로 중생들을 보기 때문입니다. 만약 어떤 중생이 보살을 해치려는 마음을 일으킨다면, 보살은 그 중생을 위해 어진 스승이 되어 뛰어난 법을 말해 줍니다. 이를테면 어떠한 독으로도 큰 바다를 독물로 만들 수 없듯이, 중생의 어떠한 죄악으로도 보살의 보리심을 흐트러놓을 수는 없습니다.

보살이 보리심(菩提心)을 내어 모든 선근을 회향하는 것은 한 중생을 위해서도 아니고, 한 불국토를 정와하기 위해서도 아니며, 한 부처님을 믿기 위해서도 아니고, 한 부처님의 법을 듣기 위해서도 아닙니다. 보살은 오로지 모든 중생을 구호하기 위해서 온갖 선근을 회향하는 것입니다. 모든 불국토를 정화하고, 모든 부처님을 믿고 받들어 공양하며, 모든 부처님이 말씀하시는 바른 법을 듣기 위해 온갖 선근을 최상의 깨달음에 회향합니다.

보살은 이렇게 생각합니다. '보리심의 보물을 캐내는 것은 여래의 힘이다. 보리심은 부처님과 같이 넓고 크며 평등하다. 무량겁을 두고 수행하고 배우더라도 얻기 어렵다.'

보살은 또 이렇게 생각합니다. '이 회향의 공덕으로 일체 중생이 모든 부처님을 받들어 섬기며, 무너지지 않을 신심을 얻어지이다. 바른 법을 듣고 그대로 수행하여 지혜와 해탈을 얻고 걸림없는 눈으로 중생을 평등하게 보며, 마침내는 부처님 처소에 편히 머물러지이다.'

보살은 또 이렇게 생각합니다. '중생들은 헤아릴 수 없는 온갖 나쁜 업을 짓고 그 때문에 한없는 괴로움을 겪고 있다. 부처님을 뵙고도 섬길 줄 모르고 바른 가르침을 듣지도 못한다. 내가 지옥·아귀·축생의 삼악도에 다니면서 그들을 대신해 고통을 받고 중생들을 해탈케 하자. 내가 그 때문에 끝없는 고통을 받더라도 물러나거나 두려워하거나 게으르거나 중생을 버리는 일이 없도록 하자.'

보살은 이와 같이 회향하며 집착하는 데가 없습니다. 중생이나 세계의 모양에도 집착하지 않고 말에도 집착하지 않습니다. 보살은 오로지 중생들에게 진실한 법을 깨우쳐 주기 위해 회향하고, 일체 중생은 평등하다는 생각으로 회향하며, 아집을 버리고 모든 선근을 살펴 회향합니다. 보살은 이와 같은 선근 회향으로 모든 허물을 떠나 부처님의 찬탄을 받습니다."

『華嚴經 十廻向品』

25. 보현보살의 수행과 서원

보현보살이 부처님의 거룩한 공덕을 찬탄하고 나서 보살들과 선재동자(善財童子)에게 말했다.

"부처님의 공덕은 시방세계 부처님들이 무량겁을 두고 계속해서 말씀할지라도 다할 수 없습니다. 그러한 공덕을 이루려면 열 가지 큰 행원(行願)을 닦아야 합니다. 첫째는 부처님께 예배 공경함이요, 둘째는 부처님을 찬탄함이며, 셋째는 여러 가지로 공양(供養)함이요, 넷째는 업장(業障)을 참회함이며, 다섯째는 남의 공덕을 같이 기뻐함입니다. 여섯째는 설법해 주기를 청함이며, 일곱째는 부처님이 세상에 오래 계시기를 청함이요, 여덟째는 부처님을 본받아 배움이며, 아홉째는 중생의 뜻에 수순(隨順)함이요, 열째는 모두 다 회향(廻向)함입니다."

『華嚴經 普賢行願品』

26. 예배와 찬탄

선재동자가 물었다.

"어떻게 예배 공경하며 회향해야 합니까?"

보현보살은 선재동자에게 말했다.

"부처님께 예배 공경한다는 것은 온 법계 허공계 시방(十方) 삼세(三世) 모든 불국토의 수없이 많은 부처님들께, 보현(普賢)의 수행과 서원의 힘으로 깊은 신심을 내어 눈앞에 뵈온 듯이 받들고, 청정한 몸과 말과 생각으로 항상 예배 공경하는 일입니다. 허공계(虛空界)가 다해야 나의 예배 공경도 다할 것이나, 허공계가 다할 수 없으므로 나의 예배 공경도 다함이 없습니다. 이와 같이 중생의 세계가 다하고 중생의 업이 다하고 중생의 번뇌가 다해야만 나의 예배 공경도 다할 것입니다. 그러나 중생의 세계와 업과 번뇌가 다함이 없으므로 나의 예배 공경도 다함이 없습니다. 순간순간 계속하여 끊임없어도 몸과 말과 생각에는 조금도 지치거나 싫어함이 없습니다.

또 부처님을 찬탄한다는 것은 다음과 같습니다. 온 법계 허공계 시방 삼세의 모든 불국토에 수없이 많은 부처님이 계시는데, 그 부처님 계신 데마다 많은 보살들이 모시고 있는 것을 내가 깊은 지혜로 눈앞에 계신 듯이 알아 보아, 변재천녀(辯才天女)보다 뛰어난 변재로써 오는 세월이 다하도록 그치지 않고 부처님의 공덕을 찬탄하는 일입니다.

이와 같이 하여, 허공계가 다하고 중생의 세계가 다하고 중생의 업이 다하고 중생의 번뇌가 다해야만 나의 찬탄도 다할 것입니다. 그러나 허공계와 중생의 세계와 업과 번뇌가 다할 수 없으므로 나의 찬탄도 다함이 없습니다. 순간순간 계속하여 끊임없어도 몸과 말과 생각에는 조금도 지치거나 싫어함이 없습니다." 「華嚴經 普賢行願品」

27. 법공양

"여러 가지로 공양한다는 것은 다음과 같습니다. 온 법계 허공계 시방 삼세 모든 불국토의 부처님들께 여러 가지 훌륭한 공양거리로 공양합니다. 꽃과 천상의 음악과 천상의 바르는 향, 사르는 향, 뿌리는 향 등 이와 같은 낱낱 무더기가 수미산(須彌山)만합니다. 여러 가지로 켜는 등은 우유등, 기름등, 향유등으로 심지는 수미산만하고 기름은 바닷물과 같은데 이러한 공양거리로 항상 공양합니다.

그러나 모든 공양 가운데 법공양(法供養)이 으뜸입니다. 법공양에는 부처님 말씀대로 수행하는 공양, 중생들을 이롭게 하는 공양, 중생들을 거두어 주는 공양, 중생들의 고통을 대신 받는 공양, 착한 일 하는 공양, 보살의 할 일을 버리지 않는 공양, 보리심(菩提心)에서 떠나지 않는 공양 등이 있습니다. 앞에 말한 물질적인 공양의 공덕을 법공양에 견준다면 잠깐 동안 법공양한 공덕의 백분의 일에도 미치지 못하고, 천분의 일에도 미치지 못하며, 숫자와 비유로는 비교될 수 없습니다. 왜냐하면 부처님께서는 법을 존중하기 때문이며, 부처님 말씀대로 수행함이 부처님을 출현(出現)케 하는 일이고, 보살이 법공양을 하면 이것이 곧 부처님께 공양하는거나 다름이 없기 때문입니다. 이와 같이 수행함이 진실하고 법다운 공양인 것입니다. 넓고 크고 가장 훌륭한 이 공양은 허공계가 다하고 중생계가 다하고 중생의 업이 다하고 중생의 번뇌가 다해야만 끝날 것입니다. 그러나 허공계와 중생의 세계와 업과 번뇌가 다할 수 없으므로 나의 이 공양도 다함이 없습니다. 이와 같이 순간순간 계속하여 끊임없어도 몸과 말과 생각에는 조금도 지치거나 싫어함이 없습니다." 『華嚴經 普賢行願品』

28. 참회

"업장(業障)을 참회한다는 것은 어떤 것입니까. 보살은 이렇게 생각합니다. '내가 지나간 세상 끝없는 세월에 탐하고 성내고 어리석은 탓으로 몸과 말과 생각으로 지은 악업이 한량없고 끝이 없을 것이다. 만약 그 나쁜 업에 어떤 형체가 있다면 가없는 허공으로도 그것을 다 용납할 수 없을 것이다. 나는 이제 몸과 말과 생각의 청정한 업으로 법계에 두루한 많은 부처님과 보살들 앞에 지성으로 참회하고, 다시는 나쁜 업을 짓지 않으며 항상 청정한 계율의 모

든 공덕에 머물겠다.'

이와 같이 하여, 허공계가 다하고 중생의 세계가 다하고 중생의 업이 다하고 중생의 번뇌가 다해야만 나의 참회가 다할 것입니다. 그러나 허공계와 중생의 업과 번뇌가 다할 수 없으므로 나의 참회도 끝나지 않습니다. 순간순간 계속하여 끊임없어도 몸과 말과 생각에는 조금도 지치거나 싫어함이 없습니다." 『華嚴經 普賢行願品』

29. 같이 기뻐함

"남의 공덕을 같이 기뻐한다는 것은 어떤 것입니까. 온 법계 허공계 시방 삼세 모든 세계의 많은 부처님이 처음 발심(發心)하고 지혜를 얻기 위해 복덕을 부지런히 닦을 때와 몸과 목숨도 아끼지 않고 무량겁(無量劫)을 지나면서 낱낱 겁 동안 이루 다 헤아릴 수 없는 머리와 눈과 손 발을 보시했었습니다. 이렇듯 어려운 고행을 하면서 갖가지 보살의 행을 원만히 갖추었고, 온갖 보살의 지혜에 들어가 그 위없는 보리(菩提)를 성취했으며, 열반에 든 뒤에는 그 사리(舍利)를 나누어 공양했었습니다.

이와 같이 착한 일을 나도 같이 기뻐하며, 시방세계의 온갖 중생들이 지은 털끝만한 공덕일지라도 내 일처럼 기뻐하며, 성문(聲聞)과 독각(獨覺)과 배우는 이나 더 배울 것이 없는 이의 공덕도 내가 같이 기뻐하며, 보살이 행하기 어려운 고행을 하면서 가장 높은 보리를 구하던 그 넓고 큰 공덕을 내가 모두 같이 기뻐합니다.

이렇게 해서 허공계가 다하고 중생의 세계가 다하고 중생의 업이 다하고 중생의 번뇌가 다할지라도 내가 같이 기뻐함은 다하지 않을 것입니다. 순간순간 계속하여 끊이지 않아도 몸과 말과 생각에는 조금도 지치거나 싫어함이 없습니다." 『華嚴經 普賢行願品』

30. 설법을 간청하다

"설법해 주기를 청한다는 것은, 온 법계 허공계 시방 삼세 모든 불국토의 수없이 많은 부처님들께 몸과 말과 생각을 기울여 설법해 주기를 간청하는 일입니다. 허공계가 다하고 중생의 세계가 다하고 중생의 업이 다하고, 중생의 번뇌가 다할지라도 나의 청법(請法)은 다하지 않을 것입니다. 순간순간 계속하여 끊이지 않아도 몸과 말과 생각에는 조금도 지치거나 싫어함이 없습니다.

또 부처님께서 세상에 오래 계시기를 청한다는 것은 다음과 같습니다. 온 법계 허공계 시방 삼세 모든 불국토의 부처님이 열반에 드시려 하거나, 또는 보살·성문·독각과 배우는 이와 더 배울 것 없는 이와 선지식들이 열반에 들려고 하면, 오래오래 세상에 머무르면서 일체 중생을 이롭게 해달라고 간청합니다. 이와 같이 하여, 허공계가 다하고 중생계가 다하고 중생의 업이 다하고 중생의 번뇌가 다할지라도 나의 간청하는 일은 다함이 없습니다. 순간순간 계속하여 끊임없어도 몸과 말과 생각에는 조금도 지치거나 싫어함이 없습니다." 『華嚴經 普賢行願品』

31. 본받아 배움

"부처님을 본받아 배운다는 것은 어떤 것입니까. 부처님께서는 처음 발심한 때로부터 정진하여 물러나지 않고 이루 다 말할 수 없이 많은 몸과 목숨으로 보시하고, 살갗을 벗겨 종이를 삼으며 뼈를 쪼개 붓을 삼고 피를 뽑아 먹물을 삼아서, 경전 쓰기를 수미산 높이만큼이나 하셨습니다. 부처님은 진리를 소중히 여기셨기 때문에 목숨도 아끼지 않았던 것입니다. 그런데 하물며 제왕의 자리나 궁전이나 동산 따위가 어찌 문제가 될 수 있으며, 하기 어려운 갖가지 고행인들 문제가 될 수 있었겠습니까.

보리수 아래서 최상의 깨달음을 이루시던 일이며, 여러 가지 신통을 보이고 변화를 일으키며, 많은 대중이 모인 곳에서 여래의 화신(化身)을 나타내셨습니다. 보살들이 모인 도량(道場)이나 성문과 독각이 모인 도량, 전륜성왕(轉輪聖王)과 작은 나라의 왕과 그 일족들이 모인 도량, 혹은 바라문·부호·신도들이 모인 도량에서 우레와 같은 음성으로 법을 설해 그들의 소원대로 중생의 근기(根機)를 성숙시키고 마침내 열반에 드신, 이와 같은 일들을 내가 모두 본받아 배웁니다. 지금의 부처님께 하듯이 온 법계 허공계 시방 삼세 모든 부처님의 자취도 본받아 배웁니다.

이와 같이 하여, 허공계가 다하고 중생의 세계가 다하고 중생의 업이 다하고 중생의 번뇌가 다할지라도 내가 본받아 배우는 일은 다하지 않습니다. 순간순간 계속하여 끊임

없어도 몸과 말과 뜻에는 조금도 지치거나 싫어함이 없습니다.” 「華嚴經 普賢行願品」

32. 수순 중생

“항상 중생의 뜻에 수순(隨順)한다는 것은 어떤 것입니까. 온 법계가 중생들은 여러 가지 차별이 있어 알에서 나고 태나 습기에서 나고 혹은 저절로 나기도 하는데, 그들은 땅과 물과 바람과 의지해 살며, 허공을 의지해 살고 풀과 나무를 의지해 삽니다. 여러 가지 몸과 형상·모양·수명·종족·이름·성질·소견·욕망·뜻·위의·의복·음식 등으로 살아갑니다. 발 없는 것, 두 발 가진 것, 네 발 가진 것, 여러 발 가진 것, 형체 있는 것, 형체 없는 것, 생각이 있는 것, 생각이 없는 것, 생각 있는 것도 생각 없는 것도 아닌 것들 모두에게 내가 수순하여 여러 가지로 섬기고 공양하기를, 부모와 같이 하고 스승과 같이 받들며 아라한이나 부처님과 다름없이 대합니다.

병든 이에게는 의사가 되어 주고, 길 잃은 이에게는 바른 길을 가리켜 주며, 어둔 밤에는 등불이 되고, 가난한 이에게는 재물을 얻게 합니다. 이와 같이 보살은 일체 중생을 평등하고 이롭게 하는 것입니다. 왜냐하면 보살이 중생을 수순하는 것은 곧 부처님께 순종하여 공양하는 일이 되고, 중생들을 존중하여 섬기는 것은 곧 부처님을 존중하여 받드는 일이 되며, 중생들을 기쁘게 하는 것은 곧 부처님을 기쁘게 하는 일이 됩니다. 부처님은 자비심으로 바탕을 삼기 때문입니다.

중생으로 인해 자비심을 일으키고, 자비심으로 인해 보리심을 내고, 보리심으로 인해 깨달음을 이루는 것입니다. 넓은 모랫벌에 서 있는 큰 나무의 뿌리가 수분을 받으면 가지와 잎과 꽃과 열매가 무성하듯이, 생사 광야의 보리수도 같은 것입니다. 모든 중생은 뿌리가 되고, 부처님이나 보살은 꽃과 열매가 됩니다. 자비의 물로 중생을 이롭게 하면 지혜의 꽃과 열매를 맺게 됩니다. 보살이 자비심으로 중생을 구제하면 최상의 깨달음을 성취하는 것이므로 보리는 중생에게 딸린 것입니다. 중생이 없다면 보살은 깨달음을 이루지 못할 것입니다.

중생에게는 마음을 평등히 함으로써 원만한 자비를 성취하고, 자비심으로 중생을 수순함으로써 부처님께 공양을 올리는 것입니다. 보살은 이와 같이 중생을 수순해야 합니다. 허공계가 다하고 중생계가 다하고 중생의 업이 다하고 중생의 번뇌가 다할지라도 나의 수순은 다할 수가 없습니다. 순간순간 계속하여 끊임없어도 몸과 말과 생각에는 조금도 지치거나 싫어함이 없습니다. 『華嚴經 普賢行願品』

33. 회향

"모두 다 회향(迴向)한다는 것은 어떤 것입니까. 처음 예배 공경함으로부터 중생의 뜻에 수순하기까지, 그 공덕을 온 법계 허공계에 있는 일체 중생에게 돌려 보내, 중생들로 하여금 항상 편안하고 즐겁고 병고(病苦)가 없게 합니다. 나쁜 짓은 하나도 이루어지지 않고 착한 일은 모두 이루어지며, 온갖 나쁜 길의 문은 닫아버리고 열반에 이르는 바른 길은 활짝 열어 보입니다. 중생들이 쌓아 온 나쁜 업으로 말미암아 받게 되는 무거운 고통의 여러 가지 과보를 내가 대신 받으며, 그 중생들이 모두 다 해탈을 얻고 마침내는 더없이 훌륭한 보리를 성취하도록 힘씁니다.

보살은 이같이 회향합니다. 허공계가 다하고 중생계가 다하고 중생의 업이 다하고 중생의 번뇌가 다할지라도 나의 이 회향은 다하지 않을 것입니다. 순간순간 계속하여 끊임없어도 몸과 말과 생각에는 조금도 지치거나 싫어함이 없습니다."

『華嚴經 普賢行願品』

34. 서원의 공덕

"이것으로써 보살의 열 가지 큰 서원이 원만히 갖추어졌습니다. 보살이 이 같은 큰 서원을 따라 나아가면, 중생의 근기(根機)를 성숙시키고 최상의 깨달음에 이르게 되며, 보현의 수행과 원력을 성취하게 될 것입니다. 어떤 사람이 굳은 신념으로 이 열 가지 원을 받아 지녀 읽고 외우거나 한 구절만이라도 쓴다면 다섯 무간지옥(無間地獄)에 떨어질 죄업이라도 이내 소멸되고, 이 세상에서 받은 몸과 마음의 병이나 갖가지 괴로움과 아주 작은 악업까지라도 다 소멸될 것입니다. 그리고 온갖 마군·야차·나찰 등 피를 빨고 살을 먹는 몹쓸 귀신들이 모두 멀리 떠나거나 착한 마음을 내어 가까이서 수호할 것입니다.

그러므로 이 보현의 원을 몸소 행동하는 사람은 어떤 세상에 다니더라도 달이 구름에서 벗어나듯 거리낌이 없을 것이며, 부처님과 보살들을 예경하고 일체 중생이 다 공양할 것입니다.

중생들이 열 가지 원을 듣고 믿고 받아 지니며 읽고 외우고 남을 위해 해설하면, 그 공덕은 부처님을 제외하고는 아무도 모를 것입니다. 그러므로 이 원을 듣거든 의심을 내지 말고 간절한 마음으로 지닐 것이며, 읽고 외우고 쓰며 남에게 말하며 베풀어 주십시오. 이와 같은 사람은 한 생각 동안은 모든 행과 서원을 다 성취할 것입니다. 그 얻는 복덕은 한량없고, 끝이 없으며, 번뇌의 고통 바다에서 중생들을 건져내어 생사를 멀리 떠나게 하고 모두 다 안락을 누리게 할 것입니다."

선재동자와 많은 보살들은 보현보살이 부처님 앞에서 말한 이와 같은 큰 서원을 듣고 한량없이 기뻐하였다.

『華嚴經 普賢行願品』

제 4 편 교단의 규범

제 1 장 계율이 마련된 연유

1. 베라냐에서 생긴 일

부처님께서는 오백 명의 비구들과 함께 사밧티를 떠나 베라냐 마을에 이르셨다. 네란자라 강변의 만다라바 나무 아래 쉬고 계실 때 그 곳 사람들은 부처님 일행이 오셨다는 말을 듣고 문안을 드리려고 모여들었다. 부처님께서는 여러 가지 방편으로 설법하여 그들을 즐겁게 하였다.

마을의 어른인 베라냐 바라문은 부처님의 설법을 듣고 기뻐한 나머지, 부처님께 여름철 석 달 동안의 안거(安居)를 여기서 지내달라고 간청하였다. 부처님은 잠잠히 그의 청을 받아들여 베라냐에서 여름철을 지내기로 하였다. 베라냐 바라문은 올릴 공양거리를 마련하려고 했는데, 마군(魔軍)의 심술로 그는 갑자기 정신이 흐려져 모든 것을 잊어버리고 말았다. 부처님과 오백 명 비구들은 공양을 받을 수 없게 되자 몹시 곤란했다. 거기에다 흉년까지 겹쳐 많은 사람들이 굶어 죽는 형편이었다.

그때 마침 팔리국의 말장수가 오백 마리의 말을 몰고 지나가다가 이 마을 가까운 곳에서 우기(雨期)를 지내고 갈 양으로 자리를 잡게 되었다. 비구들은 하는 수 없이 그에게 가서 먹을 것을 빌었다. 말에게 먹일 보리를 얻어다 부처님과 비구들이 끼니를 이어갔다.

목갈라나는 생각 끝에 부처님께 여쭈었다.

"부처님, 요즘 흉년이 들어 사람들이 굶어 죽는 형편이라 걸식하기가 무척 힘이 듭니다. 비구들은 얼굴이 마르고 기운을 차리지 못하고 있습니다. 만약 부처님께서 신통력 있는 비구들에게 웃다라쿠루 같은 데에 가서 자연산의 쌀을 가져와도 좋다고 하신다면 곧 가겠습니다."

"신통력 있는 비구들은 그 곳에 가서 쌀을 가져올 수 있겠지만, 신통력이 없는 비구들은 어떻게 할 것인가?"

"신통력이 있는 비구들은 자기 마음대로 가고, 신통력이 없는 비구들은 제가 신통력을 써서 데리고 가겠습니다."

"아서라, 그만 두어라. 지금 너희들 가운데 신통을 얻은 비구는 그럴 수 있겠지만, 미래의 비구들은 어떻게 할 것인가. 비구에게는 생각해야 할 일과 해서는 안 될 일이 있다. 생각해야 하고 행동해야 할 일을 하면 바른 법이 이 세상에 오래 머물게 될 것이고, 생각해서는 안 될 일과 행동해서는 안 될 일을 하면 바른 법이 오래 머물 수 없다."

이때 사리풋타는 조용한 숲속에서 선정(禪定)에 들었다가 문득 이런 생각을 했다.

'어떤 인연으로 불법이 이 세상에 오래갈 수 있고 혹은 오래갈 수 없게 되는 것일까?'

그는 부처님 앞에 나아가 이 뜻을 여쭈었다.

부처님께서는 다음과 같이 말씀하셨다.

"과거 모든 여래의 가르침을 보면 어떤 것은 오래갔고 어떤 것은 오래가지 못했다. 그 가르침이 오래 존속된 부처님은 반드시 계율을 제정하여 제자들에게 실천하도록 가르쳤다. 계율을 받아 지님으로써 바른 법을 수행하는 데에 게으른 생각이 나지 않도록 했던 것이다. '이 일은 하고 이 일은 하지 마라. 이 일은 생각하고 이 일은 생각하지 마라. 이것은 끊고 이것은 마땅히 갖추어 지켜라.' 이와 같이 분별해 가르치지 않았어도 부처님과 제자들이 살아 있을 동안은 잘못됨이 별로 없었다. 그러나 부처님과 그 제자들이 입멸(入滅)한 후에는 갖가지 이름과 서로 다른 성과 온갖 집안에서 출가하여 저마다 제 성질을 부리게 되니, 바른 법이 빨리 멸하여 오래 머물 수 없었던 것이다. 이를테면 여러 가지 아름다운 꽃을 높은 탁상에 올려만 놓고 붙들어 매는 끈이 없으면 머지 않아 바람에 불려 흩어져 버리는 것과 같다.

사리풋타여, 여래의 바른 법이 이 세상에 오래도록 머물게 하려면 반드시 엄격한 계율이 있어야 한다. 이 계율로써 모든 제자들을 잘 거두어 그릇된 행동을 미리 막아야 할 것이다. 잘 정돈되어 흩어지지 않는 꽃다발은 끈으로 묶어 놓았기 때문이다."

이 말씀을 들은 사리풋타는 크게 감동하여 부처님께 여쭈었다.

"부처님이시여, 일찍이 듣지 못했던 말씀입니다. 그러시다면 그 계율을 지금 곧 제정해 주십시오. 모든 비구들에게 청정한 수행으로 바른 법이 오래 갈 수 있도록 해 주십시오."

"사리풋타여, 아직 가만 있거라. 여래는 그 때를 알고 있다. 앞으로 비구들이 명예나 이해 관계에 얽히게 되면 허물을 범하게 될 것이다. 그때 그것을 막기 위해 비구들에게 계율을 제정하여 줄 것이다. 그러나 아직은 잘못된 일이 없으므로 그럴 필요가 없다. 해지지 않은 새옷을 미리 기울 것은 없지 않느냐."

「四分律 1」

2. 수디나의 음행

부처님께서 베살리에 계실 때 또 흉년이 들어 비구들은 걸식하기가 힘들었다. 칼란다카 마을 출신인 수디나는 그 고장에서도 재산이 많은 집안의 아들이었으나 믿음이 굳었기 때문에 출가하여 수행승이 되었다. 수디나는 생각하였다. '요즘처럼 걸식하기 어려운 때에는 차라리 여러 스님들을 우리 고향집 가까이에 모시고 가서 지냈으면 어떨까. 그러면 의식(衣食)에 곤란도 없어 수행에만 전념할 수 있을 것이고, 우리 친족들도 이 기회에 보시를 하여 복덕을 짓게 될 것이다.'

그리하여 비구들과 함께 칼란다카로 갔다. 수디나의 어머니는 자기 아들이 여러 스님들과 함께 돌아왔다는 말을 듣고 기뻐하며 찾아가 만났다.

"수디나, 이제는 집에 돌아가 살자. 네 아버지는 돌아가셨고 집안에 남자라고는 없으니 많은 재산이 나라에 몰수될 형편이다. 네가 이 집안을 돌보지 않으면 어찌 되겠느냐?"

그러나 수디나는 청정한 생활을 즐기고 도 닦는 뜻이 굳어 그런 말에 조금도 흔들리지 않았다. 그의 어머니는 몇 번이고 간청하다가 헛수고인 줄 알고 집으로 돌아갔다. 그 이튿날 어머니는 며느리를 곱게 꾸며 수디나에게 데리고 와서 애원했다.

"네가 정 그렇다면 자식이나 하나 두어 너의 대를 끊이지 않게 해다오."

"그것쯤은 어려운 일이 아닙니다."

하고 수디나는 승낙했다. 이때는 계율이 제정되기 전이었으므로 수디나로서는 그 일은 별로 허물되지 않으리라 생각했기 때문이다. 그는 아내의 팔을 끼고 숲속으로 들어가 음행을 하였다.

그 후 부인은 아홉 달 만에 아들을 낳았는데 아이는 얼굴이 매우 단정하였다. 이름을 종자(種子)라 했고 그도 자란 뒤 머리를 깎고 출가하였다. 그리고 부지런히 수행하여 마침내 아라한의 경지에 이르렀다. 신통이 자재하고 위력이 한량없어 그를 종자존자(種子尊者)라 불렀다.

한편 수디나는 부정한 짓을 행한 뒤부터는 항상 마음이

언짢아 우울한 나날을 보냈다. 함께 수행하던 벗들은 수디나의 우울해 하는 것을 보고 이상히 여겼다.

"수디나여, 스님은 오랫동안 청정한 수행을 쌓아 위의와 예절을 모르는 것이 없는데 요즘은 어째서 그렇게 우울해 하십니까?"

"얼마 전에 예전의 아내와 관계가 있었던 그 뒤부터는 마음이 불안하고 우울합니다."

이때 비구들은 이 사실을 부처님께 여쭈었다. 부처님은 이 일로 해서 모든 비구들을 모아 놓고 수디나를 불러 사실을 확인하려 하셨다.

"수디나여, 들리는 말과 같이 너는 정말 그런 짓을 했느냐?"

"그렇습니다, 부처님. 저는 부정한 짓을 범했습니다."

부처님께서는 여러 가지로 꾸짖으셨다.

"네가 한 일은 옳지 못하다. 그것은 위의가 아니며 사문의 할 일이 아니다. 그것은 청정한 행동이 아니며 수순(隨順)하는 행도 아니다. 절대로 해서는 안 될 일이다. 수디나여, 청정한 법을 수행하여 애욕을 끊고 번뇌를 없애야 열반에 들어간다는 것을 어찌하여 잊어 버렸는가?"

부처님은 모든 비구들에게 말씀하셨다.

"차라리 남근(男根)을 독사의 아가리에 넣을지언정 여자의 몸에는 대지 마라. 이와 같은 인연은 악도에 떨어져 헤어날 수 없기 때문이다. 애욕은 착한 법을 태워버리는 불꽃과 같아서 모든 공덕을 없애버린다. 애욕은 얽어 묶는 밧줄과 같고 시퍼런 칼날을 밟는 것과 같다. 애욕은 험한 가시덤불에 들어가는 것 같고, 성난 독사를 건드리는 것 같으며, 더러운 시궁창과 같은 것이다. 모든 부처님들은 애욕을 떠나 도를 깨닫고 열반의 경지에 들어간 것이다.

수디나가 어리석어 잘못을 저지르고 말았으니 이제부터는 계율을 제정하여 지키게 해야겠다. 여기에는 열 가지 뜻이 있다. 첫째는 교단의 질서를 잡기 위해서요, 둘째는 대중을 기쁘게 하기 위해서요, 셋째는 대중을 안락하게 하기 위해서요, 넷째는 믿음이 없는 이를 믿게 하기 위해서요, 다섯째는 이미 믿은 이를 더 굳세게 하기 위해서요, 여섯째는 다루기 어려운 이를 잘 다루기 위해서요, 일곱째는 부끄러운 줄 알고 뉘우치는 이를 안락하게 하기 위해서요, 여덟째는 현재의 실수를 없애기 위해서요, 아홉째는 미래의 실수를 막기 위해서요, 열째는 바른 법을 오래가게 하기 위해서다. 계를 말하려는 사람은 이와 같이 말하라. 어떤 비구가 부정한 행을 범하고 음행을 범하면 그는 파라지카〔根本罪〕이다. 함께 살지 못한다."

부처님은 이와 같이 비구들에게 프라티목샤〔戒本〕의 첫째 조문을 제정하고 널리 알렸다. 이것은 교단이 생긴 지 다섯 해 만의 일이다. 이때부터 때와 곳을 따라 비구들의 잘못을 보실 때마다 널리 가려 내어 말씀하셨다. 그래서 비구는 이백오십 계, 비구니는 삼백사십팔 계가 마련되었다.

『四分律 1』

제 2 장 네 가지 근본 계율

1. 음행하지 말라

부처님께서 사밧티의 기원정사(祇園精舍)에 계실 때였다. 수많은 대중이 모인 자리에서 아난다가 옷깃을 여미어 합장하고 부처님께 말씀드렸다.

"자비하신 부처님, 저는 이미 성불(成佛)하는 법문을 이해하여 수행하는 일에 의심이 없습니다. 언젠가 부처님께서 말씀하시기를, 자기는 제도되지 못했더라도 남을 먼저 제도하려는 것은 보살의 발심이고, 자기가 깨닫고 남을 깨닫게 하는 것은 여래가 세상에 순응하는 것이라고 하셨습니다. 저는 비록 제도되지 못했으나 미래의 중생을 제도하려 합니다.

부처님께서 열반에 드신 뒤 말세에는 사특한 무리들이 나타나 그릇된 주장이 강가강의 모래처럼 많을 것입니다. 그런 때에 부처님의 가르침을 배우는 사람들은 그 마음을 어떻게 가다듬어야 온갖 장애를 물리치고 보리심에서 물러나지 않을 수 있겠습니까?"

부처님께서 아난다의 물음을 칭찬하시고 말씀하셨다.

"그렇다, 아난다여, 네 물음과 같이 말세 중생을 제

도하는 방법은 그 마음을 올바르게 가다듬게 하는 일이다. 그래서 수행하는 데에 세 가지 정해진 도리가 있다. 마음을 거두는 계율, 계로 말미암아 생기는 선정, 선정으로 말미암아 드러나는 지혜, 이것이 번뇌를 없애는 세 가지 공부다. 이 세상 모든 중생들이 음란한 마음만 없다면 생사에서 바로 해탈할 수 있을 것이다. 너희가 수행하는 것은 번뇌를 없애려는 것인데, 만약 음란한 마음을 끊지 않는다면 절대로 번뇌에서 벗어날 수 없다. 설사 근기(根機)가 뛰어나 선정이나 지혜가 생겼다 할지라도, 음행을 끊지 않으면 반드시 마군의 길에 떨어지고 말 것이다. 내가 열반에 든 뒤 말세에는 그러한 마군의 무리들이 성행하여 음행을 탐하면서도 선지식 노릇을 하여, 어리석은 중생들을 애욕과 삿된 소견의 구렁에 빠뜨릴 것이다.

네가 세상 사람들에게 삼매를 닦게 하려거든 먼저 음욕부터 끊게 하여라. 이것이 모든 여래의 첫째 결정인 청정한 가르침이다. 그러므로 음욕을 끊지 않고 수도한다는 것은 모래를 쪄서 밥을 지으려는 것과 같다. 모래를 가지고는 백천 겁을 찐다 할지라도 밥이 될 수 없는 것처럼, 음행하는 몸으로 불과(佛果)를 얻으려 하면 아무리 미묘하게 깨닫는다 하여도 그것은 모두 음욕의 근본에 지나지 않는다. 근본이 음욕이므로 삼악도에 떨어져 헤어날 수 없을 것인데 열반의 길을 어떻게 닦아 얻는단 말인가. 음란한 뿌리를 몸과 마음에서 말끔히 뽑아버리고 뽑아버렸다는 생각조차 없어야 비로소 부처되는 길에 오를 수 있을 것이다. 이와 같이 하는 말은 여래의 말이고, 그렇지 않은 말은 마군의 말이다." 『首楞嚴經 6』

2. 살생하지 말라

"아난다, 또 이 세상 중생들이 산 목숨을 죽이지 않으면 생사에서 해탈할 수 있을 것이다. 너희가 수행하는 것은 번뇌를 없애려는 것인데, 죽일 마음을 끊지 않는다면 번뇌에서 이렇게 벗어날 수 있겠느냐? 설사 근기가 뛰어나 선정이나 지혜가 생겼다 할지라도 죽일 마음을 끊지 않으면 반드시 귀신의 길에 떨어지고 말 것이다. 내가 열반에 든 뒤 말세에는 귀신의 무리들이 성행하여 고기를 먹고도 지혜를 얻을 수 있다고 할 것이다.

내가 비구들에게 다섯 가지 깨끗한 고기를 허락하였으나, 그 고기는 다 내 신통력으로 변화하여 만든 것이므로 본래 생명이 없는 것이다. 열대 지방에서는 땅이 찌는 듯하고 습기가 많으며 모래와 돌이 많아 푸성귀가 나지 못하기 때문에 내 신통력으로 마련된 고기라 이름하는 것을 그곳 비구들이 먹은 일이 있지만, 중생의 살을 뜯어 먹는 사람을 어떻게 불제자(佛弟子)라 하겠느냐. 고기 먹는 사람은 설사 마음이 열려 삼매를 얻었다 할지라도 사실은 모두 흉악한 나찰인 것이다. 과보가 끝나면 반드시 생사의 고통 바다에 빠져 서로 죽이고 잡아먹기를 그치지 않으리니, 이러한 사람이 어떻게 삼계(三界)를 뛰어나겠느냐?

네가 세상 사람들에게 삼매를 닦게 하려거든 산 목숨 죽일 생각을 끊게 하여라. 이것이 모든 여래의 둘째 결정인 청정한 가르침이다. 그러므로 산 목숨 죽이는 버릇을 끊지 않고 수도한다는 것은 제 귀를 막고 큰 소리를 치면서 남들이 듣지 않기를 바라는 것과 같다. 그것은 숨길수록 드러나는 법이다. 청정한 비구나 보살은 걸어다닐 때에 산 풀도 밟지 않으려고 조심하는데 하물며 손으로 뽑겠는가. 대자 대비를 행한다면서 어떻게 중생의 피와 살을 먹을 것인가. 만약 비구가 명주실이나 풀솜, 비단옷, 가죽신, 가죽옷이나 털붙이를 입지 않고, 짐승의 젖이나 그 젖으로 만든 음식까지도 먹지 않으면, 그는 참으로 세상에서 벗어나 묵은 빚을 갚고 다시는 삼계에 나지 않을 것이다. 그들의 몸붙이를 입거나 먹으면 다 그들과 인연이 되기 때문이다. 사람들이 땅에서 나는 곡식을 먹고 발이 땅에서 떨어지지 못하는 것과 같은 이치다. 몸과 마음으로 중생의 살이나 몸붙이를 입지도 먹지도 말라. 이런 사람은 반드시 해탈하게 될 것이다. 이와 같이 하는 말은 여래의 말이고 그렇지 않은 말은 마군의 말이다." 『首楞嚴經 6』

3. 훔치지 말라

"아난다, 이 세상 중생들이 훔칠 마음이 없으면 생사에서 해탈할 수 있을 것이다. 너희가 수행하는 것은 번뇌를 없애려는 것인데, 훔치는 마음을 끊지 않는다면 절대로 번뇌에서 벗어날 수 없다. 설사 근기가 뛰어나 선정이나 지혜가 생겼다 할지라도 훔칠 마음을 끊지 않으면 반드시 그릇된 길에 떨어지고 말 것이다. 내가 열반에 든 뒤 말세에는 요사스런 무리들이 성행하여 간사와 협잡으로 선지식 노릇을 할 것이다. 그래서 어리석은 사람들을 현혹케 하고, 가는 곳마다 남의 집 살림을 망하게 할 것이다. 내가 비구들에게 걸식하게 하고 제 손으로 익혀 먹지 못하도록 한 것도, 온갖 탐욕을 버리고 보리(菩提)를 이루게 하려는 뜻에서다. 또 지금 살아 있는 동안 삼계에 묵어 가는 나그네로서 해탈의 길에만 전념할 수 있도록 하기 위해서인 것이다. 그런데 어떤 도둑들은 내 법복을 입고 여래를 팔아 온갖 못된 짓을 하면서도 그것이 바른 법이라고 한다. 출가하여 계율을 지키는 비구를 도리어 소승(小乘)이라 비방하고 한량없는 중생들을 의혹케 하니, 이 어찌 무간지옥(無間地獄)에 떨어질 죄업이 아니겠는가.

내가 열반에 든 뒤에 어떤 비구가 발심하여 삼매를 닦기 위해 여래의 형상 앞에서 지극한 신심으로 손가락 한 마디를 태우거나 향 한 개비라도 사르면, 그는 지금까지 쌓인 묵은 빚을 한꺼번에 갚아 영원히 이 세상 일에 매이지 않고 온갖 번뇌에서 벗어나게 될 것이다. 바로 그 자리에서 깨닫지는 못한다 해도 이미 그는 법에 대한 마음이 결정된 것이다. 이와 같이 몸을 버리는 조그마한 인연이라도 짓지 않으면 설사 열반의 도를 이루더라도 반드시 인간에 돌아와 내가 말먹이 보리를 먹듯이 묵은 빚을 갚게 될 것이다.

네가 세상 사람들에게 삼매를 닦게 하려거든 남의 물건 훔치는 일을 끊게 하여라. 이것이 모든 여래의 셋째 결정인 청정한 가르침이다. 그러므로 훔치는 짓을 끊지 않고 수도한다는 것은 새는 항아리에 물을 부으면서 가득 차기를 바라는 것과 같다. 비구는 가욋 물건을 모아 두지 않고, 빌어 온 밥을 남겨 배고픈 중생에게 베풀며, 대중이 모인 곳에 합장하고 예배하며, 누가 때리거나 욕하더라도 칭찬하는 것과 같이 여겨야 한다. 몸과 마음을 모두 버리고 뼈와 살을 중생들과 함께 하며, 여래가 방편으로 한 말을 제 맘대로 해석하여 초심자를 그르치지 않으면 그는 진실한 삼매를 얻을 것이다. 이와 같이 하는 말은 여래의 말이고 그렇지 않은 말은 마군의 말이다." 『首楞嚴經 6』

4. 거짓말 하지 말라

"아난다, 이 세상 중생들에게 죽이고 훔치고 음행하는 일이 없어 세 가지 행동이 원만하다 할지라도 큰 거짓말을 하면 삼매가 청정하지 못하고 애욕과 삿된 소견에 떨어져 여래의 종자를 잃어버리게 될 것이다. 큰 거짓말이란 알지 못하면서 알았다 하고, 깨닫지 못했으면서 깨달았다고 하는 것이다. 자기가 도인인 척하면서 '나는 이미 아라한과를 증득하고 보살의 자리에 올랐다.'고 하여 타인의 예배와 공양을 바란다면, 이런 사람은 부처의 종자가 소멸되고 선근이 아주 없어져 버린다. 다시 지혜가 생길 수 없으며 삼악도에 떨어져 헤어날 수 없을 것이다.

내가 열반에 든 뒤 말세에 보살이나 아라한을 여러 가지 인물로 화현(化現)시켜 중생을 제도케 할지라도 '나는 보살이다, 나는 아라한이다' 하여 후학(後學)들에게 여래의 비밀을 누설치 못하게 한다. 그런데 어떻게 중생을 속이는 큰 거짓말을 한단 말인가. 네가 세상 사람들에게 삼매를 닦게 하려거든 거짓말을 끊게 하라. 이것이 모든 여래의 넷째 결정인 청정한 가르침이다. 거짓말을 끊지 않고 수도한다는 것은 똥으로 전단향(栴檀香)을 만들려는 것과 같다. 아무리 애쓸지라도 향기를 얻을 수 없을 것이다.

나는 비구들에게 바른 마음이 도량(道場)이라고 했다. 평소에도 거짓말을 해서는 안 될 터인데 어떻게 자칭 도인(道人)이노라 거짓말을 한단 말인가. 빌어먹는 거지가 공연히 '나는 왕이다'라고 하다가 붙들려 처벌되는 것과 같다. 하물며 법왕(法王)을 사칭할 것인가. 곧지 못한 원인은 굽은 결과를 가져오게 마련이다. 비구의 마음이 활줄과 같이 곧으면 온갖 일에 진실하여 삼매에 들어도 장애가 없을 것이니, 그는 보살의 으뜸가는 깨달음을 성취할 것이다. 이와 같이 하는 말은 여래의 말이고 그렇지 않은 말은 마군의 말이다.

아난다, 네가 마음 가다듬는 방법을 묻기에 나는 이와 같은 계율을 말하였다. 보살의 길을 가려는 사람은 누구든지 먼저 이 네 가지 계율을 서릿발처럼 지녀야 한다. 그러면 저절로 번뇌의 가지와 잎이 나지 못해 마음으로 짓는 세 가지 업과 말로 짓는 네 가지 업이 일어날 인연이 없을 것이다. 이 네 가지 계율을 잃지 않으면 마음은 어떠한 환경에도 매이지 않아 마군의 장난은 생기지 않을 것이다."

『首楞嚴經 6』

제 3 장　오계(五戒)와 십계(十戒)

1. 신도의 계율

부처님께서 성도(成道)하신 후, 바라나시의 녹야원(鹿野苑)에서 다섯 수행자를 귀의시킨 다음 장자(長者)의 아들 야사도 출가를 하였다. 야사의 부모는 집을 나간 외아들이 돌아오지 않는 것을 걱정하던 끝에 사방에 사람들을 놓아 아들을 찾게 했다. 아버지 자신도 아들을 찾아 나섰다. 강변에 이르러 야사가 벗어 놓은 듯한 황금빛 신을 발견했다. 강 건너 수행자들이 사는 녹야원에 가지 않았을까 하는 생각에 곧 강을 건넜다. 찾아간 곳은 부처님께서 계신 처소였다.

부처님께서는 그를 위해 여러 가지 방편으로 설법을 하셨다. 야사의 아버지는 그 자리에서 마음이 열리어 신도가 되기를 원했다. 부처님께서는 그를 위해 삼귀의(三歸依)와 오계(五戒)를 차례대로 말씀하셨다.

"진리를 깨달으신 부처님께 의지합니다. 올바른 가르침에 의지합니다. 가르침을 수행하는 승단에 의지합니다."

이와 같이 삼귀의를 외게 한 다음 오계를 일러 주셨다.

"첫째, 산 목숨을 죽이지 마시오.

둘째, 주지 않는 것을 갖지 마시오.
셋째, 삿된 음행을 범하지 마시오.
넷째, 거짓말을 하지 마시오.
다섯째, 술 마시지 마시오."

부처님께서 야사의 아버지에게 "지킬 수 있습니까?" 하고 물으시니, 야사의 아버지는 "이 목숨 다할 때까지 지키겠습니다." 하고 맹세했다. 이렇게 해서 야사의 아버지는 부처님의 가르침 아래서 맨 처음으로 삼귀의와 오계를 받은 신도가 되었다.

『優婆塞五戒相經』

2. 사미 십계

부처님께서 카필라의 니그로다 동산에 계실 때였다. 공양 때가 되어 밥을 빌고 돌아오는데, 출가 전의 아내 야쇼다라는 라훌라를 데리고 높은 누각에 올라가 부처님께서 오시는 모습을 보고 있었다. 여인은 어린 아들에게 말했다.

"저기 오시는 분이 너의 아버지시다."

이 말을 들은 라훌라는 달려내려와 부처님께 절을 했다. 부처님께서는 라훌라의 머리를 쓰다듬은 뒤 그를 데리고 니그로다 동산으로 가셨다. 그리고 사리풋타를 불러

"이 라훌라에게 계를 일러 주어라."

하고 말씀하셨다.

사리풋타는 라훌라의 머리를 깎아 가사를 입히고 꿇어

앉아 합장하게 한 다음 삼귀의를 세 번 외게 하고 사미 십계(沙彌十戒)를 일러 주었다.

"첫째, 산 목숨을 죽이지 말라. 부처님과 성인과 스님을 비롯하여 날아다니고 기어다니는 보잘것없는 곤충에 이르기까지 목숨이 있는 것은 무엇이건 내 손으로 죽이거나 남을 시켜 죽이거나 죽이는 것을 보고 좋아하지 말라.

벌레가 있는 물은 걸러 먹고 등불을 가리며 고양이를 기르지 말라. 은혜를 베풀고 가난한 사람을 구제하여 편히 살게 하며, 죽이는 것을 볼 때에는 자비심을 내어라. 이 사미의 계를 범하면 사미가 아니다.

둘째, 훔치지 말라. 금과 은이나 바늘 한 개, 풀 한 포기까지라도 주지 않은 것은 가지지 말라. 상주물(常住物)이나 시주의 물건이나 대중의 것, 나라의 것, 개인 소유물을 빼앗거나 훔치거나 속여 가지지 말라. 세금을 속이거나 차삯 뱃삯을 안 내는 것은 모두 훔치는 행위이다. 옛날 어떤 사미는 대중이 공양할 떡 두 개를 훔쳐 먹고 지옥에 떨어진 일이 있다. 차라리 손을 끊을지언정 옳지 못한 물건은 가지지 말아야 한다. 이 사미의 계를 범하면 사미가 아니다.

셋째, 음행하지 말라. 일반 신도의 오계(五戒)에서는 삿된 음행만 못하게 했으나 집을 나온 수행자의 십계(十戒)에서는 음행은 모두 끊어야 한다. 세상 사람들도 음욕으로 인해 몸을 망치고 집안을 망하게 하는데, 세속을 떠난 수행자가 어찌 음욕을 범할 것인가. 나고 죽는 근본은 음욕이니, 음란하게 사는 것은 청정하게 죽는 것만 못하다. 이 사미의 계를 범하면 사미가 아니다.

넷째, 거짓말 하지 말라. 거짓말에는 네 가지가 있다. 하나는 허황된 말이니, 옳은 것을 그르다 하고 그른 것을 옳다 하며, 본 것을 못 보았다 하고 못 본 것을 보았다 하여 진실치 않은 것이다. 둘은 비단결 같은 말이니, 구수한 말을 늘어놓으며 애끓는 정열로 하소연하여 음욕으로 이끌고, 슬픈 정을 돋우어 남의 마음을 방탕하게 하는 것이다. 셋은 나쁜 말이니, 추악한 욕지거리로 남을 꾸짖는 것이다. 넷은 두 가지로 하는 말이니, 이 사람에게는 저 사람 말을 하고 저 사람에게는 이 사람 말을 하여, 두 사람 사이를 이간하고 싸움붙인다. 처음에는 칭찬하다가 나중에는 비방하며, 만나서는 옳다 하고 딴 데서는 그르다 한다. 거짓 증거로 벌을 받게 하거나 남의 결점을 드러내는 말들은 모두 거짓말이다.

범부로서 성인의 자리를 깨달아 증득했다고 하는 것은 큰 거짓말이다. 그 죄는 가장 중하다. 남의 급한 재난을 건지기 위해 자비심으로 방편을 써서 하는 거짓말은 죄가 되지 않는다. 옛날 어떤 사미는 늙은 비구의 경 읽는 소리를 비웃어 개 짖는 소리 같다고 했다. 그 비구는 아라한이므로 사미를 불러 곧 참회하게 했다. 그래서 겨우 지옥은 면했으나 개 몸을 받았다. 사람의 입에는 도끼가 있어 나쁜 말 한마디로 몸을 찍는다. 이 사미의 계를 범하면 사미가 아니다.

다섯째, 술 마시지 말라. 술은 사람을 취하게 하는 독약이다. 한 방울도 입에 대지 말고 냄새도 맡지 말며 술집에 머물지도 말고 남에게 술을 권하지도 말라. 어떤 신도는 술을 마시고 다른 계율까지 범한 일도 있지만, 출가 수행자가 술을 마시는 것은 말할 수 없는 허물이다. 술 한 번 마시는 데에 서른여섯 가지 허물이 생기니 작은 죄가 아니다. 술을 즐기는 사람은 죽어 똥물지옥에 떨어지며 날 때마다 바보가 되어 지혜의 씨가 없어진다. 차라리 구정물을 마실지언정 술은 마시지 마라. 이 사미의 계를 범하면 사미가 아니다.

여섯째, 꽃다발을 사용하거나 향을 바르지 말라. 꽃다발과 화려한 옷과 여러 가지 패물로 장식하거나 향수나 연지나 분 같은 것을 바르지 말라. 세속에서도 청렴하고 결백한 사람들은 사치를 싫어하는데, 하물며 세속을 떠난 사람이 어찌 화려한 사치를 즐길 것인가. 수수하게 물들인 누더기로 몸을 가리는 것이 마땅하다. 이 사미의 계를 범하면 사미가 아니다.

일곱째, 노래하고 춤추거나 악기를 사용하지 말며 가서 구경하지도 말라. 부처님께 공양하고 중생을 교화하는 음악도 있기는 하지만, 지금 생사를 위해 세속을 버리고 출가한 신분으로 어찌 올바른 공부는 하지 않고 노래 같은 것을 즐길 것인가. 옛날 어떤 신선은 여자들이 아름다운 목소리로 노래하는 것을 듣다가 신통력을 잃어버렸다 한다. 구경만 해도 그렇거늘 몸소 부름에 있어서랴. 장기·바둑이나 윷놀고 노름하는 것도 해서는 안 된다. 모두 수도하는 마음을 어지럽히고 허물을 조장하는 것이다. 이 사미의 계를 범하면 사미가 아니다.

여덟째, 높고 넓은 큰 평상에 앉지 말라. 높고 넓은 큰 평상에 앉는 것은 거만한 것이니 복을 감하고 죄보를 불러들이게 된다. 비단으로 만든 휘장이나 이부자리 같은 것도 사용하지 말아야 한다. 풀로 자리를 만들고 나무 밑에 사는 생활을 해야 할 텐데, 어찌 높고 넓은 큰 평상에 앉아 허망한 이 육신을 편하게 할 것인가. 이 사미의 계를 범하면 사미가 아니다.

아홉째, 제때 아니면 먹지 말라. 천신들은 가볍고 맑아 아침에 먹고, 짐승은 둔탁해서 오후에 먹으며, 귀신은 겁이 많아 밤에 먹는다. 그러나 부처님 법은 중도(中道)이니 정오에 먹는다. 많이 먹으려 하지 말고 맛을 탐해 먹으려고도 하지 마라. 오후에 먹지 않으면 여섯 가지 복이 생긴다. 아귀들은 항상 주려 바리 소리만 들어도 목구멍에서 불이 일어난다는데 어찌 제때도 아닌데 먹을 것인가. 이 사미의 계를 범하면 사미가 아니다.

열째, 금은 보석을 가지지 말라. 금은 보석은 모두 탐심을 기르고 도를 방해하는 물건이다. 손에 쥐지도 말아야 할 텐데 수행자가 이런 것을 탐해서 될 것인가. 이웃의 가난을 생각하고 항상 보시를 해야 한다. 돈을 벌려고 하지 말며 모아 두지도 말고 장사하지 말며, 보물 같은 것으로 기구를 장식해서는 안 된다. 이 사미의 계를 범하면 사미가 아니다.

『沙彌十戒法』

3. 팔관재계(八關齋戒)

어느 때 부처님께서는 사밧티 동쪽으로 가시다가 한 신

도의 집에 들렀었다. 유야라고 하는 신도는 여러 부인들과 같이 목욕 재계하고 부처님께 예배드린 후 지극한 마음으로 설법해 주시기를 청했다. 부처님께서는 여러 사람들에게 큰 복이 되고 좋은 공덕이 될 여덟 가지 재계(齋戒)의 법을 설하셨다. 하룻밤 하룻낮 동안만이라도 번뇌가 없는 아라한(阿羅漢)처럼 생활하라고 말씀하신 것이다.

"첫째, 산 목숨을 죽이지 마시오. 아라한은 산 목숨을 죽이려는 생각이 없습니다. 자비로 중생을 사랑하여 원망하는 마음이 없고 모든 생명에 대해 내 몸처럼 여깁니다.

둘째, 남의 것을 훔치지 마시오. 아라한은 탐하고 아끼는 생각이 없습니다. 항상 깨끗하고 공경하는 마음으로 보시하기를 좋아하며, 무엇이든지 주면서도 바라는 마음이 없습니다.

셋째, 음행하지 마시오. 아라한은 음란한 마음이 없습니다. 이성에 대해 부정한 생각을 내는 일이 없고 청정한 마음으로 항상 정진을 즐깁니다.

넷째, 거짓말 하지 마시오. 아라한은 거짓말을 하지 않습니다. 생각이 항상 진실하여 조용히 하는 말은 그 마음과 같이 법에 맞으며 거룩한 말에는 거짓이 없습니다.

다섯째, 술을 마시지 마시오. 아라한은 술을 마시지 않습니다. 그 마음에는 어지러운 일이 없고, 생각에는 게으름이 없으며, 밝고 바른 뜻에는 술을 생각지도 않습니다.

여섯째, 몸에 패물을 달거나 화장하지 말며 노래하고 춤추지 마시오. 아라한은 생각을 방종하게 하지 않습니다. 좋은 의복이나 패물로 호사하거나 연지와 분을 발라 화장하지 않으며, 노래하고 춤추고 악기를 쓰는 일이 없으며 오락이라면 구경도 하지 않습니다.

일곱째, 높고 넓은 큰 평상에 앉지 마시오. 아라한은 몸을 편히 하기 위해 높은 평상이나 좋은 자리에 앉거나 눕지 않습니다. 비단으로 된 이부자리 같은 것은 쓰지 않으며, 낮고 허술한 자리에 앉고 쉬며, 올바른 가르침을 생각합니다.

여덟째, 제때 아니면 먹지 마시오. 아라한은 법답게 먹는 시간을 지켜 정오에 한 때만 식사하며, 양에 맞추어 적게 먹고 정오가 지나면 먹지 않습니다.

이 여덟 가지 계법(戒法)은 온갖 나쁜 짓을 막는 문이며 한량없는 공덕을 얻게 하는 길입니다. 출가 수행승이 되어 도를 닦는 이들은 평생을 지키지만, 세속에 있는 신도로서는 그렇게 할 수 없으므로 하룻낮 하룻밤 동안만을 지키는 것입니다. 삼장재월(三長齋月)인 일월, 오월, 구월 달에나 육재일(六齋日)인 여드레, 열나흘, 보름, 스무사흘, 스무아흐레, 그믐날만이라도 깨끗하게 받아 지키면 그 복덕은 열여섯 나라의 보물을 모두 한 곳에 쌓아 두고 혼자서 수용하는 것보다 더 클 것입니다. 모든 하늘의 선신들이 항상 보호하므로 온갖 재앙은 저절로 없어질 것이며, 지혜의 길은 장엄하여 한량없는 공덕을 얻게 될 것입니다."

「齋經」

제 4 장　보살계

1. 보름마다 외우라

석가모니 부처님께서 보리수 아래 앉아 크게 깨달으시고 보살의 계(戒)를 제정하셨다. 그것은 부모와 스승과 삼보(三寶)에 대하여 효도하는 길이고 바른 도에 대하여 효순하는 법이다. 효순하는 것을 계(戒)라 하고 제지(制地)라고도 한다. 부처님께서 입으로 한량없는 광명을 내시며 말씀하셨다.

"나는 보름마다 여러 부처님의 계법을 외운다. 너희 보살들도 따라 외우라. 계의 광명이 입에서 나온 것은 연(緣)만 있고 인(因)이 없이 나는 것이 아니다. 광명은 푸른 것도 아니고 누런 것도 아니며, 붉은 것도 아니고 흰 것도 아니며 또한 검은 것도 아니다. 빛깔도 아니고 마음도 아니며, 있는 것도 아니고 없는 것도 아니며 인과법(因果法)도 아니다. 모든 여래의 근본이고 보살도를 행하는 근본이며 모든 불자(佛子)들의 근본이다. 그러므로 불자들은 받아 지켜야 하고 외워야 하며 잘 배워야 한다.

불자들은 잘 들어라. 한 나라의 왕으로부터 짐승에 이르기까지 법사(法師)의 말을 알아들을 수 있는 이는 신분의 높고 낮음을 막론하고 모두 이 계를 받을 것이니, 계를 받음으로써 가장 청정한 자가 될 것이다.

여러 불자들, 나는 이제 보살의 열 가지 중한 계를 말하겠다.”

『梵網經』

2. 열 가지 중한 계〔十重大戒〕

“첫째, 중생을 죽이지 말라. 온갖 목숨 있는 것을 제가 죽이거나 남을 시켜 죽이거나, 수단을 써서 죽이거나 칭찬하여 죽게 하거나, 죽이는 것을 보고 기뻐하거나 주문을 외워 죽여서는 안 된다. 즉, 죽이는 인(因)과 죽이는 연(緣)과 죽이는 방법과 죽이는 업(業)으로 목숨 있는 것을 죽여서는 안 된다. 보살은 항상 자비스런 마음과 공손한 마음으로 모든 중생을 구원해야 할 것인데, 도리어 방자한 생각과 통쾌한 마음으로 산 것을 죽인다면 그것은 큰 죄가 된다.

둘째, 주지 않는 것을 훔치지 말라. 주인이 있는 물건이든 도둑들이 훔친 것이든 바늘 한 개, 풀 한 포기라도 제가 훔치거나 남을 시켜 훔치거나 수단을 써서 훔쳐서는 안 된다. 보살은 항상 자비스런 마음과 공손한 마음으로 모든 중생을 도와 복되고 즐겁게 해야 할 것인데, 도리어 남의 물건을 훔친다는 그것은 큰 죄가 된다.

셋째, 음행하지 말라. 제가 음행하거나 남을 시켜 음행하게 하지 말며, 몸의 어느 부분에든지 음란한 짓은 하지 말라. 보살은 항상 공손한 마음으로 모든 중생을 제도하여 청정한 법을 일러주어야 할 것인데, 도리어 음란한 마음을 내어 가까운 친척도 가리지 않고 음행을 하여 자비한 마음이 없어진다면 그것은 큰 죄가 된다.

넷째, 거짓말 하지 말라. 제가 거짓말 하거나 남을 시켜 거짓말을 하게 하거나 수단을 써서 거짓말 해서는 안 된다. 보살은 항상 올바른 말을 하고 올바른 견해를 가져야 하며, 모든 중생들에게 올바른 말을 하게 하고 올바른 견해를 갖게 해야 한다. 그런데 도리어 중생에게 옳지 못한 말과 옳지 못한 소견과 옳지 못한 업을 일으킨다면 그것은 큰 죄가 된다.

다섯째, 술을 팔지 말라. 제가 술을 팔거나 남을 시켜 팔아서도 안 된다. 술은 허물을 짓는 인연이 된다. 보살은 항상 모든 중생에게 밝고 빛나는 지혜를 내게 해야 할 것인데, 도리어 뒤바뀐 마음을 내게 한다면 그것은 큰 죄가 된다.

여섯째, 사부 대중(四部大衆)의 허물을 말하지 말라. 출가한 보살과 집에 있는 보살과 비구와 비구니의 허물을 제 입으로 말하거나 남을 시켜 말하게 해서는 안 된다. 보살은 만약 나쁜 사람들이 바른 법에 대해서 법이 아니고 율(律)이 아니라고 말하는 것을 들으면, 자비스런 마음으로 그들을 교화하여 대승(大乘)에 대한 신심을 내게 해야 한다. 그런데 도리어 자신이 바른 법에 대한 허물을 말한다면 그것은 큰 죄가 된다.

일곱째, 자기를 칭찬하고 남을 비방하지 말라. 자기를 칭찬하고 남을 비방하거나, 남을 시켜 자기를 칭찬케 하고 다른 사람을 헐뜯게 해서는 안 된다. 보살은 모든 중생을 대신해서 남의 비방과 욕을 달게 받으며, 나쁜 일은 제게 돌리고 좋은 일은 남에게 돌려주어야 한다. 그런데 자기 공덕을 드러내고 남의 잘한 일을 숨겨 다른 사람에게 비방을 받게 한다면 그것은 큰 죄가 된다.

여덟째, 제 것을 아끼려고 남에게 욕하지 말라. 제가 아끼거나 남에게 제 것을 아끼게 해서는 안 된다. 보살은 가난한 사람이 와서 달라 하면 무엇이든지 주어야 한다. 보살이 나쁜 마음과 성낸 마음으로 돈 한 푼, 바늘 한 개라도 주지 않고, 법을 구하는 사람에게 법문 한 구절, 게송 한마디라도 일러주지 않으며, 도리어 나쁜 말로 욕한다면 그것은 큰 죄가 된다.

아홉째, 성내지 말고 참회를 잘 받아라. 제가 성내거나 남을 성내게 해서는 안 된다. 보살은 끝없는 자비심으로 모든 중생을 화평하게 하며 자비한 마음과 공손한 마음을 내게 해야 한다. 그런데 도리어 나쁜 욕지거리를 하여 주먹이나 작대기나 칼로 치고도 화가 풀리지 않아, 그 사람이 진심으로 참회하여도 받지 않는다면 그것은 큰 죄가 된다.

열째, 삼보를 비방하지 말라. 제가 삼보를 비방하거나 남을 시켜 비방케 해서는 안 된다. 보살은 이교도나 나쁜 사람들로부터 삼보를 비방하는 한마디의 말이라도 들으면 삼백 자루의 창으로 가슴을 찔린 듯해야 할 것인데 하물며 제 입으로 비방할 것인가. 신심과 공손한 마음을 내야 할 텐데 도리어 잘못된 소견을 가진 자들과 어울려 삼보를 비방한다면 그것은 큰 죄가 된다.

어진 불자들, 이것이 보살의 열 가지 프라티목샤〔戒本〕이다. 마땅히 배워 이 중에 한 가지라도 범해서는 안 된다. 만약 이것을 범하면 이 몸으로 보리심을 내지 못하며, 온갖 공덕을 다 잃어버리고 삼악도에 떨어질 것이다. 보살은 지금 배우고 장차도 배울 것이며 이미 배운 것이니, 이 열 가지 계를 잘 배워 공경하는 마음으로 받아 지키라."

『梵網經』

3. 마흔여덟 가지 계〔四十八輕戒〕

"이미 열 가지 프라티목샤를 말했으니 이제는 마흔여덟 가지 계를 말하겠다.

첫째, 스승과 벗을 공경하라. 보살계를 받은 이는 스승과 벗을 보거든 공경하는 마음으로 일어나 맞고 문안해야 한다. 보살이 교만하거나 게으르고 어리석고 성내는 마음에서 일어나 맞지 않고 예배하지 않고 법답게 공양(供養)하지 않으면 어찌될 것인가. 만약 공양거리〔供養具〕가 없으면 제 몸을 팔아서라도 스승과 벗을 공양할 것이니 그렇지 않으면 죄가 된다.

둘째, 술 마시지 말라. 술 때문에 생기는 과오가 한량이 없다. 술잔을 남에게 권하기만 하고도 오백 생 동안 손이 없는 과보를 받았다는데 어찌 몸소 마실 것인가. 보살은 이웃에게 술을 마시지 않도록 권유해야 할 것이다. 그러므로 보살이 술을 마시거나 남에게 마시게 하면 죄가 된다.

셋째, 고기를 먹지 말라. 고기를 먹으면 자비의 종자가 끊어지고, 중생들이 그를 보고는 달아난다. 그러므로 보살이 고기를 먹어서는 안 된다. 일부러 먹으면 죄가 된다.

넷째, 냄새나는 채소를 먹지 말라. 마늘·부추·파·달래와 같이 악취가 나는 채소는 무슨 음식에나 넣어 먹지 마라. 먹으면 죄가 된다.

다섯째, 계를 범한 사람은 참회시켜라. 오계(五戒)와 십계(十戒), 이 밖에 다른 금계(禁戒)를 범한 사람을 보거든 참회시켜야 한다. 보살이 이런 사람을 참회시키지 않고 함께 지내면서 이양(利養)을 같이 받으며, 대중이 모인 자리에서 계를 말해 주면서 그 죄를 들어 참회시키지 않으면 죄가 된다.

여섯째, 법사(法師)에게 공양하고 법을 청하라. 법을 가르치는 스승을 만나거든 일어나 맞아들이고 예배 공양해야 한다. 음식과 앉을 자리와 약과 소용될 물건을 공양하고, 법을 위해서는 몸도 잊어버리고 간절한 마음으로 설법해 주기를 청하라. 그렇지 않으면 죄가 된다.

일곱째, 설법하는 곳에 찾아가 들어라. 경이나 계율 혹은 바른 법을 말하는 곳이 있거든 나무 아래나 숲속이나 절을 가릴 것 없이 몸소 찾아가 들어라. 불자로서 가서 듣지 않고 묻지 않으면 죄가 된다.

여덟째, 대승법을 그릇되게 여기지 말라. 대승경전과 율을 부처님 말씀이 아니라고 하면서, 소승의 교법과 이교도의 사견(邪見)으로 만든 학설만을 배우는 것은 죄가 된다.

아홉째, 환자를 잘 보살펴라. 보살이 환자를 보거든 부처님처럼 잘 받들어 공양해야 한다. 여덟 가지 복밭 가운데 간호하는 일이 으뜸가는 복밭이다. 보살이 병든 사람을 보고도 간호하지 않으면 죄가 된다.

열째, 살생하는 도구를 가지고 있지 말라. 사람을 죽이는 무기나 짐승을 잡는 기구는 무엇이건 마련해 두지 마라. 보살은 자기 부모를 죽인 사람에게도 원수를 갚지 않는데 하물며 중생을 죽일 것인가. 그러므로 그런 도구를 마련해 두면 죄가 된다.

열한째, 국가의 사신(使臣)이 되지 말라. 어떤 이익을 바라는 나쁜 생각에서 나라의 사신이 되어 적국과 통하거나 전쟁을 일으켜 많은 중생을 죽게 하지 말라. 보살은 군대들과 어울려 다니지도 않는데 하물며 자기 이익을 위해 나라를 해롭게 해서 될 것인가. 그러므로 그런 일을 하면 죄가 된다.

열두째, 나쁜 마음으로 장사하지 말라. 사람이나 가축을 사고 팔지 말며, 관(棺) 장사 같은 일을 하지 말라. 제가 하지도 않는데 남을 시켜 할 것인가. 제가 팔거나 남을 시켜 팔면 죄가 된다.

열셋째, 비방하지 말라. 나쁜 마음으로 남을 까닭없이 비방하면서 그가 무슨 죄를 지었다고 말하지 말라. 남을 해롭게 하여 좋지 못한 곳에 들어가게 하면 죄가 된다.

열넷째, 불을 놓지 말라. 나쁜 생각으로 불을 놓아 산과 들을 태우거나, 생물이 번성할 때 땅 위에 불을 놓지 말라. 남의 집이나 절, 혹은 전답이나 숲에 불을 놓아 태우면 죄가 된다.

열다섯째, 딴 법으로 교화하지 말라. 보살은 누구에게나 항상 대승 경전과 대승 계율을 가르쳐 보리심을 내게 해야 한다. 그런데 보살이 만약 나쁜 마음과 미워하는 생각으로 소승의 경과 율이나 이교도의 그릇된 학설만을 가르치면 죄가 된다.

열여섯째, 이익을 탐내지 말고 바르게 가르치라. 보살은 좋은 마음으로 대승의 위의와 경과 율을 먼저 배우고 그 뜻을 잘 해석해야 한다. 새로 발심한 보살이 멀리서 와서 대승의 경과 율을 배우고자 하면 법대로 온갖 고행을 일러 줄 것이고, 그 다음에 바른 법을 차례대로 말해 마음이 열리고 뜻이 통하게 해야 한다. 보살이 어떤 이익을 위해 대답할 것을 대답하지 않거나 잘못 일러주어 앞뒤가 틀리게 하여 삼보(三寶)를 비방하면 죄가 된다.

열일곱째, 세력을 믿고 무엇을 얻으려 하지 말라. 보살이 왕이나 관리들을 가까이 사귀어 그들의 힘을 믿고 재물을 달라고 하면 죄가 된다.

열여덟째, 아는 것 없이 스승이 되지 말라. 보살은 경전을 배우고 계를 지켜 그 뜻과 여래의 성품까지도 잘 알아야 한다. 경 한 구절, 게송 한마디도 알지 못하고 계율의 인연도 모르면서 아는 체하는 것은 저를 속이고 남을 속이는 짓이다. 모든 법을 두루 알지 못하면서 남의 스승이 되어 계를 일러 주는 것은 죄가 된다.

열아홉째, 두 가지로 말하지 말라. 나쁜 생각으로 이간을 붙여 화합을 깨뜨리거나 어진 이를 비방하는 일은 죄가 된다.

스무째, 산 목숨을 놓아 주고 죽게 된 것을 구제하라. 보살은 자비스런 마음으로 산 것을 놓아 주어야 한다. 따지고 보면 육도(六道) 중생이 모두 내 아버지요 어머니이다. 짐승을 잡아먹는 것은 곧 내 부모를 죽이고 내 옛 몸을 먹는 일이 된다. 누가 짐승을 죽이려고 하거든 방편으로 구원하여 액난에서 벗어나게 해 줄 것이며, 보살계를 일러주고 교화하여 중생을 제도할 것이다. 부모와 형제의 제삿날에는 법사를 청해 보살계와 경전을 읽어 죽은 이의 명복을 빌 것이니 그러지 않으면 죄가 된다.

스물한째, 성내고 때려 원수 갚지 말라. 보살은 마주 성내거나 때려서는 안 된다. 설사 부모 형제가 남에게 맞아 죽었더라도 원수를 갚지 말라. 산 목숨을 죽여 원수를 갚는 것은 효도에 맞는 일이 아니다. 출가한 보살이 자비심이 없어 원수를 갚는 것은 죄가 된다.

스물두째, 교만한 생각을 버리고 법문을 청하라. 처음 출가하여 아무것도 알지 못하면서 총명한 재주를 믿거나, 지위·나이·문벌·재산 같은 것을 믿고 교만한 생각으로 먼저 배운 법사에게 경과 율 배우기를 싫어하지 말라. 법사가 비록 나이 젊고 신분이 보잘것없고 용모가 온전치 못하더라도, 학덕이 있고 경과 율을 잘 안다면 그 법사에게 배워야 한다. 처음 배우는 보살이 법사의 문벌이나 따지면서 법을 배우지 않으면 죄가 된다.

스물셋째, 교만한 생각으로 잘못 일러주지 말라. 보살계를 받으려 하여도 천 리 안에 법을 설해 줄 법사가 없을 때에는 불 보살 형상 앞에서 서원을 세우고 지극하게 기도하면서 상서(祥瑞)를 보아야 한다. 법사가 경과 율과 대승법을 잘 안다는 것을 내세워 처음 배우는 보살이 경과 율을 묻는데도 교만한 생각으로 낱낱이 잘 일러주지 않으면 죄가 된다.

스물넷째, 여래의 가르침을 잘 배우라. 보살이 여래의 경과 율과 대승법이 있어도 배우지 않고 어찌 소승과 이교도의 잘못된 학설이나 세속 학문을 배울 것인가. 이와 같은 일은 부처님의 성품을 끊는 것이고 도에 장애되는 것이며 보살의 할 일이 아니다. 일부러 그런 짓을 하면 죄가 된다.

스물다섯째, 대중을 잘 통솔하라. 법사가 되거나 교단의 책임자가 되거나 절의 주지가 되거나 어떤 일의 책임을 맡거든, 다투는 대중을 자비심으로 화해시키고 삼보의 재산을 수호하여 함부로 쓰지 말아야 한다. 만약 대중의 질서를 어기거나 삼보의 물건을 함부로 쓰면 죄가 된다.

스물여섯째, 혼자만 이양(利養)을 받지 말라. 어떤 절이나 여럿이 모인 곳에 객스님이 오거든 먼저 있던 대중이 일어나 맞아들이고 보낼 것이며, 음식을 공양하고 방과 이부자리와 평상과 방석 등 소용되는 것을 마련해 주어야 한다. 신도가 와서 대중을 초대하거든 객스님도 공양받을 분(分)이 있으므로 절 책임자는 객스님도 함께 보내야 한다. 만약 먼저 있던 사람들만 초대를 받고 객스님을 따돌린다면 절 책임자는 한량없는 죄를 지은 것이며 그는 짐승과 다를 것이 없다. 그런 사람은 사문이 아니며 불제자가 아니다. 이런 일은 죄가 된다.

스물일곱째, 따로 초대받지 말라. 따로 초대를 받아 자기만 이양을 취해서는 안 된다. 이런 이양은 대중들이 똑같이 받을 것인데, 만약 혼자서만 초대를 받으면 이것은 대중들의 몫을 저 혼자 독차지하는 것이나 다름이 없다. 이런 일은 죄가 된다.

스물여덟째, 스님들을 따로 초대하지 말라. 출가한 보살이나 집에 있는 보살이나 신도가 스님들을 초대하려거든 먼저 절에 가서 일보는 사람에게 그 뜻을 말하라. 그러면 일보는 사람은 '스님들을 차례대로 초대하는 것이 모든 거룩한 스님들을 모시는 것이 됩니다.'라고 해야 한다. 세상 사람들이 오백 아라한이나 보살들만을 따로 초대하는 것은 차례대로 보통 스님 한 분을 초대하는 것만 못하다. 따로 초대하는 것은 이교도들이나 하는 풍습이고 여래의 가르침에는 따로 초대하는 법이 없다. 스님들을 일부러 따로 초대하면 죄가 된다.

스물아홉째, 나쁜 업으로 살지 말라. 어떤 이익을 위해 매음행위를 하거나 관상 보고 점치거나 해몽을 하거나 주문과 술법을 쓰거나 독약 같은 것을 만들지 말라. 이런 행위는 자비스런 마음과 공손한 마음이 아니니 일부러 범하면 죄가 된다.

서른째, 재일(齋日)을 공경하라. 나쁜 마음으로 삼보를 비방하면서도 겉으로는 섬기는 체하며, 행위는 유(有)에 걸려 있으면서 입으로는 공(空)하다고 말해서는 안 된다. 세속 사람들과 사귀기를 좋아하고 그들에게 음란한 짓을 하게 하여 속박을 지어서는 안 된다. 육재일(六齋日)과 삼장재월(三長齋月)에 산 것을 죽이거나 도둑질하여 재를 깨뜨리고 계를 범하면 죄가 된다.

서른한째, 재난을 보거든 구해 내라. 불상이나 경전을 나쁜 사람들이 도둑질하여 팔거나, 스님과 발심한 보살들이 욕을 당하는 것을 보거든, 자비한 마음으로 어떤 방편을 써서든지 구해 내야 한다. 만약 구해 내지 않으면 죄가 된다.

서른두째, 중생을 손해보게 하지 말라. 산 것을 해치는 데에 쓰는 무기를 팔지 말며, 속이는 저울과 적게 드는 말〔斗〕을 마련해 두지 말라. 권력을 의지해 남의 것을 빼앗거나 다된 일을 깨뜨리지 말며, 고양이나 돼지나 개 같은 가축을 기르지 말라. 그런 짓을 하면 죄가 된다.

서른셋째, 나쁜 짓은 보고 듣지도 말라. 방일한 마음으로 남녀의 싸움이나 전쟁이나 도둑들끼리 싸우는 것을 구경하지 말라. 노래하고 춤추는 것을 구경하지 말며, 투전이나 바둑 장기를 두지 말고, 도둑의 심부름을 하지 말라. 이런 짓을 하면 죄가 된다.

서른넷째, 잠시라도 마음을 놓지 말라. 불자는 계율을 금강석과 같이 알고 바다를 건너게 해주는 부낭같이 여기라. 나는 아직 이루지 못한 부처요, 여래는 이미 이룬 부처임을 명심하고 보리심을 내어 잠시라도 잊어버려서는 안 된다. 만약 잠시라도 소승이나 이교도의 마음을 내면 죄가 된다.

서른다섯째, 원을 발하라. 부모와 스승에게 은혜 갚기를 원하며, 어진 도반과 함께 공부할 선지식 만나기를 원하며, 마음이 환히 열려 법대로 수행하기를 원하며, 계율을 굳게 지켜 잠시라도 마음에 흩어지지 않기를 원해야 할 것이니, 이런 원을 발하지 않으면 죄가 된다.

서른여섯째, 서원을 세우라. 불자는 계율을 지키면서 다음과 같은 서원을 세워야 한다.

'차라리 이 몸을 훨훨 타오르는 불구덩이나 날카로운 칼날 위에 던질지언정 삼세 부처님의 계율을 어겨 여인들과 부정한 짓을 하지 않겠습니다. 차라리 뜨거운 쇠그물로 이 몸을 얽을지언정 파계한 몸으로 신심 있는 신도가 주는 옷을 입지 않겠습니다.

차라리 이 입으로 벌겋게 달은 쇳덩이를 삼킬지언정 파계한 입으로 신심 있는 신도의 음식을 먹지 않겠습니다. 차라리 이 몸을 뜨거운 철판 위에 누일지언정 파계한 몸으로 신심 있는 신도가 주는 의자나 방석을 받지 않겠습니다. 차라리 이 몸이 삼백 자루 창에 찔릴지언정 파계한 몸으로 신심 있는 신도가 주는 약을 받지 않겠습니다. 차라리 이 몸이 끓는 가마솥에 들어가 있을지언정 파계한 몸으로 신심 있는 신도가 베푼 방이나 집이나 절을 쓰지 않겠습니다.

차라리 쇠망치로 이 몸을 부수어 머리에서 발끝까지 가루를 만들지언정 파계한 몸으로 신심 있는 신도의 예배(禮拜)를 받지 않겠습니다. 모든 중생들이 다 같이 부처님이 되어지이다.'

보살이 만약 이와 같은 서원을 세우지 않으면 죄가 된다.

서른일곱째, 위험한 곳에 다니지 말라. 불자는 봄 가을 두타행(頭陀行)을 할 때나 여름 겨울 참선할 때나 안거할 때에 항상 다음 열여덟 가지를 지녀야 한다. 칫솔·비누·가사·물병·바리·방석·육환장·물 긷는 주머니·수건·주머니칼·성냥·쪽집게·노끈·의자·경전·율문·불상·보살상 등. 보살은 백리 천리를 가더라도 이 열여덟 가지는 반드시 지니고 다녀야 한다. 이 물건이 몸에서 떠나지 않게 하기를 마치 새의 두 날개와 같이 할 것이다. 새로 발심한 보살은 보름마다 대중이 모인 자리에서 계본(戒本)을 외우라. 불 보살 형상 앞에서 열 가지 중한 계와 마흔 여덟 가지 계를 외워야 한다. 두타행을 할 때에 험난한 곳에는 가지 마라. 적국의 국경, 악독한 왕이 있는 곳, 초목이 무성한 곳, 사자나 호랑이 등 맹수가 사는 곳, 화재나 수재 폭풍이 있는 곳, 도둑이 들끓는 외딴 곳, 독사가 많은 곳에는 가지 마라. 두타행을 할 때나 안거(安居)할 때에 이런 위험한 곳에 가는 것은 죄가 된다.

서른여덟째, 높고 낮은 차례를 어기지 말라. 불자(佛子)는 바른 법과 같이 높고 낮은 차례를 따라 앉되 먼저 계 받은 이가 위에 앉고 나중에 계 받은 이가 아래에 앉아야 한다. 나이 많고 적음이나 신분을 묻지 말고 계 받은 차례대로 앉아라. 어리석은 이교도들처럼 나이 많은 이나 적은 이나 앞뒤도 없이 함부로 앉지 말라. 만약 보살이 차례대로 찾아 앉지 않으면 죄가 된다.

서른아홉째, 복과 지혜를 닦게 하라. 중생을 널리 교화하여 절과 탑을 세우게 하고, 온갖 재난을 당했을 때도 대승 경전과 대승 율문(律文)을 말하여 복과 지혜를 골고루 닦도록 해야 한다. 새로 된 보살이 이와 같이 하지 않으면 죄가 된다.

마흔째, 계를 가려서 일러주지 말라. 남에게 계를 일러줄 때는 그 신분을 가리지 말고 누구나 받게 하라. 다만 살인자는 제외한다. 옷은 검박하게 물들여 법에 맞게 입으라. 비구의 옷은 일반인의 옷과 달라야 한다. 출가한 사람은 국왕이나 부모나 친척들에게 절하지 않으며 귀신을 위하지도 않는다. 멀리서 와서 계법(戒法)을 구하는 이에게 보살인 법사가 나쁜 마음으로 누구나 받을 수 있는 계를 일러주지 않으면 죄가 된다.

마흔한째, 이익을 위해 스승이 되지 말라. 열 가지 큰 계를 범한 사람은 불 보살 형상 앞에서 참회시켜 상서(祥瑞)를 보도록 하고, 마흔여덟 가지 계를 범한 사람은 법사에게 참회하면 허물이 소멸된다. 계를 일러주는 법사는 이와 같은 법과 대승 경률(經律)의 가볍고 큰 것과 옳고 그른 것을 잘 알아야 한다. 명예와 이양을 위해서나, 제자를 탐내어 여러 가지 경과 율을 아는 체하면 이것은 저를 속이고 남을 속이는 것이니 죄가 된다.

마흔두째, 계 받지 않은 이에게 포살(布薩)하지 말라. 포살할 때에 이양을 위해 보살계를 받지 않은 이교도나 그릇된 소견을 가진 자 앞에서 모든 부처님께서 말씀하신 큰 계를 설해서는 안 된다. 만약 이런 사람들 앞에서 계를 말하면 죄가 된다.

마흔셋째, 계 범할 생각을 내지 말라. 불자가 신심에서 출가하여 부처님의 바른 계를 받은 뒤에는 일부러 파계한 자는 신도들의 공양을 받지 못하며, 그 나라 땅으로 다니지 못하며, 그 나라 물도 마시지 못할 것이다. 오천 귀신들이 항상 앞을 가로막고 큰 도둑이라 하면서 그 발자국을 쓸어버릴 것이며, 세상 사람들은 불법의 도둑이라 꾸짖을 것이고, 중생들은 그를 보기 싫어할 것이다. 바른 계를 깨뜨리는 이는 죄가 된다.

마흔넷째, 경전에 공양하라. 불자는 한결같은 마음으로 대승 경전과 율을 읽고 외우며 정성을 다해 써야 할 것이고 함(函)을 만들어 모시고 꽃과 향으로 공양해야 한다. 이와 같이 법답게 공양하지 않으면 죄가 된다.

마흔다섯째, 중생을 항상 교화하라. 불자는 자비심을 일으켜 중생을 보거든 삼보에 귀의시켜 열 가지 큰 계를 받들도록 할 것이며, 짐승을 대하면 보리심을 내라고 속으로 생각하고 입으로 말해야 한다. 보살은 산이나 숲, 강이나 들에 갈 때에도 여러 중생들에게 보리심을 내게 해야 할 것인데, 만약 중생 교화할 생각을 내지 않으면 죄가 된다.

마흔여섯째, 법답게 설법하라. 불자는 남을 교화할 때 가엾이 여기는 마음을 가져야 하며, 여럿이 모인 대중 앞에서 법을 말할 때에는 반드시 높은 자리에 앉아 법답게 설법해야 한다. 듣는 대중들은 아랫자리에 앉아 향과 꽃으로 공양하며 부모와 스승을 공양하듯 해야 할 것이다. 법을 말할 때 법답게 하지 않으면 죄가 된다.

마흔일곱째, 옳지 못한 법으로 제한하지 말라. 국왕이나 관리들이 자기들의 세력을 믿고 불교를 파괴할 목적으로 제한하는 법을 만들어서는 안 된다. 출가하여 도 닦는 일을 못하게 하거나 불상과 탑과 경전과 절을 만들지 못하게 하는 등 온갖 옳지 못한 처사로 교단의 자유를 구속해서는 안 된다. 여러 사람을 교화할 보살이 어찌 관리들의 시중꾼이 된단 말인가. 국왕이나 관리들이 신심으로 부처님 계를 받았거든 삼보를 파괴하는 일은 하지 말라. 불교를 파괴하는 일을 하면 죄가 된다.

마흔여덟째, 바른 법을 파괴하지 말라. 신심에서 출가한 불자가 명예와 이익을 위해 국왕이나 관리들과 결탁하여 비구 비구니나 계 받은 불자들을 구속하고 죄인처럼 다룬다면, 그것은 마치 사자의 몸에서 생긴 벌레가 사자의 살을 먹는 것과 같을 것이다. 보살은 여래의 계를 비방하고 모욕하는 소리를 들으면 삼백 자루 창으로 심장을 찔린 듯해야 할 것이다. 그런데 스스로 여래의 계를 깨뜨리거나 남을 시켜 파괴하는 인연을 지을 것인가. 계를 받은 이는 바른 법 보호하기를 외아들 사랑하듯 하고 부모 섬기듯 하여 파괴되지 않도록 해야 한다.

여러 불자들, 이 마흔여덟 가지 계를 받아 지키라. 과거의 보살들이 이미 배웠고, 미래의 보살들도 장차 배울 것이며, 현재의 보살들이 지금 배우고 있다. 이 보살계를 받은 이는 읽고 외우고 해석하고 써서 중생들에게 널리 펼쳐 교화가 그치지 않게 하라." 『梵網經』

제 5 장 화합의 법문

1. 파계에 대한 시비

부처님께서 코삼비에 계실 때의 일이다. 어떤 비구가 자기 생각에는 계를 범한 것이 아닌데, 다른 비구들이 주장하기를, 계를 범했으니 법대로 처벌받아야 한다는 것이었다. 그래서 범했느니 범하지 않았느니 서로 시비를 하다가 범하지 않았다고 주장하던 비구가 마침내 그 대중에서 쫓겨나고 말았다.

그러나 그 비구는 오랫동안 수행해 왔기 때문에 교리와 계율에 밝고 도에 대한 마음이 견고했다. 그는 친한 비구와 신도를 많이 알고 있어 그들을 찾아가 자기의 억울함을 말했다. 그를 동정한 비구들은 한 무리가 되어 앞의 대중들과 더욱 큰 시비를 벌였다. 그들은 서로 비방하고 헐뜯으며 욕지거리를 하였다. 이 소식을 전해 들은 부처님은 '이 어리석은 자들이 마침내 교단의 화합을 깨뜨리는구나' 하시고, 비구를 쫓아낸 대중에게 가서 말씀하셨다.

"너희들은 다른 비구의 허물을 눈앞의 것만을 가지고 그를 미워한 끝에 쫓아내서는 안 된다. 오랫동안 수행하여 교리와 계율에 밝고 도에 대한 마음이 견고

한 비구일 경우에는 더욱 그렇다. 너희들의 할 일이라고 해서 비구를 쫓아내야 한다고 생각하는 것은 잘못이다."

이와 같이 말씀하시고 나서 이번에는 쫓겨난 비구쪽에 가서 말씀하셨다.

"너는 죄를 범하고 있으면서도 뉘우치지 않고, 나는 죄가 없으니 참회할 필요가 없다고 생각해서는 안 된다. 설사 어떤 허물이 없다 할지라도 자기 한 사람의 일로 교단에 불화가 생기고 싸움이 일어난다면, 대중의 화합이 깨뜨려질 것을 두려워하고 다른 사람들의 신앙을 위해서라도 대중의 결정된 뜻에 따르는 것이 옳다." 『四分律 43』

2. 여섯 가지 화합

부처님께서는 다시 여러 비구들을 모이게 한 다음 여섯 가지 화합(和合)하는 법을 말씀하셨다.

"여기 기억하고 사랑하고 존중해야 할 여섯 가지 화합하는 법이 있다. 이 법에 의지하여 화합하고 다투는 일이 없도록 하여라. 첫째, 같은 계율을 같이 지키라. 둘째, 의견을 같이 맞추라. 셋째, 받은 공양을 똑같이 수용하라. 넷째, 한 장소에 같이 모여 살아라. 다섯째, 항상 서로 자비롭게 말하라. 여섯째, 남의 뜻을 존중하라."

부처님께서는 이튿날 아침 코삼비에 들어가 걸식을 마치고 비구들을 불러 말씀하셨다.

"대중이 화합하지 못할 때에는 저마다의 행동을 더욱 삼가해야 한다. 법답지 못하고 친절하지 못한 일이 있을 때에는 참고 견디며, 자비스런 마음으로 법답고 친절한 일이 행해지도록 힘써야 한다. 물과 젖이 합한 것처럼 한 자리에 화합해서 한 스승의 법을 배우면서 안락하게 지내야 할 것이다.

여러 비구들, 너희들은 여래의 계율을 따라 머리를 깎고 출가한 사문이 아닌가. 아무쪼록 잘 참고 견디며 자비에 의해 밝게 화합해야 한다. 부디 다투지 마라. 이 이상 화합을 깨뜨리지 마라."

부처님의 이와 같은 간곡한 가르침에도 불구하고 어떤 비구는 말했다.

"부처님, 걱정 마시고 그저 가만히 계십시오. 부처님께서는 법의 왕이십니다. 저희들의 다툼은 저희들끼리 알아서 하겠습니다."

"아니다, 그런 소리 말아라. 서로 싸우고 욕하고 비방하면서 시비를 가리지 말아라. 물과 젖이 합한 것처럼 화합하여 살면서 한 스승에게 같이 배우면 여래의 법 안에서 이익을 얻고 안락하게 될 것이다."

부처님께서 이와 같이 몇 번이고 거듭 말씀하셨으나 코삼비 비구들은 끝내 싸움을 그치지 않았다. 부처님께서는 '이같이 어리석은 겉모양에만 마음을 팔고 있으니 어쩔 수 없구나' 하시고, 가르치던 대중이나 공양올리던 신도들에게도 아무 말씀 없이 훌쩍 코삼비를 떠나셨다. 그리고 사밧티에 돌아와 어느 조용한 숲속에서 홀로 고요함을 즐기셨다. 마치 큰 코끼리가 많은 새끼 코끼리들을 떠나 번거로움 없이 즐기듯 하셨다. 「四分律 43」

3. 양쪽 말을 들어보라

이때 코삼비의 신도들은 부처님께서 아무 말씀 없이 사밧티 쪽으로 떠나가셨다는 말을 듣고 서운해하고 슬퍼했다. 그리고 비구들이 시비를 그치지 않기 때문에 가신 거라고 그들을 원망했다. 신도들은 모임을 열고, 오늘부터 코삼비에 있는 비구들에게는 공양도 올리지 말고 예배하지도 말고 아는 체도 하지 말자고 결의하였다. 공양을 받을 수 없게 되자 비구들은 하는 수 없이 '부처님께 찾아가 이 싸움을 끝맺고 말자' 하고, 행장을 꾸려 사밧티로 길을 떠났다.

코삼비의 시비꾼들이 사밧티로 온다는 소문을 듣고 사리풋타는 여러 비구들과 함께 부처님께 가서 말씀드렸다.

"코삼비 비구들은 싸우면서 서로 비방하고 욕지거리를 하는데 그 입이 마치 칼날 같다고 합니다. 그들이 이곳으로 온다는데 저희들은 어떻게 하면 좋겠습니까?"

부처님께서 사리풋타에게 말씀하셨다.

"두 무리의 말을 들어보라. 그래서 법답게 말하는 비구가 있거든 그의 말을 받아들여 칭찬하고 그의 편이 되어 주어라."

"어떻게 그 비구의 말이 법답고 법답지 못한 줄을 알 수 있습니까?"

"대중이 서로 화합하지 못하는 것은 다음 열여덟 가지를 바로 보지 못하기 때문이다. 즉 계율과 계율 아닌 것, 법과 법 아닌 것, 범하고 범하지 않은 것, 가볍고 무거운 것, 여지가 있고 여지가 없는 것, 추악하고 추악하지 않은 것, 할 것과 하지 않을 것, 막을 것과 막지 않을 것, 말할 것과 말하지 않을 것이다.

사리풋타, 네가 이런 일을 관찰하면 그 비구가 법답게 말하는지 아닌지를 알 수 있을 것이다. 이와 같은 것들을 제자리에 두지 않고 서로 뒤바꾸어 알고 해석함으로써 온갖 시비가 생기고 대중의 화합이 깨뜨려지는 것이다."

부처님께서는 사밧티에 있는 비구와 코삼비에서 온 비구들을 한데 모아 놓고 말씀하셨다.

"내가 지금까지 제정하여 놓은 모든 계율은 곧 너희들의 보호자요 스승이다. 바로 너희들이 믿고 의지하며 목숨이 다하도록 지켜야 할 것이다. 하나라도 범하게 되면 법대로 다스림을 받고 참회해야 한다. 이와 같은 계율은 오로지 교단의 화합을 위하고 대중이 안락하게 수행하도록 하기 위해서 있는 것임을 알아라. 그러므로 많은 계율 가운데서 중요한 것을 제하고, 그 나머지 사소한 계율에 대해서는 너무 고집하여 범하고 범하지 않은 것을 캐냄으로써 시비를 일삼지 않도록 하여라. 이치에 어긋나지 않도록 두루 살펴 삼가하며, 윗사람을 공경하고 아랫사람을 사랑하여 서로서로 화합하고 예의와 법도에 맞도록 할 것이다. 이것이 곧 출가하여 수행하는 사람들이 공경하고 순종할 법이다."

코삼비에서 온 비구들은 부처님의 말씀을 듣고 자신들의 허물을 뉘우쳐 참회하고 다시 화합을 이루었다.

「四分律 43」

제 5 편 조사어록

제 1 장 마음 닦는 법

1. 불타는 집

삼계(三界)[1]의 뜨거운 번뇌가 마치 불타는 집과 같은데, 어째서 거기 머물러 그 긴 고통을 달게 받을 것인가. 윤회를 면하려면 부처를 찾아야 한다. 부처는 곧 이 마음인데, 마음을 어찌 먼 데서 찾으랴. 마음은 이 몸을 떠나 따로 있는 것이 아니다. 육신은 거짓이어서 생(生)이 있고 멸(滅)이 있지만, 참마음은 허공과 같아서 끊이지도 않고 변하지도 않는다. 그러므로 "뼈와 살은 무너지고 흩어져 흙으로 돌아가고 바람으로 돌아가지만 한 물건은 신령스러워 하늘을 덮고 땅을 덮는다."고 한 것이다.

슬프다! 요즘 사람들은 어리석어서 자기 마음이 참 부처인 줄 알지 못하고 자기 성품이 참 법인 줄을 모르고 있다. 법을 멀리 성인들에게서만 구하려 하고, 부처를 찾고자 하면서도 자기 마음을 살피지 않는다. 만약 '마음 밖에 부처가 있고, 성품 밖에 법이 있다.'

---

1) 생사에 유전하는 미혹한 중생의 세계를 나누어 욕망의 세계를 욕계(欲界), 물질적인 현상계를 색계(色界), 정신적인 세계를 무색계(無色界)라 함.

고 굳게 고집하여 불도를 구한다면, 이와 같은 사람은 비록 티끌처럼 많은 세월이 지나도록 몸을 태우고 뼈를 두드려 골수를 내며, 피를 뽑아 경전을 쓰고 밤낮으로 눕지 않으며, 하루 한 끼만 먹고 팔만대장경을 줄줄 외며 온갖 고행을 닦는다 할지라도, 모래로 밥을 짓는 것과 같아서 보람도 없이 수고롭기만 할 것이다. 자기 마음을 알면 수많은 법문(法門)과 한량없는 진리를 구하지 않아도 저절로 얻게 될 것이다.

그러므로 부처님께서 말씀하시기를 "모든 중생을 두루 살펴보니 여래의 지혜와 덕을 갖추고 있다." 하시고, "모든 중생의 갖가지 허망된 생각이 다 여래의 원각묘심(圓覺妙心)[2]에서 일어난다."고 하셨으니, 이 마음을 떠나 부처를 이룰 수 없음을 알아야 한다. 과거의 모든 부처님들도 이 마음을 밝힌 분이며, 현재의 모든 성현들도 이 마음을 닦은 분이며, 미래의 배울 사람들도 또한 이 법을 의지해야 할 것이다. 그러므로 수행하는 사람들은 결코 밖에서 구하지 말 것이다. 마음의 바탕은 물듦이 없어서 본래부터 스스로 원만히 이루어진 것이니, 그릇된 인연을 떠나면 곧 의젓한 부처이다. 『普照[3] 修心訣』

2) 원만한 깨달음의 경지인 청정한 본심.
3) (1158~1210) 법명은 지눌(知訥), 호는 목우자(牧牛子). 순천 송광사에서 11년간 머물면서 수선사(修禪社)를 마련, 정혜(定慧)로써 제자들을 가르치다. 저서 『절요(節要)』·『진심직설(眞心直說)』·『수심결』 등.

2. 불성은 어디에

"만약 불성(佛性)이 이 몸에 있다고 한다면, 이미 몸 가운데 있으면서 범부를 벗어나지 못한 것이니, 저는 어째서 지금 불성을 보지 못합니까?"

"네 몸 안에 있는데도 네가 스스로 보지 못하는 것이다. 그러면 배고프고 목마른 줄 알며, 차고 더운 줄 알며, 성내고 기뻐하는 것이 무슨 물건인가? 또 이 육신은 지(地)·수(水)·화(火)·풍(風)의 네 가지 요소〔四大〕가 모인 것이므로, 그 바탕이 미련해 식정(識情)이 없는데 어떻게 보고 듣고 깨달아 알겠는가. 보고 듣고 깨달아 아는 그것이 바로 너의 불성이다."

그러므로 임제(臨濟)[4]스님이 말씀하기를 "사대(四大)는 법을 설할 줄도 들을 줄도 모르고 허공도 또한 그런데, 다만 네 눈앞에 뚜렷이 홀로 밝은 형상 없는 것이라야 비로소 법을 설하고 들을 줄 안다."고 하였다. 여기에서 말한 형상 없는 것이란 모든 부처님의 법인(法印)[5]이며, 너의 본래 마음이다. 즉 불성이 네 안에 버젓이 있는데 어찌 그것을 밖에서 찾느냐. 네가

---

4) (?~867) 법명은 의현(義玄), 당대(唐大) 임제종의 개조(開祖). 황벽 희운(黃檗希運)의 법을 이어 '덕산의 봉(棒), 임제의 할(喝)'이라 불려질 만큼 참선 수행자에게는 신랄했다. 그의 언행(言行)을 제자들이 엮어 『임제록』이라 하였다.

5) 불교의 표치. 인(印)은 진실해서 부동불변하고 왕인(王印)처럼 어디서나 통용되어 증명이 된다는 뜻.

믿지 못하겠다면 옛 성인들의 도(道)에 든 인연 몇 가지를 들어 의심을 풀어 줄 테니 진실인 줄 믿으라.

옛날 이견왕(異見王)이 바라제 존자께 물었다.

"어떤 것이 부처입니까?"

존자는 이렇게 대답했다.

"성품을 보는 것이 부처입니다."

"스님은 성품을 보았습니까?"

"그렇습니다. 나는 불성을 보았습니다."

"성품이 어느 곳에 있습니까?"

"성품은 작용(作用)하는 데에 있습니다."

"그 무슨 작용이기에 나는 지금 보지 못합니까?"

"지금 버젓이 작용하는데도 왕이 스스로 보지 못합니다."

"내게 있단 말입니까?"

"왕이 작용한다면 볼 수 있지만, 작용하지 않는다면 그 체(體)도 보기 어렵습니다."

"만일 작용할 때에는 몇 군데로 출현합니까?"

"출현할 때에는 여덟 군데로 합니다."

왕이 그 여덟 군데를 말해 달라고 하자 존자는 다음과 같이 가르쳐 주었다.

"태 안에 있으면 몸이라 하고, 세상에 나오면 사람이라 하며, 눈에 있으면 보고, 귀에 있으면 듣고, 코에 있으면 냄새를 맡으며, 혀에 있으면 말을 하고, 손에 있으면 붙잡고, 발에 있으면 걸어다니며, 두루 나타나서는 온 누리에 다 싸고, 거두어들이면 한 티끌에 있습니다. 아는 사람은 이것이 불성인 줄 알고, 모르는 사람은 정혼(精魂)이라 부릅니다."

왕은 이 말을 듣고 곧 마음이 열렸다.

또 어떤 스님이 귀종(歸宗) 화상께 물은 적이 있었다.

"어떤 것이 부처입니까?"

화상은 이렇게 말했다.

"내 이제 그대에게 일러주고 싶지만 그대가 믿지 않을까 걱정이다."

"큰 스님의 지극한 말씀을 어찌 감히 믿지 않겠습니까."

"그것은 곧 너니라."

"어떻게 닦아가야〔保任〕 합니까?"

"한 꺼풀 가리는 것이 눈에 있으니 헛꽃〔空華〕이 어지러이 지는구나."

그 스님은 이 말끝에 알아차린 바가 있었다. 옛 성인의 도에 드신 인연이 이와 같이 명백하고 간단하여 힘들지 않았다. 이 법문으로 말미암아 알아차린 것이 있다면, 그는 옛 성인과 더불어 손을 마주잡고 함께 갈 것이다. 『普照 修心訣』

3. 신통변화

"앞에 말씀하신 견성(見性)이 참으로 견성이라면 그는 곧 성인입니다. 신통변화(神通變化)를 나타내어 보통 사람과는 다른 데가 있어야 할 텐데, 어째서 요즘 수도인들은 한 사람도 신통 변화를 부리지 못합니까?”

“너 함부로 미친 소리를 하지 말아라. 정(正)과 사(邪)를 분간하지 못함은 어리석어 뒤바뀐 것이다. 요즘 도를 배우는 사람들이 입으로는 곧잘 진리를 말하지만 마음에 게으른 생각을 내어 도리어 자격지심에 떨어지는 수가 있으니, 다 네가 의심하는 것과 같은 데에 있는 것이다. 도를 배워도 앞뒤를 알지 못하고, 진리를 말하지만 본말(本末)을 가리지 못하는 것은 그릇된 소견이지 수학(修學)이라 이름할 수 없다. 자기를 그르칠 뿐 아니라 남까지도 그르치게 하는 것이니 어찌 삼가지 않을 것인가.

대체로 도에 들어감에는 문이 많으나 크게 나누어 돈오(頓悟)와 점수(漸修)[6] 두 문에 지나지 않는다. 비록 돈오점수가 가장 으뜸가는 근기(根機)의 길이라 하지만, 과거를 미루어 본다면 이미 여러 생을 두고 깨달음을 의지해 닦아 점점 훈습해 왔으므로, 금생에 이르러 듣자마자 곧 깨달아 일시에 단박 마치게 된 것이다. 사실, 이것도 먼저 깨닫고 나서 닦는 근기이므로, 이 돈(頓)과 점(漸) 두 가지 문은 모든 성인들의 길이다. 예전부터 모든 성인들이 먼저 깨닫고 뒤에 닦아, 이 닦음으로 말미암아 증득하게 된 것이다. 이른

6) 단박 깨침과 점차 닦아감.

바 신통 변화는 깨달음을 의지해 닦아서 점점 훈습해 나타난 것이요, 깨달을 때에 곧 나타나는 것은 아니다.

경에 말씀하기를 "이치는 단박 깨닫는 것이므로 깨달음을 따라 번뇌를 녹일 수 있지만, 현상은 단번에 제거될 수 없으므로 차례를 따라 없애는 것이다."고 하였다.

그러므로 규봉(圭峯)[7]스님이, 먼저 깨닫고 나서 닦는 뜻을 깊이 밝혀 다음 같이 이른 것이다. "얼음 못이 모두 물인 줄은 알지만 햇볕으로써 녹일 수 있고, 범부가 곧 부처인 줄은 깨달으나 법력(法力)으로써만 훈수(薰修)할 수 있다. 얼음이 녹아 물이 흘러야만 대고 씻을 수 있고, 망상이 다해야만 마음이 신령스레 통하여 신통과 광명의 작용을 나타낼 수 있다."

그러므로 알아라. 현상의 신통변화는 하루에 이루어지는 것이 아니고 점점 닦아 감으로써 나타나는 것이다. 그렇더라도 신통이 자재한 사람의 경지로는 오히려 요괴스런 짓이고, 성인의 분수에는 하찮은 일이다. 비록 나타날지라도 요긴하게 쓰지 않을 것인데, 요즘 어리석은 무리들은 망녕되어 말하기를, "한 생각 깨달을 때 한량없는 묘용(妙用)과 신통변화를 나타낸다."

7) (780~840) 규봉(圭峯) 선사. 징관(澄觀)의 제자로 중국 화엄종의 제5조. 화엄학을 깊이 연구했고 선(禪)에도 조예가 깊어 『선원제전집(禪源諸詮集)』을 지어 선교일치를 주장. 『화엄경』·『원각경』의 주석서 이외에도 30여 부의 저서가 있음.

하니, 이와 같은 생각은 이른바 앞뒤를 분간하지 못하고 본말(本末)을 알지 못한 것이다. 앞뒤와 본말을 알지 못하고 불도를 찾는다면 모가 난 나무를 가지고 둥근 구멍에 맞추려는 것과 같으리니, 어찌 큰 잘못이 아니겠는가. 방편을 모르기 때문에 미리 겁을 먹고 스스로 물러나 부처의 종성(種性)을 끊는 사람이 적지 않다. 자신이 밝지 못하기 때문에, 남의 깨달음을 믿지도 않아 신통 없는 이를 보고 업신여긴다. 이는 성현을 속이는 것이니 참으로 슬픈 일이다.

『普照 修心訣』

4. 돈오와 점수

“돈오(頓悟)와 점수(漸修) 두 문이 모든 성인의 길이라 말씀하셨는데, 깨달음이 이미 단박 깨달음이었다면 왜 점수를 빌리며, 닦음이 점차 닦는 것이라면 어째서 돈오라 합니까? 돈과 점의 두 가지 뜻을 거듭 말씀하여 의심을 풀어 주십시오.”

“범부가 미(迷)했을 때는 사대(四大)로 몸을 삼고 망상으로 마음을 삼아, 자성(自性)이 참 법신(法身)인 줄 모르고, 마음 밖에서 부처를 찾아 이리저리 헤매다가 문득 선지식의 가르침을 만나, 한 생각에 마음의 빛을 돌이켜 자기 본성을 보게 된다. 이 성품의 바탕에는 본래부터 번뇌가 없는 지혜 성품〔無漏智性〕이 저절로 갖추어져 있어 모든 부처님과 조금도 다르지 않다. 이것을 돈오라 한다.

그러나 비록 본성이 부처와 다름 없음을 깨달았으나, 끝없이 익혀 온 습기(習氣)를 갑자기 없애기란 어려운 일이다. 그러므로 깨달음을 의지해 닦아 점점 훈습하여 공이 이루어지고 성인의 모태(母胎) 기르기를 오래 하면 성(聖)을 이루게 되므로 점수라 한다. 이를테면, 어린애가 처음 태어났을 때에 모든 기관이 갖추어 있음은 어른과 다름이 없지만, 그 힘이 충실치 못하기 때문에 얼마 동안의 세월을 지낸 뒤에야 비로소 어른 구실을 하는 것과 같다."

"그러면 무슨 방편을 써야 한 생각에 문득 자성을 깨닫겠습니까?"

"다만 네 자심(自心)이다. 이 밖에 무슨 방편을 쓰겠는가. 만일 방편을 써 앎을 구한다면, 마치 어떤 사람이 자기 눈을 보지 못하고 눈이 없다면서 다시 보고자 하는 것과 같다. 이미 자기 눈인데 어떻게 다시 보겠는가. 없어지지 않은 줄 알면 곧 눈을 보는 것이다. 다시 또 보고자 하는 마음도 없는데, 어떻게 보지 못한다는 생각이 있겠는가. 자기의 영지(靈知)도 이와 같아서 이미 자기 마음인데 무엇하러 또 앎을 구할 것인가. 만약 앎을 구하고자 한다면 문득 알지 못할 것이다. 다만 알지 못한 줄 알면 이것이 곧 견성(見性)이다."

『普照 修心訣』

5. 본래 면목

"상상(上上)의 근기는 들으면 곧 쉽게 알지만, 중하(中下)의 근기는 의혹이 없지 않을 것입니다. 다시 방편을 말씀하여 어리석은 이로 하여금 알아 듣게 해 주십시오."

"도는 알고 모르는 데 있지 않다. 네가 어리석어 깨닫기를 기다리니 그 생각을 쉬고 내 말을 들어라. 모든 법이 꿈과 같고 허깨비와 같으므로 번뇌 망상이 본래 고요하고, 티끌 세상이 어둡지 않다. 그러므로 공적(空寂)하고 신령스럽게 아는 마음이 너의 본래 면목이며, 삼세 제불(三世諸佛)과 역대 조사(歷代祖師)와 천하 선지식이 은밀히 서로 전한 법인(法印)인 것이다.

이 마음을 깨달으면 과정을 거치지 않고 참으로 바로 부처님의 경지에 올라가, 걸음걸음이 삼계에 뛰어나서 집에 돌아가 단박 의심을 끊게 된다. 인간과 천상의 스승이 되고 자비와 지혜가 서로 도와 자리(自利) 이타(利他)를 갖추게 되며, 인간과 천상의 공양을 받을 만하다. 네가 이와 같다면 참 대장부이니 평생에 할 일을 마친 것이다."

"제 분수대로 보면 어떤 것이 공적영지(空寂靈知)의 마음입니까?"

"네가 지금 내게 묻는 것이 너의 공적 영지하는 마

음인데, 왜 돌이켜 보지 않고 밖으로만 찾느냐? 내 이제 네 분수를 따라 바로 본심을 가리켜 깨닫게 할 테니 너는 마음을 비우고 내 말을 들어라. 아침부터 저녁에 이르도록 보고 들으며 웃고 말하고, 성내고 기뻐하며 옳고 그른 온갖 행위를 무엇이 그렇게 하는지 어디 말해 보아라. 만일 육신이 그렇게 한다면, 왜 사람이 한 번 명을 마치면 눈을 스스로 보지 못하느냐? 어째서 귀는 들을 수 없고, 코는 냄새를 맡을 수 없고, 혀는 말하지 못하며, 몸은 움직이지 못하고, 손은 잡지 못하며, 발은 걷지를 못하느냐?

그러므로 알아라. 보고 듣고 움직이는 것은 반드시 너의 본심이지 육신이 아니다. 이 육신을 이루고 있는 네 가지 요소의 성질이 공하여 마치 거울에 비친 형상과 같고 물에 비친 달과 같다. 그런데 어떻게 항상 분명히 알며 어둡지 않고 한량없는 묘용(妙用)을 통달할 것인가. 그러므로 말하기를 '신통과 묘용이여, 물을 긷고 나무를 나름이라'고 한 것이다. 또 이치에 들어가는 데는 길이 많으나, 너에게 한 문을 가리켜 근원에 들어가게 하겠다. 네가 까마귀 울고 까치 지저귀는 소리를 듣느냐?"

"듣습니다."

"듣는 성품을 돌이켜 보아라. 얼마나 많은 소리가 있느냐?"

"이 속에 이르러서는 모든 소리와 온갖 분별을 할 수 없습니다."

"참으로 기특하다! 이것이 관세음보살께서 진리에 드신 문이다. 내가 다시 너에게 물어보겠다. 네가 말하기를, 이 속에 이르러서는 모든 소리와 온갖 분별을 할 수 없다고 했는데, 할 수 없다면 그때는 허공이 아니겠느냐?"

"본래 공하지 않으므로 환히 밝아 어둡지 않습니다."

"그럼 어떤 것이 공하지 않은 체(體)인가?"

"모양이 없으므로 말로 할 수도 없습니다."

"이것이 바로 모든 부처님과 조사(祖師)들의 생명이니 다시 의심하지 말아라." 『普照 修心訣』

6. 이 몸 이때 못 건지면

과거 윤회의 업을 따라 생각하면, 몇 천 겁을 흑암지옥에 떨어지고 무간지옥에 들어가 고통을 받았을 것인가. 불도를 구하고자 하여도 선지식을 만나지 못하고 오랜 겁을 생사에 빠져, 깨닫지 못한 채 갖은 악업을 지은 것이 그 얼마일 것인가. 때때로 생각하면 긴 슬픔을 깨닫지 못한 것이니, 게을리 지내다가 다시 그 전 같은 재난을 받지 말아야겠다. 그리고 누가 나에게 지금의 인생을 만나 만물의 영장이 되어 도 닦는 길을 어둡지 않게 한 것인가. 참으로 눈먼 거북[8]이 나무를

8) 맹구우목(盲龜遇木): 만나기 어려운 기회를 뜻하는 말.

만남[8]이요, 겨자씨가 바늘에 꽂힌 격이다. 그 다행함을 어찌 다 말할 수 있으랴.

내가 만약 물러설 마음을 내거나 게으름을 부려, 항상 뒤로 미루다가 그만 목숨을 잃고 지옥에라도 떨어져 온갖 고통을 받을 때, 한 마디 불법을 들어 믿고 받들어 괴로움을 벗고자 한들 어찌 다시 얻게 될 것인가. 위태로운 데에 이르러서는 뉘우쳐도 소용이 없다. 바라건대 도 닦는 사람들은 게으르지 말고 탐욕과 음욕에 집착하지 말며, 머리에 타는 불을 끄듯 하여 돌이켜 살필 줄을 알아야 한다. 무상(無常)이 빨라 몸은 아침 이슬과 같고 목숨은 저녁 노을과 같다. 오늘은 있을지라도 내일은 기약하기 어려우니 간절히 뜻에 새겨 둘 일이다. 이 몸을 금생에 건지지 않으면 다시 어느 생을 기다려 건질 것인가. 지금 닦지 않는다면 만겁(萬劫)에 어긋나 등질 것이요, 힘써 닦으면 어려운 행이 점점 어렵지 않게 되어 수행이 저절로 이루어질 것이다. 어허! 요즘 사람들은 배고파 음식을 대하고도 입을 벌릴 줄 모르며, 병들어 의사를 만나고서도 약을 먹을 줄 모르니, 아 어찌할 것인가, 어찌할 것인가. 따르지 않는 사람은 나도 어쩔 수 없구나.

슬프다! 우물 안 개구리가 어찌 창해(滄海)의 넓음을 알며, 여우가 어찌 사자의 소리를 내랴. 그러므로 말세에 이 법문을 듣고 희귀한 생각을 내어 믿고 받아 가지는 사람은 이미 한량없는 겁에 모든 성인을 섬기어 갖가지 선근을 심었고, 깊이 지혜의 바른 인연을 맺은 으뜸가는 그릇〔根性〕임을 알아라. 금강경(金剛經)에 말씀하기를 '이 글귀에 신심을 내는 이는 한량없는 부처님 회상(會上)에서 온갖 선근을 심은 것임을 알아야 한다'고 했고, 또 '대승(大乘)을 발한 이를 위해 설하며 최상승(最上乘)을 발한 이를 위해 설한다'고 했다. 원컨대 도 구하는 사람들은 미리 겁을 내지 말고 용맹한 마음을 낼 것이다. 만일 수승함을 믿지 않고 하열(下劣)함을 달게 여겨 어렵다는 생각을 내어 닦지 않으면, 비록 숙세(宿世)의 선근이 있을지라도 이제 그것을 끊는 것이므로 더욱 어려운 데로 멀어질 것이다. 이미 보배가 있는 곳에 이르렀으니 빈손으로 돌아가지 말아라.

한번 사람 몸을 잃으면 만 겁에 돌이키기 어려우니, 바라건대 마땅히 삼가할 것이다. 지혜로운 이가 보배 있는 곳을 알면서도 구하지 않고 어찌 외롭고 가난함을 원망할 것인가. 보배를 얻으려면 가죽주머니[9]를 잊어버려야 한다. 『普照 修心訣』

9) 육신을 가리킴.

제 2 장　마음을 살피는 일

1. 모든 것의 근본

제자 혜가(慧可)가 물었다.

"불도를 얻고자 하면 어떤 법을 수행하는 것이 가장 요긴하겠습니까?"

달마 스님은 대답했다.

"오직 마음을 관(觀)하는 한 법이 모든 행을 다 거두어들이는 것이니 이 법이 가장 간결하고 요긴하다."

"어째서 마음을 관하는 한 법이 모든 행을 거두어 들인다 하십니까?"

"마음이란 모든 것〔萬法〕의 근본이므로 모든 현상은 오직 마음에서 일어난 것이다. 그러므로 마음을 깨달으면 만 가지 행을 다 갖추는 것이다. 이를테면 여기 큰 나무가 있다고 하자. 그 나무의 가지나 잎이나 열매는 모두 뿌리가 근본이다. 나무를 가꾸는 사람은 뿌리를 북돋울 것이고, 나무를 베고자 하는 사람도 그 뿌리를 베어야 할 것이다. 수행하는 사람도 그와 같아서, 마음을 알고 도를 닦으면 많은 공을 들이지 않고도 쉽게 이룰 것이다. 그러나 마음을 알지 못하고 수도한다면 부질없이 헛된 공만 들이게 된다. 그러므로 모든 법이 자기 마음에서 일어나는 것임을 알아야 한다. 마음 밖에 따로 구할 도가 있다면 옳지 않은 말이다."

"어떻게 마음을 관하는 것이 마음을 아는 것이라 하십니까?"

"보살이 반야바라밀다(般若波羅蜜多)[1]를 행할 때 사대(四大)와 오온(五蘊)[2]이 본래 공하여 실체가 없음을 밝게 알며, 또 자기 마음을 쓰는 데 두 가지 차별이 있음을 분명히 본다. 두 가지란 맑은 마음〔淨心〕과 물든 마음〔染心〕이다. 맑은 마음이란 번뇌가 없는 진여(眞如)의 마음이요, 물든 마음이란 번뇌가 있는 무명(無明)의 마음이다. 이 두 마음은 본래부터 갖추어 있어 비록 인연따라 화합하기는 하지만 새로 생기는 것은 아니다. 맑은 마음은 항상 착한 인연을 즐기고, 물든 마음은 악한 업을 생각한다. 만약 진여의 마음을 깨쳐 그것이 물들거나 때묻지 않는 것인 줄 깨달으면 이 사람은 성인이다. 그는 모든 괴로움에서 벗어나 열반의 즐거움을 누릴 것이다. 그러나 물든 마음을 따라 악한 짓을 하면 온갖 괴로움과 어둠이 몸에 감기고 덮이게 되니 이를 범부라 한다. 범부는 항상 삼계(三界)에 빠져 갖가지 괴로움을 받으니, 그것은 물든 마음으로 말미암아 진여의 마음이 가려졌기 때문이다.

---

1) 지혜의 완성, 도피안(到彼岸).

2) 몸의 구성요소인 지(地)·수(水)·화(火)·풍(風)을 사대라 하고, 육신과 정신작용을 오온이라 함.

십지경(十地經)에 말하기를 '중생의 몸 가운데 금강석처럼 굳은 불성(佛性)이 있어 해와 같이 밝고 원만하며 광대 무변하지만, 오온의 검은 구름에 덮여 마치 항아리 속에 있는 불빛이 밖을 비추지 못하는 것과 같다'고 하였고, 또 열반경(涅槃經)에 말하기를 '일체 중생에게 모두 불성이 있으나 무명에 덮여서 해탈을 얻지 못한다'고 하였다. 불성이란 깨침이다. 스스로 깨치고 깨친 지혜가 밝아 번뇌에서 벗어나면 이것이 곧 해탈이다. 그러므로 모든 선(善)은 깨침이 근본임을 알아야 한다. 그러므로 근본이 되어 모든 공덕의 나무가 무성하고 열반의 열매가 여문다. 이와 같이 마음을 관하는 것을 마음을 알았다고 한다."

『達磨[3)] 觀心論』

2. 삼독

"진여 불성(眞如佛性)의 모든 공덕은 깨침이 근본이 된다는 것은 알았으나 무명인 마음과 온갖 악은 무엇을 근본으로 삼습니까?"

"무명인 마음에는 팔만 사천의 번뇌와 정욕이 있어 악한 것들이 한량없으니 성냄과 어리석음인데, 이 삼독심에는

3) (?~528?) 중국선(中國禪)의 개조(開祖). 인도의 바라문 아들로 태어나 520년경 중국에 들어와 낙양(洛陽)의 동쪽 숭산(崇山) 소림사(少林寺)에서 9년 동안 면벽 관심(面壁觀心), 마음이 본래 청정함을 깨닫기를 주장. 양나라 무제와의 선문답은 유명하다. 그의 법을 혜가(慧可)가 이어받았다.

저절로 모든 악한 것이 갖추어져 있다. 마치 큰 나무가 뿌리는 하나이나 가지는 수없이 많은 것처럼, 삼독의 뿌리는 하나이지만 그 속에 한량없는 많은 악업이 있어 무엇으로 비교할 수도 없다. 이와 같은 삼독은 본체에서는 하나이나 저절로 삼독이 되어 이것이 육근(六根)에 작용하면 육적(六賊)이 된다. 육적은 곧 육식(六識)이다. 육식이 육근을 드나들며 온갖 대상에 탐착심을 일으키므로 악업을 지어 진여를 가리게 된다. 그러므로 육적이라 이름한다.

중생들은 이 삼독과 육적으로 말미암아 몸과 마음이 어지러워지고 생사의 구렁에 빠져 육도(六途)에 윤회하면서 온갖 고통을 받는다. 이를테면 강물이 원래 조그마한 샘물에서 시작하여 끊이지 않고 흐르면 시내를 이루고 마침내는 만경 창파를 이루게 되나, 어떤 사람이 그 물줄기의 근원을 끊으면 모든 흐름이 다 쉬게 된다. 이와 같이 해탈을 구하는 사람도 삼독을 돌이켜 삼취정계(三聚淨戒)[4]를 이루고, 육적을 돌이켜 육바라밀(六波羅蜜)을 이루면 저절로 모든 고뇌에서 벗어나게 될 것이다."

"삼독과 육적이 광대 무변한데 마음만을 보고 어떻게 한없는 고뇌에서 벗어날 수 있겠습니까?"

"삼계에 태어남은 오로지 마음으로 되는 것이니 만

4) 부처님이 제정한 규칙을 지켜 악을 막는 섭율의계(攝律儀戒), 자진해서 착한 일을 하는 섭선법계(攝善法戒), 중생을 교화하고 그들의 이익을 위해 힘쓰는 섭중생계(攝衆生戒).

약 마음을 깨달으면 삼계에 있으면서 곧 삼계에서 벗어나게 된다. 삼계라는 것은 곧 삼독이다. 탐내는 마음이 욕계(欲界)가 되고, 성내는 마음이 색계(色界)가 되며, 어리석은 마음이 무색계(無色界)가 된다. 삼독심이 갖가지 악을 짓고 맺어 업을 이루고 육도에 윤회하게 되니 이것을 삼계라 한다. 또 삼독이 짓는 무겁고 가벼운 업을 따라 과보를 받는 것도 같지 않아 여섯 곳으로 나뉘게 되니 이것을 육도라 한다. 그러나 악업은 오로지 자기 마음에서 일어난다는 것을 알아야 한다. 그러므로 마음을 잘 거둬 그릇되고 악한 것을 버리면 삼계와 육도를 윤회하는 괴로움은 저절로 소멸되고, 모든 고뇌에서 벗어나게 될 것이니 이것을 해탈이라 한다." 『達磨 觀心論』

3. 삼 아승지겁

"부처님께서는 삼 아승지겁(阿僧祇劫)을 부지런히 수행하여 불도를 이루었다 하셨는데, 스님께서는 어찌하여 오직 삼독을 제하면 곧 해탈이라 하십니까?"

"부처님의 말씀은 진실하다. 아승지는 곧 삼독심이다. 아승지는 셀 수 없다는 뜻이다. 마음 가운데에는 항하(恒河)[5]의 모래와 같이 많은 악한 생각이 있고 그 낱낱 생각 가운데 다 일 겁씩 있으니, 삼독의 악한 생각이 항하의 모

5) 갠지스강의 범어 '강가'의 한역(漢譯).

래와 같이 많으므로 셀 수 없다고 말한다. 범부는 진여의 성품이 삼독에 덮였으니, 항하의 모래와 같이 많은 악한 생각에서 뛰어나지 않으면 어떻게 해탈이라 할 수 있겠느냐. 탐욕과 성냄과 어리석음의 삼독심만 제거해 버리면 이것이 곧 삼 아승지겁을 지낸 것이다. 말세 중생이 어리석고 둔하여 부처님의 깊고 묘한 삼 아승지겁이라는 말씀의 뜻을 알지 못하고 한량없는 겁을 지내야만 성불한다고 알고 있다. 이것이 어찌 말세에 수행하는 사람으로 하여금 이 뜻을 잘못 알고 의심을 내어 보리도(菩提道)에서 물러나게 함이 아니겠느냐."

「達磨 觀心論」

4. 정념(正念)

"보살이 삼취정계를 가지고 또한 육바라밀을 행하여야 불도를 이룬다 하셨는데, 수행자가 오직 마음만 관하고 계행(戒行)을 닦지 않는다면 어떻게 성불할 수 있겠습니까?"

"삼취정계란 곧 삼독심을 다스리는 것이니, 일독을 제하면 무량한 선(善)이 이루어진다. 취(聚)란 모았다는 뜻인데 삼독을 다스리면 곧 세 가지 한량없는 선을 이루게 된다. 널리 선을 마음에 모았으므로 삼취정계라 한다. 또 육바라밀이란 곧 육근을 맑게 하는 것이니 바라밀이란 피안(彼岸)에 이른다는 뜻이다. 육근(六根)이 청정하여 번뇌에 물들지 않으면 곧 번뇌에서 벗어나 피안에 이르게 되므로 육바라밀이라 한다.”

“경에 말씀하기를 ‘지극한 마음으로 염불하면 서방정토(西方淨土)에 왕생한다.’ 하셨으니 이 묘문(妙門)으로 성불할 것인데 어째서 마음을 관하여 해탈을 구하라 하십니까?”

“염불하는 자는 반드시 정념(正念)을 닦아야 한다. 참된 뜻을 분명히 알면 정(正)이 되고, 참된 뜻에 분명하지 못하면 사(邪)가 되는 것이니, 정념은 반드시 서방정토를 얻지만 사념(邪念)으로는 피안에 이를 수 없다.

불(佛)이란 깨쳤다는 뜻이니 몸과 마음을 살펴 악한 것이 일어나지 않게 하는 것이고, 염(念)이란 생각하는 것이니 계행을 생각하여 부지런히 힘쓰는 것을 잊지 않음이다. 이와 같이 아는 것이 정념이다. 그러므로 염이란 마음에 있는 것이지 말에 있는 것이 아니다.

고기를 그물로 잡지만 잡고 나서는 그물 생각은 잊어버리는 것과 같이, 말에 의지하여 뜻을 알지만 뜻을 알았으면 말을 잊어야 한다. 이와 같이 이미 부처님의 명호를 부르고자 한다면 반드시 염불의 실체를 행해야 한다. 염불한다 하면서 진실한 뜻을 모르고 입으로만 공연히 부처님 명호를 외운다면 헛된 공만 들이는 것이니 무슨 이익이 있겠는가. 외운다는 것과 생각한다는 것은 말과 뜻이 다르다. 외운다는 것은 입으로 하는 것이요, 생각한다는 것은 마음으로 하는 것이다. 그러므로 생각은 마음에서 일어나는 것이니 깨달아 행하는 문임을 알아야 한다. 외우는 것은 입으로 하는 것이니 곧 음성의 모양이다. 마음에 없이 입으로만 명호를 외운다면 그것은 모양에 집착하여 복을 구하는 것이니 그릇된 짓이다.” 『達磨 觀心論』

5. 해탈의 나루터

달마 스님이 말했다.

“경[6]에 말씀하기를 ‘무릇 상(相)이 있는 것은 모두 다 허망하다. 또 형상으로 나를 보거나 음성으로 나를 찾는다면 이 사람은 그릇된 도를 행하는 것이니 여래를 보지 못한다’고 하지 않았던가. 이와 같이 사물이나 형체는 진실이 아님을 알 것이다. 그러므로 옛부터 모든 성인들이 닦으신 공덕을 말씀하실 때는 한결같이 밖에서 구하는 것이 아니라고 하면서 마음을 강조했다. 마음은 모든 성인의 근원이며 일만 가지 악의 주인이다. 열반의 즐거움도 자기 마음에서 오는 것이요, 삼계 윤회의 괴로움도 자기 마음에서 일어난다. 마음은 곧 세간을 뛰어나는 문이고 해탈로 나아가는 나루터이다. 문을 알면 나아가지 못할까 걱정할 것이 없고, 나루터를 알면 저 기슭에 이르지 못할 것을 어찌 근심하겠는가.

가만히 살피건대, 요즘 사람들은 아는 것이 얕아 겉 모양만으로 공덕을 삼으려 한다. 힘써 공을 들여 자기도 손해보고 남도 또한 미혹하게 하며, 이러고서도 부끄러운 줄 알지 못하니 어느 때에나 깨칠 것인가. 세간의 덧없

---

6) 금강경(金剛經)

는 유위법(有爲法)을 보고는 아득하여 알지 못한다. 그러면서 세간의 조그마한 즐거움을 탐착하고 다가올 큰 괴로움은 깨닫지 못하니, 이와 같이 공부해서는 헛되이 스스로를 피로하게 할 뿐 도무지 이익이 없을 것이다.

다만 마음을 잘 거두어 안으로 돌이켜 깨치면 보는 것이 항상 밝아, 삼독심은 끊어져 사라지고 육적이 드나들 문은 닫혀 침범하지 못하게 될 것이다. 이때 비로소 한량없는 공덕의 갖가지 장엄과 무량 법문을 낱낱이 다 성취하여 순식간에 범부를 벗어나 성인의 경지에 오르게 될 것이다. 깨침은 잠깐 사이에 있는 것인데 어찌 머리가 희기를 기다리랴. 참된 법문의 심오한 뜻을 어찌 갖추어 말할 수 있으랴. 여기서는 마음 관하는 것만을 말하며 나머지 세밀한 일을 짐작케 하려는 것이다."

「達磨 觀心論」

6. 이심전심(以心傳心)

달마 스님이 말했다.

"삼계가 어지럽게 일어나는 것은 모두 한 마음으로 돌아가니 전불(前佛) 후불(後佛)이 이심전심하시고 문자를 세우지 않으셨다."

제자가 물었다.

"만약 문자를 세우지 않는다면 무엇으로 마음을 삼습니까?"

"네가 나에게 묻는 것이 곧 네 마음이며, 내가 너에게 대답하는 이것이 내 마음이다. 만약 내가 마음이 없다면 무엇으로 너에게 대답하겠으며, 네가 마음이 없다면 무엇으로 나에게 물을 수 있겠느냐. 나에게 묻는 것이 곧 너의 마음이다. 시작없는 옛적부터 지금까지 전해 오는 모든 말과 행동과 장소와 시간이 다 네 본심이며 너의 본분이니 마음이 곧 부처라는 것도 이와 같은 말이다. 그러므로 이 마음을 버리고 따로 부처를 구할 수 없으며, 이 마음을 떠나서 보리나 열반을 찾는다면 옳지 않다. 자성(自性)은 진실하여 인(因)도 아니고 과(果)도 아니며, 법은 곧 마음이니 자기 마음 이것이 보리요 열반이다.

만약 마음 밖에 부처나 보리가 따로 있다면 옳지 않으니 마음 밖에 부처와 보리가 어디에 있다고 하더냐. 비유해 말하면, 어떤 사람이 손으로 허공을 잡는다고 할 때 허공은 다만 이름이 있을 뿐 모양이 없으니 잡을 수도 없고, 버릴 수도 없는 것이다. 이와 같이 마음 밖에서 부처를 찾는다는 것도 있을 수 없는 일이다." 『達磨 血脈論』

7. 대장경을 외울지라도

달마 스님이 말했다.

"누구나 부처를 찾고자 하면 반드시 견성(見性)을 해야 한다. 만약 견성하지 못했으면 염불을 하거나 경을 외우거나 계(戒)를 지켜도 별로 이익이 없다. 염불하면 인과를 얻고, 경을 외우면 총명을 얻고, 계를 가지면 천상에 태어나고, 보시를 하면 복된 과보를 얻기는 하나 부처가 될 수는 없기 때문이다. 자기를 밝게 깨닫지 못했으면 반드시 선지식(善知識)을 찾아 생사의 근본을 깨달아야 할 것이다. 선지식은 견성한 사람이니 견성하지 못했으면 선지식이라 할 수 없다. 비록 대장경을 설하더라도 역시 생사를 면치 못해 삼계에 윤회하며 괴로움을 벗어날 기약이 없을 것이다. 옛날 선성(善星) 비구가 대장경을 다 외었어도 윤회를 면치 못한 것은 견성하지 못한 까닭이었다. 선성 비구도 그러했는데, 요즘 사람들이 경론(經論)을 서너 권 배워 가지고 불법으로 삼는다는 것은 참으로 어리석은 일이다. 진실로 자기 마음을 알지 못하면 한가롭게 문서나 외워도 아무 쓸모가 없는 것이다." 『達磨 血脈論』

8. 스승을 찾아라

달마 스님이 말했다.

"한 물건도 얻을 것이 없으나, 만약 알지 못한다면 반드시 선지식을 찾아가 간절하게 힘써 구해야 한다. 생사가 큰 일이니 헛되이 지내지 않도록 하여라. 돌이켜 보아라. 비록 보배가 산과 같이 쌓이고 권속이 항하의 모래처럼 많다 하더라도 눈을 뜨면 보이지만 눈을 감고는 볼 수 없다. 유위법(有爲法)은 모두 꿈과 같으며 꼭두각시와 같은 것이다.

스승을 찾아가라. 급히 스승을 구하지 않으면 일생을 헛되이 보내게 된다. 불성은 본래 스스로 있는 것이지만, 스승을 인연하지 않고는 바르게 알지 못하는 것이니 스승 없이 깨친 자는 만의 하나도 드물다. 검고 흰 것도 분별하지 못하면서 망녕되이 부처님의 가르침을 편다고 하면, 이것은 부처를 비방하고 법을 어지럽히는 짓이다. 이와 같은 무리들은 설법하기를 비오듯이 하더라도 모두가 마군의 말이요 부처님의 말씀이 아니다. 그 스승은 마왕이요 제자는 마왕의 권속인데, 어리석은 사람들은 그의 지도로 인해 생사 고해에 떨어지게 되는 것을 알지 못한다.

견성하면 부처요, 견성하지 못하면 중생이다. 그러나 불성이 중생의 성품을 떠나지 않았다. 중생의 성품을 떠나 따로 불성이 있다면 부처가 이제 어느 곳에 있겠느냐. 중생의 성품이 곧 불성인 것이다. 성품 밖에 부처가 없고, 부처는 곧 성품이니, 이 성품을 버리고 따로 부처가 없으며 부처 밖에 성품도 없다."

제자가 물었다.

"견성(見性)하지 못했더라도 염불하고 경을 외우며 보시하고 계를 지녀 부지런히 복된 일을 지으면 성불(成佛)하지 않겠습니까?"

"못한다!"

"어째서 못합니까?"

"조그마한 법이라도 얻은 것이 있다면 그것은 유위법이며 인과(因果)에 얽매인 법이므로 과보를 받고 윤회를 받게 될 것이다. 생사도 면치 못했으면서 어떻게 성불할 수 있겠느냐. 성불은 반드시 먼저 견성을 해야 한다. 견성하지 못하면 인과를 얻는 법 같은 것도 모두가 외도들의 법이다. 법을 구하고자 하는 자라면 어찌 외도법을 배우겠느냐.

또 어떤 사람이 인과를 무시하고 부지런히 악한 업을 지으면서 망녕되이 말하기를 '본래 공한 것이다. 악한 일을 하더라도 허물이 없다'고 하면 그는 무간지옥에 떨어져 영영 나올 기약이 없을 것이니, 지혜로운 사람이라면 어찌 이런 소견을 가지겠느냐." 『達磨 血脈論』

9. 이 몸이 곧 법신

제자가 달마 스님에게 물었다.

"이미 사람의 모든 말이나 행동과 그 밖의 모든 것이 본심이라면 이 몸이 허물어질 때 사람들은 어째서 본심을 보지 못합니까?"

"본심은 항상 나타나 있건만 네가 스스로 보지 못하는 것이다."

"마음이 있는데 어째서 보지 못합니까?"

"네가 꿈을 꾼 일이 있느냐?"

"있습니다."

"네가 꿈을 꿀 때 그것은 네 몸이냐 아니냐?"

"제 몸입니다."

"꿈속의 네 말이나 모든 행동이 너와 같으냐 다르냐?"

"다르지 않습니다."

"이미 다르지 않다면 그 몸이 곧 너의 본 법신(法身)이며 그 법신이 곧 너의 본심이다. 이 마음은 시작없는 옛적부터 지금까지 너와 떨어진 적이 없고, 생멸이 없으며 늘거나 주는 일도 없고 때묻거나 깨끗하지도 않다. 좋거나 나쁘지도 않고 오고 가지도 않으며 옳고 그른 것도 없다. 마치 허공과 같아 취할 수도 없고 버릴 수도 없다. 이 마음은 빛깔이나 모양이 없으니 극히 미묘하여 보기 어렵다. 사람들이 모두 이를 보고자 하여 이 광명 가운데서 손을 놀리고 발을 움직이는 자가 끝없이 많지만, 물음에 당해서는 아무 말도 하지 못해 마치 나무등신 같구나. 딱하다, 모두 자기가 쓰고 있는 물건인데 어찌하여 모르는가.

부처님께서 말씀하시기를 '중생이 모두 미혹해 있으므로 업을 짓고, 생사 바다에 빠져, 나오고자 하여도 도리어 빠진다' 하셨으니, 이것은 오직 견성하지 못한 때문이다. 중생이 미혹하지 않았다면 어째서 그 중에 한 사람도 아는 사람이 없는가. 제 몸을 움직여 쓰는 것을 왜 모르는가."

『達磨 血脈論』

10. 백정도 성불할 수 있다

제자가 달마 스님에게 물었다.

"가정을 가진 사람은 음욕(淫慾)을 버릴 수 없는데 어떻게 성불할 수 있겠습니까?"

"이 법은 오직 견성을 말할 뿐 음욕을 말하지 않는다. 이 범부는 오직 견성하지 못했기 때문에 음욕이 문제가 되지만, 견성만 하면 음심과 욕심이 본래 공적(空寂)하여 끊거나 버리기 위해 힘쓸 필요가 없다. 그렇다고 거기에 빠지지도 않으니 비록 버릇이 남았더라도 해로울 것이 없다. 왜냐 하면 성품은 본래 청정하여 비록 색신 가운데 있더라도 물들거나 더러워질 수 없기 때문이다. 법신(法身)[7]은 본래 받는 것이 없고 주리고 목마름도 없으며 춥고 더운 것도 없다. 본래 한 물건도 얻어 볼 것이 없으나 다만 색신(色身)[8]으로 인해 주리고 목마르며 춥고 더운 것이 있으니, 속지 않으려거든 곧 정신차려 정진해야 한다. 생사에 자재(自在)를 얻어 일체법(一切法)을 굴려 걸림이 없게 되면 어느 곳이고 편안하지 않은 곳이 없을 것이다. 그러나 만약 터럭 끝만큼이라도 의심이 있으면 결코 일체 경계(境界)에 자재하지 못해 윤회를 면치 못하게 될 것이다. 그러므로 견성만 하면 백정일지라도 성불할 수 있다."

「達磨 血脈論」

7) 생멸 변화하지 않는 진리의 몸.
8) 물질로 이루어진 육신.

제 3 장 본원 청정심

1. 부처란 마음이다

모든 부처님과 일체 중생의 본체는 한마음일 뿐 다른 것이 아니다. 이 마음은 시작없는 옛적부터 나고 죽는 것이 아니고, 푸르거나 누른 것도 아니며 어떤 형상이 있는 것도 아니다. 모든 이름과 말과 자취와 관계를 초월한 본체가 곧 마음이다. 여기서는 자칫 생각만 움직여도 벌써 어긋나는 것이니, 마치 허공과 같아 끝이 없으며 짐작이나 생각으로 헤아릴 수도 없는 것이다. 이 한마음이 곧 부처다. 부처와 중생이 결코 다를 것이 없지만, 중생들이 상(相)에 집착하여 밖을 향해 부처를 찾으니 찾으면 찾을수록 더욱 잃게 된다. 스스로 부처이면서 다시 부처를 찾고, 마음을 가지고 다시 마음을 잡으려 한다면, 아무리 오랜 세월을 두고 몸이 다하도록 애써도 이루지 못할 것이다. 오직 생각만 쉬면 부처가 스스로 앞에 나타나는 것임을 모르고 있다. 이 마음이 곧 부처이며 부처는 곧 중생이니, 이 마음은 중생이 되었을 때도 줄지 않고 부처가 되었을 때도 늘지 않으며, 육도만행(六度萬行)[1]과 항하의 모

1) 육바라밀의 실천 수행.

래만큼 많은 공덕이 모두 갖추어져 다시 더 닦거나 보탤 여지가 없는 것이다.

인연을 만나면 곧 따르고 인연이 없어지면 곧 고요하다. 이 부처를 믿지 않고 상(相)에 집착하여 수행하며 그것으로 공덕을 삼는다면, 이런 것은 모두가 망상이요, 도(道)와는 크게 어긋난다. 이 마음이 곧 부처요 다시 다른 마음이 없다. 이 마음은 허공처럼 맑고 깨끗하여 한 점의 모양도 없다. 만약 한 생각이라도 움직인다면 곧 법체(法體)와는 어긋나며 상에 집착하는 것이니, 일찍이 이와 같은 상에 집착한 부처는 없었다. 또한 육도만행을 닦아 성불하고자 한다면 이것은 곧 점차로 부처를 이루려고 하는 것이니 점차로 된 부처도 없다. 다만 한 마음만 깨달으면 다시 더 얻을 아무 법도 없으니 이것이 곧 참 부처이다.

부처와 중생은 이 한마음 뿐이요 조금도 다르지 않다. 마치 허공과 같아서 더럽히거나 무너뜨릴 수 없으며, 해가 온 세상을 비춰 밝음이 천하에 퍼지더라도 허공은 일찍이 밝은 일이 없고, 해가 져서 어둠이 천하를 덮더라고 어둡지 않다. 밝고 어둠이 뒤바뀌더라도 허공의 성질은 조금도 변함이 없으니, 부처와 중생의 마음도 이와 같다. 부처를 생각할 때 청정한 광명과 자재 해탈의 거룩한 모양으로 보고, 중생 보기를 때묻고 어둑하고 생사에 시달리는 혼탁한 것으로 생각한다면, 무량겁을 지내도록 수행해도 끝내 도(道)는 이루지 못할 것이다. 왜냐하면 상에 집착해 있기 때문이다. 이 마음에는 다시 털끝만한 것이라도 얻을 것이 없으니 마음이 곧 부처인 까닭이다. 요즘 도를 배우는 사람들은 이 마음의 본체는 깨닫지 못하고 마음에서 생각을 일으켜 밖을 향해 부처를 구하며 상에 집착하여 수행하고 있다. 이런 것은 모두가 그릇된 방법이요 보리도(菩提道)는 아니다. 『黃檗[2] 傳心法要』

2. 무심(無心)

시방세계의 모든 부처님께 공양(供養)하는 것보다는 한 사람의 무심도인(無心道人)에게 공양하는 것이 더 낫다. 왜냐하면 무심이란 분별 망상 없는 마음이기 때문이다. 있는 그대로의 본체가 안으로는 목석과 같아 동요함이 없고, 밖으로는 허공과 같아 막힘이 없으며, 주체와 객체도 없고 방향과 위치도 없고 모양도 없으며, 얻을 것도 잃을 것도 없다. 수행인이 이 법에 들어오지 못하는 것은 공(空)에 떨어져 머물 곳이 없는 것을 두려워하기 때문이다. 그리하여 멀리서 강 건너 기슭만 바라보고는 스스로 물러서서 아는 것을 구하니, 아는 것을 구하는 이는 쇠털과 같이 많고 도를 깨닫는 이는 쇠뿔과 같이 드물다. 오늘날 수행인들이 자기 마음 가운데서 깨닫고자 하지 않고 마음 밖으로 상

---

2) (?~850) 당대(唐代) 남악(南嶽) 아래에서 수행하던 선승. 백장 회해(百丈懷海)를 스승으로 섬김. 황벽산에 살면서 종풍을 드날리다. 문하에 임제와 같은 걸물이 배출됨.

에 집착하여 대상을 취하니 모두 도(道)와는 어긋난다. 이 마음은 곧 무심(無心)인 마음이며 모든 상(相)을 떠난 것이다. 중생과 부처가 다시 차별이 없으니 무심하기만 하면 이것이 곧 구경(究竟)이다. 도를 배우는 사람이 무심하지 않으면 몇 겁을 수행해도 끝내 도는 이루지 못할 것이다. 삼승(三乘)의 수행에 얽혀 해탈을 얻지 못할 것이다. 그러나 이 마음을 깨닫는 데는 더디고 빠름이 있다. 이 법을 듣고 한 생각에 무심한 이도 있고 여러 과정을 거쳐서 무심한 이도 있으니, 어느 것이든 마침내는 무심해야만 도를 얻는 법이다. 이 법은 다시 닦거나 증(證)해서 얻는 것이 아니고 실로 얻을 것이 없는 것이지만 진실하여 허황하지도 않다. 한 생각에 얻은 이나 여러 과정을 거쳐 얻은 이나 그 결과는 같으며 깊고 얕은 차이가 없다.

무심을 모르는 선행이나 악행은 모두 상에 집착한 것이다. 그러므로 악을 행해 괴로운 윤회를 받고 선을 행해 부질없이 수고하니, 모두가 자기의 무심한 마음을 보는 것만 같지 못하다. 『黃檗 傳心法要』

3. 본원 청정심

이 법은 곧 마음이므로 마음 밖에 법이 없으며, 이 마음은 곧 법이므로 법 밖에 마음이 없다. 마음은 스스로 무심하여 다시 무심한 것도 없으니, 만약 마음으로 무심코자 한다면 도리어 유심(有心)이 될 것이다.

이 도리는 모든 생각과 헤아림이 끊어졌으므로 언어로 표현할 수 없으며 마음으로 생각할 수도 없다. 이 마음이 본래 청정한 부처이므로 사람마다 다 있는 것이다. 고물거리는 미물 중생으로부터 불보살에 이르기까지 본래 한 몸이요 다를 것이 없는데, 망상으로 분별하기 때문에 가지가지로 업을 짓고 과보를 받게 된다. 비록 업을 짓고 과보를 받으나 본불(本佛)밖에는 한 물건도 없으니, 텅 비어 일체에 통하며 또 고요하여 밝고 미묘하고 안락할 뿐이다.

스스로 깊이 깨달아 들어가면 바로 그 자리이니 다시 더 한 물건이라도 보태는 것이 아니다. 여기에 이르러 이제까지 지내온 여러 겁 동안의 많은 수행을 돌이켜 보면 모두 꿈속의 헛된 장난임을 알 것이다. 그러므로 여래께서는 '내가 무상정각(無上正覺)에서 실로 얻은 것이 없으니 만약 얻은 것이 있었다면 연등불께서 내게 수기(授記)하지 않으셨을 것이다' 하셨으며, 또 말씀하시기를 '이 법이 평등하여 높고 낮음이 없으며 이것을 이름하여 무상 정각이라 한다'고 하셨다. 이와 같이 보면 이 본원 청정심(本源淸淨心)[3]이 중생이나 부처님이나 두루 평등하여 너와 내가 없이 항상 스스로 밝아 널리 비추고 있음을 알 수 있다.

이마에 구슬이 박힌 힘센 장사가 자기에게 구슬이 박힌 것을 모르고 밖으로만 찾아 두루 다녀도 얻지 못

3) 청정해서 물들지 않는 본심.

하다가, 지혜 있는 사람이 이마에 구슬이 박힌 것을 가르쳐 주면 당장에 구슬을 찾는다. 수행인이 자기 본심이 부처임을 알지 못하고 밖을 향해 찾아다니면서 갖가지 공을 닦아 점차로 깨닫고자 하지만, 만 겁을 지내어도 영영 도는 이루지 못할 것이다. 『黃檗 傳心法要』

4. 목마르기 전에 샘을 파라

그대들이 만약 미리 칠통(漆桶)[4]을 철저히 깨뜨리지 않으면 선달 그믐날[5]을 당해 정신차리지 못할 것이다. 어떤 사람들은 남이 참선(參禪)하는 것을 보고 '아직도 저러고 있나?' 하고 비웃는다. 그러나 내 그런 사람에게 물으리라. "문득 죽음이 닥치면 그대는 어떻게 생사를 대적하겠는가?"

평상시에 힘을 얻어 놓아야 급할 때 다소 힘을 덜 수 있는데, 목마르기를 기다려 샘을 파는 어리석은 짓을 하지 마라. 죽음이 박두하면 이미 손발을 쓸 수가 없으니, 앞길이 망망하여 어지러이 갈팡질팡할 뿐이다. 평시에 구두선(口頭禪)만 익혀 선(禪)을 말하고, 도(道)를 말하며, 부처를 꾸짖고 조사(祖師)를 욕해 제법 다해 마친 듯하다가 여기에 이르러서는 아무 쓸모가 없게 된다. 평시에 남들은 속여 왔지만 이때를 당해 어찌 자기마저 속일 수 있으랴. 권하노니, 육신

4) 무명(無明) 번뇌.
5) 임종할 때.

이 건강할 동안에 이 일을 분명히 판단해 두라. 이 일은 풀기가 그리 어려운 것도 아닌데, 힘써 정진하려고는 하지 않고 어렵다고만 하니, 진정한 대장부라면 어찌 그럴 수 있겠는가.

화두(話頭)[6]는 다음과 같이 생각해야 한다. 어떤 스님이 조주(趙州)[7]스님에게 묻기를 "개도 불성이 있습니까?" 하자 답하기를 "무(없다)"라고 했다. 어째서 없다고 했는지 없다는 그 뜻을 참구(參究)해야 한다. 밤이나 낮이나 가나 오나 앉으나 서나 생각생각 끊이지 않고 정신을 차려 참구하라. 날이 가고 해가 지나 정진이 여물어지면 마음 빛이 활짝 열려 불조(佛祖)의 기틀을 깨달아, 문득 천하 노화상(老和尙)의 혀끝에 속지 않고 스스로 큰소리치게 될 것이다. 알고 보면 달마(達磨)가 서쪽에서 왔다는 것도 바람이 없는데 파도를 일으킨 것이요, 부처님이 꽃을 들어 보이신 것도 오히려 허물이라 할 것이다. 여기에 이르러서는 일천성인이 오히려 열지 못하는데 어찌 염라대왕을 말할 것인가? 여기에 신기한 도리가 있다고 생각하는가? 그런 생각하지 마라. 일이란 마음 있는 사람을 두려워한다. 『黃檗 示衆』

---

6) 참선할 때의 과제. 스승의 말에서 이루어진 참선자가 참구해야 할 문제. 공안(公案)이라고도 함.

7) (778~897) 당나라 때의 선승. 남전 보원(南泉普願)의 법제자. 그의 무자(無字)는 선가(禪家)의 사활(死活)이 달릴 만큼 널리 알려진 화두다. 백스무 살에 입적.

제 4 장 참선에 대한 경책

1. 못 깨치더라도 다른 길 찾지 말라

선사 고봉(高峯) 화상은 항상 학인에게 이와 같이 말씀하셨다. "오직 화두(話頭)를 마음속 깊이 간직하고 다닐 때도 이렇게 참구하고 앉을 때도 이렇게 참구하라. 깊이 궁구(窮究)하여 힘이 미치지 못하고 생각이 머무를 수 없는 곳에 이르러 문득 타파(打破)하여 벗어나면 성불한 지 이미 오래임을 알 것이다."

참선하여 깨치지 못하더라도 부디 다른 방법을 찾지 마라. 오직 마음이 다른 인연에 이끌리지 않도록 할 것이며, 또 모든 망념을 끊고 힘써 화두를 들고 앉으라. 목숨을 떼어놓고 용맹스럽게 정진한다면 백 번 죽더라도 상관없으리라. 만약 철저히 깨치지 못했거든 결코 쉬지 마라. 이런 결심만 있으면 큰 일 마치지 못할 것을 걱정할 것 없다.

병중 공부에는 용맹 정진도 필요 없고 눈을 부릅뜨고 억지 힘을 쓸 것도 없다. 다만 너의 마음을 목석과 같게 하고 뜻을 불꺼진 재와 같이 하여, 꼭두각시 같은 이 몸을 세계 밖으로 던져 버려라. 누가 와서 돌보아 주거나 말거나, 설사 백스무 살을 산다 할지라도,

혹은 죽어 숙세(宿世)의 업에 끌려 지옥에 떨어져도 그만이라고 생각하라. 어떤 환경에도 흔들림이 없이, 다만 간절하게 저 아무 맛도 없는 화두를 가지고 병석에 누운 채 묵묵히 궁구하고 놓아 지내지 마라.

『中峯[1] 示衆』

2. 장 서방이 마시고 이 서방이 취하는 도리

3년·5년을 정진해도 힘을 못 얻으면 참구해 오던 화두를 내버리는 일이 있는데, 이것은 길을 가다가 중도에서 그만두는 것과 같다. 이제까지 쌓은 허다한 공부가 참으로 아깝다. 뜻이 있는 자면 산수(山水) 좋고 조용한 승당(僧堂)에서 맹세코 3년만 문을 나서지 말아 보아라. 반드시 열릴 날이 있을 것이다.

어떤 사람은 공부하다가 마음이 좀 맑아져 약간의 경계가 나타나면 문득 게송(偈頌)을 읊으며 스스로 큰 일을 다 마친 사람이라 자처하고 혓바닥이나 즐겨 놀리다가 일생을 그르치고 만다. 세 치 혓바닥의 기운이 다하면 장차 무엇으로써 감당할 것인가. 생사를 벗어나려면 반드시 참다워야 하고 깨침 또한 실다워야 한다.

화두가 면밀하여 끊임없고, 몸이 있는 줄도 알지 못

---

1) (1263~1323), 원(元)나라 스님. 어려서 출가, 고봉 원묘(高峯 原妙)를 찾아 심요(心要)를 묻고 『금강경』을 독송, 샘물이 솟아나오는 것을 보고 깨침. 저서 『광록(廣錄)』 30권.

하면, 이것은 '나'라는 집착은 없으졌으나 법에 대한 집착은 아직 없어지지 않은 것이다. 몸을 잊고 있다가 문득 다시 몸을 생각하게 되면, 꿈속에 만 길 낭떠러지에서 미끄러져 떨어질 때 살려고 발버둥치다가 마침내 깨어나는 것과 같이, 이 경지에 이르거든 오로지 화두만을 단단히 들고 가라. 문득 화두를 따라 일체를 잊어버리면 주관인 나와 객관인 법이 모두 없어질 것이다.

불 꺼진 재에서 콩이 튀어야 비로소 장 서방이 마시고 이 서방이 취하는 도리를 알게 될 것이다. 바로 이때 반야 문하(般若門下)에 와서 방망이를 맞도록 하여라.[2]

『般若[3] 示衆』

3. 보고 듣는 놈은 어디에 있는가

어떤 사람은 입만 열면 나는 선객(禪客)이라고 한다. 그러다가 '어떤 것이 선인가?'하고 물으면 어름어름하다가 마침내 입을 다물고 마니, 이 어찌 딱한 일이 아니며 굴욕이 아니랴. 버젓하게 불조(佛祖)의 밥을 얻어 먹고 본분사(本分事)를 까맣게 알지 못하면서 다투어 말귀나 세속 지식을 가지고 이러쿵저러쿵 떠들며 부끄러운 줄을 모른다. 또 어떤 자는 부모에게

---

2) 자기에게 와서 점검받으라는 뜻.

3) 중국 홍주(洪州)의 절학세성(絕學世誠)선사, 남악(南嶽)의 20세(世).

서 낳기 전 본래 면목은 찾으려 하지 않고, 두툼한 방석 위에 앉아 부질없는 품팔이 방아[4]나 찧으면서 복이 되기를 바라며 업장을 참회한다 하니, 도하고는 참으로 십만 팔천 리(十萬八千里)[5]이다.

어떤 사람은 마음을 한곳으로 굳히고 생각을 거두어 사물을 보고 공(空)으로 돌리며 생각이 일어나면 곧 눌러 막는다. 이런 견해는 공에 떨어진 외도(外道)이며 혼이 돌아오지 않는 산 송장이다. 어떤 사람은 망녕되이 성내고 기뻐하면서 보고 듣는 사물로써 명백히 알아마친 것을 삼고 일생 공부 다 마쳤다 하니, 내 잠깐 그런 사람에게 묻겠다. "문득 죽음이 닥쳐와 불구덩이 속의 한줌 재가 되면, 성내고 기뻐하고 보고 듣는 놈은 어느 곳에 있는가?" 『楚石 示衆』

4. 조용한 환경에 탐착하지 말라

참선하는 데는 무엇보다 고요한 환경에 탐착하지 말아야 한다. 고요한 환경에 빠지게 되면 사람이 생기가 없고 고요한 데 주저앉아 깨치지 못하게 된다. 대개 사람들은 시끄러운 환경은 싫어하고 고요한 환경을 좋아한다. 수행하는 사람이 항상 시끄럽고 번거러운 곳에서 지내다가 한 번 고요한 환경을 만나면 마치 꿀이

4) 졸고 있다는 표현.
5) 아득하게 멀다는 뜻, 즉 어긋난다는 말.

나 엿을 먹는 것과 같이 탐착하게 되니 이것이 오래 가면 스스로 곤하고 졸음에 취해 잠자기만 좋아하니 어찌 깨치기를 바라랴.

공부하는 사람은 머리를 들어도 하늘을 보지 못하고 머리를 숙여도 땅을 보지 못하며, 산을 보아도 산이 아니요 물을 보아도 물이 아니다. 가도 가는 줄 모르고 앉아도 앉은 줄 모르며, 천 사람 만 사람 가운데 있어도 한 사람도 보지 못해야 한다. 몸과 마음이 오로지 한 개의 의단(疑團)[6]뿐이니 의단을 부수지 않고는 쉬지 말아야 한다. 「博山 禪警語」

5. 고양이 쥐잡듯이

참선할 때는 죽기를 두려워 말고 살기도 바라지 말라. 살기만 하고 죽지 못할까 걱정해야 한다. 진실로 의정(疑情)[7]과 더불어 한곳에 매여 있기만 하면 거친 환경은 쫓지 않아도 저절로 물러갈 것이요, 망녕된 마음은 맑히기를 힘쓰지 않아도 스스로 맑아질 것이다. 육근(六根)의 문턱이 자연히 텅 비고 넓어져 손만 들면 곧 잡히고 부르면 즉시 대답하는데 어찌 살지 못할 것을 걱정할 것인가.

화두를 들 때는 반드시 화두가 뚜렷하고 분명해야 한다. 마치 고양이가 쥐를 잡을 때와 같이 해야 한다.

6) 화두에 대한 의심.
7) 의단(疑團)과 같은 말, 즉 화두에 대한 의심.

그렇지 않으면 귀신굴에 주저앉아 혼혼침침(昏昏沈沈)하여 일생을 허송하게 될 것이니 무슨 이익이 있겠는가. 고양이가 쥐를 잡을 때는 두 눈을 부릅뜨고 네 다리를 딱 버티고, 어떻게 하면 쥐를 잡아 먹을까만을 생각한다. 비록 곁에 닭이나 개가 있더라도 눈 한번 팔지 않는다. 참선하는 사람도 이와 같이 분연히 이 도리를 밝히고야 말겠다 하고, 어떠한 역경이 닥쳐오더라도 한 생각도 움직이지 말아야 한다. 만약 조금이라도 딴 생각을 일으키면 쥐만 놓칠 뿐 아니라 고양이 새끼마저 놓치게 될 것이다. 『博山 禪警語』

6. 문자나 말에 팔리지 말라

참선할 때 조사의 공안을 생각으로 헤아려 짐작해서는 안 된다. 설사 해석하여 하나하나 알았다 하더라도 본분(本分)과는 아무 상관이 없는 것이다. 조사의 말 한 마디, 글 한 구절은 마치 큰 불무더기와 같아, 가까이 갈 수도 만질 수도 없는 것인데 어찌 그 가운데 앉고 누울 수 있으랴. 더욱 그 가운데 주저앉아 크고 작은 것을 따지고 좋고 나쁜 것을 가린다면 목숨을 잃지 않는 사람이 없을 것이다.

참선하는 사람은 문자를 찾거나 신기한 말에 팔리지 말아야 한다. 이런 것들은 이익이 없을 뿐만 아니라 공부에 장애가 되고 망상이 된다. 생각의 길이 끊어진 곳을 얻으려 하면서 말꼬리나 더듬는다면 아무 것도 될 것이 없다. 공부할 때 공안(公案)을 진실하게 참구하여 깨뜨리지는 않고 다른 것과 비교하여 헤아리며 알고자 하는 것을 가장 꺼린다. 마음에 머무름이 있으면 도(道)와는 더욱더 멀어진다. 그와 같이 정진한다면 비록 미래불(未來佛)이 출현할 때까지 할지라도 소득이 없을 것이다. 참으로 의정(疑情)이 문득 일어난 자라면 은산철벽(銀山鐵壁)에서 오로지 살길만을 찾으려고 애쓰는 것과 같다. 만약 살아날 길을 찾지 못했다면 어찌 편안하게 앉아만 있겠는가. 참선하는 사람이 이와 같이 정진한다면 어느덧 시절이 다가와 스스로 깨칠 것이다. 『博山 禪警語』

7. 간절한 마음으로 정진하라

참선하는 데에 가장 요긴한 것은 간절한 마음이니 간절해야만 힘이 된다. 간절하지 않으면 게으른 생각이 나고 게으른 생각이 나면 방종 방일하여 그르치게 된다. 만약 간절하게 마음을 쓰면 방일이나 게으름이 아예 생길 수 없다. 간절한 이 한 생각만 잊지 않으면 조사의 경지에 이르지 못할까 근심하거나 생사를 깨뜨리지 못할까 걱정할 것 없다. 이 간절한 생각은 당장에 선악의 허물을 뛰어넘는다. 화두가 간절하면 망상도 졸음도 없다. 『博山 禪警語』

8. 깨치기를 기다리면 깨치지 못한다

참선하는 데 깨치기를 기다려서는 안 된다. 어떤 사람이 집에 간다면서 도중에 앉아 가지는 않고, 집에 닿기만을 기다린다면 그는 끝내 나그네 신세를 면치 못할 것이다. 집을 향해 가야 집에 이를 것이다. 이와 같이 마음으로 깨닫기만을 기다린다면 깨치지 못할 것이다. 오로지 화두를 잡아 힘쓸 뿐 깨치기를 기다려서는 안 된다.

정진에 진취가 없다고 걱정할 것은 없다. 진취가 없거든 더욱 힘쓰는 이것이 공부다. 향상(向上)이 없다 해서 머뭇거린다면 비록 백 겁 천생을 기다린다 할지라도 누가 어떻게 해 줄 것인가. 의정이 일거든 놓지 않는 것이 향상이다. '생사' 두 글자를 이마에 붙인 듯 생각하고 마치 범에게 쫓기듯이 쉬지 말고 정진하라. 범에게 쫓기게 되어 안전한 곳에 피신하지 못하면 잡아 먹히고 말 것이니, 어찌 다리가 아프다고 도중에서 쉴 수 있으랴. 『博山 禪警語』

9. 화두로 병을 물리쳐라

내 나이 스물에 이 일 있음을 알고 서른둘에 이르도록 열일고여덟 분의 장로(長老)[8]를 찾아가 법문을 듣

8) 학덕이 높고 나이 많은 스님.

고 정진했으나 도무지 확실한 뜻을 알지 못했었다. 후에 완산(晥山) 장로를 뵈오니 '무(無)'[9] 자를 참구하라 하시며 이렇게 말씀하셨다. "스물네 시간 동안 생생한 정신으로 정진하되, 고양이가 쥐를 잡을 때와 같이 하고 닭이 알을 안듯이 하여 끊임없이 하라. 투철히 깨치지 못했다면 쥐가 나무궤를 쏠 듯이 결코 화두를 바꾸지 말고 꾸준히 정진하라. 이와 같이 하면 반드시 밝혀 낼 시절이 있을 것이다."

그로부터 밤낮을 가리지 않고 부지런히 참구하였더니 십팔 일이 지나서 한번은 차를 마시다가 문득 부처님이 꽃을 들어 보이심에 카샤파〔迦葉〕가 미소한 도리를 깨치고 환희를 이기지 못했었다. 서너 명의 장로를 찾아 결택(決擇)[10]을 구했으나 아무도 말씀이 없더니, 어떤 스님이 말하기를 "다만 해인삼매(海印三昧)로 일관하고 다른 것은 모두 상관하지 마라." 하시기에 이 말을 그대로 믿고 두 해를 보냈다.

경정(景定) 오년 유월에 사천(泗川) 중경(重慶)에서 극심한 이질병에 걸려 죽을 지경에 빠졌으나 아무 의지할 힘도 없고 해인삼매도 소용없었다. 종전에 좀 알았다는 것도 아무 쓸데가 없어, 입도 달싹할 수 없

9) 조주(趙州)의 무자 화두. 어떤 스님이 조주 스님에게 묻기를 "개에도 불성(佛性)이 있습니까?" 하니 "무(없다)"라고 했다. 부처님 말씀에는 꿈틀거리는 벌레까지도 불성이 있다고 했는데 어째서 개에는 불성이 없다는 것일까?

10) 바르게 일러 줌.

고 손도 꼼짝할 수 없으니 남은 길은 오직 죽음뿐이었다. 업연(業緣)의 경계가 일시에 나타나 두렵고 떨려 갈팡질팡할 뿐 어찌할 도리가 없고 온갖 고통이 한꺼번에 닥쳐왔었다. 그때 내 억지로 정신을 가다듬어 가족[11]에게 후사를 말하고 향로를 차려 놓고 좌복을 높이 고이고 간신히 일어나 좌정하고 삼보와 천신에게 빌었다.

'이제까지의 모든 착하지 못한 짓을 진심으로 참회합니다. 바라건대 이 몸이 이제 수명이 다하였거든 반야(般若)의 힘을 입어 바른 생각대로 태어나 일찍이 출가하여지이다. 혹 병이 낫게 되거든 곧 출가 수행하여 크게 깨쳐서 널리 후학을 제도케 하여지이다.'

이와 같이 하고 '무'자를 들어 마음을 돌이켜 스스로를 비추고 있으니 얼마 아니하여 장부(臟腑)가 서너 번 꿈틀거렸다. 그대로 두었더니 또 얼마 있다가는 눈꺼풀이 움직이지 않으며, 또 얼마 있다가는 몸이 없는 듯 보이지 않고 오직 화두만이 끊이지 않았다. 밤늦게서야 자리에서 일어나니 병이 반은 물러간 듯했다. 다시 앉아 삼경 사점에 이르니 모든 병이 씻은 듯이 없어지고 심신이 평안하여 아주 가볍게 되었다.

『蒙山[12] 法語』

11) 이때는 몽산 스님이 출가하기 전.
12) 원나라 스님. 그의 법어는 조선 세조 때 번역되어 우리에게는 널리 알려졌다.

10. 물에 비친 달처럼

팔월에 강릉으로 가서 삭발하고 일년 동안 있다가 행각(行脚)에 나섰다. 도중에 밥을 짓다가 생각하기를, 공부는 모름지기 단숨에 해 마칠 것이지 끊일락 이을락 해서는 안 되겠다 하고, 황룡(黃龍)에 이르러 당(堂)으로 돌아갔다. 첫 번째 수마(睡魔)가 닥쳐왔을 때는 자리에 앉은 채 정신을 바짝 차려 힘 안 들이고 물리쳤고, 다음에도 역시 그와 같이 하여 물리쳤다. 세 번째 수마가 심하게 닥쳐왔을 때는 자리에서 내려와 불전(佛前)에 예배하여 쫓아버리고 다시 자리로 돌아와 앉았다.

이미 방법을 얻었으므로 그때 그때 방편을 써서 수마를 물리치며 정진했다. 처음에는 목침을 베고 잠깐 잤고 뒤에는 팔을 베었고 나중에는 아주 눕지를 않았다. 이렇게 이삼 일이 지나니 밤이고 낮이고 심히 피곤했다. 한번은 발바닥이 땅에 닿지 않고 공중에 둥둥 뜬 듯하더니, 홀연 눈앞의 검은 구름이 활짝 걷히는 듯하고 마치 금방 목욕탕에서라도 나온 듯 심신이 상쾌하였다. 마음에는 화두에 대한 의단(疑團)이 더욱더 성하여 힘들이지 않아도 순일하게 지속되었다. 모든 바깥 경계의 소리나 빛깔이나 오욕이 들어오지 못해 청정하기가 마치 은쟁반에 흰 눈을 듬뿍 담은 듯하고 청명한 가을 공기 같았다.

그때 돌이켜 생각하니 정진의 경지는 비록 좋으나 결택(決擇)할 길이 없었다. 자리에서 일어나 승천(承天)의 고섬(孤蟾) 화상에게 갔었다. 다시 선실에 돌아와 스스로 맹세하기를 '확연히 깨치지 못하면 내 결코 자리에서 일어나지 않으리라' 하고 배겨냈더니 달포만에 다시 정진이 복구되었다. 그 당시 온몸에 부스럼이 났는데도 불구하고 목숨을 떼어놓은 맹렬한 정진 끝에 힘을 얻었었다.

재(齋)에 참례하려고 절에서 나와 화두를 들고 가다가 재가(齋家)를 지나치는 것도 알지 못했다. 이렇게 하여 다시 동중공부(動中工夫)[13]를 쌓아 얻으니, 이때 경지는 마치 물에 비친 달과도 같아 급한 여울이나 거센 물결 속에 부딪쳐도 흩어지지 않으며 놓아 지내도 또한 잊혀지지 않는 활발한 경지였다.『蒙山 法語』

11. 파도가 곧 물이로다

삼월 초엿새 좌선 중에 바로 '무'자를 들고 있는데, 어떤 수좌가 선실에 들어와 향을 사르다가 향합을 건드려 소리가 났다. 이 소리를 듣고 '악!'하고 외마디 소리를 치니, 드디어 자기 면목을 깨달아 마침내 조주를 깨뜨렸던 것이다. 그때 게송을 지었다.

어느덧 갈 길 다하였네

13) 일상 동작 속에서 하는 공부.

밟아 뒤집으니 파도가 곧 물이로다
천하를 뛰어넘는 늙은 조주여
그대 면목 다만 이것뿐인가.

그해 가을 임안(臨安)에서 설암(雪巖) 퇴경(退耕) 석범(石帆) 허주(虛舟) 등 여러 장로를 뵈었다. 허주 장로가 완산(晥山) 장로께 가 뵙기를 권하시어 완산 장로를 찾아 뵈었다. 그때 장로가 물으셨다.

"'광명이 고요히 비춰 온 법계에 두루했네'라고 한 게송은 어찌 장졸 수재(張拙秀才)가 지은 것이 아니냐?"

내가 대답하려 하자 벽력 같은 할(喝)[14]로 쫓아내셨다.

이때부터 앉으나 서나 음식을 먹으나 아무 생각이 없더니 여섯 달이 지난 다음 해 봄, 하루는 성밖에서 돌아오는 길에 돌층계를 올라가다가 문득 가슴속에 뭉쳤던 의심덩어리가 눈녹듯 풀렸다. 이 몸이 길을 걷고 있는 줄도 알지 못했다. 곧 완산 장로를 찾았다. 또 먼젓번 말을 하시는 것을 말이 채 끝나기도 전에 선상(禪床)을 들어엎었고, 다시 종전부터 극히 까다로운 공안(公案)을 들어 대시는 것을 거침없이 알았던 것이다.

참선은 모름지기 자세히 해야 한다. 산승(山僧)이

14) 선가에서 하는 일종의 지도방법으로서 말과 글로 표현할 수 없는 도리를 표시하는 소리.

만약 중경에서 병들지 않았던들 아마 평생을 헛되이 마쳤을 것이다. 참선에 요긴한 일을 말한다면, 먼저 바른 지견(知見)을 가진 사람을 만나는 일이다. 그러므로 옛사람들은 조석으로 찾아가 심신을 결택하고, 쉬지 않고 간절히 이 일을 구명했던 것이다.

『蒙山 法語』

제 5 장 육조의 법문

1. 반야

보리(菩提)와 반야(般若)의 성품은 사람마다 본래 가지고 있지만, 마음이 어두워 스스로 깨닫지 못한다. 그러므로 선지식의 가르침을 받아 자성(自性)을 보아야 할 것이다. 어리석은 사람이나 지혜로운 사람의 불성(佛性)은 본래 차별이 없으나 다만 막히고〔迷〕 트임〔悟〕이 같지 않으므로 어리석음과 지혜로움이 있게 된 것이다. 내 이제 마하반야바라밀 법을 말해 그대들에게 각기 지혜를 얻게 할 것이니 정신차려 잘 들어라.

세상 사람들이 입으로는 종일 반야(般若)를 말하면서도 자성 반야(自性般若)는 알지 못하니, 마치 먹는 이야기를 아무리 해봐도 배부를 수 없는 것과 같은 일이다. 입으로만 공(空)을 말한다면 만 겁을 지나더라도 견성(見性)할 수 없다.

마하반야바라밀은 '큰 지혜로 피안에 이른다'는 뜻이다. 이것은 마음으로 행할 것이요 입으로 말하는 데 있지 않다. 입으로만 외우고 마음으로 행하지 않는다면 허깨비와 같이 허망한 것이다. 그러나 입으로 외우고 마음올 행한다면 곧 마음과 입이 서로 응(應)하는 것이다. 본 성품이 부처요 성품을 떠나서는 부처가 없다.

마하(摩訶)란 크다는 뜻이니, 심량(心量)의 광대함이 허공과 같아 끝이 없다는 말이다. 모나거나 둥글지도 않으며, 크거나 작지도 않다. 또한 푸르고 누르고 붉고 흰 빛깔과 상관없으며, 위 아래와 길고 짧음도 없고, 성내고 기뻐할 것도 없으며, 옳고 그름과 선하고 악함도 없다. 머리도 꼬리도 없는 것이어서, 모든 부처님의 세계가 다 허공과 같다. 사람들의 미묘한 성품이 본래 공(空)해서 한 법도 얻을 것이 없으므로, 자성(自性)의 진공(眞空)도 그와 같은 것이다.

그러나 이 말을 듣고 공에 걸리지 말아라. 무엇보다 공에 걸리지 말 것이니, 만약 아무 생각도 없이 멍청히 앉아만 있으면 곧 무기공(無記空)에 떨어질 것이다. 허공은 모든 것을 포함하는 것이므로 해와 달과 별, 산과 풀과 나무, 악인·선인·천당·지옥, 그리고 큰 바다나 수미산도 다 허공 안에 있는 것이다. 사람들의 성품이 공한 것도 이와 같다.

자성이 모든 법을 포함하기 때문에 크다고 하는 것이다. 만법은 사람들의 성품 속에 있다. 만약 남의 선악을 보더라도 취하고 버리는 분별이 없이 거기 물들지 않으면 마음이 허공과 같을 것이다. 이것이 큰 것이다. 어리석은 사람은 입으로만 말하지만 지혜로운 사람은 마음으로 행한다. 어리석은 사람이 마음을 비우고 아무 생각도 없이 고요히 앉아 스스로 크다고 일

컫는다면, 이런 사람과는 더불어 말할 것이 못된다. 왜냐하면 그는 그릇된 소견을 가지고 있기 때문이다.

마음은 넓고 커서 법계(法界)에 두루해 있다. 쓰면 아주 분명하고, 응용에 따라 일체를 알아서 일체가 곧 하나요 하나가 곧 일체이며, 가고 옴에 자유로워 마음에 걸림이 없으니 이것이 곧 반야다. 모든 반야지(般若智)가 다 자성으로부터 나온 것이며 밖에서 들어온 것이 아니다. 마음을 쓸 때 잘못이 없으면 이것이 진성(眞性)의 자용(自用)이다. 하나가 참될 때 모든 것이 참된 것이다.

반야는 지혜이니 언제 어디에서나 생각생각이 어리석지 않아, 항상 지혜롭게 행동하면 이것이 곧 반야행(般若行)이다. 한 생각 어리석으면 반야가 끊어지고, 한 생각 슬기로우면 반야가 일어난다.

사람들이 대개 어리석어 반야를 보지 못하고 입으로만 곧잘 말하는데 마음은 노상 어리석다. 반야는 형상이 없으니 슬기로운 마음이 곧 그것이다.

바라밀은 피안에 이른다는 말로서 생멸(生滅)을 떠난다는 뜻이다. 대상에 집착하면 생멸이 일어나 물에 있는 물결과 같으니 이것이 차안(此岸)이요, 대상에 걸림이 없으면 생멸이 없어 물이 자유롭게 흐르는 것과 같으니 이것이 피안(彼岸)이다. 그러므로 범부가 곧 부처이며, 번뇌가 곧 보리(菩提)다. 앞 생각이 어두웠을 때는 범부였지만, 뒷 생각을 깨달으면 곧 부처다. 앞 생각이 대상에 집착했을 때는 번뇌이지만, 뒷 생각이 대상을 떠나면 곧 보리인 것이다.

마하반야바라밀은 가장 높고 귀해 으뜸가는 경지이다. 가는 것도 오는 것도 또한 머무는 것도 아니지만, 삼세의 모든 부처님이 여기서 나오신 것이다.

『六祖[1] 壇經 般若品』

2. 정혜

내 이 법문은 정혜(定慧)로써 근본을 삼는다. 그러므로 정(定)과 혜(慧)가 다르다 하지 말아라. 정과 혜는 하나요 둘이 아니다. 정은 혜의 본체요, 혜는 정의 작용이다. 곧 혜 안에 정이 있고 정 안에 혜가 있는 것이니, 만약 이 뜻을 알면 곧 정과 혜를 함께 배운다. 도를 배우는 사람들은 먼저 정이 있고서야 혜가 나온다거나, 혜가 있은 뒤 정이 나온다거나 하여 서로 다르다고 생각하지 말아라. 이런 소견을 가지는 자는 법에 두 모양을 두는 것이다. 입으로는 착한 말을 하면서 마음은 착하지 않은 것이다.

스스로 깨달아 닦아 나감에는 말다툼이 있을 수 없다. 만약 앞뒤를 다툰다면 곧 어리석은 사람과 같으므로 승부가 끝이 없어, 도리어 아(我)와 법(法)만 늘어서 사상(四相)[2]을 버리지 못할 것이다.

1) (638~713) 중국 스님, 선종의 제6조. 5조 홍인의 법을 받다. 남쪽에 가서 법을 폈기 때문에 이를 남종(南宗). 문하에는 회양, 행사(行思) 등 뛰어난 제자가 많다. 저서 『육조단경』.

2) 나라는 생각〔我相〕, 남이라는 생각〔人相〕, 중생이라는 생각〔衆生相〕, 목숨이라는 생각〔壽者相〕.

정과 혜는 이를테면 등(燈)과 불빛과 같다. 등이 있으면 불빛이 있고, 등이 없으면 불빛이 없다. 등은 불빛의 본체이고 불빛은 등의 작용이므로 등과 불빛의 이름은 다르나 본체는 하나인 것처럼, 정과 혜도 그와 같다. 『六祖壇經 定慧品』

3. 일행삼매

일행삼매(一行三昧)란 가고 멈추고 앉고 눕고 간에 항상 곧은 마음을 쓰는 일이다. 그러므로 『유마경(維摩經)』에 말씀하기를 "곧은 마음이 도량이며, 곧은 마음이 정토(淨土)다."라고 한 것이다. 마음으로는 아첨하고 굽은 짓을 하면서 입으로는 곧은 체하거나, 입으로는 일행삼매를 말하면서 마음은 곧지 않게 하지 마라. 곧은 마음으로 행하여 모든 것에 걸리지 말라. 어리석은 사람은 법상(法相)[3]에 집착하여 일행삼매를 가리켜 말하기를, 가만히 앉아 일으키지 않는 것이라고 한다.

이는 무정(無情)과 같아서 오히려 도(道)를 막는 인연이 된다.

도는 반드시 통하여 흐르게 해야 하는데 어찌 도리어 막히게 할 것인가. 마음이 무엇에고 걸리지 않으면 도가 곧 통해 흐를 것이다. 그러나 마음이 무엇에 걸린다면 이것은 스스로 얽히는 일이다. 앉아서 움직이지 않는

3) 법은 진리라는 뜻, 진리에 집착하여 그것을 고집하는 생각.

것을 옳다고 한다면, 저 사리풋타가 숲속에 가만히 앉아 있다가 유마힐(維摩詰)에게 꾸중을 들은 일과 같을 것이다.[4)]

어떤 사람은 "앉아서 고요히 마음을 관해 움직이지 않고 일어나지 않게 하면 이것이 공(功)이 된다."고 가르친다. 이것은 어리석은 사람이 알지 못하고 집착해 전도된 말이다. 이런 사람들이 적지 않으니, 이와 같은 상교(相敎)는 크게 그릇된 것임을 알아야 한다.

『六祖壇經 定慧品』

4. 무념 무상 무주

본래 바른 가르침에는 돈(頓)과 점(漸)이 없다. 사람의 바탕에 총명하고 우둔함이 있어 우둔한 사람은 차츰 닦아 가고 총명한 사람은 단박 깨닫는다. 그러나 스스로 본심을 알고 본성(本性)을 보면 차별이 없다. 그러므로 돈이니 점이니 하는 것은 헛이름〔假名〕을 붙인 것이다.

내 이 법문은 위로부터 내려오면서 먼저 무념(無念)을 세워 종(宗)을 삼고, 무상(無相)으로 체(體)를 삼고, 무주(無住)로 본(本)을 삼았다. 무상이란 상(相)에서 상을 떠남이요, 무념이란 염(念)에서 염이 없음이요, 무주란 사람의 본성이 선하거나 악하거나 밉거나 원수거나 간에, 서로 말을 주고 받거나 좋지 못한 수작을 걸어 오

---

4) 고요한 곳에 앉아 있는 것만 좌선이 아니라고, 유마힐이 사리풋타에게 한 『유마경』의 말씀.

더라도 모두 다 헛것으로 돌려, 대들거나 해칠 것을 생각하지 않는 것이다.

생각과 생각 사이에 지난 경계를 생각하지 마라. 만약 지난 생각과 지금 생각과 뒷 생각이 잇따라 끊어지지 않으면 이것이 얽매임이다. 모든 존재에 생각이 머물지 않으면 곧 얽매임이 없는 것이니, 무주(無住)로써 근본을 삼음이다. 밖으로 모든 상(相)을 떠나면 이것이 무상(無相)이니, 상에서 떠나기만 하면 곧 법체(法體)가 청정하므로 무상으로 체를 삼은 것이다.

모든 대상에 마음이 물들지 않으면 이것이 무념(無念)이니, 제 생각에 항상 모든 대상을 떠나서 대상에 마음을 내지 말 것이다. 그러나 만약 아무것도 생각하지 않고 모든 생각을 아주 없애버리면, 한 생각이 끊어지면서 곧 죽어 딴 곳에 태어나니, 이것은 큰 착오이므로 배우는 사람은 명심해야 한다. 만약 법의 뜻을 알지 못하면 자기만 잘못 되지 않고 남까지도 잘못되게 한다. 또 자기가 어두워 보지 못하면서 부처님 말씀을 비방까지 한다. 그러므로 무념을 세워 종(宗)을 삼은 것이다. 무념으로 종을 삼은 이유는 무엇인가. 어둔 사람이 입으로만 견성했다 하면서 대상에 생각을 두고, 생각 위에 문득 삿된 소견을 일으켜 온갖 지저분한 망상을 낸다. 자성(自性)은 본래 한 법도 얻을 것이 없는데 만약 얻은 것이 있다 하여 망녕되어 화복(禍福)을 말하면 이것이 곧 지저분한 삿된 소견이다. 그러므로 이 법문은 무념을 세워서 종을 삼은 것이다.

그러면 무(無)란 무엇을 없앰이며, 염(念)이란 무엇을 생각함인가. 무란 두 가지 모양이 없고 모든 쓸데없는 망상이 없는 것이며, 염이란 진여(眞如)의 본성품을 생각함이다. 진여란 곧 염의 본체이며 염은 진여의 작용이므로 진여의 자성이 생각을 일으키는 것이고, 눈·귀·코·혀가 생각하는 것이 아니라, 진여에 성품이 있으므로 생각이 일어나는 것이다. 그러므로 진여가 없다면 눈과 귀와 소리와 물질이 곧 없어질 것이다.

진여의 자성에서 생각을 일으키면 육근(六根)이 비록 보고 듣고 깨닫고 알더라도, 모든 대상에 물들지 않고 참 성품이 항상 자재할 것이다. 그러므로 『유마경』에 이르기를 "모든 법상(法相)을 잘 분별하되 제일의(第一義)에 있어서는 움직임이 없다."고 한 것이다.

『六祖壇經 定慧品』

5. 좌선과 선정

좌선(坐禪)은 원래 마음에 집착함도 아니고 청정에 집착함이 아니며 또한 움직이지 않음도 아니다. 만약 마음에 집착하는 것이라면 마음이 본래 망녕된 것이므로 알고 보면 환(幻)과 같아 잡을 데가 없다. 청정에 집착하는 것이라면 사람의 성품이 본래 청정한 것인데 망념(妄念) 때문에 진여가 파묻힌 것이니, 망념만 없으면 성품이 저절로 청정한 것이다. 그러므로 마음을 일으켜 청정하게 한다 함은 도리어 청정하다는 망념을 내는 것이 된다. 망념이란 처소가 없으니 조촐한 티를 내어 공부한다 함은 조촐한 데 얽매여 제 본성을 막는 일이 된다.

만약 움직이지 않음을 닦고자 한다면, 모든 사람들을 대할 때 남의 시비와 선악과 허물을 보지 말 것이니, 이것이 곧 자성의 움직이지 않음이다. 어리석은 사람들은, 몸은 비록 움직이지 않으나 입을 열면 곧 남의 시비 장단과 좋고 나쁨을 말하게 되니 이것은 도를 등지는 짓이다. 마음을 고집하거나 청정을 고집하면 곧 도에 막히게 될 것이다.

그러면 어떤 것을 좌선이라 하는가. 이 법문 중에 걸리고 막힘이 없어서 밖으로 일체 선악의 환경에 마음과 생각이 일어나지 않는 것을 좌(坐)라 하고, 안으로 자성을 보아 움직이지 않는 것을 선(禪)이라 한다. 무엇을 선정(禪定)이라 하는가. 밖으로 상(相)을 떠남이 선이며, 안으로 어지럽지 않음이 정(定)이다. 만약 밖으로 상에 걸리면 안으로 마음이 어지럽고, 밖으로 상을 떠나면 마음도 따라서 어지럽지 않다. 본 성품은 저절로 청정하며 스스로 안정한 것이지만, 대상만을 보고서 대상을 생각하므로 곧 어지럽게 된다. 만약 모든 대상을 보되 마음이 어지러워지지 않는다면 이것이 참된 정(定)이다. 밖으로 상을 떠나면 곧 선(禪)이며, 안으로 어지럽지 않으면 곧 정(定)이니, 외선(外禪)과 내정(內定) 이것이 선정이다.

『보살계경(菩薩戒經)』에 이르기를 "내 본성품이 본래 청정하다." 하였으니, 생각생각에 본성의 청정함을 보아, 스스로 닦고 행하여 스스로 불도를 이루도록 해야 한다.

『六祖壇經 坐禪品』

6. 오분법신향(五分法身香)

이 일은 모름지기 자성(自性) 가운데서 일어나는 것이니, 어느 때든지 순간순간 그 마음을 밝혀 스스로 닦고 스스로 행하면 자기의 법신을 보고 자기 마음의 부처를 보아 스스로 건지고 조심할 것이다. 먼저 자성의 오분법신향(五分法身香)을 전할까 한다. 첫째는 계향(戒香)이니, 자기 마음속에 그릇됨이 없고 악독함이 없고 질투와 탐욕과 성냄이 없는 것을 말한다. 둘째는 정향(定香)이니, 여러 가지 선악의 환경을 보더라도 마음이 어지럽지 않음이다. 셋째는 혜향(慧香)이니, 자기 마음에 거리낌이 없어 항상 지혜로써 제 성품을 비춰 보고, 악한 일을 하지 않고 착한 일을 할지라도 자랑스런 마음이 없으며, 손위를 공경하고 손아래를 생각하며 외롭고 가난한 이를 가엾이 여김이다. 넷째는 해탈향(解脫香)이니, 마음에 반연함이 없어 선도 생각하지 않고, 악도 생각하지 않으며, 자유자재하여 거리낌 없음이다. 다섯째는 해탈지견향(解脫知見香)이다. 마음은 선과 악에 거리낌없더라도 공(空)에 빠져 고요함만을 지키면 옳지 않다. 그러므로 널리 배우고 많이 들어 자기 본심을 알고 부처의 이치를 통달하여 빛에 화(和)하고 사물에 대할지라도 나와 남이 없어 뒤바뀜이 없는 지혜의 참 성품에 이른다. 이와 같은 향은 저마다 자기 안에서 피울 것이요 밖에서 찾을 것이 아니다. 『六祖壇經 懺悔品』

7. 무상참회

이제 너희에게 무상참회(無相懺悔)를 주어 삼세의 죄과를 없애고 몸과 말과 생각의 세 가지 업을 청정하게 할 것이니 나를 따라 이와 같이 부르라.

"제가 순간순간마다 미련하고 어리석은 데에 빠지지 않게 하소서. 이전부터 지어 온 나쁜 짓과 미련한 죄를 모두 참회하오니 단번에 소멸하여 다시는 일어나지 않게 하소서. 제가 순간순간마다 교만하고 진실치 못한 데에 물들지 않게 하소서. 이전부터 지어온 나쁜 짓과 교만하고 진실치 못한 죄를 모두 참회하오니 단번에 소멸하여 다시는 일어나지 않게 하소서. 제가 순간순간마다 질투에 물들지 않게 하소서. 이전부터 지어온 나쁜 짓과 질투한 죄를 모두 참회하오니 단번에 소멸하여 다시는 일어나지 않게 하소서."

이것이 무상참회다. 참회란 무엇인가? 참(懺)이란 지나간 허물을 뉘우침이다. 전에 지은 악업인 어리석고 교만하고 허황하고 시기 질투한 죄를 다 뉘우쳐 다시는 더 일어나지 않도록 하는 것이다. 회(悔)란 이 다음에 오기 쉬운 허물을 조심하여 그 죄를 미리 깨닫고 아주 끊어 다시는 짓지 않겠다는 결심이다. 범부들은 어리석어 지나간 허물을 뉘우칠 줄 알면서도 앞으로 있을 허물은 조심할 줄 모른다. 그러기 때문에 지나간 죄도 없어지지 않고 새로운 허물이 잇따라 생기게 되니, 이것을 어찌 참회라 할 것인

가. 『六祖壇經 懺悔品』

8. 사홍서원

이미 참회하였으니 이제는 사홍서원(四弘誓願)을 발해야 한다.

"내 마음의 중생이 끝없어도 건지리이다. 내 마음의 번뇌가 다함없어도 끊으리이다. 내 마음의 법문이 한없어도 배우리이다. 내 마음의 불도(佛道) 위없어도 이루리이다."

중생을 건진다 함은 내가 그대들을 건진다는 것과 같은 뜻이 아니다. 마음속의 중생이란 삿되고 어두운 생각, 망녕되고 진실하지 못한 생각, 착하지 못한 생각, 질투하는 생각, 악독한 생각, 이와 같은 생각이 모두 중생인 것이다. 저마다 자기 마음을 스스로 건지는 이것이 참으로 건짐이다. 그럼 어떻게 해야 자기 마음을 스스로 건질 수 있을까. 자기 마음속의 그릇된 소견과 번뇌와 무지를 바른 견해로써 건진다. 바른 견해는 지혜로 하여금 어리석음을 깨뜨리고 스스로 건지게 한다. 그릇됨이 오면 올바름으로, 미혹(迷惑)이 오면 깨달음으로, 어리석음이 오면 지혜로, 악이 오면 선으로 건지는 이것이 참으로 건짐이다. 그리고 번뇌를 끊는다 함은 자성의 지혜로 허망한 생각을 없앤다는 것이고, 법문을 배운다 함은 스스로 성품을 보아 항상 바른 법을 행하는 것이다. 또 불도를 이룬다 함은 항상 마음을 낮추어 참되고 바르게 행동하며, 미혹도 버리고 깨달음에서도 떠나 항상 지혜를 내며, 참된 것도 없애고 망녕된 것도 없애어, 바로 불성(佛性)을 보면 곧 불도를 이루는 것이다. 『六祖壇經 懺悔品』

9. 삼귀의

네 가지 큰 서원을 발한 이는 불·법·승의 자성 삼보(自性三寶)에 귀의하여라. 불이란 깨달음이고 법이란 올바름이며 승이란 청정함이다. 마음이 깨달음에 귀의하여 그릇되고 어두운 것을 내지 않고, 욕심을 적게 하고 만족하게 생각하여 재물과 색을 떠나면 이것이 양족존(兩足尊)이다.

마음이 올바름에 귀의하여 그릇된 소견이 없으면 남과 나를 따지는 일도, 탐욕과 애욕에 빠지는 일도 없을 것이니 이것이 이욕존(離欲尊)이다.

그리고 마음이 청정에 귀의하면 온갖 지저분한 것과 애욕에 물들지 않을 것이니 이것이 중중존(衆中尊)이다.

이와 같이 수행하는 것이 스스로 귀의하는 것인데, 범부들은 이것을 알지 못하고 밤낮으로 삼귀계(三歸戒)를 받는다고 한다. 만약 부처에게 귀의한다면 그 부처는 어디에 있는가. 부처를 보지 못한다면 무엇을 의지해 돌아갈 것인가. 그러니 귀의(歸依)한다는 말이 우습지 아니한가.

그러므로 자신의 부처에게 돌아가지 않으면 의지할 곳이 없다. 이제 스스로 깨달았다면 저마다 제 마음의 삼보에 귀의하여라. 안으로 심성(心性)을 고르게 하고 밖으로 남을 공경하는 것이 스스로 귀의함이다.「六祖壇經 懺悔品」

10. 마음이 밝아야 경을 알 수 있다

법달(法達)은 홍주(洪州) 사람인데, 일곱 살에 출가하여 항상 법화경(法華經)을 읽었다. 어느 날 조사(祖師)에게 와서 절하는데 머리가 땅에 닿지 않았다. 조사가 꾸짖어 말했다.

"그렇게 머리 숙이기가 싫으면 무엇하러 절을 하느냐. 네 마음속에 필시 무엇이 하나 들어 있는 모양인데 무엇을 익혀 왔느냐?"

법달이 대답했다.

"법화경을 외우기 이미 삼천 독에 이르렀습니다."

"네가 설사 만 독을 하여 경 뜻을 통달했다 할지라도 그것을 자랑으로 여긴다면 도리어 허물이 된다는 걸 모르는구나. 내 게송을 들어보아라.

절이란 본래 아만을 꺾자는 것
어째서 머리가 땅에 닿지 않는가
'나'라는 게 있으면 허물이 생기고
제 공덕 잊으면 복이 한량없는 것을."

조사가 다시 말했다.

"네 이름이 무어냐?"

"법달(法達)이라 합니다."

"네 이름이 법달이라니 어떻게 그리 일찍이 법을 통달했느냐?

네 이제 이름을 법달이라 하니
그 동안 얼마나 힘써 외웠나
허투루 외는 것은 소리만 돌 뿐
마음을 밝혀야 보살이 된다.

네게 이제 인연이 있기 때문에
너를 위해 말해 주겠다
부처는 말이 없는 것임을 믿으면
저절로 입에서 연꽃이 피리라."

법달이 게송을 듣고 뉘우쳐 사과를 했다.

"앞으로는 반드시 모든 것을 공경하겠습니다. 제가 법화경을 외우긴 했으나 경 뜻을 알지 못해 항상 의심이 있습니다. 스님께서는 크신 지혜로 경 뜻을 말씀해 주십시오."

"법달이 법은 통달하였어도 네 마음은 모르는구나. 경에는 본래 의심이 없는데 네 마음이 스스로 의심하는 것이다. 너는 이 경의 주제를 무엇이라고 생각하느냐?"

"제가 어둡고 둔해 다만 겉으로 글자나 읽었을 뿐이니 어찌 그 뜻을 알겠습니까."

"그러면 나는 글자를 알지 못하니 어디 그 경을 한 번 읽어 보아라. 듣고서 풀이해 주겠다."

법달이 소리 높이 읽어 가다가 비유품에 이르자, 조사는 그만 그치라 하고 다음같이 말했다.

"이 경은 본래 인연 출세(因緣出世)로 주제를 삼은 것이니, 비록 여러가지 비유를 들어 말했을지라도 거기에서 벗어나지 않는다. 경에 말하기를 '모든 부처님이 한 가지 큰 인연〔一大事因緣〕으로 세상에 출현하셨다 하였으니, 큰 인연이란 부처님의 지견(知見)인 것이다. 세상 사람들이 밖으로 어두워 상(相)에 걸리고, 안으로 어두워 공(空)에 떨어지니, 만약 상에서 상을 떠나고 공에서 공을 떠나면, 안과 밖에 함께 어둡지 않을 것이다. 이 법을 깨달으면 한 생각에 마음이 열리리니 이것이 부처님 지견을 얻는 길이다.

너는 경 뜻을 잘못 알아 가지고 그것은 부처님 지견을 말한 것이지 우리들 분수에는 맞지 않는 것이라고 하지 말아라. 이것은 곧 부처님을 헐뜯고 경전을 비방하는 일이다. 너는 이제 부처님 지견이란 네 자신의 마음이요, 따로 부처가 없다는 것을 믿어야 한다. 네가 그동안 쓴 것을 대단하게 여겨 그것으로 자랑삼는다면 얼룩소〔犛牛〕가 꼬리를 사랑하는 것과 무엇이 다르겠느냐."

"그러면 뜻만 알면 수고스럽게 외우지 않아도 좋습니까?"

"경에 어찌 허물이 있다고 네가 외우는 걸 못하게 하겠느냐. 다만 막히고 트임이 사람에게 달리고 더하고 덜함이 자신에게 달렸으니, 입으로 외우고 실제로 행동하면 이것이 곧 경을 읽는 것이다. 그러나 입으로는 외워도 실행하지 못하면 이것은 오히려 경에 읽히는 것이다."

법달은 이 말끝에 크게 깨달았다. 『六祖壇經 機緣品』

제 6 장 상단법어(上壇法語)

1. 주리면 먹고 고단하면 잔다

스님은 법상에 올라가 이렇게 설법했다.

"검소한 데서 사치스런 데로 들어가기는 쉬워도, 사치한 데서 검소한 데로 나오기는 어렵다. 아침부터 저녁까지 생각생각에 부처가 나타나고 걸음걸음에 미륵보살이 탄생하며, 물건마다 일마다 티끌 같은 세계를 두루 나타내고, 말마다 글귀마다 대장경의 부처님 말씀을 완전히 펼친다 할지라도 이것은 대수롭지 않은 예삿일이니, 거기서 무엇을 드러내려고 해서는 안 된다. 배고프면 밥 먹고 목마르면 물 마시며, 한가로우면 앉아 있고 고단하면 잠을 잔다. 불법(佛法)이니 몸이니 마음이니 하는 생각이 전연 없고 태평스러운 풍월에도 상관하지 않는다. 이것은 어떤 사람의 경지인가?"

한참을 말이 없다가 "그도 방망이를 면하지 못할 것이다." 하고 주장자(柱杖子)를 세웠다. 『眞覺[1] 語錄』

---

1) (1178~1234) 고려 때 스님, 법명은 혜심(慧諶). 보조(普照)의 제자. 저서 『심요(心要)』·『선문 강요(禪門綱要)』·『선문염송(禪門拈頌)』 등.

2. 갈등을 끊고 마주 보라

스님은 법상에 올라가 또 이렇게 설법했다.

"이것을 무엇이라 불러야 할까? 향상(向上)이나 향하(向下)에 안배할 수 없고, 대장경이나 소장경의 해설로도 통하지 않는다. 무엇을 진여(眞如)니 반야(般若)니 보리(菩提)니 열반(涅槃)이니 하며, 또 무엇을 가리켜 부처가 세상에 나왔고, 조사가 서쪽에서 왔다 하는가. 갈등을 끊고 당장에 마주 보아야 할 것이다."

주장자를 한 번 내리치고는 "어서 높게 착안(着眼)하라."고 하였다. 『眞覺 語錄』

3. 정월 초하루

스님은 정월 초하룻날 법상에 올라가 이렇게 설법했다.

"오늘 아침에 그대들을 위해 시절 인연(時節因緣)을 들어 말하겠다. 어린이는 한 살이 보태지고 늙은이는 한 살이 줄어지며, 늙고 어림에 관계 없는 이는 줄지도 않고 보태지지도 않을 것이다. 보태지거나 줄어지거나, 보태고 줄어짐이 없다는 것을 모두 한쪽에 놓아 버려라. 말해 보라. 놓아 버린 뒤에는 어떤가?

누가 이 세상에 신선이 없다 했는가. 모름지기 술항아리 속에 별천지가 있음을 믿으라." 『眞覺 語錄』

4. 일 없는 사람

스님은 법상에 올라가 이렇게 설법했다.

“구름과 연기가 사라지고 흩어지면 둥근 달이 저절로 밝아지고, 모래와 자갈을 일어 추려 버리면 순금(純金)이 저절로 드러난다. 이 일[2]도 그와 같아서 미친 생각 쉬는 곳이 바로 보리(菩提)다. 성품이 깨끗하고 미묘하게 밝음은 남에게서 얻은 것이 아니다. 그러므로 크게 깨달으신 부처님께서도 처음 이 일을 깨친 뒤 지혜의 눈으로 시방세계를 두루 살피고 나서 감탄하신 것이다.

“신기하구나. 내가 보건대 모든 중생들은 여래의 지혜와 덕을 갖추고 있으면서도 망상과 집착 때문에 깨닫지를 못한다. 그러니 망상과 집착을 버리면 스승 없이 얻은 지혜, 자연의 지혜, 걸림이 없는 지혜가 드러날 것이다.”

여러 대중들, 부처님은 진실로 말씀하시는 분인데 어찌 우리들을 속이시겠는가. 그 말씀을 믿고 그 경지를 향해 들어가 당장 한 칼로 두 동강을 내어 망상과 집착을 쉬어버린다면, 그것은 일마다 분명하고 물건마다 역력하게 나타날 것이다. 그러나 그도 별 사람은 아니다. 그 경지에 이르면 벗어나야 할 생사도 없고

2) 어리석음을 버리고 깨달음을 얻기 위해 닦는 수행.

찾아야 할 열반도 없어, 다만 일 없는 사람〔閑道人〕이 될 것이다.

「眞覺 語錄」

5. 크게 치면 크게 울린다

"구름을 잡고 안개를 움켜 쥐는 살아 있는 용이 어찌 썩은 물에 잠겨 있겠으며, 해를 좇고 바람을 따르는 용맹스런 말이 어찌 마른 동백나무 밑에 엎드려 있겠는가. 슬프다, 한갓 침묵만 지키는 어리석은 선정은 기왓장을 갈아 거울을 만들려는 격이고, 문자만을 찾는 미친 지혜는 바다에 들어가 모래를 세는 격이니, 그것은 모두 걸림 없는 기틀과 자재하고 미묘한 작용을 모르는 것이다.

종은 크게 치면 크게 울리고 작게 치면 작게 울린다. 거울은 되놈이 오면 되놈을 비추고 왜놈이 오면 왜놈을 비춘다. 그들은 이런 이치를 전혀 모르고 있다. 그러나 비록 그와 같이 엎치고 날치는 수단을 얻었다 할지라도 아직 생사의 기슭을 떠나지 못한 것이다. 그러면 말해 보라. 필경 어떤 것인가를. 깊숙한 암자 안의 주인은 암자 밖의 일을 관계하지 않는다."

「眞覺 語錄」

6. 하늘에 구름이 깨끗하니

스님은 법상에 올라가 이렇게 설법했다.

“결박하는 것도 남이 결박하는 것이 아니고, 결박을 푸는 것도 남이 푸는 것 아니다. 풀거나 결박하는 것이 남이 아니므로 모름지기 스스로 깨달아야 한다. 스스로 깨닫는 요긴한 법에는 다른 방법이 없다. 얻고 잃음과 옳고 그름을 한꺼번에 놓아버리되 놓아버릴 것이 없는 데까지 이르고, 놓아버릴 것이 없는 그것까지도 다시 놓아버려야 한다.

그 경지에 이르면 위로는 우러러 잡을 것이 없고, 아래로는 제 몸마저 없어져 청정한 광명이 앞에 나타날 것이다. 천 길 벼랑에서 마음대로 붙잡고 기회를 따라 움직이되 조금도 움직이는 일이 보이지 않는 이라야 비로소 안락하고 해탈한 사람이라 할 수 있다.

네 바다의 물결이 고요하니 용의 잠이 편안하고, 하늘에 구름이 깨끗하니 학이 높이 나는구나.”

『眞覺 語錄』

7. 시든 꽃잎

스님이 입적하시던 날 법상에 올라 이렇게 설법했다.

“봄은 깊고 절 안은 깨끗하여 티끌 하나 없는데, 시든 꽃잎은 시나브로 푸른 이끼 위에 떨어지누나. 누가 일러 소림(少林)[3]의 소식이 끊어졌다 하던가. 저녁

3) 달마 스님이 수도하던 숭산(崇山) 소림사. 여기에서는 장소를 가리키는 말이 아니고, 마음이 곧 부처라고 하는 선가(禪家)의 종풍(宗風)을 말함.

바람이 이따금 그윽한 향기를 보내오는데."

『眞覺 語錄』

8. 최상서(崔尙書) 우(瑀)에게 보낸 글

주신 글에 법어를 청했으므로 몇 가지 인연을 적어 청에 답할까 합니다. 부처님의 경전 밖에 따로 전한 것으로서 바로 근원을 끊는 그 하나는, 기틀〔機〕을 마주 대면하고 말을 마치자 당장 마음이 확 트이는 일입니다. 이때에는 대장경도 그 주석에 지나지 않습니다. 그러나 한 마디 말에 알아듣지 못하고, 다시 머리를 돌리고 골수를 굴리며, 눈을 들고 치켜 올리고, 속으로 헤아리고 생각하며, 입을 열고 혀를 움직인다면 그것은 생사의 근본입니다.

정승 배휴(裵休)가 어느 절에 들어가 벽화를 보고 그 절 원주(院主)에게 물었습니다. "이것은 무엇입니까?" 원주는 이렇게 대답했습니다. "고승입니다." "얼굴은 그럴 듯하군. 이 고승이 지금 어디 있습니까?"

원주가 대답이 없자 배휴는 "이 절에 선승(禪僧)은 없습니까?" 하고 물었습니다. 그때 대중 가운데 황벽 희운(黃檗希運) 선사가 있었으므로 원주는 황벽 스님을 소개해 주었습니다. 배휴는 황벽 스님에게 조금 전 이야기를 들어 물었습니다. 황벽 스님은 아까처럼 다시 물어보라고 했습니다.

배휴는 "얼굴은 그럴 듯한데 그 고승은 지금 어디 있습니까?"하고 물었습니다. 이때 황벽 스님은 큰 소리로 "배 정승!" 하고 불렀습니다. 배휴는 깜짝 놀라 "예"하고 대답했습니다. 황벽 스님이 "어디 있는고?" 하고 물었을 때 배휴는 당장 그 뜻을 깨달았습니다. 그러나 이 산승(山僧)은 그렇게 하지 않겠습니다. 그가 고승은 지금 어디 있느냐고 묻는다면, 나는 배휴를 불러 그가 대답하자마자 "악!" 하겠습니다. 또 우적(于迪) 정승이 자옥(紫玉) 화상에게 불도의 지극한 이치를 묻고 그 스님에게 한 말씀을 청했습니다. 자옥스님은 "불도의 지극한 이치는 인정과 예의를 버리는 데 있습니다."하고 말했습니다. 이때 우적이 "스님은 인정과 예의를 버리셨습니까?" 하고 물었습니다. "우적 정승!" "예." "다시 따로 구하지 마십시오." 하고 스님은 말했습니다.

그후 약산(藥山) 스님이 이 말을 전해 듣고 "애석하구나. 우적. 자옥산 밑에서 생매장을 당했구나."라고 말했습니다. 우적은 이 말을 듣고 약산스님을 찾아갔습니다. "어떤 것이 부처입니까?" "우적 정승!" "예." "이것이 무엇이오?" 라고 물었을 때 우적은 깨달은 바가 있었습니다.

초경(招慶)은 이 화두(話頭)를 들어 말했습니다. "이 답은 매우 뛰어나 천지의 차가 있다. 한결같은 것이 도(道)다." 그러나 이 산승은 그렇게 말하지 않겠습니다. 그의 대답을 기다려 "머리를 돌려라."라고 하겠습니다.

수능엄경(首楞嚴經)에 말했습니다. "수행자들이 최상의 보리를 이루지 못하고 따로 성문(聲聞)이나 연각(緣覺)을 이루고, 외도와 마군의 괴수나 그 권속이 되는 것은 두 가지 근본을 알지 못하고 어지럽게 닦아 익히기 때문이다. 그것은 마치 모래를 삶아 음식을 만들려는 것과 같아 무량겁을 지나더라도 되지 않을 것이다. 두 가지란 무엇인가. 첫째는 본래부터 있는 생사의 근본이니, 즉 네가 지금 중생들과 관계하고 있는 그 마음을 제 성품이라고 생각하는 것이다. 둘째는 본래부터 있는 보리 열반의 청정한 실체이니, 즉 지금의 네 알음알이가 원래 밝아 모든 인연을 지어 그 인연 때문에 벌어진 것이다. 중생들이 이 본래의 밝음을 버리기 때문에 종일 움직이면서도 그것을 깨닫지 못하고 온갖 세계로 드나든다."

그러나 산승은 그렇게 말하지 않겠습니다. 누가 어떤 것이 생사의 근본이냐고 묻는다면, "네가 이미 드러내 보였다."라고 대답하겠습니다. 또 어떤 것이 보리 열반의 본래 청정한 실체인가고 묻는다면, 한 번 할(喝)을 하겠습니다.

이상에서 들어 보인 몇 개의 화두가 결국 어디로 돌아가는지 자세히 참구해 보십시오. 무릇 남의 지시를 받거나 혹은 스스로 공부하여 재미있고 자신있는 곳을 얻더라도, 문으로 들어온 것은 집안의 보배라 생각지 말고, 한꺼번에 놓아버리되 놓아버릴 것이 없는 데서 다시 놓아버려야 합니다. 통 밑이 빠져 한 방울의 물도 없이 말라 터진 뒤에야 깨침이 있고 들어갈 곳이 있습니다. 이때 비로소 마음과 뜻과 알음알이가 끊어져, 자기 집안의 재산을 꺼내어 이리저리 마음대로 쓸지라도 다함이 없을 것입니다. 자취를 남기지도 않고 어느 한 끝에 떨어지지도 않아 꼭대기에서 바닥까지 확 트여 걸림이 없어야 생사의 바다에 마음대로 드나들면서 중생을 건질 수 있을 것입니다. 힘쓰고 힘쓰십시오. 『眞覺 語錄』

9. 방산 거사(方山居士)에게 보낸 글

편지에 "생각이 잠깐 일어날 때에 그 화두를 드니 이 공(功)이 더욱 미묘합니다."고 하셨습니다. 옛 스님은 말하기를 "생각이 일어난다는 것은 두렵지 않으나 더디게 깨닫는 것이 두렵다."고 했습니다. 또 "생각이 일어나거든 곧 깨달아라. 깨달으면 곧 없어질 것이다."라고도 했으며, "생각은 모든 환경을 반연하는데 마음은 분별을 아주 끊는다."고 했습니다. 그러므로 검고 흰 것을 잘 분별하고 이익과 손해를 살펴 그 구경(究竟)에 이르면 다행이겠습니다.

주신 편지에 청하신 뜻이 못내 간절하여 다시 번거롭게 말합니다. 생각이 일어나고 생각이 사라지는 것을 생사라 합니다. 생사에 다달아 반드시 힘을 다해 화두를 드십시오. 화두가 순일해지면 일어나고 멸함이 없어질 것입니다. 일어나고 멸함이 없어진 곳을 고요함〔寂〕이라 하고, 고요한 속에서 화두가 없어진 것을 무기(無記)라 하며, 고요한 속에서도 화두에 어둡지 않는 것을 영지(靈知)라 합니다.

이 비고 고요한 영지는 무너지지도 않고 난잡하지도 않습니다. 이와 같이 공을 들이면 머지않아 공을 이룰 것입니다. 몸과 마음이 화두와 함께 한 덩이가 되어 의지하는 곳이 없고 마음의 가는 곳이 없으면, 그때는 다만 방산 거사(方山居士) 하나뿐일 것입니다. 그런데 거기서 다른 생각을 일으키면 반드시 그림자의 유혹을 받을 것입니다. 거기서 자세히 살펴보십시오. 방산이 어디에 있는가를.

조주(趙州) 스님의 '없다'고 말한 뜻이 무엇인가를 완전히 붙들면 새삼스레 벌일 필요도 없어질 것입니다. 물을 마시는 사람이 차고 더움을 스스로 알 듯이, 천만 가지 의심이 한꺼번에 깨어질 것입니다. 혹시 완전히 깨치지 못하더라도 어떻게 할까 하는 생각을 버리고, 화두가 끊어지지 않고 계속하도록 간절히 붙들어야 합니다. 움직이거나 가만히 있거나 말하거나 침묵하거나 모든 행동에서 한결같이 어둡지 않고, 그저 또록또록하고 분명하게 화두를 들되 하루에 몇 번이나 끊어지는가를 때때로 점검해 보십시오.

그래서 끊어지는 때가 있거든 다시 용맹스런 마음을 내고 공력을 더 들여 끊임이 없게 하십시오. 하루에 한 번도 끊임이 없게 되었다면 정력(定力)을 더욱 기울여 때때로 점검하되 날마다 끊임없이 해야 합니다. 만약 사흘 동안 순일하게 끊임이 없으면 움직이거나 가만히 있을 때에도 한결같고 말하거나 침묵할 때에도 한결같아 화두가 항상 앞에 나타날 것입니다. 흐르는 여울의 달빛처럼 부딪혀도 흩어지지 않고 헤쳐도 없어지지 않으며, 휘저어도 사라지지 않고 자나깨나 한결같으면 크게 깨칠 때가 가까워진 것입니다.

그때에는 부디 남에게 캐어 물으려 하지 말고, 또 일 없는 사람과 이야기하지도 마십시오. 그저 스물네 시간 일상 생활 가운데서 어리석은 사람이나 벙어리처럼 행동하고, 몸과 마음을 모두 버려 죽은 사람같이 하십시오. 안에서 내어 놓지도 말고 밖에서 들이지도 마십시오. 거기서 화두를 잊어버리면 그것은 큰 잘못이니, 큰 의심을 깨뜨리기 전에는 화두에 어둡지 말고 내 말대로 하십시오.

그 경지에 이르면 어느 새 무명이 깨어지고 홀연히 크게 깨칠 것입니다. 깨친 뒤에는 부디 본분종사(本分宗師)[4]를 찾아가 마지막 인가(印可)[5]를 받아야 합니다. 만약 그와 같은 종사(宗師)를 만나지 못하면 열 개에 다섯 쌍이 모두 마군이 될 것입니다. 조심하기를 진심으로 빌고 빕니다. 『太古[6]語錄』

4) 마음을 바로 깨달은 스님.
5) 스승이 제자의 깨달음을 인정함.
6) (1301~1382) 고려 말기 스님, 법명은 보우(普愚). 1346년에 중국에 가서 석옥 청공(石屋淸珙)의 법을 잇고, 우리나라 임제종(臨濟宗)의 초조가 되다. 공민왕의 왕사(王師).

10. 화두 참구하는 법

스님은 어느 날 대중을 모아 놓고 일상의 정진을 낱낱이 물은 다음 이와 같이 말했다.

"모름지기 대장부의 마음을 내고 결정된 뜻을 세워, 평생에 깨치거나 알려고 한 모든 법과 문장과 어언 삼매(語言三昧)를 싹 쓸어 큰 바닷속에 던져버리고 다시는 집착하지 마시오. 한번 앉으면 그 자리에서 팔만사천의 온갖 생각을 끊고, 본래부터 참구(參究)하던 화두(話頭)를 한번 들면 놓지 마시오. '모든 법이 하나로 돌아가는데 그 하나는 어디로 돌아가는가?' '어떤 것이 본래 면목인가?' '어떤 것이 내 성품인가?' '어째서 개에게 불성이 없다고 했을까?' 이런 화두를 들되, 마지막 한 마디를 힘을 다해 드시오.

화두가 앞에 나타나면 들지 않아도 저절로 들려 고요한 곳에서나 시끄러운 곳에서나 한결같을 것이오. 이 경지에 이르면 다니거나 멈추거나 앉거나 눕거나 옷 입을 때나 밥 먹을 때나 언제 어디서나 온몸은 하나의 의심덩이가 됩니다. 의심하고 또 의심하며, 부딪치고 또 부딪쳐 몸과 마음을 한덩어리로 만들어 그것을 똑똑히 참구하시오. 화두 위에서 그 뜻을 헤아리거나 어록(語錄)이나 경전에서 그것을 찾으려 하지 말고, 단박 깨뜨려야 비로소 집안에 들어가게 될 것이오. 만약 화두가 들어도 들리지 않아 냉담하고 아무

재미가 없으면, 낮은 소리로 서너 번 연거푸 외워 보시오. 문득 화두에 힘이 생기게 됨을 알 수 있을 것이오. 그런 경우에 이르면 더욱 힘을 내어 놓치지 않도록 하시오.

여러분이 저마다 뜻을 세웠거든 정신을 차리고 눈을 비비면서, 용맹 정진하는 가운데에서도 더욱더 용맹정진하면 갑자기 탁 터져 백천 가지 일을 다 알게 될 것이오. 그런 경지에 이른 사람은 이십 년이고 삼십 년이고를 묻지 말고 물가나 나무 밑에서 성태(聖胎)를 기르시오. 그러면 그는 금강권(金剛拳)도 마음대로 삼켰다 토했다하며, 가시덤불 속도 팔을 저으며 지나갈 것이고, 한 생각 사이에 시방세계를 삼키고 삼세의 부처를 토해낼 것이오.

이와 같은 경지에 이르러야 그대들은 비로소 법신불(法身佛)의 갓을 머리에 쓸 수 있고, 보화불(報化佛)의 머리에 앉을 수 있을 것이오. 그렇지 못하면 밤낮을 가리지 말고 방석 위에 우뚝 앉아 눈을 바로 하고 '이 무엇인가?'의 도리를 참구하시오." 『懶翁[7] 語錄』

11. 기슭에 닿았거든 배를 버려라

재(齋)를 올린 뒤 스님은 법상에 올라 한참을 잠잠

---

7) (1320~1376) 고려 때 스님, 법명은 혜근(惠根). 중국 원나라에 가서 지공(指空)에게서 깨달아 법의(法衣)와 불자(拂子)를 받고, 1371년에 왕사(王師)가 됨.

히 있다가 말문을 열었다.

"여러 불자들, 알겠소? 여기서 당장 빛을 돌이켜 한번 보시오. 지옥·아귀·축생·아수라·인간·천상 등은 본지풍광(本地風光)을 밟을 수 있는가. 그렇지 못하면 조그만 갈등을 말하겠으니 자세히 듣고 똑똑히 살피시오.

사대(四大)가 모일 때에도 이 한 점의 신령스런 밝음은 그에 따라 생기지 않았고, 사대가 흩어질 때에도 그것은 무너지지 않소. 나고 죽음과 생기고 무너짐은 허공과 같거니 원친(寃親)의 묵은 업이 지금 어디 있겠소. 이미 없어진 것이라 찾아도 자취가 없고 트이어 걸림 없음이 허공과 같소. 세계와 티끌마다 미묘한 본체요, 일마다 물건마다 모두가 주인공이오. 소리와 모양이 있으면 분명히 나타나고 모양도 소리도 없으면 그윽히 통합니다. 때를 따라 당당히 나타나고 예로부터 지금까지 오묘하고 오묘합니다. 자유로운 그 작용이 다른 물건 아니고 때를 죽이고 살림이 모두 그것의 힘이오. 여러 불자들, 알겠소? 만약 모르겠다면 이 산승이 불자들을 위해 알도록 하겠소."

죽비로 탁자를 치면서 한 번 할(喝)을 한 다음 이와 같이 말했다.

"여기서 단박 밝게 깨쳐 현관(玄關)[8]을 뚫고 지나가면, 삼세의 부처님과 역대 조사(祖師)와 천하 선지

8) 깊고 묘한 이치에 들어가는 관문(關門).

식들의 골수를 환히 보고, 그분들과 손을 마주 잡고 함께 다닐 것이오."

또 한 번 죽비로 탁자를 친 뒤 말을 이었다.

"이로써 많은 생의 부모와 여러 겁의 원친(冤親)에서 뛰어나고, 세세 생생(世世生生)에 함부로 자식이 되어 어머니를 해치고 친한 이를 원망한 일에서 뛰어나시오. 이로써 저승과 이승에서의 온갖 원친에서 뛰어나고, 지옥의 갖가지 고통받는 무리에서 뛰어나시오. 이로써 괴로워하는 축생의 무리에서 뛰어나고, 성내는 아수라의 무리에서 뛰어나시오. 이로써 인간의 교만한 무리에서 뛰어나고, 천상의 쾌락에 빠져 있는 무리에서 뛰어나시오."

죽비를 내던지고 이렇게 말을 맺었다.

"기슭에 닿았으면 배를 버릴 것이지 무엇하러 다시 나루터 사람에게 길을 묻는가." 『懶翁 語錄』

12. 공부 열 가지

세상 사람들은 모양을 보면 그 모양에서 뛰어나지 못하고, 소리를 들으면 그 소리에서 뛰어나지 못한다. 어떻게 하면 모양과 소리에서 뛰어날 수 있을까?

이미 모양과 소리에서 뛰어났으면 반드시 공부를 시작해야 한다. 어떻게 바른 공부를 시작할 것인가?

이미 공부를 시작했으면 그 공부를 익혀야 하는데 공부가 익은 때는 어떤가?

공부가 익었으면 다시 거친 콧김을 없애야 한다. 거친 콧김을 없앤 때는 어떤가?

콧김이 없어지면 냉담하고 재미가 없으며, 기력이 없고 의식이 분명치 않으며 마음도 활동하지 않는다. 또 그때는 그 허망한 몸이 인간에 있는 줄을 모른다. 그런 경지에 이르면 그때는 어떤 시절인가?

공부가 지극해지면 움직이고 조용함에 틈이 없고, 자고 깸이 한결같아 부딪쳐도 흩어지지 않고 움직여도 잃지 않는다. 마치 개가 기름이 끓는 솥을 보고 핥으려 해도 핥을 수 없고, 버리려 해도 버릴 수 없는 것과 같다. 그때에는 어떻게 해야 하는가?

갑자기 백이십 근이나 되는 짐을 내려놓은 것 같아 단박 꺾이고 단박 끊긴다. 그때에는 어떤 것이 그대의 자성(自性)인가?

이미 자성을 깨쳤으면 자성의 작용은 인연을 따라 움직인다는 것을 알아야 한다. 그럼 어떤 것이 작용에 따름인가?

이미 자성의 작용을 알았으면 생사를 초월해야 하는데, 눈빛이 땅에 떨어질 때 어떻게 벗어날 것인가?

이미 생사를 벗어났으면 그 가는 곳을 알아야 한다. 사대는 뿔뿔이 흩어져 어디로 가는가? 『懶翁 語錄』

13. 병문안

그대의 병이 중하다고 들었다. 그것은 무슨 병인

가? 몸의 병인가, 마음의 병인가. 몸의 병이라면 몸은 지(地)·수(水)·화(火)·풍(風)의 네 가지 요소가 잠시 모여 이루어진 것, 그 네 가지는 저마다 주인이 있는데 그럼 어느 것이 그 병자인가? 만약 마음의 병이라면 마음은 꼭두각시와 같은 것, 비록 거짓 이름은 있으나 그 실체는 실로 공한 것이니 병이 어디에서 일어났는가? 그 일어난 곳을 추궁해 본다면 난 곳이 없을 것이다. 그럼 지금의 그 고통은 어디에서 오는 것인가? 또 고통을 아는 그것은 무엇인가?

이와 같이 살피고 살펴보면 문득 크게 깨칠 것이다. 이것이 내 병문안이다. 『懶翁 語錄』

제 7 장 선가의 거울

1. 한 물건

여기 한 물건이 있는데, 본래부터 한없이 밝고 신령하여 일찍이 나지도 않았고 죽지도 않았다. 이름 지을 길 없고 모양 그릴 수 없다. 한 물건이란 무엇인가? 옛 어른은 이렇게 노래했다.

옛 부처 나기 전에
의젓한 둥그러미
석가도 알지 못한다 했는데
어찌 가섭이 전하랴.

이것이 한 물건의 나지도 않고 죽지도 않으며, 이름 지을 길도 모양 그릴 수도 없는 연유다. 육조(六祖) 스님이 대중에게 물었다. "내게 한 물건이 있는데 이름도 없고 모양도 없다. 너희들은 알겠느냐?" 신회(神會) 선사가 곧 대답하기를 "모든 부처님의 근본이요 신회의 불성입니다." 하였으니, 이것이 육조의 서자(庶子)[1]가 된 연유다. 회양(懷讓) 선사가 숭산(崇山)으로부터 와서 뵙자 육조 스님이 묻기를 "무슨 물건

1) 직계가 아닌 방계(傍系).

이 이렇게 왔는고?" 할 때에 회양은 어쩔 줄 모르고 쩔쩔매다가 팔 년만에야 깨치고 나서 말하기를 "가령 한 물건이라 하여도 맞지 않습니다." 하였으니, 이것이 육조의 맏아들이 된 연유다.

부처님과 조사(祖師)가 세상에 출현하심은 마치 바람도 없는데 물결을 일으킨 격이다. 세상에 출현한다는 것은 대비심(大悲心)으로 근본을 삼아 중생을 건지는 것을 말한다. 그러나 한 물건으로써 따진다면, 사람마다 본래 면목이 저절로 갖추어졌는데 어찌 남이 연지 찍고 분 발라 주기를 기다릴 것인가. 그러므로 부처님이 중생을 건진다는 것도 공연한 짓인 것이다.

억지로 여러 가지 이름을 붙여 마음이라 부처라 혹은 중생이라 하지만, 이름에 얽매여 분별을 낼 것이 아니다. 다 그대로 옳은 것은 아니다. 한 생각이라도 움직이면 곧 어긋난다. 「西山 禪家龜鑑」

2. 선과 교

부처님께서 세 곳에서 마음을 전한 것〔三處傳心〕이 선지(禪旨)가 되고, 평생 말씀하신 것이 교문(教門)이 되었다. 그러므로 선(禪)은 부처님의 마음이요, 교(教)는 부처님의 말씀이다. 세 곳이란 다자탑(多子塔) 앞에서 자리를 절반 나누어 앉음이 하나요, 영산회상(靈山會上)에서 꽃을 들어 보임이 둘이요, 사라쌍수 아래에서 관 밖으로 두 발을 내어 보임이 셋이니, 이른바 카샤파 존자〔迦葉尊者〕가 선(禪)의 등불을 따로 받았다는 것이 이것이다.

그러므로 선과 교의 근본은 부처님이고, 선과 교의 갈래는 카샤파 존자와 아난다 존자〔阿難尊者〕다.

말 없음으로써 말 없는 데 이르는 것은 선이요, 말로써 말 없는 데 이르는 것은 교다. 또한 마음은 선법이요 말은 교법이다. 법은 비록 한맛이라도 뜻은 하늘과 땅만큼 아득히 떨어진 것이다. 『西山 禪家龜鑑』

3. 일 없는 도인

생각 끊고 반연 쉬고 일없이 우두커니 앉아 있으니, 봄이 오매 풀이 저절로 푸르구나. 생각 끊고 반연을 쉰다는 것은 마음에서 얻은 것을 가리킴이니, 이른바 일없는 도인〔閑道人〕이다.

어디에나 얽매임 없고 애당초 일 없어서, 배고프면 밥을 먹고 고단하면 잠을 잔다. 녹수청산에 마음대로 오고 가며, 어촌과 주막에 걸림없이 지나가리. 세월이 가나 오나 내 알 바 아니지만 봄이 오니 예전처럼 풀잎이 푸르구나. 『西山 禪家龜鑑』

4. 격 밖의 선지

부처님은 활같이 말씀하시고 조사들은 활줄같이 말씀하셨다. 부처님께서 말씀하신 걸림 없는 법이란 바로 한맛〔一味〕에 돌아감이다. 이 한맛의 자취마저 떨쳐 버려야 비로소 조사가 보인 한마음을 드러내게 된다. 그러므로 '뜰 앞에 잣나무'란 화두는 용궁의 장경에도 없다고 말한 것이다. 활같이 말씀했다는 것은 곧다는 뜻이며, 용궁의 장경이란 용궁에 모셔 둔 대장경이다. 어떤 스님이 조주(趙州)스님에게 물었다. "조사가 서쪽에서 온 뜻이 무엇입니까?" 대답하기를, "뜰 앞에 잣나무이다." 하였으니, 이것이 이른바 격 밖의 선지〔格外禪旨〕다. 『西山 禪家龜鑑』

5. 간절한 마음

자기가 참구하는 공안(公案)에 대해서는 간절한 마음으로 공부해야 한다. 마치 닭이 알을 안은 것과 같이 하고, 고양이가 쥐를 잡을 때와 같이 하며, 주린 사람이 밥 생각하듯 하고, 목마른 사람이 물 생각하듯 하며, 어린애가 어머니 생각하듯 하면 반드시 꿰뚫을 때가 있을 것이다.

조사들의 공안이 일천칠백 가지나 있는데, '개가 불성이 없다.'라든지 '뜰 앞에 잣나무'라든지 '삼 서 근〔麻三斤〕, 마른 똥막대기' 같은 것들이다. 닭이 알을 안을 때는 더운 기운이 지속되며, 고양이가 쥐를 잡을 때는 마음과 눈이 움직이지 않게 한다. 주릴 때 밥 생각하는 것과 목마를 때 물을 생각하는 것이나 어린애가 어머니를 생각한 것들은, 모두 진심에서 우러난 것이고 억지로 지어서 내는 마음이 아니므로 간절한 것이다. 참선하는 데에 이렇듯 간절한 마음이 없이 깨친다는 것은 도저히 있을 수 없는 일이다.

참선에는 반드시 세 가지 요긴한 것이 있어야 한다. 첫째는 큰 신심이고, 둘째는 큰 분심이며, 셋째는 큰 의심이다. 만약 이 중에 하나라도 빠지면 다리 부러진 솥과 같아서 소용없이 되고 말 것이다. 부처님께서 말씀하시기를 "성불하는 데에는 믿음이 뿌리가 된다." 하셨고, 영가(永嘉) 스님은 "도를 닦는 사람은 먼저 뜻을 세워야 한다."고 하였으며, 몽산(蒙山)스님은 "참선하는 이가 화두를 의심하지 않는 것이 큰 병통이다."고 하면서 "크게 의심하는 데서 크게 깨친다."고 하였다. 『西山 禪家龜鑑』

6. 화두의 열 가지 병

화두는 들어 일으키는 곳에서 알아맞히려 하지도 말고, 생각으로 헤아리지도 말며, 또한 깨닫기를 기다리지도 말아라. 더 생각할 수 없는 곳까지 나아가 생각하면, 마음이 더 갈 곳이 없어서 마치 늙은 쥐가 쇠뿔 속으로 들어가다가 잡히듯 할 것이다. 이런가저런가 따지고 맞혀 보는 것이 식정(識情)이며, 생사를 따라 굴러다니는 것이 식정이며, 무서워하고 갈팡질팡하는 것도 또한 식정이다. 요즘 사람들은 이 병통을 알지 못하고 다만 이 속에서 빠졌다솟았다 하고 있을 뿐이다.

화두를 참구하는 데에 열 가지 병이 있다. 분별로써 헤아리는 것, 눈썹을 오르내리고 눈을 끔적거리기를 그치지 않는 것, 말길〔語路〕에서 살림살이를 짓는 것, 글에서 끌어다 증거를 삼으려는 것, 들어 일으키는 곳에서 알아맞히려는 것, 모든 것을 다 날려버리고 일없는 곳에 들어앉아 있는 것, 있다는 것이나 없다는 것으로 아는 것, 참으로 없다는 것으로 아는 것, 도리가 그렇거니 하고 알음알이를 짓는 것, 조급하게 깨치기를 기다리는 것들이다. 이 열 가지 병을 떠나 화두에만 정신차려 '무슨 뜻일까?' 하고 의심할 일이다.

이 일은 마치 모기가 무쇠로 된 소에게 덤벼드는 것과 같아서, 함부로 주둥이를 댈 수 없는 곳에 목숨을 떼어 놓고 한번 뚫어 보면 몸뚱이째 들어갈 것이다.

공부는 거문고 줄을 고르듯 하여 팽팽하고 느슨함이 알맞아야 한다. 너무 애쓰면 병나기 쉽고, 잊어버리면 무명(無明)에 떨어지게 된다. 성성하고 역력하게 하면서도 차근차근 끊임없이 해야 한다. 거문고 타는 사람이 말하기를, 그 줄의 느슨하고 팽팽함이 알맞아야 아름다운 소리가 제대로 난다고 했다. 공부하는 것도 이와 같아서 조급히 하면 혈기를 올리게 될 것이고, 잊어버리면 흐리멍덩하게 된다. 느리지도 않고 빠르지도 않게 되면 오묘한 이치가 그 속에 있을 것이다.

『西山 禪家龜鑑』

7. 일상의 점검

참선하는 이는 항상 이와 같이 돌이켜보아야 한다. 네 가지 은혜가 깊고 높은 것을 알고 있는가? 네 가지 요소〔四大〕로 이루어진 더러운 이 육신이 순간순간 썩어가는 것을 알고 있는가? 사람의 목숨이 숨 한 번에 달린 것을 알고 있는가? 일찍이 부처님이나 조사를 만나고서도 그대로 지나치지 않았는가? 높고 거룩한 법을 듣고 기쁘고 다행한 생각을 잠시라도 잊어버리지는 않았는가? 공부하는 곳을 떠나지 않고 도인다운 절개를 지키고 있는가? 곁에 있는 사람들과 쓸데없는 잡담이나 하며 지내지 않는가? 분주히 시비를 일삼고 있지나 않는가? 화두가 어느 때나 똑똑히 들리고 있는가? 남과 이야기하고 있을 때에도 화두가 끊임없이 되는가? 보고 듣고 알아차릴 때에도 한 생각을 이루고 있는가? 제 공부를 돌아볼 때 부처님과 조사를 붙잡을 만한가? 금생에 꼭 부처님의 지혜를 이을 수 있을까? 앉고 눕고 편할 때에 지옥의 고통을 생각하는가? 이 육신으로 윤회를 벗어날 자신이 있는가? 이런 것이 참선하는 이들의 일상생활 속에서 때때로 점검되어야 할 도리이다. 옛 어른이 말하기를 "이 몸 이때 못 건지면 다시 언제 건지랴!" 하지 않았는가.

『西山 禪家龜鑑』

8. 제 성품을 더럽히지 마라

중생의 마음을 버릴 것 없이 다만 제 성품을 더럽히지 말아라. 바른 법을 찾는 것이 곧 바르지 못한 일이다. 버리는 것이나 찾는 일이 다 더럽히는 일이다.

모름지기 마음속을 비우고 스스로 비추어 보아, 한 생각 인연따라 일어나는 것이 사실은 일어남이 없다는 것임을 믿어야 한다. 죽이고 도둑질하고 음행하고 거짓말하는 것이 모두 한 마음에서 일어나는 것임을 자세히 살펴보아라. 그 일어나는 곳이 곧 비어 없는데 무엇을 다시 끊을 것인가. 여기에서는 성품과 형상을 함께 밝힌 것이다.

경에 말하기를 "무명을 아주 끊는다는 것은 한 생각도 일으키지 않는 것이다." 하였고, 또한 "생각이 일어나면 곧 깨달으라."고 하였다. 『西山 禪家龜鑑』

9. 참선과 계행

음란하면서 참선하는 것은 모래를 쪄서 밥을 지으려는 것 같고, 살생하면서 참선하는 것은 제 귀를 막고 소리를 지르는 것 같으며, 도둑질하면서 참선하는 것은 새는 그릇에 물이 가득 차기를 바라는 것 같고, 거짓말하면서 참선하는 것은 똥으로 향을 만들려는 것과 같다. 이런 것들은 비록 많은 지혜가 있더라도 마군의 길을 이룰 뿐이다.

만약 계행(戒行)이 없으면 비루먹은 여우의 몸도 받지 못한다 했는데, 하물며 청정한 지혜의 열매를 바랄 수 있겠는가. 계율 존중하기를 부처님 모시듯 한다면, 부처님이 늘 계시는 거나 다를 것이 없다. 모름지기 풀에 매여 있고[2] 거위를 살리던 옛일[3]로써 본보기를 삼아야 할 것이다.

생사에서 벗어나려면 먼저 탐욕을 끊고 애욕의 불꽃을 꺼버려야 한다. 애정은 윤회의 근본이 되고, 정욕은 몸을 받는 인연이 된다. 부처님이 말씀하시기를 "음란한 마음을 끊지 못하면 티끌 속에서 벗어날 수 없다." 하셨고, 또 "애정이 한번 얽히게 되면 사람을 끌어다 죄악의 문에 처넣는다."고 하셨다. 애욕의 불꽃이란 애정이 너무 간절하여 불붙듯 함을 말한 것이다.

『西山 禪家龜鑑』

10. 자비와 인욕

가난한 이가 와서 구걸하거든 분수대로 나누어 주라. 한몸처럼 두루 가엾이 여기면 이것이 참 보시이며, 나와 남이 둘 아닌 것이 한몸이다. 빈손으로 왔다

2) 옛날 인도에서 도적을 만난 어떤 비구가 옷을 빼앗기고 풀에 묶여 있었으나, 풀이 끊겨질까봐 떠나지 않았다 함.

3) 구슬을 먹은 거위를 보고도 거위의 생명을 아껴 도적의 누명을 쓰고 곤욕을 당한 이야기.

가 빈손으로 가는 것이 우리들의 살림살이 아닌가.

누가 와서 해롭게 하더라도 마음을 거두어 성내거나 원망하지 말아야 한다. 한 생각 성내는 데에 온갖 장애가 벌어진다. 번뇌가 비록 한량없다 하지만 성내는 것이 그보다 더하다. 열반경에 이르기를 "창과 칼로 찌르거나 향수와 약을 발라 주더라도 두 가지에 다 무심하라."고 하였다. 수행자가 성내는 것은 흰구름 속에서 번갯불이 번쩍이는 것과 같다. 참을성이 없다면 보살의 행도 이루어질 수 없을 것이다. 닦아 가는 길이 한량없지만 자비와 인욕(忍辱)이 근본이 된다. 참는 마음이 꼭두각시의 꿈이라면 욕보는 현실은 거북의 털과 같다. 『西山 禪家龜鑑』

11. 첫째가는 정진

본바탕 천진한 마음을 지키는 것이 첫째가는 정진이다. 만약 정진할 생각을 일으킨다면 이것은 망상이요 정진이 아니다. 그러므로 옛 어른이 말하기를 "망상 내지 말아라! 망상 내지 말아라!"고 한 것이다. 게으른 사람은 늘 뒤만 돌아보는데 이런 사람은 스스로 자기를 포기하고 있는 것이다. 경을 보되 자기 마음속으로 돌이켜봄이 없다면 비록 팔만대장경을 다 보았다 한들 무슨 소용이 있겠는가. 이것은 어리석게 공부함을 깨우친 것이니, 마치 봄날에 새가 지저귀고 가을 밤에 벌레가 우는 것처럼 아무 뜻도 없는 것이다. 규봉 선사(圭峯禪師)가 이르기를 "글자나 알고 경을 보는 것으로는 원래 깨칠 수 없다. 글귀나 새기고 말뜻이나 풀어 보는 것으로는 탐욕이나 부리고 성을 내며 못된 소견만 더 일으키게 된다."고 하였다.

수행이 이루어지기 전에 남에게 자랑하려고, 한갓 말재주나 부려 서로 이기려고만 한다면 변소에 단청하는 것이 되고 말 것이다. 말세에 어리석게 수행하는 것을 일깨우는 말이다. 수행이란 본래 제 성품을 닦는 것인데, 어떤 사람들은 남에게 보이기 위해 하고 있으니 이 무슨 생각일까. 『西山 禪家龜鑑』

12. 출가행

출가하여 스님이 되는 것은 어찌 작은 일이랴. 편하고 한가함을 구해서가 아니며, 따뜻이 입고 배불리 먹으려고 한 것도 아니며, 명예나 재물을 구하려는 것도 아니다. 오로지 나고 죽음을 벗어나려는 것이며, 번뇌를 끊으려는 것이고, 부처님의 지혜를 이으려는 것이며, 삼계(三界)에서 뛰어나 중생을 건지려는 것이다.

이름과 재물을 따른 납자(衲子)[4]는 풀 속에 묻힌 야인(野人)만도 못하다. 제왕의 자리도 침뱉고 설산에 들어가신 것은 부처님이 천 분 나실지라도 바뀌지 않

4) 누더기를 입은 수행자, 선가에서는 수행승을 가리킴. 운수납자(雲水衲子)의 준말.

을 법칙인데, 말세에 양의 바탕에 범의 껍질을 쓴 무리들이 염치도 없이 바람을 타고 세력에 휩쓸려 아첨을 하고 잘 보이려고만 애쓰니, 아, 그 버릇을 어쩔 것인가. 마음이 세상 명리에 물든 사람은 권세의 문에 아부하다가 풍진에 부대끼어 도리어 세속 사람의 웃음거리만 되고 만다. 이런 납자를 양의 바탕에 비유한 것은 그럴 만한 여러 가지 행동이 있기 때문이다.

「西山 禪家龜鑑」

13. 한 개의 숫돌

불자여, 그대의 한 그릇 밥과 한 벌 옷이 곧 농부들의 피요 직녀들의 땀인데, 도의 눈이 밝지 못하고야 어찌 삭여낼 것인가. 그러므로 말하기를 "털을 쓰고 뿔을 이고 있는 것이 무엇인 줄 아는가? 그것은 오늘날 신도들이 주는 것을 공부하지 않으면서 거저 먹는 그런 부류들의 미래상이다."라고 했다. 그런데 어떤 사람들은 배고프지 않아도 또 먹고, 춥지 않아도 더 입으니 무슨 심사일까? 참으로 딱한 일이다. 눈앞의 쾌락이 후생에 고통인 줄을 생각지 않는구나!

그러므로 도를 닦는 이는 한 개의 숫돌과 같아서, 장 서방이 와서 갈고 이 생원이 갈아 가면, 남의 칼은 잘 들겠지만 내 돌은 점점 닳아 없어지게 될 것이다. 그럼에도 어떤 사람들은 도리어 남들이 와서 내 돌에 칼을 갈지 않는다고 걱정하고 있으니 참으로 딱한 일이 아닌가. 「西山 禪家龜鑑」

14. 네 마리 독사

우습다, 이 몸이여. 아홉 구멍에서는 항상 더러운 것이 흘러 나오고, 백천 가지 부스럼 덩어리를 한 조각 엷은 가죽으로 싸 놓았구나. 가죽주머니에는 똥이 가득 담기고 피고름 뭉치이므로 냄새나고 더러워 조금도 탐하거나 아까워할 것이 없다. 더구나 백 년을 잘 길러 준대도 숨 한 번에 은혜를 등지고 마는 것을.

모든 업이 이 몸 때문에 생긴 것이다. 이 몸은 애욕의 근본이므로 그것이 허망한 줄 알게 되면 애욕도 저절로 사라질 것이다. 이를 탐착하는 데서 한량없는 허물과 근심 걱정이 일어나기 때문에 여기 특별히 밝혀 수행인의 눈을 띄워 주려는 것이다.

네 가지 요소〔四大〕로 이루어진 이 몸에는 주인될 것이 없으므로 네 가지 원수가 모였다고도 하고, 네 가지 은혜를 등지는 것들이므로 네 마리 독사를 기른다고도 한다. 내가 허망함을 깨닫지 못하기 때문에 남의 일로 화도 내고 깔보기도 하며, 다른 사람도 또한 허망함을 깨닫지 못해 나로 인해 성내고 깔보는 것이다. 이것은 마치 두 귀신이 한 송장을 가지고 싸우는 것이나 다를 것 없다. 「西山 禪家龜鑑」

15. 대장부의 기상

죄가 있거든 곧 참회하고, 잘못된 일이 있으면 부끄러워할 줄 아는 데에 대장부의 기상(氣像)이 있다. 그리고 허물을 고쳐 스스로 새롭게 되면 그 죄업도 마음을 따라 없어질 것이다.

참회란 먼저 지은 허물을 뉘우쳐 다시는 짓지 않겠다고 맹세하는 일이다. 부끄러워한다는 것은 안으로 자신을 꾸짖고 밖으로 허물을 드러내는 일이다. 마음이란 본래 비어 고요한 것이므로 죄업(罪業)이 붙어 있을 곳이 없다.

수행인은 마땅히 마음을 단정히 하여 검소하고 진실한 것으로써 근본을 삼아야 한다. 표주박 한 개와 누더기 한 벌이면 어디를 가나 걸릴 것이 없다.

부처님께서 말씀하시기를 "마음이 똑바른 줄과 같아야 한다."고 했으며, "바른 마음〔直心〕이 곧 도량(道場)이다."고 하셨다. 이 몸에 탐착하지 않는다면 어디를 가나 거리낌이 없을 것이다.

범부들은 눈앞 현실에만 따르고, 수행인은 마음만을 붙잡으려 한다. 그러나 마음과 바깥 현실 두 가지를 다 내버리는 이것이 참된 법이다. 현실만 따르는 것은 목마른 사슴이 아지랑이를 물인 줄 알고 찾아가는 것 같고, 마음만을 붙잡으려는 것은 원숭이가 물에 비친 달을 잡으려는 것과 같다. 바깥 현실과 마음이 비록 다르다 할지라도 병통이기는 마찬가지다.

「西山 禪家龜鑑」

16. 자유인

누구든지 임종할 때에는 이렇게 관찰해야 한다. 즉 오온(五蘊)은 빈 것이어서 이 몸에는 '나'라고 내세울 것이 없고, 참 마음은 모양이 없어 가는 것도 아니며 오는 것도 아니다. 날 때에도 성품은 난 바가 없고 죽을 때에도 성품은 가는 것이 아닌 까닭에 지극히 맑고 고요해 마음과 대상은 둘이 아니다. 이와 같이 관찰하여 단박 깨치면 삼세와 인과에 얽매이거나 이끌리지 않게 될 것이니, 이런 사람이야말로 세상에서 뛰어난 자유인이다. 부처님을 만난다 할지라도 따라갈 마음이 없고, 지옥을 보더라도 무서운 생각이 없어야 한다. 그저 무심하게만 되면 법계(法界)와 같이 될 것이다.

대장부는 부처나 조사 보기를 원수같이 해야 한다. 만약 부처에게 매달려 구하는 것이 있다면 그는 부처에게 얽매인 것이고, 조사에게 매달려 구하는 것이 있다면 또한 조사에게 얽매여 있는 것이다. 무엇이든지 구하는 것이 있으면 모두 고통이므로 일없는 것만 같지 못하다.

이 문안에 들어오려면 알음알이를 두지 말라.

「西山 禪家龜鑑」

제8장　출가 사문에게 보내는 글

1. 그대 어째서 아직도

많은 부처님 법 안에서 도를 이루었는데, 그대는 어째서 아직도 고해에서 헤매고 있는가. 그대는 시작없는 옛적부터 이 생에 이르도록 깨달음을 등지고 티끌에 묻혀 어리석은 생각에 빠져 있구나. 항상 악업을 지어 삼악도에 떨어지고 착한 일은 하지 않으니 생사의 바다에 빠진 것이 아닌가. 몸은 여섯 도둑[1]을 따라 악도(惡道)에 떨어지니 고통이 극심하고, 마음은 일승법(一乘法)[2]을 등지니 사람으로 태어나도 부처님 나시기 전이거나 그 후일 수밖에 없다. 이제 다행히 인간으로 태어나기는 했지만 부처님이 안 계신 말세이니 슬프다, 이것이 누구의 허물인가.

그러나 그대가 이제라도 반성하여 애욕을 끊고 출가하여 티끌 세상에서 벗어나는 진리를 배운다면 마치 용이 물을 만난 듯, 범이 산에 의지한 듯하며 그 뛰어

1) 물질〔色〕·소리〔聲〕·냄새〔香〕·맛〔味〕·촉감〔觸〕·의식의 대상〔法〕, 즉 육경〔六境〕을 말한다. 중생의 수행을 방해하며 번뇌를 일으키므로 도적에 비유.

2) 부처님의 교법, 모든 중생이 다 부처가 된다고 하는 최고의 가르침.

난 도리는 말로 다할 수 없다. 사람에게는 과거와 현재가 있으나 법은 멀고 가까움이 없고, 사람은 어리석고 지혜로움이 있으나 도(道)는 성하고 쇠함이 없다. 설사 부처님 생존시에 태어났더라도 부처님의 가르침을 따르지 않으면 무엇이 이로우며, 말세를 만났더라도 부처님의 교법을 받들어 행한다면 무엇을 걱정할 것인가.

부처님께서는 이렇게 말씀하셨다. '나는 의사와 같아 병에 따라 약을 주지만 먹고 안 먹는 것은 의사의 허물이 아니다. 듣고도 가지 않는 것은 길잡이의 허물이 아니다. 자기를 이롭게 하고 남도 이롭게 하는 방법이 모두 갖추어졌으니, 가령 내가 오래 살더라도 별다른 이익이 없을 것이다. 이제부터 내 제자들이 차례차례로 받들어 행하면, 여래의 법신은 항상 머물러 없어지지 않을 것이다.' 이런 이치를 안다면 자신이 도를 닦지 않는 것을 한탄할지언정 어찌 말세라고 걱정할 것인가.

간절히 바라노니, 그대는 모름지기 굳은 뜻을 세워 활짝 열린 마음으로 여러 가지 반연을 쉬고 뒤바뀐 생각을 버려라. 참으로 죽고 사는 이 큰 일을 위해 조사(祖師)의 화두를 자세히 탐구하라. 그래서 철저하게 깨닫는 것으로 근본을 삼아야 한다. 자기는 감당할 수 없는 일이라 하여 물러서서는 안 된다.

이 말세에 부처님이 떠나신 지가 오래 되니 마군은 강하고 불법은 약하며 옳지 않은 사람이 많아, 남을 이롭게 하는 이는 적고 잘못 되게 하는 이가 많으며, 지혜로운 이는 드물고 어리석은 이가 많다. 스스로 도를 닦지 않으면서 남까지 시끄럽게 하니, 수행을 방해하는 일을 말로는 다할 수 없다. 그대가 길을 잘못 들까 하여, 내 조그만 소견으로 열 가지를 마련하여 경책하니, 반드시 믿고 그대로 행하여 한 가지도 어기지 마라.

어리석어 안 배우면 교만만 늘고
어둔 마음 닦잖으니 너와 나만 크네.
빈속에 뜻만 크니 굶은 범 같고
지식 없이 방탕함은 미친 원숭이.

삿된 말 나쁜 소리는 곧잘 들으면서
성현들의 가르침은 모른 체하니
착한 일에 인연 없어 누가 건지랴
나쁜 세상 헤매면서 고생할 밖에.

『野雲 自警文』

2. 초발심 수행자의 생활규범

첫째, 좋은 옷과 맛있는 음식을 받아 쓰지 말라. 밭갈고 씨 뿌리는 일에서 먹고 입기까지 소와 사람의 수고는 물론, 벌레들이 죽고 상한 것은 한량없을 것이다. 남을 수고롭게 하여 내 몸을 이롭게 하는 것도 옳지 못한데, 하물며 남의 생명을 죽여 내가 살려는 일을 어떻게 할 것인가. 농사짓는 사람들도 늘 헐벗고 굶주리는 고통이 있고 길쌈하는 아낙네도 몸 가릴 옷이 없는데, 나는 항상 두 손을 놀려 두면서 어찌 춥고 배고픔을 싫어하랴. 좋은 옷과 맛있는 음식은 사실 빚만 더하는 것이지 도에는 손해되는 것이다. 해진 옷과 나물밥은 은혜를 줄이고 음덕을 쌓는다. 금생에 마음을 밝히지 못하면 한 방울 물도 소화하기 어려울 것이다.

풀뿌리와 나무열매로 주린 배를 달래고
송낙과 풀잎으로 몸을 가리네
허공을 나는 학과 흰구름으로 벗을 삼아
높은 산 깊은 골에서 남은 세월 보내리.

둘째, 내것을 아끼지 말고 남의 것을 탐내지 말라. 삼악도의 고통을 가져오는 데는 탐욕이 으뜸이요, 여섯 가지 바라밀다에는 보시가 제일이다. 아끼고 탐내는 것은 선한 길을 막고 자비로 보시함은 나쁜 길을 방비한다. 가난한 사람이 와서 빌거든 아무리 구차하더라도 인색하지 마라. 올 때도 빈손으로 왔고 갈 때도 빈손으로 가는 것이 아니냐. 내 재물도 아끼는 마음이 없는데 어찌 남의 것에 마음을 두랴. 아무것도 가져가지 못하고 평생에 지은 업만 이 몸을 따를 것이다. 사흘 닦은 마음은 천 년의 보배요, 백 년 탐낸 물건은 하루아침 티끌이다.

어찌하여 괴로운 삼악도가 생겼는가
오랜 세월 익혀온 탐욕 탓이다
부처님의 가사 바리 이대로 살 만한데
무엇하러 쌓고 모아 무명 기르나.

셋째, 말을 적게 하고 행동을 가벼이 말라. 몸을 가벼이 움직이지 않으면 산란한 마음이 가라앉아 선정(禪定)을 이루고, 말이 적으면 어리석음을 돌이켜 지혜를 이룰 것이다. 진실한 본체는 말을 떠난 것이고, 진리는 어떠한 일에도 흔들림이 없다. 입은 화의 문이니 반드시 엄하게 지켜야 하고, 몸은 재앙의 근본이니 가벼이 움직이지 말아야 한다. 자주 나는 새는 그물에 걸리기 쉽고, 가벼이 날뛰는 짐승은 화살에 맞을 위험이 있다. 그러므로 부처님께서는 육 년을 설산에 앉아 움직이지 않으셨고 달마스님은 소림굴에서 구 년을 말이 없었다. 후세에 참선하는 이가 어찌 이 일을 본받지 않을 것인가.

몸과 마음 선정에 들어 동하지 않고
토굴 속에 홀로 앉아 오가지 마라
잠잠하고 고요하여 아무 일 없이
내 마음속 부처님께 귀의하리라.

넷째, 좋은 벗은 친하고 나쁜 이웃은 멀리하라. 새가 쉴 때에는 숲을 가려 앉듯이 사람도 배우려면 그 스승을 잘 택해야 한다. 좋은 숲을 찾으면 편히 쉴 수 있고 훌륭한 스승을 만나면 학문이 높아진다. 그러므로 좋은 벗은 부모처럼 섬기고 나쁜 이웃은 원수처럼 멀리해야 한다. 학은 까마귀와 벗할 생각이 없는데 붕새인들 어찌 뱁새와 짝할 마음이 있겠는가. 소나무 숲에서 자라는 칡은 천 길이라도 올라가지만 잔디 속에 선 나무는 석 자를 면할 수 없다. 어리석은 소인배는 그때마다 멀리하고, 뜻이 크고 높은 사람은 항상 가까이하라.

가고 오고 어느 때나 선지식 모셔
마음속의 가시덤불 베어 버리라
그리하여 앞길이 활짝 트이면
걸음마다 그 자리가 뚫린 관문[3]이어라.

다섯째, 삼경(三更)이 아니면 잠자지 말라. 끝없이 오랜 세월을 두고 수도를 방해하는 것은 졸음보다 더한 것이 없다. 하루 종일 어느 때나 맑은 정신으로 의심을 일으켜 흐리지 말고, 앉거나 서거나 가만히 마음을 살펴보아라. 한평생을 헛되이 보낸다면 두고두고 한이 될 것이다. 덧없는 세월은 찰나와 같으니 나날이 놀랍고 두려우며 목숨은 잠깐이라 한때라도 보증할 수 없다. 조사의 관문을 뚫지 못했다면 어찌 편안하게 잠들 수 있겠는가.

졸음 뱀이 구름 끼니 마음달 흐려

3) 진리에 들어가는 문. 주로 선가(禪家)에서 쓰는 말.

도 닦는 이 여기 와서 갈 바를 모르네
이 속에서 비수검 빼어 들면
구름이란 간데없고 달빛 밝으리.

여섯째, 잘난 듯이 뻐기거나 남을 업신여기지 말라. 어진 행동을 닦는 데는 겸양이 근본이고, 벗을 사귀는 데는 공경과 믿음이 으뜸이 된다. 나니 너니 하고 교만이 높아지면 삼악도의 고해가 더욱 깊어진다. 밖으로 나타난 위의는 존귀한 듯하지만 안은 텅 비어 썩은 배와 같다. 벼슬이 높을수록 마음을 낮게 가지고 도가 높을수록 뜻을 겸손히 하라고 하지 않았는가. 나다 남이다 하는 집착이 없어지는 곳에 도는 저절로 이루어지며, 마음이 겸손한 사람에게는 온갖 복이 저절로 돌아온다.

교만한 티끌 속에 지혜 묻히고
나다 너다 하는 산에 번뇌 자라니
잘난 체 안 배우고 늙어진 뒤에
병들어 신음하니 한탄뿐이네.

일곱째, 재물이나 여색은 바른 생각으로 대하라. 몸을 해치는 것은 여색(女色)보다 더한 것이 없고 도를 잃게 하는 것은 재물에 미칠 것이 없다. 그러므로 부처님이 계율을 제정하여 재물과 여색을 엄금하신 것이다. '여인을 보거든 독사와 호랑이처럼 여기고, 금이나 옥을 대하거든 나무나 돌같이 보라.' 비록 어두운 방에 홀로 있더라도 큰 손님을 대한 듯이 하고, 남이 볼 때나 안 볼 때나 한결같이 해서 안과 밖을 달리하지 말아라. 마음이 깨끗하면 선신(善神)이 수호하고, 여색을 생각하면 천신들이 용서하지 않을 것이다. 선신이 수호하면 험난한 곳에서도 편안하고, 천신들이 용서하지 않으면 편안한 곳이라도 불안이 따른다.

탐욕은 염라왕의 지옥문이고
청정은 아미타불의 연화대이다
고랑 차고 지옥 가면 고통이 천 가지
배로 가는 극락세계 기쁨이 만 가지.

여덟째, 세속 사람과 사귀어서 미움받지 말라. 마음속에서 애정을 끊어 버린 이를 사문(沙門)이라 하고, 세상 일을 그리워하지 않는 것을 출가(出家)라 한다. 이미 애정을 끊고 세상을 떠났는데 무엇하러 세상 사람과 다시 사귈 것인가. 세속을 그리워하고 못 잊어하면 도철(饕餮)이라 한다. 도철은 본래부터 도의 마음이 없기 때문이다. 인정이 짙으면 도의 마음이 멀어지니 인정에 사로잡히지 마라. 출가한 뜻을 등지지 않으려면 명산을 찾아가 깊은 뜻을 연구하라. 가사와 바리로 인정을 끊고 주리고 배부른 데에 무심하면 저절로 도는 높아질 것이다.

나와 남 위하는 일 착하다 해도
그건 모두가 생사 윤회의 씨가 된다
솔바람 칡덩굴 달빛 아래서
그릇됨이 없는 조사선을 닦으라.

아홉째, 남의 허물을 말하지 말라. 칭찬하고 헐뜯는 말을 듣더라도 마음에는 흔들림이 없어야 한다. 잘한 일 없이 칭찬을 받는 것은 참으로 부끄러운 일이요, 허물이 있어 시비를 듣는 것은 기쁜 일이다. 기뻐하면 잘못을 고치게 되고, 부끄러워하면 도 닦는 데 채찍질이 될 것이다. 남의 허물을 말하지 마라. 마침내는 그 허물이 내게로 돌아올 것이다. 남을 해치는 말을 들으면 부모를 헐뜯는 말과 같이 여겨야 한다. 세상은 오늘 남의 허물을 말하지만 내일은 다시 내 허물을 말할 것이다. 모든 일이 다 허망한 것인데, 비방과 칭찬에 어찌 걱정하고 기뻐할 것인가.

종일토록 잘잘못을 시비하다가
밤이 되면 흐리멍덩 잠에 빠진다
이같은 출가는 빚만 늘어서
삼계에서 벗어나기 더욱 어려워.

열째, 대중과 함께 살 때에 마음을 평등하게 가져라. 애정을 끊고 부모를 하직한 것은 온 세상을 평등하게 보기 때문이다. 만일 가깝고 먼 것이 있다면 마음이 평등하지 못한 것이니 그렇다면 출가하여 무슨 덕이 있겠는가. 마음에 사랑하고 미워하는 분별이 없다면 어찌 이 몸에 괴롭고 즐거운 성쇠(盛衰)가 있으랴. 평등한 성품에는 나와 남이 없고, 큰 거울에는 멀고 가까움이 없다. 삼악도에 드나드는 것은 사랑하고 미워하는 마음이 있기 때문이요, 육도(六道)에 오르내리는 것은 친하고 성긴 업으로 이루어진다. 마음이 평등하면 가지고 버릴 것이 없으니, 가지고 버릴 것이 없다면 생사가 어디 있겠는가.

위 없는 보리도를 성취하려면
언제나 평등심을 굳게 가지라
사랑하고 미워하는 차별 있으면
도는 더욱 멀어지고 업만 깊으리.

그대가 사람으로 태어난 것은 눈먼 거북이 나무 구멍을 만난 것처럼 아주 어려운 일이다. 한평생이 얼마나 된다고 닦지 않고 게으름만 피우느냐. 사람으로 태어나기도 어렵지만, 불법 만나기는 더욱 어려운 일이다. 금생에 놓쳐 버리면 만 겁을 지내도 다시 만나기는 힘들다. 이 열 가지 계법(戒法)을 지키고 부지런히 닦아 물러나지 말고 속히 정각(正覺)을 이루어 중생을 제도해야 한다. 내가 바라는 것은 그대 혼자만 생사의 바다에서 뛰어나는 것이 아니라 모든 중생을 건지라는 것이다. 왜냐하면 그대가 끝없는 옛적부터 금생에 이르도록 생사에 오락가락할 때 번번히 부모를 의지했을 것이니, 그 끝없는 세월에 부모 되었던 이가 얼마나 많을 것인가. 이와 같이 생각하면 육도 중생이 그대의 부모 아닌 이가 하나도 없을 것이다. 이러한 중생들이 모두 악도에 떨어져 견디기 어려운 고통을 밤낮으로 받고 있으니, 그들을 제도하지 않는다면 어느 때 벗어날 것인가. 가슴을 도리는 듯 애닯고 슬픈 일이 아닌가!

천만 번 바라노니, 그대는 어서 큰 지혜를 밝히고 신통 변화를 갖추며, 자유자재한 방편으로 거친 파도에 지혜의 배가 되어, 탐욕의 기슭에서 헤매는 미혹의 중생을 제도하라. 그대는 아는가, 삼세 부처님과 역대 조사들이 우리와 같은 범부였다는 사실을. 그도 장부요 나도 장부이니, 하지 않아서 그렇지 할 수 없는 것은 아니다.

옛사람의 말에 '도가 사람을 멀리하는 것이 아니라 사람들이 스스로 도를 멀리 한다'고 하였으며, 또 '내가 착하려고 하면 착한 것이 스스로 따라온다'고 하였으니, 진실로 옳은 말씀이다. 만일 믿는 마음만 물러서지 않는다면 누가 자성(自性)을 깨쳐 부처를 이루지 못하겠는가. 이제 삼보를 모시고 낱낱이 그대에게 경계했으니, 만일 잘못인 줄 알면서 일부러 범한다면 산 채로 지옥에 떨어질 것이다. 어찌 삼가하지 않겠는가.

옥토끼[4] 뜨고 지니 늙음은 잠깐
금까마귀[5] 들락날락 세월만 가네
명예와 재물은 아침의 이슬
영화롭고 괴로운 일 저녁 연기라.

간절히 도 닦기를 권하노니
어서어서 부처되어 중생 건지라
이생에 나의 말을 듣지 않으면
오는 생에 반드시 한탄하리라.

『野雲 自警文』

3. 수행자에게 보내는 글

부처님께서 열반의 세계에 계시는 것은 오랜 세월 동안 욕심을 끊고 고행하신 결과요, 중생들이 불타는 집에서 윤회하는 것은 끝없는 세상에 탐욕을 버리지 못한 탓이다. 누가 막지 않는 천당이지만 가는 사람이 적은 것은 삼독(三毒)의 번뇌를 자기의 재물인 양 여기기 때문이며, 유혹이 없는데도 나쁜 세계에 들어가는 이가 많은 것은 네 마리 독사[6]와 다섯 가지 욕락을 그릇되게 마음의 보배로 삼기 때문이다. 그 누군들 산중에 들어가 도 닦을 생각이 없

4) 달을 비유한 말.
5) 해를 가리침.
6) 우리 몸을 구성하고 있는 사대(四大), 즉 지(地)·수(水)·화(火)·풍(風) 네 가지를 독사에 비유함.

으랴마는, 저마다 그렇지 못함은 애욕에 얽혀 있기 때문이다. 비록 산에 들어가 마음을 닦지는 못할지라도 자기의 능력에 따라 착한 일을 버리지 마라. 세상의 욕락을 버리면 성현처럼 공경받을 것이요, 어려운 일을 참고 이기면 부처님과 같이 존경받을 것이다.

재물을 아끼고 탐하는 것은 악마의 권속이요, 자비스런 마음으로 베푸는 것은 부처님의 제자이다. 높은 산 험한 바위는 지혜로운 이의 거처할 곳이요, 푸른 소나무가 들어선 깊은 골짜기는 수행자가 살아갈 곳이다. 주리면 나무열매로 그 창자를 달래고 목마르면 흐르는 물을 마셔 갈증을 풀어라. 맛있는 음식을 먹어도 이 몸은 언젠가 죽을 것이고, 비단옷으로 감싸 보아도 목숨은 마침내 끊어지고 만다.

메아리 울리는 바위굴로 염불당을 삼고, 슬피 울어 예는 기러기로 마음의 벗을 삼으라. 예배하는 무릎이 얼음같이 시려도 불을 생각하지 말고, 주린 창자가 끊어질 듯하여도 먹을 것을 생각지 말아야 한다. 백년이 잠깐인데 어찌 배우지 아니하며, 일생이 얼마이기에 닦지 않고 놀기만 하겠느냐. 마음속의 애욕을 버린 이를 사문이라 한다. 수행하는 이가 비단옷을 입는 것은 개가 코끼리 가죽을 쓴 격이고, 도 닦는 사람이 애정을 품는 것은 고슴도치가 쥐구멍에 들어간 것과 같다.

아무리 재주가 있더라도 마을에 사는 사람은 부처님이 그를 가엾이 여기시고, 설사 도행(道行)이 없더라도 산중에 사는 이는 성현들이 그를 기쁘게 여기신다.

재주와 학문이 많더라도 계행이 없으면 보배 있는 곳에 가려고 하면서 길을 떠나지 않는 것과 같고, 수행을 부지런히 하여도 지혜가 없는 이는 동쪽으로 가려고 하면서 서쪽을 향하는 것과 같다.

지혜로운 이의 하는 일은 쌀로 밥을 짓는 것이고, 어리석은 이의 하는 짓은 모래를 삶아 밥을 지으려는 것이다. 사람마다 밥을 먹어 주린 창자를 달랠 줄은 알면서도 불법(佛法)을 배워 어리석은 마음을 고칠 줄은 모르는구나. 행동과 지혜가 갖추어짐은 수레의 두 바퀴와 같고 자기도 이롭고 남도 이롭게 하는 것은 새의 두 날개와 같다.

죽을 받고 축원을 하면서도 그 뜻을 알지 못한다면 시주에게 수치스런 일이며, 밥을 얻고 심경(心經)을 외울 때에 그 이치를 모른다면 불보살께 부끄럽지 아니하랴. 사람들이 구더기를 더럽게 여기듯이 성현들은 사문으로서 깨끗하고 더러움을 분별하지 않는 것을 걱정하신다. 세간의 시끄러움을 벗어버리고 천상으로 올라가는 데는 계행(戒行)이 사다리가 된다. 그러므로 계행을 깨뜨린 이가 남의 복밭이 되려는 것은 마치 죽지 부러진 새가 거북을 업고 하늘을 날려는 것과 같다.

제 허물도 벗지 못한 사람이 어떻게 남의 죄를 풀어줄 수 있겠는가. 그러므로 계행을 지키지 못하면 남의 공양을 받을 수 없다.

계행이 없는 살덩이는 아무리 길러도 이익이 없고,

덧없는 목숨은 아무리 아껴도 보전하지 못한다. 덕이 높은 큰스님이 되기 위해서는 끝없는 고통을 참아야 하고, 사자좌[7]에 앉으려거든 세상의 향락을 영원히 버려야 한다. 수행자의 마음이 깨끗하면 천신들이 모두 찬탄하고, 수도인이 여색을 생각하면 착한 신들도 그를 버린다.

사대(四大)는 곧 흩어지는 것이어서 오래 살기를 보증할 수 없으며, 오늘이라 할 때 벌써 늦은 것이니 아침부터 서둘러야 할 것이다. 세상의 향락이란 고통이 뒤따르는 것인데 무엇을 그토록 탐하며, 한번 참으면 길이 즐거울 텐데 어찌 닦지 않는가. 도인으로서 탐욕을 내는 것은 수행인의 수치요, 출가한 사람이 재산을 모으는 것은 세상의 웃음거리다. 방패막이 할 말이 끝이 없는데 어찌 그리 탐착하며, 다음다음 하면서도 애착을 끊지 못하는구나. 이 일이 한이 없는데 세상 일을 버리지 못하며, 핑계가 끝이 없는데 끊을 마음을 내지 않는구나. 오늘이 끝이 없는데 나쁜 짓은 날마다 늘어가고, 내일이 끝이 없는데 착한 일 하는 날은 많지 못하며, 금년 금년 하면서 번뇌는 한량없고, 내년이 다하지 않는데 깨달음은 얻지 못했다. 시간이 지나가 어느새 하루가 흐르고 어느덧 한 달이 되며, 한달 두달이 흘러 문득 한 해가 되고, 한해 두해가 바뀌어 어느덧 죽음에 이르게 된다. 부서진 수레는 구르지 못

7) 부처님의 지위. 짐승 중에는 사자가 제일인 것처럼 부처님은 중생의 사자라는 뜻.

하고 늙은 사람은 닦을 수 없다. 누워서는 게으름만 피우고 앉으면 생각만 어지러워진다. 몇 생을 닦지 않고 세월만 보냈으며, 그 얼마를 헛되이 살았으면서 한 평생을 닦지 않는가. 이 몸은 죽고야 말 것인데 내생은 어떻게 할 것인가. 이 어찌 급하고 급한 일이 아닌가.

『元曉 發心修行章』

부　　록

내용색인
출전색인
범한대조

내용색인(內容索引)

ㄱ

가까이해야 할 벗 257
가난한 아이의 욕심 244
가난한 여인의 등불 218
가짜 약 488
간절한 마음 699
간절한 마음으로 정진하라 655
갈등을 끊고 마주보라 680
감관의 보호 105
강가〔恒河〕의 모래처럼 417
강물에 떠내려가는 통나무처럼 172
강물은 바다로 484
같이 기뻐함 555
거룩한 행 493
거문고를 타는 비유 157
거울 속의 사람 254
거짓 마음 205
거짓말하지 말라 576
걸식 347
검은 업과 흰 업 144
겉모양만의 사문 380
게으름의 허물 257
격 밖의 선지(禪旨) 698
결과만 구하는 사람 243
결혼 26
계(戒)와 도(道) 274
계율은 스승이다 277
계율은 어떻게 제정하였는가 304
계율을 제정한 뜻 571
계・정・혜를 닦아라 92
계행과 정진으로 얻은 자유 115
계행의 성취 95
계행의 중요성 723
고(苦) 130
고기 먹는 허물 419
고기 먹지 마라 592
고기 먹지 않는 공덕 419
고양이 쥐 잡듯이 654
고용인의 도리 259

고의 진리〔苦諦〕 89, 130
고통 130
고행과 바른 수행 94
고행에 대한 반성 47
공(空)과 존재 331
공부를 점검하는 자세 700
공부 열 가지 693
공양과 공덕 268
과일을 따려고 나무를 베다 246
관리와의 결탁 602
관세음보살을 부르는 공덕 481
괴로움을 없애려면 154
괴로움의 종류 89
교계통(教誡通) 98
교법(教法)도 버리라 139
교화 활동 56
구도의 길 36
구도자 361
굽히지 않는 행 538
귀한 목재로 숯을 굽다 245
규봉(圭峯) 619
그대 어째서 아직도 711
그릇된 소견 204
극락 396
극락왕생의 길 406
극락왕생의 청정한 업 405
기슭에 닿았거든 배를 버려라 691
길 90
길 가리키는 사람 58
길을 가리킬 뿐이다 150
깨달은 사람 50
깨달음 353
깨달음을 찬탄한 노래 516
깨치기를 기다리면 깨치지 못한다 656
꽃밭에 숨은 독사 496

ㄴ

나귀의 젖을 짜려는 사람들 245
나는 어디에 253, 254
나도 갈고 뿌린 후에 먹는다 180
나라를 다스리는 일곱 가지 법 100
나쁜 벗을 멀리하라 715
나쁜 벗의 허물 257
나쁜 아내 264
나쁜 직업 597
나옹(懶翁) 692
나와 내 것 140

나와 도(道) 214
나이에 대한 문답 293
낙숫물이 돌을 뚫는다 285
남편의 할 일 259
납자(衲子) 706
내 것 200
너무 조이거나 늦추지 말라 156
네 가지 그지 없는 마음 498
네 가지 사문 379
네 가지에 의지하라 489
네 가지 진리〔四聖諦〕 89
네 개의 문 18
네 것이 아닌 것은 버려라 139
네란자라강 45
네 마리 독사 708
누각의 삼층만 지으려는 부자 242
니그로다 사슴 216
니그로다 정사(精舍) 68

ㄷ

다라니문(陀羅尼門) 444
단정한 여자 261
달마(達磨) 627, 629, 631, 632, 633, 635, 636, 637, 639, 640, 641
대비(大悲) 500
대사(大捨) 500
대승보살의 방편 382
대인관계 258
대인(大人)의 깨달음 142
대자(大慈) 500
대장경을 외울지라도 636
대장부의 기상 709
대희(大喜) 500
덧없이 흘러가는 존재 520
데바닷타의 반역 76
도(道) 265
도는 행하는 것 268
도 닦는 사람 273, 274, 275
도둑 231
도량(道場) 354
도를 얻으려면 270
도를 얻은 체험담 441
도박의 허물 256
도의 진리〔道諦〕 132
독경의 공덕 478
독 묻은 화살 147
독사가 방안에서 자고 있는데 280
돈오와 점수 620
두 가지 장애 455

두려움이 없는 비구 115
듣는 것만으로는 이룰 수 없다 524
땅에서 솟아오른 보살들 472
때 아니면 먹지 말라 586
때와 때 아님 252
떡 한 개로 입을 봉한 부부 250
뗏목의 비유 137
뜻에 의지하라 490

ㄹ

라자가하〔王舍城〕 40
라훌라 32

ㅁ

마가다 40
마야부인의 죽음 13
마음 102, 376, 448, 634
마음은 근본 627
마음은 돌려보낼 수 없다 435
마음은 부처 613, 624, 636, 637
마음은 어디에 422
마음을 관찰하는 법 129
마음을 평등하게 가져라 719
마음의 임자가 되라 279
마음의 작용 376
마음의 정체 377
마음의 주인이 되라 102
마음이란 376
마음이 밝아야 경을 알 수 있다 676
마하살 337
마하파자파티 13
마흔여덟 가지 계〔四十八輕戒〕 591
말 많은 임금님 227
말리부인 385
말을 많이 하지 말라 228
말을 적게 하라 715
맺힘을 푸는 일 438
머리를 끌고 가는 꼬리 249
멸하지 않는 법의 성품 486
명상에 잠긴 싯다르타 15
명성과 이익 250
명칭과 형태 299
모든 것은 한 찰나도 머물지 않는다 411
모든 것의 근본 627
모든 것은 자성이 없다 519
모든 법은 깨끗하다 341
모르고 짓는 악행 309

목마르기 전에 샘을 파라 647
목숨은 호흡 사이에 275
몸을 바로 관찰하는 법 122
못 깨치더라도 다른 길 찾지 말라 649
몽산(蒙山) 658, 660, 662
무념 무상 무주 668
무량광 무량수 396
무량광불 396
무량수경 396, 398, 402
무량수불 396
무리를 좋아하면 무리의 괴로움을 받는다 284
무명(無明) 334, 444
무명 속의 밝은 등불 286
무상(無常) 23
무상참회 673
무소의 뿔처럼 178
무심(無心) 644
무아(無我)사상과 윤회 297
무엇을 웃고 무엇을 기뻐하리 208
무엇이 최고인가 198
무위(無爲) 378
문자나 말에 팔리지 말라 654
문틈에 비친 먼지처럼 276
물속에 비친 금덩이 253
물에 비친 달처럼 659
물이 보기 싫거든 물가를 떠나라 240
미신행위 203
미운 사람 214

ㅂ

바다와 구명대 492
바다의 진리 163
바라문 110, 134
바라문의 수행 18
바라밀 390, 457
바른 법을 거두어들이는 일 389
바른 법을 모르면 211
바른 이해 202
박가바 선인(仙人) 38
반야(般若) 663
반야바라밀 330
반야바라밀은 여래의 어머니 338
반야바라밀의 방편 335
반야바라밀의 수행 332
방산(方山)거사에게 보낸 글 687
방종하지 않은 이의 덕 92, 93

배은망덕 229
백골로 돌아갈 육신 126
백정도 성불할 수 있다 640
번뇌를 없애는 세 가지 방법 573
번뇌의 업과 악행 255
번뇌의 화살 195
법공양 553
법다운 보시 165
법보시 165
법사를 공경하라 592
법사를 대하는 태도 596
법에 의지하라 489
법을 먹는 아귀 57
법을 보는 이는 여래를 본다 158
법을 잘 말하는 행 545
법인(法印) 615
법이 쇠퇴하지 않으려면 104
법장(法藏)비구 392
법장비구의 발원 392
법장비구의 수행 395
벗 178
벗어날 수 없는 사람 91
베데히의 소원 404
베라나에서 생긴 일 565
별청(別請) 597
병문안 694
병의 근본 359
보고 듣는 놈은 어디에 있는가 651
보는 것은 마음 426
보름마다 외우라 587
보리(菩提) 680
보리심을 내는 일 510
보리에 회향하는 공덕 339
보살이 갖추어야 할 물건 599
보살이 뛰어난 지혜를 얻으려면 371
보살의 공덕 339
보살의 길 372
보살의 덕 371
보살의 방편 382
보살의 병(病) 357
보살의 서원 337
보살의 수행 360
보살의 열 가지 행 533
보살의 자비 364
보살의 지혜 372
보살의 청정한 일상 528
보살의 청정한 행 532
보살의 회향 549
보살이 가까이해야 할 곳 470
보시(布施) 323

보시바라밀 335, 382, 390
보조(普照) 614, 617, 619, 624, 626
보현보살의 수행과 서원 551
복짓는 사람 160
본래 면목 622
본받아 배움 557
본성(本性) 379
본원 청정심 644
부끄러워할 줄 알아라 281
부모를 가둔 아자타삿투 402
부모의 할 일 258
부처 50
부처는 곧 네 자신 617
부처님은 가장 높으신 분인가 302
부처님은 이렇게 보신다 257
부처님의 경지는 허공과 같다 527
부처님의 실재 301
부처님의 열반 82
부처님의 증명 303
부처님의 탄생 12
부처란 마음이다 642
분별심은 지혜가 아니다 416
분별 없는 본성 522
분별을 떠나야 부처를 본다 408
분별의 지혜로는 헤아릴 수 없다 409
불선법(不善法) 136
불성(佛性) 508
불성과 성불 510
불성과 성품과 부처 638
불성은 어디에 615
불타는 집 613
비구가 지킬 것 277
비구의 지족(知足) 116
비둘기 대신 자기 몸을 주 주다 235
비를 뿌리려거든 175
비방하지 말라 589, 590, 594
빔비사라왕 41
빔비사라왕의 귀의 61
빛깔과 향기를 다치지 않게 280

ㅅ

사념처관(四念處觀) 127
사라숲을 빛내는 사람들 513
사람으로 태어나기 어렵다 274
사랑의 선악 496
사랑하는 사람 214

사리풋타 130
사마타 426
사무량심(四無量心) 498
사문(沙門) 380
사문과 여인(女人) 273
사문과 출가 23
사문의 과보 112
사문의 길 34
사문의 덕행 381
사문의 도리 260
사문의 이익 23
사미 십계(十戒) 580
사성(四姓)에서 뛰어난 사람 110
사소한 계율 109
사캬족의 귀의 66
사홍서원 674
사후의 시간 316
살생의 도구를 갖지 말라 594
살생하지 말라 574
살인자의 귀의 62
삼계(三界) 345,460,622
삼귀의 675
삼독(三毒) 629
삼독의 불길 60
삼매의 선행(善行) 506
삼승(三乘) 460
삼승은 일불승의 방편 460
삼 아승지겁 631
삼천대천세계 326
삼취정계(三聚淨戒) 630
삼학(三學)의 성취 95,96
색(色) 330
색은 곧 공이다 330
생과 사의 비유 493
생멸이 없는 마음 432
생사가 없다 91
생사에서 벗어나려면 706
서원의 공덕 560
선(禪) 670
선(禪)과 교(敎) 697
선과 악 266
선법(善法) 135
선(善)이란 268
선정 92,93
선정의 성취 93
선정 바라밀 336
선지식(善知識) 335,503
선한 사람의 태도 266
선행의 근본 501
설법 346
설법을 간청하다 556
설법과 침묵 147
설법자의 자세 56

성내지 마라 590
성도 45
성욕(性慾) 272
성인의 길 189
성인의 마음 197
성인의 본성 378
성인의 여덟 가지 길 164
세 가지 신통 98
세간의 바라밀 414
세계는 영원한가 148
세력 595
세속에서 뛰어나는 법 123
수기(授記) 386
수도자의 태도 623
수디나의 음행 568
수순 중생 558
수행의 목적 306
수행의 어려움 37
수행자 201
수행자에게 보내는 글 722
수행자와 여인 109
수행자의 자세 722
수행자의 태도 119, 203
순박하고 정직하라 282
술 마시지 말라 582, 590
술의 허물 256
술 팔지 말라 589
슛도다나왕의 근심 18
스무 가지 어려움 268
스승과 벗을 공경하라 591
스승과 제자 249
스승을 찾아라 637
스승을 찾아서 41
스승의 자격 601
스승의 할 일 259
승만부인 385
승만부인의 수기 385
승패 213
시드는 가지 79
시든 꽃잎 683
시주의 도리 260
시 한 편과 바꾼 목숨 220
신도의 계율 579
신족통 98
신통력으로 만든 성 465
신통을 금하다 97
신통을 금한 이유 98
신통변화 617
실천 205, 207
실체와 이름 328
십계(十戒) 580
십선(十善) 484
십이인연(十二因緣) 154, 504
싯다르타 12

싯다르타의 결혼 26
싯다르타의 고행 46
싯다르타의 성격 16
싯다르타의 총명 24
싸움의 해결 72

ㅇ

아끼지 마라 714
아내의 도리 259
아내의 종류 259
아라라 칼라마 42
아라한 327
아라한이 되는 길 92
아뢰야식 412
아시타 선인(仙人) 13
아자타삿투왕의 귀의 117
악(惡) 215
악에 젖은 세상 398
악인은 침묵으로 107
악지식(惡知識) 336
악한 사람을 대할 때 267
악행 선행 212
앙굴리말라의 귀의 63
애욕 497
애욕은 생사의 근원 454
야사의 출가 55
야쇼다라 26
약육 강식 16
양쪽 말을 들어보라 607
어기지 않는 행 537
어리석은 사람 27,207,245, 724
어리석음과 산란을 떠나는 행 539
어진 사람 192, 208
어진 아내의 길 261
얻기 어려운 행 544
얻은 것이 없어야 한다 326
얻을 것 없는 삼매 333
업신여기지 말라 717
업은 녹지 않는다 314
업의 본성 521
업의 증명 313
여덟 가지 괴로움 493
여덟 가지 바른길〔八聖道〕 133
여래(如來) 53
여래가 세상에 출현한 까닭 458
여래는 길잡이 287
여래의 방에 들어가는 법을 설하라 469
여래의 법 164, 165
여래의 복밭 523
여래의 은혜를 갚으려면 480

여래장(如來藏) 411
여러 가지 정신작용 312
여섯 가지 화합 605
여섯 가지 법 163
여성의 출가(出家) 73
연꽃처럼 200
연주의 댓가를 못 받은 악사 242
열 가지 몸 546
열 가지 서원과 세 가지 큰 원 386
열 가지 선악 266
열 가지 중한 계율 588
열반(涅槃) 82
열반에 이르는 길 173
열반의 즐거움 317
염불(念佛) 633
염불에 의한 구제 308
영원한 안락 60
영혼에 대한 문답 294
예배와 찬탄 552
오계(五戒) 579
오분법신향(五分法身香) 672
옷과 음식을 받아 쓰지 마라 713
옹기장이 대신 나귀를 239
왕위를 보시하다 225
외도의 고행 38
외도의 고행목적 39
요의경(了義經)에 의지하라 490
욕락에 대한 비유 126
욕심이 없는 사람이 얻는 도 142
욕심을 적게 가지는 법 143
욕심이 적으면 근심도 적다 283
욕하지 말라 593
용사(勇士) 209
우루벨라 45
웃다카 라마풋타 44
원각묘심 452
원망 204
원망을 원망으로 갚지 마라 232
원을 세우라 599
원인과 결과 208, 210, 211, 214
육도(六道) 416
육도만행(六度萬行) 642
육바라밀 413
육바라밀을 성취하려면 413
육식(肉食)은 곧 살생 419
육조(六祖) 663

육진(六塵) 449
육체와 정신 205
윤회란 무엇인가 318
윤회를 면하는 길 92
윤회는 벗어나기 어려운 것 93
윤회에서 벗어남에 대한 문답 295
윤회의 주체 314
은혜를 모르는 사람 240
음식을 먹을 때 280
음욕 331
음욕보다 더한 불길은 없다 212
음행하지 말라 572
이롭게 하는 행 536
이름에 대한 문답 289
이 몸이 곧 법신 639
이 몸 이때 못 건지면 624
이심전심(以心傳心) 635
이장(二障) 455
인간 평등 111
인간의 육체 191, 211
인연 따른 해탈 505
인욕바라밀 336
일곱 종류의 아내 261
일상생활과 수행 528~532
일상의 점검 702
일 없는 도인 698
일 없는 사람 681
일행삼매 667
임제(臨濟) 615
입을 걷어차다 251
잇찬티카 426

ㅈ

자비심이 곧 여래 500
자비와 인욕 704
자신을 찾아라 58
자유인 710
잘 나타내는 행 540
잠 못드는 사람에게 204
잠을 적게 자라 716
장서방이 마시고 이서방이 취하는 도리 650
재산(財產) 70
재물과 여색(女色) 718
재산을 놓아 두고 문만 지키다 247
재산을 없애는 여섯 가지 일 256
적멸의 즐거움 502
적을 막는 길 99
전교(傳敎)의 공덕 329

전륜성왕 13
전생 65
전생 일을 알려면 269
전쟁(戰爭) 232,593
절대 청정한 것 379
절대 평등의 경지 365
젊음과 늙음 28
점·사주·관상 597
정(定) 285
정견과 사견 133
정광여래(錠光如來) 392
정념(正念) 632
정심(淨心)과 염심(染心) 628
정진바라밀 628
정진의 방법 157
정월 초하루 680
정혜(定慧) 666
젖은 나무는 타지 않는다 524
제 성품을 더럽히지 마라 703
제일의공(第一義空) 508
제자의 죽음 79,80
제자의 할 일 258
조용한 환경에 탐착하지 말라 652
조주(趙州) 648
존재에 대한 올바른 수행 374
존재에 대한 진실한 관찰 336, 373
좋은 벗을 가까이하라 715
좋은 아내 262
좌선(坐禪) 345
좌선과 선정(禪定) 670
주인의 도리 259
죽림정사 62
죽은 소에게 풀을 먹이다 224
죽음 27,28,210
죽음과 슬픔 118,195,223
죽음의 예언 78,79,103
죽음은 필연 59,83
죽음이란 496
죽이지 말라 579,581,588
주리면 먹고 고단하면 잔다 679
중도(中道) 53,375
중봉(中峯) 650
중생교화 602
중생 그대로가 진여 351
중생에 대한 관찰 363
중생의 성질에 맞는 법 525
중생이 앓으니 보살도 앓는다 356
즐거운 행 534

즐거움 214
지계(持戒) 349
지계바라밀 335
지계정신 493
지족(知足) 284
지혜 286
지혜가 있는 곳 305
지혜로운 사람 208, 209, 210, 212, 723
지혜를 얻는 네 가지 371
지혜를 잃는 네 가지 371
지혜바라밀 384
지혜에 의지하라 491
지혜의 성취 96
지혜의 완성 343
지혜의 특징 296
진각(眞覺) 679,680,682, 683,684,687
진리 346
진리에 도달한 사람 361
진실한 관찰 374
진실한 행 547
진여 352
진정한 사문(沙門) 95
진흙에 더럽혀지지 않는 연꽃 273
집을 나갔던 아들 461
집의 진리〔集諦〕 132
집착 없는 보시 323
집착 없는 행 542

ㅊ

차안(此岸) 665
찬다카 34
참깨를 볶아 심다 248
참는 덕 281
참다운 수행 94
참선과 계행 703
참 지혜 286
참회 554
책임자의 자세 596
천한 사람 183
첫째가는 정진 705
청정한 계행의 과보 114
초심자의 법다운 수행 445
초발심 수행자의 생활 규범 713
최상서 우(瑀)에게 보내는 글 683
최상의 법륜 130
최초의 설법 51
최초의 신도 54
최초의 절 62
최후의 공양 83

최후의 설법 84
추한 모습 33
축원(祝願) 145
출가 33
출가는 안온한 길 193
출가 사문(出家沙門) 22
출가 생활 265
출가의 결심 28, 29
출가의 공덕 350
출가의 목적 706
출가자와 재가자 190
출가한 자에게 육신은 소중한가 303
출가행 706
출세간의 바라밀 414
치우친 극단론 374
칠보산의 비유 512
친족에게 할 일 259

ㅋ

카샤파 삼형제의 귀의 59
칼날에 묻은 꿀 272
쾌락 27
크게 치면 크게 울린다 682
큰 거짓말 577
큰 공덕 267
큰 다라니문 444
큰 열반〔大涅槃〕 502

ㅌ

타심통 98
탄생 11
탐내지 마라 715
탐욕의 결과 123
탐욕의 손실 91
탐욕의 재앙 121
태고(太古) 689
태자의 결혼 26
태자 시절의 호사 23
태자의 수학 24
태자의 회의 25

ㅍ

파계 247
파계에 대한 시비 603
파도가 곧 물이로다 660
팔계(八戒) 402
팔고(八苦) 493
팔관재계 584
팔정도 54
평안한 사람 187
푸르나의 변재 467
피안(彼岸) 665
피할 수 없는 죽음 169

ㅎ

한 가지 짠 맛 374
하늘에 구름이 깨끗하다 682
학문과 인생 25
학문에 대한 회의 23
한 개의 숫돌 707
한 구름에서 내리는 비이지만 464
한꺼번에 짜려던 우유 252
한 마음이 청정하면 온 세계가 청정하다 448
한 마음 한 지혜 526
한 물건 696
한량없는 여래의 수명 475
할(喝) 661
해탈 93
해탈을 얻은 사람 318
해탈의 나루터 634
해탈하면 지식은 없어지는가 310
행동을 가벼이 말라 714
허공에 침뱉기 266
허물 97
허물어진 탑에는 흙을 바를 수 없다 118
허물을 말하지 말라 589
헛꽃임을 알라 444
헤아리기 어려운 여래의 지혜 457
현자의 대론 제왕의 대론 288
형상에 집착하지 말라 324
화두(話頭) 648
화두로 병을 물리치다 656
화두의 열 가지 병 700
화두 참구하는 법 690
화 잘내는 사람 238
화합하지 못하는 원인 608
환(幻)인 줄 알면 446
환자를 잘 보살피라 592
황벽(黃檗) 644,645,647,648
회향 559
효도 258
훔치지 말라 575
흐트러진 마음 279
흔들리는 평안 197
희생 236
힘세고 밝은 것 270

출전색인(出典索引)

가미니경(伽彌尼經 · 中阿含) 146

견고경(堅固經 · 長阿含) 99

경집(經集) 178,180,183,187 189,191,193,195,197, 198,199,201,203

관무량수경(觀無量壽經) 404, 405,406

근본설일체유부비나야약사(根本說一切有部毘奈耶藥事) 220

근본설일체유부비나야파승사(根本說一切有部毘奈耶破僧事) 232

금강경(金剛經) 324,236,328, 329

나마경(羅摩經 · 中阿含) 147

나옹 어록(懶翁語錄) 691, 693,694,695

남전 사문과경 114,115,118

남전 장부경전(南傳 長部經典) 97

능가경(楞伽經)

- 권청품(權請品) 409,411
- 찰나품(刹那品) 413,415
- 오법문품(五法門品) 417
- 항하사품(恒河沙品) 419
- 차식육품(遮食肉品) 421

달마 관심론(達磨 觀心論) 629,630,632,634,635

달마 혈맥론(達磨 血脈論) 636,637,639,640,641

대반열반경(大般涅槃經) 223

대품반야경(大品般若經)

- 습응품(習應品) 332
- 행상품(行相品) 335
- 환학품(幻學品) 336
- 금강품(金剛品) 338
- 산화품(散華品) 339
- 수희품(隨喜品) 341
- 탄정품(歎淨品) 343

대지도론(大智度論) 237

몽산 법어(蒙山 法語) 658, 660,662

무량수경(無量壽經) 394,396, 398,402
밀린다왕문경〔彌蘭陀王問經〕 289,293,294,295,296, 297,299,301,302,303, 304,305,306,308,309, 310,311,313,314,315, 317,318,319
박산 선경어(博山 禪警語) 653,654,655,656
반니원경(般泥洹經)·長阿含) 92,94,104,107,109
반야 시중(般若 示衆) 651
반야심경(般若心經) 344
발가리경(跋迦梨經·雜阿含) 160
백유경(百喩經) 239,240,242, 244,245,246,247,248, 249,251,252,253,254
범망경(梵網經) 588,591,603
법구경(法句經) 208,212,215
법화경(法華經)
방편품(方便品) 458,459
비유품(譬喩品) 461
신해품(信解品) 464
약초유품(藥草喩品) 465
화성유품(化城喩品) 467
오백제자수기품(五百弟子受記品) 469
법사품(法師品) 470
안락행품(安樂行品) 472
종지용출품(從地涌出品) 475
여래수량품(如來壽量品) 478
분별공덕품(分別功德品) 480
촉루품(囑累品) 481
관세음보살보문품(觀世音菩薩普門品) 483
보적경(寶積經)
가섭품(迦葉品) 374,376, 380,382
대승방편품(大乘方便品) 384
보조 수심결(普照 修心訣) 614,617,620,621,624,626
분별성제경(分別聖諦經·中阿含) 133
불박경(佛縛經·雜阿含) 155
불전(佛傳) 15,18,23,26,32,36, 40,45,50,56,63,66,72, 76,79,81,86
사미십계법(沙彌十戒法) 584

사문과경(沙門果經·南傳長部) 114,115,118
사분율(四分律) 568,571,605,607,609
사십이장경(四十二章經) 265,266,267,268,269,270,272,273,274,275,276
사유경(蛇喩經·南傳 中部) 139,142
산수목건련경(算數目犍連經·中阿含) 153
삼도경(三度經·中阿含) 136
서산 선가귀감(西山 禪家龜鑑) 697,698,699,700,701,702,703,704,705,706,707,708,710
소고온경(小苦蘊經·中阿含) 123
소연경(小緣經·長阿含) 112
수능엄경(首楞嚴經) 425,432,435,438,441,443,574,575,577,578
승만경(勝鬘經)
여래진실의공덕장(如來眞實義功德章) 386,388
섭수정법장(攝受正法章) 391
아미타경(阿彌陀經) 407
야운 자경문(野雲 自警文) 713,722
열반경(涅槃經)
장수품(長壽品) 486,488
사의품(四依品) 489,492
성행품(聖行品) 493,496,497
범행품(梵行品) 500,501
고귀덕왕보살품(高貴德王菩薩品) 503,504,506,507
사자후보살품(師子吼菩薩品) 510,511,513,515
염처경(念處經·中阿含) 130
옥야녀경(玉耶女經) 264
우바새오계상경(優婆塞五戒相經) 580
원각경(圓覺經)
문수보살장(文殊菩薩章) 446
보현보살장(普賢菩薩章) 447
보안보살장(普眼菩薩章) 451
금강장보살장(金剛藏菩薩章) 454
미륵보살장(彌勒菩薩章)

456
원효 발심수행장(元曉 發心修行章) 726
유교경(遺教經) 278,280,281,282,283,284,286,287
유마경(維摩經)
제자품(弟子品) 346,347,349,350,351
보살품(菩薩品) 353, 354,356
문질품(問疾品) 360,361
불사의품(不思議品) 363
관중생품(觀衆生品) 363,365
불이법문품(不二法門品) 370
유행경(遊行經·長阿含) 102,109
육도집경(六度集經) 227,235
육방례경(六方禮經) 257,261
육조단경(六祖壇經)
반야품(般若品) 666
정혜품(定慧品) 667,668,670
좌선품(坐禪品) 672
참회품(懺悔品) 673,674,675,676
기연품(機緣品) 678
이십억이경(二十億耳經·雜阿含) 158
자타카〔南傳〕 218,225,229
재경(齋經) 586
전유경(箭喩經·長阿含) 150
중봉 시중(中峯 示衆) 650
중집경(衆集經·長阿含) 120
증일아함경(增一阿含經)
역품(力品) 163
팔난품(八難品) 165
성문품(聲聞品) 169
사의단품(四意斷品) 172
마혈천자품(馬血天子品) 174
진각 어록(眞覺 語錄) 680,682,683,684,687
초석 시중(楚石 示衆) 652
태고 어록(太古 語錄) 689
팔념경(八念經·中阿含) 144
포타리야경〔南傳·中部〕 126
화엄경(華嚴經)
세간정안품(世間淨眼品) 519
보살명난품(菩薩明難品) 520,521,522,523,524,525,526,527,528
정행품(淨行品) 533
십행품(十行品) 534,535,

537,538,539,540,542,
543,545,547,549
십회향품(十廻向品) 551
보현행원품(普賢行願品)
552,553,554,555,556,
558,559,560,561,562
황벽 전심법요(黃檗 傳心法要) 644,645,647
황벽 시중(黃檗 示衆) 648

범한대조(梵漢對照)

*p.는 팔리語

가야	Gayā	伽耶
간다르바	Gandharva	乾闥婆
강가	Gaṅgā	恒河
고타마	Gotama	瞿曇
나가세나	Nāgasena	那伽犀那，那先比丘
나란다	Nālanda	那爛陀
난다	Nanda	難陀
네란자라	Nerañjarā(p.)	尼連禪河
니간타	Nigaṇṭḥa(p.)	尼犍子
니그로다	nigrodha(p.)	尼拘律，榕樹
데바닷타	Devadatta	提婆達多，調達
드로노다나	Droṇodana	途盧檀那，斛飯王
라자가하	Rājagaha(p.)	王舍城
라훌라	Rāhula	羅睺羅
랑카	Laṅkā	楞伽
룸비니	Lumbinī	藍毘尼園
마가다	Magadha	摩竭陀
마야	Māyā	摩耶夫人
마하나마	Mahānāma	摩訶男

불교성전

1972년 11월 30일 초　판　1쇄 발행
1999년 8월 15일 초　판 50쇄 발행
2000년 3월 15일 개정판　1쇄 발행
2012년 11월 20일 개정판 25쇄 발행
2016년 4월 20일 개정판 28쇄 발행

지은이 불교성전편찬회
펴낸이 한태식
펴낸곳 동국역경원

주소 100-715 서울시 중구 필동로 1길 30
전화 02-2260-3484
팩스 02-2268-7851
Homepage http://www.tripitaka.or.kr
E-mail book@dongguk.edu
출판등록 제2-195(1964. 10)
인쇄처 보명C&I

ISBN 978-89-5590-369-0 02220

값 14,000원

웃타라쿠루	Uttarakuru	鬱單越
잇찬티카	icchantika	一闡提
제타	Jeta	祇樹
지바카	Jīvaka	耆婆
찬다라	Caṇḍāla	旃陀羅
찬다카	Chandaka	車匿
춘다	Cunda	純陀
칫타	Citta	質多長者
카샤파	Kāśyapa	迦葉
카시	Kāśi	迦尸
카타야나	Kātyāyana	迦旃延
카필라	Kapilavastu	迦毘羅城
칼란다카	Kalandaka	迦蘭陀
코살라	Kosalā	憍薩羅國
코삼비	Kosambī	憍賞彌
콘단냐	Koṇḍañña (p.)	憍陳如
콜리	Koli	拘利城
쿠시나라	Kusinārā (p.)	拘尸那
파라지카	pārājika	婆羅夷
파바	Pāva	波婆
파세나디	Pasenadi (p.)	波斯匿王
파탈리풋타	Pāṭaliputta (p.)	巴連弗城，華氏城
파피만	pāpiman	波旬
판다바	Paṇḍva	白善山
푸르나	Pūrṇa	富樓那
프라티목샤	prātimokṣa	波羅提木叉
필린다밧사	Pilindhavatsa	畢陵伽婆蹉

슛도다나	Śuddhodana	淨飯王
싯다르타	Siddhārtha	悉達多
싱갈라	Siṅgālaka	善生
아그니	Agni	火神
아난다	Ānanda	阿難陀，阿難尊者
아누피야	Anūpiya	阿㝹耶，阿奴比耶
아니룻다	Aniruddha	阿那律
아라라 칼라마	Āḷāra Kālāma (p.)	阿羅邏迦蘭摩
알라야	ālaya	阿賴耶識
아마라	amara	菴摩羅樹，天華
아시타	Asita	阿私陀
아요타	Ayodhyā	阿踰闍
아자타샷투	Ajātasattu (p.)	阿闍世王
아지타바티	Ajitavati	跋提河
아힝사카	ahimsaka	不害
안냐타	Aññāta	阿若
암라	āmra	菴摩羅樹
앙굴리말라	Aṅgulimāla	央掘摩羅
야사	Yasa (p.)	耶舍
야쇼다라	Yaśodharā	耶輸陀羅
요자나	yojana	由旬
우다인	Udāyin	優陀夷
우둠바라	uḍumbara	優曇鉢華
우루벨라	Uruvelā (p.)	優樓頻螺，苦行林
우팔리	Upāli	優婆離
우다카 라마풋타	Uddaka Rāmaput-ta (p.)	鬱頭羅藍子

마하바나	Mahāvana	大林精舍
마하파자파티	Mahāpajāpatī (p.)	摩訶波闍波提
만다라바	mandārava	曼陀羅華
말라	Malla	末羅族
말룽캬	Māluṇkya	鬘童子
말리	Mallikā	末利夫人
목갈라나	Moggallāna (p.)	目犍連，目連尊者
밀린다	Milinda	彌蘭陀王
바라나시	Bārānasī	波羅奈
박가바	Bhaggava	婆伽婆仙人
박칼리	Bhakkali	跋伽梨
밧지	Vajji	跋耆族
베다	Veda	吠陀
베살리	Vesālī (p.)	毘舍利，毘耶離
벨루바	Veḷuva	竹林村
비루다카	Virūḍhaka	毘瑠璃王
빔비사라	Bimbisāra	頻婆娑羅王
사가라	Sagara	海龍王
사리푸타	Sāriputta (p.)	舍利弗
사마타	samatha	奢摩他，止
사밧티	Sāvatthī (p.)	舍衞城
사캬	Sākya (p.)	釋迦
산자야	Sañjaya	刪闍耶
수바드라	Subhadra	須跋陀羅
수부티	Subhūti	須菩提
수자타	Sujātā	須闍陀，善生女
순다리	Sundarī	孫陀利女